Manzsche Gesetzausgaben · Sonderausgabe Nr. 12
Die österreichischen Verwaltungsverfahrensgesetze

Manzsche Gesetzausgaben · Sonderausgabe Nr. 12

Die österreichischen Verwaltungsverfahrensgesetze

samt

Zustellgesetz, Agrarverfahrensgesetz, Dienstrechtsverfahrensgesetz und den wichtigsten Durchführungsverordnungen und Staatsverträgen

Herausgegeben und kommentiert von

Univ.-Prof. Dr. Rudolf Thienel
Vizepräsident des Verwaltungsgerichtshofes, Wien

MMag. Dr. Klaus Zeleny
Mitarbeiter des Verwaltungsgerichtshofes, Wien

18., überarbeitete Auflage
Rechtslage: 1. September 2011/1. Jänner 2012

Wien 2012
Manzsche Verlags- und Universitätsbuchhandlung

Zitiervorschlag: *Thienel/Zeleny*, Verwaltungsverfahrensgesetze[18] (2012) § ... Anm ...

ISBN 978-3-214-03258-6

Telefon: (01) 531 61-0
E-Mail: verlag@MANZ.at
www.MANZ.at
Druck: FINIDR, s. r. o., Český Těšín

Vorwort

Nachdem seit der letzten Auflage mehr als drei Jahre verstrichen sind, wurde die „kleine“ Gesetzesausgabe der Verwaltungsverfahrensgesetze mit der vorliegenden 18. Auflage nach der WV des EGVG, mehreren – kleineren – Novellen der Verwaltungsverfahrensgesetze, den Änderungen im Volksgruppengesetz und der Änderung bzw Neuerlassung verschiedener DurchführungsV wieder auf den aktuellen Stand gebracht.

Die Neuauflage stellt grundsätzlich die Rechtslage vom 1. September 2011 dar. Änderungen des DVG und der ZustellformularV, die zu diesem Zeitpunkt bereits im BGBl veröffentlicht waren, aber erst später in Kraft treten, wurden dabei schon berücksichtigt. Die Änderungen des DVG, die erst 2013 in Kraft treten sollen, wurden durch Kursivdruck hervorgehoben. Die durch Novellierungen seit der letzten Auflage geänderten Regelungen wurden durch Unterstreichungen hervorgehoben. Von einer Unterstreichung der gänzlich neu gefassten Regelungen wurde jedoch abgesehen. Im Übrigen wurden kleinere redaktionelle Änderungen vorgenommen.

Infolge des überraschenden Ablebens von em. Univ.Prof. DDr.Dr.hc. *Robert Walter* im Dezember 2010 war eine Änderung in der Herausgeberschaft nötig. An seine Stelle tritt mit der vorliegenden Auflage Dr. *Klaus Zeleny,* der schon bei den vergangenen Auflagen wesentlich mitgewirkt hat. Die Herausgeber werden bemüht sein, das gegenständliche Werk in der bewährten Weise auch in Zukunft fortzuführen und hoffen, mit der Neuauflage der vorliegenden Gesetzesausgabe wieder einen verlässlichen Begleiter für alle jene geschaffen zu haben, die sich in Praxis oder Theorie mit dem Verwaltungsverfahrensrecht zu befassen haben.

Wien, am 1. September 2011

Rudolf Thienel *Klaus Zeleny*

Während der Drucklegung erfolgten durch BGBl I 2011/100 mehrere Änderungen des AVG, des VStG und des VVG, die am

1. Jänner 2012 in Kraft treten; diese konnten in der vorliegenden Ausgabe noch berücksichtigt werden, sodass sich die Verwaltungsverfahrensgesetze in dieser Ausgabe auf dem Stand 1. Jänner 2012 befinden. Auch das Verzeichnis der deutschen Behörden nach dem Amts- und Rechtshilfeabkommen mit der Bundesrepublik Deutschland konnte noch aktualisiert werden.

Wien, am 15. November 2011

Rudolf Thienel *Klaus Zeleny*

Inhaltsverzeichnis

C.
Das Verwaltungsstrafgesetz

D.
Das Verwaltungsvollstreckungsgesetz

E.
Das Zustellgesetz

F.
Das Agrarverfahrensgesetz

G.
Das Dienstrechtsverfahrensgesetz

H.
Die Verwaltungsformularverordnung

I.
Das Vorabentscheidungsgesetz

Abkürzungsverzeichnis

Die im Abkürzungsverzeichnis angeführten Gesetze sind jeweils in ihrer Stammfassung und mit Angabe der letzten Novelle zitiert. Soweit im Text verwendete Abkürzungen nicht im Abkürzungsverzeichnis aufgelistet sind, entsprechen sie *Friedl / H. Loebenstein,* AZR[6] (2008).

AA	=	Abänderungsantrag
AA 2011	=	Abänderungsantrag zur RV idF des AB zu BGBl I 2011/100, AA-215, 24. GP
AB	=	Ausschussbericht
AB 2001	=	Bericht des Verfassungsausschusses über die RV zur Verwaltungsverfahrensnovelle, BGBl I 2001/137, 813 BlgNR 21. GP
AB 2002	=	Bericht des Verfassungsausschusses über die RV zum Verwaltungsreformgesetz, BGBl I 2002/65, 885 BlgNR 21. GP
AB 2004	=	Bericht des Verfassungsausschusses über die RV zum E-GovernmentG, BGBl I 2004/10, 382 BlgNR 22. GP
AB EU-VStVG	=	Bericht des Verfassungsausschusses zur RV zum EU-VStVG, BGBl I 2008/3, 373 BlgNR 23. GP
ABGB	=	Allgemeines bürgerliches Gesetzbuch JGS 1811/946 idF BGBl I 2010/58
AbgEO	=	AbgabenexekutionsO BGBl 1949/104 idF BGBl I 2010/111
AbgVRefG	=	BG, mit dem die Bundesabgabenordnung, die Abgabenexekutionsordnung, das Kommunalsteuergesetz 1993, das Grundsteuergesetz 1955, das Einführungsgesetz zu den Verwaltungsverfahrensgesetzen 2008, das Allgemeine Verwaltungsverfahrensgesetz 1991, das Verwaltungsstrafgesetz 1991 und das Finanzstrafgesetz geändert werden (Abgabenverwaltungsreformgesetz – AbgVRefG), BGBl I 2009/20
ABl	=	Amtsblatt
Abs	=	Absatz

Abschn	=	Abschnitt
AEUV	=	Vertrag über die Arbeitsweise der Europäischen Union, ABl C 1997/340, 1 idF ABl C 2007/306, 1
AGB	=	Allgemeine Geschäftsbedingungen
AgrBehG	=	AgrarbehördenG 1950 BGBl 1951/1 (WV) idF BGBl 1999/191
AgrVG	=	AgrarverfahrensG BGBl 1950/173 (WV) idF BGBl I 2002/57
AHG	=	AmtshaftungsG BGBl 1949/20 idF BGBl I 1999/194 (Dfb)
AlVG	=	ArbeitslosenversicherungsG 1977 BGBl 609 (WV) idF BGBl I 2011/52
AMG	=	ArzneimittelG BGBl 1983/185 idF BGBl I 2009/146
AMSG	=	ArbeitsmarktserviceG BGBl 1994/313 idF BGBl I 2010/111
AnhO	=	AnhalteO BGBl II 1999/128 idF BGBl II 2005/439
Anm	=	Anmerkung
ApG	=	ApothekenG RGBl 1907/5 idF BGBl I 2009/135
ArbIG	=	ArbeitsinspektionsG 1993 BGBl 27 idF BGBl I 2011/51
ArbVG	=	ArbeitsverfassungsG BGBl 1974/22 idF BGBl I 2010/111
ARHG	=	Auslieferungs- und RechtshilfeG BGBl 1979/529 idF BGBl I 2007/112
Art	=	Artikel
ArtenhandelsG	=	ArtenhandelsG BGBl I 2010/16
ÄrzteG	=	ÄrzteG 1998 BGBl I 1998/169 idF BGBl I 2010/61
ASVG	=	Allgemeines SozialversicherungsG BGBl 1955/189 idF BGBl I 2011/52
AsylG 1997	=	AsylG 1997 BGBl I 1997/76, aufgehoben mit BGBl I 2005/100
AsylG	=	AsylG BGBl I 2005/100 idF BGBl I 2011/38
AsylG (alt)	=	AsylG 1991 BGBl 1992/8, aufgehoben mit BGBl I 1997/76
AsylGH	=	Asylgerichtshof
AsylGHG	=	AsylgerichtshofG BGBl I 2008/4 idF BGBl I 2010/111
AuskPfG	=	AuskunftspflichtG BGBl 1987/287 idF BGBl I 1998/158
AuskPfGG	=	Auskunftspflicht-GrundsatzG BGBl 1987/286 idF BGBl I 1998/158

AuslBG	= AusländerbeschäftigungsG BGBl 1975/218 idF BGBl I 2011/25
AusschreibungsG	= AusschreibungsG 1989 BGBl 85 idF BGBl I 2009/153
AußStrG	= AußerstreitG BGBl I 2003/111 idF BGBl I 2010/111
AVG	= Allgemeines VerwaltungsverfahrensG 1991 BGBl 51 (WV) idF BGBl I 2011/100
AVOG	= AbgabenverwaltungsorganisationsG BGBl I 2010/9 idF BGBl I 2010/111
AWG	= AbfallwirtschaftsG 2002 BGBl I 2002/102 idF BGBl I 2011/9
BAG	= BerufsausbildungsG BGBl 1969/142 idF BGBl I 2010/40
BAO	= BundesabgabenO BGBl 1961/194 idF BGBl I 2011/76
BArchG	= BundesarchivG BGBl I 1999/162
BBKG	= BundesberufungskommissionsG BGBl I 2002/150 idF BGBl I 2005/48
Bd	= Band
BDG	= Beamten-DienstrechtsG 1979 BGBl 333 idF BGBl I 2010/111
BeglV	= BeglaubigungsV BGBl II 1999/494 idF BGBl II 2008/151
BEinstG	= BehinderteneinstellungsG BGBl 1970/22 idF BGBl I 2011/7
BergG	= BergG BGBl 1975/259, aufgehoben mit BGBl I 1998/38 und BGBl I 2002/21
BeschußG	= BeschußG BGBl 1951/141 idF BGBl I 2001/136
betr	= betreffend
BFG	= BundesfinanzG
BG	= Bundesgesetz
BGBl	= Bundesgesetzblatt
BGBlG 1985	= BG über das Bundesgesetzblatt 1985 BGBl 200 (WV) aufgehoben mit BGBl 1996/660
BGBlG 1996	= BG über das Bundesgesetzblatt 1996 BGBl 660 aufgehoben mit BGBl I 2003/100
BGBlG 2004	= BG über das Bundesgesetzblatt 2004 BGBl I 2003/100
BGdAG	= Bundes-GemeindeaufsichtsG BGBl 1967/123
Bgld	= Burgenland

BH	=	Bezirkshauptmannschaft
BK	=	Bundeskanzler
BKommGebV	=	Bundes-KommissionsgebührenV BGBl II 2007/262
B-KUVG	=	Beamten-Kranken- und UnfallversicherungsG BGBl 1967/200 idF BGBl I 2010/111
BlgNR	=	Beilagen zu den stenografischen Protokollen des Nationalrats
BM	=	Bundesminister(ium)
BMASK	=	BM für Arbeit, Soziales und Konsumentenschutz
BMBWK	=	BM für Bildung, Wissenschaft und Kultur
BMF	=	BM für Finanzen
BMG	=	BundesministerienG 1986 BGBl 76 (WV) idF BGBl I 2009/3
BMI	=	BM für Inneres
BMLFUW	=	BM für Land- und Forstwirtschaft, Umwelt und Wasserwirtschaft
BMLV	=	BM für Landesverteidigung
BMUKK	=	BM für Unterricht, Kunst und Kultur
BMVIT	=	BM für Verkehr, Innovation und Technologie
BMWA	=	BM für Wirtschaft und Arbeit
BörseG	=	BörseG 1989 BGBl 555 idF BGBl I 2011/20 (VfGH)
BPB	=	Bundespolizeibehörde
BPD	=	Bundespolizeidirektion
BPräs	=	Bundespräsident
BPräsWG	=	BundespräsidentenwahlG 1971 BGBl 57 (WV) idF BGBl I 2011/43
1. BRBG	=	Erstes BundesrechtsbereinigungsG BGBl I 1999/191 idF BGBl I 2006/113
BReg	=	Bundesregierung
BSAG	=	BundessozialamtsG BGBl I 2002/150 idF BGBl I 2010/111
BSchulAufsG	=	Bundes-SchulaufsichtsG BGBl 1962/240 idF BGBl I 2011/28
BStatistikG	=	BundesstatistikG 2000 BGBl I 1999/163 idF BGBl I 2010/111
BStFG	=	Bundes-Stiftungs- und FondsG BGBl 1975/11 idF BGBl I 2010/111
BSVG	=	Bauern-SozialversicherungsG BGBl 1978/559 idF BGBl I 2011/52
BVB	=	Bezirksverwaltungsbehörde

BVergG	=	BundesvergabeG 2006 BGBl I 2006/17 idF BGBl II 2010/73
BVG	=	Bundesverfassungsgesetz
B-VG	=	Bundes-Verfassungsgesetz BGBl 1930/1 (WV) idF BGBl I 2011/60
BVwAbgV	=	BundesverwaltungsabgabenV 1983 BGBl 24 idF BGBl I 2008/5
bzw	=	beziehungsweise
DevG	=	DevisenG 2004 BGBl I 2003/123 idF BGBl I 2010/36
Dfb	=	Druckfehlerberichtigung
dh	=	das heißt
DPÜ-VO	=	Dienstrechtsverfahrens-, Personalstellen- und ÜbertragungsV 2005 (BMI) BGBl II 2005/205
dRGBl	=	deutsches Reichsgesetzblatt
DSchG	=	DenkmalschutzG BGBl 1923/533 idF BGBl I 2008/2
DSG	=	DatenschutzG 2000 BGBl I 1999/165 idF BGBl I 2009/135
DSK	=	Datenschutzkommission
DVG	=	DienstrechtsverfahrensG 1984 BGBl 29 (WV) idF BGBl I 2010/6
DVPV-BMF	=	Dienstrechtsverfahrens- und PersonalstellenV – BMF 2009 BGBl II 2008/343
DVPV BMLV	=	Dienstrechtsverfahrens- und PersonalstellenV – BMLV 2006 BGBl II 2006/290
DVPV BMUKK	=	Dienstrechtsverfahrens- und PersonalstellenV – BMUKK 2007 BGBl II 2007/374
DVPV-BMWA	=	Dienstrechtsverfahrens- und PersonalstellenV – BMWA 2008 BGBl II 2008/22
DVPV BMWF	=	Dienstrechtsverfahrens- und PersonalstellenV – BMWF 2007 BGBl II 2007/375
DVPV-Justiz	=	Dienstrechtsverfahrens- und PersonalstellenV – Justiz BGBl II 2008/471 idF BGBl II 2010/327
DVV	=	DienstrechtsverfahrensV 1981 BGBl 162 idF BGBl I 2007/96
dzt	=	derzeit
EAGV	=	Vertrag zur Gründung der Europäischen Atomgemeinschaft
EG	=	Europäische Gemeinschaften

EG-ne-bis-in-idem-Übk	=	Übereinkommen zwischen den Mitgliedstaaten der EG über das Verbot der doppelten Strafverfolgung BGBl III 2000/1
EGEO	=	Einführungsgesetz zur ExekutionsO BGBl 1953/6 (WV) idF BGBl I 1999/191
EGG	=	ErwerbsgesellschaftenG BGBl 1990/257, aufgehoben mit BGBl I 2005/120
E-GovG	=	E-GovernmentG BGBl I 2004/10 idF BGBl I 2010/111
EGV	=	Vertrag über die Gründung der EG (idF des Vertrages von Nizza) *[nunmehr: AEUV]*
EGVG	=	Einführungsgesetz zu den Verwaltungsverfahrensgesetzen 2008 BGBl I 2008/87 (WV) idF BGBl I 2009/20
EinhVorlSichV	=	V der BReg über die Einhebung vorläufiger Sicherheiten BGBl II 1999/509
EisbG	=	EisenbahnG 1957 BGBl 60 idF BGBl I 2010/25
ELSY	=	Elektronisches Verwaltungssystem (für die Sozialversicherung)
EMRK	=	Europäische Menschenrechtskonvention BGBl 1958/210 idF BGBl III 2010/47
EO	=	ExekutionsO RGBl 1896/79 idF BGBl I 2010/111
EPG	=	BG über die eingetragene Partnerschaft BGBl I 2009/135 idF BGBl I 2010/29
EpidemieG	=	EpidemieG 1950 BGBl 186 (WV) idF BGBl I 2008/76
Erk	=	Erkenntnis
Erl	=	Erläuterungen (zur jeweiligen RV)
Erl 1998	=	Erl zur RV zu BGBl I 1998/158, 1167 BlgNR 20. GP
Erl 2001	=	Erl zur RV zur Verwaltungsverfahrensnovelle, BGBl I 2001/137, 723 BlgNR 21. GP
Erl 2002	=	Erl zur RV zum Verwaltungsreformgesetz, BGBl I 2002/65, 772 BlgNR 21. GP
Erl 2004	=	Erl zur RV zum E-GovG BGBl I 2004/10, 252 BlgNR 22. GP
Erl 2007	=	Erl zur RV zum Verwaltungsverfahrens- und Zustellrechtsänderungsgesetz 2007, BGBl I 2008/5, 294 BlgNR 23. GP
Erl 2009/1	=	Erl zur RV zum AbgVRefG, BGBl I 2009/20, 38 BlgNR 24. GP
Erl 2009/2	=	Erl zur RV zu BGBl I 2009/135, 485 BlgNR 24. GP

Erl 2010	= Erl zur RV zu BGBl I 2010/111, 981 BlgNR 24. GP
Erl 2011	= Erl zur RV zu BGBl I 2011/100, 317 BlgNR 24. GP
Erl EU-VStVG	= Erl zur RV zum EU-VStVG, BGBl I 2008/3, 46 BlgNR 23. GP
ERV	= Elektronischer Rechtsverkehr
EU	= Europäische Union
EU-FinStrVG	= BG zur Durchführung des Rahmenbeschlusses über die Anwendung des Grundsatzes der gegenseitigen Anerkennung von Geldstrafen und Geldbußen im Bereich des verwaltungsbehördlichen Finanzstrafverfahrens (EU-Finanzstrafvollstreckungsg) BGBl I 2009/19 idF BGBl I 2011/76
EuFristÜb	= Europäisches Übereinkommen über die Berechnung von Fristen BGBl 1983/254 idF BGBl 1985/65
EuGH	= Europäischer Gerichtshof
EU-JZG	= BG über die justizielle Zusammenarbeit in Strafsachen mit den Mitgliedstaaten der Europäischen Union, BGBl I 2004/36 idF BGBl I 2007/112
EuRAG	= Europäisches RechtsanwaltsG BGBl I 2000/27 idF BGBl I 2008/68
1. Euro-Justiz-BegleitG	= 1. Euro-Justiz-BegleitG BGBl I 1998/125 idF BGBl I 2008/2
EUV	= Vertrag über die EU (idF des Vertrages von Lissabon)
EU-VStVG	= BG über die Vollstreckung von Geldstrafen und Geldbußen von Verwaltungsbehörden im Rahmen der Europäischen Union (EU-Verwaltungsstrafvollstreckungsgesetz – EU-VStVG) BGBl I 2008/3
EuZustÜb	= Europäisches Zustellübereinkommen BGBl 1983/67 idF BGBl III 2005/53
EWR-A	= Abkommen über den Europäischen Wirtschaftsraum
f	= folgender
FAG	= FinanzausgleichsG 2001 BGBl I 3 idF BGBl I 2003/71
FAG 2008	= FinanzausgleichsG 2008 BGBl I 2007/103 idF BGBl I 2011/56

ff	=	folgende
FinStrG	=	FinanzstrafG BGBl 1958/129 idF BGBl I 2010/104
Flurverfassungs-GrundsatzG	=	1. Flurverfassungs-GrundsatzG 1951 BGBl 103 (WV) idF BGBl I 2005/87
FMA	=	Finanzmarktaufsichtsbehörde
FMABG	=	FinanzmarktaufsichtsbehördenG BGBl I 2001/97 idF BGBl I 2011/77
FMAG	=	FinanzmarktaufsichtsG BGBl I 2001/97
FMedG	=	FortpflanzungsmedizinG BGBl 1992/275 idF BGBl I 2010/111
FN	=	Fußnote
FOG	=	ForschungsorganisationsG BGBl 1981/341 idF BGBl I 2004/74
FOnV 2006	=	FinanzOnline-Verordnung 2006 – FOnV 2006 BGBl II 2006/97 idF BGBl II 2011/82
Form	=	Formular
ForstG	=	ForstG 1975 BGBl 440 idF BGBl I 2007/55
FPG	=	FremdenpolizeiG BGBl I 2005/100 idF BGBl I 2011/38
FRG	=	FeiertagsruheG 1957 BGBl 153 (WV) idF BGBl I 2006/113
FrG	=	FremdenG 1997 BGBl I 1997/75, aufgehoben mit BGBl I 2005/100
FSG	=	FührerscheinG BGBl I 1997/120 idF BGBl I 2011/61
FSVG	=	BG über die Sozialversicherung freiberuflich selbständig Erwerbstätiger BGBl 1978/624 idF BGBl I 2010/61
F-VG	=	Finanz-Verfassungsgesetz 1948 BGBl 45 idF BGBl I 2007/103
G	=	Gesetz
GBefG	=	GüterbeförderungsG 1995 BGBl 593 (WV) idF BGBl I 2006/153
GBlfdLÖ	=	Gesetzblatt für das Land Österreich
GebAG	=	GebührenanspruchsG BGBl 1975/136 idF BGBl I 2010/111
GebG	=	GebührenG 1957 BGBl 267 (WV) idF BGBl I 2011/76
GEG	=	Gerichtliches EinbringungsG 1962 BGBl 288 (WV) idF BGBl I 2010/111

GehaltsG	=	GehaltsG 1956 BGBl 54 idF BGBl II 2011/109
GeldlEintrV	=	V des BK über den Vorgang bei der Eintreibung von Geldleistungen im Verwaltungsvollstreckungsverfahren BGBl 1949/159
GelVerkG	=	GelegenheitsverkehrsG 1996 BGBl 112 (WV) idF BGBl I 2006/153
gem	=	gemäß
GemeindeO	=	Gemeindeordnung
GeO	=	Geschäftsordnung für die Gerichte I. und II. Instanz BGBl 1951/264 idF BGBl II 2010/451
GewO	=	Gewerbeordnung 1994 BGBl 194 (WV) idF BGBl I 2010/111
GGBG	=	GefahrgutbeförderungsG BGBl I 1998/145 idF BGBl I 2011/35
GKommGebV	=	Gemeinde-KommissionsgebührenV
GOG	=	GerichtsorganisationsG RGBl 1896/217 idF BGBl I 2010/111
GP	=	Gesetzgebungsperiode
GrekoG	=	GrenzkontrollG BGBl 1996/435 idF BGBl I 2007/114
GrunderwerbsteuerG	=	GrunderwerbsteuerG 1987 BGBl 309 idF BGBl I 2010/111
GSVG	=	Gewerbliches SozialversicherungsG BGBl 1978/560 idF BGBl I 2011/52
Güter- und Seilwege-GrundsatzG	=	Güter- und Seilwege-GrundsatzG 1967 BGBl 198 idF BGBl I 2000/39
GVG	=	GrundverkehrsG
GVwAbgV	=	Gemeinde-VerwaltungsabgabenV
HDG	=	HeeresdisziplinarG 2002 BGBl I 2002/167 (WV) idF BGBl I 2010/111
HebG	=	HebammenG BGBl 1994/310 idF BGBl I 2011/74
HeimArbG	=	HeimarbeitsG 1960 BGBl 1961/105 (WV) idF BGBl I 2009/74
HGB (UGB)	=	Handelsgesetzbuch (jetzt: Unternehmensgesetzbuch) dRGBl 1897/219 idF BGBl I 2010/111
HGG	=	HeeresgebührenG 2001 BGBl I 2001/31 idF BGBl I 2010/111
hM	=	herrschende Meinung

HochschulG	=	HochschulG 2005 BGBl I 2006/30 idF BGBl I 2011/73
HVG	=	HeeresversorgungsG BGBl 1964/27 idF BGBl I 2010/4
idF	=	in der Fassung
idFdlN	=	in der Fassung der letzten Novelle
idnF	=	in der neuen Fassung
IKT	=	Inkrafttreten
insb	=	insbesondere
IntOrgPrivG	=	BG über die Einräumung von Privilegien und Immunitäten an internationale Organisationen BGBl 1977/677 idF BGBl I 2009/135
IO	=	InsolvenzO RGBl 1914/337 idF BGBl I 2010/111
iS	=	im Sinne
IsraelitenG	=	IsraelitenG RGBl 1890/57 idF BGBl 1994/505
iVm	=	in Verbindung mit
Jg	=	Jahrgang
JGS	=	Justizgesetzsammlung
JN	=	Jurisdiktionsnorm RGBl 1895/111 idF BGBl I 2010/111
Jud	=	Judikatur
JWG	=	JugendwohlfahrtsG 1989 BGBl 161 idF BGBl I 2007/41
KAKuG	=	Krankenanstalten- und KuranstaltenG BGBl 1957/1 idF BGBl I 2011/69
Kdm	=	Kundmachung
KFG	=	KraftfahrG 1967 BGBl 267 idF BGBl I 2010/116
KflG	=	KraftfahrlinienG BGBl I 1999/203 idF BGBl I 2006/153
KG	=	Kommanditgesellschaft
KO (IO)	=	KonkursO (jetzt: InsolvenzO) RGBl 1914/337 idF BGBl I 2010/111
KOG	=	KommAustriaG BGBl I 2001/32 idF BGBl I 2010/111
KOVG	=	KriegsopferversorgungsG 1957 BGBl 152 (WV) idF BGBl II 2010/456
KSE-BVG	=	BVG über Kooperation und Solidarität bei der Entsendung von Einheiten und Einzelpersonen in das Ausland BGBl I 1997/38 idF BGBl I 1998/35 (Dfb)
Ktn	=	Kärnten

LAG = LandarbeitsG 1984 BGBl 287 (WV) idF BGBl I 2011/37
Landwirtschaftliches Siedlungs-GrundsatzG = Landwirtschaftliches Siedlungs-GrundsatzG BGBl 1967/79 idF BGBl 1971/358
LAS = Landesagrarsenat
LFBAG = Land- und forstwirtschaftliches BerufsausbildungsG BGBl 1990/298 idF BGBl I 2008/82
LFG = LuftfahrtG BGBl 1957/253 idF BGBl I 2010/111
LG = Landesgesetz
LGBl = Landesgesetzblatt
LH = Landeshauptmann
lit = litera
LKommGebV = Landes-KommissionsgebührenV
LReg = Landesregierung
LVwAbgV = Landes-VerwaltungsabgabenV

MarkSchG = MarkenschutzG 1970 BGBl 260 (WV) idF BGBl I 2009/126
MBG = MilitärbefugnisG BGBl I 2000/86 idF BGBl I 2009/85
MedienG = MedienG BGBl 1981/314 idF BGBl I 2009/8
MEG = Maß- und EichG BGBl 1950/152 idF BGBl I 2010/115
MeldeG = MeldeG 1991 BGBl 1992/9 idF BGBl I 2009/135
MinroG = MineralrohstoffG BGBl I 1999/38 idF BGBl I 2010/111
MOG = MarktordnungsG 1985 BGBl 210 (WV), aufgehoben mit BGBl I 2007/55
MOG 2007 = MarktordnungsG 2007 BGBl I 2007/55 idF BGBl I 2010/23
MRK = Europäische Menschenrechtskonvention BGBl 1958/210 idF BGBl III 2010/111
mwH = mit weiteren Hinweisen

NatSchG = NaturschutzG
NBG = NationalbankG 1984 BGBl 50 (WV) idF BGBl I 2011/50
NO = NotariatsO RGBl 1871/75 idF BGBl I 2010/111
NÖ = Niederösterreich
Nov = Novelle
Nr = Nummer

NVG	=	NotarversicherungsG 1972 BGBl 66 idF BGBl I 2010/64
O	=	Ordnung
OAS	=	Oberster Agrarsenat
OHG (jetzt OG)	=	Offene Handelsgesellschaft (jetzt Offene Gesellschaft)
ÖIAG-Gesetz	=	ÖIAG-G 2000 BGBl I 2000/24 idF BGBl I 2008/136
OÖ	=	Oberösterreich
OrgStrafvV	=	V der BReg über Organstrafverfügungen BGBl II 1999/510
PaßG	=	PaßG 1992 BGBl 839 idF BGBl I 2009/135
PatAnwG	=	PatentanwaltsG BGBl 1967/214 idF BGBl I 2009/135
PatG	=	PatentG 1970 BGBl 259 (WV) idF BGBl I 2009/135
PensionsG	=	PensionsG 1965 BGBl 340 idF BGBl I 2010/111
PersFrG	=	BVG über den Schutz der persönlichen Freiheit BGBl 1988/684 idF BGBl I 2008/2
PflSchMG	=	PflanzenschutzmittelG 2011 BGBl I 2011/10
PGS	=	Politische Gesetzessammlung
PMG	=	PostmarktG 2009 BGBl I 2009/123 idF BGBl I 2010/111
PreistransparenzG	=	PreistransparenzG BGBl 1992/761 idF BGBl I 2011/54
PTA	=	Post und Telekom Austria AG
PunzG 2000	=	PunzierungsG 2000 BGBl I 2001/24 idF BGBl I 2004/26
RAO	=	RechtsanwaltsO RGBl 1868/96 idF BGBl I 2010/111
RassDiskrBesÜb	=	Internationales Übereinkommen über die Beseitigung aller Formen rassischer Diskriminierung BGBl 1972/377
RassDiskrVerbG	=	BVG zur Durchführung des RassDiskrBesÜb BGBl 1973/390
RechtshilfeAbk	=	Vertrag zwischen der Republik Österreich und der Bundesrepublik Deutschland über Amts- und Rechtshilfe in Verwaltungssachen BGBl 1990/526

RelKEG	=	G über die religiöse Kindererziehung 1985 BGBl 155 (WV) idF BGBl I 1999/191
RFG	=	RundfunkG (ORF-G) BGBl 1984/379 (WV) idF BGBl I 2010/50
RGBl	=	Reichsgesetzblatt
RGV	=	Reisegebührenvorschrift 1955 BGBl 133 idF BGBl I 2010/111
Rsp	=	Rechtsprechung
RStDG	=	Richter- und StaatsanwaltschaftsdienstG BGBl 1961/305 idF BGBl I 2010/111
RV	=	Regierungsvorlage
Rz	=	Randzahl
S	=	Seite
Sbg	=	Salzburg
SchBeihG	=	SchülerbeihilfenG 1983 BGBl 455 (WV) idF BGBl I 2010/46
SchiffahrtsG	=	SchiffahrtsG BGBl I 1997/62 idF BGBl I 2010/111
SchUG	=	SchulunterrichtsG 1986 BGBl 472 (WV) idF BGBl I 2011/73
SDG	=	Sachverständigen- und DolmetscherG BGBl 1975/137 idF BGBl I 2009/30
SDÜ	=	Schengener Durchführungsübereinkommen BGBl III 1997/90
SeeschiffahrtsG	=	SeeschiffahrtsG BGBl 1981/174 idF BGBl I 2011/3 (VfGH)
SMG	=	SuchtmittelG BGBl I 1997/112 idF BGBl I 2011/21
SPG	=	SicherheitspolizeiG BGBl 1991/566 idF BGBl I 2011/33
SprengmittelG	=	SprengmittelG 2010 BGBl I 2009/121
StAnwG	=	StrafanwendungsG StGBl 1945/148
StbG	=	StaatsbürgerschaftsG 1985 BGBl 311 (WV) idF BGBl I 2011/38
StEG 2005	=	Strafrechtliches EntschädigungsG 2005 BGBl I 2004/125 idF BGBl I 2010/111
StG	=	Strafgesetz RGBl 1852/117 idF BGBl 1971/273, aufgehoben mit BGBl 1974/422
StGB	=	Strafgesetzbuch BGBl 1974/60 idF BGBl I 2011/66
StGBl	=	Staatsgesetzblatt

StGG	=	StaatsgrundG RGBl 1867/142 idF BGBl 1988/684
Stmk	=	Steiermark
StPO	=	Strafprozeßordnung 1975 BGBl 631 (WV) idF BGBl I 2011/67
StrahlenschutzG	=	StrahlenschutzG BGBl 1969/227 idF BGBl I 2006/13
StudFG	=	StudienförderungsG 1992 BGBl 305 idF BGBl I 2009/135
StV	=	Staatsvertrag
StVG	=	StrafvollzugsG BGBl 1969/144 idF BGBl I 2010/111
StVO	=	StraßenverkehrsO 1960 BGBl 159 idF BGBl I 2011/59
szt	=	seinerzeit
TierseuchenG	=	TierseuchenG RGBl 1909/177 idF BGBl I 2008/36
Tir	=	Tirol
TKG	=	TelekommunikationsG 2003 BGBl I 2003/70 idF BGBl I 2011/27
TTG	=	TiertransportG 2007 BGBl I 2007/54
TubG	=	TuberkuloseG BGBl 1968/127 idF BGBl I 2002/65
ua	=	unter anderem
UBAS	=	Unabhängiger Bundesasylsenat
UBASG	=	BG über den unabhängigen Bundesasylsenat BGBl I 1997/77, aufgehoben mit BGBl I 2008/4
ÜbG	=	ÜbernahmeG BGBl I 1998/127 idF BGBl I 2010/29
udgl	=	und dergleichen
UFSG	=	BG über den unabhängigen Finanzsenat BGBl I 2002/97 idF BGBl I 2008/2
UGB	=	Unternehmensgesetzbuch dRGBl 1897/219 idF BGBl I 2010/111
UG 2002	=	UniversitätsG 2002 BGBl I 2002/120 idF BGBl I 2011/45 (VfGH)
ÜG 1920	=	ÜbergangsG 1920 BGBl 1925/368 (WV) idF BGBl I 2008/2
UIG	=	UmweltinformationsG BGBl 1993/495 idF BGBl I 2009/128
USG 2000	=	UmweltsenatG 2000 BGBl I 2000/114 idF BGBl I 2009/127

UVP-G	=	UmweltverträglichkeitsprüfungsG 2000 BGBl 1993/697 idF BGBl I 2009/87
UVS	=	Unabhängige Verwaltungssenate in den Ländern
UVS-AufwErsV	=	UVS-AufwandersatzV 2008 BGBl II 2008/456
uzw	=	und zwar
V	=	Verordnung
v	=	vom
VA	=	Verfassungsausschuss
VAIG	=	Verkehrs-ArbeitsinspektionsG BGBl 1994/650 idF BGBl I 2011/51
Vbg	=	Vorarlberg
VerG	=	VereinsG 2002 BGBl I 2002/66 idF BGBl I 2010/111
VermG	=	VermessungsG BGBl 1968/306 idF BGBl I 2008/100
VerwSigV	=	VerwaltungssignaturV BGBl II 2004/159
VfGG	=	VerfassungsgerichtshofG 1953 BGBl 85 (WV) idF BGBl I 2010/111
VfGH	=	Verfassungsgerichtshof
VfllV	=	VerfallsV BGBl 1927/386 idF BGBl II 2008/381
vgl	=	vergleiche
VoGrG	=	VolksgruppenG BGBl 1976/396 idF BGBl I 2011/46
VorabentscheidungsG	=	VorabentscheidungsG BGBl I 1999/89
VStG	=	VerwaltungsstrafG 1991 BGBl 52 (WV) idF BGBl I 2011/100
VVG	=	VerwaltungsvollstreckungsG 1991 BGBl 53 (WV) idF BGBl I 2011/100
VwAbgG	=	VerwaltungsabgabenG
VwFormV	=	VerwaltungsformularV BGBl II 1999/508
VwGG	=	VerwaltungsgerichtshofG 1985 BGBl 10 (WV) idF BGBl I 2010/111
VwGH	=	Verwaltungsgerichtshof
WaffG	=	WaffenG 1996 BGBl I 1997/12 idF BGBl I 2008/4
Wald- und Weideservituten-GrundsatzG	=	Wald- und Weideservituten-GrundsatzG BGBl 1951/103 idF BGBl I 2006/14

Walter/Thienel I, Seite	=	*Walter/Thienel,* Die österreichischen Verwaltungsverfahrensgesetze I² (1998)
WDK	=	Wr Diplomatenkonvention BGBl 1966/66
WeinG	=	WeinG 1999 BGBl I 1999/141 idF BGBl I 2009/111
WG	=	WehrG 2001 BGBl I 2001/146 (WV) idF BGBl I 2009/85
WKK	=	Wr Konsularkonvention BGBl 1969/318
Wr	=	Wiener
WRG	=	WasserrechtsG 1959 BGBl 215 (WV) idF BGBl I 2011/14
WTBG	=	WirtschaftstreuhandberufsG BGBl I 1999/58 idF BGBl I 2010/58
WV	=	Wiederverlautbarung
WVG	=	WiederverlautbarungsBVG BGBl 1947/114, aufgehoben mit BGBl 1981/350
Z	=	Zahl, Ziffer
zB	=	zum Beispiel
ZDG	=	ZivildienstG 1986 BGBl 679 (WV) idF BGBl I 2010/111; siehe auch BGBl 1995/828
zit	=	zitiert
ZLStatistikG	=	Zivilluftfahrt-StatistikG BGBl 1972/61
ZMR	=	Zentrales Melderegister
7. ZPMRK	=	7. Zusatzprotokoll zur MRK BGBl 1988/628 idF BGBl III 2002/179 (Dfb)
ZPO	=	ZivilprozeßO RGBl 1895/113 idF BGBl I 2011/21
zT	=	zum Teil
ZTG	=	ZiviltechnikerG 1993 BGBl 1994/156 idF BGBl I 2010/58
ZustDV	=	ZustelldiensteV BGBl II 2005/233 idF BGBl II 2008/354
ZustFormV	=	ZustellformularV 1982 BGBl 600 idF BGBl II 2011/238
ZustG	=	ZustellG BGBl 1982/200 idF BGBl I 2010/111
ZustRAG	=	ZustellrechtsanpassungsG BGBl 1982/201

Literaturverzeichnis

der wichtigsten jüngeren Literatur (ausgenommen Aufsätze)

1. Textausgaben

Lienbacher, Verwaltungsverfahrensgesetze in „Österreichische Verfassungs- und Verwaltungsgesetze" (250 bis 253)
Weilinger, Kodex Verwaltungsverfahrensgesetze[42] (2011)
Lanner/Wiederin (Hrsg), Verwaltungsverfahrensrecht[9] (2008)

2. Kommentierte Gesetzesausgaben und Kommentare

Andre/Vogl, Anhalteordnung (2007)
Dohr/Pollirer/Weiss, E-Government-Gesetz (2004)
Feil, Zustellwesen[5] (2006)
Hauer/Leukauf, Handbuch des österreichischen Verwaltungsverfahrens[6] (2004) mit Ergänzungsband (2010)
Hengstschläger/Leeb, AVG-Kommentar, 1. Teilband (§§ 1 – 36) (2004), 2. Teilband (§§ 37 – 62) (2005), 3. Teilband (§§ 63 – 67 h) (2007), 4. Teilband (§§ 68 – 82 a) (2009), 5. Teilband (Stichwort-, Abkürzungs- und Literaturverzeichnis) (2009)
Mannlicher/Quell, Das Verwaltungsverfahren I[8] (1975), II[8] (1990), mit Ergänzungsheft (1990)
Raschauer/Sander/Wessely, Österreichisches Zustellrecht (2007)
Ringhofer, Die österreichischen Verwaltungsverfahrensgesetze I (1987), II (1992)
Stifter/Waas, Das Dienstrechtsverfahren[3] (1969), mit Nachtrag (1970)
Walter/Mayer, Das österreichische Zustellrecht (1983)
Walter/Thienel, Die österreichischen Verwaltungsverfahrensgesetze I[2] (1998), II[2] (2000)

3. Systematische Darstellungen

Fasching/Schwartz, Verwaltungsverfahrensrecht im Überblick[4] (2009)
Grabenwarter, Verwaltungsverfahrensrecht und Verwaltungsgerichtsbarkeit[2] (2010)
Hengstschläger, Verwaltungsverfahrensrecht[4] (2009)
Kunnert, Das Verwaltungsverfahren in der Praxis (2000)
Larcher, Vollstreckung im Verwaltungsrecht (2009)

Larcher, Zustellrecht (2010)
Thienel/Schulev-Steindl, Verwaltungsverfahrensrecht[5] (2009)
Walter(†)/Kolonovits/Muzak/Stöger, Grundriss des österreichischen Verwaltungsverfahrensrechts[9] (2011)
Wielinger, Einführung in das österreichische Verwaltungsverfahrensrecht[12] (2010)

4. Monografien (Auswahl)

Attlmayr, Das Recht des Sachverständigen im Verwaltungsverfahren (1997)
Domej, Die Amtspartei im Verwaltungsverfahren (2006)
Fischerlehner, Die abgekürzten Verfahren im Verwaltungsstrafrecht (2007)
Frank, Gemeinschaftsrecht und staatliche Verwaltung (2000)
Frieberger, Beweisverbote im Verwaltungsverfahren (1997)
Fuchs, Neue Verfahren im öffentlichen Recht (2010)
Funk, Der verfahrensfreie Verwaltungsakt (1975)
–, Der Verwaltungsakt im österreichischen Rechtssystem (1978)
Gallent, Verantwortlichkeit der Gemeinde im gerichtlichen und im verwaltungsbehördlichen Strafverfahren (Nach StGB und VStG) (1995)
Grabenwarter, Verfahrensgarantien in der Verwaltungsgerichtsbarkeit (1997)
Hartlieb, Die Gemeinde im Verwaltungsverfahren (2010)
Hauer, Der Nachbar im Baurecht[6] (2008)
Hauer (Hrsg), Die Handhabung des Gemeinschaftsrechts in der österreichischen Verwaltung (2002)
Hofer-Zeni, Das Ermessen im Spannungsfeld von Rechtsanwendung und Kontrolle (1981)
Holoubek/Lang (Hrsg), Abgabenverfahrensrecht und Gemeinschaftsrecht (2005)
–, Allgemeine Grundsätze des Verwaltungs- und Abgabenverfahrens (2006)
–, Rechtskraft im Verwaltungs- und Abgabenverfahren (2008)
Holzer, Agrarrecht[2] (2011)
Kante, Verwaltungsrechtliche Großverfahren (2001)
Kolonovits, Sprachenrecht in Österreich (1999)
Kralik, Die Vorfrage im Verfahrensrecht (1953)
Maier, Befangenheit im Verwaltungsverfahren. Die Regelungen der EU-Mitgliedstaaten im Rechtsvergleich (2001)
Martschin/Schmid, Das Verfahrensrecht der unabhängigen Verwaltungssenate (2008)

Mayer, Die Zuständigkeit der Verwaltungsbehörden im Vollstreckungsverfahren (1974)
–, Genehmigungskonkurrenz und Verfahrenskonzentration (1985)
Melichar (Hrsg), Rechtsfragen des Verwaltungsverfahrens. Eine vergleichende Darstellung zwischen Österreich und Polen (1979)
Neuper, Die Rechtserheblichkeit von Erklärungen im Verwaltungsverfahren und das ABGB (1997)
Norer, Lebendiges Agrarrecht (2005)
Öhlinger, Das Problem des verwaltungsrechtlichen Vertrages (1974)
Öhlinger/Potacs, Gemeinschaftsrecht und staatliches Recht[3] (2006)
Pallitsch, Die Präklusion im Verwaltungsverfahren (2001)
Philipp, Praeklusionsvorschriften im Verwaltungsverfahren (2002)
Prohaska/Marchried, Geheimnisschutz berufsmäßiger Parteienver treter (1998)
Ringhofer, Strukturprobleme des Rechtes, dargestellt am Staatsbürgerschaftsgesetz 1965 (1966)
Sachs/Thanner (Hrsg), Verfahren vor Sonderbehörden (2006)
Schulev-Steindl, Subjektive Rechte (2008)
Siess, Die Vollstreckung von Geld- und Freiheitsstrafen im Verwaltungsrecht (1993)
Stöger, Verwaltungsgerichtliche Kassation und „aufbauende Bescheide" (2002)
Thienel, Das Verfahren der Verwaltungssenate[2] (1992)
–, Der mehrstufige Verwaltungsakt (1996)
–, Mehrpolige Rechtsverhältnisse und Verwaltungsgerichtsbarkeit (2001)
–, Die Verwaltungsverfahrensnovellen 2001 (2002)
Walter/Thienel, Die Verwaltungsverfahrensnovellen 1995 (1995)
Walter/Thienel, Die Verwaltungsverfahrensnovellen 1998 (1999)
Wessely, Eckpunkte der Parteistellung (2008)
Wiederin, Die Zukunft des Verwaltungsstrafrechts. Sanktionen – Rechtsschutz – europäische Zusammenarbeit, 16. ÖJT, Bd III/1 (2006) sowie die Diskussionen dazu in Bd III/2
Winkelhofer, Säumnis von Verwaltungsbehörden (1991)
Winkler, Der Bescheid (1956; Nachdruck 1989)
–, Die absolute Nichtigkeit von Verwaltungsakten (1960)

A. Das Einführungsgesetz zu den Verwaltungsverfahrensgesetzen

1. Wiederverlautbarungskundmachung

Kundmachung des Bundeskanzlers, mit der das Einführungsgesetz zu den Verwaltungsverfahrensgesetzen 1991 wiederverlautbart wird, BGBl. I Nr. 87/2008

Artikel 1. Auf Grund des Art. 49a B-VG wird in der Anlage das Einführungsgesetz zu den Verwaltungsverfahrensgesetzen 1991 - EGVG, BGBl. Nr. 50,[1]) wiederverlautbart.[2])

1) Das EGVG (A 2; ursprünglich erlassen in BGBl 1925/273) ist - wie auch AVG (B 2; ursprünglich erlassen in BGBl 1925/274), VStG (C 2; ursprünglich erlassen in BGBl 1925/275) und VVG (D 2; ursprünglich erlassen in BGBl 1925/276) - erstmals im Jahr 1950 wiederverlautbart worden (uzw alle mit der Kdm BGBl 1950/172). Die damalige WV stützte sich auf das WVG. Sie ist auch nach Aufhebung des WVG durch Art II Abs 1 B-VGNov BGBl 1981/350 in Geltung geblieben (Art II Abs 2 der zit B-VGNov). Eine zweite WV des EGVG erfolgte durch BGBl 1991/50. Von dieser geht die nunmehrige dritte WV des EGVG aus.

Durch das 1. BRBG (1999) wurden EGVG, AVG, VStG und VVG, aber auch das ebenfalls wiederverlautbarte (mit BGBl 1950/173), ursprünglich in BGBl 1927/79 erlassene AgrVG (F 2) ausdrücklich aufrechterhalten. Außerdem wurde bestimmt (§ 4 Abs 3 des 1. BRBG), dass weitergeltende Rechtsvorschriften, die in der Folge wiederverlautbart worden waren, ab dem Tag der Kdm ihrer WV als BG in der durch die WV bewirkten Fassung gelten. Bei mehrfach wiederverlautbarten Rechtsvorschriften ist die zeitlich letzte WV maßgebend. Somit hatte also die zweite WV des EGVG den Rang eines Gesetzes.

2) Die WV hat rechtsverbindliche Wirkung; von dem Ablauf des Tages der Kundmachung der WV (das war der 4. 1. 2008) an sind alle Gerichte und Verwaltungsbehörden für die danach verwirklichten Tatbestände an den wiederverlautbarten Gesetzestext gebunden (Art 49a Abs 1 und 3 B-VG).

Artikel 2. **Bei der Wiederverlautbarung werden die Änderungen und Ergänzungen berücksichtigt,[1]) die sich aus folgenden Rechtsvorschriften ergeben:[2])**

1. Bundesgesetz, mit dem das Einführungsgesetz zu den Verwaltungsverfahrensgesetzen 1991 geändert wird, BGBl. Nr. 143/1992;

2. Bundesgesetz, mit dem das Einführungsgesetz zu den Verwaltungsverfahrensgesetzen 1991 geändert wird, BGBl. Nr. 178/1992;

3. Bundesgesetz, mit dem begleitende Bestimmungen zum Bundesvergabegesetz erlassen werden, BGBl. Nr. 463/1993;

4. Bundesgesetz, mit dem das Einführungsgesetz zu den Verwaltungsverfahrensgesetzen 1991 geändert wird, BGBl. Nr. 509/1993;

5. Bundesgesetz betreffend das Fernmeldewesen (Fernmeldegesetz 1993), BGBl. Nr. 908/1993;

6. Kundmachung des Bundeskanzlers betreffend die Rechtsvorschriften, die gleichzeitig mit dem „Abkommen über den Europäischen Wirtschaftsraum" in Kraft treten, BGBl. Nr. 917/1993;

7. Bundesgesetz, mit dem Anpassungen an das Arbeitsmarktservicegesetz vorgenommen werden (Arbeitsmarktservice-Begleitgesetz, AMS-BegleitG), BGBl. Nr. 314/1994;

8. Bundesgesetz über die Beaufsichtigung von Wertpapierdienstleistungen (Wertpapieraufsichtsgesetz – WAG) und über die Änderung des Bankwesengesetzes, des Börsegesetzes 1989, des Einführungsgesetzes zu den Verwaltungsverfahrensgesetzen 1991, der Konkursordnung, der Ausgleichsordnung, des Versicherungsaufsichtsgesetzes und des Investmentfondsgesetzes, BGBl. Nr. 753/1996;

9. Bundesgesetz, mit dem das Postgesetz und das Einführungsgesetz zu den Verwaltungsverfahrensgesetzen 1991 geändert werden, BGBl. Nr. 765/1996;

10. Bundesgesetz, mit dem die Gewerbeordnung 1994, das Arbeitsverfassungsgesetz, das Bankwesengesetz, das Einführungsgesetz zu den Verwaltungsverfahrensgesetzen 1991

und das Arbeitsinspektionsgesetz 1993 geändert werden, BGBl. I Nr. 63/1997;

11. Bundesgesetz über die Saatgutanerkennung, die Saatgutzulassung und das Inverkehrbringen von Saatgut sowie die Sortenzulassung (Saatgutgesetz 1997 - SaatG 1997); Bundesgesetz, mit dem das Sortenschutzgesetz geändert wird; Bundesgesetz, mit dem das Einführungsgesetz zu den Verwaltungsverfahrensgesetzen 1991 - EGVG geändert wird und Bundesgesetz, mit dem das Düngemittelgesetz geändert wird, BGBl. I Nr. 72/1997;

12. Bundesgesetz, mit dem das Einführungsgesetz zu den Verwaltungsverfahrensgesetzen 1991 geändert wird, BGBl. I Nr. 28/1998;

13. Bundesgesetz betreffend Übernahmeangebote (Übernahmegesetz - ÜbG) sowie über Änderungen des Börsegesetzes und des Einführungsgesetzes zu den Verwaltungsverfahrensgesetzen 1991, BGBl. I Nr. 127/1998;

14. Bundesgesetz zur Bereinigung der vor 1946 kundgemachten einfachen Bundesgesetze und Verordnungen (Erstes Bundesrechtsbereinigungsgesetz - 1. BRBG), BGBl. I Nr. 191/1999;

15. Bundesgesetz, mit dem ein Bundesgesetz über die Punzierung und Kontrolle von Edelmetallgegenständen (Punzierungsgesetz 2000) erlassen und das Einführungsgesetz zu den Verwaltungsverfahrensgesetzen 1991 geändert wird, BGBl. I Nr. 24/2001;

16. Bundesgesetz über die Errichtung und Organisation der Finanzmarktaufsichtsbehörde und über die Änderung des Bankwesengesetzes, des Wertpapieraufsichtsgesetzes, des Investmentfondsgesetzes, des Beteiligungsfondsgesetzes, des Sparkassengesetzes, des Bausparkassengesetzes, des Hypothekenbankengesetzes, des Pfandbriefgesetzes, des EGVG, des Börsegesetzes 1989, des Versicherungsaufsichtsgesetzes, des Kraftfahrzeug-Haftpflichtversicherungsgesetzes 1994, des Pensionskassengesetzes, des Kapitalmarktgesetzes, des Handelsgesetzbuches, des Aktiengesetzes, des GmbH-Gesetzes und des Nationalbankgesetzes 1984 (Finanzmarktaufsichtsgesetz - FMAG), BGBl. I Nr. 97/2001;

17. Bundesgesetz, mit dem das Zustellgesetz, das Einführungsgesetz zu den Verwaltungsverfahrensgesetzen 1991, das

Allgemeine Verwaltungsverfahrensgesetz 1991, das Verwaltungsstrafgesetz 1991 und das Verwaltungsvollstreckungsgesetz 1991 geändert werden sowie das Verwaltungsentlastungsgesetz aufgehoben wird (Verwaltungsverfahrensnovelle 2001), BGBl. I Nr. 137/2001;

18. Bundesgesetz, mit dem ein Bundesgesetz über den unabhängigen Finanzsenat beschlossen und die BAO, das Zollrechts-Durchführungsgesetz, das Ausschreibungsgesetz 1989, das Einführungsgesetz zu den Verwaltungsverfahrensgesetzen 1991, das Finanzstrafgesetz und das Abgabenverwaltungsorganisationsgesetz geändert werden (Abgaben-Rechtsmittel-Reformgesetz – AbgRmRefG), BGBl. I Nr. 97/2002;

19. Bundesgesetz, mit dem das Sicherheitspolizeigesetz, das Grenzkontrollgesetz, das Bundesgesetz über die Führung der Bundesgendarmerie im Bereich der Länder und die Verfügung über die Wachkörper der Bundespolizei und der Bundesgendarmerie und das Beamten-Dienstrechtsgesetz geändert werden (SPG-Novelle 2005), BGBl. I Nr. 151/2004;

20. Bundesgesetz, mit dem das Bundes-Verfassungsgesetz geändert wird, ein Asylgesetz 2005, ein Fremdenpolizeigesetz 2005 und ein Niederlassungs- und Aufenthaltsgesetz erlassen, das Bundesbetreuungsgesetz, das Personenstandsgesetz, das Bundesgesetz über den unabhängigen Bundesasylsenat, das Einführungsgesetz zu den Verwaltungsverfahrensgesetzen 1991, das Sicherheitspolizeigesetz, das Gebührengesetz 1957, das Familienlastenausgleichsgesetz 1967, das Kinderbetreuungsgeldgesetz und das Tilgungsgesetz 1972 geändert werden sowie das Fremdengesetz 1997 aufgehoben wird (Fremdenrechtspaket 2005), BGBl. I Nr. 100/2005;

21. Bundesgesetz, mit dem das Bundes-Verfassungsgesetz, das Einführungsgesetz zu den Verwaltungsverfahrensgesetzen 1991 und das Zivildienstgesetz 1986 geändert werden (ZDG-Novelle 2005), BGBl. I Nr. 106/2005;

22. Bundesgesetz, mit dem ein Asylgerichtshofgesetz erlassen wird und das Asylgesetz 2005, das Verwaltungsgerichtshofgesetz 1985, das Verfassungsgerichtshofgesetz 1953, das Bundesministeriengesetz 1986, das Einführungsgesetz zu den Verwaltungsverfahrensgesetzen 1991, das Allgemeine Verwaltungsverfahrensgesetz 1991, das Fremdenpolizeigesetz 2005, das Niederlassungs- und Aufenthaltsgesetz, das Grundversorgungs-

gesetz-Bund 2005, das Staatsbürgerschaftsgesetz 1985, das Sicherheitspolizeigesetz und das Waffengesetz 1996 geändert werden (Asylgerichtshof-Einrichtungsgesetz), BGBl. I Nr. 4/2008;

23. Bundesgesetz, mit dem das Einführungsgesetz zu den Verwaltungsverfahrensgesetzen 1991, das Allgemeine Verwaltungsverfahrensgesetz 1991, das Verwaltungsstrafgesetz 1991 und das Zustellgesetz geändert werden (Verwaltungsverfahrens- und Zustellrechtsänderungsgesetz 2007), BGBl. I Nr. 5/2008.

1) Vgl Art 49 a Abs 1 B-VG („in ihrer geltenden Fassung").

2) Zu den Änderungen des EGVG (A 2) seit seiner WV vgl die Überschrift zum EGVG (A 2).

Artikel 3. Der gegenstandslos gewordene Art. XII[1]) wird als nicht mehr geltend festgestellt.[2])

1) Diese Bestimmung enthielt die Regelungen über das In- und Außerkrafttreten der Änderungen des EGVG seit der vorhergehenden WV. Ungeachtet der Feststellung der Gegenstandslosigkeit dieser Bestimmung richten sich Beginn und Ende des zeitlichen Geltungsbereiches der seit der vorhergehenden WV geänderten Bestimmungen auch weiterhin nach den In- und Außerkrafttretensregelungen der einschlägigen Nov.

2) Vgl Art 49 a Abs 1 Z 3 B-VG.

Artikel 4. Im wiederverlautbarten Text werden folgende terminologische Änderungen vorgenommen:[1])

1. Die Regeln der neuen Rechtschreibung werden angewendet.

2. In Art. I Abs. 2 Z 13 wird das Wort „Berufungssenats" durch das Wort „Berufungssenates" ersetzt.

3. In Art. I Abs. 2 Z 37 wird das Wort „Bundesvergabeamts" durch das Wort „Bundesvergabeamtes" ersetzt.

4. In Art. I Abs. 4 wird die Wendung „finden die Verwaltungsverfahrensgesetze keine Anwendung" durch die Wendung „sind die Verwaltungsverfahrensgesetze nicht anzuwenden" ersetzt.

5. In Art. I Abs. 5 wird die Wendung „finden die Verwaltungsverfahrensgesetze [. . .] keine Anwendung" durch die Wendung „sind die Verwaltungsverfahrensgesetze [. . .] nicht anzuwenden" ersetzt.

6. In Art. III Abs. 1 Z 3 wird nach dem Wort „sind" ein Beistrich eingefügt.

1) Vgl Art 49 a Abs 1 Z 1 B-VG.

Artikel 5. Im wiederverlautbarten Text werden die bisherigen Artikel- und sonstigen Gliederungsbezeichnungen wie folgt geändert und Bezugnahmen darauf innerhalb des Textes entsprechend richtig gestellt („Paragraphenspiegel"):[1][2]

alt			neu		
Art. I			***Entfällt***		
Art. II			**Art. I**		
	Abs. 1			**Abs. 1**	
	Abs. 2			**Abs. 2**	
	lit. A			**lit. A**	
		Z 1			**Z 1**
		Z 2			**Z 2**
		Z 3			**Z 3**
		Z 4			**Z 4**
		Z 5			**Z 5**
		Z 6			**Z 6**
		Z 7			**Z 7**
		Z 8			**Z 8**
		Z 9			**Z 9**
		Z 10			**Z 10**
		Z 11			**Z 11**
		Z 12			***Entfällt***
		Z 13			**Z 12**
		Z 14			**Z 13**
		Z 15			**Z 14**
		Z 16			**Z 15**
		Z 17			**Z 16**
		Z 18			**Z 17**
		Z 19			***Entfällt***
		Z 20			***Entfällt***
		Z 21			**Z 18**
		Z 22			**Z 19**
		Z 23			**Z 20**
		Z 24			**Z 21**

	Z 25		***Entfällt***
	Z 26		***Entfällt***
	Z 27		**Z 22**
	Z 28		***Entfällt***
	Z 28 a		**Z 23**
	Z 28 b		**Z 24**
Abs. 2 lit. B		**Abs. 2 lit. B**	
	Z 29		**Z 25**
	Z 30		**Z 26**
	Z 31		**Z 27**
	Z 32		**Z 28**
Abs. 2 lit. C		**Abs. 2 lit. C**	
	Z 33		**Z 29**
	Z 34		**Z 30**
	Z 35		**Z 31**
	Z 36		**Z 32**
	Z 37		**Z 33**
	Z 38		***Entfällt***
	Z 39		**Z 34**
	Z 39 a		**Z 35**
	Z 40		**Z 36**
	Z 40 a		**Z 37**
Abs. 2 lit. D		**Abs. 2 lit. D**	
	Z 41		**Z 38**
	Z 42		**Z 39**
	Z 43		**Z 40**
	Z 43 a		***Entfällt***
Abs. 2 lit. E		**Abs. 2 lit. E**	
	Z 44		**Z 41**
	Z 45		**Z 42**
Abs. 2 lit. F		**Abs. 2 lit. F**	
Abs. 3		***Entfällt***	
Abs. 4		**Abs. 3**	

	Abs. 5			Abs. 4	
	Abs. 6			Abs. 5	
		Z 1			Z 1
		Z 2			Z 2
		Z 3			Z 3
		Z 4			Z 4
		Z 5 bis 7			*Entfallen*
Art. III			*Entfällt*		
Art. IV			*Entfällt*		
Art. V			*Entfällt*		
Art. VI			Art. II		
	Abs. 1			Abs. 1	
	Abs. 2			Abs. 2	
	Abs. 3			Abs. 3	
	Abs. 4			*Entfällt*	
Art. VII			*Entfällt*		
Art. IX			Art. III		
Art. X			*Entfällt*		
Art. XI			*Entfällt*		
Art. XII			*Entfällt*		
Art. XIII			Art. IV		

1) Vgl Art 49 a Abs 2 Z 5 B-VG.

2) Änderungen nach der WV werden in den Anm ersichtlich gemacht und im Text des EGVG berücksichtigt.

Artikel 6. **(1) Die wiederverlautbarte Fassung der folgenden Bestimmungen ergibt sich aus den nachstehend angeführten Gesetzesänderungen:**[1])

Art. I	Abs. 2	Z 4	BGBl. I Nr. 137/2001, Art. 2 Z 1
Art. I	Abs. 2	Z 5	BGBl. I Nr. 137/2001, Art. 2 Z 2
Art. I	Abs. 2	Z 6	BGBl. I Nr. 100/2005, Art. 9 Z 1
Art. I	Abs. 2	Z 8	BGBl. I Nr. 5/2008, Art. 1 Z 2
Art. I	Abs. 2	Z 10	BGBl. I Nr. 5/2008, Art. 1 Z 3

Art. I	Abs. 2	Z 12	BGBl. I Nr. 97/2002, Art. V Z 1, und BGBl. I Nr. 5/2008, Art. 1 Z 5
Art. I	Abs. 2	Z 13	BGBl. Nr. 509/1993, Z 1
Art. I	Abs. 2	Z 15	BGBl. I Nr. 5/2008, Art. 1 Z 6
Art. I	Abs. 2	Z 20	BGBl. I Nr. 5/2008, Art. 1 Z 8
Art. I	Abs. 2	Z 21	BGBl. I Nr. 5/2008, Art. 1 Z 9
Art. I	Abs. 2	Z 23	BGBl. I Nr. 97/2001, Art. X Z 1
Art. I	Abs. 2	Z 24	BGBl. I Nr. 127/1998, Art. III
Art. I	Abs. 2	Z 27	BGBl. I Nr. 5/2008, Art. 1 Z 11
Art. I	Abs. 2	Z 29	BGBl. I Nr. 5/2008, Art. 1 Z 12
Art. I	Abs. 2	Z 30	BGBl. I Nr. 100/2005, Art. 9 Z 2
Art. I	Abs. 2	Z 32	BGBl. I Nr. 106/2005, Art. 2 Z 1
Art. I	Abs. 2	Z 33	BGBl. I Nr. 5/2008, Art. 1 Z 13
Art. I	Abs. 2	Z 34	BGBl. I Nr. 106/2005, Art. 2 Z 2
Art. I	Abs. 2	Z 35	BGBl. I Nr. 106/2005, Art. 2 Z 3
Art. I	Abs. 2	Z 36	BGBl. I Nr. 5/2008, Art. 1 Z 15
Art. I	Abs. 2	Z 37	BGBl. Nr. 463/1993, Art. I Z 1
Art. I	Abs. 2	Z 38	BGBl. I Nr. 5/2008, Art. 1 Z 16
Art. I	Abs. 2	Z 42	BGBl. I Nr. 5/2008, Art. 1 Z 17
Art. I	Abs. 3		BGBl. I Nr. 5/2008, Art. 1 Z 19
Art. I	Abs. 5	Z 2	BGBl. I Nr. 5/2008, Art. 1 Z 20

Art. I	Abs. 5	Z 4	BGBl. I Nr. 5/2008, Art. 1 Z 21
Art. II	Abs. 2		BGBl. I Nr. 5/2008, Art. 1 Z 24
Art. III	Abs. 1	Einleitung	BGBl. Nr. 143/1992, Z 1
Art. III	Abs. 1	Z 1	BGBl. I Nr. 5/2008, Art. 1 Z 27
Art. III	Abs. 1	Z 2	BGBl. Nr. 143/1992, Z 1
Art. III	Abs. 1	Z 3	BGBl. I Nr. 63/1997, Art. IV Z 1
Art. III	Abs. 1	Z 4	BGBl. Nr. 143/1992, Z 1
Art. III	Abs. 1	Schlussteil	BGBl. Nr. 143/1992, Z 1, BGBl. I Nr. 63/1997, Art. IV Z 2, BGBl. I Nr. 137/2001, Art. 2 Z 8, BGBl. I Nr. 100/2005, Art. 9 Z 5, und BGBl. I Nr. 5/2008, Art. 1 Z 28
Art. III	Abs. 2		BGBl. Nr. 143/1992, Z 1, und BGBl. I Nr. 151/2004, Art. 5 Abs. 1
Art. III	Abs. 3 und 4		BGBl. Nr. 143/1992, Z 1
Art. III	Abs. 5		BGBl. Nr. 143/1992, Z 1, und BGBl. I Nr. 100/2005, Art. 9 Z 5
Art. III	Abs. 6		BGBl. Nr. 143/1992, Z 1
Art. IV			BGBl. Nr. 463/1993, Art. I Z 3

(2) Folgende Bestimmungen entfallen infolge Aufhebung durch die nachstehend angeführten Gesetzesänderungen:[2])

Art. I			BGBl. I Nr. 5/2008, Art. 1 Z 1
Art. II	Abs. 2	Z 12	BGBl. I Nr. 5/2008, Art. 1 Z 4
Art. II	Abs. 2	Z 19	BGBl. I Nr. 72/1997, Art. III Z 1
Art. II	Abs. 2	Z 20	BGBl. I Nr. 5/2008, Art. 1 Z 7
Art. II	Abs. 2	Z 25	BGBl. I Nr. 24/2001, Art. II Z 1

Art. II	Abs. 2	Z 26	BGBl. I Nr. 28/1998, Z 1
Art. II	Abs. 2	Z 28	BGBl. I Nr. 5/2008, Art. 1 Z 10
Art. II	Abs. 2	Z 38	BGBl. I Nr. 5/2008, Art. 1 Z 14
Art. II	Abs. 2	Z 43 a	BGBl. I Nr. 4/2008, Art. 6 Z 1
Art. II	Abs. 3		BGBl. I Nr. 5/2008, Art. 1 Z 18
Art. II	Abs. 6	Z 5 bis 7	BGBl. I Nr. 5/2008, Art. 1 Z 21
Art. III			BGBl. I Nr. 5/2008, Art. 1 Z 22
Art. IV			BGBl. I Nr. 5/2008, Art. 1 Z 23
Art. V			BGBl. I Nr. 100/2005, Art. 9 Z 4
Art. VI	Abs. 4		BGBl. I Nr. 5/2008, Art. 1 Z 25
Art. VII			BGBl. I Nr. 5/2008, Art. 1 Z 26
Art. X			BGBl. I Nr. 5/2008, Art. 1 Z 29
Art. XI			BGBl. I Nr. 5/2008, Art. 1 Z 30

(3) Die Fassung der übrigen wiederverlautbarten Bestimmungen entspricht noch der Anlage zur Kundmachung BGBl. Nr. 50/1991.

1) Änderungen nach der WV werden in den Anm ersichtlich gemacht und im Text berücksichtigt.

Vgl auch Anm 1 und 2 zu Art 2 der WVKdm zum EGVG.

2) Vgl Art 49 a B-VG („in ihrer geltenden Fassung“).

Artikel 7. Das Einführungsgesetz zu den Verwaltungsverfahrensgesetzen 1991 wird mit dem Titel „Einführungsgesetz zu den Verwaltungsverfahrensgesetzen 2008 – EGVG“ wiederverlautbart.[1])

1) Vgl Art 49 a Abs 2 Z 4 B-VG

2. Einführungsgesetz zu den Verwaltungsverfahrensgesetzen 2008 – EGVG

BGBl. I Nr. 87/2008 (Wiederverlautbarung) idF BGBl. I Nr. 20/2009

Artikel I.*) (1) Die Verwaltungsverfahrensgesetze (Allgemeines Verwaltungsverfahrensgesetz 1991 - AVG, Verwaltungsstrafgesetz 1991 - VStG und Verwaltungsvollstreckungsgesetz 1991 - VVG)[1]) regeln das Verfahren der nachstehend bezeichneten Verwaltungsorgane, soweit sie behördliche Aufgaben besorgen[2]) und im Folgenden nicht anderes bestimmt ist.[3])

(2) Von den Verwaltungsverfahrensgesetzen sind anzuwenden:

A. das AVG und das VStG - unbeschadet der lit. F - auf das behördliche Verfahren

1. der Behörden der allgemeinen staatlichen Verwaltung in den Ländern;[4])

2. der unabhängigen Verwaltungssenate in den Ländern;[5])

3. der Organe der Städte mit eigenem Statut;[6])

4. der Organe der Bundesanstalt „Statistik Österreich“;[7])

5. des Österreichischen Staatsarchives;[8])

6. der Bundespolizeidirektionen;[9])

7. der Sicherheitsdirektionen;[10])

8. der Landes- und Bezirksschulräte;[11])

9. des Bundesdenkmalamtes;[12])

10. des Bundeseinigungsamtes und der Schlichtungsstellen (§§ 141 und 144 ArbVG);[13])

11. der Entgeltberechnungsausschüsse und der Berufungskommission für Heimarbeit;[14])

12. der Zollämter, der Finanzämter und des unabhängigen Finanzsenates;[15])

13. des Berufungssenates nach § 64 Abs. 2 Börsegesetz 1989, BGBl. Nr. 555;

14. der Einigungs- und der Obereinigungskommissionen;[16])

15. der Lehrlingsstellen[17]) und der land- und forstwirtschaftlichen Lehrlings- und Fachausbildungsstellen;[18])

16. der Grundverkehrsbehörden;[19])

17. der in einzelnen Ländern bestehenden Höfekommissionen[20]) und Forsttagsatzungskommissionen;[21])

18. der Beschussämter;[22])

19. der kollegial eingerichteten besonderen Bauoberbehörden;[23])

20. des Postbüros;[24])

21. der Fernmeldebüros und des Büros für Funkanlagen und Telekommunikationsendeinrichtungen;[25])

22. der Militärkommanden;[26])

23. der Finanzmarktaufsichtsbehörde (FMA);[27])

24. der Übernahmekommission;[28])

B. das AVG in vollem Umfang, das VStG mit Ausnahme der §§ 37, 39, 50 und 56 auf das behördliche Verfahren

25. der Organe der Gemeindeverbände;[29])

26. der Organe der Gemeinden, soweit sie nicht unter Z 3 fallen;[30])

27. der Organe der Körperschaften, Fonds und Anstalten des öffentlichen Rechts, soweit sie nicht unter eine andere Bestimmung dieses Absatzes fallen und soweit es sich nicht um gesetzlich anerkannte Kirchen oder Religionsgesellschaften, Universitäten oder Pädagogische Hochschulen,[31]) gesetzliche berufliche Vertretungen oder Träger der Sozialversicherung[32]) handelt;

28. der Vollzugsbehörden erster Instanz und der Vollzugsoberbehörden nach dem Strafvollzugsgesetz;[33])

C. das AVG auf das behördliche Verfahren

29. der Organe der Universitäten und der Pädagogischen Hochschulen;[34])

30. des Bundesasylamtes (§ 58 des Asylgesetzes 2005, BGBl. I Nr. 100);[35])

31. des Bundesamtes für Eich- und Vermessungswesen, der Eichämter und der Vermessungsämter;[36])

32. des Heerespersonalamtes;[37])

33. der Meisterprüfungsstellen bei den Landeskammern der gewerblichen Wirtschaft;[38])

34. des Zivildienstbeschwerderates;[39])

35. der Zivildienstserviceagentur;[39])

36. der Datenschutzkommission;[40])

37. des Bundesvergabeamtes;[41])

D. das AVG, dessen § 64 jedoch nur, wenn nicht anderes ausdrücklich bestimmt ist,[42]) auf das behördliche Verfahren

38. der Landesgeschäftsstellen und der regionalen Geschäftsstellen des Arbeitsmarktservice, des Bundesamtes für Sozial- und Behindertenwesen und der Bundesberufungskommission für Sozialentschädigungs- und Behindertenangelegenheiten;[43])

39. der Arbeitsinspektorate[44]) und des Verkehrs-Arbeitsinspektorates;[45])

40. der Land- und Forstwirtschaftsinspektionen;[46])

E. das VStG auf das Verwaltungsstrafverfahren

41. der Agrarbehörden;[47])

42. der Landesgeschäftsstellen und der regionalen Geschäftsstellen des Arbeitsmarktservice und des Bundesamtes für Sozial- und Behindertenwesen;[48])

F. das VVG auf das behördliche Verfahren der unter den Z 1, 3, 6 und 7 genannten Organe in den Angelegenheiten der Verwaltungsvollstreckung.

(3) Das AVG, das VStG und das VVG sind auf das behördliche Verfahren der Bundesminister[49]) in allen Fällen anzuwenden, in denen sie als erste Instanz einschreiten, sowie in allen jenen Fällen, in denen sie sachlich in Betracht kommende Oberbehörde oder im Instanzenzug übergeordnete Behörde[50]) sind und das unmittelbar untergeordnete Verwaltungsorgan nach einem der Verwaltungsverfahrensgesetze vorzugehen hatte.

(4)[51]) Soweit nicht ausdrücklich anderes bestimmt ist, sind die Verwaltungsverfahrensgesetze nicht anzuwenden:

1. in den Angelegenheiten der öffentlichen Abgaben und Beiträge, die von den Abgabenbehörden erhoben werden, mit Ausnahme der Verwaltungsabgaben nach § 78 AVG;[52])

2. in den Angelegenheiten des Familienlastenausgleiches mit Ausnahme des in diesen Angelegenheiten durchzuführenden Strafverfahrens;

3. in den Angelegenheiten des öffentlich-rechtlichen Dienst-, Ruhe- und Versorgungsverhältnisses zum Bund, zu den Ländern, zu den Gemeinden und Gemeindeverbänden sowie zu den sonstigen Körperschaften, Fonds und Anstalten des öffentlichen Rechts;[51])[53])

4. in den Angelegenheiten der Durchführung der Wahl des Bundespräsidenten, von Wahlen zu den allgemeinen Vertretungskörpern und zum Europäischen Parlament, der Wahl des Bürgermeisters durch die zur Wahl des Gemeinderates Berechtigten und von Wahlen der Organe der gesetzlichen beruflichen Vertretungen, in den Angelegenheiten der Durchführung von Volksbegehren, Volksabstimmungen und Volksbefragungen auf Grund der Bundesverfassung oder einer Landesverfassung sowie in den Angelegenheiten der unmittelbaren Mitwirkung der zum Gemeinderat Wahlberechtigten an der Besorgung der Angelegenheiten des eigenen Wirkungsbereiches der Gemeinde mit Ausnahme des in allen diesen Angelegenheiten durchzuführenden Strafverfahrens;

5. in den Angelegenheiten des Disziplinarrechts;

6. auf die Durchführung von Prüfungen, die der Beurteilung der Kenntnisse von Personen auf bestimmten Sachgebieten dienen, soweit es sich nicht um die Zulassung zur Prüfung handelt.[54])

*) IdF des Art 5 Z 1 und 2 BGBl I 2009/20 (Einfügung des Klammerausdruckes „[Allgemeines Verwaltungsverfahrensgesetz 1991 – AVG, Verwaltungsstrafgesetz 1991 – VStG und Verwaltungsvollstreckungsgesetz 1991 – VVG]" in Abs 1 [in Kraft getreten gem Art 49 Abs 1 B-VG am 26. 3. 2009] sowie Ersetzung der früheren Abs 4 und 5 durch Abs 4 [in Kraft getreten am 1. 1. 2010]).

1) **Erl 2009/1, 16:** „Der vorgeschlagene Klammerausdruck soll klarstellen, dass unter den ‚Verwaltungsverfahrensgesetzen' auch weiterhin das Allgemeine Verwaltungsverfahrensgesetz 1991 – AVG, BGBl. Nr. 51, das Verwaltungsstrafgesetz 1991 – VStG, BGBl. Nr. 52, und das Verwaltungsvollstreckungsgesetz 1991 – VVG, BGBl. Nr. 53, (in ihrer jeweils geltenden Fassung) zu verstehen sind (vgl. den durch das Verwaltungsverfahrens- und Zustellrechtsänderungsgesetz 2007, BGBl. I Nr. 5/2008, aufgehobenen Art. I des Einführungsgesetzes zu den Verwaltungsverfahrensgesetzen 1991, BGBl. Nr. 50, sowie *Walter/Thienel,* Verwaltungsverfahrensgesetze[17] [2008], Anm. 1 zu Art. II EGVG)."

2) Somit nur in den Angelegenheiten der **Hoheitsverwaltung.** Wann eine solche vorliegt, ist nach den materiellen Verwaltungsvorschriften zu beurteilen. Die Aufnahme eines Verwaltungsorgans in den Katalog des Art I Abs 2 EGVG sagt noch nichts über seinen behördlichen Wirkungskreis.

Die Verwaltungsverfahrensgesetze sind auch dann anzuwenden, wenn die in Art I EGVG angeführten Behörden **Vorschriften des Unionsrechts** zu vollziehen haben, sofern nicht die Ausnahmen nach Abs 4 zum Tragen kommen. Obwohl das Unionsrecht keine umfassende Regelung für die Verwaltungsorganisation und das Verwaltungsverfahren enthält, ergeben sich verschiedene Konsequenzen auch für den Bereich des Verwaltungsverfahrensrechts (vgl näher *Walter/Thienel*, I 20).

3) Einschränkungen der Anwendbarkeit der Verwaltungsverfahrensgesetze durch die in Art I EGVG aufgezählten Behörden verfügt Abs 4.

Nach der Rsp der Gerichtshöfe des öffentlichen Rechts sind die in den VerwaltungsverfahrensG festgelegten **Grundsätze eines geordneten rechtsstaatlichen Verfahrens allgemein,** wenn entsprechende Verfahrensregelungen fehlen, auch außerhalb des in Art I EGVG umschriebenen Bereichs **anzuwenden.** Zu diesen gehören insb das Recht des Parteiengehörs, das Recht auf Akteneinsicht, das Recht auf Ausschluss wegen Befangenheit, die Pflicht zur Begründung von Bescheiden und die Zulässigkeit außerordentlicher Rechtsmittel, nicht aber der Übergang der Entscheidungspflicht auf Grund eines Devolutionsantrages.

4) Das sind die Bezirkshauptmannschaften, in Wien der Magistrat, ferner die LH und die LReg.

5) Art 129a und 129b B-VG sowie § 67a AVG (B 2) und § 51 Abs 1 VStG (C 2).

6) Vgl auch Art 116 Abs 3 B-VG, wonach die Städte mit eigenem Statut neben den Aufgaben der Gemeindeverwaltung auch die der Bezirksverwaltung zu besorgen haben; diese Aufgaben werden im übertragenen Wirkungsbereich besorgt, zuständiges Gemeindeorgan ist der Bürgermeister (Art 119 Abs 2 B-VG). Städte mit eigenem Statut sind – neben **Wien** (Art 108 und 109 B-VG) – dzt im **Bgld** Eisenstadt (LGBl 2003/56) und Rust (LGBl 2003/57); in **Ktn** Klagenfurt (LGBl 1998/70 idF LGBl 2011/1) und Villach (LGBl 1998/69 idF LGBl 2011/1); in **NÖ** Wiener Neustadt (LGBl 1025 – 11), St. Pölten (LGBl 1015 – 12), Krems/Donau (LGBl 1010 – 11) und Waidhofen/Ybbs (LGBl 1020 – 11); in **OÖ** Linz (LGBl 1992/7 idF LGBl 2010/60), Steyr (LGBl 1992/9 idF LGBl 2010/60) und Wels (LGBl 1992/8 idF LGBl 2010/60); in **Sbg** Salzburg (LGBl 1966/47 idF LGBl 2011/53); in **Stmk** Graz (LGBl 1967/130 idF LGBl 2010/42); in **Tir** Innsbruck (LGBl 1975/53 idF LGBl 2011/4).

7) § 22 BStatistikG; § 1 ZLStatistikG (das freilich noch auf das „Österreichische Statistische Zentralamt" verweist).

8) § 24 DSchG; § 12 BArchG.

9) Vgl Art 78a bis Art 78c B-VG; gem § 1 V BGBl II 1999/56 bestehen dzt folgende Bundespolizeidirektionen: im **Bgld** die BPD Eisenstadt; in **Ktn** die BPDionen Klagenfurt und Villach; in **NÖ** die BPDionen St. Pölten, Schwechat und Wiener Neustadt; in **OÖ** die BPDionen Linz, Steyr und Wels; in **Sbg** die BPD Salzburg; in **Stmk** die BPDionen Graz und Leoben; in **Tir** die BPD Innsbruck; in **Wien** die BPD Wien.

10) Vgl Art 78a und Art 78b B-VG, § 7 SPG.

11) Art 81a Abs 2 B-VG und §§ 2ff BSchulAufsG sowie Ausführungsgesetze der Länder.

12) §§ 1ff DSchG.

13) §§ 141f, 144ff, 153ff, 158 ArbVG.

14) Die Bestimmungen über die Entgeltberechnungsausschüsse und die Berufungskommission für Heimarbeit wurden durch BGBl I 2009/74 aufgehoben. Die Aufgaben auf dem Gebiet der Heimarbeit sind vom Bundeseinigungsamt beim BMASK (iSd § 141 ArbVG) und vom BMASK wahrzunehmen (§§ 28f HeimArbG).

15) §§ 1ff AVOG und V BGBl II 2010/165 idF BGBl II 2010/432 sowie UFSG. Von diesen Behörden jedoch nur insoweit anzuwenden, als sie behördliche Angelegenheiten auf anderen Gebieten als jenem des Abgabenwesens besorgen; siehe Art I Abs 4 Z 1 EGVG.

16) §§ 226ff LAG sowie Ausführungsgesetze der Länder.

17) § 19 BAG.

18) § 14 LFBAG sowie Ausführungsgesetze der Länder.

19) GVG der Länder.

20) Bestehen dzt nur in Tir auf Grund des HöfeG LGBl 1900/47 idF BGBl 1989/657.

21) Bestehen dzt nur in Tir auf Grund der WaldO LGBl 2005/55 (§§ 18ff) und § 96 Abs 3 ForstG.

22) § 2 BeschußG und V BGBl II 1999/385.

23) Besteht – als Landesbehörde (Gemeindebehörden aller Art fallen unter Art I Abs 2 lit A Z 3 und lit B Z 26 EGVG) – dzt nur in Wien; siehe Art 111 B-VG und § 138 Wr BauO LGBl 1930/11 idF LGBl 2009/25.

24) § 37 PMG.

25) Nach §§ 112f TKG sind Fernmeldebüros und ein Büro für Funkanlagen und Telekommunikationseinrichtungen eingerichtet.

26) §§ 12f und 55 WG.

27) §§ 1ff FMAG.

28) §§ 28ff ÜbG. Es sind auch die besonderen Bestimmungen über das Verfahren vor den UVS sinngemäß anzuwenden (§ 30 Abs 2 ÜbG).

29) ZB Krankenanstaltensprengel, Pflichtschulerhaltungsverbände, Staatsbürgerschaftsverbände, Wasserleitungsverbände; siehe Art 116a B-VG.

30) GemeindeO der Länder. Siehe auch Art 118a B-VG. Dieser lautet:

„(1) Durch Bundes- oder Landesgesetz kann bestimmt werden, dass die Angehörigen eines Gemeindewachkörpers mit Zustimmung der Gemeinde zur Besorgung des Exekutivdienstes für die zuständige Behörde ermächtigt werden können.

(2) Mit Zustimmung der Gemeinde kann die Bezirksverwaltungsbehörde Angehörige eines Gemeindewachkörpers ermächtigen, an der Handhabung des Verwaltungsstrafgesetzes im selben Umfang mitzuwirken wie die übrigen Organe des öffentlichen Sicherheitsdienstes. Diese Ermächtigung kann nur erteilt werden, soweit die Organe des öffentlichen Sicherheitsdienstes in der den Gegenstand des Verwaltungsstrafverfahrens bildenden Angelegenheit die Einhaltung der Verwaltungsvorschriften zu überwachen haben oder soweit diese Angelegenheit im Wirkungsbereich der Gemeinde zu besorgen ist."

31) Die Organe der Universitäten (vgl §§ 20ff UG 2002) und der Pädagogischen Hochschulen (vgl §§ 11ff HochschulG 2005) haben nach Art I Abs 2 lit C Z 29 EGVG nur das AVG anzuwenden.

32) Gem § 357 ASVG, § 129 B-KUVG, § 182 BSVG, § 194 GSVG, § 3 FSVG und § 65 NVG haben gewisse Bestimmungen des AVG für das Verfahren vor den Versicherungsträgern „entsprechend" oder mit Modifikationen Anwendung zu finden.

33) §§ 11ff StVG.

34) Jedoch verfügen §§ 46ff UG 2002 gewisse Einschränkungen hinsichtlich der Anwendbarkeit des AVG.

35) § 58 AsylG 2005.

36) § 2 VermG sowie §§ 32ff MEG.

37) § 51 HGG.

38) § 352 GewO.

39) Zum Zivildienstbeschwerderat siehe §§ 43ff ZDG. Zur Zivildienstserviceagentur siehe § 2a ZDG.

40) §§ 30f, 35ff DSG.

41) §§ 291ff BVergG.

42) ZB § 56 Abs 2 AlVG und § 10 Abs 7 ArbIG.

43) §§ 17 und 23 AMSG (für die Landesgeschäftsstellen und die regionalen Geschäftsstellen des Arbeitsmarktservice), das BSAG (für das dort freilich „Bundesamt für Soziales und Behindertenwesen [Bundessozialamt – BSB]" genannte Amt) sowie das BBKG (für die Bundesberufungskommission für Sozialentschädigungs- und Behindertenangelegenheiten); die drei erstgenannten Behörden haben nach Art I Abs 2 lit E Z 42 EGVG auch das VStG anzuwenden.

44) §§ 3 und 14 ff ArbIG sowie V BGBl 1993/237 idF BGBl II 2004/106.

45) §§ 4 ff VAIG.

46) §§ 111 ff LAG sowie Ausführungsgesetze der Länder.

47) §§ 1 ff AgrBehG. Nach § 1 Abs 2 AgrVG (F 2) sind die LAS als zweitinstanzliche Berufungsbehörden in Verwaltungsstrafsachen berufen; siehe dazu Anm 9 zu § 51 VStG (C 2).

48) §§ 17 und 23 AMSG und das BSAG. Siehe auch Anm 43 zu Art I EGVG.

49) § 1 BMG; danach sind dzt eingerichtet: das BKA und je ein BM für europäische und internationale Angelegenheiten; Arbeit, Soziales und Konsumentenschutz; Finanzen; Gesundheit; Inneres; Justiz; Landesverteidigung und Sport; Land- und Forstwirtschaft, Umwelt und Wasserwirtschaft; Unterricht, Kunst und Kultur; Verkehr, Innovation und Technologie; Wirtschaft, Familie und Jugend; Wissenschaft und Forschung.

50) Siehe Anm 3 zu § 4 AVG (B 2).

51) Erl 2009/1, 17: „Da die Aufteilung der Regelungen betreffend die sachlichen Ausnahmen vom Anwendungsbereich der Verwaltungsverfahrensgesetze auf zwei Absätze lediglich historische Gründe hat (vgl. Art. II Abs. 5 und 6 EGVG 1925, BGBl. Nr. 273), sollen diese aus gegebenem Anlass in einem einzigen Absatz zusammengefasst sowie sprachlich gestrafft und vereinheitlicht werden (zur präzisierenden Formulierung der vorgeschlagenen Z 3 vgl. § 1 Abs. 1 und 2 des Dienstrechtsverfahrensgesetzes 1984 – DVG, BGBl. Nr. 29). Der neu gefasste Ausnahmenkatalog beansprucht keinen Vorrang gegenüber bestehenden, im Sinne des Einleitungssatzes ‚anderes bestimmenden' Vorschriften, derogiert diesen also nicht."

52) Erl 2009/1, 16: „Mit 1. Jänner 2010 wird § 7 Abs. 6 des Finanz-Verfassungsgesetzes 1948 – F-VG 1948, BGBl. Nr. 45, in der Fassung des Bundesgesetzes BGBl. I Nr. 103/2007, in Kraft treten, wonach die Bundesgesetzgebung ‚die allgemeinen Bestimmungen und das Verfahren für die von den Abgabenbehörden des Bundes, der Länder und der Gemeinden verwalteten Abgaben' regelt. Art. I Abs. 4 EGVG soll daher dahin gehend geändert werden, dass die ‚Angelegenheiten der öffentlichen Abgaben und Beiträge' (zu dieser in Z 1 enthaltenen Formulierung vgl. Abschnitt C Z 2 zweiter Untertatbestand des Teiles 2 der Anlage zu § 2 des Bundesministeriengesetzes 1986 – BMG, BGBl. Nr. 76) mit Ausnahme der Verwaltungsabgaben nach § 78 AVG zur Gänze vom Anwendungsbereich der Verwaltungsverfahrensgesetze ausgenommen werden (wobei jedoch in § 254 Abs. 1 FinStrG ‚anderes bestimmt' werden soll)."

Für das Verfahren in den hier genannten Angelegenheiten finden heute Anwendung: BAO, FinStrG, AbgEO. „Ausdrücklich anderes bestimmt" ist im FinStrG:

„§ 254. (1) Für den Bereich des landesgesetzlichen und kommunalsteuerlichen Abgabenstrafrechts gelten § 29 und das Verwaltungsstrafgesetz 1991 – VStG, BGBl. Nr. 52, mit folgenden Maßgaben:

1. Die Verjährungsfrist gemäß § 31 Abs. 2 erster Satz VStG beträgt ein Jahr.

2. Die §§ 37, 39 und 50 VStG sind von den Organen der Gemeinden mit Ausnahme der Städte mit eigenem Statut nicht anzuwenden.

3. Die §§ 51 a Abs. 5 und 52 b VStG sind sinngemäß anzuwenden.

4. Die Wiederaufnahme eines durch Einstellung abgeschlossenen Strafverfahrens gemäß § 52 VStG ist nur innerhalb der in der Z 1 genannten Frist zulässig.

(2) Abs. 1 gilt nicht für jene Fälle, in denen zur Durchführung des Strafverfahrens in erster Instanz eine Finanzstrafbehörde des Bundes zuständig ist. In diesen Fällen gelten für das Verfahren in allen Instanzen die verfahrensrechtlichen Bestimmungen des Art. I."

53) „Ausdrücklich anderes bestimmt" iS des Einleitungssatzes ist in § 1 Abs 1 und 2 DVG (G 2), das die subsidiäre Anwendung des AVG normiert, aber zB auch im BDG,

§ 41 f Abs 1: „Soweit in diesem Abschnitt nicht anderes bestimmt ist, sind auf das Verfahren vor der Berufungskommission

1. das AVG mit Ausnahme der §§ 2 bis 4, 12, 42 Abs. 1 und 2, 51 und 51 a, 57, 63 Abs. 1, 64 Abs. 2, 64 a, 67 a bis 68 und 75 bis 80 sowie

2. das Zustellgesetz, BGBl. Nr. 200/1982,
anzuwenden. . . ."

§ 105: „Soweit in diesem Abschnitt nicht anderes bestimmt ist, sind auf das Disziplinarverfahren

1. das AVG mit Ausnahme der §§ 2 bis 4, 12, 42 Abs. 1 und 2, 51, 51 a, 57, 62 Abs. 3, 63 Abs. 1, 64 Abs. 2, 64 a, 67 a bis 67 h, 68 Abs. 2 und 3 und 75 bis 80 sowie

2. das Zustellgesetz, BGBl. Nr. 200/1982, anzuwenden."

Vgl weiters § 23 HDG.

54) ZB § 70 Abs 1 lit b und h und § 71 SchUG, § 351 Abs 4 und § 352 Abs 12 und 13 GewO.

Artikel II. (1) Wo im AVG oder im VStG von Behörden gesprochen wird, sind darunter die Verwaltungsorgane zu verstehen, für deren behördliches Verfahren diese Bundesgesetze gemäß Art. I gelten.

(2) Verwaltungsvorschriften im Sinne der Verwaltungsverfahrensgesetze sind alle die verschiedenen Gebiete der Verwaltung regelnden, von den im Abs. 1 bezeichneten Behörden zu vollziehenden Gesetze – dieses Bundesgesetz inbegriffen –, Verordnungen, Staatsverträge[1]) und unmittelbar geltenden Vorschriften des Gemeinschaftsrechts.[2])

(3) Verwaltungsübertretungen im Sinne des VStG sind die von den im Abs. 1 bezeichneten Behörden zu ahndenden Übertretungen.

1) Staatsverträge jedoch nur, soweit deren innerstaatliche unmittelbare Anwendbarkeit nicht ausgeschlossen worden ist; siehe Art 50 Abs 2 Z 3, Art 65 Abs 1 und Art 66 Abs 2 und 3 B-VG.

2) **Erl 2007, 6:** „Verwaltungsvorschriften sind auch jene gemeinschaftsrechtlichen *[nunmehr: unionsrechtlichen]* Vorschriften, die unmittelbar gelten, sofern ihre innerstaatliche Vollziehung den zur Anwendung der Verwaltungsverfahrensgesetze berufenen Behörden übertragen ist (vgl. *Walter/Thienel,* Verwaltungsverfahrensgesetze I[2] [1998] Anm. 3 zu Art. VI EGVG; *Thienel,* Verwaltungsverfahrensrecht[4] [2006] 71). Zum Begriff der ‚unmittelbaren Geltung' vgl. insb. Art. 249 Abs. 2 des Vertrags zur Gründung der Europäischen Gemeinschaft, ABl. Nr. C 340 vom 10. November 1997, S. 1 *[nunmehr: Art 288 Abs 2 AEUV].*"

Infolge der Änderung des EUV durch den Vertrag von Lissabon bezieht sich der Verweis nunmehr auf das unmittelbar anwendbare Unionsrecht.

Artikel III. (1) Wer

1. in Angelegenheiten, in denen er nicht zur berufsmäßigen Parteienvertretung[1]) befugt ist, gewerbsmäßig für den Gebrauch vor inländischen oder ausländischen Gerichten oder Verwaltungsbehörden[2]) schriftliche Anbringen oder Urkunden verfasst, einschlägige Auskünfte erteilt, vor inländischen Gerichten oder Verwaltungsbehörden Parteien vertritt oder sich zu einer dieser Tätigkeiten in schriftlichen oder mündlichen Kundgebungen anbietet (Winkelschreiberei) oder

2. sich außer in den Fällen einer mit gerichtlicher Strafe bedrohten Handlung die Beförderung durch eine dem öffentlichen Verkehr dienende Einrichtung verschafft, ohne das nach den Tarifbestimmungen und Beförderungsbedingungen dieser Einrichtungen festgesetzte Entgelt ordnungsgemäß zu entrichten,[3]) oder

3. Personen allein auf Grund ihrer Rasse, ihrer Hautfarbe, ihrer nationalen oder ethnischen Herkunft, ihres religiösen Bekenntnisses oder einer Behinderung ungerechtfertigt benachteiligt oder sie hindert, Orte zu betreten oder Dienstleistungen in Anspruch zu nehmen, die für den allgemeinen öffentlichen Gebrauch bestimmt sind,[4]) oder

4. nationalsozialistisches Gedankengut im Sinne des Verbotsgesetzes, StGBl. Nr. 13/1945, in der Fassung des Bundesverfassungsgesetzes BGBl. Nr. 25/1947, verbreitet,

begeht, hinsichtlich der Tat nach Z 4 dann, wenn sie nicht gerichtlich strafbar ist, eine Verwaltungsübertretung und ist von der Bezirksverwaltungsbehörde, im örtlichen Wirkungsbereich einer Bundespolizeidirektion[5]) in den Fällen der Z 2 und 4 von dieser, mit Geldstrafe bis zu 218 Euro, im Fall der Z 3 mit einer Geldstrafe bis zu 1 090 Euro und im Fall der Z 4 mit einer Geldstrafe bis zu 2 180 Euro und mit dem Verfall der Gegenstände, mit denen die strafbare Handlung begangen wurde, zu bestrafen. Im Fall der Z 4 ist der Versuch strafbar.

(2) Die Organe der Bundespolizei haben bei der Vollziehung des Abs. 1 als Hilfsorgane der zuständigen Bezirksverwaltungsbehörde einzuschreiten.

(3) Abs. 1 Z 1 ist nicht anzuwenden, soweit besondere Vorschriften[6]) gegen die unbefugte Parteienvertretung bestehen.

(4) Die Tat nach Abs. 1 Z 2 wird straflos, wenn der Täter bei der Betretung, wenngleich auf Aufforderung, den Fahrpreis und einen in den Tarifbestimmungen oder Beförderungsbedingungen etwa vorgesehenen Zuschlag unverzüglich zahlt. Dies gilt auch, wenn der Täter den Fahrpreis und einen in den Tarifbestimmungen oder Beförderungsbedingungen etwa vorgesehenen Zuschlag innerhalb von drei Tagen zahlt, sofern er sich bei der Zahlungsaufforderung im Beförderungsmittel

durch eine mit einem Lichtbild ausgestattete öffentliche Urkunde ausweist.

(5) Wird die Anzeige wegen einer Tat nach Abs. 1 Z 4 vom öffentlichen Ankläger zurückgelegt oder ein gerichtliches Verfahren wegen einer solchen Tat rechtskräftig ohne Schuldspruch des Angezeigten beendet, so ist dies der Bezirksverwaltungsbehörde, im örtlichen Wirkungsbereich einer Bundespolizeidirektion dieser, mitzuteilen. Die Mitteilung obliegt bei Zurücklegung der Anzeige dem öffentlichen Ankläger, in allen anderen Fällen dem Gericht.

(6) Die Zeit von der Erstattung der Anzeige wegen einer Tat nach Abs. 1 Z 4 bis zum Einlangen der in Abs. 5 genannten Mitteilung bei der zuständigen Verwaltungsbehörde ist in die Verjährungsfrist (§ 31 Abs. 2 VStG) nicht einzurechnen.

1) Siehe Anm 11 zu § 49 Abs 2 AVG (B 2).

2) **Erl 2007, 6:** „Durch die vorgeschlagene Neufassung soll klargestellt werden, dass unter ‚inländischen Behörden' nicht ‚Behörden' im Sinne der Begriffsbestimmung des Art. VI Abs. 1 EGVG *[nunmehr: Art II Abs 1]*, sondern alle Gerichte und Verwaltungsbehörden zu verstehen sind (vgl. *Walter/Thienel,* Verwaltungsverfahrensgesetze I^2 [1998] Anm. 3 zu Art. IX EGVG)."

3) Ergänzung zu § 149 StGB.

4) Ausführung des Art 5 lit f RassDiskrBesÜb; siehe auch das zur Durchführung des RassDiskrBesÜb ergangene RassDiskrVerbG.

5) **Erl 2007, 6:** „Klarstellung des Inhalts dieser Bestimmung im Hinblick auf eine missverständliche Formulierung der Novellierungsanordnung des Art. 9 Z 5 des Fremdenrechtspakets 2005, BGBl. I Nr. 100 (das durch das Wort ‚Bundespolizeidirektion' zu ersetzende Wort ‚Bundespolizeibehörde' ist nicht in Art. IX Abs. 1 Z 4 EGVG *[nunmehr: Art III Abs 1 Z 4 EGVG]* enthalten, sondern im Schlussteil des Art. IX Abs. 1 erster Satz *[nunmehr: Art III Abs 1 erster Satz]*). Gleichzeitig soll die Bestimmung dahin präzisiert werden, dass ausdrücklich auf den (eigentlich gemeinten) örtlichen Wirkungsbereich der Bundespolizeidirektion abgestellt wird."

6) Besondere Vorschriften über die unbefugte Parteienvertretung finden sich in § 57 RAO, §§ 1 ff WinkelschreibereiV RGBl 1857/114 idF BGBl 1989/343, § 78 PatG und § 71 MarkSchG.

Artikel IV. Mit der Vollziehung dieses Bundesgesetzes ist die Bundesregierung betraut.[1]

1) Diese Bestimmung kann sich – verfassungskonform ausgelegt – nur auf die Fälle beziehen, in denen dem Bund nach Art 11 Abs 3 und 4 B-VG die Vollzugskompetenz zukommt. Die Vollziehung des EGVG obliegt den Ländern, soweit sie bundesgesetzlich zur Erlassung von DurchführungsV ermächtigt sind (Art 11 Abs 3 B-VG) und soweit die den Gegenstand des Verfahrens bildende Angelegenheit der Vollziehung nach Landessache ist (Art 11 Abs 4 B-VG). Sie bezieht sich – nach herkömmlichem Verständnis – nur auf die Vollziehung durch die Rechtsform der Verordnung. Die Anwendung des EGVG kommt ansonsten den hiezu berufenen Behörden (vgl Art I EGVG) zu.

Artikel V.*) **Art. I Abs. 4 in der Fassung des Bundesgesetzes BGBl. I Nr. 20/2009 tritt mit 1. Jänner 2010 in Kraft.**[1])

*) Eingefügt durch Art 5 Z 3 BGBl I 2009/20 (Entstehungszeitpunkt: 25. 3. 2009).

1) **Erl 2009/1, 17:** „Der in Art. 1 Z 2 vorgeschlagene Art. I Abs. 4 EGVG soll gleichzeitig mit dem neuen § 7 Abs. 6 F-VG 1948, also mit 1. Jänner 2010 (vgl. § 17 Abs. 3d F-VG 1948) in Kraft treten."

B. Das Allgemeine Verwaltungsverfahrensgesetz

1. Wiederverlautbarungskundmachung

Kundmachung des Bundeskanzlers, mit der das Allgemeine Verwaltungsverfahrensgesetz wiederverlautbart wird, BGBl. Nr. 51/1991

Abschnitt A

Artikel I. Auf Grund des Art. 49a B-VG wird in der Anlage 1 das Allgemeine Verwaltungsverfahrensgesetz, BGBl. Nr. 172/1950,[1]) wiederverlautbart.[2])

1) Das AVG ist bereits einmal wiederverlautbart worden. Vgl darüber Anm 1 zu Art 1 der WVKdm zum EGVG (A 1).

2) Über die Rechtswirkung der WV vgl Anm 2 zu Art 1 der WVKdm zum EGVG (A 1).

Artikel II. Bei der Wiederverlautbarung werden die Änderungen und Ergänzungen berücksichtigt,[1]) die sich aus folgenden Rechtsvorschriften ergeben:[2])

1. Bundesgesetz, mit dem die Verwaltungsverfahrensgesetze geändert werden, BGBl. Nr. 275/1964, Art. II;
2. Bundesgesetz, mit dem das Allgemeine Verwaltungsverfahrensgesetz hinsichtlich der Verwaltungsabgaben geändert wird, BGBl. Nr. 45/1968, Art. I;
3. Verfahrenshilfegesetz, BGBl. Nr. 569/1973, Art. VI;
4. Bundesgesetz, mit dem das Allgemeine Verwaltungsverfahrensgesetz 1950 und das Arbeitsverfassungsgesetz geändert werden, BGBl. Nr. 199/1982, Art. I;
5. Bundesgesetz über die Sachwalterschaft für behinderte Personen, BGBl. Nr. 136/1983, Art. VII;
6. Bundesgesetz, mit dem das Allgemeine Verwaltungsverfahrensgesetz, das Auskunftspflichtgesetz und das Zustellgesetz geändert werden, BGBl. Nr. 357/1990, Art. I.

1) Vgl Art 49a Abs 1 B-VG („in ihrer geltenden Fassung").

2) Zu den Änderungen des AVG (B 2) seit seiner WV vgl die Überschrift zum AVG (B 2).

Artikel III. **(1) Die wiederverlautbarte Fassung der folgenden Bestimmungen ergibt sich aus den nachstehend angeführten Gesetzesänderungen:**[1])

§ 2	**BGBl. Nr. 199/1982, Art. I Z 1**
§ 10 Abs. 1 letzter Satz	**BGBl. Nr. 357/1990, Art. I Z 1**
§ 11	**BGBl. Nr. 136/1983, Art. VII**
§ 13	**BGBl. Nr. 357/1990, Art. I Z 2**
§ 13 a (samt Überschrift)	**BGBl. Nr. 199/1982, Art. I Z 4**
§ 14 Abs. 5	**BGBl. Nr. 199/1982, Art. I Z 5**
§ 17 Abs. 1 und 2	**BGBl. Nr. 199/1982, Art. I Z 6**
§ 17 Abs. 3	**BGBl. Nr. 357/1990, Art. I Z 3**
§ 17 Abs. 4	**BGBl. Nr. 199/1982, Art. I Z 6**
§ 18 Abs. 2 bis 4	**BGBl. Nr. 357/1990, Art. I Z 4**
§ 19 Abs. 1	**BGBl. Nr. 357/1990, Art. I Z 5**
§§ 21 und 22	**BGBl. Nr. 199/1982, Art. I Z 8 und 9**
§ 33 Abs. 2	**BGBl. Nr. 357/1990, Art. I Z 6**
§ 34 Abs. 2 und 4	**BGBl. Nr. 357/1990, Art. I Z 7 und 8**
§ 35	**BGBl. Nr. 275/1964, Art. II und BGBl. Nr. 357/1990, Art. I Z 9**
§ 36 Abs. 1	**BGBl. Nr. 199/1982, Art. I Z 11**
§ 39 a (samt Überschrift)	**BGBl. Nr. 199/1982, Art. I Z 12**
§ 41 Abs. 1	**BGBl. Nr. 357/1990, Art. I Z 10**
§ 42 Abs. 1	**BGBl. Nr. 357/1990, Art. I Z 11**
§ 44 Abs. 1 und 3	**BGBl. Nr. 199/1982, Art. I Z 13 und 14**
§ 47	**BGBl. Nr. 357/1990, Art. I Z 12**
§ 49 Abs. 1 lit. c und Abs. 5	**BGBl. Nr. 199/1982, Art. I Z 16 und 17**
§ 50	**BGBl. Nr. 199/1982, Art. I Z 18**
§ 51 a	**BGBl. Nr. 357/1990, Art. I Z 13**
§ 52 Abs. 2 erster Satz	**BGBl. Nr. 357/1990, Art. I Z 14**

§ 53 a (samt Überschrift)	BGBl. Nr. 199/1982, Art. I Z 19
§ 58 Abs. 1	BGBl. Nr. 199/1982, Art. I Z 20
§§ 61 und 61 a	BGBl. Nr. 199/1982, Art. I Z 21 und 22
§ 62 Abs. 4	BGBl. Nr. 199/1982, Art. I Z 23
§ 63 Abs. 1 und 5 1. Satz	BGBl. Nr. 357/1990, Art. I Z 15 und 16
§ 64 a	BGBl. Nr. 357/1990, Art. I Z 17
§§ 67 a bis 67 g samt Überschrift des 2. Abschnitts des IV. Teils und Gliederungsbezeichnung des 3. Abschnitts des IV. Teils	BGBl. Nr. 357/1990, Art. I Z 18
§ 68 Abs. 3	BGBl. Nr. 357/1990, Art. I Z 19
§ 69 Abs. 4	BGBl. Nr. 357/1990, Art. I Z 21
§ 71 Abs. 1 lit. a und Abs. 2	BGBl. Nr. 357/1990, Art. I Z 22 und 23
§ 72 Abs. 4	BGBl. Nr. 357/1990, Art. I Z 24
Gliederungsbezeichnung des 4. Abschnitts des IV. Teils	BGBl. Nr. 357/1990, Art. I Z 20
§ 73 Abs. 2 bis 4	BGBl. Nr. 357/1990, Art. I Z 25 und 26
§ 76 Abs. 1	BGBl. Nr. 199/1982, Art. I Z 24
§ 76 Abs. 5	BGBl. Nr. 357/1990, Art. I Z 27
§ 77 Abs. 5	BGBl. Nr. 199/1982, Art. I Z 26
§ 78 Abs. 1, 2 und 4	BGBl. Nr. 45/1968, Art. I Z 1 und 2
§ 78 a	BGBl. Nr. 199/1982, Art. I Z 27
§ 79	BGBl. Nr. 569/1973, Art. VI
§ 79 a (samt Überschrift)	BGBl. Nr. 357/1990, Art. I Z 28
Überschrift zum VI. Teil	BGBl. Nr. 357/1990, Art. I Z 29
§ 80	BGBl. Nr. 199/1982, Art. I Z 28

(2) Folgende Bestimmungen entfallen infolge Aufhebung durch die nachstehend angeführten Gesetzesänderungen:[2])

Überschrift zu § 21	BGBl. Nr. 199/1982, Art. I Z 10
Überschrift zu § 22	BGBl. Nr. 199/1982, Art. I Z 10
§§ 23 bis 31 samt den Überschriften	BGBl. Nr. 199/1982, Art. I Z 10

(3) Die Fassung der übrigen wiederverlautbarten Bestimmungen entspricht noch der Anlage 2 zur Kundmachung BGBl. Nr. 172/1950.

1) Änderungen nach der WV werden in den Anm ersichtlich gemacht und im Text berücksichtigt.

2) In der WV ist darauf in *Kursivschrift* unter Klammern hingewiesen.

Artikel IV. Es werden folgende Richtigstellungen und Anpassungen vorgenommen:[1])

1. Die Schreibweise von Überschriften, Gliederungsbezeichnungen, Zahlen und Abkürzungen wird der heutigen Schreibweise angepaßt.

2. Wendungen wie „die Bestimmungen (Vorschriften) des", „finden Anwendung" sowie „des (gegenwärtigen) Gesetzes" in § 39 Abs. 2 erster Satz und § 67 werden durch einfachere Wendungen ersetzt oder entfallen.

3. Das Endungs-e in den Dativformen „Falle", „Zweifelsfalle", „Inlande", „Verzuge", „Amtsbereiche", „Grade", „Monate", „Bescheide", „Teile", „Sitze", „Tage", „Schlusse", „Standpunkte", „Spruche", „Inhalte", „Hauptinhalte", „Ergebnisse", „Wiederaufnahmsgründe", „Eintritte", „Bauschbetrage" sowie „Amte" wird weggelassen.

4. In den Genitivformen „Rechtes" (§ 9 und § 10 Abs. 2), „Organes" (§ 14 Abs. 2 Z 3), „Aktenvermerkes" (§ 16 Abs. 2), „Geschäftsstückes" (§ 18 Abs. 4), „Augenscheines" (§ 40 Abs. 2) „Monates" (§ 32 Abs. 2), „Aufsichtsrechtes" (§ 68 Abs. 4) und „Behebungsrechtes" (§ 68 Abs. 7) wird die Endung „es" in „s" verkürzt.

5. In § 41 Abs. 2, letzter Satz wird vor dem Wort „Anberaumung", in § 43 Abs. 2 erster Satz vor dem Wort „Feststellung", in § 63 Abs. 4 vor dem Wort „Zustellung", in § 67 e Abs. 3 vor dem Wort „Verkündung", in § 71 Abs. 2 vor dem Wort „Wegfall" und in § 78 a vor dem Wort „Bundesverwaltungsabgaben" der bestimmte Artikel gesetzt.

6. Die folgenden Ausdrücke und Wendungen werden ersetzt:

a) „im" in § 2, § 3 Einleitung, § 4, § 42 Abs. 2, § 66 Abs. 4, § 68 Abs. 5 und § 73 Abs. 3 durch „in";

b) „der andere Eheteil“ in § 7 Abs. 1 Z 1 durch „ihr Ehegatte“;

c) „Haushaltungsangehörige“ in § 10 Abs. 4 durch „Haushaltsangehörige“;

d) „vor Amt“ in § 10 Abs. 5 durch „vor der Behörde“;

e) „zu setzen“ § 7 Abs. 1 Z 4 durch „zu ziehen“;

f) „hierfür“ in § 11 durch „hiefür“;

g) „Gesetz(es)“ in § 12 und § 63 Abs. 1 durch „Bundesgesetz(es)“;

h) „dermaligen Standes“ in § 14 Abs. 2 Z 1 durch „Standes“;

i) „die Ereignung“ in § 32 Abs. 1 durch „das Ereignis“;

j) „in dem“ in § 32 Abs. 2 und § 59 Abs. 2 durch „im“;

k) „von dem“ in § 45 Abs. 3, § 65 und § 69 Abs. 2 durch „vom“;

l) „das ihnen obliegende Amtsgeheimnis“ in § 48 Z 3 durch „die ihnen obliegende Amtsverschwiegenheit“;

m) „Verheiratungen“ in § 49 Abs. 3 durch „Eheschließungen“;

n) „unübersteiglichen“ in § 53 Abs. 1 durch „unüberwindbaren“;

o) „einzuhaltenden“ in § 61 a durch „einzuhaltende“;

p) „richtet“ in § 63 Abs. 1 durch „richten“;

q) „ein“ in § 66 Abs. 3 durch „eine“.

7. In § 43 Abs. 1 wird die Stellung des Wortes „sich“ dem heutigen Sprachgebrauch angepaßt.

8. In § 3, § 14 Abs. 2, § 49 Abs. 1, § 68 Abs. 4, § 69 Abs. 1 und § 71 Abs. 1 wird die Bezeichnung der Gliederungseinheiten mit Kleinbuchstaben durch eine solche mit arabischen Ziffern ersetzt; die Zitierung dieser Gliederungseinheiten in § 4 Abs. 1, § 49 Abs. 3, § 51, § 68 Abs. 5 und § 69 Abs. 3 wird entsprechend richtiggestellt.

9. In § 4 entfällt nach der Erwähnung des § 3 das Wort „unter“.

10. In § 7 Z 2 entfällt nach dem Wort „Sachen“, in § 19 Abs. 3 nach dem Wort „leisten“, in § 61 a nach dem Wort „getragen“ und in § 67 c Abs. 2 Z 2 nach dem Wort „hat“ der jeweilige Beistrich.

11. In § 44 Abs. 1 zweiter Satz wird nach dem Wort „wurde“, in § 73 Abs. 1 nach dem Wort „Aufschub“ ein Beistrich gesetzt.

12. In § 48 Z 3 wird vor den Worten „der Pflicht“ das Wort „von“ eingefügt.

1) Vgl Art 49 a Abs 2 Z 1 und 2 B-VG.

Artikel V. Artikel II des Bundesgesetzes, mit dem das Allgemeine Verwaltungsverfahrensgesetz hinsichtlich der Verwaltungsabgaben geändert wird, BGBl. Nr. 45/1968, in der Fassung des Bundesgesetzes BGBl. Nr. 413/1988, wird durch die Wiederverlautbarung nicht berührt.[1]

1) Diese Bestimmung hat folgenden Wortlaut: „Amtshandlungen betreffend die Errichtung, Erhaltung und Auflassung der öffentlichen Pflichtschulen, die Schulpflicht und den Besuch der Pflichtschulen, Schutz- oder Regulierungswasserbauten, Ent- oder Bewässerungsanlagen oder Trinkwasserversorgungsanlagen, ferner Bewilligungen zur Holzlieferung, Holzlagerung oder Errichtung von Bringungsanstalten in Wildbachgebieten, Schlägerungs- und sonstige Forstprodukten-Bezugsbewilligungen einschließlich der Bewilligung von Forstwirtschaftsplänen, dann Amtshandlungen in den Angelegenheiten der Sparkassenaufsicht, der tierärztlichen Grenzkontrolle sowie der Justizverwaltung und der Heeresverwaltung, schließlich sämtliche Amtshandlungen von gesetzlichen beruflichen Interessenvertretungen sowie die Erteilung von Meldeauskünften an gesetzlich anerkannte Kirchen und Religionsgesellschaften und deren Einsichtnahme in die Personenstandsbücher unterliegen nicht der Verpflichtung zur Entrichtung der in § 78 Abs. 1 und 2 AVG. 1950 in der Fassung des Art. I des vorliegenden Bundesgesetzes geregelten Verwaltungsabgaben.“

Das genannte BG (BGBl 1968/45 idF BGBl 1988/413) wird, soweit es noch in Geltung steht, durch Art 8 Abs 1 Z 3 iVm Art 8 Abs 2 Z 1 BGBl I 2011/100 mit Ablauf des 31. 12. 2013 aufgehoben. Die **Erl 2011, 25,** führen dazu aus: „Laut Erläuterungen zur Regierungsvorlage 664 d. B. (XI. GP), 3, ist die Abgabenbefreiungsbestimmung des Art. II des Bundesgesetzes vom 27. Jänner 1968, mit dem das Allgemeine Verwaltungsverfahrensgesetz hinsichtlich der Verwaltungsabgaben geändert wird, BGBl. Nr. 45/1968, lediglich ‚als Übergangsregelung gedacht‘. Der ‚rechtssystematisch richtige Ort, Befreiungen von der Verwaltungsabgabenpflicht festzulegen, liegt vielmehr im allgemeinen in den die einzelnen Zweige der Verwaltung regelnden Gesetzen‘; die vorgesehenen Befreiungen wären daher ‚nach und nach in die die einzelnen Sachgebiete der Verwaltung regelnden

Gesetze zu übertragen, soweit sie in dem jeweils in Betracht kommenden Zusammenhang im Sinne des Gleichheitsgrundsatzes sachlich gerechtfertigt sind'.

In den letzten Jahrzehnten ist dies – allerdings nur teilweise – geschehen. Um die – auch infolge späterer Rechtsänderungen teilweise überholte (vgl. § 20 Abs. 7 des Meldegesetzes 1991, BGBl. Nr. 9/1992) – Übergangsbestimmung des Art. II nicht auf unbestimmte Dauer in Geltung zu belassen, soll für die Anpassung der Materiengesetze eine Frist von weiteren fünf Jahren gesetzt werden; für den Fall, dass diese Frist ungenützt verstreichen sollte, kann davon ausgegangen werden, dass ein rechtspolitisches Bedürfnis nach Beibehaltung der jeweiligen Abgabenbefreiung als nicht mehr vorhanden erachtet wird."

Beizufügen ist, dass die Beschlussfassung über diese RV ursprünglich für das Jahr 2009 ins Auge gefasst war, tatsächlich jedoch erst 2011 erfolgte und daher die Übergangsfrist entsprechend kürzer ausfällt.

Artikel VI. Das Allgemeine Verwaltungsverfahrensgesetz – AVG 1950 wird mit dem Titel „Allgemeines Verwaltungsverfahrensgesetz 1991 – AVG" wiederverlautbart.[1])

1) Vgl Art 49 a Abs 2 Z 4 B-VG.

Abschnitt B

Artikel VII. Auf Grund des Art. 49 a B-VG wird in der Anlage 2 [„Übergangsrecht zum AVG 1950 (AVG-Übergangsrecht 1991)"] Art. IV Abs. 2 des Bundesgesetzes BGBl. Nr. 357/1990, wiederverlautbart.[1])

1) Das AVG-Übergangsrecht ist gem § 82 Abs 15 Z 2 AVG (B 2) mit Ablauf des 31. 12. 2007 außer Kraft getreten.

Artikel VIII. Es wird folgende Anpassung vorgenommen: Die Worte „bisherigen Rechtslage" in Art. IV Abs. 2 des Bundesgesetzes BGBl. Nr. 357/1990 werden durch die Worte „bis zum Inkrafttreten des Bundesgesetzes BGBl. Nr. 357/1990 (1. Jänner 1991) geltenden Rechtslage" ersetzt.

2. Allgemeines Verwaltungsverfahrensgesetz 1991 – AVG

BGBl. Nr. 51/1991 (Wiederverlautbarung) idF BGBl. Nr. 866/1992, 686/1994, 471/1995, BGBl. I Nr. 158/1998, 164/1998 (Dfb), 164/1999, 194/1999 (Dfb), 29/2000, 126/2001, 137/2001, 65/2002, 117/2002, 10/2004, 4/2008, 5/2008, 20/2009, 135/2009, 111/2010 und 100/2011

I. Teil: Allgemeine Bestimmungen

1. Abschnitt: Behörden

Zuständigkeit

§ 1.*) **Die sachliche und örtliche Zuständigkeit**[1]**) der Behörden**[2]**) richtet sich nach den Vorschriften über ihren Wirkungsbereich und nach den Verwaltungsvorschriften.**[3]**)**[4]**)**

*) Im Verwaltungsstrafverfahren, im Verwaltungsvollstreckungsverfahren und im Agrarverfahren anzuwenden, im Dienstrechtsverfahren nicht anzuwenden (§ 24 VStG, siehe auch §§ 26 bis 29a; § 10 Abs 1 VVG; § 1 AgrVG; § 2 DVG).

1) **Sachliche** Zuständigkeit bezeichnet die Summe der durch ihre – inhaltlich-systematisch bedingte – Zugehörigkeit zu einer bestimmten **Materie** gekennzeichneten Angelegenheiten, die eine Behörde zu besorgen hat; **örtliche** Zuständigkeit dagegen die Summe der durch ihre – rechtlich festgelegte – Beziehung zu einem bestimmten **Gebiet** gekennzeichneten Angelegenheiten, die eine Behörde zu besorgen hat.

2) Das sind gem Art II Abs 1 EGVG (A 2) (nur) die zur Anwendung der VerwaltungsverfahrensG berufenen **Verwaltungsbehörden.** Auch **Hilfsorgane** einer Behörde (zB die Angehörigen von Wachkörpern: Art 78d B-VG) können – vorbehaltlich einer anders lautenden ausdrücklichen gesetzlichen Ermächtigung (zB § 27 Abs 3 VStG [C 2]) – rechtmäßig nur im Rahmen der sachlichen und örtlichen Zuständigkeit jener Behörde handeln, in deren Namen sie einzuschreiten haben.

3) Siehe Art II Abs 2 EGVG (A 2).

4) Siehe zB § 29a VStG (C 2), § 2 Abs 2 DVG (G 2), § 132 Abs 5 KFG, § 8 Abs 2 GrekoG, § 38 SprengmittelG, § 12 EisbG.

§ 2.*)**) **Enthalten die in § 1 erwähnten Vorschriften über die sachliche Zuständigkeit keine Bestimmungen,**[1]) **so sind in den Angelegenheiten der Bundesverwaltung in erster Instanz die Bezirksverwaltungsbehörden**[2])[3]) **und in zweiter Instanz der Landeshauptmann sachlich zuständig.**[4])[5])

*) IdF des Art 2 Z 1 BGBl I 2008/5 (Streichung des Klammerausdruckes „(Bundespolizeibehörden)"; rückwirkend in Kraft getreten am 1. 1. 2008).

**) Im Verwaltungsvollstreckungsverfahren anzuwenden, im Verwaltungsstrafverfahren, im Agrarverfahren und im Dienstrechtsverfahren nicht anzuwenden (§ 10 Abs 1 VVG; § 24 VStG, siehe auch § 26; § 2 AgrVG; § 2 DVG).

1) Dass, soweit die in § 1 AVG erwähnten Vorschriften abweichende Regelungen nicht enthalten, in erster Instanz die BVB und in zweiter Instanz der LH zuständig sind, bedeutet, dass jeder dieser Behörden auf ihrer jeweiligen Entscheidungsebene im Bereich der Bundesvollziehung eine **subsidiäre Allgemeinzuständigkeit** zukommt.

Die Regelung des § 2 AVG bringt auch zum Ausdruck, dass die Angelegenheiten der Bundesverwaltung grundsätzlich – weil auf Landesebene durch den LH – in der Form der **mittelbaren Bundesverwaltung** zu besorgen sind (siehe auch Art 102 Abs 1 B-VG).

2) Das sind die Bezirkshauptmannschaften und die Bürgermeister der Städte mit eigenem Statut, in Wien der Magistrat.

3) Erl 2007, 7: „Die Anführung der Bundespolizeibehörden (heute: Bundespolizeidirektionen; vgl. Art. 78a ff B-VG; vgl. auch Art. II *[jetzt: Art I]* Abs. 2 Z 6 EGVG) in § 2 AVG ist unangebracht, weil deren sachliche Zuständigkeit nicht durch eine Generalklausel umschrieben ist, sondern einer speziellen Festlegung bedarf (*Walter/Thienel,* Verwaltungsverfahrensgesetze I[2] [1998] Anm. 5 zu § 2 AVG; ähnlich *Thienel,* Verwaltungsverfahrensrecht[4] [2006] 75 FN 16)."

4) Da hier (nur) die **mittelbare Bundesverwaltung** angesprochen ist, richtet sich die allfällige Zuständigkeit eines BM als dritte Instanz nach Art 103 Abs 4 B-VG.

5) In den Angelegenheiten der **Landesverwaltung** sind – mit Ausnahme von Vbg – subsidiär zuständig:

in erster Instanz die BVB (siehe die einschlägigen landesgesetzlichen Regelungen, das sind für **Bgld:** LGBl 2003/26; für **Ktn:** LGBl

1982/19 idF LGBl 1997/128; für **NÖ:** LGBl 0150–0; für **Sbg:** LGBl 1976/59 idF LGBl 2009/43; für **Stmk:** LGBl 1997/60; für **Tir:** LGBl 1977/11 idF LGBl 1991/72; für **OÖ** gilt § 1 der Beilage A der V RGBl 1853/10);

in zweiter und letzter Instanz die LReg (Art 101 Abs 1 B-VG).

In **Vbg** besteht eine Generalkompetenz ausschließlich für die LReg; diese ist sohin subsidiär auch als erste Instanz zuständig (Art 51 Abs 1 Landesverfassung LGBl 1999/9 idF LGBl 2009/34 und § 3 BezirksverwaltungsG LGBl 1976/1 idF LGBl 2007/35).

§ 3.*)**) **Soweit die in § 1 erwähnten Vorschriften über die örtliche Zuständigkeit nichts bestimmen, richtet sich diese**

1. in Sachen, die sich auf ein unbewegliches Gut beziehen: nach der Lage des Gutes;

2. in Sachen, die sich auf den Betrieb eines Unternehmens oder einer sonstigen dauernden Tätigkeit beziehen: nach dem Ort, an dem das Unternehmen betrieben oder die Tätigkeit ausgeübt wird oder werden soll;

3. in sonstigen Sachen: zunächst nach dem Hauptwohnsitz[1] **(Sitz) des Beteiligten, und zwar im Zweifelsfall des belangten oder verpflichteten Teiles, dann nach seinem Aufenthalt, dann nach seinem letzten Hauptwohnsitz (Sitz) im Inland, schließlich nach seinem letzten Aufenthalt im Inland, wenn aber keiner dieser Zuständigkeitsgründe in Betracht kommen kann oder Gefahr im Verzug ist, nach dem Anlaß zum Einschreiten; kann jedoch auch danach die Zuständigkeit nicht bestimmt werden, so ist die sachlich in Betracht kommende oberste Behörde zuständig.**[2]

*) IdF des Art 1 Z 1 BGBl I 1998/158 (Ersetzung von „Wohnsitz“ durch „Hauptwohnsitz“, Einfügung des „letzten Aufenthalts im Inland“; in Kraft getreten am 1. 1. 1999) und des Art 5 Z 1 BGBl I 2011/100 (Ersetzung der Wortfolge „Betrieb einer Unternehmung oder sonstigen dauernden Tätigkeit“ durch die Wortfolge „Betrieb eines Unternehmens oder einer sonstigen dauernden Tätigkeit“ in Z 2; in Kraft getreten am 1. 1. 2012).

**) Im Verwaltungsvollstreckungsverfahren und im Agrarverfahren anzuwenden, im Verwaltungsstrafverfahren und im Dienstrechtsverfahren nicht anzuwenden (§ 10 Abs 1 VVG; § 1 AgrVG; § 24 VStG, siehe auch §§ 27 bis 29a; § 2 DVG).

1) Siehe Art 6 Abs 3 B-VG: „Der Hauptwohnsitz einer Person ist dort begründet, wo sie sich in der erweislichen oder aus den Umständen hervorgehenden Absicht niedergelassen hat, hier den Mittelpunkt ihrer Lebensbeziehungen zu schaffen; trifft diese sachliche Voraussetzung bei einer Gesamtbetrachtung der beruflichen, wirtschaftlichen und gesellschaftlichen Lebensbeziehungen einer Person auf mehrere Wohnsitze zu, so hat sie jenen als Hauptwohnsitz zu bezeichnen, zu dem sie das überwiegende Naheverhältnis hat."

Vgl ferner § 1 Abs 7 MeldeG: „Der Hauptwohnsitz eines Menschen ist an jener Unterkunft begründet, an der er sich in der erweislichen oder aus den Umständen hervorgehenden Absicht niedergelassen hat, diese zum Mittelpunkt seiner Lebensbeziehungen zu machen; trifft diese sachliche Voraussetzung bei einer Gesamtbetrachtung der beruflichen, wirtschaftlichen und gesellschaftlichen Lebensbeziehungen eines Menschen auf mehrere Wohnsitze zu, so hat er jenen als Hauptwohnsitz zu bezeichnen, zu dem er das überwiegende Naheverhältnis hat."

Vgl auch Art 6 Abs 4 B-VG idF BGBl I 2011/43, der am 1. 10. 2011 in Kraft tritt: „(4) In den Angelegenheiten der Durchführung der Wahl des Bundespräsidenten, von Wahlen zu den allgemeinen Vertretungskörpern und zum Europäischen Parlament, der Wahl des Bürgermeisters durch die zur Wahl des Gemeinderates Berechtigten, in den Angelegenheiten der Durchführung von Volksbegehren, Volksabstimmungen und Volksbefragungen auf Grund der Bundesverfassung oder einer Landesverfassung sowie in den Angelegenheiten der unmittelbaren Mitwirkung der zum Gemeinderat Wahlberechtigten an der Besorgung der Angelegenheiten des eigenen Wirkungsbereiches der Gemeinde gelten für die Dauer einer Festnahme oder Anhaltung im Sinne des Bundesverfassungsgesetzes über den Schutz der persönlichen Freiheit, BGBl. Nr. 684/1988, die letzten Wohnsitze und der letzte Hauptwohnsitz vor der Festnahme oder Anhaltung als Wohnsitze beziehungsweise Hauptwohnsitz der festgenommenen oder angehaltenen Person."

Die Ersetzung des Begriffes „Wohnsitz" durch „Hauptwohnsitz" erfolgte auch, um eine nicht lösbare Zuständigkeitskonkurrenz bei Vorliegen mehrerer Wohnsitze zu vermeiden (Erl 1998, 25).

2) Sachlich in Betracht kommende oberste Behörde ist die höchste zur Anwendung der VerwaltungsverfahrensG berufene Behörde (Art II Abs 1 EGVG [A 2]), in deren sachliche Zuständigkeit die Angelegenheit fällt. Als solche fungiert regelmäßig in Angelegenheiten

– der **Bundesverwaltung:** der ressortzuständige BM (Art 69 Abs 1 B-VG, BMG);

– der **Landesverwaltung:** die LReg (Art 101 B-VG).

Für den Bereich der **Gemeindeverwaltung** (eigener Wirkungsbereich der Gemeinde) ist der letzte Halbsatz des § 3 AVG wenig bedeutsam, weil sich die örtliche Zuständigkeit regelmäßig aller Gemeindeorgane – nicht nur die der obersten Gemeindebehörde – auf das gesamte Gemeindegebiet erstreckt. Siehe auch Anm 3 und 4 zu § 4 AVG.

§ 4.*) **(1) Ist gemäß den in § 1 erwähnten Vorschriften die örtliche Zuständigkeit mehrerer Behörden**[1]**) gegeben und für diesen Fall nicht anderes bestimmt**[2]**) oder begründen die in § 3 Z 1 und 2 angeführten Umstände die örtliche Zuständigkeit mehrerer Behörden,**[1]**) so haben diese Behörden einvernehmlich vorzugehen.**

(2) Gelangen sie in der Sache zu keinem Einvernehmen, so geht die Zuständigkeit auf die sachlich in Betracht kommende Oberbehörde[3]**) und, wenn danach verschiedene Behörden berufen sind und auch diese sich nicht zu einigen vermögen, auf die sachlich in Betracht kommende gemeinsame Oberbehörde**[3]**) über.**[4]**)**

(3) Bei Gefahr im Verzug hat jede der in Abs. 1 bezeichneten Behörden in ihrem Amtsbereich die notwendigen Amtshandlungen unter gleichzeitiger Verständigung der anderen Behörden vorzunehmen.

*) Im Verwaltungsvollstreckungsverfahren und im Agrarverfahren anzuwenden, im Verwaltungsstrafverfahren und im Dienstrechtsverfahren nicht anzuwenden (§ 10 Abs 1 VVG, § 1 AgrVG, § 24 und § 27 Abs 2 VStG, § 2 DVG).

1) Diese Regelung betrifft – anders als jene des § 5 AVG – den Fall der **Zuständigkeitshäufung** (Kompetenzkumulation; Kompetenzkonkurrenz); es sind von Rechts wegen mehrere Behörden (iS des Art II Abs 1 EGVG [A 2]) örtlich zuständig, dieselbe (Verwaltungs-)Sache (iS der §§ 8 und 37 AVG) zu entscheiden.

2) Vgl zB § 40 Abs 4 KFG und § 101 Abs 1 WRG.

3) Die „sachlich in Betracht kommende Oberbehörde" (siehe auch § 3 Z 3, § 5 Abs 1, § 68 Abs 2 bis 4 und § 73 Abs 2 AVG) ist die innerhalb des einzelnen Ressorts bestehende höhere Behörde. Sie ist, wenngleich sie im Einzelfall häufig mit dieser zusammenfällt, von der „im Instanzenzug übergeordneten Behörde" (siehe § 70 Abs 3 und § 72 Abs 4 AVG), das ist die im konkreten Fall zur höheren Ent-

scheidung berufene Behörde, zu unterscheiden. Die UVS in den Ländern sind keine Oberbehörden.

4) Eine **Devolution** an die sachlich in Betracht kommende gemeinsame Oberbehörde setzt voraus, dass eine **gemeinsame** Oberbehörde eingerichtet ist.

§ 5.*) **(1) Über Zuständigkeitsstreite zwischen Behörden**[1]**) entscheidet die sachlich in Betracht kommende gemeinsame Oberbehörde.**[2])

(2) § 4 Abs. 3 gilt auch in diesem Fall.

*) Im Verwaltungsstrafverfahren, im Verwaltungsvollstreckungsverfahren, im Agrarverfahren und im Dienstrechtsverfahren anzuwenden (§ 24 VStG, § 10 Abs 1 VVG, § 1 AgrVG, § 1 Abs 1 DVG).

1) Diese Regelung betrifft – anders als jene des § 4 AVG – den Fall des **Zuständigkeitsstreites** (Kompetenzkonflikt) uzw gleichgültig, ob die sachliche oder die örtliche Zuständigkeit strittig ist: Es ist von Rechts wegen (nur) eine von (jenen) mehreren Behörden (iS des Art II Abs 1 EGVG [A 2]) zuständig, die die Zuständigkeit in derselben (Verwaltungs-)Sache (iS der §§ 8 und 37 AVG) für sich in Anspruch nehmen **(positiver Kompetenzkonflikt)** oder ablehnen **(negativer Kompetenzkonflikt)**.

2) Die Oberbehörde hat hier – anders als im Fall der Kompetenzkumulation (§ 4 AVG) –, ohne in die Sache selbst einzugehen, – durch verfahrensrechtlichen Bescheid – nur auszusprechen, welche Behörde zur Entscheidung zuständig ist. Kompetenzkonflikte zwischen Bundes- und Landesbehörden (im funktionellen Sinn) und zwischen Behörden verschiedener Länder sind gem Art 138 Abs 1 Z 3 B-VG vom VfGH zu entscheiden.

§ 6.*) **(1) Die Behörde hat ihre sachliche und örtliche Zuständigkeit von Amts wegen wahrzunehmen; langen bei ihr Anbringen**[1]**) ein, zu deren Behandlung sie nicht zuständig ist, so hat sie diese ohne unnötigen Aufschub auf Gefahr des Einschreiters**[2]**) an die zuständige Stelle weiterzuleiten oder den Einschreiter an diese zu weisen.**[3])

(2) Durch Vereinbarung der Parteien kann die Zuständigkeit der Behörde weder begründet noch geändert werden.

*) Im Verwaltungsstrafverfahren, im Verwaltungsvollstreckungsverfahren, im Agrarverfahren und im Dienstrechtsverfahren anzuwenden (§ 24 VStG, siehe aber auch § 29a; § 10 Abs 1 VVG; § 1 AgrVG; § 1 Abs 1 DVG).

1) Siehe § 13 AVG.

2) Ein durch den Postenlauf bedingtes Fristversäumnis geht in diesem Fall zu Lasten des Einschreiters; siehe Anm 3 zu § 33 AVG.

3) In seiner älteren Rsp hat der VwGH judiziert, dass die formlose Weiterleitung nur dann zulässig ist, wenn die Unzuständigkeit offenkundig ist; bestünden Zweifel an der Zuständigkeit oder verlange die Partei ausdrücklich eine Entscheidung, sei das Anbringen durch Bescheid zurückzuweisen. In seiner **neueren Rsp** ist der VwGH verschiedentlich von diesen Grundsätzen abgegangen und vertritt nunmehr die Auffassung, dass die Zurückweisung eines Anbringens wegen Unzuständigkeit unzulässig sei, die Behörde sei vielmehr verpflichtet, dieses nach § 6 AVG an die zuständige Behörde weiterzuleiten (vgl insb VwGH 13. 9. 2006, 2006/12/0046; 4. 2. 2009, 2007/12/0062).

Befangenheit von Verwaltungsorganen

§ 7.*)**) **(1) Verwaltungsorgane**[1]**) haben sich der Ausübung ihres Amtes zu enthalten und ihre Vertretung zu veranlassen:**[2])[3])

1. in Sachen, an denen sie selbst, einer ihrer Angehörigen (§ 36 a) oder einer ihrer Pflegebefohlenen[4]**) beteiligt sind;**

2. in Sachen, in denen sie als Bevollmächtigte einer Partei bestellt waren oder noch bestellt sind;

3. wenn sonstige wichtige Gründe vorliegen, die geeignet sind, ihre volle Unbefangenheit in Zweifel zu ziehen;

4. im Berufungsverfahren, wenn sie an der Erlassung des angefochtenen Bescheides oder der Berufungsvorentscheidung (§ 64 a) mitgewirkt haben.

(2) Bei Gefahr im Verzug hat, wenn die Vertretung durch ein anderes Verwaltungsorgan nicht sogleich bewirkt werden kann, auch das befangene Organ die unaufschiebbaren Amtshandlungen selbst vorzunehmen.

*) IdF des Art 2 Z 2 BGBl I 2008/5 (Neufassung des Abs 1; rückwirkend in Kraft getreten am 1. 1. 2008)

**) Im Verwaltungstrafverfahren, im Verwaltungsvollstreckungsverfahren, im Agrarverfahren und im Dienstrechtsverfahren anzuwenden (§ 24 VStG, § 10 Abs 1 VVG, § 1 AgrVG, § 1 Abs 1 DVG).

1) Diese Bestimmung ist gem § 53 Abs 1 AVG auch auf **Amtssachverständige,** zum Teil auch auf **nicht amtliche Sachverständige** und gem § 39a Abs 1 iVm § 53 Abs 1 AVG im gleichen Umfang auch auf **Dolmetscher** (Übersetzer) anzuwenden.

2) Aus der Verletzung des § 7 AVG folgt **nicht die Unzuständigkeit der Behörde,** sondern (nur) die **Mangelhaftigkeit ihres Verfahrens.**

3) Ein Ablehnungsrecht steht der Partei – von Sondervorschriften abgesehen – nicht zu (siehe auch die §§ 39a und 53 Abs 1 AVG). Die Rechtswidrigkeit der Mitwirkung eines befangenen Organs kann nur mit dem Rechtsmittel gegen den die Sache erledigenden Bescheid geltend gemacht werden.

4) **Erl 2007, 7:** „ ‚Pflegebefohlene' des Verwaltungsorgans (Organwalters) sind im Sinne des Kindschaftsrechts-Änderungsgesetzes 2001, BGBl. I Nr. 135/2000, Minderjährige, mit deren Obsorge es (er) betraut ist, oder Personen, zu deren Sachwalter oder Kurator es (er) bestellt ist."

2. Abschnitt: Beteiligte und deren Vertreter

Beteiligte; Parteien

§ 8.*) **Personen, die eine Tätigkeit der Behörde in Anspruch nehmen oder auf die sich die Tätigkeit der Behörde bezieht, sind Beteiligte**[1]) **und, insoweit sie an der Sache**[2]) **vermöge eines Rechtsanspruches**[3]) **oder eines rechtlichen Interesses**[3]) **beteiligt sind, Parteien.**[1])[4])[5])

*) Im Verwaltungsstrafverfahren, im Verwaltungsvollstreckungsverfahren, im Agrarverfahren und im Dienstrechtsverfahren anzuwenden (§ 24 VStG; § 10 Abs 1 VVG; § 1 AgrVG; § 1 Abs 1 DVG, siehe jedoch § 3).

1) In dem auf die Erlassung eines Bescheides hin angelegten Verwaltungsverfahren sollen alle Personen zu Wort kommen, deren Interessen durch den Bescheid berührt werden („Beteiligte"). Schon ein solches tatsächliches, insb wirtschaftliches Interesse begründet die Stellung als Beteiligter, die für sich allein freilich kein Recht zur Mit-

wirkung am Verwaltungsverfahren vermittelt, sondern nur die rechtens nicht erzwingbare Möglichkeit eröffnet, an einer mündlichen Verhandlung teilzunehmen (§ 40 Abs 1, § 41 Abs 1, § 42 Abs 1, § 43 Abs 1, 3 und 4, § 44 Abs 2 und 3 AVG) und bei der Feststellung des Sachverhalts mitzuwirken (§ 43 Abs 2 und 3, § 51 AVG).

Ein **subjektives Recht** darauf und auf weitergehende aktive Mitwirkung am Verfahren ist jedoch **nicht allen,** sondern nur jenen Interessenten eingeräumt, deren Interessen von der Rechtsordnung als schutzwürdig anerkannt werden, **deren Interessensphäre sich aus diesem Grund als Rechtssphäre darstellt:** Das sind jene Personen, deren **Rechtsstellung** durch den Bescheid beeinflusst wird oder werden kann. **Diese Interessenten nennt § 8 AVG Parteien.** Die Partei ist danach der (künftige) Adressat des im Verwaltungsverfahren zu erzeugenden individuellen normativen Aktes, des Bescheides.

2) Sache („Verwaltungssache" iS des § 37 AVG) ist die den Gegenstand des Verfahrens bildende, von der Behörde durch Bescheid zu regelnde Angelegenheit. Verfahrensgegenstand in diesem Sinn kann eine in materiellrechtlichen Vorschriften geregelte Angelegenheit (zB ob eine begehrte Bewilligung zu erteilen ist), aber auch eine in verfahrens(formal)rechtlichen Vorschriften geregelte Angelegenheit (zB ob ein befristetes Anbringen als verspätet zurückzuweisen ist) sein.

3) Welcher Beteiligte unter welchen Voraussetzungen einen Rechtsanspruch bzw ein rechtliches Interesse worauf hat, normiert § 8 AVG nicht, er verweist vielmehr auf die Vorschriften des materiellen, aber auch des formellen Rechts. Dazu gehört auch das Unionsrecht (vgl näher *Walter/Thienel* I, 186). Diesen ist zu entnehmen, ob jemandem ein Rechtsanspruch oder ein rechtliches Interesse zukommt, der bzw das ihm Parteistellung und damit den **verfahrensrechtlichen Anspruch** vermittelt, seinen (materiell- oder formalrechtlichen) **Anspruch in der bzw sein rechtliches Interesse an der Sache** vor der Behörde durchzusetzen. Daraus ergibt sich seine Parteistellung. Ob alle von Rechts wegen festgelegten Voraussetzungen dieses Anspruchs bzw rechtlichen Interesses erfüllt sind, der Anspruch bzw das rechtliche Interesse daher wirklich besteht, ist im behördlichen Verfahren allerdings erst noch zu prüfen. Daraus folgt, dass nicht erst der bereits festgestellte, sondern schon der behauptete Rechtsanspruch bzw das behauptete rechtliche Interesse in der Sache den verfahrensrechtlichen Anspruch auf Entscheidung – das ist die Parteistellung – begründet, sofern diese Behauptung immerhin möglicherweise richtig sein kann. Die **Parteistellung** ist sohin **nicht** erst **vom Ergebnis des Verfahrens abhängig.**

Ob demgemäß einer Person in einem Verfahren Parteistellung zukommt, ist zunächst anhand der jeweils anzuwendenden Verwaltungsvorschriften unter Berücksichtigung der gesamten Rechtsordnung, einschließlich des Unionsrechts, zu beurteilen.

4) Der aus der Parteistellung fließende Anspruch auf Mitwirkung im Verwaltungsverfahren dient **regelmäßig dem Schutz von Privatinteressen;** der Gesetzgeber verwendet diese Konstruktion gelegentlich aber auch **zum Schutz öffentlicher Interessen:** indem er Organe des Staates oder anderer zur Wahrung solcher Interessen berufener Rechtsträger nicht selbst zu behördlicher Entscheidung beruft, sondern ihnen Parteistellung im Verfahren vor der zuständigen Verwaltungsbehörde einräumt **(Amtspartei bzw Organpartei).**

5) Zur Wahrung ihrer Rechtsansprüche und rechtlichen Interessen räumt das AVG der **Partei** insb folgende (Mitwirkungs-)**Rechte im Verfahren** ein: Akteneinsicht (§ 17), Parteiengehör (§§ 37, 43 Abs 2 und 3, § 65 und § 67 d), Kenntnisnahme vom und Stellungnahme zum Ergebnis der Beweisaufnahme (§§ 37 und 45 Abs 3), Ablehnung von nichtamtlichen Dolmetschern (Übersetzern) und nichtamtlichen Sachverständigen (§§ 39 a und 53), Erlassung der behördlichen Erledigung in Bescheidform und Bekanntgabe des Bescheides (§§ 56 ff, 62, 67 g und 73), Erhebung einer Berufung (§ 63) bzw einer Vorstellung (§ 57), Stellung eines Vorlageantrags (§ 64 a Abs 2), Kenntnisnahme von und Stellungnahme zu den von der Gegenpartei in ihrer Berufung vorgebrachten neuen Tatsachen und Beweisen (§ 65), Antrag auf Wiederaufnahme des Verfahrens (§ 69), Antrag auf Wiedereinsetzung in den vorigen Stand (§ 71) und Antrag auf Devolution der Entscheidungszuständigkeit (§ 73).

Rechts- und Handlungsfähigkeit

§ 9.*) Insoweit die persönliche Rechts- und Handlungsfähigkeit[1]) von Beteiligten in Frage kommt, ist sie von der Behörde, wenn in den Verwaltungsvorschriften nicht anderes bestimmt ist,[2]) nach den Vorschriften des bürgerlichen Rechts[3]) zu beurteilen.

*) Im Verwaltungsstrafverfahren, im Verwaltungsvollstreckungsverfahren, im Agrarverfahren und im Dienstrechtsverfahren anzuwenden (§ 24 VStG, siehe auch § 9; § 10 Abs 1 VVG; § 1 AgrVG; § 1 Abs 1 DVG, siehe aber auch § 4).

1) Die Rechts- und Handlungsfähigkeit ist von der zur Entscheidung der Sache zuständigen Behörde – gem § 39 Abs 2 AVG

von Amts wegen – als **Vorfrage** (siehe § 38 AVG), dh mit Wirkung nur für das betreffende Verfahren, zu beurteilen.

2) Siehe zB § 9 Abs 1 und 7 VStG (C 2), § 4 DVG (G 2), § 90 HDG, § 58 HGG, § 8 Abs 1 PaßG, § 5 RelKEG, § 68 SchUG, § 57 WG und § 75 ZDG.

3) Siehe insb die §§ 16 bis 18, 21, 26, 149, 151 bis 153, 172, 175, 182, 187, 271 bis 274, 276, 283, 310 und 865 ABGB sowie § 3 IO.

Vertreter

§ 10.*)**) **(1) Die Beteiligten und ihre gesetzlichen Vertreter können sich, sofern nicht ihr persönliches Erscheinen ausdrücklich gefordert wird, durch eigenberechtigte natürliche Personen, juristische Personen[1]) oder eingetragene Personengesellschaften[2]) vertreten lassen.[3]) Bevollmächtigte haben sich durch eine schriftliche, auf Namen oder Firma[4]) lautende Vollmacht auszuweisen. Vor der Behörde kann eine Vollmacht auch mündlich erteilt werden; zu ihrer Beurkundung genügt ein Aktenvermerk.[5]) Schreitet eine zur berufsmäßigen Parteienvertretung befugte Person[6]) ein, so ersetzt die Berufung auf die ihr erteilte Vollmacht deren urkundlichen Nachweis.**

(2) Inhalt und Umfang der Vertretungsbefugnis richten sich nach den Bestimmungen der Vollmacht; hierüber auftauchende Zweifel sind nach den Vorschriften des bürgerlichen Rechts zu beurteilen.[7]) Die Behörde hat die Behebung etwaiger Mängel unter sinngemäßer Anwendung des § 13 Abs. 3 von Amts wegen zu veranlassen.

(3) Als Bevollmächtigte sind solche Personen nicht zuzulassen, die unbefugt die Vertretung anderer zu Erwerbszwecken betreiben.[8])

(4) Die Behörde kann von einer ausdrücklichen Vollmacht absehen, wenn es sich um die Vertretung durch amtsbekannte Angehörige (§ 36 a),[9]) Haushaltsangehörige, Angestellte oder durch amtsbekannte Funktionäre von beruflichen oder anderen Organisationen handelt und Zweifel über Bestand und Umfang der Vertretungsbefugnis nicht obwalten.

(5) Die Beteiligten können sich eines Rechtsbeistandes bedienen und auch in seiner Begleitung vor der Behörde erscheinen.

(6) Die Bestellung eines Bevollmächtigten schließt nicht aus, daß der Vollmachtgeber im eigenen Namen Erklärungen abgibt.

*) IdF des Art 1 Z 2 BGBl I 1998/158 (Erweiterung des Kreises der Vertreter und der Personen, die sich auf eine erteilte Vollmacht berufen können; Ermächtigung der Bevollmächtigung juristischer Personen; in Kraft getreten am 1. 1. 1999), des Art 2 Z 3 BGBl I 2008/5 (Ersetzung der Wortfolge „juristische Personen, Personengesellschaften des Handelsrechts oder eingetragene Erwerbsgesellschaften" durch die Wortfolge „juristische Personen oder eingetragene Personengesellschaften"; rückwirkend in Kraft getreten am 1. 1. 2008), des Art 35 Z 1 BGBl I 2009/135 (Einfügung der Wortfolge „in § 36 a Abs. 1 genannte Personen," in Abs 4; in Kraft getreten am 1. 1. 2010) und des Art 5 Z 2 BGBl I 2011/100 (Ersetzung der Wortfolge „Familienmitglieder, in § 36 a Abs. 1 genannte Personen" durch die Wortfolge „Angehörige (§ 36 a)" in Abs 4; in Kraft getreten am 1. 1. 2012).

**) Im Verwaltungsstrafverfahren, im Verwaltungsvollstreckungsverfahren, im Agrarverfahren und im Dienstrechtsverfahren anzuwenden (§ 24 VStG, siehe aber auch §§ 59 bis 61; § 10 Abs 1 VVG; § 1 AgrVG, siehe aber auch §§ 5 und 9 Abs 3; § 1 Abs 1 DVG).

1) Juristische Personen haben durch ihre vertretungsbefugten Organe zu handeln.

2) Unter „eingetragenen Personengesellschaften" sind die Offene Gesellschaft (§§ 105 bis 160 UGB) und die Kommanditgesellschaft (§§ 161 bis 177 UGB) zu verstehen.

3) Im Fall des § 34 Abs 2 AVG (bei Entfernung einer Person wegen Störung der Amtshandlung oder Anstandsverletzung) kann die Behörde auch den Auftrag zur Bestellung eines Bevollmächtigten erteilen. Bezüglich des Auftrags zur Namhaftmachung eines Zustellungsbevollmächtigten siehe § 10 ZustG (E 1). Zum Zustellungsbevollmächtigten vgl § 9 ZustG (E 1).

4) Siehe auch § 17 Abs 2 UGB: „Ein Unternehmer kann in Verfahren vor Gerichten oder Verwaltungsbehörden seine Firma als Parteibezeichnung führen und mit seiner Firma als Partei bezeichnet werden. Für Einzelunternehmer gilt dies nicht in Strafverfahren."

Die Formulierung dieser Bestimmung ermöglicht die Verwendung der Firma nur als Parteibezeichnung, nicht aber zur Bezeichnung als Bevollmächtigter; eine Bezeichnung des Vertreters mit der

Firma ist daher nur zulässig, soweit eine juristische Person bevollmächtigt wird, die nur die Firma als Namen hat. Andere Personen, insb Einzelkaufleute, sind hingegen mit ihrem „bürgerlichen" bzw satzungsmäßigen Namen zu bezeichnen. Die fehlerhafte Bezeichnung mit der Firma wäre diesfalls als verbesserungsfähiger Mangel nach § 10 Abs 2 AVG zu behandeln.

5) Siehe § 16 AVG.

6) Siehe Anm 11 zu § 49 AVG. Eine Berufung auf eine erteilte Vollmacht ist nur zulässig, soweit eine solche Befugnis besteht, dh nur im Umfang der jeweiligen berufsmäßigen Vertretungsbefugnis (Erl 1998, 25).

7) Siehe die §§ 1002 ff ABGB. Die Möglichkeit der Einräumung einer Substitutionsbefugnis und die grundsätzliche Zulässigkeit der Erteilung einer Untervollmacht sollen durch die Neuregelung nicht berührt werden (Erl 1998, 25).

8) Siehe auch Art III Abs 1 Z 1 EGVG (A 2) sowie § 49 Abs 2 AVG und Anm 11 dazu.

9) Erl 2009/2, 23: „In dieser Bestimmung soll anstatt auf ‚Familienmitglieder' künftig auf ‚in § 36 a Abs. 1 genannte Personen' abgestellt werden; eine Ehe, eingetragene Lebenspartnerschaft oder Lebensgemeinschaft muss also aufrecht sein (vgl. § 36 a Abs. 2 AVG)."

Durch BGBl I 2011/100 wurde der Verweis dahingehend geändert, dass er sich nunmehr auf den gesamten § 36 a AVG – nicht nur auf dessen Abs 1 – bezieht. Daraus folgt, dass auch frühere Ehegatten oder Partner erfasst sind.

Vgl auch **AA 2011, 6:** „Durch das Bundesgesetz BGBl. I Nr. 135/2009, mit welchem ua. das Eingetragene Partnerschaft-Gesetz erlassen wurde, wurde der eingetragene Partner in den Kreis der Angehörigen einbezogen (vgl. § 36 a Abs. 1 Z 6 und Abs. 3 AVG). Der Verweis in § 10 Abs. 4 AVG auf die ‚in § 36 a Abs. 1 genannte Personen' berücksichtigt § 36 a Abs. 3 erster Satz AVG (wonach Abs. 1 Z 3 auch für den eingetragenen Partner sinngemäß gilt) nur unzureichend; § 10 Abs. 4 AVG ist daher entsprechend anzupassen."

§ 11.*)**) **Soll von Amts wegen oder auf Antrag gegen einen handlungsunfähigen Beteiligten, der eines gesetzlichen Vertreters entbehrt, oder gegen eine Person, deren Aufenthalt unbekannt ist, eine Amtshandlung vorgenommen werden, so kann die Behörde, wenn die Wichtigkeit der Sache es erfordert,**[1]) **die Betrauung einer Person mit der Obsorge oder die**

Bestellung eines Sachwalters oder Kurators[2]) beim zuständigen Gericht (§ 109 JN) veranlassen.[3])

*) IdF des Art 2 Z 4 BGBl I 2008/5 (Ersetzung der Wortfolge „die Bestellung eines Sachwalters (Kurators) bei dem hiefür zuständigen Gericht (§ 109 JN)“ durch die Wortfolge „die Betrauung einer Person mit der Obsorge oder die Bestellung eines Sachwalters oder Kurators beim zuständigen Gericht (§ 109 JN)“; rückwirkend in Kraft getreten am 1. 1. 2008).

**) Im Verwaltungsvollstreckungsverfahren, im Agrarverfahren und im Dienstrechtsverfahren anzuwenden, im Verwaltungsstrafverfahren nicht anzuwenden (§ 10 Abs 1 VVG, § 1 AgrVG, § 1 Abs 1 DVG, § 24 VStG).

1) Die Behörde hat also Ermessen, das sie im Hinblick auf die Bedeutung der Sache zu üben hat.

Andere Voraussetzungen für eine zT ähnlich gelagerte Situation sieht § 25 ZustG (E 1) für die Zustellung durch öffentliche Bekanntmachung vor. Vgl auch § 17 Abs 3 VStG (C 2).

2) Vor Veranlassung der Bestellung eines **Abwesenheitskurators** hat die Behörde - gem § 39 Abs 2 AVG von Amts wegen - alle ihr möglichen und zumutbaren Nachforschungen nach dem Aufenthalt des Beteiligten anzustellen.

3) Siehe insb §§ 273 ff und 281 f ABGB §§ 5, 117 ff AußStrG sowie §§ 276 und 280 ABGB und §§ 5, 117 ff AußStrG.

§ 12.*) Die Vorschriften dieses Bundesgesetzes über die Beteiligten sind auch auf deren gesetzliche Vertreter und Bevollmächtigte zu beziehen.

*) Im Verwaltungsvollstreckungsverfahren, im Agrarverfahren und im Dienstrechtsverfahren anzuwenden, im Verwaltungsstrafverfahren nicht anzuwenden (§ 10 Abs 1 VVG; § 1 AgrVG; § 1 Abs 1 DVG; § 24 VStG).

3. Abschnitt: Verkehr zwischen Behörden und Beteiligten

Anbringen

§ 13.*)) (1) Soweit in den Verwaltungsvorschriften nicht anderes bestimmt ist,[1]) können Anträge, Gesuche, Anzei-**

gen, Beschwerden und sonstige Mitteilungen[2]) bei der Behörde schriftlich, mündlich[3]) oder telefonisch eingebracht[4]) werden. Rechtsmittel und Anbringen, die an eine Frist gebunden sind oder durch die der Lauf einer Frist bestimmt wird, sind schriftlich einzubringen.[5]) Erscheint die telefonische Einbringung eines Anbringens der Natur der Sache nach nicht tunlich, so kann die Behörde dem Einschreiter auftragen, es innerhalb einer angemessenen Frist schriftlich oder mündlich einzubringen.[6])

(2) Schriftliche Anbringen können der Behörde in jeder technisch möglichen Form[7]) übermittelt[8]) werden, mit E-Mail jedoch nur insoweit, als für den elektronischen Verkehr zwischen der Behörde und den Beteiligten nicht besondere Übermittlungsformen vorgesehen sind.[9]) Etwaige technische Voraussetzungen oder organisatorische Beschränkungen des elektronischen Verkehrs zwischen der Behörde und den Beteiligten sind im Internet bekanntzumachen.[10])

(3) Mängel schriftlicher Anbringen ermächtigen die Behörde nicht zur Zurückweisung.[11])[12]) Die Behörde hat vielmehr von Amts wegen unverzüglich[13]) deren Behebung zu veranlassen und kann[14]) dem Einschreiter die Behebung des Mangels innerhalb einer angemessenen Frist mit der Wirkung auftragen,[15]) dass das Anbringen nach fruchtlosem Ablauf dieser Frist zurückgewiesen wird. Wird der Mangel rechtzeitig behoben, so gilt das Anbringen als ursprünglich richtig eingebracht.[16])

(4) Bei Zweifeln über die Identität des Einschreiters oder die Authentizität eines Anbringens gilt Abs. 3 mit der Maßgabe sinngemäß, dass das Anbringen nach fruchtlosem Ablauf der Frist als zurückgezogen gilt.[17])[18])

(5) Die Behörde ist nur während der Amtsstunden verpflichtet, schriftliche Anbringen entgegenzunehmen oder Empfangsgeräte empfangsbereit zu halten, und, außer bei Gefahr im Verzug, nur während der für den Parteienverkehr bestimmten Zeit verpflichtet, mündliche oder telefonische Anbringen entgegenzunehmen.[19]) Die Amtsstunden und die für den Parteienverkehr bestimmte Zeit sind im Internet und an der Amtstafel bekanntzumachen.[20])

(6) Die Behörde ist nicht verpflichtet, Anbringen, die sich auf keine bestimmte Angelegenheit beziehen, in Behandlung zu nehmen.[21])

(7) Anbringen können in jeder Lage des Verfahrens zurückgezogen werden.[22])

(8) Der verfahrenseinleitende Antrag kann in jeder Lage des Verfahrens geändert werden.[23]) **Durch die Antragsänderung darf die Sache ihrem Wesen nach nicht geändert**[24]) **und die sachliche und örtliche Zuständigkeit nicht berührt werden.**[25])

*) IdF des Art 1 Z 3 BGBl I 1998/158 (Neufassung samt Überschrift; in Kraft getreten am 1. 1. 1999), des Art 3 Z 1 BGBl I 2001/137 (Modifikation des Abs 5; in Kraft getreten am 1. 1. 2002), des Art 1 Z 1 und Z 2 BGBl I 2002/65 (Einfügung des Abs 4a und Anfügung des Abs 9; in Kraft getreten am 20. 4. 2002), des Art 2 Z 1 bis 5 BGBl I 2004/10 (Neufassung der Abs 1, 4 und 5 und Aufhebung der Abs 4a und 9; in Kraft getreten am 1. 3. 2004; § 13 Abs 4a trat jedoch mit Ablauf des 30. 6. 2004 außer Kraft), des Art 2 Z 5 BGBl I 2008/5 (Neufassung der Abs 1 bis 6; rückwirkend in Kraft getreten am 1. 1. 2008) und des Art 5 Z 3 BGBl I 2011/100 (Streichung der Wortfolge „durch Anschlag“ in Abs 5; in Kraft getreten am 1. 1. 2012). § 13 Abs 5 letzter Satz idF BGBl I 2008/5 trat gem § 82 Abs 16 idF BGBl I 2008/5 mit Ablauf des 31. 12. 2010 außer Kraft.

**) Im Verwaltungsvollstreckungsverfahren, im Agrarverfahren und im Dienstrechtsverfahren anzuwenden, im Verwaltungsstrafverfahren mit Ausnahme des Abs 8 (§ 24 VStG, siehe aber auch § 49 Abs 1 und § 51 Abs 3; § 10 Abs 1 VVG; § 1 AgrVG; § 1 Abs 1 DVG).

1) Siehe zB § 19 Abs 1, § 38 Abs 1 StbG, § 23 Abs 2 WG und § 46 Abs 1 AlVG.

2) Anbringen sind grundsätzlich in deutscher Sprache abzufassen (Art 8 Abs 1 B-VG); siehe jedoch § 13 VoGrG für die kroatische, slowenische und ungarische Sprache. Vgl aber auch § 14 Abs 2, § 15 Abs 4, § 17 Abs 9, § 22 Abs 1, § 29 Abs 6 Z 1, § 35 Abs 3 und § 55 Abs 5 AsylG sowie § 40 Abs 1 und § 100 Abs 1 FPG („in einer ... verständlichen Sprache“).

3) Niederschriftlich aufgenommene Anbringen sind als mündliche anzusehen; siehe § 14 Abs 1 AVG.

Vgl aber auch Anm 5 zu § 13 AVG.

4) **Ein** Anbringen liegt erst vor, wenn die Eingabe bei der Behörde **tatsächlich eingelangt** ist; die Gefahr des Verlustes einer versendeten Eingabe trifft sohin den Einschreiter.

5) Vgl aber zB § 51 Abs 3 und § 49 Abs 1 VStG (C 2).

Der VwGH hat die Erfüllung des Erfordernisses der Schriftlichkeit auch dann angenommen, wenn die Behörde ein mündliches Anbringen in einer Niederschrift (§ 14 AVG) beurkundet hat (VwGH 6. 5. 2004, 2001/20/0195 – verstärkter Senat). Soweit die Schriftform gesetzlich geboten ist, ist die Behörde nach Auffassung des VwGH zwar nicht verpflichtet, ein mündliches Anbringen in einer Niederschrift zu beurkunden; wenn sie aber eine Niederschrift aufnimmt, ist damit dem Erfordernis der Schriftlichkeit Rechnung getragen.

6) **Erl 2007, 8:** „Die Beseitigung der historischen Differenzierung zwischen mündlichen und telefonischen Anbringen durch die Novelle BGBl. I Nr. 10/2004 hat sich als nicht zweckmäßig erwiesen. Im Gegensatz zum telefonischen Anbringen setzt ein mündliches Anbringen (im engeren Sinn) nämlich die Anwesenheit des Beteiligten (bei der Behörde) voraus, sodass gleichlautende Regelungen für beide Formen von Anbringen in der Regel schon aus diesem Grund kaum sinnvoll sind. Die telefonische Einbringung eines Anbringens etwa, das die Aufnahme einer Niederschrift erfordern würde, erscheint schon im Hinblick auf das Erfordernis der persönlichen Fertigung der Niederschrift nicht ‚der Natur der Sache nach tunlich' (in diesem Sinne bereits die Regierungsvorlage 116 BlgNR II. GP [RV 1925], 4, welche – ungeachtet der von ihr vorgeschlagenen Zulassung telefonischer Anbringen – in ihrem § 15 Abs. 1 [dem heutigen § 14 AVG] ebenfalls nur die Protokollierung mündlicher Anbringen vorsah). Auch im Bericht des Verfassungsausschusses 360 BlgNR II. GP (AB 1925), 11 wird die Streichung des Wortes ‚telephonisch' im § 14 Abs. 1 RV 1925 (dem heutigen § 13 Abs. 1 AVG) damit begründet, dass der Verfassungsausschuss ‚ohne die Benützung des Fernsprechers für kurze Mitteilungen und Auskünfte ausschließen zu wollen, doch ernste Bedenken trug, den Parteien ein förmliches Recht auf telephonische Anbringen zuzugestehen'; damit ist angedeutet, dass die telefonische Einbringung auch dann ‚untunlich' sein kann, wenn der Inhalt des Anbringens umfangreich oder komplex ist. ‚Untunlich' wird die telefonische (jedoch nicht notwendigerweise die mündliche) Einbringung ferner dann sein, wenn dem Anbringen nach den Verwaltungsvorschriften bestimmte Unterlagen anzuschließen sind (sofern dies nicht die Verpflichtung impliziert, *auch das Anbringen selbst* schriftlich einzubringen; diesfalls wäre die telefonische Einbringung nämlich nicht bloß untunlich, sondern *unzulässig*).

Im Hinblick darauf erscheint es zweckmäßig, die Ermächtigung der Behörde beizubehalten, dem Beteiligten im Fall der ‚Untunlichkeit' eines telefonischen Anbringens den Auftrag zu erteilen, das Anbringen in anderer Form einzubringen. Gegenüber der geltenden Rechtslage soll der Behörde allerdings in der Frage, in welcher Form dies zu geschehen hat, größere Flexibilität eingeräumt sein: Neben der schriftlichen Einbringung soll sie dem Beteiligten auch die mündliche oder wahlweise die schriftliche oder mündliche Einbringung auftragen können (vgl. § 40 Abs. 2 VStG). Ein rechtspolitisches Bedürfnis danach, einem Beteiligten wegen ‚Untunlichkeit' eines mündlichen Anbringens (im engeren Sinn) dessen schriftliche Ausführung aufzutragen, ist hingegen zu verneinen: Gerade dass ein (nicht durch einen berufsmäßigen Parteienvertreter vertretener) Beteiligter sein Vorbringen mündlich vor der Behörde erstattet, erleichtert es dieser nämlich wesentlich, ihn gemäß § 13a AVG entsprechend zu manuduzieren (so der Sache nach bereits die Fragenbeantwortungen des Bundeskanzleramtes zu den Verwaltungsverfahrensgesetzen VI, 45: ‚wobei [die Partei] nötigenfalls über die Rechtslage näher zu belehren ist').

Was die Rechtsfolgen der Erteilung eines Auftrages nach dem vorgeschlagenen § 13 Abs. 1 betrifft, soll durch die gewählte Formulierung (‚es . . . schriftlich oder mündlich einzubringen') klargestellt werden, dass das telefonische Anbringen, das den Anlass für die Erteilung eines solchen Auftrages gegeben hat, mit der Erteilung des Auftrages als nicht eingebracht gilt (und daher insb. auch keine Entscheidungsfrist auszulösen vermag)."

7) Erl 2007, 8: „13 Abs. 1 AVG stand also seit jeher unter dem stillschweigenden Vorbehalt der ‚Maßgabe der vorhandenen technischen Möglichkeiten' (auch wenn man sich erst viel später dazu entschlossen hat, dies im Gesetzeswortlaut zum Ausdruck zu bringen). Es wäre geradezu absurd, würde das AVG elektronische Anbringen für zulässig erklären, die auf Grund (hard- oder softwarebedingter) technischer Beschränkungen gar nicht empfangen oder gelesen werden können.

Gemäß § 13 Abs. 1 zweiter Satz AVG kann die Einbringung von Anbringen ‚in jeder technischen Form geschehen, die die Behörde zu empfangen in der Lage ist'. Die Behörde muss demnach in der Lage sein, in einer bestimmten technischen Form eingebrachte Anbringen zu empfangen, also über einen Netzanschluss und entsprechende Empfangsgeräte verfügen (vgl. *Thienel,* Verwaltungsverfahrensrecht[4] [2006] 107). Soweit dies der Fall ist, können daher Anbringen bei ihr grundsätzlich ‚rechtswirksam' eingebracht werden."

8) Erl 2007, 8f: „Gemäß § 13 Abs. 1 letzter Satz AVG sind Anbringen, die an einer nicht kundgemachten Adresse der Behörde einlangen, auf Gefahr des Einschreiters an eine kundgemachte Adresse weiterzuleiten. Die Sinnhaftigkeit einer derartigen Vorgangsweise steht zwar außer Frage, es erscheint jedoch sehr zweifelhaft, ob eine solche Regelung unter Inanspruchnahme des Kompetenztatbestandes ‚Verwaltungsverfahren' getroffen werden kann; denn im Gegensatz zu § 6 Abs. 1 AVG hat sie nicht die Weiterleitung von Anbringen zwischen Behörden, sondern einer Weiterleitung von Anbringen zwischen Organwaltern ein und derselben Behörde zum Gegenstand, hat also den Charakter einer internen Geschäftsordnungsregelung. (Auch eine Regelung, wonach die in einer Fachabteilung einer Behörde abgegebenen Eingangsstücke an die Kanzlei bzw. Einlaufstelle der Behörde weiterzuleiten sind, ist ja nicht als ‚verwaltungsverfahrensrechtlich' zu qualifizieren.) Eine Nachfolgeregelung für diese Bestimmung kommt daher schon aus kompetenzrechtlichen Gründen nicht in Betracht; ein Bedürfnis nach einer solchen Nachfolgeregelung besteht aber auch gar nicht, weil die einschlägigen innerorganisatorischen Regelungen eine derartige Weiterleitung durchwegs vorsehen (vgl. zB für die Bundesministerien § 8 Abs. 3 der Büroordnung 2004, wonach ein Eingangsstück innerhalb des Bundesministeriums unverzüglich an die zuständige Organisationseinheit weiterzuleiten ist).

. . .

Die Frage, wann ein bei einer anderen als der gemäß dem vorgeschlagenen Abs. 2 bekanntgemachten elektronischen Adresse eingelangtes Anbringen als eingebracht gilt, ist dahin zu beantworten, dass dies erst dann der Fall ist, wenn es an diese Adresse weitergeleitet worden und dort *eingelangt* ist. Wer also ein Anbringen bei einer solchen anderen Adresse ‚einbringt', trägt, nicht anders als nach geltender Rechtslage (vgl. § 13 Abs. 1 letzter Satz AVG), das Risiko des Verlusts (zB bei einer versehentlichen Löschung) oder des verspäteten Einlangens dieses Anbringens (zB infolge einer abwesenheitsbedingten verspäteten Weiterleitung an die bekanntgemachte Adresse); auch in dieser Hinsicht ist allerdings in den innerorganisatorischen Vorschriften regelmäßig Vorsorge dafür getroffen, dass solche Fälle möglichst nicht eintreten (vgl. zB § 6 Abs. 6 der Büroordnung 2004, wonach die Bediensteten verpflichtet sind, möglichst täglich ihre elektronischen sowie ihre physischen Postfächer zu sichten)."

9) Erl 2007, 9: „Da jedoch mit dem E-Mail-Verkehr im Hinblick auf die Bedrohung durch Viren und Spam erheblich größere Gefahren und Risiken für die IT-Sicherheit der Behörden verbunden sind als mit anderen Formen der elektronischen Übermittlung (wie etwa bei einer Abwicklung des Verkehrs zwischen Behörde und Beteiligten mit Hilfe von Webformularen), soll die Einbringung von Anbringen mit E-Mail-Verkehr künftig nur insoweit (nicht: dann) zulässig sein, als für den elektronischen Verkehr nicht besondere Übermittlungsformen vorgesehen sind."

10) Erl 2007, 9 f: „§ 13 Abs. 1 fünfter Satz AVG liegt erkennbar die Vorstellung zugrunde, dass die Festlegung der Adressen, unter welchen Anbringen rechtswirksam eingebracht werden können, (also insb. der elektronischen Adressen der Behörde) kompetenzrechtlich eine Angelegenheit des ‚Verwaltungsverfahrens' ist. Für schriftliche Anbringen, die auf konventionellem Weg eingebracht werden, wird allerdings in Lehre und Rechtsprechung angenommen, dass sich die konkrete Einbringungsstelle nach den jeweiligen organisationsrechtlichen Vorschriften richtet; vom Fall der Übersendung mit der Post abgesehen, gilt ein solches Anbringen erst dann als eingebracht, wenn es von bestimmten Organen bzw. in dafür bestimmten Dienststellen (wie Kanzleien oder Einlaufstellen; vgl. die §§ 64 ff der Amtsinstruktion und § 62 Geo 1897) entgegengenommen oder an bestimmten Orten (wie Einlaufkästen; vgl. § 38 der Geschäftsordnung für die Gerichte erster und zweiter Instanz, BGBl. Nr. 74/1930) deponiert worden ist (*Thienel,* Verwaltungsverfahrensrecht[4] [2006] 105; *Hengstschläger/Leeb,* AVG [2004] § 13 Rz 32 mwH). Da das Pendant zu diesen realen Einrichtungen die virtuellen ‚elektronischen Posteingänge' sind, wird man konsequenterweise auch für die elektronische Einbringung anzunehmen haben, dass es Sache des Organisationsrechts ist, zu bestimmen, bei welchen (von mehreren) elektronischen Adressen der Behörde Anbringen einzubringen sind.

. . .

Gemäß § 13 Abs. 1 fünfter Satz AVG obliegt die Kundmachung (gemeint wohl: die Festlegung) ‚der allenfalls bestehenden besonderen technischen Voraussetzungen, unter welchen Anbringen rechtswirksam eingebracht werden können' der ‚Behörde'. Eine so hochgradige Dekonzentration dieser Regelungskompetenz auf die (in der Regel) unterste Verwaltungsstufe ist jedoch aus vielen Gründen nicht sinnvoll: Sie kann dazu führen, dass die Bürgerinnen und Bürger, je nachdem, mit welcher Behörde sie es zu tun haben, mit völlig unterschiedlichen technischen Anforderungen konfrontiert sind und erschwert die Interoperabilität der IT-Systeme der einander (im Instanzenzug oder in sachlicher Hinsicht) über- und untergeordneten Behörden. Diese Ermächtigung soll daher entfallen; es erscheint zweckmäßiger, wenn derartige technische Standards im Rahmen der Plattform Digitales Österreich (Kooperation B-L-S-G) in Form von Empfehlungen einvernehmlich festgelegt werden.

‚[T]echnische Voraussetzungen' des elektronischen Verkehrs im Sinne des vorgeschlagenen zweiten Satzes sind technische Spezifikationen, deren Einhaltung notwendige Bedingung für eine erfolgreiche, die Integrität des elektronischen Dokuments nicht beeinträchtigende

Übermittlung sind (wie zB Schnittstellenbeschreibungen); solche können sich insb. aus der Hard- und Softwareausstattung der Behörde ergeben. ‚[O]rganisatorische Beschränkungen' des elektronischen Verkehrs sind zB Beschränkungen auf bestimmte Formen der elektronischen Übermittlung (vgl. den ersten Satz), Beschränkungen auf bestimmte elektronische Adressen (insb. E-Mail-Adressen) oder Beschränkungen für außerhalb der Amtsstunden einlangende elektronische Anbringen (siehe dazu näher die Erläuterungen zum vorgeschlagenen Abs. 5)."

11) Die frühere Beschränkung auf „Formgebrechen" wurde aufgegeben; an der Unterscheidung von verbesserungsfähigen und nicht verbesserungsfähigen Mängeln soll aber festgehalten werden. Verbesserungsfähige Mängel sind neben den schon bisher verbesserungsfähigen Formgebrechen auch inhaltliche Mängel einer Eingabe, die bisher zur Unzulässigkeit eines Anbringens führten, wie zB das Fehlen eines Antrags oder einer Begründung. Nicht verbesserungsfähig sollen hingegen „Mängel" sein, die die Erfolgsaussichten eines Anbringens beeinträchtigen, also einer positiven Erledigung entgegenstehen; die Behörde ist nicht verpflichtet, die Partei anzuleiten, wie sie ihr Anbringen zu gestalten hat, so dass ihm allenfalls stattgegeben werden kann. Ob ein die Zulässigkeit betreffender – verbesserungsfähiger – oder die Abweisung nach sich ziehender – nicht verbesserungsfähiger – Mangel vorliegt, soll sich – nach den Erl – nicht aus § 13 Abs 3 AVG, sondern aus den Rechtsvorschriften ergeben, die an den betreffenden „Mangel" jeweils bestimmte Rechtsfolgen knüpfen (Erl 1998, 26). Nicht verbesserungsfähig ist ein Anbringen auch dann, wenn daraus nicht erkennbar wird, worauf es überhaupt gerichtet ist.

Mündliche Anbringen sind nicht verbesserungsfähig, vgl aber § 13 a AVG.

12) Dasselbe gilt zufolge § 10 Abs 2 AVG für Mängel des Nachweises der Vertretungsbefugnis.

13) Erl 1998, 26: „Die Einfügung des Wortes ‚unverzüglich' zielt darauf ab, die Behörde zur umgehenden Prüfung der Mängelfreiheit des Antrages und der Vollständigkeit der Unterlagen zu verhalten. . . . Es ist davon auszugehen, daß Verbesserungsaufträge in der Regel innerhalb von vier Wochen erteilt werden können und daß darüber hinausgehende Verzögerungen ein überwiegendes Verschulden der Behörde im Sinne des § 73 Abs. 2 begründen, solange sie der ihr nach § 13 Abs. 3 obliegenden Verpflichtung nicht nachgekommen ist."

14) Erl 1998, 26: Der Behörde sind „in ihrer Pflicht zur amtswegigen Behebung von Mängeln keine engen Grenzen gesetzt. Entsprechend den Grundsätzen der Verwaltungsökonomie hat sie die Beseitigung des Mangels auf zweckmäßige Weise zu veranlassen; zu diesem Zweck kann sie, muß sie aber nicht notwendigerweise einen Mängelbehebungsauftrag erteilen."

15) Der **Auftrag zur Behebung von Formgebrechen** schriftlicher Anbringen ist eine Verfahrensanordnung iS des § 63 Abs 2 AVG.

16) Andernfalls ist das Anbringen **zurückzuweisen.** Die Zurückweisung ist ein im Instanzenzug anfechtbarer verfahrensrechtlicher Bescheid.

17) Erl 2007, 11: „Der vorgeschlagene Abs. 4 entspricht inhaltlich § 13 Abs. 4 dritten und vierten Satz AVG *[vor der Nov BGBl I 2008/5].*" Zur Vorgängerfassung führten die Erl aus:

Erl 2004, 12: „Die zunehmende Verbreitung elektronischer Kommunikation mit Hilfe des Internet, in dem die Annahme fremder Identitäten ein weit häufigeres Phänomen ist als in traditionellen Kommunikationsformen, lässt eine präzisere Auseinandersetzung mit dem Themenkreis Identität und Authentizität auch im Verwaltungsverfahren geraten erscheinen. Die eigenhändige Unterschrift erbringt zwar den Nachweis der Echtheit des Anbringens, doch ist dies in allen Fällen, in welchen nicht mit einer bloßen Wiederholungsidentität das Auslangen gefunden werden kann, nicht ausreichend. Der Nachweis der Echtheit einer Willenserklärung muss in aller Regel durch den Nachweis der Identität dessen, der die Willenserklärung abgibt, ergänzt werden, um rechtlich bedeutsam sein zu können. Dies wird durch die Neufassung des § 13 Abs. 4 deutlicher zum Ausdruck gebracht als bisher.

Die nunmehr vorgeschlagene Formulierung weist jedoch auch darauf hin, dass die Notwendigkeit eines Nachweises der Nämlichkeit und der Echtheit nicht immer gegeben ist:

Viele Arten von Anbringen, wie z.B. Auskunftsersuchen, die keine personenbezogenen Daten betreffen, werden überhaupt keinen derartigen Nachweis erfordern – werden unter Umständen sogar das Verlangen nach einem derartigen Nachweis verbieten, da die Ermittlung personenbezogener Daten an die Erforderlichkeit in einer konkreten Situation gebunden ist (vgl. § 6 Abs. 1 Z 3 DSG 2000). Andere Anbringen wiederum könnten sogar einen besonders qualifizierten Nachweis der Identität, nämlich den Nachweis einer eindeutigen Identität erfordern, wenn es etwa um den Eingriff in Rechte Dritter geht. Die Bezugnahme im Text auf den Gegenstand des Anbringens soll diesen Beurteilungsspielraum entsprechend zum Ausdruck bringen."

Wie die Identifikation und Authentifizierung im elektronischen Verkehr mit öffentlichen Stellen zu erfolgen hat, ist in den §§ 2 ff E-GovG eingehend geregelt.

18) Das Anbringen wird daher nach Ablauf der Frist nicht mehr behandelt.

19) Erl 2007, 10 f: „Was den Zeitpunkt der Einbringung von außerhalb der Amtsstunden einlangenden schriftlichen Anbringen (welche nicht durch die Post übermittelt werden) betrifft, soll künftig wie folgt zu differenzieren sein:

Bereits nach der Stammfassung des AVG stand es im Ermessen der Behörde, schriftliche Anbringen (‚Eingaben') auch außerhalb der Amtsstunden entgegenzunehmen (arg. ‚nur während der Amtsstunden verpflichtet'). Eine solche Bereitschaft zur Entgegennahme von Anbringen auch außerhalb der Amtsstunden kann sich nach der Rechtsprechung des Verwaltungsgerichtshofes (VwSlgNF 5833 A/1962, 13.909A/1993) zB aus der Aufstellung eines Einlaufkastens ergeben: Sofern dieser keine gegenteiligen Hinweise beim Briefschlitz (wie zB einen Zeitpunkt der letzten Entleerung) enthält, gelten Anbringen diesfalls mit dem Einwurf in den Einlaufkasten als eingebracht (und eingelangt); bei Angabe eines Entleerungszeitpunktes ist dies hingegen erst mit diesem Zeitpunkt der Fall (in diesem Sinne *Walter/Mayer,* Verwaltungsverfahrensrecht[8] [2003] Rz 238, *Wessely,* Die Tücken der Technik – Zum ‚maschinellen' Verkehr zwischen Bürger und Behörde, ÖJZ 2000, 701 [703] und *Hengstschläger/Leeb,* AVG [2004] § 13 Rz 35 unter Hinweis auf das – allerdings den Einwurf in einen Briefkasten bzw. den Beginn des Post(en)laufs betreffende – Erkenntnis VwGH 18. 8. 1996, Zl. 95/10/0206).

Hält daher die Behörde auch außerhalb ihrer Amtsstunden Empfangsgeräte empfangsbereit und langt das Anbringen nach dem Ende der Amtstunden (aber noch am letzten Tag einer allfälligen Frist) bei ihr ein, so gilt das Anbringen noch am selben Tag (und damit als rechtzeitig) eingebracht; langt es hingegen erst am nächsten Tag ein, so gilt es erst an diesem Tag (und damit nach Fristablauf) als eingebracht, weil das Post(en)laufprivileg des § 33 Abs. 3 AVG für derartige Übermittlungsformen nicht gilt (*Hengstschläger/Leeb,* AVG [2004] § 33 Rz 3). Nicht anders als im Fall des Einlaufkastens ist allerdings anzunehmen, dass die Behörde ihre mangelnde Bereitschaft zur Entgegennahme elektronischer Anbringen außerhalb der Amtsstunden durch entsprechende Erklärungen mit der Wirkung zum Ausdruck bringen kann, dass elektronische Anbringen auch dann, wenn sie an sich bereits in ihren elektronischen Verfügungsbereich gelangt sind, erst zu einem späteren Zeitpunkt (mit Wiederbeginn der Amtsstunden) als eingebracht (und eingelangt) gelten."

Die in § 13 Abs 5 letzter Satz AVG idF BGBl I 2008/5 enthaltene Anordnung, wonach bei Anbringen, die außerhalb der Amtsstunden bei der Behörde einlangen, behördliche Entscheidungsfristen erst mit Wiederbeginn der Amtsstunden zu laufen beginnen, trat mit Ablauf des 31. 12. 2010 außer Kraft. Im Lichte der Erl 2007 hat die Behörde die Möglichkeit, durch entsprechende Erklärung (§ 13 Abs 2 letzter Satz AVG) zum Ausdruck zu bringen, dass außerhalb der Amtsstunden bei ihr eingelangte Anbringen erst zu einem späteren Zeitpunkt als eingebracht gelten und damit Entscheidungsfristen in Gang setzen.

20) Erl 2007, 11 f: „Nach hM regelt § 13 Abs. 5 AVG die Festsetzung der Amtsstunden; diese hat durch Verordnung zu erfolgen (*Walter/Mayer,* Verwaltungsverfahrensrecht[8] [2003], Rz 157; *Walter/Thienel,* Verwaltungsverfahrensgesetze I [1998], Anm. 21 zu § 13 AVG; *Thienel,* Verwaltungsverfahrensrecht[4] [2006], 112 f; *Hengstschläger/Leeb,* AVG [2004] § 13 Rz 35 mwH). Bereits § 13 Abs. 2 AVG 1925 enthielt jedoch keine ausdrückliche Ermächtigung zur *Festsetzung* der Amtsstunden und der für den Parteienverkehr bestimmten Zeit, sondern beschränkte sich auf die Anordnung, dass diese bei der Behörde *durch Anschlag kundzumachen* sind; eine analoge Unterscheidung zwischen der Festlegung der Geschäftsstunden und deren Bekanntmachung trifft auch § 42 Geo 1897. Dem liegt offenbar die Vorstellung zugrunde, dass Regelungen, mit denen Amtsstunden festgesetzt werden, nicht zum Kompetenztatbestand ‚Verwaltungsverfahren' gehören: Es sprechen nämlich gute Gründe für die Annahme, dass diejenigen Bestimmungen der Amtsinstruktion für die politischen Bezirksämter, RGBl. Nr. 52/1855, die mit dem Inkrafttreten der Verwaltungsverfahrensgesetze nicht außer Kraft gesetzt wurden, Regelungen beinhalten, die unter Inanspruchnahme der Kompetenz ‚Verwaltungsverfahren' nicht hätten getroffen werden dürfen; dazu gehört jedoch auch der die Festsetzung der Amtsstunden der politischen Bezirksämter regelnde § 36 der Amtsinstruktion (vgl. Art. III Abs. 1 und Abs. 2 Z 8 EGVG 1925).

Die von der hM vorgenommene Deutung von Regelungen, mit denen die Amtsstunden festgesetzt werden, als *außenwirksam* übersieht ferner, dass die Kundmachung (‚öffentliche Bekanntmachung') derartiger Regelungen in den Organisationsvorschriften (vgl. § 36 [Abs. 5] der Amtsinstruktion sowie – für den Bereich der Gerichtsbarkeit – § 40 [Abs. 3] Geo 1897) und in § 13 Abs. 2 AVG 1925 offenbar gerade deswegen ausdrücklich angeordnet wurde, weil sie sich wegen ihres ausschließlich *innenwirksamen* Charakters nicht von selbst verstand: Derartige Bestimmungen sollten also nicht die Verordnungskundmachung im technischen Sinn regeln – wurde diese damals doch fast nie eigens geregelt –, sondern es sollten interne Organisationsvorschriften bzw. Dienstanweisungen, die nicht nur für die bei diesen Behörden beschäftigten Bediensteten (Beamten), sondern auch für das Verwaltungspublikum von Bedeutung waren, ausnahmsweise öffentlich kundgemacht (‚bekanntgemacht') werden. Für die Amtsstunden lässt sich dies anhand der Entstehungsgeschichte des AVG 1925 unschwer verifizieren: Wenn im AB 1925 ausgeführt wird, dass die öffentliche Bekanntmachung der Amtsstunden ‚einem allgemeinen Bedürfnis und dem namentlich von wirtschaftlichen Körperschaften geäußerten Wunsch' entspricht, dann kommt darin zum Ausdruck, dass eine solche Bekanntmachung zwar für zweckmäßig, nicht aber für rechtlich geboten erachtet wird. Von eben dieser Vorstellung ist offenbar auch die RV 1925 ausgegangen, in der eine solche Kundmachung (‚öffentliche Bekanntmachung') der Amtsstunden – ungeachtet ihrer Maßgeblichkeit für die Frage der Zulässigkeit der Einbringung von Anbringen – noch gar nicht vorgesehen war.

Nach richtiger – und diesem Entwurf zugrunde liegender – Auffassung enthält § 13 Abs. 5 AVG daher *keine* Ermächtigung zur Erlassung einer Verordnung über die Amtsstunden und die für den Parteienverkehr bestimmte Zeit. Ob solche Regelungen erlassen werden können, richtet sich nicht nach dem AVG, sondern ausschließlich nach anderen (organisations- bzw. dienstrechtlichen) Vorschriften; § 13 Abs. 5 AVG verpflichtet lediglich dazu, den Inhalt der einschlägigen Regelungen in der darin vorgesehenen Weise öffentlich bekanntzumachen (‚kundzumachen'). Diese Bekanntmachung (‚Kundmachung') hat ausschließlich den Zweck, eine größere Publizität der (organisations- bzw. dienstrechtlichen) Regelungen über die Amtsstunden und die für den Parteienverkehr bestimmte Zeit zu erreichen, ist jedoch keine Erzeugungsbedingung im technischen Sinn für die Erlassung einer Verordnung (sie kann dies aus kompetenzrechtlichen Gründen auch gar nicht sein). Aus demselben Grund kann die – anhand des maßgeblichen Organisationsrechts nicht immer einfach zu beantwortende – Frage, wer zur Festlegung der Amtsstunden und der Parteienverkehrszeiten befugt ist, hier offen bleiben."

AA 2011, 6: „Nach der derzeitigen Fassung der maßgeblichen Bestimmungen des AVG könnte fraglich sein, ob rechtserhebliche Kundmachungen der Behörde im Verfahren auch an einer ‚elektronischen Amtstafel' oder in einem ‚elektronischen Amtsblatt' erfolgen können. Um die Zulässigkeit einer solchen Vorgangsweise zweifelsfrei klarzustellen, sollen die ausdrücklichen Bezugnahmen in diesen Bestimmungen auf die herkömmliche Form der Verlautbarung ‚durch Anschlag' entfallen (vgl. bereits § 22 des Verfassungsgerichtshofgesetzes 1953 – VfGG, BGBl. Nr. 85, in der Fassung des Art. 3 Z 2 des Bundesgesetzes BGBl. I Nr. 98/2010)."

21) Erl 2007, 10: „Daraus folgt insb., dass sie auf sog. ‚Spam-Mails' nicht zu reagieren braucht.

Anbringen, die sich zwar auf eine bestimmte Angelegenheit beziehen, deren Inhalt jedoch aus technischen Gründen nicht vollständig erkennbar ist (vgl. § 13 Abs. 4 zweiter Satz AVG), sind wertungsmäßig nicht anders zu betrachten als Schriftsätze, in denen einzelne Seiten fehlen. Ein rechtspolitisches Bedürfnis nach einem besonderen, von § 13 Abs. 3 abweichenden Mängelbehebungsverfahren ist daher zu verneinen.

Ebenso wenig besteht ein rechtspolitisches Bedürfnis danach, dem Beteiligten wegen ‚inhaltlicher Unklarheit' die schriftliche Ausführung eines mündlichen Anbringens auftragen zu können: Dass die Behörde zu klären hat, was der Beteiligte begehrt, ist eine Selbstverständlichkeit und entspricht dem Grundsatz der materiellen Wahrheit (§ 37 AVG); wie sie dies tut, ist lediglich eine Frage der Verfahrensökonomie (§ 39 Abs. 2 AVG). Wie bereits in den Erläuterungen zu Abs. 1 ausgeführt, ist es jedoch gerade die Mündlichkeit eines Anbringens, die es der Behörde wesentlich erleichtert, (nicht durch einen berufsmäßigen Parteienvertreter vertretene) Beteiligte gemäß § 13 a AVG entsprechend zu manuduzieren. Im Übrigen sind ‚inhaltliche Unklarheiten' in den Rechtsausführungen des Beteiligten bedeutungslos, ‚inhaltliche Unklarheiten' im Tatsachenvorbringen beeinträchtigen allenfalls die Erfolgsaussichten des Anbringens (soweit der maßgebliche Sachverhalt nicht ohnedies von Amts wegen festzustellen ist)."

22) Diese Bestimmung soll klarstellen, „daß Anträge (wie zB Einwendungen oder Devolutionsanträge) jederzeit zurückgezogen werden können" **(Erl 1998, 26).** Wird der verfahrenseinleitende Antrag vor Erlassung des erstinstanzlichen Bescheides zurückgezogen, ist das Verfahren einzustellen, soferne nicht über Anträge anderer Parteien abzusprechen ist. Der verfahrenseinleitende Antrag kann aber auch noch im Berufungsverfahren zurückgezogen werden; in diesem Fall hat die Berufungsbehörde den unterinstanzlichen Bescheid aufzuheben und das Verfahren einzustellen.

23) Änderungen des „verfahrenseinleitenden Antrags" sollen grundsätzlich – aus prozessökonomischen Gründen – zulässig sein

(Erl 1998, 26 f). Nach dem Wortlaut des Gesetzes kann der Antrag auch noch im Berufungsverfahren geändert werden.

24) **Erl 1998, 27:** „Wo die Grenze zwischen einer das ‚Wesen' der Sache nicht berührenden . . . und einer auch weiterhin unzulässigen ‚Antragsänderung' . . . verläuft, kann nicht allgemein gesagt werden . . ."

25) Siehe auch § 37 letzter Satz AVG.

Rechtsbelehrung[1])

§ 13 a.*) **Die Behörde hat**[2]) **Personen, die nicht durch berufsmäßige Parteienvertreter**[3]) **vertreten sind, die zur Vornahme ihrer Verfahrenshandlungen nötigen Anleitungen in der Regel mündlich zu geben und sie über die mit diesen Handlungen oder Unterlassungen unmittelbar verbundenen Rechtsfolgen zu belehren.**[4])

*) Im Verwaltungsstrafverfahren, im Verwaltungsvollstreckungsverfahren, im Agrarverfahren und im Dienstrechtsverfahren anzuwenden (§ 24 VStG, § 10 Abs 1 VVG, § 1 AgrVG, § 1 Abs 1 DVG).

1) Die Rechtsbelehrung ist zu unterscheiden von der „Rechtsmittelbelehrung" iS der § 58 Abs 1 und § 61 AVG.

2) Die Belehrungspflicht ist von einem ausdrücklichen Verlangen nach Rechtsbelehrung nicht abhängig.

3) Siehe Anm 11 zu § 49 AVG.

4) Siehe dazu auch § 43 Abs 3 BDG: „Der Beamte hat die Parteien, soweit es mit den Interessen des Dienstes und dem Gebot der Unparteilichkeit der Amtsführung vereinbar ist, im Rahmen seiner dienstlichen Aufgaben zu unterstützen und zu informieren."

Niederschriften

§ 14.*)**) **(1) Mündliche**[1]) **Anbringen**[2]) **von Beteiligten sind erforderlichenfalls ihrem wesentlichen Inhalt nach in einer Niederschrift festzuhalten. Niederschriften über Verhandlungen (Verhandlungsschriften) sind derart abzufassen, daß bei Weglassung alles nicht zur Sache Gehörigen der Verlauf und Inhalt der Verhandlung richtig und verständlich wiedergegeben wird.**[3])

(2) Jede Niederschrift[4]) **hat außerdem zu enthalten:**

1. Ort, Zeit und Gegenstand der Amtshandlung und, wenn schon frühere darauf bezügliche Amtshandlungen vorlie-

gen, erforderlichenfalls eine kurze Darstellung des Standes der Sache;

2. die Bezeichnung der Behörde und die Namen des Leiters der Amtshandlung und der sonst mitwirkenden amtlichen Organe, der anwesenden Beteiligten und ihrer Vertreter sowie der etwa vernommenen Zeugen[5]) und Sachverständigen.[6])

(3) Die Niederschrift ist den vernommenen oder sonst beigezogenen Personen, wenn sie nicht darauf verzichten, zur Durchsicht vorzulegen oder vorzulesen; wenn ein Schallträger verwendet (Abs. 7) oder die Niederschrift elektronisch erstellt wird, kann ihr Inhalt auch auf andere Weise wiedergegeben werden. Der Leiter der Amtshandlung kann auch ohne Verzicht von einer Wiedergabe absehen; die beigezogenen Personen können diesfalls bis zum Schluß der Amtshandlung die Zustellung[7]) einer Ausfertigung verlangen und binnen zwei Wochen ab Zustellung Einwendungen wegen behaupteter Unvollständigkeit oder Unrichtigkeit der Niederschrift erheben.

(4) In dem einmal Niedergeschriebenen darf nichts Erhebliches ausgelöscht, zugesetzt oder verändert werden. Durchgestrichene Stellen sollen noch lesbar bleiben. Erhebliche Zusätze oder Einwendungen der beigezogenen Personen wegen behaupteter Unvollständigkeit oder Unrichtigkeit der Niederschrift sind in einen Nachtrag aufzunehmen und gesondert zu unterfertigen.[8])

(5) Die Niederschrift ist vom Leiter der Amtshandlung und den beigezogenen Personen zu unterschreiben;[9]) bei Amtshandlungen, denen mehr als drei Beteiligte beigezogen wurden, genügt es jedoch, wenn die Niederschrift von der Partei, die den verfahrenseinleitenden Antrag gestellt hat, und zwei weiteren Beteiligten, in Abwesenheit dieser Partei von mindestens drei Beteiligten, sowie von den sonstigen beigezogenen Personen unterschrieben wird. Kann dem nicht entsprochen werden, so sind die dafür maßgeblichen Gründe in der Niederschrift festzuhalten. Wird die Niederschrift elektronisch erstellt, so kann an die Stelle der Unterschriften des Leiters der Amtshandlung und der beigezogenen Personen ein Verfahren zum Nachweis der Identität (§ 2 Z 1 E-GovG) des Leiters der Amtshandlung und der Authentizität (§ 2 Z 5 E-GovG) der Niederschrift treten.[10])

(6) Den beigezogenen Personen ist auf Verlangen eine Ausfertigung der Niederschrift auszufolgen oder zuzustellen.[7])

(7) Die Niederschrift oder Teile davon können unter Verwendung eines Schallträgers[11]) oder in Kurzschrift aufgenommen werden.[12]) Die Angaben gemäß Abs. 2, die Feststellung, daß für die übrigen Teile der Niederschrift ein Schallträger verwendet wird, und die Tatsache der Verkündung eines mündlichen Bescheides[13]) sind in Vollschrift festzuhalten. Die Aufzeichnung und die in Kurzschrift aufgenommenen Teile der Niederschrift sind unverzüglich in Vollschrift zu übertragen. Die beigezogenen Personen können bis zum Schluß der Amtshandlung die Zustellung[7]) einer Ausfertigung der Übertragung verlangen und binnen zwei Wochen ab Zustellung Einwendungen wegen behaupteter Unvollständigkeit oder Unrichtigkeit der Übertragung erheben. Wird eine solche Zustellung beantragt, so darf die Aufzeichnung frühestens einen Monat nach Ablauf der Einwendungsfrist, ansonsten frühestens einen Monat nach erfolgter Übertragung gelöscht werden.

*) IdF des Art 1 Z 4 BGBl I 1998/158 (Neufassung samt Überschrift; in Kraft getreten am 1. 1. 1999), des Art 1 Z 3 BGBl I 2002/65 (Anfügung des Abs 8; in Kraft getreten am 20. 4. 2002), des Art 2 Z 6 bis 8 BGBl I 2004/10 (Neufassung von Abs 2 Z 3 und Abs 5 erster Satz sowie Entfall von Abs 8; in Kraft getreten am 1. 3. 2004) und des Art 2 Z 6 bis 10 BGBl I 2008/5 (Ersetzung des Worts „Die" durch das Wort „die" in Abs 2 Z 2, Entfall von Abs 2 Z 3, Ersetzung der Wortfolge „technisches Hilfsmittel verwendet wurde (Abs. 7)" durch die Wortfolge „Schallträger verwendet (Abs. 7) oder die Niederschrift elektronisch erstellt wird" in Abs 3, Neufassung des Abs 5 und Ersetzung der Wörter „technisches Hilfsmittel" [in der entsprechenden grammatikalischen Form] durch das Wort „Schallträger" [in der entsprechenden grammatikalischen Form]; rückwirkend in Kraft getreten am 1. 1. 2008).

**) Im Verwaltungsvollstreckungsverfahren, im Agrarverfahren und im Dienstrechtsverfahren anzuwenden, im Verwaltungsstrafverfahren mit Ausnahme des Abs 3 zweiter Satz (§ 24 VStG, siehe aber auch § 44; § 10 Abs 1 VVG; § 1 AgrVG, siehe aber auch § 12; § 1 Abs 1 DVG).

1) **Erl 1998, 27:** „Die telephonische Einbringung eines Anbringens, das die Aufnahme einer Niederschrift erfordern würde, er-

scheint schon im Hinblick auf das Erfordernis der persönlichen Fertigung der Niederschrift nicht ‚der Natur der Sache nach tunlich'."

Siehe nun auch § 13 Abs 1 AVG und die Anm 3, 5 und 6 dazu.

2) Siehe § 13 AVG.

3) Siehe dazu die insb über die Verhandlungsschrift ergänzenden Vorschriften des § 44 AVG.

4) In der **VwFormV** sind für **Niederschriften** vorgesehen: **Form 10.1** (Niederschrift); **Form 10.2** (Niederschrift; Bogen); **Form 11.1** (Niederschrift über die Vernehmung von Zeugen [Sachverständigen/Dolmetschern]); **Form 11.2** (Niederschrift über die Vernehmung von Zeugen [Sachverständigen/Dolmetschern]; Bogen); **Form 12** (Verhandlungsschrift); **Form 17** (Niederschrift über die öffentliche mündliche Verhandlung im Großverfahren); **Form 28.1** (Niederschrift über die Vernehmung eines Beschuldigten); **Form 28.2** (Niederschrift über die Vernehmung eines Beschuldigten; Bogen); **Form 29.1** (Niederschrift über die Vernehmung von Zeugen [Sachverständigen/Dolmetschern] im Verwaltungsstrafverfahren); **Form 29.2** (Niederschrift über die Vernehmung von Zeugen [Sachverständigen/Dolmetschern] im Verwaltungsstrafverfahren; Bogen); **Form 31** (Strafverhandlungsschrift/Straferkenntnis; Bogen).

5) Siehe §§ 48 ff AVG.

6) Siehe §§ 52 f AVG.

7) Siehe § 21 AVG und das ZustG (E 1).

8) **Einwendungen gegen die Niederschrift** haben die in § 15 AVG vorgesehene Wirkung nur dann, wenn sie **vor ihrer Unterfertigung bzw ihrer Fertigstellung erhoben** worden sind.

9) Siehe auch § 18 AVG und Anm 5 und 6 dazu.

10) **Erl 2007, 13:** „Um die Aufnahme von Niederschriften, insb. Verhandlungsschriften, zu erleichtern, können seit der Novelle BGBl. I Nr. 158/1998, wenn der Amtshandlung mehr als 20 Personen beigezogen wurden, deren Unterschriften generell entfallen. Der Entwurf schlägt vor, einerseits den Anwendungsbereich dieser Regelung zu erweitern, andererseits auf die Unterschriften der beigezogenen Personen nicht mehr völlig zu verzichten: Künftig soll auf die Unterschriftsleistung durch alle beigezogenen Beteiligten (nicht: Personen) bereits dann verzichtet werden können, wenn der Amtshandlung mehr als drei Beteiligte beigezogen worden sind; diesfalls soll die Niederschrift von mindestens drei Beteiligten (jedenfalls aber von einem allfälligen Antragsteller) sowie von den sonstigen beigezogenen Personen (insb. Zeugen und Sachverständigen) zu unterschreiben sein. Die Niederschrift bietet nämlich bereits dann eine ausreichende Richtigkeitsgewähr, wenn ihr Inhalt von einer qualifizierten Anzahl von

Personen bestätigt worden ist, sodass Unterschriften weiterer Personen ihren Beweiswert nur mehr unwesentlich erhöhen. Dies ändert freilich nichts daran, dass die Bestätigung des Inhalts der Niederschrift durch andere Personen als den Leiter der Amtshandlung ihren Beweiswert jedenfalls erhöht, weshalb es nicht zweckmäßig erscheint, auf ein Unterschreiben der Niederschrift durch andere Personen in bestimmten Fällen ganz zu verzichten. Im Übrigen legt die Bestimmung lediglich Mindestanforderungen für das Unterschreiben der Niederschrift fest; wenn es sich im Einzelfall als zweckmäßig erweist, kann sie auch von mehr als drei Beteiligten unterschrieben werden (zB wenn im Verlauf der Amtshandlung mehr als drei Beteiligte vernommen worden sind oder Erklärungen abgegeben haben, deren richtige Wiedergabe in der Niederschrift für den Verfahrensausgang von entscheidender Bedeutung ist).

Kann den Bestimmungen über die Unterschriftsleistung nicht entsprochen werden (zB weil sich einzelne beigezogene Personen vor dem Ende der Amtshandlung entfernt haben), so sind die dafür maßgeblichen Gründe bei sonstiger Mangelhaftigkeit der Niederschrift in dieser festzuhalten. Geschieht dies, beeinträchtigt das Fehlen von Unterschriften beigezogener Personen die Beweiskraft der Niederschrift als solche nicht (vgl. VwGH 27. 8. 1996, Zl. 95/05/0175).

Um die elektronische Aktenführung zu erleichtern, sollen die Unterschriften des Leiters der Amtshandlung und der beigezogenen Personen dann entfallen, wenn die Niederschrift elektronisch erstellt wurde (unabhängig davon, ob die Möglichkeit bestünde, die Niederschrift an Ort und Stelle auszudrucken) und der Nachweis der Identität (§ 2 Z 1 E-GovG) des Leiters der Amtshandlung und der Authentizität (§ 2 Z 5 E-GovG) der Niederschrift in einem entsprechenden Verfahren erbracht werden kann."

11) Erl 2007, 14: „Unter technischen Hilfsmitteln im Sinne des § 14 Abs. 7 AVG ist – neben Schallträgern – ‚insb. auch die Textverarbeitung (PC)' zu verstehen (AB 1167 BlgNR XX. GP, 27). Dass eine Niederschrift elektronisch (das heißt hier: unter Einsatz eines Textverarbeitungsprogramms) erstellt werden darf, versteht sich allerdings von selbst; einer ausdrücklichen Ermächtigung dazu bedarf es ebensowenig, wie es seinerzeit einer Ermächtigung zur Heranziehung des ‚technischen Hilfsmittels' der Schreibmaschine bedurfte. Da es auch nicht sachgerecht erscheint, die elektronisch erstellte Niederschrift – anders als eine hand- oder maschinenschriftlich verfasste Niederschrift – als ‚Aufzeichnung' zu begreifen, die erst einer Übertragung in eine ‚Vollschrift' bedarf, soll der Begriff ‚technisches Hilfsmittel' in § 14 Abs. 7 AVG wieder durch den Begriff ‚Schallträger' ersetzt werden. Dementsprechend soll auch in § 14 Abs. 3 nicht mehr von der Verwendung eines technischen Hilfsmittels die Rede sein, sondern von der Verwendung eines Schallträgers und der elektronischen Erstellung der Niederschrift. Wurde eine Niederschrift elektronisch aufgenommen, soll der Inhalt der Niederschrift den beigezogenen Personen zB auch durch Ansicht auf einem Bildschirm zur Kenntnis gebracht werden können."

12) Die beigezogenen Personen haben kein Recht, Einwendungen gegen diese Form der Aufnahme der Niederschrift zu erheben.

13) Nicht sein Inhalt (Erl 1998, 27).

§ 15.[*]) **Soweit nicht Einwendungen erhoben wurden,**[1]) **liefert eine gemäß § 14 aufgenommene Niederschrift über den Verlauf und den Gegenstand der betreffenden Amtshandlung vollen Beweis.**[2]) **Der Gegenbeweis der Unrichtigkeit des bezeugten Vorganges bleibt zulässig.**

*) Im Verwaltungsstrafverfahren, im Verwaltungsvollstreckungsverfahren, im Agrarverfahren und im Dienstrechtsverfahren anzuwenden (§ 24 VStG, § 10 Abs 1 VVG, § 1 AgrVG, § 1 Abs 1 DVG).

1) Siehe § 14 Abs 4 AVG.

2) Siehe § 47 AVG und Anm 1 dazu; eine nicht allen Formvorschriften des § 14 AVG entsprechende Niederschrift ist wohl ein Beweismittel iS des § 46 AVG, sie macht aber nicht „vollen Beweis".

Aktenvermerke

§ 16.[*])[**]) **(1) Amtliche Wahrnehmungen, mündliche oder telefonische**[1]) **Anbringen oder sonstige Mitteilungen an die Behörde, mündliche oder telefonische**[1]) **Belehrungen, Aufforderungen, Anordnungen und sonstige Äußerungen, schließlich Umstände, die nur für den inneren Dienst der Behörde in Betracht kommen, sind, wenn nicht anderes bestimmt ist und kein Anlass zur Aufnahme einer Niederschrift**[2]) **besteht, erforderlichenfalls in einem Aktenvermerk kurz festzuhalten.**

(2) Der Aktenvermerk ist vom Amtsorgan unter Beisetzung des Datums zu unterschreiben; wurde der Aktenvermerk elektronisch erstellt, kann an die Stelle dieser Unterschrift ein Verfahren zum Nachweis der Identität (§ 2 Z 1 E-GovG) des

Amtsorgans und der Authentizität (§ 2 Z 5 E-GovG) des Aktenvermerks treten.[3])

*) IdF des Art 3 Z 2 BGBl I 2001/137 (Einfügung des zweiten Satzes in Abs 2; in Kraft getreten am 1. 1. 2002), des Art 2 Z 9 BGBl I 2004/10 (Neufassung von Abs 1 und 2; in Kraft getreten am 1. 3. 2004) und des Art 2 Z 11 BGBl I 2008/5 (Neufassung samt Überschrift; rückwirkend in Kraft getreten am 1. 1. 2008).

**) Im Verwaltungsstrafverfahren, im Verwaltungsvollstreckungsverfahren, im Agrarverfahren und im Dienstrechtsverfahren anzuwenden (§ 24 VStG, § 10 Abs 1 VVG, § 1 AgrVG, § 1 Abs 1 DVG).

1) Vgl § 13 Abs 1 AVG und Anm 3, 5 und 6 dazu.

2) Von der Niederschrift (§§ 14 f AVG) unterscheidet sich der Aktenvermerk vor allem dadurch, dass er nur vom Amtsorgan gefertigt wird.

3) Vgl § 18 AVG und Anm 5 und 6 dazu.

Akteneinsicht

§ 17.*)) (1) Soweit in den Verwaltungsvorschriften nicht anderes bestimmt ist,[1]) können die Parteien bei der Behörde in die ihre Sache betreffenden Akten Einsicht nehmen und sich von Akten oder Aktenteilen an Ort und Stelle Abschriften selbst anfertigen oder auf ihre Kosten Kopien oder Ausdrucke erstellen lassen.[2]) Soweit die Behörde die die Sache betreffenden Akten elektronisch führt, kann der Partei auf Verlangen die Akteneinsicht in jeder technisch möglichen Form gewährt werden.[3])**

(2) Allen an einem Verfahren beteiligten Parteien muß auf Verlangen die Akteneinsicht in gleichem Umfang gewährt werden.[4])

(3) Von der Akteneinsicht sind Aktenbestandteile ausgenommen, insoweit deren Einsichtnahme eine Schädigung berechtigter Interessen einer Partei oder dritter Personen oder eine Gefährdung der Aufgaben der Behörde herbeiführen oder den Zweck des Verfahrens beeinträchtigen würde.[5])

(4) Gegen die Verweigerung der Akteneinsicht ist kein Rechtsmittel zulässig.[6])

*) IdF der Z 4 BGBl I 2002/65 (Anfügung des zweiten Satzes in Abs 1; in Kraft getreten am 20. 4. 2002), des Art 2 Z 10 BGBl I 2004/10 (Neufassung des zweiten Satzes des Abs 1; in Kraft getreten am 1. 3. 2004) und des Art 2 Z 12 BGBl I 2008/5 (Neufassung des Abs 1; rückwirkend in Kraft getreten am 1. 1. 2008).

**) Im Verwaltungsstrafverfahren, im Verwaltungsvollstreckungsverfahren, im Agrarverfahren und im Dienstrechtsverfahren anzuwenden (§ 24 VStG, § 10 Abs 1 VVG, § 1 AgrVG, § 1 Abs 1 DVG).

1) Siehe § 17 Abs 3 AVG sowie zB § 40 Abs 1 BStFG, § 16 Abs 4 LFG, § 17 Abs 1 VerG, § 32 Abs 2 nö NatSchG 2000 LGBl 5500 – 8.

2) Ein **subjektives Recht auf Akteneinsicht** steht danach ausschließlich den **Parteien** zu. Dies schließt jedoch nicht aus, dass die Behörde in den Akten eines bestimmten Verwaltungsverfahrens festgehaltene Umstände bis zu den Grenzen des Art 20 Abs 3 B-VG (Amtsverschwiegenheit) und des § 1 DSG 2000 (Geheimhaltung personenbezogener Daten) auch anderen Personen (einem größeren Personenkreis) zur Kenntnis bringt; vgl auch Art 20 Abs 4 B-VG und das AuskPfG, das AuskPfGG und die Ausführungsgesetze der Länder: **bgld** Auskunftspflicht-, Informationsweiterverwendungs- und StatistikG LGBl 2007/14, **Ktn** Informations- und StatistikG LGBl 2005/70 idF LGBl 2010/64, **nö** AuskunftsG LGBl 0020 – 3, **oö** Auskunftspflicht-, Datenschutz- und InformationsweiterverwendungsG LGBl 1988/46 idF LGBl 2006/86, **Sbg** Auskunftspflicht-, Dokumentenweiterverwendungs-, Datenschutz- und LandesstatistikG LGBl 1988/73 idF LGBl 2007/69, **stmk** AuskunftspflichtG LGBl 1990/73 idF LGBl 1999/63, **Tir** AuskunftspflichtG LGBl 1989/4, **Vbg** AuskunftsG LGBl 1989/17 und **Wr** AuskunftspflichtG LGBl 1988/20 idF LGBl 1999/29.

Die Übersendung von Verwaltungsakten an andere Behörden zur Einsichtnahme ist im Rahmen des Art 22 B-VG (Amtshilfe) zulässig und geboten, im AVG jedoch nicht näher geregelt.

Das Recht auf Akteneinsicht besteht auch nach rechtskräftigem Abschluss des Verwaltungsverfahrens weiter.

3) **Erl 2007, 14 f:** „Prinzipiell soll die Behörde der Partei die Einsichtnahme in elektronisch geführte Akten in jeder technisch möglichen Form gewähren können (zB durch elektronische Ferneinsicht insb. über das Internet oder Übermittlung von Datenträgern), vorausgesetzt, die Partei verlangt dies. Unzulässig wäre es beispielsweise, eine Partei, die den elektronischen Akt bei der Behörde einzu-

sehen wünscht, auf andere technische Formen der Einsichtnahme zu verweisen; die verwaltungsverfahrensrechtliche Zulässigkeit der Gewährung von Akteneinsicht in einer bestimmten technischen Form enthebt die Behörde auch nicht von der Verpflichtung zur Einhaltung sonstiger Vorschriften (insb. des E-GovG oder des DSG 2000). Die Partei wiederum kann nicht verlangen, dass ihr von der Behörde Akteneinsicht in einer bestimmten technischen Form gewährt wird, wenn dies in dieser Form (im Hinblick auf die technische Ausstattung der Behörde) nicht möglich ist oder rechtlich unzulässig wäre."

4) Abs 2 hat in der Regel auch Vorrang vor dem Abs 3 des § 17 AVG, dh, dass den anderen Parteien auf Verlangen Akteneinsicht in gleichem Umfang grundsätzlich auch dann gewährt werden muss, wenn einer Partei Akteneinsicht in größerem Umfang gewährt worden ist, als das nach Abs 3 geboten wäre.

5) **Aktenbestandteile** sind von der Akteneinsicht nur dann ausgenommen, wenn dem legitime Interessen entgegenstehen. Die Behörde hat hier eine Abwägung vorzunehmen zwischen dem Interesse einer Partei auf Akteneinsicht und dem entgegenstehenden **Interesse einer anderen Partei** bzw eines **Dritten** (ua auf Geheimhaltung von Daten, § 1 DSG). Das der Akteneinsicht entgegenstehende **öffentliche Interesse** daran, dass die Aufgaben der Behörde nicht gefährdet werden und der Zweck des Verfahrens nicht beeinträchtigt wird, hat, dem Konzept des Art 20 Abs 3 B-VG entsprechend, prinzipiell Vorrang vor dem Interesse der Partei auf Akteneinsicht.

6) Die behauptete Rechtswidrigkeit einer solchen Maßnahme kann lediglich als Verfahrensmangel bei der Anfechtung des in der Sache ergehenden Bescheides geltend gemacht werden (siehe § 63 Abs 2 AVG). Dies gilt jedoch nicht gegenüber einer am anhängigen Verwaltungsverfahren nicht als Partei beteiligten Person; die förmliche Verweigerung der von ihr verlangten Akteneinsicht ist, wenn sie daran ein rechtliches Interesse behauptet, ein im Instanzenzug anfechtbarer Bescheid. Gleiches gilt für die Verweigerung der Akteneinsicht gegenüber einer Partei, wenn das Verfahren bereits durch Bescheid abgeschlossen ist.

Blinde und hochgradig sehbehinderte Beteiligte

§ 17 a.[*)**)] **Blinden oder hochgradig sehbehinderten Beteiligten, die eines Vertreters entbehren, hat die Behörde auf Verlangen den Inhalt von Akten oder Aktenteilen durch Verlesung oder nach Maßgabe der vorhandenen technischen Möglichkeiten in sonst geeigneter Weise zur Kenntnis zu bringen.**[1)2)]

*) Samt Überschrift eingefügt durch Art I Z 1 BGBl I 1999/164; in Kraft getreten am 18. 8. 1999.

**) Im Verwaltungsstrafverfahren, im Verwaltungsvollstreckungsverfahren, im Agrarverfahren und im Dienstrechtsverfahren anzuwenden (§ 24 VStG, § 10 Abs 1 VVG, § 1 AgrVG, § 1 Abs 1 DVG).

1) **AB** (zum BG BGBl I 1999/164) **2034 BlgNR 20. GP:** „Blinde bzw. hochgradig sehbehinderte (vgl. § 4a des Bundespflegegeldgesetzes in der Fassung BGBl. I Nr. 111/1998) Beteiligte sind auf Grund ihrer Behinderung im Schriftverkehr mit der Behörde – bzw. als Partei auch im Rahmen der Akteneinsicht – Benachteiligungen ausgesetzt, da sie in der Regel eine Hilfsperson, die ihnen den Inhalt sie betreffender behördlicher Schriftstücke vorliest, benötigen. Durch die Bestimmung des § 17a AVG wird eine Amtspflicht der Behörde geschaffen, einem blinden bzw. hochgradig sehbehinderten Beteiligten, der weder durch einen gesetzlichen noch durch einen gewillkürten Vertreter vertreten ist, den Inhalt von Akten oder Aktenteilen durch Verlesung bzw. – nach Maßgabe der vorhandenen technischen Möglichkeiten – in sonst geeigneter Weise zur Kenntnis zu bringen.

Aus der systematischen Einordnung des § 17a in die Bestimmungen des 3. Abschnittes des Allgemeinen Verwaltungsverfahrensgesetzes über den Verkehr zwischen Behörden und Beteiligten ergibt sich zum einen, daß diese Regelung nicht auf das Ermittlungsverfahren beschränkt ist. Zum anderen handelt es sich hiebei um eine (sehbehinderten-)spezifische Anleitungspflicht der Behörde, an die keine Zustellwirkungen geknüpft sind. Als ‚sonst geeignete Weise' kommt insbesondere der Ausdruck von Schriftstücken in Brailleschrift (Normalschrift oder Kurzschrift) in Frage, sofern der Beteiligte diese Schrift beherrscht. . . ."

2) **AB 2034 BlgNR 20. GP:** „Bei den Kosten für die Verlesung bzw. die Umsetzung des Inhaltes von Akten oder Aktenteilen in ‚sonst geeigneter Weise' handelt es sich nicht um Barauslagen der Behörde im Sinne des § 76 Abs. 1 AVG, vielmehr sind diese Kosten – wie die Gebühren für den Gehörlosendolmetscher nach § 39a AVG – von jenem Rechtsträger zu tragen, in dessen Namen die Behörde in der Angelegenheit gehandelt hat (vgl. § 76 Abs. 5 AVG)."

Erledigungen

§ 18.*)**) **(1) Die Behörde hat die Sache möglichst zweckmäßig, rasch, einfach und kostensparend zu erledigen und den wesentlichen Inhalt der Amtshandlung erforderlichen-**

falls in einer Niederschrift[1]) oder einem Aktenvermerk[2]) festzuhalten.[3])

(2) Erledigungen haben jedenfalls schriftlich zu ergehen, wenn dies in den Verwaltungsvorschriften ausdrücklich angeordnet ist oder von der Partei verlangt wird.[4])

(3) Schriftliche Erledigungen sind vom Genehmigungsberechtigten mit seiner Unterschrift zu genehmigen;[5]) wurde die Erledigung elektronisch erstellt, kann an die Stelle dieser Unterschrift ein Verfahren zum Nachweis der Identität (§ 2 Z 1 E-GovG) des Genehmigenden und der Authentizität (§ 2 Z 5 E-GovG) der Erledigung treten.[6])

(4) Jede schriftliche Ausfertigung hat die Bezeichnung der Behörde, das Datum der Genehmigung und den Namen des Genehmigenden zu enthalten. Ausfertigungen in Form von elektronischen Dokumenten müssen mit einer Amtssignatur (§ 19 E-GovG) versehen sein; Ausfertigungen in Form von Ausdrucken von mit einer Amtssignatur versehenen elektronischen Dokumenten oder von Kopien solcher Ausdrucke brauchen keine weiteren Voraussetzungen zu erfüllen. Sonstige Ausfertigungen haben die Unterschrift des Genehmigenden zu enthalten; an die Stelle dieser Unterschrift kann die Beglaubigung der Kanzlei treten, dass die Ausfertigung mit der Erledigung übereinstimmt und die Erledigung gemäß Abs. 3 genehmigt worden ist.[7]) Das Nähere über die Beglaubigung wird durch Verordnung geregelt.[8])[9])

(5) Für Bescheide gilt der III. Teil, für Ladungsbescheide überdies § 19.[10])

*) IdF der Z 1 und Z 2 BGBl 1995/471 (Ersetzung des § 18 Abs 3 fünfter Satz durch die Sätze fünf bis neun und Neufassung des § 18 Abs 4 zweiter Satz; in Kraft getreten am 1. 7. 1995), des Art 1 Z 5 BGBl I 1998/158 (Neufassung der Abs 3 und 4; in Kraft getreten am 1. 1. 1999), des Art 3 Z 3 BGBl I 2001/137 (Neufassung des Abs 3 letzter Satz; in Kraft getreten am 1. 1. 2002), des Art 2 Z 11 BGBl I 2004/10 (Neufassung des § 18; in Kraft getreten am 1. 3. 2004) und des Art 2 Z 13 BGBl I 2008/5 (Neufassung samt Überschrift; rückwirkend in Kraft getreten am 1. 1. 2008).

**) Im Verwaltungsstrafverfahren, im Verwaltungsvollstreckungsverfahren, im Agrarverfahren und im Dienstrechtsverfahren anzuwenden (§ 24 VStG, § 10 Abs 1 VVG, § 1 AgrVG, § 1 Abs 1 DVG).

1) Siehe §§ 14f AVG.

2) Siehe § 16 AVG.

3) Erl 2007, 13: „§ 18 AVG erscheint unnötig kompliziert und schwer verständlich und soll daher zur Gänze neu gefasst werden, wobei sich die Systematik der vorgeschlagenen Bestimmung an der Stammfassung des § 18 AVG orientiert: . . . Die an der Praxis orientierten Verhaltensmaßregeln des § 18 Abs. 1 und 2 AVG 1925 wurden aus § 78 der Amtsinstruktion übernommen, in welcher der Amtsvorsteher und die Beamten noch ausdrücklich angewiesen werden, ‚die geeigneten Verfügungen, Vorkehrungen und Erhebungen auf die einfachste und mindest kostspielige Weise ohne viele Schreibereien zu veranlassen'. Diese Formulierung macht deutlich, dass schriftliche Erledigungen ursprünglich keineswegs den gesetzlichen Regelfall darstellten, sondern eben nur ausnahmsweise – jedenfalls aber, wenn dies gesetzlich angeordnet war oder von der Partei verlangt wurde – ergehen sollten. Dies soll durch die neue, sich stärker an § 39 Abs. 1 AVG orientierende Formulierung des Abs. 1 deutlicher als bisher zum Ausdruck gebracht werden."

4) Erl 2007, 14: „Der vorgeschlagene Abs. 2 entspricht inhaltlich § 18 Abs. 3 AVG 1925. Die Bestimmung beschränkt sich darauf, anzuordnen, in welchen Fällen die Erledigung jedenfalls schriftlich zu ergehen hat. In allen anderen Fällen steht es im Ermessen der Behörde, ob sie die Sache schriftlich oder mündlich erledigt."

5) Im Zusammenhalt mit § 18 Abs 1 AVG, wonach erforderlichenfalls eine Niederschrift oder ein Aktenvermerk anzufertigen ist, stellt dieser Satz den Grundsatz auf, dass jede **Erledigung** zu **genehmigen** ist, und zwar durch die **Unterschrift** eines (hiezu berufenen) **Organwalters.** (Vgl auch Erl 2007, 14: „Der vorgeschlagene Abs. 3 normiert ausdrücklich, dass schriftliche Erledigungen zu genehmigen sind [was aus der geltenden Fassung des § 18 AVG nur indirekt erschlossen werden kann].") Dies entspricht der allgemeinen Einsicht, dass die Rechtsordnung durch **Menschen** erzeugt und vollzogen wird. Nur auf diese Weise kann auch eine **Verantwortlichkeit** für die Führung der Verwaltung (siehe Art 20 Abs 1 B-VG) bestehen. Wer die Ermächtigung zu einer Genehmigung hat, ist den Organisationsvorschriften (zB § 10 Abs 2 BMG) zu entnehmen.

6) Erl 2007, 12f: „Die Niederschrift, den Aktenvermerk und die Erledigung (eigenhändig) zu unterschreiben, soll jedenfalls zulässig sein, also auch dann, wenn sie elektronisch erstellt worden sind. In diesem Fall soll an die Stelle der Unterschrift auch ein Verfahren zum Nachweis der Identität (§ 2 Z 1 E-GovG) des Amtsorgans und der Authentizität (§ 2 Z 5 E-GovG) des Inhalts der Niederschrift, des

Aktenvermerks und der Erledigung treten können. Zu diesem Zweck kann eine Amtssignatur verwendet werden – was zB bei elektronisch erstellten Niederschriften den Vorteil hat, dass Ausdrucke die Beweiskraft einer öffentlichen Urkunde haben (§ 20 E-GovG), und bei Erledigungen den Vorteil, dass (schriftliche) Ausfertigungen keiner Unterschrift oder Beglaubigung mehr bedürfen –, sie muss es aber nicht. Da die Verwendung einer Amtssignatur demnach nicht mehr verpflichtend sein soll, kann die Übergangsbestimmung des § 82 Abs. 14 erster Satz AVG *[idF BGBl I 2004/10]* ersatzlos entfallen. Je nach technisch-organisatorischer Umsetzung in einem elektronischen Aktenverwaltungssystem der Behörde kann die Identität zB auch durch ein Berechtigungs- und Rollenkonzept und die Authentizität durch einen Änderungsschutz oder die gesicherte Nachvollziehbarkeit von an Dokumenten vorgenommenen Änderungen gewährleistet sein."

7) **Erl 2007, 14:** „Der vorgeschlagene Abs. 4 unterscheidet grundsätzlich zwischen Ausfertigungen in Form von elektronischen Dokumenten und Ausfertigungen, die in Papierform ergehen. Während erstere immer mit einer Amtssignatur zu versehen sind, stehen bei einer Papierausfertigung zwei Wege offen: Die Ausfertigung kann jedenfalls vom Genehmigenden unterschrieben bzw. von der Kanzlei beglaubigt werden. Ausdrucke von mit einer Amtssignatur versehenen elektronischen Dokumenten (oder Kopien solcher Ausdrucke) werden hingegen privilegiert behandelt: sie bedürfen weder einer Unterschrift noch einer Beglaubigung.

Ist bereits die Genehmigung der Erledigung (Abs. 3) unter Verwendung einer Amtssignatur erfolgt, so hat dies automatisch zur Folge, dass jede elektronische Ausfertigung diese Amtssignatur enthält und auch keine Papierausfertigung des elektronischen Dokuments mehr unterschrieben oder beglaubigt zu werden braucht.

Auf allfälligen Beilagen zur Ausfertigung braucht die Amtssignatur nicht angebracht zu werden."

8) Siehe die BeglV (B 3).

9) Dieser Abs gilt gem § 58 Abs 3 AVG ausdrücklich auch für Bescheide.

10) Das sind die §§ 56 bis 62 AVG.

Ladungen

§ 19.*)**) **(1) Die Behörde ist berechtigt, Personen, die in ihrem Amtsbereich ihren Aufenthalt (Sitz) haben und deren Erscheinen nötig ist, vorzuladen.**[1]**) Im Verfahren vor den unabhängigen Verwaltungssenaten sind auch Ladungen von Perso-**

nen, die ihren Aufenthalt (Sitz) außerhalb des Amtsbereiches des unabhängigen Verwaltungssenates haben, zulässig.

(2) In der Ladung ist außer Ort und Zeit der Amtshandlung auch anzugeben, was den Gegenstand der Amtshandlung bildet, in welcher Eigenschaft der Geladene vor der Behörde erscheinen soll (als Beteiligter, Zeuge usw.) und welche Behelfe und Beweismittel mitzubringen sind. In der Ladung ist ferner bekanntzugeben, ob der Geladene persönlich zu erscheinen hat oder ob die Entsendung eines Vertreters genügt und welche Folgen an ein Ausbleiben geknüpft sind.[2])

(3) Wer nicht durch Krankheit, Behinderung oder sonstige begründete Hindernisse vom Erscheinen abgehalten ist, hat die Verpflichtung, der Ladung Folge zu leisten und kann zur Erfüllung dieser Pflicht durch Zwangsstrafen[3]) **verhalten oder vorgeführt**[4]) **werden. Die Anwendung dieser Zwangsmittel ist nur zulässig, wenn sie in der Ladung angedroht waren und die Ladung zu eigenen Handen zugestellt**[5]) **war; sie obliegt den Vollstreckungsbehörden.**[6])

(4) Gegen die Ladung oder die Vorführung ist kein Rechtsmittel zulässig.[7])

*) IdF des Art 2 Z 14 BGBl I 2008/5 (Ersetzung des Wortes „Gebrechlichkeit" durch das Wort „Behinderung" in Abs 3; rückwirkend in Kraft getreten am 1. 1. 2008).

**) Im Verwaltungsstrafverfahren, im Verwaltungsvollstreckungsverfahren, im Agrarverfahren und im Dienstrechtsverfahren anzuwenden (§ 24 VStG, siehe auch § 41; § 10 Abs 1 VVG; § 1 AgrVG; § 1 Abs 1 DVG).

1) Anknüpfend an die im Gesetz selbst nicht zum Ausdruck gebrachte **Unterscheidung zwischen einfacher und förmlicher Ladung** sieht die **VwFormV** neben dem Ladungsbescheid auch die einfache Ladung **(Form 1 und 4)** vor. Eine derartige einfache Ladung genügt, wenn anzunehmen ist, dass der Empfänger der Ladung ohne Weiteres Folge leisten wird. An die unentschuldigte Nichtbefolgung einer einfachen Ladung können weder Zwangsfolgen nach § 19 Abs 3 AVG noch sonstige Rechtsfolgen geknüpft werden.

In der **VwFormV** sind für Ladungen vorgesehen: **Form 1** (Ladung von Beteiligten); **Form 2** (Ladungsbescheid an Beteiligte); **Form 3** (Bescheid über eine Zwangsstrafe [Vollstreckungsverfügung]; neuerlicher Ladungsbescheid an Beteiligte; für Behörden, die zugleich

Vollstreckungsbehörden sind); **Form 4** (Ladung von Zeugen/Sachverständigen/Dolmetschern); **Form 5** (Ladungsbescheid an Zeugen/Sachverständige/Dolmetscher); **Form 6** (Bescheid über eine Zwangsstrafe [Vollstreckungsverfügung]; neuerlicher Ladungsbescheid an Zeugen/Sachverständige/Dolmetscher; für Behörden, die zugleich Vollstreckungsbehörden sind); **Form 7.1** (Anberaumung einer mündlichen Verhandlung); **Form 7.2** (öffentliche Bekanntmachung einer mündlichen Verhandlung); **Form 25** (Beschuldigtenladung); **Form 26** (Ladung eines Beschuldigten zur mündlichen Verhandlung im Verwaltungsstrafverfahren).

2) Die Beteiligten sind von einer Verhandlung nach § 41 bzw § 44 d AVG zu verständigen. Folgen des Ausbleibens sind:

– **für Beteiligte:** allenfalls die Nichtberücksichtigung späterer Einwendungen gegen das Vorhaben oder die Maßnahme, die den Verhandlungsgegenstand bildet (§ 42 Abs 1 bis 3 AVG);

– **für den Antragsteller:** die Durchführung der Verhandlung in seiner Abwesenheit oder deren Verlegung auf einen anderen Termin auf seine Kosten (§ 42 Abs 4 AVG).

Für Personen, die nach § 19 AVG geladen werden, sind neben den im Abs 3 vorgesehenen Sanktionen vorgesehen:

– **für Zeugen, Beteiligte, nichtamtliche Sachverständige und nichtamtliche Dolmetscher (Übersetzer):** die Verpflichtung zum Ersatz aller durch ihre Säumnis verursachten Kosten (§§ 39 a, 49 Abs 5, §§ 51 und 52 Abs 4 AVG);

– **für den Beschuldigten:** die Durchführung des Strafverfahrens ohne seine Anhörung (§ 41 Abs 3 VStG [C 2]);

– **für den Privatankläger:** die unwiderlegliche Vermutung des Rücktritts von der Verfolgung (§ 56 Abs 2 VStG [C 2]).

3) Als **Zwangsstrafen** sind in der **VwFormV** nur die in § 5 VVG (D 2) geregelten **Geldstrafen,** nicht aber auch die gleichfalls dort normierten Haftstrafen vorgesehen. Die Geldstrafen dürfen nach § 5 Abs 3 VVG (D 2) in jedem einzelnen Fall den Betrag von 726 Euro nicht übersteigen; siehe die **Form 2, 3, 5, 6 und 8** der **VwFormV.**

4) Die **zwangsweise Vorführung** ist (nur) dann ein anfechtbarer Akt unmittelbarer (verwaltungs)behördlicher Befehls- und Zwangsgewalt (Art 129 a Abs 1 Z 2 B-VG, § 67 a Z 2 AVG), wenn die Vorführung – rechtswidrigerweise – nicht bescheidförmig (durch Vollstreckungsverfügung) angeordnet wurde (§ 7 VVG [D 2], insb Anm 1 dazu).

5) Ein Ladungsbescheid kann daher nur schriftlich ergehen; die vorherige Durchführung eines Ermittlungsverfahrens entfällt aber (§ 56 AVG); zur Zustellung siehe § 21 ZustG (E 1).

6) Hinsichtlich der Vollstreckungsbehörden siehe Art I Abs 2 lit F EGVG (A 2) sowie §§ 1 und 10 Abs 3 VVG (D 2).

In der **VwFormV** sind für die Vollstreckung der Zwangsmittel vorgesehen: **Form 3** (Bescheid über eine Zwangsstrafe [Vollstreckungsverfügung]; neuerlicher Ladungsbescheid an Beteiligte; für Behörden, die zugleich Vollstreckungsbehörden sind); **Form 6** (Bescheid über eine Zwangsstrafe [Vollstreckungsverfügung]; neuerlicher Ladungsbescheid an Zeugen/Sachverständige/Dolmetscher; für Behörden, die zugleich Vollstreckungsbehörden sind); **Form 8** (Vollstreckung eines Ladungsbescheides; für Behörden, die nicht zugleich Vollstreckungsbehörden sind); **Form 9** (Vorführungsbescheid).

7) Ladungsbescheide, in denen Zwangsmittel angedroht werden, unterliegen nicht der Berufung, sondern sind unmittelbar vor den Gerichtshöfen des öffentlichen Rechts anfechtbare verfahrensrechtliche Bescheide. Nach der Rsp des VfGH sind aber verfahrensrechtliche Bescheide in Verwaltungsstrafsachen im Hinblick auf Art 129 a Abs 1 Z 1 B-VG ausnahmslos bei den UVS in den Ländern anfechtbar; ein einfachgesetzlicher Ausschluss der Zulässigkeit ordentlicher Rechtsmittel könne sich verfassungskonform nur auf den normalen administrativen Instanzenzug beziehen, nicht auf die Anrufung der UVS, und schließe diese daher nicht aus (VfSlg 14.957/1997). Im Lichte dieser Rsp sind daher auch Ladungsbescheide in Verwaltungsstrafsachen bei den UVS in den Ländern anfechtbar (zB VwGH 26. 1. 2010, 2009/11/0273).

§ 20.*)**) **Steht die zu ladende Person in einem öffentlichen Amt oder Dienst oder im Dienst eines dem öffentlichen Verkehr dienenden Unternehmens und muß voraussichtlich zur Wahrung der Sicherheit oder anderer öffentlicher Interessen eine Stellvertretung während der Verhinderung dieser Person eintreten, so ist gleichzeitig deren vorgesetzte Stelle von der Ladung zu benachrichtigen.**

*) IdF des Art 1 Z 6 BGBl I 1998/158 (Entfall der Absatzbezeichnung „(1)" und des Abs 2; in Kraft getreten am 1. 1. 1999).

**) Im Verwaltungsstrafverfahren, im Verwaltungsvollstreckungsverfahren, im Agrarverfahren und im Dienstrechtsverfahren anzuwenden (§ 24 VStG, § 10 Abs 1 VVG, § 1 AgrVG, § 1 Abs 1 DVG).

4. Abschnitt: Zustellungen

§ 21.*) Zustellungen sind nach dem Zustellgesetz[1]) vorzunehmen.

*) Die in § 24 VStG, § 10 Abs 1 VVG, § 1 AgrVG und § 1 Abs 1 DVG (siehe auch dessen § 5) festgelegte Erweiterung des Anwendungsbereichs dieser Bestimmung kommt nicht zum Tragen, da § 21 AVG lediglich eine Verweisung darstellt; eine eigenständige normative Bedeutung kommt § 21 AVG nicht zu.

1) Siehe das ZustG (E 1).

§ 22.*) Wenn wichtige Gründe hiefür vorliegen, ist eine schriftliche Ausfertigung mit Zustellnachweis[1]) zuzustellen. Bei Vorliegen besonders wichtiger Gründe oder wenn es gesetzlich vorgesehen ist,[2]) ist die Zustellung zu eigenen Handen[3]) des Empfängers zu bewirken.

*) Im Verwaltungsstrafverfahren, im Verwaltungsvollstreckungsverfahren, im Agrarverfahren und im Dienstrechtsverfahren anzuwenden (§ 24 VStG; § 10 Abs 1 VVG; § 1 AgrVG; § 1 Abs 1 DVG, siehe jedoch § 5).

1) Siehe § 22 ZustG (E 1).

2) Siehe zB § 19 Abs 3 AVG, § 41 Abs 3, § 42 Abs 2, § 48 Abs 2 VStG (C 2), § 11 Abs 1 DVG (G 2), § 29 Abs 1 HDG, § 89a Abs 5 StVO, § 13 Abs 2 TubG.

3) Siehe § 21 ZustG (E 1). Eine elektronische Zustellung mit Zustellnachweis (§ 35 ZustG [E 1]) hat die Wirkung einer Zustellung zu eigenen Handen; vgl Anm 11 zu § 35 ZustG (E 1).

§§ 23 bis 31. *(Entfallen; Art. III Abs. 2 der Kundmachung)*

5. Abschnitt: Fristen

§ 32.*)[1]) (1) Bei der Berechnung von Fristen, die nach Tagen bestimmt sind, wird der Tag nicht mitgerechnet, in den der Zeitpunkt oder das Ereignis fällt, wonach sich der Anfang der Frist richten soll.

(2) Nach Wochen, Monaten oder Jahren bestimmte Fristen enden mit dem Ablauf desjenigen Tages der letzten Woche

oder des letzten Monats, der durch seine Benennung oder Zahl dem Tag entspricht, an dem die Frist begonnen hat. Fehlt dieser Tag im letzten Monat, so endet die Frist mit Ablauf des letzten Tages dieses Monats.

*) Im Verwaltungsstrafverfahren, im Verwaltungsvollstreckungsverfahren, im Agrarverfahren und im Dienstrechtsverfahren anzuwenden (§ 24 VStG, § 10 Abs 1 VVG, § 1 AgrVG, § 1 Abs 1 DVG).

1) Siehe auch das EuFristÜb; anders als dieses – unmittelbar anwendbare – Übereinkommen regeln die §§ 32 f AVG nur **verfahrensrechtliche** (nicht materiellrechtliche) Fristen, das sind solche, die für die Einleitung eines Verfahrens maßgebend oder in einem anhängigen Verwaltungsverfahren zu beachten sind; siehe auch Anm 1 zu § 71 AVG.

Vgl weiters die V der EG v 3. 6. 1971, 1182/71, ABl L 124/1 über die Berechnung der Fristen in Rechtsakten der EG.

§ 33.*)**) **(1) Der Beginn und Lauf einer Frist wird durch Sonn- oder Feiertage**[1]**) nicht behindert.**

(2) Fällt das Ende einer Frist auf einen Samstag, Sonntag, gesetzlichen Feiertag[1]**) oder den Karfreitag, so ist der nächste Werktag**[2]**) letzter Tag der Frist.**

(3) Die Tage von der Übergabe an einen Zustelldienst im Sinne des § 2 Z 7 des Zustellgesetzes zur Übermittlung an die Behörde bis zum Einlangen bei dieser (Postlauf) werden in die Frist nicht eingerechnet.[3]**)**

(4) Durch Gesetz oder Verordnung festgesetzte Fristen können, wenn nicht ausdrücklich anderes bestimmt ist, nicht geändert werden.

*) IdF des Art 2 Z 12 BGBl I 2004/10 (Neufassung des Abs 3; in Kraft getreten am 1. 3. 2004) und des Art 2 Z 15 BGBl I 2008/5 (Neufassung des Abs 3; rückwirkend in Kraft getreten am 1. 1. 2008).

**) Im Verwaltungsstrafverfahren, im Verwaltungsvollstreckungsverfahren, im Agrarverfahren und im Dienstrechtsverfahren anzuwenden (§ 24 VStG; § 10 Abs 1 VVG; § 1 AgrVG; § 1 Abs 1 DVG, siehe auch § 6).

1) Als „Feiertage“ iS des § 1 FRG gelten allgemein: 1. Jänner (Neujahr), 6. Jänner (Heilige Drei Könige), Ostermontag, 1. Mai (Staatsfeiertag), Christi Himmelfahrt, Pfingstmontag, Fronleichnam, 15. August (Mariä Himmelfahrt), 26. Oktober (Nationalfeiertag),

1. November (Allerheiligen), 8. Dezember (Maria Empfängnis), 25. Dezember (Weihnachten), 26. Dezember (Stephanstag); siehe auch Art 5 EuFristÜb.

2) **Werktag** ist – anders als „Arbeitstag" – ein Tag, der weder Sonntag noch Feiertag ist.

3) Die nur auf verfahrensrechtliche, nicht auch auf materiellrechtliche Fristen (siehe Anm 1 zu § 32 AVG) anwendbare Regelung des § 33 Abs 3 AVG setzt voraus, dass das die befristete Prozesshandlung enthaltende Dokument **rechtzeitig zur Beförderung übergeben** wurde (was von der Behörde von Amts wegen zu erheben ist), bei der **Behörde** auch **tatsächlich eingelangt** ist und an **die richtige Stelle adressiert** oder aber von der zu Unrecht adressierten Behörde gem § 6 Abs 1 AVG noch vor Ablauf der – unter Einrechnung des Postenlaufs an die unzuständige Stelle berechneten – Frist zur Weiterleitung an die zuständige Stelle übergeben worden ist. Anderes bestimmt § 63 Abs 5 AVG für die Einbringung einer Berufung bei der Berufungsbehörde.

6. Abschnitt: Ordnungs- und Mutwillensstrafen[1])

Ordnungsstrafen

§ 34.*)**) **(1) Das Verwaltungsorgan, das eine Verhandlung, Vernehmung, einen Augenschein[2]) oder eine Beweisaufnahme[3]) leitet, hat für die Aufrechterhaltung der Ordnung und für die Wahrung des Anstandes zu sorgen.**

(2) Personen, die die Amtshandlung stören oder durch ungeziemendes Benehmen den Anstand verletzen, sind zu ermahnen; bleibt die Ermahnung erfolglos, so kann ihnen nach vorausgegangener Androhung[4]) das Wort entzogen,[5]) ihre Entfernung verfügt[5]) und ihnen die Bestellung eines Bevollmächtigten aufgetragen werden[5]) oder gegen sie eine Ordnungsstrafe[6]) bis 726 Euro verhängt werden.

(3) Die gleichen Ordnungsstrafen können von der Behörde gegen Personen verhängt werden, die sich in schriftlichen Eingaben[7]) einer beleidigenden Schreibweise bedienen.[8])

(4) Gegen öffentliche Organe und gegen Bevollmächtigte, die zur berufsmäßigen Parteienvertretung befugt sind,[9]) ist, wenn sie einem Disziplinarrecht unterstehen, keine Ordnungsstrafe zu verhängen, sondern lediglich die Anzeige an die Disziplinarbehörde zu erstatten.

(5) Die Verhängung einer Ordnungsstrafe schließt die strafgerichtliche Verfolgung[10]) wegen derselben Handlung nicht aus.

*) IdF des Art 1 Z 7 BGBl I 1998/158 (Ersetzung des Betrages von 1 000 S durch den Betrag 10 000 S; in Kraft getreten am 1. 1. 1999) und des Art 3 Z 4 BGBl I 2001/137 (Ersetzung des Betrages von 10 000 S durch den Betrag von 726 Euro; in Kraft getreten am 1. 1. 2002).

**) Im Verwaltungsstrafverfahren, im Verwaltungsvollstreckungsverfahren, im Agrarverfahren und im Dienstrechtsverfahren anzuwenden (§ 24 VStG; § 10 Abs 1 VVG; § 1 AgrVG; § 1 Abs 1 DVG, siehe jedoch § 7).

1) Bei den Tatbeständen, die die Erlassung von Ordnungs- oder Mutwillensstrafen rechtfertigen, handelt es sich nicht um Verwaltungsübertretungen iS des Art II Abs 3 EGVG (A 2) und des § 1 VStG (C 2); auf die Verhängung solcher Strafen – besser: Disziplinarmaßnahmen – findet daher grundsätzlich nicht das VStG, sondern das AVG Anwendung. Lediglich für den Vollzug der Ordnungs- und Mutwillensstrafen finden gem § 36 AVG die Bestimmungen des VStG über den Strafvollzug sinngemäß Anwendung.

2) Siehe § 54 AVG.

3) Siehe § 55 AVG.

4) Die **Ermahnung** ist erste Voraussetzung für jede einzelne der in § 34 Abs 2 AVG normierten Disziplinarmaßnahmen. Mit der Ermahnung kann jedoch gleichzeitig die Androhung einer bestimmten Disziplinarmaßnahme erfolgen. Die **Androhung** ist weitere Voraussetzung für jede einzelne der in § 34 Abs 2 AVG normierten Disziplinarmaßnahmen. Erst die Erfolglosigkeit der Androhung einer bestimmten Maßnahme rechtfertigt deren **Verhängung.**

5) Diese Maßnahmen sind nur Verfahrensanordnungen iS des § 63 Abs 2 AVG.

6) Die Verhängung einer **Ordnungsstrafe** ist ein **Bescheid.**

7) Siehe § 13 AVG.

8) Eine Ordnungsstrafe kann gem § 49 Abs 5 AVG auch über einen Zeugen verhängt werden, der seine Aussage ungerechtfertigt verweigert. Dasselbe gilt nach § 39a Abs 1 iVm § 52 Abs 4 AVG sinngemäß auch für den (nichtamtlichen) Dolmetscher (Übersetzer), nach § 51 AVG auch für den Beteiligten und nach § 52 Abs 4 AVG auch für den (nichtamtlichen) Sachverständigen.

9) Siehe Anm 11 zu § 49 AVG.

10) Siehe zB die §§ 111 bis 117 und 269f StGB. Die Verhängung einer Verwaltungsstrafe wegen derselben Handlung ist jedoch nicht neben, sondern nur anstelle einer Ordnungsstrafe zulässig.

Mutwillensstrafen

§ 35.*)**) **Gegen Personen, die offenbar mutwillig die Tätigkeit der Behörde in Anspruch nehmen oder in der Absicht einer Verschleppung der Angelegenheit unrichtige Angaben machen, kann die Behörde eine Mutwillensstrafe bis 726 Euro verhängen.**[1])[2])

*) IdF des Art 1 Z 8 BGBl I 1998/158 (Ersetzung des Betrages von 1 000 S durch 10 000 S; in Kraft getreten am 1. 1. 1999) und des Art 3 Z 4 BGBl I 2001/137 (Ersetzung des Betrages von 10 000 S durch den Betrag von 726 Euro; in Kraft getreten am 1. 1. 2001).

**) Im Verwaltungsstrafverfahren, im Verwaltungsvollstreckungsverfahren, im Agrarverfahren und im Dienstrechtsverfahren anzuwenden (§ 24 VStG, siehe jedoch § 33 Abs 3; § 10 Abs 1 VVG; § 1 AgrVG; § 1 Abs 1 DVG, siehe jedoch § 7).

1) Die Verhängung einer **Mutwillensstrafe** ist ein **Bescheid.** Anders als Ordnungsstrafen können Mutwillensstrafen auch gegen berufsmäßige Parteienvertreter (siehe Anm 11 zu § 49 AVG) verhängt werden. Eine Mutwillensstrafe **darf nicht** verhängt werden: gem § 33 Abs 3 VStG (C 2) im Verwaltungsstrafverfahren über den Beschuldigten und gem § 7 DVG (G 2) im Dienstrechtsverfahren über Beamte des Dienststandes.

2) Dies gilt nach § 68 Abs 7 AVG auch für mutwillige Aufsichtsbeschwerden und Abänderungsanträge.

Widmung und Vollzug der Ordnungs- und Mutwillensstrafen

§ 36.*)**) **Die Ordnungs- und Mutwillensstrafen fließen der Gebietskörperschaft zu, die den Aufwand der Behörde zu tragen hat. Die Bestimmungen des Verwaltungsstrafgesetzes über den Strafvollzug sind sinngemäß anzuwenden.**[1])[2])

*) IdF des Art 1 Z 9 BGBl I 1998/158 (Änderung des Abs 2: Berufung an UVS; in Kraft getreten am 1. 1. 1999), der Kdm BGBl I 2001/126 (Aufhebung der Worte „Ordnungs- oder" im Abs 2; in Kraft getreten mit 31. 10. 2002; wurde durch die nachfolgende Novelle überholt),

des Art 1 Z 5 BGBl I 2002/65 (Neufassung des Abs 2; in Kraft getreten am 1. 5. 2002), des Art 7 Z 1 BGBl I 2008/4 (Entfall der Bezeichnung als „(1)" und Aufhebung des Abs 2; in Kraft getreten am 5. 1. 2008) und des Art 6 Z 1 BGBl I 2009/20 (Neufassung der Überschrift; mangels besonderer Inkrafttretensbestimmung gem Art 49 Abs 1 B-VG mit dem der Kundmachung folgenden Tag in Kraft getreten: 26. 3. 2009).

**) Im Verwaltungsstrafverfahren, im Verwaltungsvollstreckungsverfahren, im Agrarverfahren und im Dienstrechtsverfahren anzuwenden (§ 24 VStG, siehe jedoch § 33 Abs 3; § 10 Abs 1 VVG; § 1 AgrVG; § 1 Abs 1 DVG; siehe jedoch § 7).

1) Ordnungs- und Mutwillensstrafen sind **keine Strafen** iS des VStG, siehe Anm 1 zu § 34 AVG. Daher finden außer den Bestimmungen über den Strafvollzug (§§ 14 sowie 53 bis 54d VStG [C 2]) auf Ordnungs- und Mutwillensstrafen nicht die sonstigen Vorschriften des VStG, sondern jene des AVG Anwendung.

2) **AB** (zum BG BGBl I 2008/4) **371 BlgNR 23. GP 18:** „Im Schrifttum wurde wiederholt auf das (verfassungsrechtliche) Problem hingewiesen, dass § 36 Abs. 2 erster Satz AVG nach seinem Wortlaut auch in jenen Fällen eine Berufung an die unabhängigen Verwaltungssenate zulässt, in denen bestimmte andere Behörden (zB der unabhängige Umweltsenat oder der Oberste Agrarsenat) verfassungsgesetzlich (vgl. Art. 11 Abs. 7 und Art. 12 Abs. 2 B-VG) ausdrücklich als oberste Instanz vorgesehen sind, und zwar selbst dann, wenn die Ordnungs- oder Mutwillensstrafe von einer solchen Behörde erlassen wird. Ob § 36 Abs. 2 AVG einer verfassungskonformen Interpretation dahin gehend zugänglich ist, dass die Angelegenheiten, welche in die Zuständigkeit dieser Sonderbehörden fallen, von dieser Bestimmung nicht erfasst sind, erscheint sehr fraglich (dies offenbar verneinend *Walter/Thienel,* Verwaltungsverfahrensnovellen 1998 [1999] 19f; die Frage offenlassend *Hengstschläger/Leeb,* AVG [2004] § 35 Rz 6). Wegen dieser erheblichen verfassungsrechtlichen Bedenken gegen § 36 Abs. 2 AVG soll diese Bestimmung ersatzlos entfallen, was bedeutet, dass sich der Instanzenzug künftig nach den Verwaltungsvorschriften richtet (§ 63 Abs. 1 AVG)."

7. Abschnitt: Begriffsbestimmungen

Angehörige

§ 36 a.*)**)[1]) **(1) Angehörige im Sinne dieses Bundesgesetzes sind**

1. der Ehegatte,

2. die Verwandten in gerader Linie und die Verwandten zweiten, dritten und vierten Grades in der Seitenlinie,

3. die Verschwägerten in gerader Linie und die Verschwägerten zweiten Grades in der Seitenlinie,

4. die Wahleltern und Wahlkinder und die Pflegeeltern und Pflegekinder,

5. Personen, die miteinander in Lebensgemeinschaft leben, sowie Kinder und Enkel einer dieser Personen im Verhältnis zur anderen Person sowie

6. der eingetragene Partner.[2][3]

(2) Die durch eine Ehe begründete Eigenschaft einer Person als Angehöriger bleibt aufrecht, auch wenn die Ehe nicht mehr besteht.

(3) Abs. 1 Z 3 gilt für eingetragene Partner[2][3] **sinngemäß. Die durch eine eingetragene Partnerschaft begründete Eigenschaft einer Person als Angehöriger bleibt aufrecht, auch wenn die eingetragene Partnerschaft nicht mehr besteht.**

*) IdF des Art 2 Z 16 BGBl I 2008/5 (Einfügung samt Überschrift sowie Überschrift und Bezeichnung als „7. Abschnitt"; rückwirkend in Kraft getreten am 1. 1. 2008), des Art 6 Z 2 BGBl I 2009/20 (Neufassung der Abschnittsbezeichnung; mangels besonderer Inkrafttretensbestimmung gem Art 49 Abs 1 B-VG mit dem der Kundmachung folgenden Tag in Kraft getreten: 26. 3. 2009) und des Art 35 Z 2 und 3 BGBl I 2009/135 (Ersetzung des Wortes „sowie" am Ende der Z 4 durch einen Beistrich, Ersetzung des Punktes am Ende der Z 5 durch das Wort „sowie" und Einfügung der Z 6 in Abs 1 sowie Anfügung des Abs 3; in Kraft getreten am 1. 1. 2010).

**) Im Verwaltungsstrafverfahren, im Verwaltungsvollstreckungsverfahren, im Agrarverfahren und im Dienstrechtsverfahren anzuwenden (§ 24 VStG, § 10 Abs 1 VVG, § 1 AgrVG, § 1 Abs 1 DVG).

1) Erl 2007, 7: „Durch den vorgeschlagenen § 36 a sowie die vorgeschlagene Änderung in § 7 Abs. 1 soll die Regelung des AVG betreffend die Befangenheit – insb. hinsichtlich der Beteiligung von Verwandten und Personen, die miteinander in Lebensgemeinschaft stehen, – an die Regelung der Bundesabgabenordnung (BAO), BGBl. Nr. 194/1961, angeglichen werden (vgl. insb. die §§ 25 und 76 BAO in der Fassung des Bundesgesetzes BGBl. I Nr. 97/2002 sowie die Begründung des zugrunde liegenden Antrages 666/A BlgNR XXI. GP). Der in § 25 BAO enthaltene Verweis auf die Einbeziehung unehelicher Geburten erscheint allerdings entbehrlich. ‚Pflegebefohlene' des

Verwaltungsorgans (Organwalters) sind im Sinne des Kindschaftsrechts-Änderungsgesetzes 2001, BGBl. I Nr. 135/2000, Minderjährige, mit deren Obsorge es (er) betraut ist, oder Personen, zu deren Sachwalter oder Kurator es (er) bestellt ist."

2) Vgl das EPG betreffend Begründung, Wirkungen und Auflösung der eingetragenen Partnerschaft gleichgeschlechtlicher Paare.

3) **Erl 2009/2, 24:** „Durch die vorgeschlagenen Änderungen sollen die Lebensgefährten und die eingetragenen Partner in den Kreis der Angehörigen einbezogen werden. Dies hat etwa mittelbare Auswirkungen auf den Inhalt des § 7 AVG (Befangenheit von Verwaltungsorganen) sowie des § 49 Abs. 1 Z 1 und des § 51 AVG (Aussageverweigerungsgründe)."

Lebensgemeinschaften – auch zwischen gleichgeschlechtlichen Personen – begründeten bereits vor der Nov BGBl I 2009/135 nach § 36a Abs 1 Z 5 AVG die Eigenschaft als Angehöriger.

II. Teil: Ermittlungsverfahren

1. Abschnitt: Zweck und Gang des Ermittlungsverfahrens

Allgemeine Grundsätze[1])

§ 37.*)**) **Zweck des Ermittlungsverfahrens ist, den für die Erledigung einer Verwaltungssache maßgebenden Sachverhalt festzustellen und den Parteien Gelegenheit zur Geltendmachung ihrer Rechte und rechtlichen Interessen zu geben.**[2]) **Nach einer Antragsänderung (§ 13 Abs. 8) hat die Behörde das Ermittlungsverfahren insoweit zu ergänzen, als dies im Hinblick auf seinen Zweck notwendig ist.**[3])

*) IdF des Art 1 Z 10 BGBl I 1998/158 (Anfügung des 2. Satzes; in Kraft getreten am 1. 1. 1999).

**) Im Agrarverfahren und im Dienstrechtsverfahren anzuwenden, im Verwaltungsvollstreckungsverfahren nicht anzuwenden, im Verwaltungsstrafverfahren mit Ausnahme des zweiten Satzes anzuwenden (§ 24 VStG, siehe auch § 40; § 1 AgrVG; § 1 Abs 1 DVG, siehe auch § 8; § 10 Abs 1 VVG).

1) Ein Ermittlungsverfahren ist vor Bescheiderlassung grundsätzlich immer durchzuführen; es dient der **Ermittlung des maßgebenden Sachverhalts.** Es kann **entfallen,** wenn dieser ganz oder zum

Teil von vornherein klar gegeben ist (§ 56 AVG), es sich um eine Ladung (§ 19 AVG) oder um einen Bescheid im Mandatsverfahren (§ 57 AVG) handelt; siehe weiters § 47 VStG (C 2) (Strafverfügung), § 9 DVG (G 2) (Dienstrechtsmandat) und einzelne Verwaltungsvorschriften (zB § 57 Abs 3 MEG; § 5 Abs 3 TTG); im Verwaltungsvollstreckungsverfahren bedarf es prinzipiell keines Ermittlungsverfahrens (§ 10 Abs 1 VVG [D 2]).

Die in §§ 37 bis 55 AVG enthaltenen Vorschriften darüber, wie das Ermittlungsverfahren durchzuführen ist, sind jedoch nur **subsidiär** anzuwenden; primär sind hiefür nach § 39 Abs 1 AVG die Verwaltungsvorschriften maßgebend.

2) Grundsatz des **Parteiengehörs;** siehe auch § 43 Abs 2 und 3, § 45 Abs 3, § 65 und § 67d AVG sowie § 40 Abs 1 und § 51e VStG (C 2). Gegenstand des Parteiengehörs ist nur die Feststellung des maßgebenden Sachverhalts, doch ist den Parteien auch Gelegenheit zu geben, ihre Auffassung über die daraus abgeleiteten Rechtsfolgen zu äußern.

3) **Erl 1998, 29:** „Da durch den verfahrenseinleitenden Antrag die ‚Verwaltungssache', also der Prozeßgegenstand konstituiert wird, soll die Behörde nach der – zulässigen – Änderung des verfahrenseinleitenden Antrages grundsätzlich nicht anders vorzugehen haben, als sie dies etwa auf Grund eines neuen Antrages zu tun hätte. Demgemäß beschränkt sich die Ergänzung des § 37 AVG auf die allgemeine Anordnung, daß die Behörde das Ermittlungsverfahren insoweit zu ergänzen hat, als dies im Hinblick auf seinen Zweck notwendig ist. Sie hat daher den für die Entscheidung über den geänderten Antrag maßgebenden Sachverhalt festzustellen, wenn und insoweit die bisherigen Ergebnisse des Ermittlungsverfahrens dazu nicht ausreichen. Sind an der geänderten Sache andere Personen vermöge eines Rechtsanspruches oder eines rechtlichen Interesses beteiligt oder hat die Änderung der Sache zur Folge, daß Personen in ihrer Rechtssphäre anders berührt sind als vor dieser Änderung, so ist diesen Personen (gegebenenfalls neuerlich) Gelegenheit zur Geltendmachung ihrer Rechte und rechtlichen Interessen zu geben."

§ 38.*) **Sofern die Gesetze nicht anderes bestimmen,**[1]**) ist die Behörde berechtigt, im Ermittlungsverfahren auftauchende Vorfragen,**[2]**) die als Hauptfragen**[2]**) von anderen Verwaltungsbehörden oder von den Gerichten zu entscheiden wären, nach der über die maßgebenden Verhältnisse gewonnenen eigenen Anschauung zu beurteilen und diese Beurteilung ihrem**

Bescheid zugrunde zu legen.[3]) Sie kann aber auch das Verfahren bis zur rechtskräftigen Entscheidung der Vorfrage aussetzen,[4]) wenn die Vorfrage schon den Gegenstand eines anhängigen Verfahrens bei der zuständigen Behörde bildet oder ein solches Verfahren gleichzeitig anhängig gemacht wird.

*) Im Verwaltungsstrafverfahren, im Agrarverfahren und im Dienstrechtsverfahren anzuwenden, im Verwaltungsvollstreckungsverfahren nicht anzuwenden (§ 24 VStG, siehe auch § 30 Abs 2; § 1 AgrVG; § 1 Abs 1 DVG; § 10 Abs 1 VVG).

1) ZB § 138 Abs 1 ABGB, § 11 EisbG und § 349 Abs 3 GewO; für das Verwaltungsstrafverfahren siehe auch § 30 Abs 2 VStG (C 2).

2) **Hauptfrage** nennt § 38 AVG jene Frage, deren Beantwortung für die Behörde die Entscheidung **der** (Verwaltungs-)„Sache" iS der §§ 8 und 37 AVG bildet (zB die Entscheidung über eine – den Besitz der österreichischen Staatsbürgerschaft voraussetzende – Verleihung einer Berechtigung an den Antragsteller). Die Behörde muss dabei aber auch jenen Umstand klarstellen, der für sie bloß Tatbestandsmerkmal, für eine andere Behörde (ein Gericht) aber ihrerseits vollständiger Tatbestand (Hauptfrage) ist (zB der Besitz der österreichischen Staatsbürgerschaft durch den Antragsteller); was der Behörde in dieser Hinsicht aufgegeben ist, nennt § 38 AVG **Vorfrage.**

3) Die Behörde hat die Vorfrage nicht zu entscheiden, sondern nur zu beurteilen; ihre Lösung ist nicht in den Spruch des Bescheides, sondern in die Begründung (§ 60 AVG) aufzunehmen und äußert keine Rechtskraftwirkung für den Gegenstand der Vorfrage. Entscheidet die zuständige Behörde (Gericht) über die Vorfrage – als Hauptfrage – nachträglich „in wesentlichen Punkten anders", so bildet das nach § 69 Abs 1 Z 3 AVG einen Grund für die Wiederaufnahme des Verfahrens.

4) Die Aussetzung des Verfahrens ist ein im Instanzenzug anfechtbarer verfahrensrechtlicher Bescheid; sie hemmt den Lauf der in § 73 Abs 1 AVG normierten Entscheidungsfrist.

Diese Entscheidungsfrist kann sich auch durch Beschlüsse des VwGH nach § 38 a VwGG verlängern.

§ 38 a.*)**) **(1) Hat die Behörde[1]) dem Gerichtshof der Europäischen Union eine Frage zur Vorabentscheidung nach Art. 267 des Vertrags über die Arbeitsweise der Europäischen Union vorgelegt, so dürfen bis zum Einlangen der Vorabentscheidung nur solche Handlungen vorgenommen oder Ent-**

scheidungen und Verfügungen getroffen werden, die durch die Vorabentscheidung nicht beeinflusst werden können oder die die Frage nicht abschließend regeln und keinen Aufschub gestatten.[2])

(2) Erachtet die Behörde die noch nicht ergangene Vorabentscheidung für ihre Entscheidung in der Sache als nicht mehr erforderlich, so hat sie ihren Antrag unverzüglich zurückzuziehen.

*) IdF der Z 2 a BGBl 1995/471 (Einfügung des § 38 a; in Kraft getreten am 1. 7. 1995) und des Art 5 Z 4 BGBl I 2011/100 (Neufassung des Abs 1; in Kraft getreten am 1. 1. 2012).

**) Im Verwaltungsstrafverfahren, im Agrarverfahren und im Dienstrechtsverfahren anzuwenden, im Vewaltungsvollstreckungsverfahren nicht anzuwenden (§ 24 VStG, § 1 ArgVG, § 1 Abs 1 DVG, § 10 Abs 1 VVG).

1) Die maßgebenden Vorschriften (Art 267 AEUV, Art 150 EAGV) sehen vor, dass jedes **„Gericht"** eines Mitgliedstaates eine Vorabentscheidung beim EuGH beantragen **muss,** wenn es einen Sekundärrechtsakt (zB eine V nach dem AEUV) für rechtswidrig („ungültig") hält und deswegen unangewendet lassen will. Nach Art 267 AEUV und Art 150 EAGV sind hingegen alle Gerichte **ermächtigt,** bei Zweifeln über die Auslegung des Unionsrechts bzw der Vorschriften auf Grund des EAGV ein Vorabentscheidungsersuchen an den EuGH zu stellen; eine **Verpflichtung** zur Vorlage trifft diesfalls nur die letztinstanzlichen Gerichte, das sind jene, deren Entscheidungen nicht mehr mit ordentlichen Rechtsmitteln anfechtbar sind.

Die früher vorgesehenen Einschränkungen von Vorabentscheidungsanträgen betreffend die Visa-, Asyl-, Einwanderungspolitik sowie andere Politiken betreffend den freien Personenverkehr (Art 68 EGV) wurden durch den Vertrag von Lissabon beseitigt.

Infolge der Beseitigung der früheren „Säulenstruktur" des Unionsrechts wurde die Kompetenz des EuGH ausgedehnt. Grundsätzlich ausgenommen aus der Zuständigkeit des EuGH ist weiterhin die gemeinsame Außen- und Sicherheitspolitik (Art 275 Abs 1 AEUV), eine Gegenausnahme besteht aber für die Einhaltung des Art 40 EUV und die Überwachung bestimmter Beschlüsse auf Grundlage des Titel V Kapitel 2 EUV. Ausgenommen von der Zuständigkeit des EuGH sind ferner nach Art 276 AEUV die Prüfung der Gültigkeit und Verhältnismäßigkeit von Maßnahmen der mitgliedstaatlichen Polizei sowie anderer Strafverfolgungsbehörden der Mitgliedstaaten.

Hinsichtlich der früheren „Dritten Säule“ (polizeiliche und justizielle Zusammenarbeit) besteht nunmehr die Kompetenz des EuGH. Art 10 des Protokolls 36 zum Vertrag von Lissabon enthält allerdings Übergangsbestimmungen für Rechtsakte der Dritten Säule, die vor Inkrafttreten des Vertrages von Lissabon angenommen worden waren: Insofern bleiben die Befugnisse des EuGH nach den früheren Vorschriften, einschließlich der Anerkennung der Zuständigkeit nach dem früheren Art 35 EUV, unverändert. Sobald der betreffende Rechtsakt geändert wird, gilt allerdings die volle Zuständigkeit des EuGH (Art 10 Abs 2). Diese Übergangsbestimmung tritt fünf Jahre nach Inkrafttreten des Vertrages von Lissabon (dieser trat am 1. 12. 2009 in Kraft) außer Kraft.

Der frühere Art 35 EUV sowie Art 40 Abs 2 Europol-Übereinkommen ermöglichten die Begründung einer Zuständigkeit des EuGH für Vorabentscheidungen in Angelegenheiten der polizeilichen und justitiellen Zusammenarbeit in Strafsachen bzw in Angelegenheiten des Europol-Übereinkommens; Österreich hat jeweils eine Erklärung abgegeben, wonach alle Gerichte iS des Art 234 EGV (jetzt: Art 267 AEUV) zu solchen Vorlageanträgen befugt und verpflichtet sein sollen. Vgl dazu auch das VorabentscheidungsG (I), das insofern nach Maßgabe der Übergangsbestimmung des genannten Art 10 des Protokolls 36 zum Vertrag von Lissabon weiterhin Bedeutung hat.

Als „Gericht“ iS des Unionsrechts sind auch gerichtsähnliche Verwaltungsbehörden (wie etwa die UVS oder Kollegialbehörden mit richterlichem Einschlag nach Art 133 Z 4 B-VG) anzusehen. „Letztinstanzliche Gerichte“ – und daher jedenfalls vorlagepflichtig – sind nur jene unabhängigen Verwaltungsbehörden, gegen deren Entscheidungen auch eine Anrufung des VwGH nicht möglich ist; also jene Kollegialbehörden mit richterlichem Einschlag, gegen deren Bescheide die Beschwerde an den VwGH nach Art 133 Z 4 B-VG ausgeschlossen ist. Die UVS sind nicht als letztinstanzliche Gerichte anzusehen.

Auch der AsylGH – der nach § 23 AsylGHG subsidiär das AVG anzuwenden hat – wird grundsätzlich als letztinstanzliches Gericht anzusehen sein, da gegen seine Entscheidungen eine Anrufung des VwGH nicht möglich ist; nur soweit es um „Grundsatzentscheidungen“ geht – die zwingend dem VwGH vorzulegen sind, der darüber reformatorisch zu entscheiden hat –, ist anzunehmen, dass nur der VwGH (nicht schon der AsylGH) als letztinstanzliches Gericht anzusehen ist. Das Verhältnis zwischen der gesetzlichen Pflicht des AsylGH, aus Anlass eines konkreten Falles eine Grundsatzentscheidung zu treffen (§ 42 AsylG 2005), und seiner Pflicht, eine Vorabentscheidung beim EuGH wegen Zweifeln über die Auslegung des Unionsrechts zu beantragen, wirft Unklarheiten auf.

2) Eine förmliche Aussetzung (Unterbrechung) des Verfahrens (wie in § 38 AVG) ist nicht vorgesehen.

§ 39.*)) (1) Für die Durchführung des Ermittlungsverfahrens sind die Verwaltungsvorschriften maßgebend.**

(2) Soweit die Verwaltungsvorschriften hierüber keine Anordnungen enthalten,[1]) hat die Behörde von Amts wegen vorzugehen[2]) und unter Beobachtung der in diesem Teil enthaltenen Vorschriften den Gang des Ermittlungsverfahrens zu bestimmen.[3]) Sie kann insbesondere von Amts wegen oder auf Antrag eine mündliche Verhandlung durchführen und mehrere Verwaltungssachen zur gemeinsamen Verhandlung und Entscheidung verbinden oder sie wieder trennen.[4]) Die Behörde hat sich bei allen diesen Verfahrensanordnungen von Rücksichten auf möglichste Zweckmäßigkeit, Raschheit, Einfachheit und Kostenersparnis leiten zu lassen.[5])

(2 a) Sind nach den Verwaltungsvorschriften für ein Vorhaben mehrere Bewilligungen, Genehmigungen oder bescheidmäßige Feststellungen erforderlich und werden diese unter einem beantragt, so hat die Behörde die Verfahren zur gemeinsamen Verhandlung und Entscheidung zu verbinden und mit den von anderen Behörden geführten Verfahren zu koordinieren. Eine getrennte Verfahrensführung ist zulässig, wenn diese im Interesse der Zweckmäßigkeit, Raschheit, Einfachheit und Kostenersparnis gelegen ist.[6])

(3) Wenn die Sache zur Entscheidung reif ist, kann die Behörde das Ermittlungsverfahren für geschlossen erklären.[7]) Neue Tatsachen und Beweismittel sind von der Behörde nur zu berücksichtigen, wenn sie allein oder in Verbindung mit dem sonstigen Ergebnis des Verfahrens eine anders lautende Entscheidung der Sache herbeiführen könnten.[8])

*) IdF des Art 1 Z 11 BGBl I 1998/158 (Änderung des Abs 2 und Anfügung des Abs 3; in Kraft getreten am 1. 1. 1999) und des Art 1 Z 6 BGBl I 2002/65 (Einfügung des Abs 2 a; in Kraft getreten am 20. 4. 2002).

**) Im Agrarverfahren und im Dienstrechtsverfahren anzuwenden, im Verwaltungsvollstreckungsverfahren nicht anzuwenden, im

Verwaltungsstrafverfahren mit Ausnahme des Abs 3 anzuwenden (§ 24 VStG, siehe auch §§ 23, 25, 40 bis 45 und 56; § 1 AgrVG, siehe auch §§ 9 bis 13; § 1 Abs 1 DVG, siehe auch § 8; § 10 Abs 1 VVG).

1) Siehe zB § 18a Abs 1 AMG, § 46 Abs 2 ApG.

2) Nach dem hier festgelegten Grundsatz der **Amtswegigkeit** (Offizialmaxime) ist es – soweit Verwaltungsvorschriften nicht anderes vorsehen – Sache der Behörde, ein Verfahren einzuleiten, es fortzuführen und zum Abschluss zu bringen. Aus der Offizialmaxime ergibt sich auch der Grundsatz der **materiellen Wahrheit** des festzustellenden Sachverhalts: Die Behörde **hat** den objektiven Sachverhalt festzustellen.

3) Grundsatz der **arbiträren Ordnung** des Ermittlungsverfahrens. **Mündlichkeit** und **Unmittelbarkeit** sind – ausgenommen im Verfahren vor den UVS, siehe die §§ 67d bis 67g AVG sowie die §§ 51e bis 51i VStG (C 2) – nicht zwingend vorgeschrieben (siehe § 55 AVG).

4) Diese Verfügungen sind nur Verfahrensanordnungen, gegen die eine abgesonderte Berufung nicht zulässig ist. Die behauptete Rechtswidrigkeit einer solchen Maßnahme kann lediglich als Verfahrensmangel bei der Anfechtung des in der Sache ergehenden Bescheides geltend gemacht werden (siehe § 63 Abs 2 AVG).

Vgl auch § 51e Abs 7 VStG (C 2).

5) Die Beachtung des hier festgelegten Grundsatzes der **Verfahrensökonomie** darf nicht zu einer Gestaltung des Ermittlungsverfahrens führen, die den Anspruch der Parteien auf „Geltendmachung ihrer Rechte und rechtlichen Interessen" (§ 37 AVG) verkürzt.

6) Erl 2002, 40 f: „Die vorgeschlagene Regelung dient dem Ziel einer weitgehenden Verfahrenskonzentration. Über die geltende Bestimmung des Abs. 2 hinaus soll die zuständige Behörde bei Vorhaben, die mehrerer Bewilligungen bzw. Genehmigungen oder Feststellungen bedürfen, in der Regel verpflichtet sein, die Verfahren zur gemeinsamen Verhandlung und Entscheidung zu verbinden. Voraussetzung für diese grundsätzliche Verbindungspflicht ist aber auch, dass der Bewilligungswerber die erforderlichen Bewilligungen, Genehmigungen oder Feststellungen in einem Gesamtantrag beantragt hat. Stellt er Einzelanträge, so wird die Behörde zwar nicht zur Verfahrensverbindung verpflichtet, dazu aber weiterhin gemäß Abs. 2 berechtigt sein.

Da es nicht in allen Fällen im Interesse der Zweckmäßigkeit, Raschheit, Einfachheit und Kostenersparnis gelegen sein wird, über alle Bewilligungen und Genehmigungen gemeinsam zu entscheiden, weil etwa dadurch die umgehend mögliche Erteilung einzelner Bewilligungen oder Genehmigungen bis zur Spruchreife des aufwändigsten Teilverfahrens erheblich verzögert würde, soll ausnahmsweise die getrennte Führung einzelner Bewilligungs-, Genehmigungs- bzw. Feststellungsverfahren ermöglicht werden.

Eine Verletzung der Verbindungspflicht wird – wie jede andere Verletzung von Verfahrensvorschriften – von den Parteien (im Rechtsmittel gegen den das Verfahren abschließenden Bescheid) nur dann mit Erfolg geltend gemacht werden können, wenn anzunehmen ist, dass bei Einhaltung der entworfenen Bestimmung eine getrennte Verfahrensführung unzulässig war und die Behörde im Falle der Verfahrensverbindung zu einer anderen Entscheidung kommen hätte können.

Bereits in den Verwaltungsvorschriften vorgesehene Verfahrenskonzentrationen werden von der vorgeschlagenen AVG-Bestimmung nicht berührt, da in diesen Fällen nur ein einziges Verfahren bzw. nur eine Genehmigung (Bewilligung) unter Anwendung verschiedener Verwaltungsvorschriften vorgesehen ist (vgl. zB § 77a Abs. 6 *[in der damaligen Fassung]*, § 356b Abs. 1 GewO 1994, § 3 Abs. 3 UVP-G 2000, § 29 Abs. 2 AWG *[in der damaligen Fassung]*). Bei solchen schon von vornherein konzentrierten Verfahren soll die entworfene Bestimmung – die Zuständigkeit ein und derselben Behörde vorausgesetzt – aber zur Einbeziehung von Verfahren in landesrechtlich geregelten Angelegenheiten führen."

7) **Erl 1998, 29:** „Im neuen § 39 Abs. 3 wird in Anlehnung an § 356d GewO 1994 *[in der damaligen Fassung]* die Möglichkeit geschaffen, das Ermittlungsverfahren für geschlossen zu erklären. Die Schließung des Ermittlungsverfahrens ist eine Verfahrensanordnung. Wird das Ermittlungsverfahren mangels Entscheidungsreife der Sache rechtswidrig geschlossen, so kann dies mit Berufung gegen den in der Sache ergehenden Bescheid angefochten (§ 63 Abs. 2 AVG) oder – bei einem letztinstanzlichen Bescheid – in einer Beschwerde beim Verwaltungsgerichtshof als Verfahrensmangel gemäß § 42 Abs. 2 Z 3 lit. b VwGG geltend gemacht werden."

Vgl über die vorgesehene Verständigung von der Schließung des Ermittlungsverfahrens **Form 14** der **VwFormV.**

8) **Erl 1998, 29:** „Wenn nach Schluß des Ermittlungsverfahrens neue Tatsachen und Beweismittel entstehen oder hervorkommen, soll die Behörde dann – und nur dann – verpflichtet sein, diese zu berücksichtigen, wenn sie eine anders lautende Entscheidung der Sache herbeiführen könnten. Werden ihr solche Tatsachen oder Beweismittel bekannt und berücksichtigt sie diese nicht, so gilt das zur rechtswidrigen Schließung des Ermittlungsverfahrens Gesagte. Wer-

den der Partei solche Tatsachen oder Beweismittel bekannt, so muß sie diese trotz Schlusses des Ermittlungsverfahrens noch im Verfahren vorbringen. Die rechtswidrige Nichtberücksichtigung solcher Tatsachen oder Beweismittel kann von ihr mit Berufung und gegebenenfalls mit Beschwerde bei den Gerichtshöfen des öffentlichen Rechtes geltend gemacht werden."

Da im Verwaltungsverfahren nach dem AVG allerdings kein Neuerungsverbot besteht (vgl insb § 65 AVG), und ein solches auch durch § 39 Abs 3 AVG offenkundig nicht eingeführt werden sollte (vgl § 65 AVG), steht es der Partei auch offen, erst in der Berufung oder im Berufungsverfahren neuere Tatsachen und Beweise vorzubringen.

Dolmetscher und Übersetzer

§ 39 a.*)**)[1]) **(1) Ist eine Partei oder eine zu vernehmende Person der deutschen Sprache nicht hinreichend kundig, stumm, gehörlos oder hochgradig hörbehindert, so ist erforderlichenfalls der der Behörde beigegebene oder zur Verfügung stehende Dolmetscher (Amtsdolmetscher) beizuziehen. Die §§ 52 Abs. 2 bis 4 und 53 sind anzuwenden.**[2])

(2) Als Dolmetscher im Sinne dieses Bundesgesetzes gelten auch die Übersetzer.[3])

*) IdF der Z 2b BGBl 1995/471 (Änderung der Verweisung im Abs 1 letzter Satz; in Kraft getreten am 1. 7. 1995) und des Art 2 Z 17 BGBl I 2008/5 (Ersetzung der Wortfolge „taubstumm, taub oder stumm" durch die Wortfolge „stumm, gehörlos oder hochgradig hörbehindert" in Abs 1; rückwirkend in Kraft getreten am 1. 1. 2008).

**) Im Verwaltungsstrafverfahren, im Agrarverfahren und im Dienstrechtsverfahren anzuwenden, im Verwaltungsvollstreckungsverfahren nicht anzuwenden (§ 24 VStG, § 1 AgrVG, § 1 Abs 1 DVG, § 10 Abs 1 VVG).

1) § 39a AVG regelt nur den **mündlichen Verkehr** zwischen der Behörde und den Parteien bzw den zu vernehmenden Personen. Ein Anspruch auf **Verwendung einer fremden Sprache** im Verkehr mit der Behörde wird damit nicht begründet (Art 8 B-VG); vgl jedoch § 13 VoGrG (für die kroatische, slowenische und ungarische Sprache) sowie Anm 2 zu § 13 AVG.

2) Die Anwendbarkeit des § 52 Abs 2 bis 4 AVG ermächtigt die Behörde, ausnahmsweise auch andere als die ihr beigegebenen oder zur Verfügung stehenden (Amts-)Dolmetscher heranzuziehen.

Aus der Anwendbarkeit des § 53 AVG ergibt sich, dass auf Amtsdolmetscher § 7 AVG (Ausschließung) anzuwenden ist und dass nichtamtliche Dolmetscher darüber hinaus auch abgelehnt werden können.

Bezüglich der Gebühren von nichtamtlichen Dolmetschern (Übersetzern) siehe § 53 b AVG, bezüglich der Tragung dieser Kosten als Barauslagen siehe § 76 Abs 1 und 5 AVG.

3) Ein **Übersetzer** überträgt **schriftliche** Texte aus einer Sprache in eine andere; ein **Dolmetscher** übersetzt **mündlich** gesprochene Äußerungen aus einer Sprache in eine andere; ein Gehörlosendolmetscher (vgl § 76 Abs 1 AVG) überträgt Äußerungen in eine Gebärdensprache für Gehörlose und aus einer solchen.

Mündliche Verhandlung

§ 40.*)**) **(1) Mündliche Verhandlungen sind unter Zuziehung aller bekannten Beteiligten**[1]) **sowie der erforderlichen Zeugen**[2]) **und Sachverständigen**[3]) **vorzunehmen und, sofern sie mit einem Augenschein verbunden sind, womöglich an Ort und Stelle, sonst am Sitz der Behörde oder an dem Ort abzuhalten, der nach der Sachlage am zweckmäßigsten erscheint. Bei der Auswahl des Verhandlungsortes ist, sofern die mündliche Verhandlung nicht mit einem Augenschein verbunden ist, darauf zu achten, daß dieser für körperbehinderte Beteiligte gefahrlos und tunlichst ohne fremde Hilfe zugänglich ist.**[4]) **In verbundenen Verfahren (§ 39 Abs. 2 a) abzuhaltende mündliche Verhandlungen sind von der Behörde tunlichst gemeinsam durchzuführen.**[5])

(2) Die Behörde hat darüber zu wachen, daß die Vornahme eines Augenscheins[6]) **nicht zur Verletzung eines Kunst-, Betriebs- oder Geschäftsgeheimnisses mißbraucht werde.**

*) IdF des Art 1 Z 2 BGBl I 1999/164 (Wiederholung des ersten Satzes und Anfügung des zweiten Satzes; in Kraft getreten am 18. 8. 1999) und des Art 1 Z 7 BGBl I 2002/65 (Anfügung des letzten Satzes des Abs 1; in Kraft getreten am 20. 4. 2002).

**) Im Verwaltungsstrafverfahren, im Agrarverfahren und im Dienstrechtsverfahren anzuwenden, im Verwaltungsvollstreckungsverfahren nicht anzuwenden (§ 24 VStG, siehe auch §§ 40 bis 43; § 1 AgrVG, siehe auch § 9; § 1 Abs 1 DVG; § 10 Abs 1 VVG).

1) Grundsatz der Beteiligtenöffentlichkeit.

2) Siehe §§ 48 ff AVG.

3) Siehe §§ 52 f AVG.

4) **AB** (zum BGBl I 1999/164) **2034 BlgNR 20. GP:** „Durch § 40 Abs. 1 zweiter Satz soll sichergestellt werden, daß die Behörde bei der Ermessensentscheidung, die mündliche Verhandlung am Sitz der Behörde oder an dem Ort abzuhalten, der nach der Sachlage am zweckmäßigsten erscheint, auch den Aspekt des barrierefreien Zuganges zum Verhandlungsort für körperbehinderte Beteiligte berücksichtigt. Auf Grund der beweismäßigen Bedeutung von Augenscheinsverhandlungen für das Ermittlungsverfahren findet diese Regelung keine Anwendung auf Verhandlungen, die mit der Durchführung eines Augenscheins an Ort und Stelle verbunden sind."

5) **Erl 2002, 41:** „Die vorgeschlagenen Ergänzungen der Regelungen über die mündliche Verhandlung bzw. die Form und den Inhalt der Bescheide sollen die neue Vorschrift über die Verfahrenskonzentration (§ 39 Abs. 2 a) flankieren und die grundsätzliche Verpflichtung zur Verhandlungs- und Bescheidkonzentration konkretisieren.

Da sich auch nach erfolgter Verfahrensverbindung Umstände bzw. Zwischenergebnisse des Verfahrens ergeben können, die eine gemeinsame Verhandlung oder eine einzige bescheidmäßige Absprache untunlich bzw. unzweckmäßig erscheinen lassen, soll der Behörde ein gewisser Spielraum erhalten bleiben. Gelangt die Behörde etwa hinsichtlich einer der erforderlichen Bewilligungen zu einer negativen Entscheidung, ohne dass auch die anderen Teilverfahren bereits spruchreif sind, so wäre es nicht im Sinne der Verfahrensökonomie oder des Bewilligungswerbers, mit der Versagung der einen Bewilligung bis zur Entscheidungsreife aller beantragten Bewilligungen zuzuwarten."

6) Siehe § 54 AVG.

§ 41.*)**) **(1) Die Anberaumung einer mündlichen Verhandlung hat durch persönliche Verständigung**[1]) **der bekannten Beteiligten**[2]) **zu erfolgen. Wenn noch andere Personen als Beteiligte in Betracht kommen, ist die Verhandlung überdies an der Amtstafel der Gemeinde oder durch Verlautbarung in der für amtliche Kundmachungen der Behörde bestimmten Zeitung kundzumachen.**[3-5])

(2) Die Verhandlung ist so anzuberaumen, daß die Teilnehmer rechtzeitig und vorbereitet erscheinen können. Die Verständigung (Kundmachung) über die Anberaumung der

Verhandlung hat die für Ladungen vorgeschriebenen Angaben[6]) einschließlich des Hinweises auf die gemäß § 42 eintretenden Folgen zu enthalten.[7]) Falls für Zwecke der Verhandlung Pläne oder sonstige Behelfe zur Einsicht der Beteiligten aufzulegen sind, ist dies bei der Anberaumung der Verhandlung unter Angabe von Zeit und Ort der Einsichtnahme bekanntzugeben.

*) IdF des Art 1 Z 12 BGBl I 1998/158 (Neufassung des Abs 1; in Kraft getreten am 1. 1. 1999) und des Art 5 Z 5 BGBl I 2011/100 (Ersetzung der Wortfolge „durch Anschlag in" durch die Wortfolge „an der Amtstafel" in Abs 1; in Kraft getreten am 1. 1. 2012).

**) Im Agrarverfahren und im Dienstrechtsverfahren anzuwenden, im Verwaltungsstrafverfahren und im Verwaltungsvollstreckungsverfahren nicht anzuwenden (§ 1 AgrVG, siehe auch § 9; § 1 Abs 1 DVG; § 24 VStG; § 10 Abs 1 VVG).

1) Für die **Verständigung** von der Anberaumung einer mündlichen Verhandlung ist das **Form 7.1** der **VwFormV** vorgesehen. Die **Anberaumung** der Verhandlung selbst ist kein (Ladungs-)Bescheid, sondern eine Verfahrensanordnung iS des § 63 Abs 2 AVG, von der die Beteiligten nach § 41 Abs 1 AVG „zu verständigen" sind.

2) Die Behörde ist verpflichtet, von Amts wegen angemessene Erhebungen zu pflegen, wenn ihr nicht alle Beteiligten von vornherein bekannt sind (vgl Erl 1998, 29).

3) Zusätzlich zur persönlichen Verständigung der bekannten Beteiligten ist die Anberaumung einer mündlichen Verhandlung, „wenn noch andere Beteiligte in Betracht kommen", auch noch **öffentlich bekanntzumachen (Ediktalverfahren)**. Vgl dazu **Form 7.2** der **VwFormV.** Vgl ferner § 42 Abs 1 AVG: Danach ist neben der Kundmachung nach § 41 Abs 1 AVG **zusätzlich** auch eine Kundmachung in der Weise vorzusehen, wie dies in den Materiengesetzen vorgeschrieben ist, oder – mangels einer solchen Regelung – in sonstiger „geeigneter Form". Die Erfordernisse der Verständigung ergeben sich auf Grund dieser unsystematischen Regelungen nicht allein aus § 41 Abs 1, sondern auch aus § 42 Abs 1 AVG.

4) Welche Zeitung für solche Kundmachungen bestimmt ist, richtet sich, soweit spezielle Rechtsvorschriften (vgl die Kundmachungs- [bzw Verlautbarungs-]Gesetze der Länder zB **Bgld:** LGBl 1991/17; **Ktn:** LGBl 1986/25 idF LGBl 2002/57; **NÖ:** LGBl 0700 – 4; **OÖ:** LGBl 1998/55; **Stmk:** LGBl 1999/25 idF LGBl 1999/49; **Tir:** LGBl 1982/8 idF LGBl 2011/60; **Vbg:** LGBl 1989/35 idF LGBl 2002/

65) darüber nicht bestehen, nach der Übung. Die Kosten einer solchen Zeitungsverlautbarung sind Barauslagen iS des § 76 AVG.

AA 2011, 6: „Nach der derzeitigen Fassung der maßgeblichen Bestimmungen des AVG könnte fraglich sein, ob rechtserhebliche Kundmachungen der Behörde im Verfahren auch an einer ‚elektronischen Amtstafel' oder in einem ‚elektronischen Amtsblatt' erfolgen können. Um die Zulässigkeit einer solchen Vorgangsweise zweifelsfrei klarzustellen, sollen die ausdrücklichen Bezugnahmen in diesen Bestimmungen auf die herkömmliche Form der Verlautbarung ‚durch Anschlag' entfallen (vgl. bereits § 22 des Verfassungsgerichtshofgesetzes 1953 – VfGG, BGBl. Nr. 85, in der Fassung des Art. 3 Z 2 des Bundesgesetzes BGBl. I Nr. 98/2010)."

5) Nach § 25 ZustG (E 1) kann eine Zustellung der Verständigung über die Anberaumung der mündlichen Verhandlung auch durch Anschlag an der Amtstafel der Behörde erfolgen; diese Art der Bekanntmachung kann das Ediktalverfahren nach § 41 AVG aber nicht ersetzen: „Die Zustellung kann sich jedoch nur auf den Fall beziehen, daß die Abgabestelle der persönlich zu verständigenden (bekannten) Beteiligten unbekannt ist. Entgegen FB IX, Z 77, kann die Ladung einer Mehrheit von Personen, die der Behörde nicht bekannt sind, zu einer mündlichen Verhandlung nach Maßgabe des § 29 AVG 1925 (heute: § 25 des Zustellgesetzes) schon deswegen nicht in Betracht kommen, weil sich die Pflicht zur persönlichen Verständigung nach § 41 Abs. 1 auf **bekannte** Beteiligte beschränkt." (Erl 1998, 29)

6) Siehe dazu § 19 Abs 2 AVG. Die „Verständigung" ist aber keine Ladung iS des § 19 AVG.

7) Die in § 42 AVG festgelegten Säumnisfolgen können nur dann eintreten, wenn auf sie in der Verständigung (Kundmachung) hingewiesen worden ist.

§ 42.*)**) **(1) Wurde eine mündliche Verhandlung gemäß § 41 Abs. 1 zweiter Satz und in einer in den Verwaltungsvorschriften vorgesehenen besonderen Form kundgemacht, so hat dies zur Folge, dass eine Person ihre Stellung als Partei verliert, soweit sie nicht spätestens am Tag vor Beginn der Verhandlung während der Amtsstunden bei der Behörde oder während der Verhandlung Einwendungen erhebt.**[1]) **Wenn die Verwaltungsvorschriften über die Form der Kundmachung nichts bestimmen, so tritt die im ersten Satz bezeichnete Rechtsfolge ein, wenn die mündliche Verhandlung gemäß § 41**

Abs. 1 zweiter Satz und in geeigneter Form kundgemacht wurde. Eine Kundmachungsform ist geeignet, wenn sie sicherstellt, daß ein Beteiligter von der Anberaumung der Verhandlung voraussichtlich Kenntnis erlangt.[2])

(2) Wurde eine mündliche Verhandlung nicht gemäß Abs. 1 kundgemacht, so erstreckt sich die darin bezeichnete Rechtsfolge nur auf jene Beteiligten, die rechtzeitig die Verständigung von der Anberaumung der Verhandlung erhalten haben.[3])

(3) Eine Person, die glaubhaft macht, daß sie durch ein unvorhergesehenes oder unabwendbares Ereignis verhindert war, rechtzeitig Einwendungen zu erheben, und die kein Verschulden oder nur ein minderer Grad des Versehens trifft, kann binnen zwei Wochen nach dem Wegfall des Hindernisses, jedoch spätestens bis zum Zeitpunkt der rechtskräftigen Entscheidung der Sache bei der Behörde Einwendungen erheben. Solche Einwendungen gelten als rechtzeitig erhoben und sind von jener Behörde zu berücksichtigen, bei der das Verfahren anhängig ist.[4])

(4) Versäumt derjenige, über dessen Antrag das Verfahren eingeleitet wurde, die Verhandlung, so kann sie entweder in seiner Abwesenheit durchgeführt oder auf seine Kosten auf einen anderen Termin verlegt werden.

*) IdF des Art 1 Z 13 BGBl I 1998/158 (Neufassung; in Kraft getreten am 1. 1. 1999), des Art 2 Z 13 BGBl I 2004/10 (Neufassung des Abs 1 erster Satz; in Kraft getreten am 1. 3. 2004) und des Art 2 Z 18 BGBl I 2008/5 (Neufassung des Abs 1 erster Satz; rückwirkend in Kraft getreten am 1. 1. 2008).

**) Im Agrarverfahren und im Dienstrechtsverfahren anzuwenden, im Verwaltungsstrafverfahren und im Verwaltungsvollstreckungsverfahren nicht anzuwenden (§ 1 AgrVG, siehe auch § 9; § 1 Abs 1 DVG; § 24 VStG; § 10 Abs 1 VVG).

1) Erl 1998, 30: „Nach § 42 Abs. 1 hat die Versäumung der Frist zur Erhebung von Einwendungen den Verlust der Parteistellung zur Folge. Daher entfallen mit Ablauf der Einwendungsfrist alle Rechte, die an die Parteistellung anknüpfen, insbesondere das Recht zur Erhebung einer Berufung oder zur Stellung eines Antrages auf Wiedereinsetzung in den vorigen Stand. Selbstverständlich kommt es auch dann zur Präklusion der Parteistellung, wenn lediglich unzulässige Einwendungen erhoben werden. Der Verlust der Parteistellung bleibt jedoch (anders als nach § 356 Abs. 4 GewO 1994 *[in der damaligen Fassung]*) auf das jeweilige Verfahren beschränkt."

Erl 2007, 15: „Nach der Fassung, die § 42 Abs. 1 AVG durch die Novelle BGBl. I Nr. 158/1998 erhalten hat, bleibt die Stellung als Partei nur erhalten ‚soweit' (in welchem Umfang) Einwendungen erhoben wurden. Im Zuge der Neufassung des § 42 Abs. 1 AVG durch die Novelle BGBl. I Nr. 10/2004 wurde ua. das Wort ‚soweit' durch das Wort ‚wenn' ersetzt. Bei wörtlicher Auslegung könnte daraus der Schluss gezogen werden, dass die Parteistellung in umfassender Hinsicht (also auch hinsichtlich solcher Rechte, deren Verletzung gar nicht behauptet wird) bereits dann erhalten bleibt, ‚wenn' eine einzige Einwendung erhoben worden ist. Dagegen spricht freilich, dass das E-GovG eine Änderung der Rechtslage in dieser Hinsicht weder erforderte noch nahe legte, dass die Gesetzesmaterialien keinerlei Anhaltspunkte für eine diesbezügliche Änderungsabsicht enthalten und dass auch eine Anpassung der Parallelbestimmung des § 44b Abs. 1 AVG, in welcher das Wort ‚soweit' ebenfalls verwendet wird, unterblieben ist. Es ist daher davon auszugehen, dass eine Änderung der Rechtslage in dieser Hinsicht nicht beabsichtigt war; dies soll durch eine Wiederherstellung der ursprünglichen Formulierung klargestellt werden.

Mit dem ‚Tag vor Beginn der mündlichen Verhandlung' wird ein Zeitpunkt festgelegt und nicht eine Frist bestimmt; daraus folgt, dass § 13 Abs. 2 (nach diesem Entwurf: Abs. 1 zweiter Satz) AVG und § 33 Abs. 3 AVG nicht zur Anwendung kommen (*Hengstschläger/Leeb,* AVG [2005] § 42 Rz 35 mwN). Einwendungen können daher bei der Behörde *(sic!)* auch mündlich erhoben werden; werden sie schriftlich (und nicht auch während der Verhandlung) erhoben, müssen sie spätestens am Tag vor Beginn der Verhandlung bis zum Ende der Amtsstunden bei der Behörde *eingelangt* sein."

2) **Erl 1998, 30:** „Nach § 42 Abs. 1 ist Bedingung für den Eintritt der Präklusionsfolgen, daß die mündliche Verhandlung in der in § 41 Abs. 1 zweiter Satz vorgesehenen Form (Anschlag in der Gemeinde **oder** Verlautbarung im amtlichen Kundmachungsorgan der Behörde) kundgemacht worden ist. **Zusätzliche** Bedingung ist die Erfüllung einer in den Verwaltungsvorschriften allenfalls vorgesehenen besonderen Kundmachungsform **oder,** wenn die Verwaltungsvorschriften über die Form der Kundmachung nichts bestimmen, die Kundmachung in ‚geeigneter Form'. Es ist also grundsätzlich Sache der Materiengesetzgebung, die der jeweiligen Verwaltungsmaterie adäquate Form der Kundmachung für alle Behörden verbindlich fest-

zulegen. Wenn – und nur wenn – sie dies unterläßt, obliegt es der Behörde (und letztlich den Gerichtshöfen des öffentlichen Rechtes), im Einzelfall zu beurteilen, ob eine bestimmte Kundmachungsform ‚eine hohe Wahrscheinlichkeit dafür begründet, daß ein Beteiligter von der Anberaumung der Verhandlung tatsächlich Kenntnis erlangt'."

3) Erl 1998, 30 f: § 42 Abs 2 AVG soll klarstellen, „daß die Präklusionswirkung des Abs. 1 auch jene Personen trifft, die als ‚bekannte Beteiligte' von der Behörde persönlich zu laden gewesen wären". § 42 AVG „eliminiert weder die Pflicht der Behörde zur persönlichen Verständigung der bekannten Beteiligten, noch schneidet er den übergangenen Parteien alle Möglichkeiten ab. Er stellt lediglich sicher, daß auch dieser Personenkreis aktiv werden muß, um seine Rechte zu wahren.

Wurde eine mündliche Verhandlung nicht gemäß § 42 Abs. 1 kundgemacht – was dann der Fall ist, wenn die mündliche Verhandlung von vornherein nur durch persönliche Verständigung anberaumt wurde oder die Kundmachungserfordernisse des § 42 Abs. 1, aus welchem Grund immer, nicht erfüllt sind –, soll nach § 42 Abs. 2 die Präklusionswirkung des § 42 Abs. 1 nur gegenüber jenen Beteiligten eintreten, die rechtzeitig die Verständigung von der Anberaumung der Verhandlung erhalten haben."

4) Erl 1998, 31: „Da Personen, die – wenn auch unverschuldet – die mündliche Verhandlung versäumen, ihre Parteistellung verlieren und § 71 Abs. 1 AVG somit nicht anwendbar ist, bedurfte es einer Bestimmung, die die nachträgliche Erhebung von Einwendungen ermöglicht. Sie wurde in enger Anlehnung an die Kriterien des § 71 Abs. 1 AVG konzipiert. Bei der zweiwöchigen Frist des Abs. 3 handelt es sich um eine verfahrensrechtliche Frist. Die Tage des Postenlaufes werden in die Frist nicht eingerechnet (§ 33 Abs. 3 AVG). Ein Antrag auf Wiedereinsetzung gegen die Versäumung dieser Frist ist mangels Parteistellung gleichwohl nicht zulässig. Bereits vor Mitteilung über die Verhinderungsgründe erhobene Einwendungen müssen nicht wiederholt werden (vgl. die neuere Rechtsprechung des Verwaltungsgerichtshofes zu § 71 Abs. 3 AVG). Die Behörde hat über den ‚Wiedereinsetzungsantrag' nach § 42 Abs. 3 nicht förmlich abzusprechen, sondern inzident zu beurteilen, ob eine Person durch nachträgliche Einwendungen die Parteistellung (mit Wirkung **ex nunc**) wiedererlangt hat. Im Rahmen dieser Beurteilung wird auch die Frage, ob eine persönliche Verständigung zu Unrecht unterblieben ist, von Bedeutung sein."

§ 43.*)**) (1) Das mit der Leitung der mündlichen Verhandlung betraute Organ (Verhandlungsleiter) hat sich von der Identität der Erschienenen zu überzeugen und ihre Stellung als Parteien oder sonst Beteiligte und die etwaige Vertretungsbefugnis zu prüfen.[1])

(2) Der Verhandlungsleiter eröffnet die Verhandlung und legt ihren Gegenstand dar. Er kann die Verhandlung in Abschnitte gliedern und einen Zeitplan erstellen.[2]) Er bestimmt die Reihenfolge, in der die Beteiligten zu hören, die Beweise aufzunehmen und die Ergebnisse früher aufgenommener Beweise oder Erhebungen vorzutragen und zu erörtern sind. Er entscheidet über die Beweisanträge und hat offenbar unerhebliche Anträge zurückzuweisen. Ihm steht auch die Befugnis zu, die Verhandlung nach Bedarf zu unterbrechen[3]) oder zu vertagen und den Zeitpunkt für die Fortsetzung der Verhandlung mündlich zu bestimmen.

(3) Der Verhandlungsleiter hat die Verhandlung unter steter Bedachtnahme auf ihren Zweck zügig so zu führen, daß den Parteien das Recht auf Gehör gewahrt, anderen Beteiligten aber Gelegenheit geboten wird, bei der Feststellung des Sachverhalts mitzuwirken.[4]) An der Sache nicht beteiligte Personen dürfen in der Verhandlung nicht das Wort ergreifen.[5])

(4) Jeder Partei muß insbesondere Gelegenheit geboten werden, alle zur Sache gehörenden Gesichtspunkte vorzubringen und unter Beweis zu stellen, Fragen an die anwesenden Zeugen und Sachverständigen zu stellen,[6]) sich über die von anderen Beteiligten, den Zeugen und Sachverständigen vorgebrachten oder die als offenkundig behandelten Tatsachen sowie über die von anderen gestellten Anträge und über das Ergebnis amtlicher Erhebungen zu äußern.[7])

(5) Stehen einander zwei oder mehrere Parteien mit einander widersprechenden Ansprüchen gegenüber, so hat der Verhandlungsleiter auf das Zustandekommen eines Ausgleichs dieser Ansprüche mit den öffentlichen und den von anderen Beteiligten geltend gemachten Interessen hinzuwirken.

*) IdF des Art 1 Z 14 BGBl I 1998/158 (Neufassung; in Kraft getreten am 1. 1. 1999).

**) Im Verwaltungsstrafverfahren, im Agrarverfahren und im Dienstrechtsverfahren anzuwenden, im Verwaltungsvollstreckungsverfahren nicht anzuwenden (§ 24 VStG; § 1 AgrVG; § 1 Abs 1 DVG, siehe auch § 8; § 10 Abs 1 VVG).

1) **Erl 1998, 31:** „Die Kontrolle der Identität der Erschienenen und ihrer Stellung im Verfahren soll, einem dringenden und berechtigten Wunsch der Praxis entsprechend, als Einlaßkontrolle bereits vor Eröffnung der mündlichen Verhandlung möglich sein."

2) **Erl 1998, 31:** „Dem Verhandlungsleiter wird die Befugnis übertragen, die Verhandlung in Abschnitte zu gliedern und einen Zeitplan festzulegen. Solche verfahrensleitenden Anordnungen haben den Zweck, die Erörterung der Sache nach inhaltlichen Kriterien zu strukturieren. Auf diese Weise ist einerseits gewährleistet, daß Zusammengehöriges unter einem diskutiert wird. Andererseits wird es den Parteien erleichtert, ihr in aller Regel begrenztes Zeitbudget sinnvoll zu nutzen und sich auf jene Verfahrensabschnitte zu konzentrieren, in denen sie etwas zu sagen haben. Für den Eintritt der Präklusionsfolgen ist die mündliche Verhandlung jedoch als Einheit zu betrachten."

3) Die Unterbrechung der Verhandlung ist zu unterscheiden von der Aussetzung des Verfahrens iS des § 38 AVG.

4) **Erl 1998, 31:** „Aus Anlaß der Neuerlassung sei darauf hingewiesen, daß es sich bei der Vorschrift des § 43 Abs. 3 erster Satz um eine Anweisung an den Verhandlungsleiter handelt (VwSlg. 6579 A/1965). Demgemäß können an der Sache (bloß) Beteiligte (‚andere Beteiligte' als Parteien) weder durch die Weigerung des Verhandlungsleiters, ihnen das Wort zu erteilen, noch durch die Entscheidung der Sache ganz allgemein in subjektiven Rechten verletzt sein. Ein (durchsetzbares) Recht auf Anhörung ist dem (bloß) Beteiligten also von Gesetzes wegen **nicht** eingeräumt."

5) **Erl 1998, 31:** „Daß ‚[a]n der Sache nicht beteiligte Personen [. . .] in der Verhandlung nicht das Wort ergreifen' dürfen (§ 43 Abs. 3 zweiter Satz), bedeutet nicht, daß Beteiligte jederzeit **von sich aus** das Wort ergreifen dürften. Wem in der Verhandlung das Wort erteilt wird und in welcher Reihenfolge, bestimmt gemäß § 43 Abs. 2 der Verhandlungsleiter."

6) **Erl 1998, 31:** „Die Parteien erhalten das Recht, in der mündlichen Verhandlung Fragen an die anwesenden Zeugen und Sachverständigen zu richten. Dies ist nicht nur zweckmäßig, sondern – in ‚zivilrechtlichen Angelegenheiten' im Sinne des Art. 6 MRK – auch verfassungsrechtlich geboten."

7) Im Rahmen der aufgestellten Regeln der Verhandlungsführung kommt dem Verhandlungsleiter Ermessen zu. Die Rechtswidrig-

keit einer Maßnahme des Verhandlungsleiters kann lediglich als Verfahrensmangel bei der Anfechtung des in der Sache ergehenden Bescheides geltend gemacht werden (siehe § 63 Abs 2 AVG).

§ 44.*)**) **(1) Über jede mündliche Verhandlung ist eine Verhandlungsschrift nach den §§ 14 und 15 aufzunehmen.**[1])

(2) Schriftliche Äußerungen und Mitteilungen[2]) **von Beteiligten, Niederschriften über Beweise,**[3]) **die bis zum Schluß der mündlichen Verhandlung, aber außerhalb dieser aufgenommen wurden, Berichte und schriftliche Sachverständigengutachten sind der Verhandlungsschrift anzuschließen. Dies ist in der Verhandlungsschrift zu vermerken. Teilnehmer an der mündlichen Verhandlung dürfen ihre Erklärungen jedoch nicht schriftlich abgeben.**

(3) Sobald die zulässigen Vorbringen aller Beteiligten aufgenommen sind und die Beweisaufnahme beendet ist, hat der Verhandlungsleiter die Verhandlung, gegebenenfalls nach Wiedergabe der Verhandlungsschrift (§ 14 Abs. 3) und nach mündlicher Verkündung des Bescheides (§ 62 Abs. 2) für geschlossen zu erklären.

*) IdF des Art 1 Z 15 BGBl I 1998/158 (Neufassung; in Kraft getreten am 1. 1. 1999).

**) Im Verwaltungsstrafverfahren, im Agrarverfahren und im Dienstrechtsverfahren anzuwenden, im Verwaltungsvollstreckungsverfahren nicht anzuwenden (§ 24 VStG, siehe jedoch § 43 Abs 1 und § 44; § 1 AgrVG, siehe auch § 12; § 1 Abs 1 DVG; § 10 Abs 1 VVG).

1) Siehe das **Form 10.1** und **10.2** der **VwFormV.** Vgl auch deren **Form 17** (für Großverfahren).

2) Siehe § 13 AVG.

3) Siehe §§ 14f AVG.

Großverfahren[1])

§ 44 a.*)**) **(1) Sind an einer Verwaltungssache oder an verbundenen Verwaltungssachen**[2])[3]) **voraussichtlich insgesamt mehr als 100 Personen beteiligt,**[4]) **so kann die Behörde den Antrag oder die Anträge durch Edikt kundmachen.**

(2) Das Edikt hat zu enthalten:

1. den Gegenstand des Antrages und eine Beschreibung des Vorhabens;

2. eine Frist von mindestens sechs Wochen, innerhalb derer bei der Behörde schriftlich Einwendungen erhoben werden können;

3. den Hinweis auf die Rechtsfolgen des § 44 b;[5])

4. den Hinweis, daß die Kundmachungen und Zustellungen im Verfahren durch Edikt vorgenommen werden können.[6])

(3) Das Edikt ist im redaktionellen Teil zweier im Bundesland weitverbreiteter Tageszeitungen und im „Amtsblatt zur Wiener Zeitung"[7]) zu verlautbaren.[8]) Ist in den Verwaltungsvorschriften für die Kundmachung der mündlichen Verhandlung eine besondere Form vorgesehen, so ist der Inhalt des Edikts darüber hinaus in dieser Form kundzumachen; im übrigen kann die Behörde jede geeignete Form der Kundmachung wählen.[9])[10]) Die Kundmachung im Internet unter der Adresse der Behörde gilt als geeignet.[11]) In der Zeit vom 15. Juli bis 25. August und vom 24. Dezember bis 6. Jänner ist die Kundmachung durch Edikt nicht zulässig.[12])

*) IdF des Art 1 Z 16 BGBl I 1998/158 (Einfügung der §§ 44 a ff samt Überschrift; in Kraft getreten am 1. 1. 1999) und des Art 7 Z 1 BGBl I 2010/111 (Einfügung des vorletzten Satzes in Abs 3; in Kraft getreten am 1. 1. 2011).

**) Im Verwaltungsvollstreckungsverfahren, im Agrarverfahren und im Dienstrechtsverfahren anzuwenden, im Verwaltungsstrafverfahren nicht anzuwenden (§ 10 Abs 1 VVG, § 1 AgrVG, § 1 Abs 1 DVG, § 24 VStG).

1) **Erl 1998, 32:** „Die in § 44 a vorgesehene Kundmachung des Antrages durch ‚großes Edikt' bildet den Angelpunkt der Sonderbestimmungen für das Großverfahren. Mit erhöhter Publizität ausgestattet, soll diese Kundmachung die Wirkung haben, daß Einwendungen bei sonstigem Verlust der Parteistellung binnen einer Frist von mindestens sechs Wochen schriftlich erhoben werden müssen."

2) Vgl § 39 Abs 2 und Abs 2 a AVG; eine Verbindung mehrerer Verwaltungssachen ist nur zulässig, soweit dafür dieselbe Behörde zuständig ist, mag sie dabei auch in verschiedenen Vollzugsbereichen tätig werden. Eine Pflicht zur Verbindung zusammenhängender Ver-

waltungssachen besteht nicht, die Behörde hat diesbezüglich Ermessen.

3) **Erl 1998, 32:** „Im Großverfahren (sind) verbundene Sachen wie eine Sache zu behandeln ... Bei Projekten, deren Errichtung und Betrieb eine Vielzahl von Bewilligungen voraussetzt, soll dort, wo ein und dieselbe Behörde für die Erteilung dieser Bewilligungen zuständig ist, das gleiche Verfahrensrecht zur Anwendung gelangen; insbesondere für die Präklusion der Parteistellung und für die Abführung der mündlichen Verhandlung sollen einheitliche Standards gelten ... Konsequenz dieser Konzeption ist, daß die Frage, an welcher von mehreren verbundenen Sachen eine Person beteiligt ist, für die Zulässigkeit der Kundmachung der Anträge sowie der Anberaumung der mündlichen Verhandlung durch Edikt ohne Bedeutung ist. Werden mehrere Sachen gemeinsam geführt, so können die an ihnen beteiligten Personen zusammengerechnet werden, soweit sich die Beteiligtenkreise nicht überschneiden."

4) **Erl 1998, 32:** „Der Antrag geht davon aus, daß eine Zahl von voraussichtlich 100 Beteiligten die Untergrenze jenes Bereichs darstellt, in dem ein Edikt sinnvoll erscheint. Er stellt den Einsatz des Edikts im übrigen in das Ermessen der Behörde und vertraut darauf, daß diese schon zur Vermeidung eines Verfahrensfehlers mit gravierenden Konsequenzen vom Edikt nur dann Gebrauch machen wird, wenn seine Zulässigkeitsvoraussetzungen außer Streit stehen. Die ‚voraussichtliche' Anzahl von Beteiligten darf nicht mit ihrer ‚ungefähren' Anzahl verwechselt werden. Eine nach § 44 a Abs. 1 getroffene Prognoseentscheidung muß sich auf konkrete Tatsachen oder Erfahrungssätze stützen können; in Zweifelsfällen wird es sich daher empfehlen, die Gründe für den Einsatz des Edikts aktenmäßig entsprechend zu dokumentieren (zB durch die Anlegung von Listen)."

5) Dies ist der Verlust der Parteistellung nach § 44 b Abs 1 AVG.

6) Siehe §§ 44 d und 44 f AVG.

Für die Gestaltung des Edikts ist **Form 15.1** der **VwFormV** vorgesehen. Vgl auch **Form 15.2** der **VwFormV.**

7) Die Verlautbarung im Amtsblatt zur Wiener Zeitung „soll außerhalb des betroffenen Bundeslandes lebenden Personen die Chance bieten, durch Lektüre einer einzigen Tageszeitung von allen in Österreich abgeführten Großverfahren Kenntnis zu erlangen" (Erl 1998, 32).

8) **Erl 1998, 32 f:** „Erfolgt die Verlautbarung des Edikts in den Tageszeitungen bzw. im ‚Amtsblatt zur Wiener Zeitung' an verschie-

denen Tagen, wird der Lauf von Fristen durch die letzte Verlautbarung ausgelöst."

9) **Erl 1998, 32:** „... in Betracht kommen etwa Einschaltungen im Teletext oder Postwurfsendungen ..."

10) **Erl 1998, 32:** „Rechtswirkungen entfaltet lediglich das Edikt selbst, das ist das gemäß § 44a Abs. 3 erster Satz in den Tageszeitungen und im ‚Amtsblatt zur Wiener Zeitung' Verlautbarte. Gemäß § 44a Abs. 3 zweiter Satz ist in der in den Verwaltungsvorschriften vorgesehenen besonderen Form lediglich der Inhalt des Edikts kundzumachen, von dieser zusätzlichen Kundmachung gehen also keine Rechtswirkungen aus."

11) **Erl 2010, 43:** „Mit den vorgeschlagenen Änderungen soll präzisiert werden, unter welchen Voraussetzungen die Kundmachung im Internet eine ‚geeignete' Form der Kundmachung darstellt (zum Meinungsstand vgl. *Hengstschläger/Leeb,* AVG [2005] § 42 Rz 8 bis 10 mwH sowie VwGH 28. 2. 2008, Zl. 2006/06/0204 = bbl 2008, 115 *[Giese]*)."

12) Ist die Kundmachung des Edikts ordnungsgemäß erfolgt, kann sich niemand darauf berufen, „er habe auf Grund einer längeren Ortsabwesenheit vom Vorhaben keine Kenntnis erlangt" (Erl 1998, 32).

§ 44 b.[*][**]) **(1) Wurde ein Antrag durch Edikt kundgemacht, so hat dies zur Folge, daß Personen ihre Stellung als Partei verlieren, soweit sie nicht rechtzeitig bei der Behörde schriftlich Einwendungen erheben.**[1]) **§ 42 Abs. 3 ist sinngemäß anzuwenden.**

(2) Der Antrag, die Antragsunterlagen und die vorliegenden Gutachten der Sachverständigen sind, soweit sie nicht von der Akteneinsicht ausgenommen sind, während der Einwendungsfrist bei der Behörde und bei der Gemeinde zur öffentlichen Einsicht aufzulegen. Die Beteiligten können sich hievon Abschriften selbst anfertigen oder auf ihre Kosten Kopien oder Ausdrucke erstellen lassen.[2]) **Soweit die Behörde die die Sache betreffenden Akten elektronisch führt, kann den Beteiligten auf Verlangen die Akteneinsicht in jeder technisch möglichen Form gewährt werden.**[3]) **Erforderlichenfalls hat die Behörde der Gemeinde eine ausreichende Anzahl von Kopien oder Ausdrucken zur Verfügung zu stellen.**[4])

*) IdF des Art 1 Z 16 BGBl I 1998/158 (Einfügung der §§ 44 a ff samt Überschrift; in Kraft getreten am 1. 1. 1999), des Art 2 Z 19 BGBl I 2008/5 (Ersetzung des zweiten Satzes des Abs 2 durch zwei neue Sätze; rückwirkend in Kraft getreten am 1. 1. 2008) und des Art 6 Z 3 BGBl I 2009/20 (Ersetzung des Wortes „Kopien“ durch die Wortfolge „Kopien oder Ausdrucken“ im letzten Satz des Abs 2; mangels besonderer Inkrafttretensbestimmung gem Art 49 Abs 1 B-VG mit dem der Kundmachung folgenden Tag in Kraft getreten: 26. 3. 2009).

**) Im Verwaltungsvollstreckungsverfahren, im Agrarverfahren und im Dienstrechtsverfahren anzuwenden, im Verwaltungsstrafverfahren nicht anzuwenden (§ 10 Abs 1 VVG, § 1 AgrVG, § 1 Abs 1 DVG, § 24 VStG).

1) **Erl 1998, 33:** „Selbstverständlich bewirkt die öffentliche Kundmachung des Antrages und die Möglichkeit, Einwendungen zu erheben, nicht, daß jedermann durch das bloße Erheben von Einwendungen Parteistellung erlangen kann. Vielmehr sind nur jene Einwendungen beachtlich, die von Parteien im Sinne des § 8 AVG erhoben werden.“

2) **Erl 1998, 33:** „Nach § 44 b Abs. 2 soll während der Einwendungsfrist jedermann in den Antrag, seine Unterlagen und die vorliegenden Sachverständigengutachten Einsicht nehmen können. Die Möglichkeit, sich von diesen Aktenteilen Abschriften selbst anzufertigen oder Kopien anfertigen zu lassen, wurde aus Kapazitätsgründen auf Beteiligte beschränkt.“

3) **Erl 2007, 15:** „Die Regelungen betreffend die Akteneinsicht bzw. Einsicht in die Verhandlungsschrift in Großverfahren gemäß den §§ 44 b Abs. 2 und 44 e Abs. 3 AVG sollen der allgemeinen Regelung betreffend die Akteneinsicht angepasst werden.“

4) **Erl 2009/1, 17:** „Infolge eines Redaktionsversehens wurden diese Bestimmungen durch das Verwaltungsverfahrens- und Zustellrechtsänderungsgesetz 2007 nicht angepasst (vgl. demgegenüber die durch Art. 2 Z 19 und 20 dieses Bundesgesetzes in § 44 b Abs. 2 zweiter Satz und § 44 e Abs. 3 dritter Satz vorgenommenen Änderungen).“

§ 44 c.*)**) **(1) Die Behörde kann unter den in § 44 a Abs. 1 genannten Voraussetzungen eine öffentliche Erörterung des Vorhabens**[1]) **durchführen. Ort, Zeit und Gegenstand der Erörterung sind gemäß § 44 a Abs. 3 zu verlautbaren.**[2])

(2) Zur öffentlichen Erörterung können Sachverständige beigezogen werden. Es ist jedermann gestattet, Fragen zu stellen und sich zum Vorhaben zu äußern.

(3) Über die öffentliche Erörterung ist eine Niederschrift nicht zu erstellen.

*) IdF des Art 1 Z 16 BGBl I 1998/158 (Einfügung der §§ 44a ff samt Überschrift; in Kraft getreten am 1. 1. 1999).

**) Im Verwaltungsvollstreckungsverfahren, im Agrarverfahren und im Dienstrechtsverfahren anzuwenden, im Verwaltungsstrafverfahren nicht anzuwenden (§ 10 Abs 1 VVG, § 1 AgrVG, § 1 Abs 1 DVG, § 24 VStG).

1) **Erl 1998, 33:** „In § 44c wird eine (fakultative) öffentliche Erörterung des Vorhabens vorgesehen. Sie soll ein Forum bilden, auf dem sich jedermann über das Vorhaben informieren, Fragen an Antragsteller und Sachverständige richten und seine Meinung zum Projekt äußern kann. Um diesen Zweck nicht zu gefährden, geht der Antrag in § 44c Abs. 3 von einer strikten Trennung zwischen öffentlicher Erörterung und mündlicher Verhandlung aus: Weder soll es möglich sein, im Rahmen der öffentlichen Erörterung Einwendungen gegen das Projekt zu erheben, noch sollen die Ergebnisse der Erörterung als Ergebnisse des Ermittlungsverfahrens in das Verfahren einfließen. Beides würde die öffentliche Erörterung in eine zweite mündliche Verhandlung verwandeln und jene Atmosphäre der Konfrontation schaffen, die eine unbelastete sachliche Auseinandersetzung mit dem Vorhaben erschwert. Aus demselben Grund sollte der Erörterungstermin tunlichst so angesetzt werden, daß den Teilnehmern die Möglichkeit bleibt, Einwendungen zu erheben, **nachdem** sie sich über das Vorhaben ihre Meinung gebildet haben."

2) Vgl **Form 16** der **VwFormV.**

§ 44 d.[*)**)] **(1) Die Behörde kann eine mündliche Verhandlung gemäß § 44a Abs. 3 durch Edikt anberaumen, wenn der Antrag gemäß § 44a Abs. 1 kundgemacht worden ist oder gleichzeitig kundgemacht wird.**[1)]

(2) Das Edikt hat zu enthalten:

1. den Gegenstand der Verhandlung, eine Beschreibung des Vorhabens und einen etwaigen Zeitplan;

2. Ort und Zeit[2)] **der Verhandlung.**[3)]

*) IdF des Art 1 Z 16 BGBl I 1998/158 (Einfügung der §§ 44a ff samt Überschrift; in Kraft getreten am 1. 1. 1999).

**) Im Verwaltungsvollstreckungsverfahren, im Agrarverfahren und im Dienstrechtsverfahren anzuwenden, im Verwaltungsstrafverfahren nicht anzuwenden (§ 10 Abs 1 VVG, § 1 AgrVG, § 1 Abs 1 DVG, § 24 VStG).

1) **Erl 1998, 33:** „Nach § 44d Abs. 1 soll die Behörde gleichzeitig mit der Kundmachung des Antrages gemäß § 44a oder im Anschluß an eine solche auch die mündliche Verhandlung durch Edikt anberaumen können. In der Regel wird es sich aus Gründen der Raschheit empfehlen, beide Edikte miteinander zu verbinden. Im Einzelfall kann es sich jedoch als zweckmäßiger erweisen, zunächst nur den Antrag kundzumachen und erst nach Einlangen der Einwendungen Zeit und Ort der mündlichen Verhandlung zu fixieren. Der Behörde wird daher Ermessen eingeräumt."

2) Mangels näherer Determinierung des Zeitpunktes kann die Verhandlung sowohl während der noch offenen Einwendungsfrist (§ 44a Abs 2 Z 2 AVG) wie auch für einen Zeitpunkt nach deren Ablauf anberaumt werden.

3) Vgl **Form 15.3** der **VwFormV.**

§ 44 e.*)**) **(1) Die durch Edikt anberaumte mündliche Verhandlung ist öffentlich.**[1])

(2) § 67e ist sinngemäß anzuwenden.

(3) Die Verhandlungsschrift ist spätestens eine Woche nach Schluß der mündlichen Verhandlung bei der Behörde und bei der Gemeinde während der Amtsstunden mindestens drei Wochen zur öffentlichen Einsicht aufzulegen. Wurde eine Aufzeichnung oder ein Stenogramm in Vollschrift übertragen, so können die Beteiligten während der Einsichtsfrist bei der Behörde Einwendungen wegen behaupteter Unvollständigkeit oder Unrichtigkeit der Übertragung erheben. Die Beteiligten können sich von der Verhandlungsschrift Abschriften selbst anfertigen oder auf ihre Kosten Kopien oder Ausdrucke erstellen[2]) **lassen. Erforderlichenfalls hat die Behörde der Gemeinde eine ausreichende Anzahl von Kopien oder Ausdrucken**[3]) **zur Verfügung zu stellen. Nach Maßgabe der vorhandenen technischen Möglichkeiten hat die Behörde die Verhandlungsschrift im Internet bereitzustellen.**

*) IdF des Art 1 Z 16 BGBl I 1998/158 (Einfügung der §§ 44 a ff samt Überschrift; in Kraft getreten am 1. 1. 1999), des Art 2 Z 20 BGBl I 2008/5 (Ersetzung der Wortfolge „Kopien anfertigen" durch die Wortfolge „Kopien oder Ausdrucke erstellen" in Abs 3; rückwirkend in Kraft getreten am 1. 1. 2008) und des Art 6 Z 3 BGBl I 2009/20 (Ersetzung des Wortes „Kopien" durch die Wortfolge „Kopien oder Ausdrucken" in Abs 3 vorletzter Satz; mangels besonderer Inkrafttretensbestimmung gem Art 49 Abs 1 B-VG mit dem der Kundmachung folgenden Tag in Kraft getreten: 26. 3. 2009).

**) Im Verwaltungsvollstreckungsverfahren, im Agrarverfahren und im Dienstrechtsverfahren anzuwenden, im Verwaltungsstrafverfahren nicht anzuwenden (§ 10 Abs 1 VVG, § 1 AgrVG, § 1 Abs 1 DVG, § 24 VStG).

1) **Erl 1998, 33:** „Der Publizitätsmaxime entsprechend, steht nach § 44 e Abs. 1 der Besuch der mündlichen Verhandlung grundsätzlich jedermann frei. Die Befugnis zur aktiven Teilnahme bleibt jedoch auf **Beteiligte** begrenzt. Die Variante, im Interesse einer konzentrierten und zügigen Abwicklung der mündlichen Verhandlung das Frage- und Rederecht auf Parteien und somit auf **Einwender** zu beschränken, wurde verworfen, weil sie eine wenig sinnvolle Polarisierung der Verhandlung zur Folge hätte: Daß nur Personen das Wort ergreifen dürfen, die sich im Vorfeld bereits gegen das Projekt ausgesprochen haben, ist einer sachlichen Auseinandersetzung mit dem Vorhaben und den Bemühungen um Herstellung eines Ausgleichs zwischen divergierenden Interessen nicht dienlich."

2) Vgl Anm 3 zu § 44 b AVG.

3) **Erl 2009/1, 17:** „Infolge eines Redaktionsversehens wurden diese Bestimmungen durch das Verwaltungsverfahrens- und Zustellrechtsänderungsgesetz 2007 nicht angepasst (vgl. demgegenüber die durch Art. 2 Z 19 und 20 dieses Bundesgesetzes in § 44 b Abs. 2 zweiter Satz und § 44 e Abs. 3 dritter Satz vorgenommenen Änderungen)."

§ 44 f.*)**) **(1) Ist der Antrag gemäß § 44 a Abs. 1 kundgemacht worden,[1]) so kann die Behörde Schriftstücke[2]) durch Edikt zustellen.[3]) Hiezu hat sie gemäß § 44 a Abs. 3 zu verlautbaren, daß ein Schriftstück bestimmten Inhalts[4]) bei der Behörde zur öffentlichen Einsicht aufliegt; auf die Bestimmungen des Abs. 2 ist hinzuweisen. Mit Ablauf von zwei Wochen nach dieser Verlautbarung gilt das Schriftstück als zugestellt.[5])**

(2) Die Behörde hat das Schriftstück während der Amtsstunden mindestens acht Wochen zur öffentlichen Einsicht aufzulegen.[6]) Sie hat den Beteiligten auf Verlangen Ausfertigungen des Schriftstückes auszufolgen und den Parteien auf Verlangen unverzüglich zuzusenden.[7]) Nach Maßgabe der vorhandenen technischen Möglichkeiten hat sie das Schriftstück im Internet bereitzustellen.

*) IdF des Art 1 Z 16 BGBl I 1998/158 (Einfügung der §§ 44a ff samt Überschrift; in Kraft getreten am 1. 1. 1999; auf die am 1. 1. 1999 bereits anhängigen Verfahren mit der Maßgabe anzuwenden, dass die Behörde ein Schriftstück an mehr als 100 Personen auch dann durch Edikt zustellen kann, wenn diese persönlich verständigt worden sind, dass die Kundmachungen und Zustellungen im Verfahren künftig durch Edikt vorgenommen werden können: § 82 Abs 8 AVG) und der Z 28 BGBl I 1999/194 (Dfb; Ersetzung des Wortes „zu" durch das Wort „zur" in Abs 1).

**) Im Verwaltungsvollstreckungsverfahren, im Agrarverfahren und im Dienstrechtsverfahren anzuwenden, im Verwaltungsstrafverfahren nicht anzuwenden (§ 10 Abs 1 VVG, § 1 AgrVG, § 1 Abs 1 DVG, § 24 VStG).

1) Ob die mündliche Verhandlung durch Edikt anberaumt worden ist, ist demgegenüber ohne Bedeutung (Erl 1998, 33).

2) Bescheide, schriftliche Verfahrensanordnungen, Aufforderungen zur Stellungnahme, ergänzende Gutachten udgl (Erl 1998, 33).

3) Erl 1998, 33: „Die öffentliche Zugänglichkeit der das Verfahren abschließenden Entscheidung ist durch verfassungsrechtliche (vgl. Art. 6 Abs. 1 MRK) und europarechtliche (vgl. Art. 14 Abs. 1 IPPC-Richtlinie) Vorgaben geboten und kann aus diesem Grund mit dem Grundrecht auf Datenschutz und vergleichbaren Geheimhaltungsansprüchen nicht in Konflikt geraten. Im übrigen darf die Behörde die Form der Zustellung durch Auflage zur öffentlichen Einsicht nur wählen, wenn keine Verletzung schutzwürdiger Geheimhaltungsinteressen zu besorgen ist."

4) Erl 1998, 34: „Im Unterschied zur Zustellung durch öffentliche Bekanntmachung nach § 25 des Zustellgesetzes, wo die Angabe des Empfängers für die nötige Individualisierung sorgt, kann sich das Edikt daher nicht auf die Mitteilung beschränken, daß ein zuzustellendes Schriftstück bei der Behörde aufliegt, sondern muß den Inhalt des Schriftstücks in einer Art und Weise konkretisieren, die es jedermann erlaubt abzuschätzen, ‚worum es geht' und ‚ob es ihn angeht'. Als Maßstab für den nach § 44 f Abs. 1 zweiter Satz geforderten ‚Bestimmtheitsgrad' können entsprechende Einschaltungen im ‚Amtsblatt zur Wiener Zeitung' als Vorbild herangezogen werden. Die Normierung einer Verpflichtung zur Offenlegung (auch) des ‚wesentlichen Inhalts' des Schriftstücks erscheint dagegen – ganz abgesehen von den Schwierigkeiten, die eine solche ‚Wesensbetrachtung' aufwirft – als zu weitgehend."

5) **Erl 1998, 34:** „§ 44 f Abs. 1 dritter Satz stellt auf eine Zweifel ausschließende Weise klar, daß das Schriftstück mit Ablauf von zwei Wochen nach der Verlautbarung als zugestellt gilt (sodaß auch seine spätere ‚Zusendung' gemäß § 44 f Abs. 2 keine Zustellwirkung auslöst). Die Verzögerung der Zustellwirkung um zwei Wochen hat zur Folge, daß den Parteien im Ergebnis bis zu vier, mindestens jedoch zwei Wochen für die Abfassung einer Berufung zur Verfügung stehen."

Zur Gestaltung dieser Verlautbarung vgl **Form 18** der **VwFormV.**

6) **Erl 1998, 34:** „Die in § 44 f Abs. 2 verankerte Auflagefrist wurde mit acht Wochen festgesetzt, weil es sich bei dem zuzustellenden Schriftstück um einen letztinstanzlichen Bescheid handeln kann, gegen den innerhalb einer Frist von sechs Wochen die Beschwerde bei den Gerichtshöfen des öffentlichen Rechtes offensteht."

7) Es ist – im Hinblick auf die Zustellwirkung nach § 44 f Abs 1 AVG – von Zusendung, nicht von Zustellung – die Rede.

§ 44 g.*)**) **Die Kosten der Verlautbarung des Edikts im „Amtsblatt zur Wiener Zeitung" sind von Amts wegen zu tragen.**[1])

*) IdF des Art 1 Z 16 BGBl I 1998/158 (Einfügung der §§ 44 a ff samt Überschrift; in Kraft getreten am 1. 1. 1999).

**) Im Verwaltungsvollstreckungsverfahren, im Agrarverfahren und im Dienstrechtsverfahren anzuwenden, im Verwaltungsstrafverfahren nicht anzuwenden (§ 10 Abs 1 VVG, § 1 AgrVG, § 1 Abs 1 DVG, § 24 VStG).

1) **Erl 1998, 34:** „Laut AB 360 BlgNR II. GP, 22, sind Barauslagen ua. die Kosten für Verlautbarungen. In Abweichung von § 76 Abs. 1 (Art. 1 Z 41), wonach für die Barauslagen in der Regel die Partei aufzukommen hat, die den verfahrenseinleitenden Antrag gestellt hat, sollen nach § 44 g die Kosten für die Verlautbarung des

Edikts im ‚Amtsblatt zur Wiener Zeitung' von Amts wegen zu tragen sein. Die Kosten der Verlautbarung des Edikts in den Tageszeitungen hat entsprechend dem Interessenprinzip weiterhin der Antragsteller zu tragen."

2. Abschnitt: Beweise

Allgemeine Grundsätze über den Beweis

§ 45.*) **(1) Tatsachen, die bei der Behörde offenkundig sind,**[1]) **und solche, für deren Vorhandensein das Gesetz eine Vermutung aufstellt, bedürfen keines Beweises.**[2])[3])

(2) Im übrigen hat die Behörde unter sorgfältiger Berücksichtigung der Ergebnisse des Ermittlungsverfahrens nach freier Überzeugung zu beurteilen, ob eine Tatsache als erwiesen anzunehmen ist oder nicht.[4])

(3) Den Parteien ist Gelegenheit zu geben, vom Ergebnis der Beweisaufnahme[5]) **Kenntnis und dazu Stellung zu nehmen.**[6])

*) Im Verwaltungsstrafverfahren, im Agrarverfahren und im Dienstrechtsverfahren anzuwenden, im Verwaltungsvollstreckungsverfahren nicht anzuwenden (§ 24 VStG, siehe auch § 43; § 1 AgrVG; § 1 Abs 1 DVG, siehe auch § 8; § 10 Abs 1 VVG).

1) Sogenannte „notorische" Tatsachen.

2) Ein Gegenbeweis ist bei offenkundigen Tatsachen begrifflich unmöglich, bei gesetzlich vermuteten Tatsachen zwar in der Regel möglich (praesumptio iuris), aber kraft gesetzlicher Anordnung allenfalls unzulässig (praesumptio iuris et de iure).

3) Keines Beweises bedürfen auch Tatsachen, die kraft gesetzlicher Anordnung bloß glaubhaft zu machen sind (zB § 49 Abs 4, § 53 Abs 1 und § 71 Abs 1 Z 1 AVG und § 5 Abs 1 VStG [C 2]).

4) Grundsatz der **freien Beweiswürdigung,** dh dass lediglich die Überzeugungskraft der Beweismittel im gegebenen Zusammenhang für ihre Bewertung maßgebend ist. Die Beweiswürdigung ist jedoch insofern nicht frei, als der maßgebende Sachverhalt vollständig erhoben und die Beweisführung tragfähig sein muss. Beweisaufnahme und Beweiswürdigung können jeweils verschiedenen Organwaltern obliegen; der Grundsatz der **Unmittelbarkeit des Verfahrens** (zB § 412 ZPO) ist im AVG im Allgemeinen **nicht festgelegt;** vgl aber § 67 f AVG.

5) Siehe § 55 AVG.

6) Grundsatz des **Parteiengehörs;** siehe auch §§ 37 und 39 Abs 2 AVG; siehe auch das **Form 13** der **VwFormV.**

§ 46.*) **Als Beweismittel kommt alles in Betracht, was zur Feststellung des maßgebenden Sachverhaltes geeignet und nach Lage des einzelnen Falles zweckdienlich ist.**[1])

*) Im Verwaltungsstrafverfahren, im Agrarverfahren und im Dienstrechtsverfahren anzuwenden, im Verwaltungsvollstreckungsverfahren nicht anzuwenden (§ 24 VStG, § 1 AgrVG, § 1 Abs 1 DVG, § 10 Abs 1 VVG).

1) Somit stellen die folgenden §§ 47 bis 54 AVG keine erschöpfende Aufzählung der zulässigen Beweismittel dar (Grundsatz der **Unbeschränktheit der Beweismittel** und Grundsatz der [prinzipiellen] **Gleichwertigkeit aller Beweismittel**).

Urkunden

§ 47.*)**) **Die Beweiskraft von öffentlichen Urkunden und Privaturkunden ist von der Behörde nach den §§ 292 bis 294, 296, 310 und 311 ZPO zu beurteilen.**[1]) **Dabei gilt § 292 Abs. 1 erster Satz ZPO jedoch mit der Maßgabe, daß inländische öffentliche Urkunden den Beweis auch über jene Tatsachen und Rechtsverhältnisse liefern, die die Voraussetzung für ihre Ausstellung bildeten und in der Urkunde ausdrücklich genannt sind;**[2]) **wenn die Behörde im Hinblick auf die besonderen Umstände des Einzelfalles dagegen Bedenken hat, daß die Urkunde diesen Beweis liefert, so kann sie der Partei auftragen, den Beweis auf andere Weise zu führen.**

*) IdF der Z 2c BGBl 1995/471 (Neufassung, insb Anfügung des zweiten Satzes; in Kraft getreten am 1. 7. 1995).

**) Im Verwaltungsstrafverfahren, im Agrarverfahren und im Dienstrechtsverfahren anzuwenden, im Verwaltungsvollstreckungsverfahren nicht anzuwenden (§ 24 VStG, § 1 AgrVG, § 1 Abs 1 DVG, § 10 Abs 1 VVG).

1) **Öffentliche** Urkunden begründen vollen Beweis dessen, was darin von der Behörde amtlich verfügt oder erklärt oder von der Behörde oder der Urkundsperson bezeugt wird (§ 292 Abs 1 ZPO). Der Gegenbeweis ist jedoch zulässig. (Echte) **Privat**urkunden begründen

dagegen Beweis nur dafür, dass die darin enthaltenen Erklärungen vom Aussteller herrühren (§ 294 ZPO); die inhaltliche Richtigkeit dagegen unterliegt der freien Beweiswürdigung durch die Behörde; auch eine Echtheitsvermutung ist für Privaturkunden nicht festgelegt.

Auf die Sondernorm des § 54a SPG (Ausstellung täuschender Urkunden) wird aufmerksam gemacht.

2) Nach der Absicht des Gesetzgebers soll es darauf ankommen, dass anlässlich der Ausstellung der Urkunde über diese Tatsachen und Rechtsverhältnisse „urkundliche Nachweise" zu erbringen waren. Die Problematik liegt darin, dass die bestehenden Rechtsvorschriften zwar vielfach vorsehen, welche Angaben in den öffentlichen Urkunden **anzuführen**, nicht jedoch, wie sie **nachzuweisen** sind; daher kann eine Behörde, der eine Urkunde vorgelegt wird, in den meisten Fällen nicht annehmen, dass die darin angegebenen Umstände bei ihrer Ausstellung schon urkundlich nachzuweisen waren, mögen sie auch tatsächlich urkundlich nachgewiesen worden sein.

Zeugen[1])

§ 48.[*)][**)] **Als Zeugen dürfen nicht vernommen werden:**

1. Personen, die zur Mitteilung ihrer Wahrnehmungen unfähig sind oder die zur Zeit, auf die sich ihre Aussage beziehen soll, zur Wahrnehmung der zu beweisenden Tatsache unfähig waren;

2. Geistliche darüber, was ihnen in der Beichte oder sonst unter dem Siegel geistlicher Amtsverschwiegenheit anvertraut wurde;

3. mit Aufgaben der Bundes-, Landes- und Gemeindeverwaltung betraute Organe sowie Organe anderer Körperschaften des öffentlichen Rechts, wenn der Gegenstand ihrer Aussage der Amtsverschwiegenheit unterliegt und sie von der Pflicht zur Amtsverschwiegenheit nicht entbunden worden sind.[2])

*) IdF des Art 2 Z 21 BGBl I 2008/5 (Neufassung der Z 3; rückwirkend in Kraft getreten am 1. 1. 2008).

**) Im Verwaltungsstrafverfahren, im Agrarverfahren und im Dienstrechtsverfahren anzuwenden, im Verwaltungsvollstreckungsverfahren nicht anzuwenden (§ 24 VStG, § 1 AgrVG, § 1 Abs 1 DVG, § 10 Abs 1 VVG).

1) Zeuge ist ein an der „Sache" des Verwaltungsverfahrens nicht beteiligter Mensch, der über von ihm wahrgenommene Tatsa-

chen aussagen soll. Zeugengebühren sind im AVG nicht allgemein, sondern nur für das Verfahren vor den UVS vorgesehen, siehe § 51 a AVG.

2) **Erl 2007, 15:** „Da es in Österreich keine Bezirke gibt, die Rechtsträger wären, ist die Erwähnung der Bezirke in § 48 Z 3, § 77 Abs. 3 sowie § 78 Abs. 3 und 5 AVG überholt.

Zu der von § 48 Z 3 AVG abweichenden Formulierung des vorgeschlagenen § 48 Z 3 vgl. Art. 20 Abs. 3 B-VG sowie zB § 46 Abs. 3 und 4 BDG."

§ 49.[*][**]) **(1) Die Aussage darf**[1]) **von einem Zeugen verweigert werden:**[2])

1. über Fragen, deren Beantwortung dem Zeugen, einem seiner Angehörigen (§ 36 a), einer mit seiner Obsorge betrauten Person, seinem Sachwalter oder einem seiner Pflegebefohlenen einen unmittelbaren Vermögensnachteil[3]) **oder die Gefahr einer strafrechtlichen**[4]) **Verfolgung zuziehen oder zur Unehre**[5]) **gereichen würde;**[6])[7])

2. über Fragen, die er nicht beantworten könnte, ohne eine ihm obliegende gesetzlich anerkannte Pflicht zur Verschwiegenheit,[8]) **von der er nicht gültig entbunden wurde, zu verletzen oder ein Kunst-, Betriebs- oder Geschäftsgeheimnis zu offenbaren;**[9])[10])

3. über Fragen, wie er sein Wahl- oder Stimmrecht ausgeübt hat, wenn dessen Ausübung gesetzlich für geheim erklärt ist.

(2) Die zur berufsmäßigen Parteienvertretung befugten Personen[11]) **können die Zeugenaussage auch darüber verweigern, was ihnen in ihrer Eigenschaft als Vertreter einer Partei von dieser anvertraut wurde.**

(3) Wegen der Gefahr eines Vermögensnachteils darf die Aussage über Geburten, Eheschließungen und Sterbefälle der in Abs. 1 Z 1 bezeichneten Personen nicht verweigert werden.

(4) Will ein Zeuge die Aussage verweigern, so hat er die Gründe seiner Weigerung glaubhaft zu machen.

(5) Einem Zeugen, der einer Ladung (§§ 19 und 20) ohne genügende Entschuldigung nicht Folge leistet oder die Aussage ohne Angabe von Gründen verweigert oder auf seiner Weigerung beharrt, obwohl die vorgebrachten Gründe als nicht gerechtfertigt (Abs. 1 bis 3) erkannt wurden, kann die Verpflich-

tung zum Ersatz aller durch seine Säumnis oder Weigerung verursachten Kosten auferlegt werden; im Fall der ungerechtfertigten Aussageverweigerung kann über ihn eine Ordnungsstrafe (§ 34) verhängt werden.

*) IdF des Art 2 Z 22 BGBl I 2008/5 (Neufassung des Abs 1; rückwirkend in Kraft getreten am 1. 1. 2008).

**) Im Verwaltungsstrafverfahren, im Agrarverfahren und im Dienstrechtsverfahren anzuwenden, im Verwaltungsvollstreckungsverfahren nicht anzuwenden (§ 24 VStG, siehe auch § 38; § 1 AgrVG; § 1 Abs 1 DVG; § 10 Abs 1 VVG).

1) Anders als die **Ausschließungsgründe** des § 48 AVG sind die hier normierten Aussageverweigerungsgründe nicht von Amts wegen, sondern nur dann wahrzunehmen, wenn sie vom Zeugen geltend gemacht werden. Weitere Aussageverweigerungsgründe, die auch für Verwaltungsverfahren Bedeutung haben, sind in § 31 MedienG, Art 31 Abs 2 iVm Art 37 WDK, Art 44 WKK vorgesehen.

2) Nach den Erl 2007, 7 soll „auch die Regelung des Zeugnisverweigerungsrechts an die des § 171 BAO angeglichen werden".

3) **Erl 2007, 7:** „Künftig soll nicht mehr darauf abgestellt werden, ob der Vermögensnachteil ‚bedeutend' ist (ebenso § 321 Abs. 1 Z 2 ZPO)."

4) **Erl 2007, 7:** „Unter ‚strafrechtlicher Verfolgung' ist auch eine allfällige verwaltungsstrafrechtliche Verfolgung zu verstehen (so bereits zur geltenden Rechtslage VfSlg. 14.988/1997 in einer – über den eindeutigen Gesetzeswortlaut hinausgehenden – verfassungskonformen ‚Auslegung')."

5) **Erl 2007, 7:** „Der unzeitgemäße Begriff ‚Schande' soll durch den neutralen Begriff ‚Unehre' ersetzt werden (vgl. § 384 Nr. 2 der deutschen Zivilprozessordnung)."

6) **Erl 2007, 7:** „Mit dem Kindschaftsrechts-Änderungsgesetz 2001 ist das Rechtsinstitut des Vormunds in der Obsorge für Minderjährige durch andere Personen als Eltern, Großeltern oder Pflegeeltern aufgegangen (siehe näher RV 296 d.B. XXI. GP, 40 f), weshalb der Begriff ‚Vormund' nicht mehr verwendet werden soll. Die vorgeschlagene Formulierung folgt § 321 Abs. 1 Z 1 ZPO in der Fassung des Art. V Z 2 des Kindschaftsrechts-Änderungsgesetzes 2001, welcher auch den Sachwalter in den begünstigten Personenkreis mit einbezieht."

7) Siehe jedoch die weitergehenden Befreiungstatbestände in § 38 VStG (C 2). Siehe auch §§ 40 bis 42, 145 b, 145 c, 179 ff, 186 ff und 271 ff ABGB, §§ 109 ff JN und §§ 5, 117 AußStrG.

8) Siehe zB auch § 121 StGB.

9) Siehe auch § 122 StGB.

10) Die Entbindung von der Verschwiegenheitspflicht ist regelmäßig, aber nicht immer, in den diese Pflicht begründenden Vorschriften geregelt. Wenn ausdrückliche Bestimmungen hierüber fehlen, wird in der Regel anzunehmen sein, dass den Zeugen von der Verschwiegenheitspflicht jene Stelle (Person) entbinden kann, in deren Interesse diese Pflicht normiert worden ist.

11) Insb **Rechtsanwälte** (§ 8 RAO), **Notare** (§ 5 Abs 1 NO), **Ziviltechniker** (§ 4 Abs 1 ZTG), **Patentanwälte** (§ 16 Abs 1 PatAnwG), **Steuerberater, Wirtschaftsprüfer** (§§ 1, 3 und 5 WTBG).

§ 50.*) **Jeder Zeuge ist zu Beginn seiner Vernehmung über die für die Vernehmung maßgebenden persönlichen Verhältnisse zu befragen und zu ermahnen, die Wahrheit anzugeben und nichts zu verschweigen.**[1]) **Er ist auch auf die gesetzlichen Gründe für die Verweigerung der Aussage,**[2]) **auf die Folgen einer ungerechtfertigten Verweigerung der Aussage**[3]) **und die strafrechtlichen Folgen einer falschen Aussage**[4]) **aufmerksam zu machen.**

*) Im Verwaltungsstrafverfahren, im Agrarverfahren und im Dienstrechtsverfahren anzuwenden, im Verwaltungsvollstreckungsverfahren nicht anzuwenden (§ 24 VStG, § 1 AgrVG, § 1 Abs 1 DVG, § 10 Abs 1 VVG).

1) Die Vernehmung hat niederschriftlich (siehe §§ 14f AVG) zu erfolgen; siehe die **Form 11.1 und 11.2** der **VwFormV** (H).

2) Siehe § 49 Abs 1 bis 3 AVG.

3) Siehe § 49 Abs 5 AVG.

4) Siehe § 289 StGB: „Wer außer in den Fällen des § 288 Abs. 3 und 4 vor einer Verwaltungsbehörde als Zeuge bei seiner förmlichen Vernehmung zur Sache falsch aussagt oder als Sachverständiger einen falschen Befund oder ein falsches Gutachten erstattet, ist mit Freiheitsstrafe bis zu einem Jahr zu bestrafen."

Vernehmung von Beteiligten

§ 51.*) **Die §§ 48 und 49 sind auch auf die Vernehmung von Beteiligten**[1]) **zum Zweck der Beweisführung anzuwenden, doch gilt der Weigerungsgrund des § 49 Abs. 1 Z 1 wegen Gefahr eines Vermögensnachteils nicht.**[2])

*) Im Agrarverfahren und im Dienstrechtsverfahren anzuwenden, im Verwaltungsstrafverfahren und im Verwaltungsvollstreckungsverfahren nicht anzuwenden (§ 1 AgrVG; § 1 Abs 1 DVG; § 24 VStG, siehe auch § 33 Abs 2 und §§ 40 bis 43; § 10 Abs 1 VVG).

1) Zu Gebühren von Beteiligten, die im Verfahren vor den UVS vernommen werden, siehe § 51 d AVG.

2) Zwar unterliegt die falsche Aussage eines Beteiligten nicht der Strafdrohung des § 289 StGB; dieser ist aber – da § 49 Abs 5 AVG Anwendung findet – verpflichtet, einer Ladung zur Vernehmung Folge zu leisten und die an ihn gestellten Fragen zu beantworten, soweit er nicht das Vorliegen eines Aussageverweigerungsgrundes glaubhaft machen kann. Die im Fall der Nichterfüllung dieser Pflichten durch den Zeugen vorgesehenen Sanktionen (Kostenersatz, Ordnungsstrafe, siehe dazu § 34 AVG) treffen auch den Beteiligten. Siehe auch § 35 AVG (Mutwillensstrafe).

Gebühren der Zeugen und Beteiligten im Verfahren vor den unabhängigen Verwaltungssenaten

§ 51 a.[*][**] **Zeugen**[1]**, die im Verfahren vor den unabhängigen Verwaltungssenaten zu Beweiszwecken vernommen werden oder deren Vernehmung ohne ihr Verschulden unterbleibt,**[2] **haben Anspruch auf Gebühren nach § 2 Abs. 3 und den §§ 3 bis 18 des Gebührenanspruchsgesetzes 1975, BGBl. Nr. 136.**[3] **Die Gebühr ist gemäß § 19 des Gebührenanspruchsgesetzes 1975**[3] **beim unabhängigen Verwaltungssenat geltend zu machen.**[4]

*) IdF des Art 1 Z 17 BGBl I 1998/158 (Neufassung des § 51 a, Einfügung der §§ 51 b bis 51 d sowie der Überschrift; in Kraft getreten am 1. 1. 1999).

**) In Verwaltungsstrafverfahren vor dem UVS anzuwenden (§ 24 VStG). Zur Anwendung im Verwaltungsvollstreckungsverfahren vgl § 10 VVG (D 2) und Anm 5 dazu, zur Anwendung im Agrarverfahren vgl § 1 AgrVG (F 2) und Anm 12 dazu, zur Anwendung im Dienstrechtsverfahren vgl § 1 DVG (G 2) und Anm 1 dazu.

1) Siehe §§ 48 ff AVG.

2) Der Gebührenanspruch besteht auch dann, wenn der Zeuge im Wege der Amtshilfe (§ 55 AVG) vernommen wird (Erl 1998, 34).

3) In der jeweils geltenden Fassung: § 80 AVG. Der Zeuge ist schon in der Ladung auf den Gebührenanspruch und dessen Nachweis (Bescheinigung) hinzuweisen (§ 19 Abs 3 GebAG), und hat diesen – bei sonstigem Anspruchsverlust – binnen 14 Tagen (bei Ladungen aus dem Ausland: binnen vier Wochen) schriftlich oder mündlich geltend zu machen (§ 19 Abs 1 GebAG).

4) Die Zeugengebühren sind keine Barauslagen (vgl § 76a AVG).

§ 51 b.*)**) **Für die Bestimmung der Gebühr gilt § 20 des Gebührenanspruchsgesetzes 1975**[1]) **mit folgenden Maßgaben:**

1. Die Gebühr ist vom zuständigen Bediensteten der Geschäftsstelle des unabhängigen Verwaltungssenates vorläufig zu berechnen. Vor der Gebührenberechnung kann der Zeuge aufgefordert werden, sich über Umstände, die für die Gebührenberechnung bedeutsam sind, zu äußern und, unter Setzung einer bestimmten Frist, noch fehlende Bestätigungen vorzulegen. Die Gebührenbeträge sind auf volle 10 Cent aufzurunden.

2. Die vorläufig berechnete Gebühr ist dem Zeugen schriftlich oder mündlich bekanntzugeben.[2]) **Dieser kann binnen zwei Wochen nach Bekanntgabe der Gebühr schriftlich oder mündlich die Gebührenbestimmung durch den unabhängigen Verwaltungssenat beantragen, der durch das zuständige Mitglied**[3]) **zu entscheiden hat.**[4]) **Wenn der Zeuge keinen Antrag auf Gebührenbestimmung stellt oder diesen zurückzieht, gilt die bekanntgegebene Gebühr als bestimmt.**[5]) **Der unabhängige Verwaltungssenat kann die Gebühr jedoch von Amts wegen anders bestimmen.**[6]) **Nach Ablauf von drei Jahren nach Bekanntgabe der Gebühr ist eine amtswegige Gebührenbestimmung nicht mehr zulässig.**

3. Der Zeuge kann die Gebührenbestimmung durch den unabhängigen Verwaltungssenat auch beantragen, wenn ihm innerhalb von acht Wochen nach Geltendmachung keine Gebühr bekanntgegeben wird.[7]) **Zieht er den Antrag auf Gebührenbestimmung zurück, so erlischt der Gebührenanspruch.**

*) IdF des Art 1 Z 17 BGBl I 1998/158 (Einfügung des § 51 b; in Kraft getreten am 1. 1. 1999) und des Art 3 Z 5 und Z 6 BGBl I 2001/137 (Aufrundungsvorschrift auf 10 Cent in Z 1 eingefügt sowie

Ersetzung des „Vorsitzenden“ durch das „zuständige Mitglied“ in Z 2; in Kraft getreten am 1. 1. 2002).

**) In Verwaltungsstrafverfahren vor dem UVS anzuwenden (§ 24 VStG). Zur Anwendung im Verwaltungsvollstreckungsverfahren vgl § 10 VVG (D 2) und Anm 5 dazu, zur Anwendung im Agrarverfahren vgl § 1 AgrVG (F 2) und Anm 12 dazu, zur Anwendung im Dienstrechtsverfahren vgl § 1 DVG (G 2) und Anm 1 dazu.

1) In der jeweils geltenden Fassung: § 80 AVG.

2) Diese „Bekanntgabe“ ist **kein Bescheid** (Erl 1998, 34).

3) Die frühere Betrauung des Vorsitzenden mit dieser Aufgabe war hinsichtlich der UVS in den Ländern verfassungsrechtlich bedenklich, weil die Festlegung, welche Aufgaben der Vorsitzende zu besorgen hat, eine Angelegenheit des Organisationsrechtes – nicht der Besetzung (Art 129b Abs 5 B-VG) – ist, welches in die Kompetenz der Länder fällt: Art 129b Abs 6 B-VG. Die Bestimmung ist nun durch Art 3 Z 6 BGBl I 2001/137 saniert.

4) Diese Entscheidung ist ein (verfahrensrechtlicher) Bescheid. Der UVS ist zur Erlassung dieses Bescheides verpflichtet (Erl 1998, 34f).

5) Diese Bestimmungen sollen – verfassungsrechtlich bedenklicherweise – „den fehlenden Bescheidcharakter der ‚Bekanntgabe‘ kompensieren“ (Erl 1998, 35).

6) Die amtswegige Gebührenbestimmung steht im Ermessen des UVS. Die Gebühr gilt also nur insoweit als bestimmt, als der UVS keine anderweitige Gebührenbestimmung vornimmt. Die Bindungswirkung („. . . gilt . . . als bestimmt“) bezieht sich also nur auf den Zeugen, nicht auf den UVS.

7) Auch in diesem Fall hat das zuständige Mitglied des UVS durch Bescheid zu entscheiden.

§ 51 c.*)**) **Die Gebühr ist dem Zeugen kostenfrei zu zahlen.**[1]) **Bestimmt der unabhängige Verwaltungssenat eine höhere Gebühr, als dem Zeugen gezahlt wurde, so ist der Mehrbetrag dem Zeugen kostenfrei**[1]) **nachzuzahlen. Bestimmt der unabhängige Verwaltungssenat eine niedrigere Gebühr oder übersteigt der dem Zeugen gezahlte Vorschuß**[2]) **die von ihm bestimmte Gebühr, so ist der Zeuge zur Rückzahlung des zuviel gezahlten Betrages zu verpflichten.**[3])

*) IdF des Art 1 Z 17 BGBl I 1998/158 (Einfügung des § 51c; in Kraft getreten am 1. 1. 1999).

**) In Verwaltungsstrafverfahren vor dem UVS anzuwenden (§ 24 VStG). Zur Anwendung im Verwaltungsvollstreckungsverfahren vgl § 10 VVG (D 2) und Anm 5 dazu, zur Anwendung im Agrarverfahren vgl § 1 AgrVG (F 2) und Anm 12 dazu, zur Anwendung im Dienstrechtsverfahren vgl § 1 DVG (G 2) und Anm 1 dazu.

1) Der Begriff „kostenfrei" (vgl auch § 23 Abs 1 GebAG) ist so zu verstehen, dass für den Antrag und die Auszahlung keine Gebühren zu entrichten sind, insb keine Verwaltungsabgaben; Portokosten sind nicht vom Empfänger zu zahlen.

2) Vgl § 5 GebAG.

3) Dieser Ausspruch hat durch (Leistungs-)Bescheid zu erfolgen.

§ 51 d.*)**) **Die §§ 51 a bis 51 c gelten auch für Beteiligte.**[1])

*) IdF des Art 1 Z 17 BGBl I 1998/158 (Einfügung des § 51 d; in Kraft getreten am 1. 1. 1999).

**) In Verwaltungsstrafverfahren nicht anzuwenden (§ 24 VStG). Zur Anwendung im Verwaltungsvollstreckungsverfahren vgl § 10 VVG (D 2) und Anm 5 dazu, zur Anwendung im Agrarverfahren vgl § 1 AgrVG (F 2) und Anm 12 dazu, zur Anwendung im Dienstrechtsverfahren vgl § 1 DVG (G 2) und Anm 1 dazu.

1) Die Beteiligtengebühren sind keine Barauslagen (vgl § 76 a AVG).

Sachverständige[1])

§ 52.*)**) **(1) Wird die Aufnahme eines Beweises durch Sachverständige notwendig,**[2]) **so sind die der Behörde beigegebenen oder zur Verfügung stehenden amtlichen Sachverständigen (Amtssachverständige)**[3]) **beizuziehen.**[4])

(2)[5]) **Wenn Amtssachverständige nicht zur Verfügung stehen oder es mit Rücksicht auf die Besonderheit des Falles geboten ist, kann die Behörde aber ausnahmsweise andere geeignete Personen als Sachverständige (nichtamtliche Sachverständige) heranziehen.**[3])

(3)[5]) **Liegen die Voraussetzungen des Abs. 2 nicht vor, so kann die Behörde dennoch nichtamtliche Sachverständige heranziehen, wenn davon eine wesentliche Beschleunigung des Verfahrens zu erwarten ist. Die Heranziehung ist jedoch nur**

zulässig, wenn sie von demjenigen, über dessen Ansuchen das Verfahren eingeleitet wurde, angeregt wird und die daraus entstehenden Kosten einen von dieser Partei bestimmten Betrag voraussichtlich nicht überschreiten.[6])[7])

(4)[5]) **Der Bestellung zum nichtamtlichen Sachverständigen hat Folge zu leisten, wer zur Erstattung von Gutachten der erforderten Art öffentlich bestellt**[8]) **ist oder wer die Wissenschaft, die Kunst oder das Gewerbe, deren Kenntnis die Voraussetzung der geforderten Begutachtung ist, öffentlich als Erwerb ausübt oder zu deren Ausübung öffentlich angestellt oder ermächtigt ist. Nichtamtliche Sachverständige sind zu beeiden, wenn sie nicht schon für die Erstattung von Gutachten der erforderten Art im allgemeinen beeidet sind.**[9]) **Die §§ 49 und 50 gelten auch für nichtamtliche Sachverständige.**

*) IdF der Z 3a und 3b BGBl 1995/471 (Neufassung und Umstellung der Abs 2 bis 4; weitergehende Heranziehung nichtamtlicher Sachverständiger; in Kraft getreten am 1. 7. 1995). § 52 Abs 3 ist mit Ablauf des 30. 6. 1998 außer Kraft getreten, wurde aber durch die spätere Hinausschiebung des Tages des Außerkrafttretens durch Art 1 Z 46 BGBl I 1998/158 neu erlassen; er ist damit gemäß Art 49 Abs 1 B-VG mit 1. 10. 1998 wieder in Kraft getreten und sollte mit Ablauf des 31. 12. 2001 außer Kraft treten (§ 82 Abs 5 AVG). Letztere Bestimmung wurde durch Art 3 Z 10 BGBl I 2001/137 aufgehoben; vgl auch Anm 2 zu § 82 AVG.

**) Im Verwaltungsstrafverfahren, im Agrarverfahren und im Dienstrechtsverfahren anzuwenden, im Verwaltungsvollstreckungsverfahren nicht anzuwenden (§ 24 VStG, § 1 AgrVG, § 1 Abs 1 DVG, § 10 Abs 1 VVG).

1) Sachverständige wirken an der Sachverhaltsermittlung mit, indem sie aus bereits aktenkundigen oder von ihnen erst zu erhebenden Tatsachen auf Grund ihres besonderen Fachwissens Schlüsse auf das (Nicht-)Vorliegen von Umständen ziehen, die ihrerseits der Behörde eine Schlussfolgerung auf die entscheidungsrelevanten Tatsachen ermöglichen oder erleichtern. **Rechtsfragen** zu beantworten ist **nicht Aufgabe des Sachverständigen, ebensowenig die Beweiswürdigung.**

Für die Niederschrift (vgl §§ 14f AVG) über die Vernehmung eines Sachverständigen sind in der **VwFormV** die **Form 11.1 und 11.2** vorgesehen.

2) Notwendig ist die Beiziehung eines Sachverständigen dann, wenn die Verwaltungsvorschriften dies ausdrücklich anordnen oder wenn die Beantwortung entscheidungsrelevanter Tatfragen besonderes Fachwissen über Tatsachen erfordert, über das die Verwaltungsorgane nicht selbst verfügen.

3) Der Amtssachverständige ist ein – nicht notwendig ausschließlich – zur Begutachtung von Fachfragen dauernd bestellter Organwalter. Er ist der Behörde „beigegeben", wenn er organisatorisch in sie eingegliedert ist, er steht der Behörde „zur Verfügung", wenn sie sich seiner – im Wege der Amtshilfe (vgl Art 22 B-VG) – bedienen kann, obwohl er einer anderen Behörde eingegliedert ist.

4) Der Beschluss, Beweis durch einen – amtlichen oder nichtamtlichen – Sachverständigen aufzunehmen, sowie die Beiziehung einer Person als Amtssachverständiger sind nur Verfahrensanordnungen iS des § 63 Abs 2 AVG. Die Bestellung einer Person als nichtamtlicher Sachverständiger ist dieser gegenüber ein im Instanzenzug anfechtbarer – verfahrensrechtlicher – Bescheid.

5) Auf Dolmetscher und Übersetzer gem § 39a Abs 1 AVG anzuwenden.

6) In amtswegig eingeleiteten Verfahren kann die Bestellung eines Sachverständigen nach Abs 3 nicht erfolgen.

7) Vgl § 76 Abs 1 dritter Satz AVG.

8) Das sind zB die nach dem SDG bestellten allgemein beeideten und gerichtlich zertifizierten Sachverständigen; weiters die Steuerberater, Wirtschaftsprüfer (§§ 3 und 5 WTBG) und die Ziviltechniker (§ 4 Abs 1 ZTG); siehe auch die Sonderregelungen für die vom BMVIT bestellten technischen Sachverständigen (§ 124 KFG) und die vom LH bestellten technischen und rechtskundigen Sachverständigen (§§ 125ff KFG).

9) Nähere Vorschriften über die hier vorgesehene Beeidigung fehlen; es bietet sich die sinngemäße Anwendung des § 5 SDG an.

§ 53.[*)][**)][1)] **(1) Auf Amtssachverständige ist § 7 anzuwenden. Andere Sachverständige sind ausgeschlossen, wenn einer der Gründe des § 7 Abs. 1 Z 1, 2 und 4**[2)] **zutrifft; außerdem können sie von einer Partei abgelehnt werden, wenn diese Umstände glaubhaft macht, die die Unbefangenheit oder Fachkunde des Sachverständigen in Zweifel stellen. Die Ablehnung kann vor der Vernehmung des Sachverständigen, später aber nur dann erfolgen, wenn die Partei glaubhaft macht, daß sie den Ablehnungsgrund vorher nicht erfahren oder wegen eines**

für sie unüberwindbaren Hindernisses nicht rechtzeitig geltend machen konnte.

(2) Über den Ablehnungsantrag entscheidet die Behörde endgültig.[3])

*) IdF des Art 6 Z 4 BGBl I 2009/20 (Ersetzung der Wortfolge „Z 1 bis 3 und 5" durch die Wortfolge „Z 1, 2 und 4" in Abs 1; mangels besonderer Inkrafttretensbestimmung gem Art 49 Abs 1 B-VG mit dem der Kundmachung folgenden Tag in Kraft getreten: 26. 3. 2009).

**) Im Verwaltungsstrafverfahren, im Agrarverfahren und im Dienstrechtsverfahren anzuwenden, im Verwaltungsvollstreckungsverfahren nicht anzuwenden (§ 24 VStG, § 1 AgrVG, § 1 Abs 1 DVG, § 10 Abs 1 VVG).

1) Auf Dolmetscher und Übersetzer gem § 39 a Abs 1 AVG anzuwenden.

2) **Erl 2009/1, 17:** „Obwohl § 7 Abs. 1 AVG durch das Verwaltungsverfahrens- und Zustellrechtsänderungsgesetz 2007 neu gefasst wurde, wurde § 53 Abs. 1 infolge eines Redaktionsversehens nicht entsprechend angepasst."

3) Über den „Ablehnungsantrag" ist **nicht bescheidförmig** abzusprechen, die „Entscheidung" darüber ist eine Verfahrensanordnung iS des § 63 Abs 2 AVG.

Gebühren der nichtamtlichen Sachverständigen

§ 53 a.*)**) **(1) Nichtamtliche Sachverständige**[1]) **haben für ihre Tätigkeit im Verfahren Anspruch auf Gebühren nach den §§ 24 bis 37 und 43 bis 51 des Gebührenanspruchsgesetzes 1975.**[2]) **Die Gebühr ist gemäß § 38 des Gebührenanspruchsgesetzes 1975**[2]) **bei der Behörde geltend zu machen, die den Sachverständigen herangezogen hat.**[3])

(2) Die Gebühr ist von der Behörde, die den Sachverständigen herangezogen hat,[3]) **zu bestimmen; ein unabhängiger Verwaltungssenat hat durch das zuständige Mitglied zu entscheiden.**[4]) **Vor der Gebührenbestimmung kann der Sachverständige aufgefordert werden, sich über Umstände, die für die Gebührenberechnung bedeutsam sind, zu äußern und, unter Setzung einer bestimmten Frist, noch fehlende Bestätigungen vorzulegen. Die Gebührenbeträge sind auf volle 10 Cent aufzurunden.**[5-7])

(3) Gegen den Bescheid, mit dem eine Sachverständigengebühr bestimmt oder über einen Vorschuß entschieden wird,

steht dem Sachverständigen das Recht der Berufung an die im Instanzenzug übergeordnete Behörde, wenn aber in der Sache eine Berufung an den unabhängigen Verwaltungssenat vorgesehen ist, an diesen zu.

(4) Für die Zahlung der Gebühr gilt § 51 c.

*) IdF des Art 1 Z 18 BGBl I 1998/158 (Neufassung des § 53 a samt Überschrift und Einfügung des § 53 b samt Überschrift; in Kraft getreten am 1. 1. 1999) und des Art 3 Z 5 und Z 6 BGBl I 2001/137 (Aufrundungsvorschrift auf 10 Cent eingefügt sowie Ersetzung des „Vorsitzenden" durch das „zuständige Mitglied" in Abs 2; in Kraft getreten am 1. 1. 2002).

**) Im Verwaltungsstrafverfahren, im Agrarverfahren und im Dienstrechtsverfahren anzuwenden, im Verwaltungsvollstreckungsverfahren nicht anzuwenden (§ 24 VStG, § 1 AgrVG, § 1 Abs 1 DVG, § 10 Abs 1 VVG).

1) Siehe §§ 52 f AVG.

2) In der jeweils geltenden Fassung: § 80 AVG.

3) Im Falle einer mittelbaren Beweisaufnahme ist das nicht die beweisaufnehmende Behörde, sondern die Behörde, die die Beweisaufnahme veranlasst und den Sachverständigen bestellt hat.

4) Die frühere Betrauung des Vorsitzenden mit dieser Aufgabe war hinsichtlich der UVS in den Ländern verfassungsrechtlich bedenklich, weil die Festlegung, welche Aufgaben der Vorsitzende des UVS wahrzunehmen hat, eine Angelegenheit des Organisationsrechts – nicht der Besetzung (Art 129 b Abs 5 B-VG) – ist, welches in die Kompetenz der Länder fällt: Art 129 b Abs 6 B-VG. Die Bestimmung ist nun durch Art 3 Z 6 BGBl I 2001/137 saniert.

5) **Erl 1998, 35:** „§ 53 a Abs. 2 folgt § 39 Abs. 1 und 2 des Gebührenanspruchsgesetzes 1975 und präzisiert die bei der Gebührenbestimmung einzuhaltende Vorgangsweise."

6) Die Festsetzung der Gebühren hat durch **Bescheid** zu erfolgen.

7) Hinsichtlich der Tragung der Gebühren siehe § 76 Abs 1 bis 3 und 5 AVG.

Gebühren der nichtamtlichen Dolmetscher

§ 53 b.*)**) **Nichtamtliche Dolmetscher[1]) haben für ihre Tätigkeit im Verfahren Anspruch auf Gebühren nach den §§ 24 bis 33, 34 Abs. 1 in Verbindung mit Abs. 2 erster Satz, Abs. 4 und 5, 36, 37 Abs. 2, 53 Abs. 2 und 54 des Gebührenan-**

spruchsgesetzes 1975.[2]) § 53a Abs. 1 zweiter Satz und Abs. 2 bis 4 ist anzuwenden.

*) IdF des Art 1 Z 18 BGBl I 1998/158 (Einfügung des § 53b samt Überschrift; in Kraft getreten am 1. 1. 1999).

**) Im Verwaltungsstrafverfahren, im Agrarverfahren und im Dienstrechtsverfahren anzuwenden, im Verwaltungsvollstreckungsverfahren nicht anzuwenden (§ 24 VStG, § 1 Abs 1 AgrVG, § 1 Abs 1 DVG, § 10 Abs 1 VVG).

1) Siehe § 39a AVG.

2) In der jeweils geltenden Fassung: § 80 AVG.

Augenschein

§ 54.*) Zur Aufklärung der Sache kann die Behörde auf Antrag oder von Amts wegen auch einen Augenschein, nötigenfalls mit Zuziehung von Sachverständigen,[1]) vornehmen.[2])

*) Im Verwaltungsstrafverfahren, im Agrarverfahren und im Dienstrechtsverfahren anzuwenden, im Verwaltungsvollstreckungsverfahren nicht anzuwenden (§ 24 VStG, § 1 AgrVG, § 1 Abs 1 DVG, § 10 Abs 1 VVG).

1) Siehe §§ 52, 53, 55 Abs 1 AVG.

2) **Augenschein** ist die von Behördenorganen, auch von Amtssachverständigen (siehe § 55 Abs 1 AVG), vorgenommene unmittelbare sinnliche – nicht notwendig nur optische – Wahrnehmung von Tatsachen oder Vorgängen; mit einem Augenschein kann auch eine mündliche Verhandlung verbunden werden (§ 40 Abs 1 AVG). Die Zuziehung der Beteiligten zu einem Augenschein ist nicht allgemein vorgeschrieben.

Mittelbare Beweisaufnahmen und Erhebungen

§ 55.*) (1) Die Behörde kann Beweisaufnahmen auch durch ersuchte oder beauftragte Verwaltungsbehörden[1]) oder einzelne dazu bestimmte amtliche Organe vornehmen lassen oder durch sonstige Erhebungen[2]) ersetzen oder ergänzen.[3]) Insbesondere können Amtssachverständige[4]) außer dem Fall einer mündlichen Verhandlung mit der selbständigen Vornahme eines Augenscheines[5]) betraut werden.

(2) **Die Gerichte dürfen um die Aufnahme von Beweisen nur in den gesetzlich besonders bestimmten Fällen ersucht werden.**

*) Im Verwaltungsstrafverfahren, im Agrarverfahren und im Dienstrechtsverfahren anzuwenden, im Verwaltungsvollstreckungsverfahren nicht anzuwenden (§ 24 VStG, § 1 AgrVG, § 1 Abs 1 DVG, § 10 Abs 1 VVG).

1) Darunter sind **alle** Verwaltungsbehörden zu verstehen, nicht nur die zur Vollziehung der Verwaltungsverfahrensgesetze berufenen Behörden.

2) Das sind im Gegensatz zur förmlichen Beweisaufnahme nicht formgebundene Nachforschungen zum Zweck der Feststellung entscheidungsrelevanter Tatsachen.

3) Der Grundsatz der **Unmittelbarkeit des Verfahrens** (Aufnahme der Beweise durch den zur Entscheidung berufenen Organwalter) **gilt** also nach AVG grundsätzlich **nicht. Anders** ist dies für den **UVS** geregelt (§ 67 f Abs 1, § 67 g Abs 1 AVG, sowie § 51 i VStG [C 2]).

Zur Amtshilfe siehe auch Art 22 B-VG.

4) Siehe §§ 52 f AVG.

5) Siehe § 54 AVG.

III. Teil: Bescheide

Erlassung von Bescheiden

§ 56.*)**) **Der Erlassung eines Bescheides**[1][2] **hat, wenn es sich nicht um eine Ladung (§ 19) oder einen Bescheid nach § 57 handelt, die Feststellung des maßgebenden Sachverhaltes, soweit er nicht von vornherein klar gegeben ist, nach den §§ 37 und 39 voranzugehen.**[3]

*) IdF des Art 1 Z 19 BGBl I 1998/158 (Streichung der Worte „Entscheidung oder Verfügung"; in Kraft getreten am 1. 1. 1999).

**) Im Verwaltungsstrafverfahren, im Agrarverfahren und im Dienstrechtsverfahren anzuwenden, im Verwaltungsvollstreckungsverfahren nicht anzuwenden (§ 24 VStG; § 1 AgrVG, siehe auch § 7 Abs 1 und 2; § 1 Abs 1 DVG; § 10 Abs 1 VVG).

1) **Bescheid** ist ein verwaltungsbehördlicher (hoheitlicher) Akt, durch den mit rechtsbegründender (konstitutiver) oder rechtsfeststel-

lender (deklarativer) Wirkung über eine individuelle Angelegenheit in förmlicher Weise abgesprochen wird. Gegenstand des Abspruchs kann eine materiellrechtliche Angelegenheit (meritorischer Bescheid, zB Entziehung einer Berechtigung) oder eine formellrechtliche Angelegenheit (verfahrensrechtlicher Bescheid, zB Aussetzung des Verfahrens gem § 38 AVG) sein. Rechtlich existent wird ein Bescheid erst dann, wenn das zeitlich letzte Erzeugungstatbestandsmerkmal – das ist in der Regel die Mitteilung des behördlichen Willensaktes nach außen – verwirklicht worden ist. Zweckmäßig ist die Einteilung der Bescheide in **Leistungsbescheide, Rechtsgestaltungsbescheide und Feststellungsbescheide.**

2) **Keine Bescheide** sind bloße **Verfahrensanordnungen** (zB Zurückweisung offenbar unerheblicher Beweisanträge gem § 43 Abs 2 AVG; siehe dazu § 63 Abs 2 AVG; diese sind nicht selbständig anfechtbar, sondern können nur und erst mit dem Rechtsmittel gegen den die Sache erledigenden Bescheid angefochten werden), **Mitteilungen** (zB über die Gebührenpflicht eines Anbringens), **Belehrungen** (zB über die Zeugnisverweigerungsgründe, § 50 AVG), **Akte der Privatwirtschaftsverwaltung** (zB Kündigung eines Vertragsbediensteten), **Parteierklärungen** (zB Antrag des Arbeitsinspektorats auf Erlassung von Vorkehrungen zum Schutz der Arbeitnehmer, § 10 Abs 1 ArbIG), **Mitwirkungen** (zB einer Bundespolizeidirektion beim Antrag auf Verleihung einer Kinokonzession, Art 15 Abs 3 B-VG), **Beurkundungen** (zB Ausstellung eines Staatsbürgerschaftsnachweises, § 44 StbG), **Verordnungen** (Art 18 Abs 2 B-VG), **Weisungen** (Art 20 Abs 1 B-VG) und **Akte unmittelbarer (verwaltungs)behördlicher Befehls- und Zwangsgewalt** (zB Festnahme gem § 35 VStG [C 2]).

3) Das Verwaltungsverfahren ist regelmäßig auf die Erlassung eines Bescheides hin angelegt; das Verfahren führt jedoch ua dann nicht zur Erlassung eines Bescheides, wenn es **eingestellt** wird; dies ist der Fall, wenn die gesetzlichen Voraussetzungen für einen von Amts wegen zu erlassenden Bescheid als nicht oder nicht mehr gegeben erkannt werden und für diesen Fall der (den) Partei(en) ein Anspruch auf bescheidförmige Erledigung nicht eingeräumt ist; weiters wenn der das Verfahren auslösende Parteiantrag zurückgezogen wird oder kraft ausdrücklicher gesetzlicher Anordnung (zB § 56 Abs 2 VStG [C 2]) als zurückgezogen gilt; desgleichen wenn die (einzige) Partei des Verfahrens verstorben oder sonst weggefallen ist und eine Rechtsnachfolge in die Parteistellung nicht stattfindet. Wenn das Vorliegen eines Einstellungsgrundes zwischen Partei und Behörde strittig ist, muss über die Einstellung bescheidförmig erkannt werden, sonst genügt ein Aktenvermerk (§ 16 AVG).

§ 57.*) (1) Wenn es sich um die Vorschreibung von Geldleistungen nach einem gesetzlich, statutarisch oder tarifmäßig feststehenden Maßstab[1]) oder bei Gefahr im Verzug um unaufschiebbare Maßnahmen handelt, ist die Behörde[2]) berechtigt, einen Bescheid auch ohne vorausgegangenes Ermittlungsverfahren zu erlassen.[3])

(2) Gegen einen nach Abs. 1 erlassenen Bescheid kann bei der Behörde, die den Bescheid erlassen hat, binnen zwei Wochen[4]) Vorstellung[5]) erhoben werden.[6]) Die Vorstellung hat nur dann aufschiebende Wirkung, wenn sie gegen die Vorschreibung einer Geldleistung gerichtet ist.[7])

(3) Die Behörde hat binnen zwei Wochen nach Einlangen der Vorstellung das Ermittlungsverfahren einzuleiten, widrigenfalls der angefochtene Bescheid von Gesetzes wegen außer Kraft tritt.[8]) Auf Verlangen der Partei ist das Außerkrafttreten des Bescheides schriftlich zu bestätigen.[9])

*) Im Agrarverfahren und im Dienstrechtsverfahren anzuwenden, im Verwaltungsstrafverfahren und im Verwaltungsvollstreckungsverfahren nicht anzuwenden (§ 1 AgrVG; § 1 Abs 1 DVG iVm § 9; § 24 VStG, siehe auch §§ 47 bis 50; § 10 Abs 1 VVG).

1) Siehe zB § 3 Abs 1 und § 4 BVwAbgV (B 5).

2) Ein Bescheid kann im Mandatsverfahren nur von der **Behörde** erlassen werden, die zur Erledigung der Angelegenheit in **erster Instanz** zuständig ist, nicht auch von der Berufungsbehörde.

3) Unter diesen Voraussetzungen kann ein Bescheid ohne jedes Ermittlungsverfahren und ohne Einräumung des Parteiengehörs erlassen werden: **Mandatsverfahren.** Im Bescheid ist – nach § 60 AVG – nicht nur die Sachentscheidung, sondern auch das Vorliegen einer der in § 57 Abs 1 AVG umschriebenen Voraussetzungen zu begründen. Ob ein Mandat vorliegt, ist danach zu beurteilen, ob sich die Behörde auf § 57 Abs 1 AVG gestützt hat (und nicht, ob sie sich darauf stützen durfte). Hinsichtlich der Erfordernisse einer Belehrung über die Zulässigkeit einer Vorstellung siehe § 61 AVG.

4) Schriftlich, siehe § 13 Abs 1 und 2 AVG. Ein begründeter Rechtsmittelantrag ist nicht erforderlich, wohl aber die Bezeichnung des angefochtenen Bescheides.

Der VwGH hat die Erfüllung des Erfordernisses der Schriftlichkeit auch dann angenommen, wenn die Behörde ein mündliches Anbringen in einer Niederschrift (§ 14 AVG) beurkundet hat (VwGH 6. 5. 2004, 2001/20/0195 – verstärkter Senat).

5) Davon zu unterscheiden ist der gleichnamige Rechtsbehelf nach Art 119a Abs 5 B-VG (Vorstellung gegen einen im eigenen Wirkungsbereich der Gemeinde erlassenen Bescheid nach Erschöpfung des innergemeindlichen Instanzenzugs).

6) Zur Erhebung der Vorstellung sind nur die Parteien des Verwaltungsverfahrens berechtigt. Die Vorstellung ist auch dann zulässig, wenn gegen den Bescheid, wäre er nach Durchführung eines Ermittlungsverfahrens ergangen, eine Berufung nicht offenstünde. Die Erhebung der Vorstellung gegen den Mandatsbescheid ist Voraussetzung für die Erwirkung eines Bescheides und für die allfällige Anrufbarkeit der Gerichtshöfe des öffentlichen Rechts (Erschöpfung des Instanzenzugs, Art 131 Abs 1 Z 1 und Art 144 Abs 1 B-VG).

7) Die aufschiebende Wirkung der gegen die Vorschreibung einer Geldleistung gerichteten Vorstellung kann durch die Behörde nicht ausgeschlossen werden.

8) Anders als der Einspruch nach § 49 Abs 2 VStG (C 2) bewirkt die Vorstellung nicht das Außerkrafttreten des Bescheides.

9) Im Fall der Meinungsverschiedenheit hat die Behörde über den Anspruch der Partei auf Ausstellung der Bestätigung **bescheidförmig** abzusprechen.

Inhalt und Form der Bescheide

§ 58.*) **(1) Jeder Bescheid**[1]) **ist ausdrücklich als solcher zu bezeichnen**[2]) **und hat den Spruch**[3]) **und die Rechtsmittelbelehrung**[4]) **zu enthalten.**[5])[6])

(2) Bescheide sind zu begründen,[7]) **wenn dem Standpunkt der Partei nicht vollinhaltlich Rechnung getragen oder über Einwendungen oder Anträge von Beteiligten abgesprochen wird.**[8])

(3) Im übrigen gilt auch für Bescheide § 18 Abs. 4.[9])[10])

*) Im Verwaltungsstrafverfahren, im Agrarverfahren und im Dienstrechtsverfahren anzuwenden, im Verwaltungsvollstreckungsverfahren nur Abs 1 „hinsichtlich der Rechtsmittelbelehrung" anzuwenden (§ 24 VStG, siehe auch §§ 44, 44a, § 46 Abs 2, § 48 Abs 1 und § 49a Abs 3; § 1 AgrVG, siehe auch § 7 Abs 1 und 2 und § 13; § 1 Abs 1 DVG, siehe aber § 10; § 10 Abs 1 VVG).

1) Vgl Anm 1 zu § 56 AVG.

2) Die **„ausdrückliche" Bezeichnung als Bescheid** ist nicht nur für schriftliche Bescheidausfertigungen, sondern allgemein vorgesehen. Es muss daher dieses Wort auch bei der mündlichen Verkün-

dung des Bescheides und in der gem § 62 Abs 2 AVG darüber aufzunehmenden Niederschrift verwendet werden. Das Fehlen der ausdrücklichen Bezeichnung als Bescheid berührt jedoch die Bescheidqualität einer Erledigung dann nicht, wenn sich diese allein schon aus ihrem **Inhalt** zweifelsfrei ergibt. Dies gilt entsprechend auch für die meisten anderen Formerfordernisse. Andererseits aber bewirkt die ausdrückliche Bezeichnung einer Erledigung als Bescheid für sich allein noch nicht deren Bescheidqualität; sie ist trotz dieser Bezeichnung dann kein Bescheid, wenn sich aus ihrem Inhalt anderes ergibt.

3) Siehe § 59 AVG; ein **„Bescheid" ohne Spruch ist** ein **Nicht-Akt.**

4) Siehe § 61, aber auch § 61 a AVG.

5) Bescheide sind grundsätzlich in deutscher Sprache abzufassen (Art 8 Abs 1 B-VG), siehe jedoch § 13 VoGrG (für die kroatische, slowenische und ungarische Sprache) sowie Anm 2 zu § 13 AVG.

6) Abweichende Verwaltungsvorschriften über die Form der Bescheide finden sich zB in § 46 StbG (Regelung der Form der Bescheide durch V des BMI); bloß abweichende Vorschriften über die Form von Bescheiden sind auch jene Bestimmungen, denen zufolge unter bestimmten Voraussetzungen über die (normative) Entschließung einer Behörde eine **„Urkunde"** auszustellen ist, die an die Stelle der Bescheidausfertigung nach dem AVG tritt: Vgl zB § 103 Abs 1 SchiffahrtsG, § 47 Abs 1 AlVG, § 41 Abs 1 KFG, § 13 Abs 1 und 4 FSG.

7) Siehe § 60 AVG.

8) Für Berufungsbescheide siehe jedoch § 67 AVG.

9) Bescheidausfertigungen haben daher auch zu enthalten: Die Bezeichnung der **Behörde,** das **Datum** der Genehmigung, den **Namen des Genehmigenden** sowie eine ordnungsgemäße **Fertigung** (§ 18 Abs 4 AVG). Ist aus der Ausfertigung nicht erkennbar, welche Behörde den Akt gesetzt hat, oder welche Person ihn genehmigt hat, liegt kein Bescheid vor (absolute Nichtigkeit). Sonstige Mängel eines Bescheides haben nicht notwendig dessen absolute Nichtigkeit zur Folge, sondern bewirken allenfalls (nur) dessen Rechtswidrigkeit.

10) Die **VwFormV** enthält eine Reihe von Formularen für bestimmte Bescheide.

§ 58 a.*)**) **In verbundenen Verfahren (§ 39 Abs. 2 a) hat die Behörde über die nach den Verwaltungsvorschriften erforderlichen Bewilligungen oder Genehmigungen in einem Be-**

scheid zu entscheiden. Der Spruch des Bescheides ist nach den jeweils angewendeten Verwaltungsvorschriften in Spruchpunkte zu gliedern. Die Behörde kann über einzelne oder mehrere Bewilligungen oder Genehmigungen gesondert absprechen, wenn dies zweckmäßig erscheint.[1])

*) Eingefügt durch Art 1 Z 8 BGBl I 2002/65; in Kraft getreten am 20. 4. 2002.

**) Im Verwaltungsstrafverfahren, im Agrarverfahren und im Dienstrechtsverfahren anzuwenden (§ 24 VStG, § 1 AgrVG, § 1 Abs 1 DVG), im Verwaltungsvollstreckungsverfahren nicht anzuwenden (§ 10 Abs 1 VVG).

1) **Erl 2002, 41:** „Der Spruch eines Gesamtbescheides ist hinsichtlich sämtlicher Bestandteile (Hauptinhalt, Auflagen usw.) nach den verschiedenen Verwaltungsvorschriften in Punkte zu gliedern, so dass jeder Spruchteil der jeweils angewendeten Materienvorschrift eindeutig zugeordnet ist. Dies erscheint insbesondere deshalb erforderlich, um im Rechtsmittelverfahren Unklarheiten über den Anfechtungsumfang hintanzuhalten."

§ 59.*)**) **(1) Der Spruch**[1]) **hat die in Verhandlung stehende Angelegenheit**[2]) **und alle die Hauptfrage betreffenden Parteianträge, ferner die allfällige Kostenfrage**[3]) **in möglichst gedrängter, deutlicher Fassung und unter Anführung der angewendeten Gesetzesbestimmungen,**[4]) **und zwar in der Regel zur Gänze, zu erledigen.**[5]) **Mit Erledigung des verfahrenseinleitenden Antrages gelten Einwendungen als miterledigt.**[6]) **Läßt der Gegenstand der Verhandlung eine Trennung nach mehreren Punkten zu, so kann, wenn dies zweckmäßig erscheint, über jeden dieser Punkte, sobald er spruchreif ist, gesondert abgesprochen werden.**

(2) Wird die Verbindlichkeit zu einer Leistung oder zur Herstellung eines bestimmten Zustandes ausgesprochen, so ist im Spruch zugleich auch eine angemessene Frist zur Ausführung der Leistung oder Herstellung zu bestimmen.[7])

*) IdF des Art 1 Z 20 BGBl I 1998/158 (Neufassung des ersten Satzes des Abs 1 und Einfügung des zweiten Satzes in Abs 1; in Kraft getreten am 1. 1. 1999).

**) Im Verwaltungsstrafverfahren, im Agrarverfahren und im Dienstrechtsverfahren anzuwenden, im Verwaltungsvollstreckungsverfahren nicht anzuwenden (§ 24 VStG, siehe auch § 44a, § 48 Abs 1, § 49a Abs 3, § 50 Abs 4; § 1 AgrVG, siehe auch § 7 Abs 1 und 2 und § 13; § 1 Abs 1 DVG, siehe aber § 10; § 10 Abs 1 VVG).

1) Der Spruch bringt die normative Erledigung zum Ausdruck; fehlt der Spruch, liegt kein Bescheid vor.

2) Die „in Verhandlung stehende Angelegenheit" ist der **Prozessgegenstand,** der in § 8 AVG als „Sache", in § 37 AVG als „Verwaltungssache" bezeichnet wird. Wie die Sache zu entscheiden ist, bildet die „Hauptfrage" (§ 38 AVG) des Verfahrens.

3) Insb nach den §§ 74 bis 79a AVG; dazu gehören aber nicht die Entscheidungen über Gebühren der Zeugen, Sachverständigen, Beteiligten oder Dolmetscher.

4) Als Grundsatz gilt, dass **Bescheiden die im Zeitpunkt ihrer Erlassung geltende Rechtslage zugrundezulegen** ist.

5) In den Spruch sind auch allfällige Nebenbestimmungen aufzunehmen (zB Auflagen, Bedingungen, Befristungen). Nicht Bestandteil des Spruchs ist das Ergebnis der nach § 38 AVG vorgenommenen Beurteilung einer Vorfrage, wohl aber die Ausschließung der aufschiebenden Wirkung einer Berufung; dieser Ausspruch ist aber nur „tunlichst" in den Spruch des Bescheides aufzunehmen, könnte aber auch in einem eigenen Bescheid erfolgen: § 64 Abs 2 AVG.

6) **Erl 1998, 35 f:** „Nach der neueren Rechtsprechung des Verwaltungsgerichtshofes (VwGH 26. 4. 1990, Zl. 90/06/0011, 19. 2. 1991, Zl. 87/05/0133 mwN; anders noch VwGH 6. 2. 1969, Zl. 1309/68; VwSlg. 7932 A/1970) ergibt sich aus der Erteilung einer Bewilligung mittelbar die Abweisung der gegen die Bewilligungserteilung gerichteten Einwendungen, weshalb es rechtlich bedeutungslos ist, wenn im Spruch des Bewilligungsbescheides nicht förmlich über die Einwendungen abgesprochen wird. Diese notwendige Konsequenz des Umstandes, daß auch im Mehrparteienverfahren letztlich ein einheitlicher Bescheid zu ergehen hat, durch den der verfahrenseinleitende Antrag zur Gänze erledigt wird, soll auch im Gesetzeswortlaut zum Ausdruck kommen."

7) Leistungsfrist (Paritionsfrist).

§ 60.*) **In der Begründung sind die Ergebnisse des Ermittlungsverfahrens, die bei der Beweiswürdigung maßgebenden Erwägungen und die darauf gestützte Beurteilung der Rechtsfrage klar und übersichtlich zusammenzufassen.**[1][2]

*) Im Verwaltungsstrafverfahren, im Agrarverfahren und im Dienstrechtsverfahren anzuwenden, im Verwaltungsvollstreckungsverfahren nicht anzuwenden (§ 24 VStG, siehe auch § 44 Abs 1 Z 7, § 46 Abs 2; § 1 AgrVG; § 1 Abs 1 DVG, siehe aber § 10; § 10 Abs 1 VVG).

1) In der Begründung sind – voneinander getrennt – die ermittelten **Tatsachen festzuhalten,** die Gründe, die zu ihrer Annahme geführt haben, anzugeben **(Beweiswürdigung)** und die festgestellten Tatsachen in rechtlicher Hinsicht zu würdigen **(rechtliche Beurteilung).**

2) Die Begründung hat keine normative Wirkung; sie ist aber in den Zweifelsfällen zur Auslegung des Spruches heranzuziehen. Bindende Wirkung haben jedoch Begründungen der Bescheide von Gemeindeaufsichtsorganen, die auf Grund einer Vorstellung nach Art 119a Abs 5 B-VG einen Gemeindebescheid kassieren, sowie die Begründung von Berufungsbescheiden, mit denen eine Angelegenheit zur neuerlichen Verhandlung an die Unterinstanz zurückverwiesen wird (§ 66 Abs 2 AVG).

§ 61.*)**) **(1) Die Rechtsmittelbelehrung[1]) hat anzugeben, ob der Bescheid noch einem weiteren Rechtszug unterliegt oder nicht und bejahendenfalls, innerhalb welcher Frist und bei welcher Behörde das Rechtsmittel einzubringen ist. Sie hat ferner auf die gesetzlichen Erfordernisse der Bezeichnung des angefochtenen Bescheides[2]) und eines begründeten Rechtsmittelantrages hinzuweisen.[3])[4])**

(2) Enthält ein Bescheid keine Rechtsmittelbelehrung oder fälschlich die Erklärung, daß kein Rechtsmittel zulässig sei oder ist keine oder eine kürzere als die gesetzliche Rechtsmittelfrist angegeben, so gilt das Rechtsmittel als rechtzeitig eingebracht, wenn es innerhalb der gesetzlichen Frist eingebracht wurde.[5])[6])

(3) Ist in dem Bescheid eine längere als die gesetzliche Frist angegeben, so gilt das innerhalb der angegebenen Frist eingebrachte Rechtsmittel als rechtzeitig.

(4) Enthält der Bescheid keine oder eine unrichtige Angabe über die Behörde, bei der das Rechtsmittel einzubringen ist, so ist das Rechtsmittel auch dann richtig eingebracht, wenn es bei der Behörde, die den Bescheid ausgefertigt hat, oder bei der angegebenen Behörde eingebracht wurde.

*) IdF des Art 1 Z 21 und 22 BGBl I 1998/158 (Neufassung des zweiten Satzes von Abs 1 und Streichung des Abs 5; in Kraft getreten am 1. 1. 1999).

**) Im Verwaltungsstrafverfahren, im Verwaltungsvollstreckungsverfahren, im Agrarverfahren und im Dienstrechtsverfahren anzuwenden (§ 24 VStG; § 10 Abs 1 VVG; § 1 AgrVG, siehe auch § 7 Abs 2; § 1 Abs 1 DVG, siehe aber § 10).

1) Davon zu unterscheiden ist die „Rechtsbelehrung" nach § 13 a AVG. Die Rechtsmittelbelehrung hat nur jene – **ordentlichen – Rechtsmittel** zu berücksichtigen, **die in den VerwaltungsverfahrensG selbst geregelt** sind, also nicht zB die Vorstellung nach Art 119 a Abs 5 B-VG und die Beschwerde an die Gerichtshöfe des öffentlichen Rechts (siehe dazu aber § 61 a AVG). Zur Rechtsmittelbelehrung von Bescheiden des Bundesasylamtes siehe § 22 Abs 3 AsylG.

2) Insb ob dieser zur Gänze oder zu einem bestimmten Teil angefochten wird; sog „Berufungserklärung".

3) Das „Erfordernis" eines **begründeten Rechtsmittelantrags** wird durch diese Bestimmung nicht konstituiert, sondern schon vorausgesetzt; ob ein solcher gefordert ist, bestimmt sich nach den das Rechtsmittel regelnden Vorschriften (siehe zB § 63 Abs 3 AVG). Fehlt die Bezeichnung des angefochtenen Bescheides oder ein begründeter Rechtsmittelantrag, ist die Berufung nach § 13 Abs 3 AVG zur Verbesserung zurückzustellen, gleichgültig, ob auf diese Erfordernisse in der Rechtsmittelbelehrung hingewiesen wurde.

4) Eine Angabe der Rechtsmittelbehörde ist nicht erforderlich.

5) Versäumt die Partei die Rechtsmittelfrist, weil der Bescheid keine Rechtsmittelbelehrung, keine Rechtsmittelfrist oder fälschlich die Angabe enthält, dass kein Rechtsmittel zulässig sei, kann sie nach § 71 Abs 1 Z 2 AVG die Wiedereinsetzung in den vorigen Stand beantragen.

6) Versäumt die Partei die Frist für die Beschwerde an den VwGH oder VfGH, weil die Rechtsmittelbelehrung fälschlich die Angabe enthält, dass noch ein ordentliches Rechtsmittel zulässig ist, kann vor dem jeweiligen Höchstgericht Wiedereinsetzung gegen die Versäumung der Beschwerdefrist beantragt werden (§ 46 Abs 2 VwGG; §§ 33, 35 VfGG iVm § 146 ZPO).

§ 61 a.*)**) **In Bescheiden, die in letzter Instanz erlassen werden,**1) **ist hinzuweisen:**

1. auf die Möglichkeit einer Beschwerde beim Verfassungsgerichtshof und,2) **sofern die Angelegenheit nicht nach**

Art. 133 B-VG von der Zuständigkeit des Verwaltungsgerichtshofes ausgeschlossen ist, auf die Möglichkeit einer Beschwerde beim Verwaltungsgerichtshof;[3])

2. auf die bei der Einbringung solcher Beschwerden einzuhaltenden Fristen;[4])

3. auf die gesetzlichen Erfordernisse der Einbringung solcher Beschwerden durch einen bevollmächtigten Rechtsanwalt;[5])

4. auf die für solche Beschwerden zu entrichtenden Eingabengebühren.[6])

*) IdF des Art 1 Z 23 BGBl I 1998/158 (Neufassung; in Kraft getreten am 1. 1. 1999) und des Art 5 Z 6 BGBl I 2011/100 (Neufassung der Z 3 und Z 4; in Kraft getreten am 1. 1. 2012).

**) Im Verwaltungsstrafverfahren, im Verwaltungsvollstreckungsverfahren, im Agrarverfahren und im Dienstrechtsverfahren anzuwenden (§ 24 VStG, § 10 Abs 1 VVG, § 1 AgrVG, § 1 Abs 1 DVG, siehe auch § 10).

1) Auch dann, wenn dem Antrag vollinhaltlich stattgegeben wurde (Erl 1998, 36); nach der Rsp der Höchstgerichte ist eine Beschwerde aber mangels Rechtsschutzbedürfnis unzulässig, wenn sie sich gegen einen vollinhaltlich stattgebenden Bescheid richtet.

2) Es ist auf die Möglichkeit hinzuweisen, dass – soweit die Zuständigkeit des VwGH nicht ausgeschlossen ist – sowohl beim VwGH wie auch zusätzlich beim VfGH Beschwerde erhoben werden kann (Parallelbeschwerden). Zum Hinweis auf die Möglichkeit der Beschwerde an den VfGH gegen Entscheidung des AsylGH siehe § 22 Abs 4 AsylG.

3) Der Hinweis auf die Möglichkeit einer Beschwerde bei den Gerichtshöfen des öffentlichen Rechts ist nicht Rechtsmittelbelehrung iS des § 61 AVG. Das Fehlen dieser Angabe zieht keine Rechtswirkungen nach sich, ist insb nicht als Wiedereinsetzungsgrund im höchstgerichtlichen Verfahren festgelegt.

4) Sie beträgt nach § 26 Abs 1 VwGG und nach § 82 Abs 1 VfGG **sechs Wochen.**

5) Siehe § 24 Abs 2 VwGG und § 17 Abs 2 VfGG.

6) Siehe § 17 a VfGG und § 24 Abs 3 VwGG.

§ 62.*) **(1) Wenn in den Verwaltungsvorschriften nicht anderes bestimmt ist,[1]) können Bescheide sowohl schriftlich[2]) als auch mündlich[3]) erlassen werden.**

(2) Der Inhalt und die Verkündung eines mündlichen Bescheides ist, wenn die Verkündung bei einer mündlichen Verhandlung erfolgt, am Schluß der Verhandlungsschrift,[4]) in anderen Fällen in einer besonderen Niederschrift[5]) zu beurkunden.[6])

(3) Eine schriftliche Ausfertigung des mündlich verkündeten Bescheides ist den bei der Verkündung nicht anwesenden und jenen Parteien zuzustellen, die spätestens drei Tage nach der Verkündung eine Ausfertigung verlangen;[7]) über dieses Recht ist die Partei bei Verkündung des mündlichen Bescheides zu belehren.

(4) Schreib- und Rechenfehler oder diesen gleichzuhaltende, offenbar auf einem Versehen[8]) oder offenbar ausschließlich auf technisch mangelhaftem Betrieb einer automationsunterstützten Datenverarbeitungsanlage beruhende Unrichtigkeiten in Bescheiden kann die Behörde jederzeit von Amts wegen berichtigen.[9])

*) Im Verwaltungsstrafverfahren, im Agrarverfahren und im Dienstrechtsverfahren anzuwenden, im Verwaltungsvollstreckungsverfahren nicht anzuwenden (§ 24 VStG, siehe auch § 46 Abs 1 und 2; § 1 AgrVG, siehe jedoch § 7 Abs 2 und § 13; § 1 Abs 1 DVG, siehe jedoch § 9 Abs 2 und § 11; § 10 Abs 1 VVG).

1) ZB § 7 Abs 2 AgrVG (F 2); § 9 Abs 2 und § 11 Abs 2 DVG (G 2); § 47 Abs 1 AlVG; § 360 Abs 2 GewO; § 23 Abs 1, § 28 Abs 5, § 34 Abs 3 und § 38 Abs 3 StbG; § 12 Abs 2 VerG; § 111 Abs 1 WRG.

2) Schriftliche Ausfertigungen von Bescheiden sind jedenfalls durch Zustellung (§§ 21 f AVG; ZuStG [E 1]) zu übermitteln.

3) Durch seine **mündliche Verkündung** erlangt der behördliche Willensakt Norm(Bescheid)qualität nur, wenn diese in einer Form erfolgt, die der Partei die Bedeutung des Vorgangs klarzumachen geeignet ist.

4) Siehe § 44 AVG.

5) Zur Niederschrift im Allgemeinen vgl §§ 14 f AVG.

6) Nach § 14 Abs 7 AVG muss nur die **Tatsache** der Verkündung des Bescheides sogleich in Vollschrift beurkundet werden, der **Inhalt** des Bescheides kann hingegen auch unter Verwendung technischer Hilfsmittel oder in Kurzschrift aufgenommen werden, und ist dann erst in weiterer Folge in Vollschrift zu übertragen.

7) Nach § 63 Abs 5 AVG und § 26 Abs 1 Z 1 VwGG beginnt die Berufungsfrist bzw die Beschwerdefrist erst mit der an die Partei erfolgten Zustellung zu laufen.

8) Berichtigungsfähig sind nur – gleichgültig ob im Spruch oder in der Begründung des Bescheides enthaltene – Fehler, die erkennbar nicht der behördlichen Willensbildung selbst, sondern allein ihrer Mitteilung anhaften.

9) Die Berichtigung ist ein im Instanzenzug anfechtbarer **Bescheid.**

IV. Teil: Rechtsschutz

1. Abschnitt: Berufung

§ 63.*)**) **(1) Der Instanzenzug**[1]) **und das Recht zur Einbringung der Berufung und sonstiger Rechtsmittel (Vorstellung)**[2]) **richten sich, abgesehen von den in diesem Bundesgesetz besonders geregelten Fällen,**[3]) **nach den Verwaltungsvorschriften.**

(2) Gegen Verfahrensanordnungen[4]) **ist eine abgesonderte Berufung nicht zulässig.**[5]) **Sie können erst in der Berufung gegen den die Angelegenheit erledigenden Bescheid angefochten werden.**

(3) Die Berufung hat den Bescheid zu bezeichnen, gegen den sie sich richtet, und einen begründeten Berufungsantrag zu enthalten.[6])

(4) Eine Berufung ist nicht mehr zulässig, wenn die Partei nach der Zustellung oder Verkündung des Bescheides ausdrücklich auf die Berufung verzichtet hat.[7])[8])

(5) Die Berufung ist von der Partei binnen zwei Wochen[9]) **bei der Behörde einzubringen,**[10]) **die den Bescheid in erster Instanz erlassen hat.**[11]) **Die Frist beginnt für jede Partei mit der an sie erfolgten Zustellung der schriftlichen Ausfertigung des Bescheides, im Fall bloß mündlicher Verkündung mit dieser. Wird eine Berufung innerhalb dieser Frist bei der Berufungsbehörde eingebracht, so gilt dies als rechtzeitige Einbringung; die Berufungsbehörde hat die bei ihr eingebrachte Berufung unverzüglich an die Behörde erster Instanz weiterzuleiten.**

*) IdF der Z 5 BGBl 1995/471 (Neufassung des Abs 5 nach Aufhebung des § 63 Abs 5 erster Satz zweiter Halbsatz durch Kdm BGBl 1994/686 mit Ablauf des 30. 6. 1995; in Kraft getreten am 1. 7. 1995) und des Art 1 Z 24 BGBl I 1998/158 (Ersetzung der Worte „nur das Verfahren betreffende Anordnungen" durch das Wort „Verfahrensanordnungen" in Abs 2; in Kraft getreten am 1. 1. 1999).

**) Im Verwaltungsstrafverfahren mit Ausnahme des Abs 1, im Verwaltungsvollstreckungsverfahren, im Agrarverfahren und im Dienstrechtsverfahren anzuwenden (§ 24 VStG, siehe auch §§ 51 und 60; § 10 Abs 1 VVG, siehe jedoch § 10 Abs 2; § 1 AgrVG, siehe jedoch § 7 Abs 2 und 3; § 1 Abs 1 DVG, siehe jedoch § 12).

1) Für die **Landesverwaltung** und für die **unmittelbare Bundesverwaltung** gilt der Grundsatz, dass – sofern nicht gesetzlich ausdrücklich anderes bestimmt ist – der Instanzenzug bis zur organisatorisch höchsten Behörde (LReg nach Art 101 Abs 1 B-VG; zuständiger BM nach Art 69 Abs 1 B-VG und BMG) geht.

Für den Bereich der **mittelbaren Bundesverwaltung** dagegen bestimmt Art 103 Abs 4 B-VG: „In den Angelegenheiten der mittelbaren Bundesverwaltung endet der administrative Instanzenzug, sofern der Landeshauptmann als Rechtsmittelbehörde zu entscheiden hat und nicht durch Bundesgesetz ausnahmsweise auf Grund der Bedeutung der Angelegenheit ausdrücklich anderes bestimmt ist, beim Landeshauptmann; steht die Entscheidung in erster Instanz dem Landeshauptmann zu, so geht der Instanzenzug in den Angelegenheiten der mittelbaren Bundesverwaltung, wenn nicht bundesgesetzlich anderes bestimmt ist, bis zum zuständigen Bundesminister."

Für **Wien** bestimmt Art 109 B-VG: „In den Angelegenheiten der mittelbaren Bundesverwaltung geht der Instanzenzug, soweit ein solcher nicht durch Bundesgesetz ausgeschlossen ist, im Lande Wien vom Magistrat als Bezirksverwaltungsbehörde oder, soweit in erster Instanz Bundesbehörden mit der Vollziehung betraut sind (Art. 102 Abs. 1 zweiter Satz), von diesen an den Bürgermeister als Landeshauptmann; im Übrigen gilt Art. 103 Abs. 4."

Für den Bereich der **Gemeindeverwaltung** siehe Art 118 Abs 4 B-VG.

Spezielle Regelungen gelten für die Zuständigkeit der **UVS** (siehe § 67 a AVG).

2) Zur Erhebung von Rechtsmitteln sind nur die Parteien (siehe § 8 AVG) legitimiert; die Parteistellung wird aber insb auch durch die ausdrückliche gesetzliche Zuerkennung der Legitimation zur Erhebung eines Rechtsmittels begründet.

3) Siehe § 17 Abs 4, § 19 Abs 4, § 70 Abs 3 und § 72 Abs 4 AVG.

4) Mit dieser Formulierung soll der in Lehre und Rechtsprechung gebräuchliche Begriff „Verfahrensanordnung“ als Rechtsbegriff eingeführt werden (Erl 1998, 36). Verfahrensanordnungen sind Verfügungen im Zuge eines Verwaltungsverfahrens, die nicht in Bescheidform ergehen, aber dennoch normativen Charakter aufweisen (vgl näher *Walter/Thienel* I, 1152).

5) **Wohl aber gegen verfahrensrechtliche Bescheide;** sofern der Gesetzgeber nicht anderes bestimmt, sind solche Bescheide in Ansehung der Zulässigkeit eines ordentlichen Rechtsmittels und des (allfälligen) Instanzenzugs ebenso zu beurteilen wie der den Verfahrensgegenstand, die Sache, erledigende Bescheid.

6) Fehlt die Bezeichnung des angefochtenen Bescheides oder ein begründeter Berufungsantrag, ist die Berufung nach § 13 Abs 3 AVG zur Verbesserung zurückzustellen.

7) Dasselbe gilt, wenn die bereits eingebrachte Berufung **zurückgezogen** wurde.

8) Nach § 51 Abs 4 VStG (C 2) kann der Beschuldigte während einer Anhaltung einen Berufungsverzicht nicht wirksam abgeben.

9) Siehe jedoch auch § 61 Abs 3 AVG.

10) Die Berufung ist **schriftlich** einzubringen; siehe § 13 Abs 1 und 2 AVG.

Der VwGH hat die Erfüllung des Erfordernisses der Schriftlichkeit auch dann angenommen, wenn die Behörde ein mündliches Anbringen in einer Niederschrift (§ 14 AVG) beurkundet hat (VwGH 6. 5. 2004, 2001/20/0195 – verstärkter Senat).

11) Siehe jedoch auch § 61 Abs 4 AVG.

§ 64.*) **(1) Rechtzeitig**[1]) **eingebrachte Berufungen haben aufschiebende Wirkung.**[2])

(2) Die Behörde[3]) **kann die aufschiebende Wirkung ausschließen, wenn die vorzeitige Vollstreckung im Interesse einer Partei oder des öffentlichen Wohles wegen Gefahr im Verzug dringend geboten ist.**[4]) **Ein solcher Ausspruch ist tunlichst schon in den über die Hauptsache ergehenden Bescheid aufzunehmen.**[5])

*) Im Agrarverfahren zur Gänze, im Verwaltungsstrafverfahren nur Abs 1 anzuwenden, im Verwaltungsvollstreckungsverfahren und

im Dienstrechtsverfahren nicht anzuwenden (§ 1 AgrVG, siehe jedoch § 5 Abs 4; § 24 VStG, siehe jedoch § 39 Abs 6; § 10 Abs 1 und 3 VVG; § 12 Abs 2 DVG); siehe auch Art I Abs 2 lit D EGVG.

1) Die Berufung muss nicht nur **rechtzeitig,** sondern auch **zulässig** sein.

2) Dh, dass der angefochtene Bescheid noch nicht vollstreckt werden kann und die durch einen Bescheid begründeten Rechte noch nicht ausgeübt werden können. Freilich werden durch eine Berufung alle Bescheidwirkungen suspendiert, weil dadurch der Eintritt der formellen Rechtskraft und damit auch der darin anknüpfenden materiellen Rechtskraftwirkungen verhindert wird. Wird die aufschiebende Wirkung ausgeschlossen, bedeutet das, dass der Bescheid schon während des laufenden Rechtsmittelverfahrens – soweit das seinem Inhalt nach möglich ist – vollstreckt werden kann bzw dass die darin begründeten Berechtigungen wahrgenommen werden dürfen.

3) Das ist die Behörde, die den angefochtenen Bescheid erlassen hat.

4) Bei der Entscheidung über die Aberkennung der aufschiebenden Wirkung sind auch unionsrechtliche Vorgaben zu beachten; so ist die aufschiebende Wirkung insb dann abzuerkennen, wenn die Aufschiebung der Vollstreckung die effektive Umsetzung unionsrechtlicher Vorschriften unterlaufen würde. Andererseits darf die aufschiebende Wirkung nicht aberkannt werden, wenn dadurch die Umsetzung des Unionsrechts beeinträchtigt würde (vgl näher *Walter/Thienel* I, 1214 ff).

5) Die Ausschließung der aufschiebenden Wirkung ist ein **Bescheid.**

§ 64 a.*)**) **(1) Die Behörde**[1]**) kann die Berufung binnen zwei Monaten nach Einlangen bei der Behörde erster Instanz**[2]**) durch Berufungsvorentscheidung erledigen. Sie kann die Berufung nach Vornahme notwendiger Ergänzungen des Ermittlungsverfahrens als unzulässig oder verspätet zurückweisen, den Bescheid aufheben oder nach jeder Richtung abändern.**[3–5]**)**

(2) Jede Partei[6]**) kann binnen zwei Wochen nach Zustellung der Berufungsvorentscheidung bei der Behörde**[7]**) den Antrag stellen, daß die Berufung der Berufungsbehörde zur Entscheidung vorgelegt wird (Vorlageantrag).**

(3) Mit Einlangen des Vorlageantrages tritt die Berufungsvorentscheidung außer Kraft.[8]) Die Behörde[7]) hat die Parteien vom Außerkrafttreten der Berufungsvorentscheidung zu verständigen.[9]) Verspätete oder unzulässige Vorlageanträge sind von ihr[10]) zurückzuweisen.[11])

*) IdF des Art 1 Z 25 BGBl I 1998/158 (Neufassung; in Kraft getreten am 1. 1. 1999).

**) Im Verwaltungsstrafverfahren, im Verwaltungsvollstreckungsverfahren, im Agrarverfahren und im Dienstrechtsverfahren anzuwenden (§ 24 VStG; § 10 Abs 1 VVG; § 1 Abs 1 DVG; § 1 Abs 1 AgrVG, siehe auch § 7 Abs 4).

1) Eine Berufungsvorentscheidung kann nicht nur durch die Behörde getroffen werden, die den Bescheid in erster Instanz erlassen hat, sondern durch jede Behörde, gegen deren Entscheidung eine (zulässige) Berufung erhoben wurde.

2) Vgl § 63 Abs 5 AVG; dass die Berufung ohne Fristversäumnis auch bei der Berufungsbehörde eingebracht werden kann, ändert nichts daran, dass es für den Lauf der Frist auf das Einlangen bei der erstinstanzlichen Behörde ankommt.

3) **Erl 1998, 36:** „Voraussetzung einer Berufungsvorentscheidung ist nach § 64 a allein das Vorliegen einer Berufung: Eine Berufungsvorentscheidung ist daher grundsätzlich auch dann zulässig, wenn die Berufung unzulässig ist oder einander ‚widersprechende' Berufungsanträge vorliegen. Ob die Behörde (auch) in diesen Fällen eine Berufungsentscheidung trifft, steht in ihrem Ermessen. Bestätigende Berufungsvorentscheidungen oder Zurückverweisungen an die Unterinstanz kommen nach wie vor nicht in Betracht. § 51 Abs. 6 VStG (Verbot der **reformatio in peius**) bleibt unberührt."

4) Werden von verschiedenen Parteien mehrere Berufungen gegen denselben Bescheid erhoben, so müssen entweder alle Berufungen durch Berufungsvorentscheidung erledigt oder alle Berufungen der Berufungsbehörde zur Entscheidung vorgelegt werden.

5) Für die Form der Berufungsvorentscheidung gelten die §§ 58 ff AVG, in der Rechtsmittelbelehrung ist auf den Vorlageantrag hinzuweisen. Die Berufungsvorentscheidung ist allen Parteien des Verfahrens zuzustellen.

6) Nicht nur der ursprüngliche Berufungswerber.

7) Gemeint: Die die Berufungsvorentscheidung erlassen hat.

8) Damit wird die durch den bekämpften Bescheid geschaffene Rechtslage wiederhergestellt.

9) Die Verständigung ist eine Mitteilung **ohne Bescheidcharakter.**

10) Dh: Der Behörde, die die Berufungsvorentscheidung erlassen hat.

11) Erl 1998, 36: „Unzulässige oder verspätete Vorlageanträge setzen die Berufungsvorentscheidung selbstverständlich nicht außer Kraft (vgl. § 57 Abs. 3 AVG)."

§ 65.*) **Werden in einer Berufung neue Tatsachen oder Beweise, die der Behörde**[1]) **erheblich scheinen, vorgebracht,**[2]) **so hat sie hievon unverzüglich den etwaigen Berufungsgegnern Mitteilung zu machen und ihnen Gelegenheit zu geben, binnen angemessener, zwei Wochen nicht übersteigender Frist vom Inhalt der Berufung Kenntnis zu nehmen und sich dazu zu äußern.**[3])

*) Im Verwaltungsstrafverfahren, im Verwaltungsvollstreckungsverfahren, im Agrarverfahren und im Dienstrechtsverfahren anzuwenden (§ 24 VStG; § 10 Abs 1 VVG; § 1 AgrVG; § 1 Abs 1 DVG, siehe jedoch § 8).

1) Das ist die Behörde, bei der die Berufung einzubringen ist; bleibt diese untätig, hat die Berufungsbehörde die Berufungsmitteilung vorzunehmen.

2) Im Berufungsverfahren besteht **kein Neuerungsverbot;** siehe jedoch § 42 Abs 1 und 3 AVG und Anm 1 und 4 dazu. Der **Grundsatz der Amtswegigkeit** und jener der **materiellen Wahrheit** (siehe § 39 AVG und Anm 2 dazu) gelten uneingeschränkt auch für das Berufungsverfahren.

3) Der **Grundsatz des Parteiengehörs** (§ 37 AVG) gilt uneingeschränkt auch für das Berufungsverfahren.

§ 66.*)**) **(1) Notwendige Ergänzungen des Ermittlungsverfahrens hat die Berufungsbehörde**[1]) **durch eine im Instanzenzug untergeordnete Behörde durchführen zu lassen oder selbst vorzunehmen.**

(2) Ist der der Berufungsbehörde vorliegende Sachverhalt so mangelhaft, daß die Durchführung oder Wiederholung einer mündlichen Verhandlung unvermeidlich erscheint,[2]) **so kann die Berufungsbehörde den angefochtenen Bescheid beheben und die Angelegenheit zur neuerlichen Verhandlung und**

Erlassung eines neuen Bescheides an eine im Instanzenzug untergeordnete Behörde[3]) zurückverweisen.[4])

(3) Die Berufungsbehörde kann jedoch die mündliche Verhandlung und unmittelbare Beweisaufnahme auch selbst durchführen, wenn hiemit eine Ersparnis an Zeit und Kosten verbunden ist.[5])

(4) Außer dem in Abs. 2 erwähnten Fall hat die Berufungsbehörde, sofern die Berufung nicht als unzulässig oder verspätet zurückzuweisen[6]) ist, immer in der Sache selbst zu entscheiden.[7]) Sie ist berechtigt, sowohl im Spruch als auch hinsichtlich der Begründung (§ 60) ihre Anschauung an die Stelle jener der Unterbehörde zu setzen und demgemäß den angefochtenen Bescheid nach jeder Richtung abzuändern.[8])

*) IdF des Art 1 Z 26 und 27 BGBl I 1998/158 (Ersetzung von „Behörde erster Instanz" durch „im Instanzenzug untergeordnete Behörde" in Abs 1 und 2; in Kraft getreten am 1. 1. 1999).

**) Im Verwaltungsvollstreckungsverfahren, im Agrarverfahren und im Dienstrechtsverfahren zur Gänze, im Verwaltungsstrafverfahren nur Abs 1, 3 und 4 anzuwenden (§ 24 VStG; § 10 Abs 1 VVG, siehe jedoch § 10 Abs 2; § 1 AgrVG, siehe auch § 7 Abs 4; § 1 Abs 1 DVG).

1) Die Berufung kann aber auch durch die Behörde, die den angefochtenen Bescheid erlassen hat, durch Berufungsvorentscheidung erledigt werden: § 64a AVG.

2) Diese Zurückverweisung kam bis zur Novelle BGBl I 1998/158 nur in Betracht, wenn das unterinstanzliche Verfahren mangelhaft war; im Hinblick auf die mit dieser Novelle eingeführte Möglichkeit einer Änderung des verfahrenseinleitenden Antrages in jeder Lage des Verfahrens (vgl § 13 Abs 8 AVG und Anm 23 dazu) – also auch noch im Berufungsverfahren – und der daran anknüpfenden Pflicht zur Ergänzung des Ermittlungsverfahrens (§ 37 AVG) kommt eine Zurückverweisung nunmehr wohl auch dann in Betracht, wenn nach einer Antragsänderung im Berufungsverfahren die Durchführung einer (neuerlichen) mündlichen Verhandlung unvermeidlich erscheint.

3) Erl 1998, 36: „Künftig soll der Berufungsbehörde Auswahlermessen dahingehend eingeräumt sein, welche von mehreren im Instanzenzug untergeordneten Behörden sie mit der Vornahme von Erhebungen betraut oder an welche dieser Behörden sie die Sache zurückverweist."

4) Diese Kassation und Zurückverweisung ist ein im Instanzenzug anfechtbarer verfahrensrechtlicher **Bescheid.**

5) Vgl auch § 39 Abs 2 AVG.

6) Die Berufung kann auch schon durch die Behörde, die den angefochtenen Bescheid erlassen hat, durch Berufungsvorentscheidung zurückgewiesen werden: § 64 a AVG. Die Zurückweisung durch die Berufungsbehörde ist ein im Instanzenzug anfechtbarer verfahrensrechtlicher Bescheid.

7) Die **Berufungsbehörde tritt** – grundsätzlich – **an die Stelle der Unterbehörde,** ihre Sachentscheidung ersetzt die unterinstanzliche Entscheidung.

Als neuerliche Sachentscheidung stellt sich insb die vollständige **Abweisung der Berufung** dar: als vollinhaltliche Bestätigung des angefochtenen Bescheides durch die Berufungsbehörde bedeutet sie die **Erlassung eines mit dem unterinstanzlichen Bescheid inhaltsgleichen Berufungsbescheides.**

8) Änderungen der maßgebenden Sach- und Rechtslage, die nach Erlassung des angefochtenen Bescheides eingetreten sind, hat die Berufungsbehörde zu berücksichtigen.

§ 67.*) **Der III. Teil**[1]) **gilt auch für die Bescheide der Berufungsbehörde, doch ist der Spruch auch dann zu begründen, wenn dem Berufungsantrag stattgegeben wird.**

*) Im Verwaltungsstrafverfahren, im Verwaltungsvollstreckungsverfahren, im Agrarverfahren und im Dienstrechtsverfahren anzuwenden (§ 24 VStG, § 10 Abs 1 VVG, § 1 AgrVG, § 1 Abs 1 DVG).

1) Das sind die §§ 56 bis 62 AVG.

2. Abschnitt: Besondere Bestimmungen für das Verfahren vor den unabhängigen Verwaltungssenaten

Zuständigkeit; Besetzung

§ 67 a.*)**) **Die unabhängigen Verwaltungssenate in den Ländern entscheiden:**

1. über Anträge[1]) **und Berufungen in Angelegenheiten, die ihnen durch die Verwaltungsvorschriften zugewiesen sind;**[2])

2. über Beschwerden von Personen, die behaupten, durch die Ausübung unmittelbarer verwaltungsbehördlicher Befehls- und Zwangsgewalt in ihren Rechten verletzt zu sein, ausgenommen in Finanzstrafsachen des Bundes.[3-5])

Soweit gesetzlich nicht anderes bstimmt ist, entscheiden die unabhängigen Verwaltungssenate in den Ländern durch Einzelmitglied. In den Angelegenheiten der Z 1 entscheiden sie über Anträge, für deren Erledigung sie als erste Instanz oder gemäß § 73 Abs. 2 zuständig sind, und über Berufungen gegen Bescheide des Landeshauptmannes, der Landesregierung, einer sonstigen Behörde, deren Sprengel das gesamte Landesgebiet, soweit es sich nicht um das Gebiet des Landes Wien handelt, umfasst, oder eines Kollegialorgans durch Kammern, die aus drei Mitgliedern bestehen. Über Berufungen gegen verfahrensrechtliche Bescheide entscheiden sie durch Einzelmitglied.[6]) In den Angelegenheiten der Nachprüfung einschließlich der Erlassung einstweiliger Verfügungen im Rahmen der Vergabe von Aufträgen im Unterschwellenbereich entscheiden sie durch Einzelmitglied.[7])

*) IdF des Art 1 Z 28 BGBl I 1998/158 (Neufassung samt Überschrift; in Kraft getreten am 1. 1. 1999), des Art 1 Z 9 BGBl I 2002/65 (Neufassung des Abs 1 letzter Satz und Anfügung von zwei weiteren Sätzen; in Kraft getreten am 20. 4. 2002), des Art 1 Z 1 BGBl I 2002/117 (Anfügung eines weiteren Satzes in Abs 1; in Kraft getreten am 1. 1. 2003) und des Art 7 Z 2 BGBl I 2008/4 (Entfall der Absatzbezeichnung „(1)" und des Abs 2; in Kraft getreten am 1. 7. 2008).

**) Im Verwaltungsstrafverfahren nicht anzuwenden (§ 24 VStG [C 2]). Zur Anwendung im Verwaltungsvollstreckungsverfahren vgl § 10 VVG (D 2) und Anm 5 dazu, zur Anwendung im Agrarverfahren vgl § 1 AgrVG (F 2) und Anm 12 dazu, zur Anwendung im Dienstrechtsverfahren vgl § 1 DVG (G 2) und Anm 1 dazu.

1) Gemeint: Devolutionsanträge (vgl Erl 1998, 36) sowie Anträge auf Erlassung bestimmter verfahrensrechtlicher Bescheide, zB Wiedereinsetzung in den vorigen Stand.

2) ZB § 82 Abs 1 FPG, § 20 Abs 7 GBefG, § 16 Abs 6 GelVerkG, § 123 Abs 1 KFG, § 8 Abs 4 UIG, § 101 a WRG, § 170 Abs 6 ForstG; auf landesgesetzlicher Ebene vgl etwa: § 27 Abs 1 lit e Sbg GVG LGBl 2002/9 idF LGBl 2011/53; siehe dazu auch Art 129 a Abs 1 Z 3 B-VG.

3) Die Beschwerde gegen die Ausübung unmittelbarer verwaltungsbehördlicher Befehls- und Zwangsgewalt in Finanzstrafsachen des Bundes ist im § 62 Abs 4 FinStrG geregelt; siehe dazu Art 129 a Abs 1 Z 2 B-VG.

4) Die Anfechtung von Akten unmittelbarer verwaltungsbehördlicher Befehls- und Zwangsgewalt bei den UVS in den Ländern ist ferner nicht zulässig, wenn die Rechtmäßigkeit eines solchen Aktes im Rahmen eines zur Erlassung eines Bescheides führenden Verfahrens geklärt werden kann (Art 129 a Abs 1 B-VG: „nach Erschöpfung des administrativen Instanzenzuges"; vgl zB § 120 StVG, § 30 DSG). In diesen Fällen könnte nur der im betreffenden Verfahren ergehende Bescheid beim UVS angefochten werden, soferne dies in den betreffenden Verwaltungsvorschriften vorgesehen ist (Art 129 a Abs 1 Z 3 B-VG).

5) Eine weder unter die Z 1 noch die Z 2 fallende Kompetenz der UVS begründen zB § 88 Abs 2 SPG und § 8 Abs 5 UIG.

6) Erl 2002, 41: „Nach Art. 129 b Abs. 5 B-VG ist die Frage, ob die unabhängigen Verwaltungssenate in den Ländern durch mehrere oder durch einzelne Mitglieder entscheiden, von dem das Verfahren regelnden Bundesgesetz zu lösen.

Der geltende § 67 a Abs. 1 AVG normiert für das Verfahren vor den unabhängigen Verwaltungssenaten in den Ländern als Regelfall die Zuständigkeit einer aus drei Mitgliedern bestehenden Kammer und überlässt es anderen gesetzlichen Regelungen, davon abweichend die Zuständigkeit eines Einzelmitglieds vorzusehen.

Auf Anregung der Vorsitzendenkonferenz der unabhängigen Verwaltungssenate in den Ländern soll dieser Grundsatz der Kammerzuständigkeit in Angelegenheiten, die den unabhängigen Verwaltungssenaten in den Ländern durch die Verwaltungsvorschriften zugewiesen werden (Abs. 1 Z 1), aus Gründen der Verwaltungsentlastung zu Gunsten einer grundsätzlichen Zuständigkeit des Einzelmitglieds aufgegeben werden. Hiebei bedarf es freilich eines Korrektivs dergestalt, dass für wichtige Angelegenheiten die Kammerzuständigkeit erhalten bleibt. Da der Verfahrensgesetzgeber kaum absehen kann, welche Angelegenheiten die Materiengesetzgebung den unabhängigen Verwaltungssenaten in den Ländern übertragen wird, erscheint eine erschöpfende Aufzählung der wegen ihrer Bedeutung den Kammern zuzuweisenden Angelegenheiten nicht als gangbarer Weg. Es kann jedoch davon ausgegangen werden, dass im Allgemeinen für jene Angelegenheiten, in denen die Materiengesetzgebung eine Entscheidung der Landesinstanz vorsieht, ein Bedarf nach der mit der Kammerzuständigkeit verbundenen erhöhten Richtigkeitsgewähr besteht. Dasselbe gilt, wenn in erster Instanz bereits eine Kollegialbehörde entschieden hat oder wenn der unabhängige Verwaltungssenat nach den Verwaltungsvorschriften selbst erste (und einzige) Verwaltungsinstanz ist. Für diese Angelegenheiten soll es daher bei der Kammerzuständigkeit bleiben. Für die Entscheidung über Berufungen gegen verfahrensrechtliche Bescheide (vgl. auch § 67 d Abs. 3 AVG) erscheint allerdings eine Kammerzuständigkeit jedenfalls entbehrlich.

Hinsichtlich der Kammerzuständigkeit zur Entscheidung über Berufungen gegen Bescheide einer sonstigen Behörde, deren Sprengel das gesamte Landesgebiet umfasst, ist die besondere Situation des Landes Wien durch eine Ausnahme zu berücksichtigen, da der Sprengel der Bezirksverwaltungsbehörde (Magistrat) in Wien das gesamte Landesgebiet umfasst.

Durch die im Vergleich zur Z 1 des § 67 a Abs. 1 ausführlich gestaltete Umschreibung des Begriffes ‚Anträge' soll lediglich zur Vermeidung von Missverständnissen eine im Begutachtungsverfahren vielfach angeregte Klarstellung erreicht werden."

7) **AB** (zum BG BGBl I 2002/117) **1259 BlgNR 21. GP 2:** „Nach der nunmehr vorgeschlagenen Regelung entscheiden die unabhängigen Verwaltungssenate in den Ländern in Angelegenheiten der Nachprüfung im Rahmen der Vergabe von Aufträgen einschließlich der Erlassung einstweiliger Verfügungen im Unterschwellenbereich durch Einzelmitglied. Der Begriff ‚Unterschwellenbereich' wird in § 67 a Abs. 1 in derselben Bedeutung verwendet wie im BVergG [2002] und bezeichnet Auftragsvergaben unterhalb der im BVergG festgelegten Schwellenwerte (§ 9 Abs. 2 und § 10 Abs. 2 *[des damaligen]* BVergG). Im ‚Oberschwellenbereich' bleibt es bei der Kammerzuständigkeit."

Parteien

§ 67 b.*)**) **Partei ist auch:**[1][2]

1. im Berufungsverfahren: die Behörde, die den angefochtenen Bescheid erlassen hat;[3]

2. im Verfahren über eine Beschwerde wegen der Ausübung unmittelbarer verwaltungsbehördlicher Befehls- und Zwangsgewalt: die belangte Behörde;[4]

3. im Verfahren auf Grund eines Devolutionsantrages: die Unterbehörde.[5]

*) IdF des Art 1 Z 29 BGBl I 1998/158 (Neufassung samt Überschrift; in Kraft getreten am 1. 1. 1999).

**) Im Verwaltungsstrafverfahren nicht anzuwenden (§ 24 VStG [C 2]). Zur Anwendung im Verwaltungsvollstreckungsverfahren vgl § 10 VVG (D 2) und Anm 5 dazu, zur Anwendung im Agrarverfahren vgl § 1 AgrVG (F 2) und Anm 12 dazu, zur Anwendung im Dienstrechtsverfahren vgl § 1 DVG (G 2) und Anm 1 dazu.

1) **Erl 1998, 37:** „Da § 8 AVG auch im Verfahren vor den unabhängigen Verwaltungssenaten anzuwenden ist, kann sich § 67b darauf beschränken, neben jenen Personen, die an der ‚Sache' im Sinne des § 8 AVG vermöge eines Rechtsanspruchs oder eines rechtlichen Interesses beteiligt sind, ‚auch' der Behörde Parteistellung einzuräumen."

2) Der Behörde werden keine materiellen Rechte eingeräumt, sondern nur die Parteirechte des AVG.

3) Parteien sind im Übrigen alle Parteien des unterinstanzlichen Verwaltungsverfahrens.

4) Partei ist ferner der Beschwerdeführer.

5) Partei ist ferner jedenfalls der Antragsteller; sofern sein Antrag zulässig ist auch alle Parteien des Verfahrens vor der säumigen Unterbehörde.

Beschwerden wegen der Ausübung unmittelbarer verwaltungsbehördlicher Befehls- und Zwangsgewalt

§ 67 c.*)**) **(1) Beschwerden nach § 67a Z 2 sind innerhalb von sechs Wochen ab dem Zeitpunkt, in dem der Beschwerdeführer von der Ausübung unmittelbarer verwaltungsbehördlicher Befehls- und Zwangsgewalt Kenntnis erlangt hat, sofern er aber durch sie behindert war, von seinem Beschwerderecht Gebrauch zu machen, ab dem Wegfall dieser Behinderung, bei dem unabhängigen Verwaltungssenat einzubringen,**[1]) **in dessen Sprengel dieser Verwaltungsakt gesetzt wurde.**

(2) Die Beschwerde hat zu enthalten:

1. die Bezeichnung des angefochtenen Verwaltungsaktes,

2. soweit dies zumutbar ist, eine Angabe darüber, welches Organ den angefochtenen Verwaltungsakt gesetzt hat und welcher Behörde er zuzurechnen ist (belangte Behörde),

3. den Sachverhalt,

4. die Gründe, auf die sich die Behauptung der Rechtswidrigkeit stützt,[2])

5. das Begehren, den angefochtenen Verwaltungsakt für rechtswidrig zu erklären,

6. die Angaben, die erforderlich sind, um zu beurteilen, ob die Beschwerde rechtzeitig eingebracht ist.[3])[4])

(3) Der angefochtene Verwaltungsakt ist für rechtswidrig zu erklären, wenn die Beschwerde nicht zurückzuweisen oder als unbegründet abzuweisen ist.[5]) Dauert der für rechtswidrig erklärte Verwaltungsakt noch an, so hat die belangte Behörde unverzüglich den der Entscheidung entsprechenden Rechtszustand herzustellen.

*) IdF der Z 7 und 8 BGBl 1995/471 (Einfügung des Abs 3; in Kraft getreten am 1. 7. 1995), des Art 1 Z 30 BGBl I 1998/158 (Streichung der früheren Abs 3 und 5, Umbenennung des bisherigen Abs 4 zu Abs 3; in Kraft getreten am 1. 1. 1999) und des Art 7 Z 3 BGBl I 2008/4 (Entfall von „Abs 1“ im Abs 1; Zeitpunkt des Inkrafttretens: 1. 7. 2008).

**) Eine Anwendung der Bestimmung im Rahmen der anderen VerwaltungsverfahrensG (VStG, vgl auch § 24; VVG, so auch § 10 Abs 1; AgrVG und DVG) kommt nicht in Betracht.

1) Schriftlich, § 13 Abs 1 AVG.

Der VwGH hat die Erfüllung des Erfordernisses der Schriftlichkeit auch dann angenommen, wenn die Behörde ein mündliches Anbringen in einer Niederschrift (§ 14 AVG) beurkundet hat (VwGH 6. 5. 2004, 2001/20/0195 – verstärkter Senat).

2) Da eine „bestimmte Bezeichnung des als verletzt erachteten Rechtes“ nicht gefordert ist, hat sich die Überprüfung nicht bloß auf diese Gründe zu beziehen (§ 39 AVG).

3) Außer diesem Inhalt kann die Beschwerde auch bereits den **Antrag auf Kostenersatz** (§ 79 a iVm § 74 Abs 2 AVG) enthalten; dieser kann freilich auch später gestellt werden.

4) Fehlt eine der in Abs 2 geforderten Angaben, ist die Beschwerde nach § 13 Abs 3 AVG zur Verbesserung zurückzustellen.

5) Eine ausdrückliche Feststellung der Rechtmäßigkeit des angefochtenen Aktes ist nicht vorgesehen; diese ergibt sich aus der Abweisung.

Öffentliche mündliche Verhandlung (Verhandlung)

§ 67 d.*)) (1) Der unabhängige Verwaltungssenat hat auf Antrag oder, wenn er dies für erforderlich hält, von Amts wegen eine öffentliche mündliche Verhandlung[1]) durchzuführen.[2])**

(2) Die Verhandlung kann entfallen, wenn

1. der verfahrenseinleitende Antrag der Partei[3]) oder die Berufung zurückzuweisen ist oder bereits auf Grund der Aktenlage feststeht, dass der mit Berufung angefochtene Bescheid aufzuheben ist;

2. der Devolutionsantrag zurückzuweisen oder abzuweisen ist;

3. die Beschwerde zurückzuweisen ist oder bereits auf Grund der Aktenlage feststeht, dass der angefochtene Verwaltungsakt für rechtswidrig zu erklären ist.

(3) Der Berufungswerber hat die Durchführung einer Verhandlung in der Berufung zu beantragen. Etwaigen Berufungsgegnern ist Gelegenheit zu geben, binnen angemessener, zwei Wochen nicht übersteigender Frist einen Antrag auf Durchführung einer Verhandlung zu stellen.[4]) Ein Antrag auf Durchführung einer Verhandlung kann nur mit Zustimmung der anderen Parteien zurückgezogen werden.[5])

(4) Der unabhängige Verwaltungssenat kann ungeachtet eines Parteiantrages von einer Verhandlung absehen, wenn er einen verfahrensrechtlichen Bescheid zu erlassen hat,[6]) die Akten erkennen lassen, dass die mündliche Erörterung eine weitere Klärung der Sache nicht erwarten lässt, und dem nicht Art. 6 Abs. 1 der Konvention zum Schutze der Menschenrechte und Grundfreiheiten, BGBl. Nr. 210/1958, entgegensteht.

*) IdF des Art 1 Z 31 BGBl I 1998/158 (Neufassung samt Überschrift; in Kraft getreten am 1. 1. 1999) und des Art 3 Z 7 BGBl I 2001/137 (Neufassung des § 67 d; in Kraft getreten am 1. 1. 2002).

**) Im Verwaltungsstrafverfahren nicht anzuwenden (§ 24 VStG [C 2]). Zur Anwendung im Verwaltungsvollstreckungsverfahren vgl § 10 VVG (D 2) und Anm 5 dazu, zur Anwendung im Agrarverfahren vgl § 1 AgrVG (F 2) und Anm 12 dazu, zur Anwendung im Dienstrechtsverfahren vgl § 1 DVG (G 2) und Anm 1 dazu.

1) Die Normierung einer (volks-)öffentlichen mündlichen Verhandlung im Verfahren vor den UVS in den Ländern soll dem Art 6 Abs 1 MRK Rechnung tragen.

2) Zur Neugestaltung des § 67 d durch Art 3 Z 7 BGBl I 2001/137 vgl **Erl 2001, 8 f:** „Die vorgeschlagene Neufassung des § 67 d über die Anberaumung einer mündlichen Verhandlung in den Verfahren vor den UVS beruht auf einer Anregung der Vorsitzendenkonferenz und weist folgende Merkmale auf:

Eine mündliche Verhandlung soll nicht jedenfalls anberaumt werden müssen, sondern – dem Art. 6 EMRK entsprechend – nur mehr auf Antrag der Parteien (diese Regelung gilt nicht für das Verwaltungsstrafverfahren, in dem jedenfalls eine mündliche Verhandlung stattzufinden hat). Dem Berufungsgegner ist hiefür analog § 65 eine angemessene Frist zu gewähren. Die vorgeschlagene Regelung ermöglicht es den unabhängigen Verwaltungssenaten, auch in den Fällen, in denen kein Antrag auf Durchführung einer mündlichen Verhandlung gestellt wurde, eine solche anzuberaumen.

An der geltenden Fassung des Abs. 2 wurde kritisiert, dass der generelle Ausschluss der Verhandlung in manchen der von Abs. 2 erfassten Fälle gegen Art. 6 EMRK verstoße (vgl. *Walter/Thienel,* Verwaltungsverfahrensnovellen 1998, 91 ff). Um diesen Bedenken Rechnung zu tragen und dem UVS eine differenzierte Handhabung unter Berücksichtigung des Art. 6 EMRK zu ermöglichen, soll die Pflicht zur Unterlassung der Verhandlung durch eine Ermessensregelung ersetzt werden.

Die Verzichtsregelung des geltenden Abs. 5 kann im Hinblick auf die grundsätzliche Antragsbedürftigkeit der Verhandlung entfallen. Auf Grund des vorgeschlagenen Abs. 3 wird die Zurückziehung eines Antrages auf Durchführung einer Verhandlung auch noch nach Beginn der Verhandlung möglich sein."

3) Der verfahrenseinleitende Antrag kann auf Erlassung eines erstinstanzlichen Bescheides (vgl zB § 88 Abs 2 SPG) oder eines verfahrensrechtlichen Bescheides gerichtet sein. Vgl aber auch Abs 4.

4) **Erl 1998, 37:** „Wenn eine Berufungsmitteilung zu erfolgen hat (§ 65 AVG), wird etwaigen Berufungsgegnern zweckmäßigerweise unter einem Gelegenheit zu geben sein, einen Antrag auf Durchführung einer Verhandlung zu stellen."

5) **Erl 1998, 37:** „Daß der Antrag auf Durchführung einer Verhandlung analog § 39 Abs. 1 Z 1 VwGG nur mit Zustimmung der anderen Parteien zurückgezogen werden kann, soll ausschließen, daß ein solcher Antrag ‚vorsichtshalber' (dh. für den Fall einer eventuellen Zurückziehung eines entsprechenden Antrages durch den Berufungsgegner) gestellt werden muß."

6) Es sind nur Bescheide ausschließlich verfahrensrechtlichen Charakters gemeint; dh nicht Bescheide, die auch materiellrechtlichen Charakter haben, etwa Aufhebungsbescheide nach § 68 AVG.

Ausschluß der Öffentlichkeit

§ 67 e.*)) (1) Die Öffentlichkeit[1]) darf von der Verhandlung nur soweit ausgeschlossen werden, als dies aus Gründen der Sittlichkeit, der öffentlichen Ordnung oder der nationalen Sicherheit, der Wahrung von Geschäfts- und Betriebsgeheimnissen sowie im Interesse des Schutzes Jugendlicher oder des Privatlebens einer Partei oder von Zeugen[2]) geboten ist.[3])**

(2) Der Ausschluß der Öffentlichkeit erfolgt durch Verfahrensanordnung[4]) entweder von Amts wegen oder auf Antrag einer Partei oder eines Zeugen.[2])

(3) Unmittelbar nach der Verkündung des Beschlusses über den Ausschluß der Öffentlichkeit haben sich alle Zuhörer zu entfernen, doch können die Parteien verlangen, daß je drei Personen ihres Vertrauens die Teilnahme an der Verhandlung gestattet wird.[5])

(4) Wenn die Öffentlichkeit von einer Verhandlung ausgeschlossen wurde, ist es soweit untersagt, daraus Umstände weiterzuverbreiten, als dies aus den in Abs. 1 angeführten Gründen geboten ist.[6])

*) IdF des Art 1 Z 32 BGBl I 1998/158 (Einfügung der Überschrift; in Kraft getreten am 1. 1. 1999).

**) Im Verwaltungsstrafverfahren anzuwenden (§ 24 VStG). Nach § 44 e Abs 2 AVG auch in öffentlichen Verhandlungen in Großverfahren anzuwenden. Zur Anwendung im Verwaltungsvollstreckungsverfahren vgl § 10 VVG (D 2) und Anm 5 dazu, zur Anwendung im Agrarverfahren vgl § 1 AgrVG (F 2) und Anm 12 dazu, zur Anwendung im Dienstrechtsverfahren vgl § 1 DVG (G 2) und Anm 1 dazu.

1) Gemeint ist die allgemeine Zugänglichkeit (**„Volksöffentlichkeit“**).

2) Siehe §§ 48 ff AVG.

3) Siehe jedoch § 22 MedienG, wonach Fernseh- und Hörfunkaufnahmen und -übertragungen sowie Film- und Fotoaufnahmen von Verhandlungen der Gerichte und UVS verboten sind.

4) Die behauptete Rechtswidrigkeit einer solchen Maßnahme kann lediglich als Verfahrensmangel bei der Anfechtung des in der Sache ergehenden Bescheides geltend gemacht werden (siehe § 63 Abs 2 AVG).

5) Für das erstinstanzliche Strafverfahren siehe § 43 Abs 3 und § 59 Abs 3 VStG (C 2).

6) Vgl § 301 StGB.

Unmittelbarkeit des Verfahrens; Beratung und Abstimmung

§ 67 f.*)**) **(1) Hat eine Verhandlung stattgefunden, so kann die Entscheidung nur von jenen Mitgliedern des unabhängigen Verwaltungssenates getroffen werden, die an dieser Verhandlung teilgenommen haben. Wenn sich die Zusammensetzung der Kammer geändert hat, ist die Verhandlung zu wiederholen.**

(2) Die Beratung und die Abstimmung der Kammer des unabhängigen Verwaltungssenates sind nicht öffentlich.

*) IdF des Art 1 Z 33 und 34 BGBl I 1998/158 (Neufassung der Überschrift und Streichung des Abs 3; in Kraft getreten am 1. 1. 1999).

**) Im Verwaltungsstrafverfahren anzuwenden (§ 24 VStG). Zur Anwendung im Verwaltungsvollstreckungsverfahren vgl § 10 VVG (D 2) und Anm 5 dazu, zur Anwendung im Agrarverfahren vgl § 1 AgrVG (F 2) und Anm 12 dazu, zur Anwendung im Dienstrechtsverfahren vgl § 1 DVG (G 2) und Anm 1 dazu.

Erlassung des Bescheides

§ 67 g.*)**) **(1) Der Bescheid**[1]) **und seine wesentliche Begründung**[2]) **sind auf Grund der Verhandlung,**[3]) **und zwar wenn möglich, sogleich nach deren Schluß zu beschließen und öffentlich zu verkünden.**[4]) **Die Verkündung des Bescheides ist von der Anwesenheit der Parteien unabhängig.**[5])

(2) Die Verkündung entfällt,[6]) **wenn**

1. eine Verhandlung nicht durchgeführt (fortgesetzt) worden ist oder

2. der Bescheid nicht sogleich nach Schluß der mündlichen Verhandlung beschlossen werden kann

und jedermann die Einsichtnahme in den Bescheid gewährleistet ist.[7])

(3) Den Parteien ist eine schriftliche Ausfertigung des Bescheides zuzustellen.[8])

*) IdF des Art 1 Z 35 BGBl I 1998/158 (Neufassung samt Überschrift; in Kraft getreten am 1. 1. 1999).

**) Im Verwaltungsstrafverfahren anzuwenden (§ 24 VStG). Zur Anwendung im Verwaltungsvollstreckungsverfahren vgl § 10 VVG (D 2) und Anm 5 dazu, zur Anwendung im Agrarverfahren vgl § 1 AgrVG (F 2) und Anm 12 dazu, zur Anwendung im Dienstrechtsverfahren vgl § 1 DVG (G 2) und Anm 1 dazu.

1) Gemeint: Der Spruch.

2) Unterbleibt die Verkündung der Begründung, ist der Bescheid dennoch gültig erlassen, wenn zumindest der Spruch verkündet wurde.

3) Daher darf auch im Verfahren nach dem AVG – obwohl dies nicht so ausdrücklich normiert ist wie in § 51 i VStG (C 2) – bei der Erlassung des Bescheides nach einer Verhandlung nur das berücksichtigt werden, was in der Verhandlung vorgekommen ist (Unmittelbarkeit).

4) Zur Beurkundung vgl § 62 Abs 2 AVG.

5) Der UVS hat seine Entscheidungspflicht daher auch dann erfüllt, wenn er den Bescheid in Abwesenheit aller Parteien verkündet; gegenüber den bei der Verkündung abwesenden Parteien wird der Bescheid aber erst durch die Zustellung rechtswirksam.

6) In diesen Fällen **hat** die Verkündung zu unterbleiben (Erl 1998, 38).

7) **Erl 1998, 38:** „Wenn und weil die Art. 6 MRK entsprechende Öffentlichkeit durch die Auflage zur öffentlichen Einsicht sichergestellt und der Bescheid ohnedies allen Parteien zuzustellen ist, soll die Verkündung auch ohne Verzicht der Parteien entfallen (vgl. § 415 ZPO), wenn der Bescheid nicht sogleich nach Schluß der Verhandlung beschlossen werden kann.“

8) Also ist nicht nur den Parteien, die dies verlangen (§ 62 Abs 3 AVG), sondern allen Parteien von Amts wegen eine schriftliche Ausfertigung zuzustellen.

Entscheidung über Berufungen nach den Verwaltungsvorschriften

§ 67 h.*)**) **(1) In den Angelegenheiten des § 67 a Z 1 gilt § 66 mit der Maßgabe, dass der unabhängige Verwaltungssenat dann gemäß § 66 Abs. 4 in der Sache zu entscheiden hat, wenn die belangte Behörde dem nicht bei der Vorlage der Be-**

rufung unter Bedachtnahme auf die wesentliche Vereinfachung oder Beschleunigung des Verfahrens widerspricht.

(2) Im Fall eines Widerspruchs der belangten Behörde hebt der unabhängige Verwaltungssenat den Bescheid auf, sofern dieser rechtswidrig ist. Rechtswidrigkeit liegt nicht vor, soweit die Gesetzgebung von einer bindenden Regelung des Verhaltens der Verwaltungsbehörde absieht und die Bestimmung dieses Verhaltens der Behörde selbst überlässt, die belangte Behörde aber davon im Sinne des Gesetzes Gebrauch gemacht hat.[1])

*) § 67h alte Fassung war durch Art 1 Z 36 BGBl I 1998/158 idF Dfb Z 3 BGBl I 1998/164 entfallen. § 67h neue Fassung eingefügt durch Art 1 Z 10 BGBl I 2002/65; in Kraft getreten am 1. 8. 2002. Nunmehr idF des Art 7 Z 3 BGBl I 2008/4 (Entfall von „Abs. 1" im Abs 1; Zeitpunkt des Inkrafttretens: 1. 7. 2008) und des Art 2 Z 23 BGBl I 2008/5 (Ersetzung des Wortes „Verwaltungsbehöde" durch das Wort „Verwaltungsbehörde" in Abs 2; rückwirkend in Kraft getreten am 1. 1. 2008).

**) Im Verwaltungsstrafverfahren nicht anzuwenden (§ 24 VStG [C 2]). Zur Anwendung im Verwaltungsvollstreckungsverfahren vgl § 10 VVG (D 2) und Anm 5 dazu, zur Anwendung im Agrarverfahren vgl § 1 AgrVG (F 2) und Anm 12 dazu, zur Anwendung im Dienstrechtsverfahren vgl § 1 DVG (G 2) und Anm 1 dazu.

1) Die Regelung stellt einen – erst im VA festgelegten – Weg für die Behandlung der Materien dar, die dem UVS durch Verwaltungsvorschriften zugewiesen sind (§ 67a Z 1 AVG). Es wird dabei ein Mittelweg zwischen grundsätzlicher **Sachentscheidung** (abgesehen von notwendigen Formalentscheidungen) und bloßer **Kassation** (im Widerspruchsfalle) gewählt. Dieser Kompromiss soll die Macht zwischen den Verwaltungsbehörden und dem UVS teilen.

Vgl auch **AB** (zum BG BGBl I 2002/65) **885 BlgNR 21. GP:** „Diesem Modell liegt der Gedanke zu Grunde, das Berufungsregime des AVG im Hinblick auf die Anforderungen der gegenständlichen UVS-Zuständigkeiten zu adaptieren. Von daher gesehen ist es zweckmäßig und folgerichtig, der belangten Behörde eine im öffentlichen Interesse auszuübende Gestaltungsmöglichkeit einzuräumen, den Weg zu einem raschen Verfahrensabschluss zu ebnen.

Die belangte Behörde soll einer Entscheidung in der Sache selbst durch den unabhängigen Verwaltungssenat widersprechen können, wenn hiedurch das Verfahren wesentlich vereinfacht oder beschleunigt wird (vgl. § 29a VStG). Damit wird auch dem Gedanken zum Durchbruch verholfen, dass solche Entscheidungen unter der Verantwortung der demokraktisch legitimierten obersten Verwaltungsorgane getroffen werden sollen.

Die Widerspruchserklärung der belangten Behörde stellt eine im öffentlichen Interesse erfolgende nicht in Bescheidform ergehende verfahrensbeschleunigende Verfahrensanordnung dar, die nicht selbständig bekämpfbar ist.

In Fällen des Widerspruchs darf der UVS ein der Unterinstanz eingeräumtes Ermessen (Art. 130 Abs. 2 B-VG) nicht ausüben."

3. Abschnitt: Sonstige Abänderung von Bescheiden

Abänderung und Behebung von Amts wegen

§ 68.[*][**] **(1) Anbringen[1]) von Beteiligten, die außer den Fällen der §§ 69 und 71 die Abänderung eines der Berufung nicht oder nicht mehr unterliegenden Bescheides[2]) begehren, sind, wenn die Behörde nicht den Anlaß zu einer Verfügung gemäß den Abs. 2 bis 4 findet,[3]) wegen entschiedener Sache zurückzuweisen.[4])[5])**

(2) Von Amts wegen können Bescheide, aus denen niemandem ein Recht erwachsen ist,[6]) sowohl von der Behörde oder vom unabhängigen Verwaltungssenat, die oder der den Bescheid erlassen hat,[7]) als auch in Ausübung des Aufsichtsrechtes von der sachlich in Betracht kommenden Oberbehörde[8]) aufgehoben oder abgeändert werden.[9])[10])

(3) Andere Bescheide kann in Wahrung des öffentlichen Wohles die Behörde, die den Bescheid in letzter Instanz erlassen hat, wenn ein unabhängiger Verwaltungssenat entschieden hat, dieser, oder die sachlich in Betracht kommende Oberbehörde[8]) insoweit abändern,[10]) als dies zur Beseitigung von das Leben oder die Gesundheit von Menschen gefährdenden Mißständen oder zur Abwehr schwerer volkswirtschaftlicher Schädigungen notwendig und unvermeidlich ist. In allen Fällen hat die Behörde mit möglichster Schonung erworbener Rechte vorzugehen.[11])

(4) Außerdem können Bescheide von Amts wegen in Ausübung des Aufsichtsrechtes von der sachlich in Betracht kommenden Oberbehörde[8]) als nichtig erklärt werden,[10]) wenn der Bescheid

1. von einer unzuständigen Behörde oder von einer nicht richtig zusammengesetzten Kollegialbehörde erlassen wurde,

2. einen strafgesetzwidrigen Erfolg herbeiführen würde,

3. tatsächlich undurchführbar ist oder

4. an einem durch gesetzliche Vorschrift ausdrücklich mit Nichtigkeit bedrohten Fehler leidet.[12])

(5) Nach Ablauf von drei Jahren nach dem in § 63 Abs. 5 bezeichneten Zeitpunkt ist eine Nichtigerklärung aus den Gründen des Abs. 4 Z 1 nicht mehr zulässig.

(6) Die der Behörde in den Verwaltungsvorschriften eingeräumten Befugnisse zur Zurücknahme oder Einschränkung einer Berechtigung außerhalb eines Berufungsverfahrens bleiben unberührt.[13])

(7) Auf die Ausübung des der Behörde gemäß den Abs. 2 bis 4 zustehenden Abänderungs- und Behebungsrechts steht niemandem ein Anspruch zu.[14]) **Mutwillige Aufsichtsbeschwerden und Abänderungsanträge sind nach § 35 zu ahnden.**

*) IdF der Z 12 BGBl 1995/471 (Einfügung des UVS in Abs 2; in Kraft getreten am 1. 7. 1995).

**) Im Verwaltungsvollstreckungsverfahren, im Agrarverfahren und im Dienstrechtsverfahren zur Gänze, im Verwaltungsstrafverfahren nur die Abs 1 und 4 bis 7 anzuwenden (§ 10 Abs 1 VVG; § 1 AgrVG, siehe jedoch § 8 AgrBehG; § 1 Abs 1 DVG, siehe jedoch § 13; § 24 VStG, siehe jedoch § 52 a).

1) Siehe § 13 AVG.

2) Die Anwendbarkeit des § 68 AVG setzt mithin voraus, dass der Bescheid bereits **formell rechtskräftig** geworden ist, dh von der Partei mit einem ordentlichen Rechtsmittel nicht mehr angefochten werden kann.

3) Die Zulässigkeit der Vorstellung im Gemeinderecht nach Art 119 a Abs 5 B-VG sowie die Zulässigkeit der Beschwerde an VfGH, VwGH und AsylGH nach Art 129 c, Art 131 und 144 B-VG behindern den Eintritt der formellen Rechtskraft nicht. Dass ein Verfahren über dessen Anfechtung bei der Vorstellungsbehörde, beim AsylGH, beim VwGH oder beim VfGH anhängig ist, hindert daher seine Aufhebung oder Abänderung nach § 68 AVG nicht.

4) Daraus folgt, dass **formell** rechtskräftige Bescheide grundsätzlich auch **materiell** rechtskräftig sind; sie dürfen auch von der Behörde nicht aufgehoben oder abgeändert werden **(Unwiderrufbarkeit)**, hindern ein neuerliches Verfahren in derselben Sache **(Unwie-**

derholbarkeit) und sind in Geltung **(Verbindlichkeit).** Ausnahmen ergeben sich aus §§ 68, 69 und 71 AVG sowie aus § 30 Abs 3, § 52 a Abs 1 und § 56 Abs 4 VStG (C 2). Der Partei zu diesem Zweck zustehende förmliche Antragsbefugnisse werden als **außerordentliche Rechtsmittel** bezeichnet.

Eine neuerliche Entscheidung kommt freilich dann in Betracht, wenn sich der maßgebliche Sachverhalt oder die maßgebliche Rechtslage in entscheidungswichtigen Punkten geändert hat. Dann liegt eine andere (**neue**) **Sache** vor, auf die sich die Rechtskraft des Bescheides nicht erstreckt.

5) Die Zurückweisung wegen res iudicata ist ein im Instanzenzug anfechtbarer verfahrensrechtlicher **Bescheid.**

6) **Niemandem ein Recht** erwächst jedenfalls aus einem Bescheid, mit dem im Einparteienverfahren das Begehren der Partei ab- oder zurückgewiesen, ihr ein Recht aberkannt oder eine Verpflichtung auferlegt wird, insb zB aus einem Bescheid, mit dem eine Ordnungs- oder eine Mutwillensstrafe verhängt wird.

7) Obwohl dies hier – anders als in § 68 Abs 3 AVG – nicht ausdrücklich gesagt wird, muss hierunter die Behörde, die den Bescheid **in letzter Instanz** erlassen hat, verstanden werden.

8) Bei mehreren in Betracht kommenden Oberbehörden (vgl Anm 3 zu § 4 AVG) kann der Bescheid von jeder dieser Behörden aufgehoben, abgeändert bzw für nichtig erklärt werden.

Die UVS in den Ländern sind keine „Oberbehörden" gegenüber den ihnen im Instanzenzug unterstellten Behörden. Umgekehrt haben die UVS auch keine ihnen vorgeordneten Oberbehörden, sodass ihre Bescheide durch eine andere Behörde nicht aufgehoben, abgeändert oder für nichtig erklärt werden können.

9) Ein Bescheid, mit dem ein anderer, rechtskräftiger Bescheid abgeändert bzw aufgehoben wird, stellt das Ergebnis von zwei begrifflich zu trennenden Entscheidungen dar: Die eine – **verfahrensrechtliche** – Entscheidung betrifft die (Zulässigkeit der) Beseitigung der rechtskräftigen Sachentscheidung, die andere Entscheidung betrifft die (Neuregelung der) Sache, dh die **inhaltliche** Gestaltung der zu erlassenden neuen Entscheidung; § 68 Abs 2 AVG bietet Maßstab und Grundlage nur für die erstere Entscheidung, letztere dagegen muss sich an den auf den Inhalt anzuwendenden Verwaltungsvorschriften orientieren.

10) Die Aufhebung bzw Abänderung in § 68 Abs 2 und 3 AVG wirkt (nur) ex nunc; die Rsp nimmt dies auch für Nichtigerklärungen (§ 68 Abs 4 AVG) an. Vgl aber § 13 Abs 5 DVG (G 2).

11) Diese Bestimmung ermächtigt – anders als § 68 Abs 2 AVG – die Behörde, in durch rechtskräftige Bescheide verbürgte Rechtspositionen einzugreifen und die Rechtsstellung der davon Betroffenen (auch) zu **verschlechtern.**

12) Siehe zB § 417 Abs 1 ASVG, § 72 Abs 3, § 73 Abs 1 und § 107 Abs 1 LFG, § 5 Abs 1 KflG, § 111 Abs 1 WRG.

13) Siehe zB § 26 FPG, §§ 24 ff FSG und § 17 Abs 2 ZTG. Die Notwendigkeit einer Aufhebung rechtskräftiger Bescheide (zwecks Rücknahme von Berechtigungen) kann sich auch aus unionsrechtlichen Vorschriften ergeben; vgl *Walter/Thienel* I, 1401 ff.

14) Die Ausübung der nach § 68 Abs 2 bis 4 AVG vorgesehenen Maßnahmen liegt im **Ermessen der Behörde.**

Wiederaufnahme des Verfahrens

§ 69.*)**) **(1) Dem Antrag einer Partei auf Wiederaufnahme eines durch Bescheid abgeschlossenen Verfahrens ist stattzugeben, wenn ein Rechtsmittel gegen den Bescheid nicht oder nicht mehr zulässig ist**[1]) **und:**

1. der Bescheid durch Fälschung einer Urkunde, falsches Zeugnis oder eine andere gerichtlich strafbare Handlung herbeigeführt oder sonstwie erschlichen worden ist[2]) **oder**

2. neue Tatsachen oder Beweismittel hervorkommen,[3]) **die im Verfahren ohne Verschulden der Partei nicht geltend gemacht werden konnten und allein oder in Verbindung mit dem sonstigen Ergebnis des Verfahrens voraussichtlich einen im Hauptinhalt des Spruches anders lautenden Bescheid herbeigeführt hätten,**[2]) **oder**

3. der Bescheid gemäß § 38 von Vorfragen abhängig war und nachträglich über eine solche Vorfrage von der hiefür zuständigen Behörde[4]) **(Gericht) in wesentlichen Punkten anders entschieden wurde.**

(2) Der Antrag auf Wiederaufnahme ist binnen zwei Wochen bei der Behörde einzubringen, die den Bescheid in erster Instanz erlassen hat. Die Frist beginnt mit dem Zeitpunkt, in dem der Antragsteller[5]) **von dem Wiederaufnahmegrund Kenntnis erlangt hat, wenn dies jedoch nach der Verkündung des mündlichen Bescheides und vor Zustellung der schriftlichen Ausfertigung geschehen ist, erst mit diesem Zeitpunkt.**[6]) **Nach Ablauf von drei Jahren nach Erlassung des Bescheides**[7]) **kann der Antrag auf Wiederaufnahme nicht mehr gestellt wer-**

den. Die Umstände, aus welchen sich die Einhaltung der gesetzlichen Frist ergibt, sind vom Antragsteller glaubhaft zu machen.[8])[9])

(3) Unter den Voraussetzungen des Abs. 1 kann die Wiederaufnahme des Verfahrens auch von Amts wegen[10]) **verfügt werden. Nach Ablauf von drei Jahren nach Erlassung des Bescheides kann die Wiederaufnahme auch von Amts wegen nur mehr aus den Gründen des Abs. 1 Z 1 stattfinden.**

(4) Die Entscheidung über die Wiederaufnahme steht der Behörde zu, die den Bescheid in letzter Instanz erlassen hat, wenn jedoch in der betreffenden Sache ein unabhängiger Verwaltungssenat entschieden hat, diesem.[11])

*) IdF des Art 1 Z 37 BGBl I 1998/158 (Neufassung des Abs 2; in Kraft getreten am 1. 1. 1999).

**) Im Verwaltungsstrafverfahren, im Verwaltungsvollstreckungsverfahren, im Agrarverfahren und im Dienstrechtsverfahren anzuwenden (§ 24 VStG, siehe jedoch §§ 52 und 60; § 10 Abs 1 VVG; § 1 AgrVG; § 1 Abs 1 DVG, siehe jedoch § 14).

1) Ist gegen den Bescheid noch ein ordentliches Rechtsmittel zulässig, so können die in den folgenden Z 1 bis 3 umschriebenen Tatbestände nur im Rechtsmittelverfahren geltend gemacht werden (siehe § 65 AVG). Voraussetzung für die Wiederaufnahme des Verfahrens ist, dass der das szt Verfahren abschließende Bescheid formell rechtskräftig ist, siehe auch Anm 2 zu § 68 AVG. Dass ein Verfahren vor dem VwGH, dem VfGH, der Gemeindevorstellungsbehörde (Art 119 a Abs 5 B-VG) oder dem AsylGH anhängig ist, berührt die Wiederaufnahme nicht.

2) In Z 1 handelt es sich um einen **absoluten** Wiederaufnahmegrund: Es ist nicht zu prüfen, ob sein Fehlen allein oder in Verbindung mit den sonstigen Ergebnissen des Verfahrens voraussichtlich einen im Hauptinhalte des Spruches anders lautenden Bescheid herbeigeführt hätte. Dies ist hingegen im Fall des **relativen** Wiederaufnahmegrundes der Z 2 des § 69 Abs 1 AVG vorgesehen.

3) Es muss sich um **Tatsachen (Beweismittel)** handeln, die **schon vor Erlassung des das wiederaufzunehmende Verfahren abschließenden Bescheides bestanden** haben, aber erst nach diesem Zeitpunkt **bekannt geworden** sind **(nova reperta).** Nach rechtskräftigem Abschluss des Verfahrens **neu entstandene** Tatsachen rechtfertigen dagegen nicht die Wiederaufnahme des Verfahrens; siehe Anm 4 letzter Satz zu § 68 AVG.

4) Damit sind nicht nur die in Art II Abs 1 EGVG (A 2) zur Anwendung des AVG berufenen Behörden gemeint, sondern **alle Verwaltungsbehörden.**

5) Gem § 69 Abs 1 AVG kommt als Antragsteller nur jemand in Betracht, dem im wiederaufzunehmenden Verfahren Parteistellung iS des § 8 AVG zukommt.

6) **Erl 1998, 38:** „Die Neufassung dieser Bestimmung soll eine Rechtsschutzlücke schließen. Nach dem geltenden § 69 Abs. 2 AVG könnte nämlich ein Wiederaufnahmegrund, der der Partei nach der Verkündung eines letztinstanzlichen Bescheides und vor der Zustellung einer schriftlichen Ausfertigung bekannt wird, nicht geltend gemacht werden, wenn die Zustellung mehr als zwei Wochen nach der Verkündung erfolgt."

Der Antrag ist schriftlich zu stellen: § 13 Abs 1 AVG.

Der VwGH hat die Erfüllung des Erfordernisses der Schriftlichkeit auch dann angenommen, wenn die Behörde ein mündliches Anbringen in einer Niederschrift (§ 14 AVG) beurkundet hat (VwGH 6. 5. 2004, 2001/20/0195 – verstärkter Senat).

7) Gemeint ist hier der letztinstanzliche, das wiederaufzunehmende Verfahren rechtskräftig abschließende Bescheid.

8) **Erl 1998, 38:** „Nach der Rechtsprechung des Verwaltungsgerichtshofes zu § 69 Abs. 2 AVG trifft die Beweislast für die Rechtzeitigkeit des Antrages in Ansehung der Frist die Partei (arg. ‚nachweislich'). Die bloße Glaubhaftmachung erscheint ausreichend (vgl. § 538 Abs. 2 ZPO und § 71 Abs. 1 Z 1 AVG sowie der neue § 42 Abs. 3 . . .)."

9) Dem Wiederaufnahmeantrag kommt **keine aufschiebende Wirkung** zu, sie kann ihm – zum Unterschied vom Wiedereinsetzungsantrag (siehe § 71 Abs 6 AVG) – auch von der Behörde nicht zuerkannt werden.

10) Die Wiederaufnahme des Verfahrens **von Amts wegen** kann sowohl zugunsten als auch zu Lasten der Partei(en) des wiederaufzunehmenden Verfahrens erfolgen.

11) Davon zu unterscheiden ist die Zuständigkeit zur Entscheidung im wiederaufgenommenen Verfahren; siehe dazu § 70 Abs 1 AVG.

§ 70.*)**) **(1) In dem die Wiederaufnahme bewilligenden oder verfügenden Bescheid**[1]) **ist, sofern nicht schon auf Grund der vorliegenden Akten ein neuer Bescheid**[2]) **erlassen**

werden kann, auszusprechen, inwieweit und in welcher Instanz das Verfahren wieder aufzunehmen ist.

(2) Frühere Erhebungen und Beweisaufnahmen, die durch die Wiederaufnahmsgründe nicht betroffen werden, sind keinesfalls zu wiederholen.

(3) Gegen die Ablehnung[3]) eines Antrages auf Wiederaufnahme steht dem Antragsteller das Recht der Berufung an die im Instanzenzug übergeordnete Behörde, wenn aber in der Sache eine Berufung an den unabhängigen Verwaltungssenat vorgesehen ist, an diesen zu. Gegen die Bewilligung oder die Verfügung der Wiederaufnahme ist eine abgesonderte Berufung nicht zulässig.[4])

*) IdF der Z 13 BGBl 1995/471 (Einfügung des UVS in Abs 3; in Kraft getreten am 1. 7. 1995).

**) Im Verwaltungsstrafverfahren, im Verwaltungsvollstreckungsverfahren, im Agrarverfahren und im Dienstrechtsverfahren anzuwenden (§ 24 VStG, siehe jedoch § 52; § 10 Abs 1 VVG; § 1 AgrVG; § 1 Abs 1 DVG, siehe jedoch § 14).

1) Siehe § 69 AVG. Nach der Rsp wird durch die Bewilligung oder Verfügung der Wiederaufnahme der Bescheid, durch den das Verfahren szt abgeschlossen wurde, aus der Rechtsordnung beseitigt; siehe dagegen zB § 14 Abs 1 bis 3 DVG (G 2).

2) In der Sache selbst, also im wiederaufgenommenen Verfahren; dieser Bescheid tritt an die Stelle des nach der Rsp bereits durch die Bewilligung oder Verfügung der Wiederaufnahme aufgehobenen ursprünglichen Bescheides.

3) Damit ist sowohl die bescheidmäßige **Abweisung** als auch die bescheidmäßige **Zurückweisung** des Antrags gemeint.

4) Die Unzulässigkeit der Wiederaufnahme kann in der Berufung gegen den in der Sache ergehenden Bescheid geltend gemacht werden.

Wurde die Wiederaufnahme durch eine letztinstanzliche Behörde bewilligt (verfügt), ist dagegen – weil eine Berufung nicht mehr in Betracht kommt – sogleich Beschwerde an den VwGH und den VfGH zulässig. In Asylverfahren ist – da gegen Bescheide des Bundesasylamtes ein administrativer Instanzenzug nicht offensteht – gegen die Bewilligung (Verfügung) der Wiederaufnahme durch das Bundesasylamt sogleich die Beschwerde an den AsylGH zulässig.

Wiedereinsetzung in den vorigen Stand

§ 71.*)**) (1) Gegen die Versäumung einer Frist[1]) oder einer mündlichen Verhandlung[2]) ist auf Antrag der Partei, die durch die Versäumung einen Rechtsnachteil erleidet, die Wiedereinsetzung in den vorigen Stand zu bewilligen, wenn:

1. die Partei glaubhaft macht, daß sie durch ein unvorhergesehenes oder unabwendbares Ereignis[3]) verhindert war, die Frist einzuhalten oder zur Verhandlung zu erscheinen und sie kein Verschulden oder nur ein minderer Grad des Versehens trifft, oder

2. die Partei die Rechtsmittelfrist versäumt hat, weil der Bescheid keine Rechtsmittelbelehrung, keine Rechtsmittelfrist oder fälschlich die Angabe enthält, daß kein Rechtsmittel zulässig sei.[4])

(2) Der Antrag auf Wiedereinsetzung muß binnen zwei Wochen nach dem Wegfall des Hindernisses oder nach dem Zeitpunkt, in dem die Partei von der Zulässigkeit der Berufung Kenntnis erlangt hat, gestellt werden.[5])

(3) Im Fall der Versäumung einer Frist hat die Partei die versäumte Handlung gleichzeitig mit dem Wiedereinsetzungsantrag nachzuholen.[6])

(4) Zur Entscheidung über den Antrag auf Wiedereinsetzung ist die Behörde berufen, bei der die versäumte Handlung vorzunehmen war oder die die versäumte Verhandlung angeordnet oder die unrichtige Rechtsmittelbelehrung erteilt hat.

(5) Gegen die Versäumung der Frist zur Stellung des Wiedereinsetzungsantrages findet keine Wiedereinsetzung in den vorigen Stand statt.

(6) Die Behörde kann dem Antrag auf Wiedereinsetzung aufschiebende Wirkung zuerkennen. Ein unabhängiger Verwaltungssenat hat durch Einzelmitglied zu entscheiden.

(7) Der Wiedereinsetzungsantrag kann nicht auf Umstände gestützt werden, die die Behörde schon früher für unzureichend befunden hat, um die Verlängerung der versäumten Frist oder die Verlegung der versäumten Verhandlung zu bewilligen.

*) IdF der Z 14 BGBl 1995/471 (Einfügung der Kompetenz des Kammermitgliedes eines UVS in Abs 6; in Kraft getreten am 1. 7. 1995) und des Art 1 Z 38 und 39 BGBl I 1998/158 (Neufassung des

Abs 1 Z 2, Änderung der die UVS betreffenden Regelung in Abs 6; in Kraft getreten am 1. 1. 1999).

**) Im Verwaltungsstrafverfahren, im Verwaltungsvollstreckungsverfahren, im Agrarverfahren und im Dienstrechtsverfahren anzuwenden (§ 24 VStG, siehe auch § 60; § 10 Abs 1 VVG; § 1 AgrVG; § 1 Abs 1 DVG, siehe jedoch § 15).

1) Nur die Versäumung von **verfahrensrechtlichen** Fristen (siehe Anm 1 zu § 32 AVG) kann durch Wiedereinsetzung ihrer Folgen entkleidet werden, nicht dagegen die Versäumung materiellrechtlicher Fristen. Eine Frist ist **versäumt,** wenn sie zu laufen begonnen hat und ungenutzt verstrichen ist; hängt der Fristenlauf von der Zustellung (siehe § 21 AVG und das ZustG [E 1]) eines behördlichen Schriftstücks an die Partei ab, so beginnt die Frist dann nicht zu laufen – und kann deshalb auch nicht versäumt werden –, wenn die Zustellung wegen Mängel unwirksam ist.

2) Auch eine mündliche Verhandlung ist nur dann „versäumt", wenn die Partei zur Verhandlung ordnungsgemäß geladen wurde und zu dieser nicht erschienen ist.

3) Die Rsp des VwGH versteht unter einem für die Versäumung der Prozesshandlung kausalen **Ereignis** nicht nur tatsächliches, in der Außenwelt stattfindendes Geschehen, sondern prinzipiell jedes, auch inneres, psychisches Geschehen (zB Vergessen, Irrtum).

4) Siehe § 61 Abs 2 AVG.

5) Und zwar schriftlich: § 13 Abs 1 und 2 AVG. Da eine andere Behörde als **Einbringungsstelle** nicht genannt ist, muss der Antrag bei der Behörde eingebracht werden, die nach § 71 Abs 4 AVG zur Entscheidung darüber berufen ist.

Der VwGH hat die Erfüllung des Erfordernisses der Schriftlichkeit auch dann angenommen, wenn die Behörde ein mündliches Anbringen in einer Niederschrift (§ 14 AVG) beurkundet hat (VwGH 6. 5. 2004, 2001/20/0195 – verstärkter Senat).

6) Nach der Rsp schadet es nicht, wenn die verspätete Prozesshandlung schon **vor dem** – rechtzeitig gestellten – **Wiedereinsetzungsantrag vorgenommen** (eingebracht) worden ist.

§ 72.*) **(1) Durch die Bewilligung der Wiedereinsetzung tritt das Verfahren in die Lage zurück, in der es sich vor dem Eintritt der Versäumung befunden hat.**[1])

(2) Durch den Antrag auf Wiedereinsetzung gegen die Versäumung der mündlichen Verhandlung wird die Frist zur

Anfechtung des infolge der Versäumung erlassenen Bescheides nicht verlängert.

(3) Hat eine Partei Wiedereinsetzung gegen die Versäumung der mündlichen Verhandlung beantragt und gegen den Bescheid Berufung[2]) eingelegt, so ist auf die Erledigung der Berufung erst einzugehen, wenn der Antrag auf Wiedereinsetzung abgewiesen worden ist.

(4) Gegen die Ablehnung[3]) eines Antrages auf Wiedereinsetzung steht dem Antragsteller das Recht der Berufung an die im Instanzenzug übergeordnete Behörde, wenn aber in der Sache eine Berufung an den unabhängigen Verwaltungssenat vorgesehen ist, an diesen zu. Gegen die Bewilligung der Wiedereinsetzung ist kein Rechtsmittel zulässig.[4])

*) Im Verwaltungsstrafverfahren, im Verwaltungsvollstreckungsverfahren, im Agrarverfahren und im Dienstrechtsverfahren anzuwenden (§ 24 VStG; § 10 Abs 1 VVG; § 1 AgrVG; § 1 Abs 1 DVG, siehe jedoch § 15).

1) Damit sind alle nach Ablauf der versäumten Frist bzw nach Beginn der versäumten Verhandlung in Konsequenz der stattgefundenen Versäumnis gesetzten Verfahrensakte als nicht erfolgt, insb nach diesem Zeitpunkt ergangene Bescheide als nicht erlassen anzusehen; siehe dagegen zB § 15 DVG (G 2).

2) „Berufung" meint hier jedes wie immer benannte ordentliche Rechtsmittel (vgl § 71 Abs 1 Z 2 AVG).

3) Damit ist sowohl die Abweisung als auch die Zurückweisung des Antrags gemeint.

4) Die Bewilligung der Wiedereinsetzung ist demnach ein unmittelbar vor den Gerichtshöfen des öffentlichen Rechts anfechtbarer verfahrensrechtlicher Bescheid; im Asylverfahren steht gegen eine Bewilligung der Wiedereinsetzung durch das Bundesasylamt die Beschwerde an den AsylGH offen.

Nach der Rsp des VfGH sind aber verfahrensrechtliche Bescheide in Verwaltungsstrafsachen wegen Art 129a Abs 1 Z 1 B-VG ausnahmslos bei den UVS in den Ländern anfechtbar; ein einfachgesetzlicher Ausschluss der Zulässigkeit ordentlicher Rechtsmittel könne sich verfassungskonform nur auf den normalen administrativen Instanzenzug beziehen, nicht auf die Anrufung der UVS, und schließe diese daher nicht aus (VfSlg 14.957/1997). Im Lichte dieser Rsp ist daher auch die Bewilligung der Wiedereinsetzung in Verwaltungsstrafsachen bei den UVS in den Ländern anfechtbar.

4. Abschnitt: Entscheidungspflicht

§ 73.*)) (1) Die Behörden[1]) sind verpflichtet,[2]) wenn in den Verwaltungsvorschriften nicht anderes bestimmt ist,[3]) über Anträge von Parteien (§ 8) und Berufungen ohne unnötigen Aufschub, spätestens aber sechs Monate nach deren Einlangen den Bescheid zu erlassen.[4]) Sofern sich in verbundenen Verfahren (§ 39 Abs. 2 a) aus den anzuwendenden Rechtsvorschriften unterschiedliche Entscheidungsfristen ergeben, ist die zuletzt ablaufende maßgeblich.[5])**

(2) Wird der Bescheid nicht innerhalb der Entscheidungsfrist[6]) erlassen,[7]) so geht auf schriftlichen Antrag der Partei[8]) die Zuständigkeit zur Entscheidung auf die sachlich in Betracht kommende Oberbehörde,[9]) wenn aber gegen den Bescheid Berufung an den unabhängigen Verwaltungssenat[10]) erhoben werden könnte, auf diesen über (Devolutionsantrag).[11]) Der Devolutionsantrag ist bei der Oberbehörde[9]) (beim unabhängigen Verwaltungssenat) einzubringen.[12]) Er ist abzuweisen, wenn die Verzögerung nicht auf ein überwiegendes Verschulden[13]) der Behörde zurückzuführen ist.[14])

(3) Für die Oberbehörde (den unabhängigen Verwaltungssenat) beginnt die Entscheidungsfrist[6]) mit dem Tag des Einlangens des Devolutionsantrages zu laufen.[15])

*) IdF des Art 1 Z 40 BGBl I 1998/158 (Neufassung; in Kraft getreten am 1. 1. 1999) und des Art 1 Z 11 BGBl I 2002/65 (Anfügung des zweiten Satzes im Abs 1; in Kraft getreten am 20. 4. 2002).

**) Im Verwaltungsvollstreckungsverfahren, im Agrarverfahren und im Dienstrechtsverfahren zur Gänze, im Verwaltungsstrafverfahren nur im landesgesetzlichen Abgabenstrafrecht und in Privatanklagesachen anzuwenden (§ 10 Abs 1 VVG; § 1 AgrVG; § 1 Abs 1 DVG; § 24 VStG, siehe auch § 51 Abs 7 und § 52 b).

1) Dazu gehören auch die UVS (Erl 1998, 39).

2) **Entscheidungspflicht** der Behörde; siehe auch Art 132 B-VG und § 27 VwGG (Säumnisbeschwerde an den VwGH) sowie § 61 Abs 1 Z 2 und Abs 2 AsylG (Säumnisbeschwerde an den AsylGH).

3) Siehe zB § 17 Abs 1 PaßG, § 16 Abs 6 SchBeihG, § 41 Abs 2 StudFG, § 50 Abs 3 AWG, § 62 Abs 1 GewO, § 7 Abs 2 UVP-G, § 18 Abs 1 und § 40 Abs 7 AMG.

4) Siehe §§ 56, 58 und 62 AVG.

5) **Erl 2002, 43:** „Die vorgeschlagene Ergänzung der Regelung über die Entscheidungspflicht steht im Zusammenhang mit den entworfenen Vorschriften zur Verfahrenskonzentration (§ 39 Abs. 2 a) und soll klarstellen, dass sich die Entscheidungsfrist in verbundenen Verfahren nach der längsten Frist richtet, die in einer der anzuwendenden Materienvorschriften vorgesehen ist. Ist in keiner dieser Vorschriften eine Entscheidungsfrist vorgesehen, so bleibt es bei der sechsmonatigen Entscheidungsfrist. Letzteres gilt auch dann, wenn etwa eine der anzuwendenden Materienvorschriften eine kürzere (als die subsidiäre sechsmonatige Frist) vorsieht, die anderen anzuwendenden Materiengesetze jedoch keine Frist normieren."

6) **Erl 1998, 39:** „Unter ‚Entscheidungsfrist' im Sinne der Abs. 2 und 3 ist die sechsmonatige Frist des Abs. 1, wenn die Verwaltungsvorschriften jedoch eine kürzere oder längere Frist vorsehen, diese zu verstehen. Mit der Behauptung, die (Unter-)Behörde habe nicht ‚ohne unnötigen Aufschub' entschieden, kann also vor dem Ablauf der Sechsmonatsfrist kein zulässiger Devolutionsantrag gestellt werden."

7) **Erl 1998, 39:** „Die Neuformulierung des Einleitungssatzes des Abs. 2 stellt klar, daß der Bescheid innerhalb der Entscheidungsfrist nicht notwendigerweise ‚zugestellt' – also schriftlich ausgefertigt – werden muß, sondern (grundsätzlich) auch mündlich erlassen werden kann (vgl. die §§ 62 Abs. 1 und 73 Abs. 1 AVG)."

Im Mehrparteienverfahren ist der Bescheid erlassen, wenn er auch nur gegenüber einer einzigen Partei verkündet oder zugestellt wurde; im Verfahren vor den UVS ist der Bescheid auch dann erlassen, wenn er in Abwesenheit aller Parteien verkündet wurde (vgl § 67 g Abs 1 AVG).

8) Antragsberechtigt ist der ursprüngliche Antragsteller, ferner aber in Mehrparteienverfahren auch jene Parteien, die durch die Untätigkeit der Behörde in ihren Rechten beeinträchtigt sind, zB ein Bewilligungswerber, wenn die Berufungsbehörde über die Berufung eines Nachbarn gegen die erstinstanzliche Bewilligung nicht entscheidet.

Der VwGH hat die Erfüllung des Erfordernisses der Schriftlichkeit (siehe § 13 Abs 1 AVG) auch dann angenommen, wenn die Behörde ein mündliches Anbringen in einer Niederschrift (§ 14 AVG) beurkundet hat (VwGH 6. 5. 2004, 2001/20/0195 – verstärkter Senat).

9) Siehe Anm 3 zu § 4 AVG.

10) Siehe § 67 a Z 1 AVG.

11) Der **Übergang der Entscheidungszuständigkeit** tritt, wenn die gesetzlichen Voraussetzungen hiefür vorliegen, mit dem Einlangen des Devolutionsantrags bei der Oberbehörde bzw dem UVS **ex lege** ein.

12) **Erl 1998, 39:** „Durch die Streichung des Wortes ‚unmittelbar' in Abs. 2 soll klargestellt werden, daß § 6 AVG – entgegen der Rechtsprechung des Verwaltungsgerichtshofes ... – auch auf Devolutionsanträge anzuwenden ist, die bei einer unzuständigen Behörde eingebracht werden. Wird ein solcher Antrag an die Oberbehörde (den unabhängigen Verwaltungssenat) weitergeleitet, so geht die Zuständigkeit mit Einlangen bei der Oberbehörde (beim unabhängigen Verwaltungssenat) auf diese(n) über."

13) **Erl 1998, 39:** „Im Interesse der Verfahrensbeschleunigung soll nach Abs. 2 der Übergang der Entscheidungszuständigkeit auf die Oberbehörde (den unabhängigen Verwaltungssenat) bereits dann endgültig sein, wenn die Säumnis auf ein überwiegendes Verschulden der (Unter-)Behörde zurückzuführen ist. Bei Prüfung des Verschuldens wird insbesondere darauf Bedacht zu nehmen sein, ob es die (Unter-)Behörde rechtswidrigerweise unterlassen hat, unverzüglich einen Mängelbehebungsauftrag zu erteilen." Dafür wird eine Frist von vier Wochen als Maßstab angenommen (Erl 1998, 26).

14) Wenn eine der gesetzlichen Voraussetzungen hiefür fehlt, tritt der Übergang der Entscheidungszuständigkeit nicht ein; hierüber hat die Oberbehörde (der UVS) **bescheidförmig** – durch einen (verfahrensrechtlichen) Bescheid **(Zurückweisung)** – abzusprechen; dieser Entscheidung kommt nicht der konstitutive Charakter der in § 73 Abs 2 AVG ausdrücklich erwähnten „Abweisung" des Devolutionsantrags, sondern feststellende Bedeutung zu. Der bei Vorliegen aller gesetzlichen Voraussetzungen ex lege eingetretene Übergang der Entscheidungszuständigkeit auf die Oberbehörde (UVS) ist von dieser (m) **durch Abweisung** (§ 73 Abs 2 AVG) **des Devolutionsantrags wieder rückgängig zu machen,** wenn die Säumnis nicht überwiegend auf ein Verschulden der (Unter-)Behörde zurückzuführen ist. Sowohl die Zurückweisung als auch die Abweisung ist ein im Instanzenzug anfechtbarer verfahrensrechtlicher **Bescheid.** Die **rechtswidrige Inanspruchnahme der Zuständigkeit** kann dagegen lediglich mit der Anfechtung des in der Sache ergehenden Bescheides bekämpft werden (siehe § 63 Abs 2 AVG).

15) § 73 AVG gilt im Verwaltungsstrafverfahren in Privatanklagesachen (§ 52b VStG [C 2]). Für Berufungen in Verwaltungsstrafsachen trifft § 51 Abs 7 VStG (C 2) eine besondere Säumnisregel. Für andere Anträge in Verwaltungsstrafverfahren gilt § 73 AVG nicht.

V. Teil: Kosten

Kosten der Beteiligten

§ 74.*)**) **(1) Jeder Beteiligte hat die ihm im Verwaltungsverfahren erwachsenden Kosten selbst zu bestreiten.**[1])

(2) Inwiefern einem Beteiligten ein Kostenersatzanspruch gegen einen anderen Beteiligten zusteht, bestimmen die Verwaltungsvorschriften.[2]) **Der Kostenersatzanspruch ist so zeitgerecht zu stellen, daß der Ausspruch über die Kosten in den Bescheid aufgenommen werden kann.**[3]) **Die Höhe der zu ersetzenden Kosten wird von der Behörde bestimmt**[4]) **und kann von dieser auch in einem Pauschalbetrag festgesetzt werden.**

*) IdF des Art 2 Z 24 BGBl I 2008/5 (Ersetzung des Wortes „Bauschbetrag" durch das Wort „Pauschalbetrag"; rückwirkend in Kraft getreten am 1. 1. 2008).

**) Im Verwaltungsstrafverfahren, im Agrarverfahren und im Dienstrechtsverfahren anzuwenden, im Verwaltungsvollstreckungsverfahren nicht anzuwenden (§ 24 VStG, § 1 AgrVG, § 1 Abs 1 DVG, § 10 Abs 1 und § 11 VVG).

1) Dieser Grundsatz gilt auch, wenn das Verfahren über Antrag eines anderen Beteiligten oder von Amts wegen eingeleitet worden ist; siehe jedoch § 42 Abs 4, § 79a, § 49 Abs 5 sowie § 39a iVm § 52 Abs 4, § 51 und § 52 Abs 4 jeweils in sinngemäßer Anwendung des § 49 Abs 5 AVG.

2) Siehe zB § 186 Abs 2 MinroG und § 123 Abs 2 WRG; siehe auch § 79a AVG.

3) Andernfalls erlischt der Kostenersatzanspruch.

4) Siehe § 59 Abs 1 AVG.

Kosten der Behörden

§ 75.*) **(1) Sofern sich aus den §§ 76 bis 78 nicht anderes ergibt, sind die Kosten für die Tätigkeit der Behörden im Verwaltungsverfahren von Amts wegen**[1]) **zu tragen.**

(2) Die Heranziehung der Beteiligten zu anderen als den in den §§ 76 bis 78 vorgesehenen Leistungen,[2]) **unter welchem Titel immer, ist unzulässig.**[3])

(3) Die gesetzlichen Bestimmungen über die Stempel- und Rechtsgebühren des Bundes bleiben unberührt.[4])

*) Im Agrarverfahren und im Dienstrechtsverfahren anzuwenden, im Verwaltungsstrafverfahren und im Verwaltungsvollstreckungsverfahren nicht anzuwenden (§ 1 AgrVG, siehe jedoch § 8; § 1 Abs 1 DVG; § 24 VStG, siehe auch §§ 64 ff; § 10 Abs 1 und § 11 VVG).

1) Dh von der nach finanzverfassungsrechtlichen (siehe § 2 F-VG), finanzausgleichsrechtlichen (siehe § 1 Abs 1 FAG 2008) und allfälligen sondergesetzlichen Regelungen dazu verpflichteten Körperschaft.

2) Die Entscheidung über die danach zulässige Heranziehung von Beteiligten ist, wenn ein Bescheid in der Hauptsache ergeht, tunlichst im Spruch dieses Bescheides zu treffen (siehe § 59 Abs 1 AVG). Sie kann aber auch in einem besonderen verfahrensrechtlichen **Bescheid** getroffen werden.

3) Siehe jedoch auch § 42 Abs 4, § 39 a, § 49 Abs 5, § 51 und § 52 Abs 4 AVG. Siehe auch das **Form 14** der **VwFormV.**

4) Vgl das GebG.

§ 76.*)**) **(1) Erwachsen der Behörde bei einer Amtshandlung Barauslagen,**[1]) **so hat dafür, sofern nach den Verwaltungsvorschriften nicht auch diese Auslagen von Amts wegen zu tragen sind,**[2]) **die Partei aufzukommen, die den verfahrenseinleitenden Antrag gestellt hat.**[3]) **Als Barauslagen gelten auch die Gebühren, die den Sachverständigen**[4]) **und Dolmetschern**[5]) **zustehen.**[6]) **Kosten, die der Behörde aus ihrer Verpflichtung nach § 17 a erwachsen, sowie die einem Gehörlosendolmetscher zustehenden Gebühren**[7]) **gelten nicht als Barauslagen. Im Falle des § 52 Abs. 3 hat die Partei für die Gebühren, die den nichtamtlichen Sachverständigen zustehen, nur soweit aufzukommen, als sie den von ihr bestimmten Betrag nicht überschreiten.**

(2) Wurde jedoch die Amtshandlung durch das Verschulden eines anderen Beteiligten verursacht, so sind die Auslagen von diesem zu tragen. Wurde die Amtshandlung von Amts wegen angeordnet, so belasten die Auslagen den Beteiligten dann, wenn sie durch sein Verschulden herbeigeführt worden sind.

(3) Treffen die Voraussetzungen der vorangehenden Absätze auf mehrere Beteiligte zu, so sind die Auslagen auf die einzelnen Beteiligten angemessen zu verteilen.

(4) Ist eine Amtshandlung nicht ohne größere Barauslagen durchführbar, so kann die Partei, die den verfahrenseinlei-

tenden Antrag gestellt hat, zum Erlag eines entsprechenden Vorschusses verhalten werden.[8])

(5) Die Kosten, die der Behörde aus ihrer Verpflichtung nach § 17 a erwachsen, sowie die den Sachverständigen[4]**) und Dolmetschern**[5]**) zustehenden Gebühren**[9]**) sind – falls hiefür nicht die Beteiligten des Verfahrens aufzukommen haben – von jenem Rechtsträger zu tragen, in dessen Namen die Behörde in der Angelegenheit gehandelt hat.**[10])[11])

*) IdF der Z 17, 17a und 18 BGBl 1995/471 (betreffend die Kosten des Gehörlosendolmetschers, die von der Partei bestimmten Kosten des nichtamtlichen Sachverständigen und die grundsätzliche Kostenzahlungspflicht; in Kraft getreten am 1. 7. 1995), des Art 1 Z 41 BGBl I 1998/158 (Neufassung des Abs 1 erster Satz; in Kraft getreten am 1. 1. 1999), des Art 1 Z 3 und 4 BGBl I 1999/164 (betreffend Kosten aus der Verpflichtung nach § 17a AVG; in Kraft getreten am 18. 8. 1999) und des Art 3 Z 8 BGBl I 2001/137 (Neufassung des Abs 4; in Kraft getreten mit 1. 1. 2002). § 76 Abs 1 dritter Satz ist mit Ablauf des 30. 6. 1998 außer Kraft getreten, wurde aber durch die spätere Hinausschiebung des Tages des Außerkrafttretens durch Art 1 Z 46 BGBl I 1998/158 neu erlassen; er ist damit gem Art 49 Abs 1 B-VG mit 1. 10. 1998 wieder in Kraft getreten und sollte mit Ablauf des 31. 12. 2001 außer Kraft treten (§ 82 Abs 5 AVG). Letztere Bestimmung wurde durch Art 3 Z 10 BGBl I 2001/137 aufgehoben; vgl auch Anm 2 zu § 82 AVG.

**) Im Verwaltungsstrafverfahren, im Agrarverfahren und im Dienstrechtsverfahren anzuwenden, im Verwaltungsvollstreckungsverfahren nicht anzuwenden (§ 24 VStG, siehe jedoch §§ 64 ff; § 1 AgrVG, siehe jedoch § 8; § 1 Abs 1 DVG; § 10 Abs 1 und § 11 VVG).

1) Unter „Barauslagen" sind alle die Aufwendungen zu verstehen, die für die Durchführung der einzelnen konkreten Amtshandlung gemacht werden und die über den sonstigen und allgemeinen Aufwand der Behörde hinausgehen, also insb die Kosten für Verlautbarungen, Drucklegungen, für Pläne, Zeichnungen udgl.

2) Siehe zB § 150 Abs 2 ArbVG.

3) Erl 1998, 39: „Durch die Neufassung soll zunächst die Rechtsprechung des Verwaltungsgerichtshofes kodifiziert werden, daß die Verpflichtung zur Tragung allfälliger Kosten bereits aus der Tatsache erwächst, daß das das Verwaltungsverfahren auslösende Parteibegehren gestellt worden ist und der Antrag auf Durchführung der zur vollständigen Ermittlung des Sachverhalts erforderlichen oder durch das Gesetz gebotenen Amtshandlungen im verfahrenseinleitenden Parteiantrag eingeschlossen ist (VwSlg. 4350 A/1957). Ferner soll durch Entfall der Worte ‚im allgemeinen' klargestellt werden, daß die Pflicht zur Kostentragung für die Partei, die den verfahrenseinleitenden Antrag gestellt (‚um die Amtshandlung angesucht') hat, **nur** in den im § 76 Abs. 2 genannten Fällen durchbrochen ist. Für den Eintritt der Kostenersatzpflicht nach § 76 Abs. 1 genügt es demnach, daß ‚[d]ie bei einer Amtshandlung erwachsenden Barauslagen [. . .] durch ein förmliches Ansuchen verursacht' worden sind (AB 360 BlgNR II. GP, 22)."

4) Siehe §§ 52 f AVG.

5) Siehe § 39 a AVG.

6) Die Vorschreibung von Sachverständigen- und Dolmetschergebühren an die Partei(en) als Barauslagen unterliegt dem gleichen Rechtsmittelzug wie die Sachentscheidung.

7) Dies hat zur Folge, dass diese Kosten nicht von der antragstellenden Partei zu tragen sind, sondern von jenem Rechtsträger, in dessen Namen die Behörde in der Angelegenheit gehandelt hat (§ 76 Abs 5 AVG).

8) Diese Maßnahme ist ein im Instanzenzug anfechtbarer verfahrensrechtlicher **Bescheid.**

Erl 2001, 9: „Gemäß § 76 Abs. 1 AVG in der Fassung des Bundesgesetzes BGBl. I Nr. 158/1998 hat für die Barauslagen der Behörde, sofern die Verwaltungsvorschriften nicht deren Tragung von Amts wegen vorsehen, ‚die Partei aufzukommen, die den verfahrenseinleitenden Antrag gestellt hat' (vorherige Fassung: , . . . im allgemeinen die Partei aufzukommen, die um die Amtshandlung angesucht hat.'). Wie den Erläuterungen zur AVG-Novelle 1998 (1167 BlgNR XX. GP, 39) zu entnehmen ist, sollte durch die Neufassung ‚zunächst die Rechtsprechung des Verwaltungsgerichtshofes kodifiziert werden, dass die Verpflichtung zur Tragung allfälliger Kosten bereits aus der Tatsache erwächst, dass das das Verwaltungsverfahren auslösende Parteibegehren gestellt worden ist und der Antrag auf Durchführung der zur vollständigen Ermittlung des Sachverhalts erforderlichen oder durch das Gesetz gebotenen Amtshandlungen im verfahrenseinleitenden Parteiantrag eingeschlossen ist' (vgl. VwSlgNF 4350 A/1957). Zu § 76 Abs. 4 AVG judiziert der VwGH jedoch, dass der Kostenvorschuss nur der Partei auferlegt werden kann, die um die Amtshandlung angesucht hat (vgl. VwSlgNF 9565 A/1978; VwGH 16. 4. 1980, Zl. 599/79). Der evidente Wertungswiderspruch zwischen der Judikatur des VwGH zu § 76 Abs. 1 und Abs. 4 AVG wurde im

Rahmen der AVG-Novelle durch das BGBl. I Nr. 158/1998 infolge eines Redaktionsversehens jedoch nicht aufgelöst. Die Novellierung des § 76 Abs. 4 (Anpassung an die Terminologie des Abs. 1) dient der Beseitigung dieses Widerspruches."

9) Siehe §§ 53 a und 53 b AVG.

10) Siehe auch Anm 1 zu § 75 AVG sowie § 2 F-VG.

11) Vgl auch den **AB** (zu BGBl I 1999/164) **2034 BlgNR 20. GP:** „Bei den Kosten für die Verlesung bzw. die Umsetzung des Inhaltes von Akten oder Aktenteilen in ‚sonst geeigneter Weise' handelt es sich nicht um Barauslagen der Behörde im Sinne des § 76 Abs. 1 AVG, vielmehr sind diese Kosten – wie die Gebühren für den Gehörlosendolmetscher nach § 39 a AVG – von jenem Rechtsträger zu tragen, in dessen Namen die Behörde in der Angelegenheit gehandelt hat."

§ 76 a.*)**) **Die den Zeugen**[1]) **zustehenden Gebühren sind von jenem Rechtsträger zu tragen, in dessen Namen der unabhängige Verwaltungssenat in der Angelegenheit gehandelt hat.**[2]) **Dies gilt auch für die den Beteiligten zustehenden Gebühren.**

*) IdF der Z 19 BGBl 1995/471 (Einfügung des § 76 a; in Kraft getreten am 1. 7. 1995) und des Art 1 Z 42 BGBl I 1998/158 (Neufassung; in Kraft getreten am 1. 1. 1999).

**) Im Verwaltungsstrafverfahren ist nur der erste Satz anzuwenden (§ 24 VStG). Zur Anwendung im Verwaltungsvollstreckungsverfahren vgl § 10 VVG (D 2) und Anm 5 dazu, zur Anwendung im Agrarverfahren vgl § 1 AgrVG (F 2) und Anm 12 dazu, zur Anwendung im Dienstrechtsverfahren vgl § 1 DVG (G 2) und Anm 1 dazu.

1) Siehe §§ 48 ff AVG.

2) Siehe auch Anm 1 zu § 75 AVG sowie § 2 F-VG. Mit dieser Anordnung soll nach der Intention des Gesetzgebers zum Ausdruck gebracht werden, dass Zeugen- und Beteiligtengebühren keine Barauslagen iS des § 76 AVG sind, und daher nie den Parteien des Verfahrens auferlegt werden können.

§ 77.*)**) **(1) Für Amtshandlungen der Behörden außerhalb des Amtes**[1]) **können Kommissionsgebühren eingehoben werden.**[2]) **Hinsichtlich der Verpflichtung zur Entrichtung dieser Gebühren ist § 76 sinngemäß anzuwenden.**

(2) Die Kommissionsgebühren sind in Pauschalbeträgen (nach Tarifen) oder, soweit keine Pauschalbeträge (Tarife) festgesetzt sind, als Barauslagen nach § 76 aufzurechnen. Die Pauschalbeträge (Tarife) sind nach der für die Amtshandlung aufgewendeten Zeit, nach der Entfernung des Ortes der Amtshandlung vom Amt oder nach der Zahl der notwendigen Amtsorgane festzusetzen.

(3) Die Festsetzung der Pauschalbeträge (Tarife) erfolgt durch Verordnung der Bundesregierung,[3]) für die Behörden der Länder und Gemeinden durch Verordnung der Landesregierung.[4])[5])

(4) Die Kommissionsgebühren sind von der Behörde, die die Amtshandlung vorgenommen hat, einzuheben und fließen der Gebietskörperschaft zu, die den Aufwand dieser Behörde zu tragen hat.

(5) Entsenden andere am Verfahren beteiligte Verwaltungsbehörden[6]) Amtsorgane, so sind von der die Amtshandlung führenden Behörde Kommissionsgebühren nach den für die entsendeten Organe geltenden Tarifen als Barauslagen einzuheben und dem Rechtsträger, dem die entsendeten Verwaltungsorgane zugehören, zu übermitteln.

(6) § 76 Abs. 4[7]) gilt auch für die Kommissionsgebühren.

*) IdF des Art 2 Z 25, 26 und 27 BGBl I 2008/5 (Ersetzung des Wortes „Bauschbeträge“ [in der jeweiligen grammatikalischen Form] durch das Wort „Pauschalbeträge“ [in der jeweiligen grammatikalischen Form] in Abs 2 und 3; Entfall der „Bezirke“ in Abs 3; rückwirkend in Kraft getreten am 1. 1. 2008).

**) Im Verwaltungsstrafverfahren und im Agrarverfahren anzuwenden, im Verwaltungsvollstreckungsverfahren und im Dienstrechtsverfahren nicht anzuwenden (§ 24 VStG; § 1 AgrVG, siehe jedoch § 8; § 10 Abs 1 und § 11 VVG; § 16 DVG).

1) Außerhalb des Amtes wird eine Amtshandlung – allenfalls auch im Amtsort selbst – dann vorgenommen, wenn das an ihr teilnehmende Amtsorgan dazu das **Amtsgebäude verlassen** muss.

2) Für besondere Überwachungsdienste öffentlicher Sicherheitsorgane siehe §§ 5 a, 48 a SPG.

3) Siehe die BKommGebV (B 4).

4) Dzt gelten folgende V: im **Bgld:** LuGKommGebV LGBl 1990/71 idF LGBl 2010/21; in **Ktn:** LKommGebV LGBl 1995/7 idF

LGBl 2005/110 sowie GKommGebV LGBl 1995/10 idF LGBl 2005/109; in **NÖ:** LKommGebV LGBl 3860/1 – 4 sowie GKommGebV LGBl 3860/2 – 5; in **OÖ:** LuGKommGebV LGBl 2011/71; in **Sbg:** LuGKommGebV LGBl 2001/110 idF LGBl 2010/73; in der **Stmk:** LKommGebV LGBl 2007/86 sowie GKommGebV LGBl 1954/50 idF LGBl 2010/56; in **Tir:** LKommGebV LGBl 2007/10 sowie GKommGebV LGBl 2007/11; in **Vbg:** LKommGebV LGBl 2005/12 idF LGBl 2009/78 sowie GKommGebV LGBl 2005/28 idF LGBl 2010/15; und in **Wien:** Verwaltungsabgaben- und KommissionsgebührenV LGBl 2001/104 idF LGBl 2008/15.

5) Für diese Unterscheidung ist die organisatorische, nicht die funktionelle Stellung der Behörde maßgebend.

6) Zumindest seit der Neufassung des § 77 Abs 5 AVG durch BGBl 1982/199 bezeichnet der Terminus „Verwaltungsbehörden" **hier** nicht (mehr) alle, sondern nur die zur Anwendung der VerwaltungsverfahrensG berufenen „Behörden" iS des Art II EGVG (A 2).

7) Erlag eines Kostenvorschusses.

§ 78.*)**) **(1) Den Parteien können in den Angelegenheiten der Bundesverwaltung (unmittelbare oder mittelbare Bundesverwaltung, übertragener Wirkungsbereich der Gemeinden in Bundesangelegenheiten) für die Verleihung von Berechtigungen oder sonstige wesentlich in ihrem Privatinteresse liegende Amtshandlungen der Behörden Bundesverwaltungsabgaben auferlegt werden,**[1]**) sofern die Freiheit von derlei Abgaben nicht ausdrücklich durch Gesetz**[2]**) festgesetzt ist. Wenn ein im Verwaltungsverfahren als Partei auftretender Rechtsträger zur Vollziehung der Gesetze berufen ist, so unterliegt er insoweit der Verpflichtung zur Entrichtung von Bundesverwaltungsabgaben nicht, als die Amtshandlung eine unmittelbare Voraussetzung der dem Rechtsträger obliegenden Vollziehung der Gesetze bildet. Die Gebietskörperschaften unterliegen ferner der Verpflichtung zur Entrichtung einer Bundesverwaltungsabgabe nicht, wenn diese der als Partei einschreitenden Gebietskörperschaft zufließen würde.**

(2) Für das Ausmaß der Bundesverwaltungsabgaben sind, abgesehen von den durch Gesetz besonders geregelten Fällen, durch Verordnung der Bundesregierung zu erlassende Tarife[3]**) maßgebend, in denen die Abgaben mit festen Ansätzen, die nach objektiven Merkmalen abgestuft sein können, bis**

zum Höchstbetrag von 1 090 Euro im einzelnen Fall festzusetzen sind.

(3)[4]) Das Ausmaß der Verwaltungsabgaben in den Angelegenheiten der Landes- und Gemeindeverwaltung richtet sich nach den auf Grund des Finanz-Verfassungsgesetzes und des Finanzausgleichsgesetzes bestehenden landesgesetzlichen Vorschriften.[5])

(4) Die Bundesverwaltungsabgaben sind von der in der Sache in erster Instanz zuständigen Behörde einzuheben und fließen der Gebietskörperschaft zu, die den Aufwand dieser Behörde zu tragen hat.

(5) Die Art der Einhebung ist für die Bundesbehörden durch Verordnung der Bundesregierung,[6]) für die Behörden der Länder und Gemeinden durch Verordnung der Landesregierung[7]) zu regeln.

*) IdF der Z 1 BGBl 1992/866 (Neufassung des Abs 2; in Kraft getreten am 1. 1. 1993), des Art VIII Z 1 BGBl I 2000/29 (Erhöhung des Betrages im Abs 2 von 10.000 S auf 15.000 S; in Kraft getreten am 1. 6. 2000), des Art 1 Z 2 BGBl I 2002/117 (Ersetzung des Betrages von 15.000 S durch den Betrag von 1 090 Euro; in Kraft getreten am 1. 1. 2003) und des Art 2 Z 27 und 28 BGBl I 2008/5 (Entfall der „Bezirke" in Abs 3 und 5; rückwirkend in Kraft getreten am 1. 1. 2008).

**) Im Verwaltungsstrafverfahren, im Verwaltungsvollstreckungsverfahren, im Dienstrechtsverfahren und im Agrarverfahren nicht anzuwenden (§ 24 VStG, § 10 Abs 1 VVG, § 16 DVG, § 1 Abs 1 AgrVG).

1) Die Verwaltungsabgaben sind **Abgaben** iS des F-VG (siehe auch Art I Abs 4 Z 1 EGVG [A 2]), ihre Regelung somit keine Materie des Verwaltungsverfahrens und also auch nicht Gegenstand der Bedarfsgesetzgebungskompetenz des Bundes nach Art 11 Abs 2 B-VG. Der Gesetzgebungskompetenz des Bundes unterliegen nach § 7 Abs 1 F-VG nur die Bundesabgaben (§ 6 Abs 1 Z 1 und 2 F-VG). § 78 AVG **geht davon aus, dass die** in seinen Abs 1, 2, 4 und 5 geregelten **Bundesverwaltungsabgaben Bundesabgaben sind** und daher bundesgesetzlich geregelt werden können, wogegen die in seinem Abs 3 angesprochenen **Landes- und Gemeindeverwaltungsabgaben** Landes- bzw Gemeindeabgaben sind und als solche gem § 8 Abs 1 F-VG der Regelungskompetenz des Landesgesetzgebers unterliegen.

Anders als die §§ 76f AVG stellt § 78 AVG bei der Unterscheidung zwischen Bundesverwaltungsabgaben einerseits und Landes- bzw Gemeindeverwaltungsabgaben anderseits **nicht auf die Organisation, sondern auf die Funktion** ab.

2) Solche Bestimmungen finden sich in den die verschiedenen Gebiete der Verwaltung regelnden Gesetzen (zB § 70 Abs 2 AlVG, § 150 Abs 1 ArbVG, § 23 BEinstG, § 57 HGG, § 68 Abs 2 HVG, § 64 Abs 2 KOVG und § 58 WG), dann aber auch in §§ 51c und 78a AVG und in Art II BGBl 1968/45 idF BGBl 1988/413, siehe Anm 1 zu Art V der WVKdm zum AVG (B 1).

3) Siehe die BVwAbgV (B 5).

4) Landes- und Gemeindeverwaltungsabgaben sind gem § 8 Abs 1 F-VG iVm § 14 Abs 1 Z 15 FAG 2008 ausschließliche Landes (Gemeinde)Abgaben und landesgesetzlich zu regeln (siehe auch Anm 1 zu § 78 AVG); § 78 Abs 3 AVG ist daher eine bloße Verweisung ohne normativen Inhalt.

5) Dzt gelten folgende Vorschriften: im **Bgld:** VwAbgG LGBl 1969/20 idF LGBl 2010/10, LVwAbgV LGBl 2002/1 idF LGBl 2005/63, GVwAbgV LGBl 2002/4, GrundverkehrsO LGBl 2007/45 idF LGBl 2008/77 und GrundverkehrsVwAbgV LGBl 1986/10; in **Ktn:** VwAbgG LGBl 1970/62 idF LGBl 2009/24; in **NÖ:** VwAbgG LGBl 3800 – 7, LVwAbgV LGBl 3800/1 – 4, GVwAbgV LGBl 3800/2 – 5; in **OÖ:** VwAbgG LGBl 1974/6 idF LGBl 2008/43, LVwAbgV LGBl 2001/135 idF LGBl 2010/57, GVwAbgV LGBl 2001/130 idF LGBl 2010/96, Grundverkehrs-VerwaltungsabgabenV LGBl 2002/137; in **Sbg:** VwAbgG LGBl 1969/77 idF LGBl 2008/93, LuGVwAbgV LGBl 2005/16 idF LGBl 2010/52, Bauprodukte-ZulassungsV LGBl 1997/41 idF LGBl 2004/70; in der **Stmk:** VwAbgG LGBl 1969/145 idF LGBl 2008/29, LVwAbgV LGBl 2011/51, GVwAbgV LGBl 1995/57 idF LGBl 2008/24, Bautechnik-VwAbgV LGBl 2006/7, Vergabe-PauschalgebührenV LGBl 2010/65; in **Tir:** VwAbgG LGBl 1968/24 idF LGBl 2009/98, LVwAbgV LGBl 2007/30 idF LGBl 2009/118, GVwAbgV LGBl 2007/31, Bauprodukte-VwAbgV LGBl 2005/48; in **Vbg:** VwAbgG LGBl 1974/10 idF LGBl 2009/57, LuGVwAbgV LGBl 2010/21, VergabenachprüfungsVwAbgV LGBl 2010/52; Bauprodukte-VwAbgV vbg ABl 2002/32 idF vbg ABl 2004/45; und in **Wien:** VwAbgG LGBl 1984/49 idF LGBl 2002/6, Verwaltungsabgaben- und KommissionsgebührenV LGBl 2001/104 idF LGBl 2008/15.

6) Siehe Abschn III BVwAbgV (B 5).

7) Siehe die in Anm 5 oben genannten V, für Sbg aber die V LGBl 1983/60, für die Stmk die V LGBl 1977/38 und für Tir die V LGBl 1996/25.

§ 78 a.*)) Von den Bundesverwaltungsabgaben befreit sind[1])**

1. die Erteilung von Rechtsbelehrungen und die Erstellung von Kopien oder Ausdrucken von Akten oder Aktenteilen,

2.[2]) die Bestimmung der Gebühren der Zeugen, Beteiligten, nichtamtlichen Sachverständigen und nichtamtlichen Dolmetscher und

3. Amtshandlungen, die durch Katastrophenschäden (insbesondere Hochwasser-, Erdrutsch-, Vermurungs- und Lawinenschäden) veranlasst worden sind.[3])

*) IdF Art 2 Z 29 BGBl I 2008/5 (Neufassung; rückwirkend in Kraft getreten am 1. 1. 2008).

**) Im Verwaltungsstrafverfahren und im Verwaltungsvollstreckungsverfahren nicht anzuwenden (§ 24 VStG, § 10 Abs 1 VVG); mangels Anwendbarkeit des § 78 im Agrarverfahren (§ 1 Abs 1 AgrVG) und im Dienstrechtsverfahren (§ 16 DVG) ist auch § 78 a nicht anzuwenden.

1) Erl 2007, 16: „Gemäß § 78 Abs. 1 erster Satz AVG kann die Freiheit von Bundesverwaltungsabgaben ausdrücklich durch Gesetz festgesetzt werden."

2) Erl 2007, 16: „§ 51 c erster Satz AVG bestimmt, dass die Gebühr dem Zeugen ‚kostenfrei zu zahlen' ist; diese Regelung gilt gemäß den §§ 51 d, 53 a Abs. 4 und 53 b in Verbindung mit 53 a Abs. 4 AVG auch für die den Beteiligten, nichtamtlichen Sachverständigen und nichtamtlichen Dolmetschern zu zahlenden Gebühren. Dagegen wird in § 78 a AVG nur hinsichtlich der Sachverständigengebühren angeordnet, dass deren Zuerkennung von den Bundesverwaltungsabgaben befreit ist. Da zweifelhaft sein könnte, ob die Regelung des § 51 c AVG auch eine Abgabenbefreiung beinhaltet (bejahend *Walter/Thienel,* Verwaltungsverfahrensgesetze I[2] [1998] Anm. 2 zu § 78 a AVG), soll diese Diskrepanz durch eine Erweiterung des Anwendungsbereiches der Befreiungsbestimmung des § 78 a AVG aufgelöst werden; diesem Zweck dient die vorgeschlagene Z 2."

3) Erl 2007, 16: „Durch die vorgeschlagene Z 3 soll die bisher in § 2 Abs. 3 der Bundesverwaltungsabgabenverordnung 1983, BGBl. Nr. 24, vorgesehene Befreiung von Bundesverwaltungsabgaben für bestimmte Anträge bzw. Amtshandlungen im Zusammenhang mit Katastrophenfällen entsprechend § 78 Abs. 1 erster Satz AVG durch Gesetz festgesetzt werden; die vorgeschlagene Formulierung folgt

§ 206 lit. a BAO in der Fassung des Abgabenänderungsgesetzes 2003.“

§ 79.*) **Die in den §§ 76 bis 78 vorgesehenen Leistungen sind nur insoweit einzuheben, als dadurch der notwendige Unterhalt**[1]) **des Beteiligten und der Personen, für die er nach dem Gesetz zu sorgen hat, nicht gefährdet wird.**[2])

*) Als **Beschränkung der Einhebung von Barauslagen, Kommissionsgebühren und (Bundes-)Verwaltungsabgaben** kommt diese Bestimmung schon von vornherein nur in jenem Bereich zum Tragen, in dem die §§ 76, 77 und 78 AVG Anwendung finden (siehe Anm **) bei §§ 76, 77 und 78 AVG); so auch § 16 DVG. Nach dem Wortlaut des § 24 VStG sind im Verwaltungsstrafverfahren zwar die §§ 76 und 77 AVG, nicht aber auch § 79 anzuwenden. Vgl auch § 2 Abs 2 VVG.

1) Gem § 63 Abs 1 ZPO ist als notwendiger Unterhalt jener anzusehen, „den die Partei für sich und ihre Familie, für deren Unterhalt sie zu sorgen hat, zu einer einfachen Lebensführung benötigt“.

2) Diese Voraussetzung ist erst im Stadium der Vollstreckung zu prüfen.

Kosten bei Beschwerden wegen Ausübung unmittelbarer verwaltungsbehördlicher Befehls- und Zwangsgewalt

§ 79 a.*)**) **(1) Die im Verfahren nach § 67 c**[1]) **obsiegende Partei hat Anspruch auf Ersatz ihrer Aufwendungen durch die unterlegene Partei.**

(2) Wenn der angefochtene Verwaltungsakt für rechtswidrig erklärt wird, dann ist der Beschwerdeführer die obsiegende und die belangte Behörde die unterlegene Partei.[2])

(3) Wenn die Beschwerde zurückgewiesen oder abgewiesen wird oder vom Beschwerdeführer vor der Entscheidung durch den unabhängigen Verwaltungssenat zurückgezogen wird, dann ist die belangte Behörde die obsiegende und der Beschwerdeführer die unterlegene Partei.

(4)[3]) **Als Aufwendungen gemäß Abs. 1 gelten:**

1. die Stempel- und Kommissionsgebühren sowie die Barauslagen, für die der Beschwerdeführer aufzukommen hat,

2. die Fahrtkosten, die mit der Wahrnehmung seiner Parteirechte in Verhandlungen vor dem unabhängigen Verwaltungssenat verbunden waren, sowie

3. die durch Verordnung des Bundeskanzlers im Einvernehmen mit dem Hauptausschuss des Nationalrates festzusetzenden Pauschalbeträge[4]) für den Schriftsatz-, den Verhandlungs- und den Vorlageaufwand.[5])

(5) Die Höhe des Schriftsatz- und des Verhandlungsaufwandes hat den durchschnittlichen Kosten der Vertretung bzw. der Einbringung des Schriftsatzes durch einen Rechtsanwalt zu entsprechen. Für den Ersatz der den Behörden erwachsenden Kosten ist ein Pauschalbetrag[4]) festzusetzen,[5]) der dem durchschnittlichen Vorlage-, Schriftsatz- und Verhandlungsaufwand der Behörden entspricht.

(6) Aufwandersatz ist auf Antrag der Partei zu leisten. Der Antrag kann bis zum Schluß der mündlichen Verhandlung gestellt werden.[6])

(7) Die §§ 52 bis 54 des Verwaltungsgerichtshofgesetzes 1985 gelten auch für den Aufwandersatz nach Abs. 1.

*) IdF der Z 20 BGBl 1995/471 (Neufassung; in Kraft getreten am 1. 1. 1996), des Art 3 Z 9 BGBl I 2001/137 (Neufassung des Abs 4 Z 3; in Kraft getreten am 1. 1. 2002) und des Art 6 Z 5 und 6 BGBl I 2009/20 (Ersetzung des Ausdrucks „Pauschbeträge" in Abs 4 Z 3 durch den Ausdruck „Pauschalbeträge" sowie des Ausdrucks „Pauschbetrag" in Abs 5 durch den Ausdruck „Pauschalbetrag"; mangels besonderer Inkrafttretensbestimmung gem Art 49 Abs 1 B-VG mit dem der Kundmachung folgenden Tag in Kraft getreten: 26. 3. 2009).

**) Die besondere Kostenregelung für das im § 67 c AVG vorgesehene Verfahren kommt für eine Anwendung in den anderen VerwaltungsverfahrensG nicht in Betracht. Vgl auch § 24 VStG, § 10 Abs 1 VVG.

1) Also im Verfahren über Beschwerden wegen der Ausübung unmittelbarer (verwaltungs)behördlicher Befehls- und Zwangsgewalt (Maßnahmebeschwerdeverfahren).

2) Da die „belangte Behörde" keine Rechtsfähigkeit hat, richtet sich der Anspruch immer gegen den **Rechtsträger,** für den die Behörde gehandelt hat bzw steht der Anspruch diesem zu; als der maßgebliche Rechtsträger wird der nach funktionellen Kriterien zu be-

stimmende Rechtsträger anzusehen sein (siehe auch § 47 Abs 5 VwGG).

3) Abs 4 gilt – entgegen seinem missverständlichen Wortlaut – nur für die der Partei zu ersetzenden Aufwendungen. Die der belangten Behörde zu ersetzenden Aufwendungen richten sich ausschließlich nach Abs 5 zweiter Satz.

4) **Erl 2009/1, 17:** „Der veraltete Begriff ‚Pauschbetrag' soll durch den gebräuchlicheren Begriff ‚Pauschalbetrag' ersetzt werden (vgl. Art. 2 Z 24 [§ 74 Abs. 2 AVG], Z 25 [§ 77 Abs. 2 AVG] und Z 26 [§ 77 Abs. 2 und 3 AVG] des Verwaltungsverfahrens- und Zustellrechtsänderungsgesetzes 2007)."

5) Siehe die UVS-AufwErsV (B 6).

6) Die Unterlassung der rechtzeitigen Geltendmachung des Kostenersatzanspruchs führt zum Verlust dieses Anspruchs. Entfällt die Verhandlung, ist der Antrag nach § 74 AVG so rechtzeitig zu stellen, dass der UVS noch in der Enderledigung darüber absprechen kann.

VI. Teil:*) Schlußbestimmungen

*) IdF des Art 1 Z 43 BGBl I 1998/158 (Einfügung eines Teiles VI mit der Überschrift „Schlußbestimmungen"; mangels besonderer Inkrafttretensbestimmung gem Art 49 Abs 1 B-VG mit dem der Kundmachung folgenden Tag in Kraft getreten: 1. 10. 1998).

Verweisungen

§ 80.*)**) **Soweit in diesem Bundesgesetz auf Bestimmungen anderer Bundesgesetze verwiesen wird, sind diese in ihrer jeweils geltenden Fassung anzuwenden.**[1])

*) IdF des Art 1 Z 44 BGBl I 1998/158 (Einfügung eines neuen § 80 samt Überschrift; mangels besonderer Inkrafttretensbestimmung gem Art 49 Abs 1 B-VG mit dem der Kundmachung folgenden Tag in Kraft getreten: 1. 10. 1998).

**) Im Dienstrechtsverfahren und im Agrarverfahren anzuwenden, im Verwaltungsstrafverfahren und im Verwaltungsvollstreckungsverfahren nicht anzuwenden (§ 1 Abs 1 DVG, § 1 AgrVG, § 24 VStG, § 10 Abs 1 VVG).

1) **Erl 1998, 39:** „Nach dem Vorbild der Richtlinie 62 der Legistischen Richtlinien 1990 soll mit § 80 eine generelle Verweisungsbestimmung geschaffen werden."

Sprachliche Gleichbehandlung

§ 80 a.*)**) **Soweit sich die in diesem Bundesgesetz verwendeten Bezeichnungen auf natürliche Personen beziehen, gilt die gewählte Form für beide Geschlechter. Bei der Anwendung dieser Bezeichnungen auf bestimmte natürliche Personen ist die jeweils geschlechtsspezifische Form zu verwenden.**

*) IdF des Art 2 Z 30 BGBl I 2008/5 (Einfügung des § 80 a samt Überschrift; rückwirkend in Kraft getreten am 1. 1. 2008).

**) Im Verwaltungsstrafverfahren, im Agrarverfahren und im Dienstrechtsverfahren anzuwenden, im Verwaltungsvollstreckungsverfahren nicht anzuwenden (§ 24 VStG, § 1 AgrVG, § 1 Abs 1 DVG, § 10 Abs 1 VVG).

Vollziehung

§ 81.*)**) **Mit der Vollziehung dieses Bundesgesetzes ist die Bundesregierung betraut.**[1])

*) IdF des Art 1 Z 44 BGBl I 1998/158 (Einfügung eines neuen § 81 samt Überschrift statt des bisherigen § 80 mit teilweiser Ermächtigung des BMF; mangels besonderer Inkrafttretensbestimmung gem Art 49 Abs 1 B-VG mit dem der Kundmachung folgenden Tag in Kraft getreten: 1. 10. 1998) und des Art 5 Z 7 BGBl I 2011/100 (Neufassung samt Überschrift; in Kraft getreten am 1. 1. 2012).

**) Eine Anwendung in den anderen VerwaltungsverfahrensG kommt wegen deren eigener Vollzugsklauseln nicht in Betracht (§ 67 VStG, siehe auch § 24, § 14 VVG, § 18 AgrVG, § 20 DVG).

1) **Erl 2011, 24:** „Da die ‚Angelegenheiten der Bundesverwaltungsabgaben' gemäß Abschnitt D Z 2 der Anlage 2 zu § 2 des Bundesministeriengesetzes 1986 – BMG, BGBl. Nr. 76, in den Wirkungsbereich des Bundesministeriums für Finanzen fallen, ist eine besondere Zuständigkeitsbestimmung im AVG nicht (mehr) erforderlich. Die Formulierung der Vollziehungsklausel des AVG soll daher wieder an die Vollziehungsklauseln des EGVG und des Verwaltungsstrafgesetzes 1991 – VStG, BGBl. Nr. 52, angeglichen werden (vgl. auch die in

Art. 7 Z 4 vorgeschlagene Neufassung des § 14 des Verwaltungsvollstreckungsgesetzes 1991 – VVG, BGBl. Nr. 53).

Hervorzuheben ist, dass die in Abschnitt D Z 2 der Anlage 2 zu § 2 BMG vorgesehenen Zuständigkeit des Bundesministeriums für Finanzen für die ‚Angelegenheiten der Bundesverwaltungsabgaben' durch die vorgeschlagene Neufassung des § 81 AVG nicht berührt wird. Die Neufassung des § 81 AVG hat nämlich lediglich zur Folge, dass sich diese Zuständigkeit künftig aus der entsprechenden Bestimmung des BMG ergeben wird."

Siehe auch Anm 1 zu Art IV EGVG (A 2).

Inkrafttreten

§ 82.*)**) **(1) § 78 Abs. 2 in der Fassung des Bundesgesetzes BGBl. Nr. 866/1992 tritt mit 1. Jänner 1993 in Kraft.**

(2) § 18 Abs. 3 fünfter bis neunter Satz, § 18 Abs. 4 zweiter Satz, § 38a, § 39a Abs. 1 zweiter Satz, § 47, § 51a, § 52 Abs. 2 bis 4, § 53a Abs. 1, § 63 Abs. 5, § 64a Abs. 1, § 67c Abs. 3 sowie die Neubezeichnung der Abs. 4 und 5, § 67d Abs. 2, § 67g, § 67h samt Überschrift, § 68 Abs. 2, § 70 Abs. 3, § 71 Abs. 6, § 73 Abs. 1 und 3, § 76 Abs. 1 zweiter und dritter Satz, § 76 Abs. 5, § 76a, die Überschrift vor § 79b, die Neubezeichnung des § 79b Abs. 1 sowie die Überschrift vor § 80 in der Fassung des Bundesgesetzes BGBl. Nr. 471/1995 treten mit 1. Juli 1995 in Kraft.

(3) § 79a in der Fassung des Bundesgesetzes BGBl. Nr. 471/1995 tritt mit 1. Jänner 1996 in Kraft. Verordnungen auf Grund des § 79a in der Fassung des Bundesgesetzes BGBl. Nr. 471/1995 können bereits ab dem auf seine Kundmachung folgenden Tag erlassen werden; sie dürfen jedoch frühestens mit dem 1. Jänner 1996 in Kraft gesetzt werden.[1])

(4) § 63 Abs. 5 in der Fassung des Bundesgesetzes BGBl. Nr. 471/1995 gilt für Bescheide, die nach dem 30. Juni 1995 erlassen werden. § 67c Abs. 3 in der Fassung des Bundesgesetzes BGBl. Nr. 471/1995 gilt für Verwaltungsakte, die nach dem 30. Juni 1995 gesetzt werden.

(5) *(Entfällt; Art 3 Z 10 BGBl I 2001/137)*[2])

(6) Die §§ 3 Z 3, 10 Abs. 1, 13 samt Überschrift, 14 samt Überschrift, 18 Abs. 3 und 4, 20, 34 Abs. 2, 35, 36 Abs. 2, 37 zweiter Satz, 39 Abs. 2 und 3, 41 Abs. 1, 42, 43, 44, 44a bis 44g samt Überschrift, 51a bis 51d samt Überschrift, 53a samt

Überschrift, 53 b samt Überschrift, 56, 59 Abs. 1 erster und zweiter Satz, 61 Abs. 1 zweiter Satz, 61 a, 63 Abs. 2, 64 a, 66 Abs. 1 und 2, 67 a samt Überschrift, 67 b samt Überschrift, der neu bezeichnete § 67 c Abs. 3, § 67 d samt Überschrift, die Überschrift zu § 67 e, die Überschrift zu § 67 f, die §§ 67 g samt Überschrift, 69 Abs. 2, 71 Abs. 1 Z 2, 71 Abs. 6 zweiter Satz, 73, 76 Abs. 1 erster Satz und 76 a in der Fassung des Bundesgesetzes BGBl. I Nr. 158/1998 treten mit 1. Jänner 1999 in Kraft. Die §§ 61 Abs. 5, 67 c Abs. 3 und 5, 67 f Abs. 3, 67 h samt Überschrift sowie die Telekopie-Verordnung, BGBl. Nr. 110/1991, treten mit Ablauf des 31. Dezember 1998 außer Kraft.

(7) Alle in Vorschriften des Bundes und der Länder enthaltenen Bestimmungen, die von den §§ 13 Abs. 3 bis 8, 14, 18 Abs. 3 und 4, 37 zweiter Satz, 39 Abs. 2 und 3, 42, 43, 44, 44 a bis 44 g, 59 Abs. 1 erster und zweiter Satz, 61 Abs. 1 zweiter Satz, 63 Abs. 2, 64 a, 66 Abs. 1 und 2, 69 Abs. 2, 71 Abs. 1 Z 2, 73 Abs. 2 und 3 und 76 Abs. 1 erster Satz in der Fassung des Bundesgesetzes BGBl. I Nr. 158/1998 abweichen, treten mit Ablauf des 31. Dezember 1998 außer Kraft. Dies gilt nicht, wenn diese Bestimmungen nach dem 30. Juni 1998 kundgemacht worden sind.[3])[4])

(8) In am 1. Jänner 1999 anhängigen Verfahren gilt § 44 f mit der Maßgabe, daß die Behörde ein Schriftstück an mehr als 100 Personen auch dann durch Edikt zustellen kann, wenn diese persönlich verständigt worden sind, daß die Kundmachungen und Zustellungen im Verfahren künftig durch Edikt vorgenommen werden können.[5])

(9) § 78 Abs. 2 in der Fassung des Bundesgesetzes BGBl. I Nr. 29/2000 tritt mit 1. Juni 2000 in Kraft.

(10) § 13 Abs. 5, § 16 Abs. 2 letzter Satz, § 18 Abs. 3 letzter Satz, § 34 Abs. 2, § 35, § 51 b Z 1 letzter Satz und Z 2 zweiter Satz, § 53 a Abs. 2 erster und letzter Satz, § 67 d, § 76 Abs. 4 und § 79 a Abs. 4 Z 3 in der Fassung des Bundesgesetzes BGBl. I Nr. 137/2001 treten mit 1. Jänner 2002 in Kraft.

(11) Für den Übergang zu der durch das Verwaltungsreformgesetz 2001, BGBl. I Nr. 65/2002, geschaffenen Rechtslage gilt:

1. § 13 Abs. 4 a und 9, § 14 Abs. 8, § 17 Abs. 1 letzter Satz, § 39 Abs. 2 a, § 40 Abs. 1 letzter Satz, § 58 a, § 67 a

Abs. 1, § 73 Abs. 1 letzter Satz in der Fassung des Verwaltungsreformgesetzes 2001 treten mit 1. Jänner 2002, jedoch nicht vor dem der Kundmachung des genannten Bundesgesetzes folgenden Tag, in Kraft. Die §§ 39 Abs. 2a, 40 Abs. 1 letzter Satz, 58a und 73 Abs. 1 letzter Satz in der Fassung des Verwaltungsreformgesetzes 2001 sind auf Verfahren, die zum In-Kraft-Tretens-Zeitpunkt anhängig sind, nicht anzuwenden.

2. § 67h in der Fassung des Verwaltungsreformgesetzes 2001 tritt mit 1. Juli 2002, jedoch nicht vor dem vierten der Kundmachung des genannten Gesetzes folgenden Monatsersten, in Kraft. Er ist auf Verfahren, die zum In-Kraft-Tretens-Zeitpunkt anhängig sind, nicht anzuwenden.

3. § 36 Abs. 2 in der Fassung des Verwaltungsreformgesetzes 2001 tritt mit dem der Kundmachung des genannten Bundesgesetzes folgenden Monatsersten, spätestens jedoch mit 1. November 2002 in Kraft.

(12) § 78 Abs. 2 in der Fassung des Bundesgesetzes BGBl. I Nr. 117/2002 tritt mit 1. Jänner 2003 in Kraft. § 67a Abs. 1 in der Fassung des Bundesgesetzes BGBl. I Nr. 117/2002 tritt mit 1. Jänner 2003 in Kraft, ist jedoch auf in diesem Zeitpunkt beim unabhängigen Verwaltungssenat im Land anhängige Verfahren nicht anzuwenden.

(13) § 13 Abs. 1, 4 und 5, § 14 Abs. 2 Z 3 und Abs. 5 erster Satz, § 16 Abs. 1 und 2, § 17 Abs. 1 letzter Satz, § 18 samt Überschrift, § 33 Abs. 3 sowie § 42 Abs. 1 erster Satz, in der Fassung des Bundesgesetzes BGBl. I Nr. 10/2004, treten mit 1. März 2004 in Kraft. Zugleich treten § 13 Abs. 9 sowie § 14 Abs. 8, in der zu diesem Zeitpunkt geltenden Fassung, außer Kraft; § 13 Abs. 4a tritt mit Ablauf des 30. Juni 2004 außer Kraft.

(13a) In der Fassung des Bundesgesetzes BGBl. I Nr. 4/2008 treten in Kraft:

1. § 36 mit Ablauf des Tages der Kundmachung dieses Bundesgesetzes;

2. § 67a, § 67c Abs. 1 und § 67h Abs. 1 mit 1. Juli 2008.

(14) § 2, § 7 Abs. 1, § 10 Abs. 1, § 11, § 13 Abs. 1 bis 6, § 14 Abs. 2 Z 2, Abs. 3 erster Satz, Abs. 5 und Abs. 7 erster und zweiter Satz, § 16 samt Überschrift, § 17 Abs. 1, § 18 samt Überschrift, § 19 Abs. 3, § 33 Abs. 3, der 7. Abschnitt des I. Teiles, § 39a Abs. 1 erster Satz, § 42 Abs. 1 erster Satz,

§ 44 b Abs. 2, § 44 e Abs. 3 dritter Satz, § 48 Z 3, § 49 Abs. 1, § 67 h Abs. 2, § 74 Abs. 2, § 77 Abs. 2 und 3, § 78 Abs. 3 und 5, § 78 a, § 80 a samt Überschrift und § 82 a in der Fassung des Bundesgesetzes BGBl. I Nr. 5/2008 treten mit 1. Jänner 2008 in Kraft.

(15) Mit Ablauf des 31. Dezember 2007 treten außer Kraft:

1. § 14 Abs. 2 Z 3;

2. das AVG-Übergangsrecht 1991, Anlage 2 zur Kundmachung BGBl. Nr. 51/1991;[6])

3. § 2 Abs. 3 der Bundesverwaltungsabgabenverordnung 1983, BGBl. Nr. 24.[6])

(16) § 13 Abs. 5 letzter Satz tritt mit Ablauf des 31. Dezember 2010 außer Kraft.

(17) § 10 Abs. 4 sowie § 36 a Abs. 1 Z 4 bis 6 und Abs. 3 in der Fassung des Bundesgesetzes BGBl. I Nr. 135/2009 treten mit 1. Jänner 2010 in Kraft.

(18) § 44 a Abs. 3 in der Fassung des Budgetbegleitgesetzes 2011, BGBl. I Nr. 111/2010, tritt mit 1. Jänner 2011 in Kraft.

(19) § 3 Z 2, § 10 Abs. 4, § 13 Abs. 5, § 38 a Abs. 1, § 41 Abs. 1, § 61 a Z 3 und 4, § 81 samt Überschrift und § 82 Abs. 6 erster Satz in der Fassung des Bundesgesetzes BGBl. I Nr. 100/2011 treten mit 1. Jänner 2012 in Kraft.

*) IdF der Z 2 BGBl 1992/866 (Einfügung des Abs 1 als § 79 b; Entstehungszeitpunkt: 30. 12. 1992), der Z 21 und 22 BGBl 1995/471 (Einfügung der Überschrift und der Absatzbezeichnung „(1)", Entstehungszeitpunkt: 21. 7. 1995; Einfügung der Abs 2 und 5, Entstehungszeitpunkt: 21. 7. 1995; Einfügung der Abs 3 und 4, mangels besonderer Inkrafttretensbestimmung gem Art 49 Abs 1 B-VG mit dem der Kundmachung folgenden Tag in Kraft getreten: 22. 7. 1995), des Art 1 Z 45, 46 und 47 BGBl I 1998/158 (Umbenennung des § 79 b in § 82, Einfügung einer neuen Überschrift, Änderung des Datums in Abs 5 und Anfügung der Abs 6 und 7, Entstehungszeitpunkt: 30. 9. 1998; Anfügung des Abs 8, mangels besonderer Inkrafttretensbestimmung gem Art 49 Abs 1 B-VG mit dem der Kundmachung folgenden Tag in Kraft getreten: 1. 10. 1998), des Art VIII Z 2 BGBl I 2000/29 (Anfügung des Abs 9; Entstehungszeitpunkt: 31. 5. 2000), des Art 3 Z 10 und Z 11 BGBl I 2001/137 (Entfall des Abs 5 und Einfügung des Abs 10; Entstehungszeitpunkt: 27. 11. 2001), des Art 1 Z 12

BGBl I 2002/65 (Einfügung des Abs 11; Entstehungszeitpunkt: 19. 4. 2002), des Art 1 Z 3 BGBl I 2002/117 (Einfügung des Abs 12; Entstehungszeitpunkt: 9. 8. 2002), des Art 2 Z 14 BGBl I 2004/10 (Einfügung der Abs 13 und 14; Entstehungszeitpunkt: 27. 2. 2004), des Art 7 Z 4 BGBl I 2008/4 (Einfügung des Abs 13a; Entstehungszeitpunkt: 4. 1. 2008), des Art 2 Z 31 BGBl I 2008/5 (Neufassung des Abs 14, Anfügung der Abs 15 und 16; Entstehungszeitpunkt: 4. 1. 2008), des Art 35 Z 4 BGBl I 2009/135 (Anfügung des Abs 17; Entstehungszeitpunkt: 30. 12. 2009), des Art 7 Z 2 BGBl I 2010/111 (Anfügung des Abs 18; Entstehungszeitpunkt: 30. 12. 2010) und des Art 5 Z 8 und Z 9 BGBl I 2011/100 (Aufhebung des Ausdruckes „61 Abs. 5," in Abs 6 erster Satz; in Kraft getreten am 1. 1. 2012; sowie Anfügung des Abs 19; Entstehungszeitpunkt: 21. 11. 2011).

**) Eine Anwendung auf die anderen Verwaltungsverfahrensgesetze kommt wegen deren eigener Inkrafttretensbestimmungen nicht in Betracht (§ 66b VStG, siehe auch § 24; § 13 VVG, siehe auch § 10; § 19 DVG; § 17 AgrVG).

Soweit in den anderen Verwaltungsverfahrensgesetzen auf Bestimmungen des AVG verwiesen wird, ist auch deren – durch die Inkrafttretensbestimmungen festgelegter – zeitlicher Geltungsbereich miterfasst.

1) Siehe die UVS-AufwErsV (B 6).

2) Erl 2001, 9: „Die Geltung des § 53 Abs. 2" – gemeint: § 52 Abs 3 AVG – „und des damit zusammenhängenden § 76 Abs. 1 dritter Satz in der Fassung des Bundesgesetzes BGBl. Nr. 471/1995 war ursprünglich mit 30. Juni 1998 befristet und wurde durch das Bundesgesetz BGBl. I Nr. 158/1998 bis zum 31. Dezember 2001 verlängert. Da sich die genannten Bestimmungen, deren Zweck es ist, die Heranziehung nichtamtlicher Sachverständiger zu erleichtern, in der Praxis offenbar bewährt haben, soll die Befristung ihrer Geltung nunmehr aufgehoben werden."

3) Erl 1998, 40: „Insbesondere die Sonderbestimmungen für das Großverfahren sollen, dem Grundsatz der Subsidiarität der Bestimmungen des AVG über das Ermittlungsverfahren (vgl. § 39 Abs. 2 AVG) entsprechend, grundsätzlich nur insoweit anzuwenden sein, als die Materiengesetze keine abweichenden Regelungen enthalten. Am 1. Jänner 1999 bestehendem Sonderverfahrensrecht soll jedoch nach § 82 Abs. 7 in bestimmtem Umfang derogiert werden, es sei denn, dieses Sonderverfahrensrecht wurde erst nach dem 30. Juni 1998 kundgemacht. Dadurch soll die Materiengesetzgebung verhalten werden, bereits bestehendes Sonderverfahrensrecht auf seine Erforderlichkeit hin zu hinterfragen. Soweit eine der in § 82 Abs. 7 aufgezählten Bestimmungen ausdrücklich an den Inhalt der Verwaltungsvorschriften anknüpft (siehe § 18 Abs. 3 [Art. 1 Z 5] betreffend schriftliche Erledigungen sowie § 42 Abs. 1 [Art. 1 Z 13] und § 44 a Abs. 3 [Art. 1 Z 16] betreffend in den Verwaltungsvorschriften vorgesehene besondere Formen der Kundmachung), ist Derogation ausgeschlossen. § 41 Abs. 1 wurde in die Aufzählung der derogierenden Bestimmungen deswegen nicht aufgenommen, weil in den Verwaltungsvorschriften enthaltene abweichende Bestimmungen über die persönliche Verständigung von der Anberaumung der mündlichen Verhandlung (vgl. zB § 356 Abs. 1 GewO 1994 und § 107 Abs. 1 WRG 1959) unberührt bleiben sollen."

4) Der Bundesgesetzgeber ist anscheinend – nähere Erl fehlen – davon ausgegangen, dass er auf Grund seiner Kompetenz nach Art 11 Abs 2 B-VG auch berechtigt ist, Bestimmungen der Länder, die seinen einheitlichen Vorschriften entgegenstehen, aufzuheben; dies obzwar die Länder die Kompetenz haben – wenn dies zur Regelung des Gegenstandes erforderlich ist – von den einheitlichen Vorschriften des Bundes abweichende Regelungen zu treffen. Dieses Verfassungsproblem kann hier nicht weiter verfolgt werden.

5) **Erl 1998, 40:** „Mit dem Inkrafttreten sind die Sonderbestimmungen für das Großverfahren auch in anhängigen Verfahren anwendbar, soweit die entsprechenden Verfahrensschritte (wie etwa die Anberaumung der mündlichen Verhandlung) nicht bereits gesetzt wurden. Da § 44 f nur bei vorheriger Kundmachung des Antrages gemäß § 44 a Abs. 1 anwendbar wäre, ermöglicht § 82 Abs. 8 die Anwendung des § 44 f in anhängigen Verfahren, wenn die Personen, denen zuzustellen ist, persönlich davon verständigt worden sind, daß die Kundmachungen und Zustellungen im Verfahren künftig durch Edikt vorgenommen werden können (vgl. § 44 a Abs. 2 Z 4)."

6) **Erl 2007, 16:** „Das AVG-Übergangsrecht 1991, Anlage 2 zur Kundmachung BGBl. Nr. 51/1991, ist durch Zeitablauf gegenstandslos geworden.

Die – wegen § 78 Abs. 1 erster Satz AVG im Hinblick auf Art. 18 Abs. 2 B-VG verfassungsrechtlich bedenkliche – Befreiungsbestimmung des § 2 Abs. 3 der Bundesverwaltungsabgabenverordnung 1983 kann im Hinblick auf den in Art. 2 Z 29 vorgeschlagenen § 78 a Z 3 entfallen."

§ 82 a.*) **Bis zum Ablauf des 31. Dezember 2010 bedürfen keiner Unterschrift, Beglaubigung oder Amtssignatur:**

1. schriftliche Ausfertigungen von elektronisch erstellten Erledigungen;

2. schriftliche Ausfertigungen in Form von elektronischen Dokumenten.[1])

*) IdF des Art 2 Z 32 BGBl I 2008/5 (Einfügung des § 82a; rückwirkend in Kraft getreten am 1. 1. 2008).

1) Erl 2007, 14: „Die mit der Novelle BGBl. I Nr. 10/2004 geschaffene Rechtslage sieht einen umfassenden Einsatz der Amtssignatur vor. Da die dafür nötigen Umstellungsmaßnahmen noch nicht abgeschlossen sind, soll die in § 82 Abs. 14 zweiter Satz AVG vorgesehene Übergangsfrist um drei weitere Jahre verlängert werden.

‚[S]chriftliche Ausfertigungen von elektronisch erstellten Erledigungen' im Sinne der Z 1 (bisher: ‚Ausfertigungen schriftlicher Erledigungen, die mittels automationsunterstützter Datenverarbeitung erstellt, aber nicht elektronisch signiert worden sind,') sind nicht nur Ausfertigungen von Erledigungen, die unter Verwendung eines Textverarbeitungsprogramms erstellt worden sind (siehe die bei *Hengstschläger/Leeb,* AVG [2004] § 18 Rz 28, zitierte ständige Rechtsprechung des Verwaltungsgerichtshofes), sondern auch Ausfertigungen aus sog. ‚Fachapplikationen' (‚Druckstraßenlösungen'). Dass die in § 82a genannten schriftlichen Ausfertigungen keiner Unterschrift, Beglaubigung oder Amtssignatur bedürfen, ändert nichts daran, dass die jeweils zugrunde liegende Erledigung gemäß § 18 Abs. 3 genehmigt worden sein muss."

3. Beglaubigungsverordnung

Verordnung der Bundesregierung über die Beglaubigung der schriftlichen Ausfertigungen der Verwaltungsbehörden durch die Kanzlei (Beglaubigungsverordnung – BeglV),*) BGBl. II Nr. 494/1999 idF BGBl. II Nr. 151/2008

Auf Grund des § 18 Abs. 4 des Allgemeinen Verwaltungsverfahrensgesetzes 1991 – AVG, BGBl. Nr. 51/1991, zuletzt geändert durch das Bundesgesetz BGBl. I Nr. 164/1999,**) wird verordnet:

*) IdF der Z 1 BGBl II 2008/151 (Neufassung des Titels der V; in Kraft getreten am 9. 5. 2008).

**) Nach § 1 des 1. BRBG trat die alte BeglV, BGBl 1925/445, mit Ablauf des 31. Dezember 1999 außer Kraft. Die Beglaubigung schriftlicher Erledigungen von Behörden im Sinne des Art II Abs 1 EGVG (A 2) wurde daher einer Neuregelung zugeführt. Dabei wurde auf erfolgte Änderungen der Gesetzeslage Bedacht genommen. Nach Erlassung der BeglV wurde das AVG mehrfach geändert. Vgl die Überschrift zum AVG (B 2).

Kanzlei

§ 1. Von der in § 18 Abs. 4 AVG vorgesehenen Möglichkeit, schriftliche Ausfertigungen der Behörden durch die Kanzlei beglaubigen zu lassen, kann nur bei den Behörden Gebrauch gemacht werden, für die ein geregelter, ständiger Kanzleidienst eingerichtet ist.[1])

1) Nach § 82a AVG (B 2) war – bis 31. 12. 2010 – eine Beglaubigung nicht erforderlich bei schriftlichen Ausfertigungen von elektronisch erstellten Erledigungen und bei schriftlichen Ausfertigungen in Form von elektronischen Dokumenten.

Gegenstand der Beglaubigung

§ 2.*) (1) Die Beglaubigung durch die Kanzlei kommt nur bei solchen schriftlichen Ausfertigungen in Betracht, denen eine Erledigung der Behörde zugrunde liegt, die durch Unterschrift des Genehmigenden oder auf andere Weise (§ 18 Abs. 3 AVG) genehmigt wurde.

(2) Eine Unterfertigung von Urkunden, für die gesetzlich eine besondere Form der Unterzeichnung vorgeschrieben ist, ist unzulässig.

*) IdF der Z 2 BGBl II 2008/151 (Neufassung des § 2 samt Überschrift; in Kraft getreten am 9. 5. 2008).

Ermächtigung

§ 3.*) (1) Die Vornahme von Beglaubigungen schriftlicher Ausfertigungen ist nur auf Grund einer besonderen ausdrücklichen schriftlichen Ermächtigung der Leitung der Behörde zulässig.

(2) Die Ermächtigung kann entweder allgemein erteilt oder – ohne dass hiedurch die Rechtswirksamkeit der unter Einhaltung der sonstigen Bestimmungen dieser Verordnung beglaubigten Ausfertigungen berührt würde – auf bestimmte Fälle eingeschränkt werden.

(3) Die Ermächtigung ist jederzeit widerruflich.

*) IdF der Z 3 BGBl II 2008/151 (Ersetzung des Wortes „Erledigungen" in Abs 1 und Abs 2 durch das Wort „Ausfertigungen"; in Kraft getreten am 9. 5. 2008).

Vornahme der Beglaubigung

§ 4.*) Die Beglaubigung ist in der Weise vorzunehmen, dass am Schluss der schriftlichen Ausfertigung der Name des Genehmigenden wiedergegeben und sodann die Klausel „Für die Richtigkeit der Ausfertigung:" beigesetzt und vom Beglaubigenden mit seinem Namen eigenhändig unterschrieben wird.[1])

*) IdF der Z 4 BGBl II 2008/151 (Ersetzung des Wortes „Erledigung" durch das Wort „Ausfertigung"; in Kraft getreten am 9. 5. 2008).

1) Eine leserliche Beifügung des Namens des Beglaubigenden ist nicht gefordert.

Inkrafttreten

§ 5.*) (1) Diese Verordnung tritt mit 1. Jänner 2000 in Kraft.[1])

(2) Der Titel, § 2 samt Überschrift, § 3 Abs. 1 und 2 und § 4 in der Fassung der Verordnung BGBl. II Nr. 151/2008 treten mit Ablauf des Tages der Kundmachung dieser Verordnung in Kraft.[2])

*) IdF der Z 5 BGBl II 2008/151 (Einführung der Absatzbezeichnung „(1)" und des Abs 2; Entstehungszeitpunkt: 8. 5. 2008).

1) Zu diesem Zeitpunkt trat die alte BeglV (BGBl 1925/445) außer Kraft. Vgl Anm **) zur Überschrift der BeglV.

2) Die Nov BGBl II 2008/151 wurde am 8. 5. 2008 im BGBl kundgemacht.

4. Bundes-Kommissionsgebührenverordnung 2007

Verordnung der Bundesregierung, mit der Pauschalbeträge für die bei Amtshandlungen der Bundesbehörden außerhalb des Amtes von den Beteiligten zu entrichtenden Kommissionsgebühren festgesetzt werden (Bundes-Kommissionsgebührenverordnung 2007 – BKommGebV), BGBl. II Nr. 262/2007

Auf Grund des § 77 des Allgemeinen Verwaltungsverfahrensgesetzes 1991, BGBl. Nr. 51, zuletzt geändert durch das Bundesgesetz BGBl. I Nr. 10/2004,*) wird verordnet:

*) Nach Erlassung der BKommGebV wurde das AVG mehrfach geändert. Vgl die Überschrift zum AVG (B 2).

Ausmaß der Kommissionsgebühren

§ 1. Die Kommissionsgebühren, die gemäß den §§ 76 und 77 des Allgemeinen Verwaltungsverfahrensgesetzes 1991 (AVG), BGBl. Nr. 51, von den Beteiligten für die von Bundesbehörden außerhalb des Amtes vorgenommenen Amtshandlungen (mündliche Verhandlung oder Augenschein) zu entrichten sind, werden in Pauschalbeträgen nach den Ansätzen des Tarifes in der **Anlage** zu dieser Verordnung festgesetzt.

Berechnung der Kommissionsgebühren

§ 2. Der Berechnung der Kommissionsgebühren ist nur die zur Vornahme der Amtshandlung selbst, einschließlich etwaiger Begehungen und Besichtigungen, notwendig aufgewendete Zeit, nicht aber der Zeitaufwand zugrunde zu legen, der mit der Zurücklegung des Hin- und Rückweges zwischen dem Amt und dem Ort der Amtshandlung verbunden ist.

Verteilung der Kommissionsgebühren auf mehrere Beteiligte

§ 3. Trifft die Verpflichtung zur Tragung der Kommissionsgebühren mehrere Beteiligte, so ist der gemäß § 1 zu entrichtende Betrag auf die einzelnen Beteiligten angemessen zu verteilen. Jeder Beteiligte haftet in einem solchen Fall nur für den ihm auferlegten Teil der Gebühren.

Vorschreibung und Entrichtung der Kommissionsgebühren

§ 4. (1) Ergeht im Zusammenhang mit der Amtshandlung ein Bescheid gemäß § 56 oder § 57 AVG, so ist die Vorschreibung der Kommissionsgebühren in dessen Spruch aufzunehmen.

(2) Die Kommissionsgebühren sind, falls sie nicht ohne weiteres entrichtet werden, durch einen abgesonderten Bescheid gemäß § 57 AVG vorzuschreiben, wenn

1. im Zusammenhang mit der Amtshandlung kein Bescheid ergangen ist,
2. die Vorschreibung der Kommissionsgebühren in den Spruch des im Zusammenhang mit der Amtshandlung ergangenen Bescheides nicht aufgenommen wurde oder
3. die Amtshandlung von einer gemäß § 55 AVG ersuchten oder beauftragten Bundesbehörde vorgenommen wurde.

Wird gegen einen solchen Bescheid Vorstellung erhoben und darauf ein neuer Bescheid gemäß § 56 AVG erlassen, so richtet sich der Instanzenzug nach den für die betreffende Angelegenheit geltenden Vorschriften.

(3) Auf die Entrichtung der Kommissionsgebühren ist § 6 der Bundesverwaltungsabgabenverordnung 1983 (BVwAbgV), BGBl. Nr. 24, in der jeweils geltenden Fassung sinngemäß anzuwenden.

Widmung der Kommissionsgebühren

§ 5. Die Kommissionsgebühren bilden eine Einnahme des Bundes.

In-Kraft-Treten

§ 6. (1) Diese Verordnung tritt mit Ablauf des Monats ihrer Kundmachung in Kraft.[1])

(2) Die Bundes-Kommissionsgebührenverordnung 1976, BGBl. Nr. 246, in der Fassung der Verordnung BGBl. Nr. 526/1982, tritt mit dem in Abs. 1 bezeichneten Zeitpunkt außer Kraft. Auf Amtshandlungen, die bis zu diesem Zeitpunkt vorgenommen worden sind, ist der Tarif dieser Verordnung jedoch weiterhin anzuwenden.

1) Die BKommGebV wurde am 5. 10. 2007 im BGBl kundgemacht.

Anlage

Tarif

Behörde[1])	Pauschalbetrag für jede angefangene halbe Stunde und für jedes teilnehmende Amtsorgan in Euro
Bundesministerium	13,80
Landesschulrat	9,40
Bezirksschulrat	5,40
Militärkommando	9,40
Postbüro	9,40
Fernmeldebüro	9,40
Büro für Funkanlagen und Telekommunikationsendeinrichtungen	9,40
Sicherheitsdirektion	10,90
Bundespolizeidirektion	8,70

1) Siehe auch Anm 6 zu § 77 AVG (B 2).

5. Bundesverwaltungsabgabenverordnung 1983

Verordnung der Bundesregierung über die Verwaltungsabgaben in den Angelegenheiten der Bundesverwaltung und über die Art ihrer Einhebung bei den Bundesbehörden (Bundesverwaltungsabgabenverordnung 1983 – BVwAbgV)*), BGBl. Nr. 24/1983 idF BGBl. Nr. 181/1993, 235/1984, 740/1990, 151/1992, 284/1994, BGBl. II Nr. 190/1997, 319/1997, 226/1999, 146/2000, 462/2001, 101/2002, 460/2002, 11/2005, 103/2005 (Dfb), 371/2006 und BGBl. I Nr. 5/2008

Auf Grund des § 78 des Allgemeinen Verwaltungsverfahrensgesetzes 1950, BGBl. Nr. 172, in der Fassung des Bundesgesetzes BGBl. Nr. 45/1968**) wird verordnet:

*) Titel idF der Z 1 BGBl II 1997/190 (Neufassung; in Kraft getreten am 12. 7. 1997).

**) Nach Erlassung der BVwAbgV wurde das AVG durch BGBl 1991/51 wiederverlautbart. Danach wurde es mehrfach geändert. Vgl die Überschrift zum AVG (B 2).

I. Allgemeine Bestimmungen

§ 1. (1) Die Parteien haben für jede Verleihung einer Berechtigung oder für sonstige wesentlich in ihrem Privatinteresse liegende Amtshandlungen, die von Behörden im Sinne des Art. VI Abs. 1[1]) des Einführungsgesetzes zu den Verwaltungsverfahrensgesetzen oder infolge Säumnis einer solchen Behörde vom Verwaltungsgerichtshof vorgenommen wurden, in den Angelegenheiten der Bundesverwaltung – abgesehen von den durch Gesetz besonders geregelten Fällen – die gemäß dem Abschnitt II festgesetzten Verwaltungsabgaben zu entrichten.

(2) Im Verwaltungsstrafverfahren und im Verwaltungsvollstreckungsverfahren sind keine Verwaltungsabgaben zu entrichten.[2])

1) Jetzt: Art II Abs 1 EGVG (A 2).

2) Siehe § 24 VStG (C 2) und § 10 Abs 1 VVG (D 2). Dasselbe gilt gem § 1 AgrVG (F 2) auch für das Agrarverfahren und gem § 16 DVG (G 2) auch für das Dienstrechtsverfahren.

§ 2.*) (1) Die Pflicht zur Entrichtung der Verwaltungsabgabe tritt in dem Zeitpunkt ein, in dem die Berechtigung rechtskräftig verliehen ist oder die Amtshandlung vorgenommen wird.

(2) Soweit eine Verwaltungsabgabenschuld nicht besteht oder nachträglich weggefallen ist, sind hierauf entrichtete Beträge zu erstatten.

*) IdF der Z 1 BGBl II 2002/460 (Einfügung des Abs 3; in Kraft getreten am 18. 12. 2002), der Z 1 BGBl II 2005/11 (Neufassung des Abs 3; mangels besonderer Inkrafttretensbestimmungen gem § 11 Abs 1 BGBlG 2004 mit dem der Freigabe zur Abfrage folgenden Tag in Kraft getreten: 14. 1. 2005) und des § 82 Abs 15 Z 3 AVG (B 2) idF BGBl I 2008/5 (Aufhebung des Abs 3; Entstehungszeitpunkt: 4. 1. 2008).

§ 3. (1) Ergeht im Zusammenhang mit der Verleihung einer Berechtigung oder mit einer sonstigen Amtshandlung, für die eine Verwaltungsabgabe zu entrichten ist, ein Bescheid nach § 56 oder § 57 des Allgemeinen Verwaltungsverfahrensgesetzes 1950,[1]) so ist die Vorschreibung der Verwaltungsabgabe in dessen Spruch aufzunehmen. Dies gilt auch für Bescheide der Berufungsbehörden, wenn der Anlaß für die Entrichtung der Verwaltungsabgabe erst durch ihren Bescheid gegeben wird.

(2) Liegt der Fall des Abs. 1 nicht vor, so ist die Verwaltungsabgabe, wenn sie nicht ohne weiteres entrichtet wird, durch einen abgesonderten Bescheid nach § 57 des Allgemeinen Verwaltungsverfahrensgesetzes 1950[1]) vorzuschreiben.[2]) Wird gegen einen solchen Bescheid Vorstellung erhoben und darauf ein neuer Bescheid gemäß § 56 erlassen, so richtet sich der Instanzenzug – unbeschadet der Bestimmungen des Art. 3 des Verwaltungsentlastungsgesetzes, BGBl. Nr. 277/1925[3]) – nach den für die betreffende Angelegenheit geltenden Vorschriften.

1) Jetzt: AVG 1991 (B 2).

2) Siehe das **Form 14** der **VwFormV.**

3) Das VerwaltungsentlastungsG wurde durch Art 6 BGBl I 2001/137 aufgehoben.

II. Ausmaß der Verwaltungsabgaben

§ 4. Für das Ausmaß der Verwaltungsabgaben ist der angeschlossene, einen Bestandteil dieser Verordnung bildende Tarif maßgebend.[1])

1) Vom Abdruck des Tarifs wird abgesehen.

§ 5. Eine im besonderen Teil des Tarifes vorgesehene Verwaltungsabgabe ist auch dann zu entrichten, wenn die bei der in Betracht kommenden Tarifpost angegebenen Rechtsvorschriften zwar geändert wurden, die abgabenpflichtige Amtshandlung jedoch ihrem Wesen und Inhalt nach unverändert geblieben ist.

III. Art der Einhebung der Verwaltungsabgaben bei den Bundesbehörden[1])

§ 6.*) Die Verwaltungsabgaben sind bei den Bundesbehörden durch Barzahlung, durch Einzahlung mit Erlagschein, mittels Bankomat- oder Kreditkarte oder durch andere bargeldlose elektronische Zahlungsformen zu entrichten. Die über die Barzahlung und Einzahlung mit Erlagschein hinausgehenden zulässigen Entrichtungsarten sind bei der Behörde, bei der die Verwaltungsabgaben zu entrichten sind, nach Maßgabe der technisch-organisatorischen Voraussetzungen zu bestimmen und entsprechend bekannt zu machen. Die Behörde hat die Höhe der zu entrichteten Verwaltungsabgaben im bezughabenden Verwaltungsakt in nachprüfbarer Weise festzuhalten.

*) IdF der Z 1 und 2 BGBl II 1999/226 (Neufassung des Abs 1 und des Abs 2 letzter Satz; in Kraft getreten am 1. 7. 1999) sowie der Z 1 BGBl II 2001/462 (völlige Neufassung; in Kraft getreten am 1. 1. 2002).

1) Die Art der Einhebung (auch) der Bundesverwaltungsabgaben bei den Landesbehörden ist gem § 78 Abs 5 AVG (B 2) durch V der LReg zu regeln; siehe Anm 7 zu § 78 AVG (B 2).

IV. Schlußbestimmungen

§ 7.*) (1) Diese Verordnung tritt mit 1. März 1983 in Kraft.

(2) Die Bundes-Verwaltungsabgabenverordnung 1968, BGBl. Nr. 53, in der Fassung der Verordnungen BGBl. Nr. 3/1972, 200/1973, 575/1975 und 80/1979 tritt außer Kraft.

(3) Die Tarifposten 324 und 380 a bis 380 g in der Fassung der Verordnung BGBl. II Nr. 319/1997 treten mit 1. November 1997 in Kraft. Zugleich treten die Tarifposten 320 bis 323 außer Kraft; sie sind jedoch weiter anzuwenden, soweit die entsprechenden Bestimmungen des Kraftfahrgesetzes 1967 noch anzuwenden sind.

(4) § 6 Abs. 1 und Abs. 2 letzter Teilsatz in der Fassung der Verordnung BGBl. II Nr. 226/1999 treten mit 1. Juli 1999 in Kraft.

(5) Die festen Abgabensätze des Tarifes der Bundesverwaltungsabgabenverordnung 1983 in der Fassung der Verordnung BGBl. II Nr. 146/2000 treten mit 1. Juni 2000 in Kraft. Abschnitt XIX a. tritt mit 1. Juli 2000 in Kraft.

(6) § 6 und die festen Abgabenansätze des Tarifes der Bundesverwaltungsabgabenverordnung 1983, jeweils in der Fassung der Verordnung BGBl. II Nr. 462/2001, treten mit 1. Jänner 2002 in Kraft.

(7) Die Tarifpost 17 in der Fassung der Verordnung BGBl. II Nr. 101/2002 tritt mit 1. März 2002 in Kraft.

(8) § 2 Abs. 3 gilt auch für Amtshandlungen, die vor dem In-Kraft-Treten der Verordnung BGBl. II Nr. 460/2002 beantragt wurden. Die Tarifposten 15, 16, 16a und 453 in der Fassung der Verordnung BGBl. II Nr. 460/2002 treten mit 1. Jänner 2003 in Kraft.

(9) § 2 Abs. 3 in der Fassung des BGBl. II Nr. 11/2005 gilt auch für Amtshandlungen, die vor dem In-Kraft-Treten der Verordnung BGBl. II Nr. 11/2005 beantragt wurden. § 2 Abs. 3 in der Fassung des BGBl. II Nr. 460/2002 ist auf Amtshandlungen anzuwenden, die durch einen vor dem 1. Februar 2003 eingelangten Antrag veranlasst wurden.

*) IdF der Z 1 BGBl II 1997/319 (Einfügung des Abs 3), der Z 3 BGBl II 1999/226 (Einfügung des Abs 4), der Z 1 BGBl II 2000/146 (Einfügung des Abs 5), der Z 2 BGBl II 2001/462 (Einfügung des Abs 6), der Z 2 BGBl II 2002/101 (Einfügung des Abs 7), der Z 2 BGBl II 2002/460 (Einfügung des Abs 8) und der Z 2 BGBl II 2005/11 (Einfügung des Abs 9).

6. UVS-Aufwandersatzverordnung 2008

Verordnung des Bundeskanzlers über die Pauschalierung der Aufwandersätze im Verfahren vor den unabhängigen Verwaltungssenaten über Beschwerden wegen der Ausübung unmittelbarer verwaltungsbehördlicher Befehls- und Zwangsgewalt (UVS-Aufwandersatzverordnung 2008 – UVS-AufwErsV), BGBl. II Nr. 456/2008

Auf Grund des § 79a Abs. 4 Z 3 des Allgemeinen Verwaltungsverfahrensgesetzes 1991 – AVG, BGBl. Nr. 51, zuletzt geändert durch das Bundesgesetz BGBl. I Nr. 5/2008,*) wird im Einvernehmen mit dem Hauptausschuss des Nationalrates verordnet:

*) Nach Erlassung der UVS-AufwErsV wurde das AVG mehrmals geändert. Vgl die Überschrift zum AVG (B 2).

§ 1. Die Höhe der im Verfahren vor den unabhängigen Verwaltungssenaten über Beschwerden wegen der Ausübung unmittelbarer verwaltungsbehördlicher Befehls- und Zwangsgewalt gemäß § 67c AVG als Aufwandersatz zu leistenden Pauschalbeträge wird wie folgt festgesetzt:

1. Ersatz des Schriftsatzaufwandes des Beschwerdeführers als obsiegende Partei 737,60 Euro
2. Ersatz des Verhandlungsaufwandes des Beschwerdeführers als obsiegende Partei 922,00 Euro
3. Ersatz des Vorlageaufwandes der belangten Behörde als obsiegende Partei 57,40 €
4. Ersatz des Schriftsatzaufwandes der belangten Behörde als obsiegende Partei 368,80 €
5. Ersatz des Verhandlungsaufwandes der belangten Behörde als obsiegende Partei 461,00 €
6. Ersatz des Aufwandes, der für den Beschwerdeführer mit dem Antrag auf Wiederaufnahme des Verfahrens verbunden war (Schriftsatzaufwand), wenn die Wiederaufnahme aus den Gründen des § 69 Abs. 1 Z 1 AVG bewilligt wird 1106,40 Euro
7. Ersatz des Aufwandes, der für die belangte Behörde mit dem Antrag auf Wiederaufnahme des Verfahrens verbunden war (Schriftsatzaufwand), wenn die Wiederaufnahme aus den Gründen des § 69 Abs. 1 Z 1 AVG bewilligt wird 553,20 Euro

§ 2. (1) Diese Verordnung tritt mit Ablauf des Monats ihrer Kundmachung in Kraft;[1]) gleichzeitig tritt die UVS-Aufwandersatzverordnung 2003, BGBl. II Nr. 334, außer Kraft.

(2) In den bei einem unabhängigen Verwaltungssenat anhängigen Verfahren, in denen bis zum Inkrafttreten dieser Verordnung noch kein Bescheid erlassen worden ist, sind die Kosten nach den sich aus dieser Verordnung ergebenden Pauschalbeträgen zu berechnen.

1) Die UVS-AufwErsV wurde am 10. 12. 2008 im BGBl kundgemacht.

C. Das Verwaltungsstrafgesetz

1. Wiederverlautbarungskundmachung

Kundmachung des Bundeskanzlers, mit der das Verwaltungsstrafgesetz wiederverlautbart wird, BGBl. Nr. 52/1991

Abschnitt A

Artikel I. Auf Grund des Art. 49a B-VG wird in der Anlage 1 das Verwaltungsstrafgesetz, BGBl. Nr. 172/1950,[1]) wiederverlautbart.[2])

1) Das VStG ist bereits einmal wiederverlautbart worden. Vgl darüber Anm 1 zu Art 1 der WVKdm zum EGVG (A 1).

2) Über die Rechtswirkung der WV vgl Anm 2 zu Art 1 der WVKdm zum EGVG (A 1).

Artikel II. Bei der Wiederverlautbarung werden die Änderungen und Ergänzungen berücksichtigt,[1]) die sich aus folgenden Rechtsvorschriften ergeben:[2])

1. Bundesgesetz, mit dem das Verwaltungsstrafgesetz abgeändert wird, BGBl. Nr. 231/1959, Art. I;
2. Bundesgesetz, mit dem das Verwaltungsstrafgesetz 1950 abgeändert wird, BGBl. Nr. 218/1960, Art. I;
3. Bundesgesetz, mit dem die Verwaltungsverfahrensgesetze geändert werden, BGBl. Nr. 275/1964, Art. III;
4. Bundesgesetz, mit dem das Verwaltungsstrafgesetz geändert wird, BGBl. Nr. 275/1971, Art. I;
5. Kundmachung des Bundeskanzlers über die Aufhebung des § 17 des Verwaltungsstrafgesetzes – VStG 1950 durch den Verfassungsgerichtshof, BGBl. Nr. 188/1976;
6. Bundesgesetz, mit dem das Verwaltungsstrafgesetz 1950 geändert wird, BGBl. Nr. 101/1977, Art. I;
7. Kundmachung des Bundeskanzlers über die Aufhebung des § 19 des Verwaltungsstrafgesetzes durch den Verfassungsgerichtshof, BGBl. Nr. 217/1977;

8. Bundesgesetz, mit dem das Verwaltungsstrafgesetz 1950 geändert wird, BGBl. Nr. 117/1978, Art. I;

9. Bundesgesetz, mit dem das Verwaltungsstrafgesetz – VStG 1950 geändert wird, BGBl. Nr. 264/1981, Art. I;

10. Bundesgesetz, mit dem das Verwaltungsstrafgesetz – VStG 1950 geändert wird, BGBl. Nr. 176/1983, Art. I;

11. Bundesgesetz, mit dem das Verwaltungsstrafgesetz – VStG 1950 geändert wird, BGBl. Nr. 299/1984, Art. I;

12. Heeresdisziplinarrechtsanpassungsgesetz, BGBl. Nr. 295/1985, Art. VI;

13. Verwaltungsstrafgesetz-Novelle, BGBl. Nr. 516/1987, Art. I;

14. Bundesgesetz, mit dem das Verwaltungsstrafgesetz geändert wird, BGBl. Nr. 358/1990, Art. I.

1) Vgl Art 49 a Abs 1 B-VG („in ihrer geltenden Fassung“).

2) Zu den Änderungen des VStG (C 2) seit seiner WV vgl die Überschrift zum VStG (C 2).

Artikel III. **(1) Die wiederverlautbarte Fassung der folgenden Bestimmungen ergibt sich aus den nachstehend angeführten Gesetzesänderungen:**[1][2]

§ 4 Abs. 2	**BGBl. Nr. 358/1990, Art. I Z 1**
§ 5 Abs. 1	**BGBl. Nr. 516/1987, Art. I Z 1**
§ 9 (samt Überschrift)	**BGBl. Nr. 176/1983, Art. I Z 1**
§§ 10 bis 14 (samt Überschriften)	**BGBl. Nr. 516/1987, Art. I Z 2**
§ 15 (samt Überschrift)	**BGBl. Nr. 176/1983, Art. I Z 2**
§ 16 (samt Überschrift)	**BGBl. Nr. 516/1987, Art. I Z 3**
Überschrift zu § 17 und § 17 Abs. 1 und 2	**BGBl. Nr. 101/1977, Art. I Z 2**
§ 17 Abs. 3	**BGBl. Nr. 176/1983, Art. I Z 3**
§ 19 (samt Überschrift)	**BGBl. Nr. 117/1978, Art. I Z 1**
§ 19 a (samt Überschrift)	**BGBl. Nr. 117/1978, Art. I Z 2**
§ 20 (samt Überschrift)	**BGBl. Nr. 516/1987, Art. I Z 4**
§ 21 (samt Überschrift)	**BGBl. Nr. 275/1971, Art. I Z 1**
Überschrift zum 1. Abschnitt des II. Teils	**BGBl. Nr. 358/1990, Art. I Z 2**
§ 24	**BGBl. Nr. 358/1990, Art. I Z 3**

§ 27 Abs. 3	BGBl. Nr. 176/1983, Art. I Z 4
§ 27 Abs. 4	BGBl. Nr. 516/1987, Art. I Z 6
§ 29 a	BGBl. Nr. 358/1990, Art. I Z 4
§ 30 Abs. 3 zweiter Satz	BGBl. Nr. 358/1990, Art. I Z 5
§ 31 Abs. 2	BGBl. Nr. 101/1977, Art. I Z 4
§ 31 Abs. 3	BGBl. Nr. 516/1987, Art. I Z 7
Überschrift zum 2. Abschnitt des II. Teils	BGBl. Nr. 358/1990, Art. I Z 6
§ 36	BGBl. Nr. 358/1990, Art. I Z 7
§ 37 (samt Überschrift) und § 37 a	BGBl. Nr. 176/1983, Art. I Z 5
Überschrift zum 3. Abschnitt des II. Teils	BGBl. Nr. 358/1990, Art. I Z 8
§ 40 Abs. 2 und 3	BGBl. Nr. 358/1990, Art. I Z 9
§ 44 a lit. c	BGBl. Nr. 275/1964, Art. III Z 9
§ 45 Abs. 2	BGBl. Nr. 516/1987, Art. I Z 10
§ 46 Abs. 3	BGBl. Nr. 295/1985, Art. VI
Überschrift zum 4. Abschnitt des II. Teils	BGBl. Nr. 358/1990, Art. I Z 10
§ 47	BGBl. Nr. 358/1990, Art. I Z 11
§ 49	BGBl. Nr. 358/1990, Art. I Z 12
§ 49 a (samt Überschrift)	BGBl. Nr. 516/1987, Art. I Z 12
§ 50 Abs. 1	BGBl. Nr. 101/1977, Art. I Z 8
§ 50 Abs. 2 bis 6	BGBl. Nr. 275/1971, Art. I Z 3
§ 50 Abs. 7	BGBl. Nr. 516/1987, Art. I Z 12 a
§ 50 Abs. 8	BGBl. Nr. 264/1981, Art. I
Überschrift zum 5. Abschnitt des II. Teils und § 51 bis 51 i (samt Überschriften)	BGBl. Nr. 358/1990, Art. I Z 13
§ 52 a Abs. 1	BGBl. Nr. 358/1990, Art. I Z 14
§ 52 a Abs. 2	BGBl. Nr. 516/1987, Art. I Z 14
Überschrift zum III. Teil, Überschrift zu § 53 und § 53 Abs. 1	BGBl. Nr. 516/1987, Art. I Z 14
§ 53 Abs. 2	BGBl. Nr. 358/1990, Art. I Z 15
§ 53 a (samt Überschrift), § 53 b (samt Überschrift),	

sowie § 53 c (samt Überschrift) Abs. 1 bis 5 und Abs. 6 erster und zweiter Satz	BGBl. Nr. 516/1987, Art. I Z 14
§ 53 c Abs. 6 letzter Satz	BGBl. Nr. 358/1990, Art. I Z 16
§§ 53 d bis 54 d (samt Überschriften)	BGBl. Nr. 516/1987, Art. I Z 14
Überschrift zum IV. Teil	BGBl. Nr. 516/1987, Art. I Z 15
§ 56 Abs. 1	BGBl. Nr. 358/1990, Art. I Z 17
§ 56 Abs. 3	BGBl. Nr. 358/1990, Art. I Z 18
Überschrift zu § 58	BGBl. Nr. 516/1987, Art. I Z 16
§ 58 Abs. 1	BGBl. Nr. 358/1990, Art. I Z 19
§ 58 Abs. 2	BGBl. Nr. 516/1987, Art. I Z 17
Absatzbezeichnung zu § 59 Abs. 1	BGBl. Nr. 516/1987, Art. I Z 18
§ 59 Abs. 2 bis 4	BGBl. Nr. 516/1987, Art. I Z 18
§ 62	BGBl. Nr. 516/1987, Art. I Z 19
§ 64 Abs. 1 bis 3	BGBl. Nr. 358/1990, Art. I Z 20 und 21
§ 64 Abs. 4 und 5	BGBl. Nr. 516/1987, Art. I Z 21
§ 66 a	BGBl. Nr. 358/1990, Art. I Z 22
§ 67 (samt Überschrift)	BGBl. Nr. 516/1987, Art. I Z 22

(2) Folgende Bestimmungen entfallen infolge Aufhebung durch die nachstehend angeführten Gesetzesänderungen:[3])

§ 63BGBl. Nr. 516/1987, Art. I Z 20
§ 68 (samt Überschrift)BGBl. Nr. 516/1987, Art. I Z 23

(3) Die Fassung der übrigen wiederverlautbarten Bestimmungen entspricht noch der Anlage 3 zur Kundmachung BGBl. Nr. 172/1950.

1) Vgl Art 49 a Abs 2 Z 5 B-VG.

2) Änderungen nach der WV werden in den Anm ersichtlich gemacht und im Text berücksichtigt.

3) In der WV ist darauf in *Kursivschrift* unter Klammern hingewiesen.

Artikel IV. § 56 Abs. 1 ist, soweit er sich auf die Verwaltungsübertretung des § 26 des Musterschutzgesetzes, BGBl. Nr. 261/1970, bezieht, durch das Musterschutzgesetz 1990,

BGBl. Nr. 437, gegenstandslos geworden und wird insoweit als nicht mehr geltend festgestellt.[1])

1) Vgl Art 49a Abs 2 Z 3 B-VG.

Artikel V. Es werden folgende Richtigstellungen und Anpassungen vorgenommen:[1])

1. Die Schreibweise von Überschriften, Gliederungsbezeichnungen, Zahlen und Abkürzungen wird der heutigen Schreibweise angepaßt.

2. Wendungen wie „die Bestimmungen (Vorschriften) des" werden durch einfachere Wendungen ersetzt.

3. Das Endungs-e in den Dativformen „Grade", „Gesetze", „Tode", „Gerichte", „Abschlusse", „Zeitpunkte", „Betrage", „Falle", „Tatbestande", „Verzuge", „Werte", „Verfalle", „Preise", „Auftrage", „Rechtswege", „Beistande", „Straferkenntnisse", „Grunde" und „Antrage" wird weggelassen.

4. In § 7 wird nach dem Wort „begeht", in § 19 Abs. 1 nach dem Wort „dient" und in § 35 Z 2 nach dem Wort „werde" jeweils ein Beistrich gesetzt.

5. Die Beistriche in § 30 Abs. 3 zweiter Satz nach dem Wort „dieser", in § 37a Abs. 5 erster Satz nach dem Wort „ist", in § 51g Abs. 2 nach dem Wort „Mitglieder" in § 53c Abs. 1 letzter Satz nach dem Ausdruck „weiblichen Häftlingen" und in § 56 Abs. 2 nach dem Wort „sonstigen" entfallen.

6. Das Wort „den" in § 37 Abs. 3 entfällt.

7. Die Jahreszahl „1950" nach der Zitierung „AVG" in § 51 Abs. 4 und § 56 Abs. 3 entfällt.

8. In folgenden Bestimmungen wird jeweils das Wort „der" eingefügt:

a) in § 3 Abs. 2 vor dem Wort „Bemessung";
b) in § 43 Abs. 1 vor dem Wort „Aufnahme";
c) in § 43 Abs. 2 vor dem Wort „Fällung";
d) in § 51 Abs. 7 vor dem Wort „Einbringung";
e) in § 51b vor dem Wort „Zustellung".

9. Die folgenden Ausdrücke und Wendungen werden ersetzt:

a) „Verwaltungsstrafrechtes" in der Überschrift des I. Teils durch „Verwaltungsstrafrechts";
b) „gehörige" in § 2 Abs. 2 durch „gehörende";

c) „im“ in § 9 Abs. 7, § 21 Abs. 2, § 31 Abs. 3, § 37 a Abs. 2 Z 1, § 38, § 44 Abs. 2 und 3 Einleitung, § 49 a Abs. 3 Z 5 und Abs. 9, § 50 Abs. 7 und § 52 durch „in“;

d) „Gesetz(es)“ in den §§ 10, 23, 24, 51 d und 53 d Abs. 1 durch „Bundesgesetz(es)“;

e) „derer“ in § 17 Abs. 2 und § 31 Abs. 3 durch „deren“;

f) „der Fälle“ in § 25 Abs. 1 durch „des Falles“;

g) „zum“ in § 29 Abs. 1 durch „für das“;

h) „eine und dieselbe“ in § 30 Abs. 1 durch „ein und dieselbe“;

i) „gegen die Vorschrift des“ in § 30 Abs. 4 durch „entgegen“;

j) „Festnehmung“ in § 27 Abs. 3 Z 3, in der Überschrift zu § 35, in § 36 Abs. 2, in § 37 a Abs. 2 Z 1 und in § 59 Abs. 4 durch „Festnahme“;

k) „Verwaltungsstrafbehörde“ in § 36 Abs. 3 zweiter Satz durch „Behörde“;

l) „der andere Eheteil“ in § 38 durch „sein Ehegatte“;

m) „zeitlich“ in § 41 Abs. 2 durch „rechtzeitig“;

n) „an“ in § 42 Abs. 1 Z 2 durch „zu“;

o) „Zuname“ in § 44 Abs. 1 Z 2 durch „Familiennamen“ und in § 48 Z 2 durch „Familienname“;

p) „Zunamen“ in § 33 Abs. 1 und in § 46 Abs. 2 durch „Familiennamen“;

q) „Jugendgerichtsgesetzes 1961“ in § 53 e Abs. 2 durch „Jugendgerichtsgesetzes 1988, BGBl. Nr. 599“;

r) „Wehrgesetzes 1978“ in § 54 Abs. 3 durch „Wehrgesetzes 1990, BGBl. Nr. 305“;

s) „Verwaltungsvollstreckungsgesetzes“ in § 54 d Abs. 2 zweiter Satz durch „VVG“;

t) „Allgemeine Verwaltungsverfahrensgesetz“ und „des Allgemeinen Verwaltungsverfahrensgesetzes“ durch „AVG“ oder „des AVG“;

u) „fordern“ in § 62 durch „erfordern“;

v) „dies“ in § 64 Abs. 4 durch „sie“.

10. In § 35, § 42 Abs. 1, § 44 Abs. 3, § 44 a und § 45 Abs. 1 wird die Bezeichnung der Gliederungseinheiten mit Kleinbuchstaben durch eine solche mit arabischen Ziffern ersetzt; die Zitierung dieser Gliederungseinheiten in § 37 a Abs. 2 Z 1 und § 44 Abs. 3 Z 1 wird entsprechend richtiggestellt.

11. In den Verweisungen auf das AVG werden die sich aus der Wiederverlautbarung des AVG ergebenden Änderungen bei Gliederungsbezeichnungen berücksichtigt.

12. § 56 Abs. 1 erhält die dem Entfall (Art. IV) der Bezugnahme auf § 26 des Musterschutzgesetzes, BGBl. Nr. 261/1970, entsprechende sprachliche Fassung.

1) Vgl Art 49a Abs 2 Z 1 und 2 B-VG.

Artikel VI. Das Verwaltungsstrafgesetz – VStG 1950 wird mit dem Titel „Verwaltungsstrafgesetz 1991 – VStG" wiederverlautbart.[1])

1) Vgl Art 49a Abs 2 Z 4 B-VG.

Abschnitt B

Artikel VII. Auf Grund des Art. 49a B-VG werden in der Anlage 2 [„Übergangsrecht zum VStG 1950 (VStG-Übergangsrecht 1991)"] Art. II Abs. 3 der Verwaltungsstrafgesetz-Novelle 1987, BGBl. Nr. 516, und Art. II des Bundesgesetzes, mit dem das Verwaltungsstrafgesetz geändert wird, BGBl. Nr. 358/1990, wiederverlautbart.[1])

1) Das VStG-Übergangsrecht ist gem § 66b Abs 13 VStG (C 2) mit Ablauf des 4. 1. 2008 außer Kraft getreten.

Artikel VIII. Es werden folgende Anpassungen vorgenommen:

1. Die Worte „Vor dem Inkrafttreten dieses Bundesgesetzes" in Art. II Abs. 3 der Verwaltungsstrafgesetz-Novelle 1987 werden durch die Worte „Vor dem 1. Juli 1988" ersetzt.

2. Die Worte „dieses Bundesgesetzes" im Relativsatz in Art. II Abs. 3 der Verwaltungsstrafgesetz-Novelle 1987 werden durch die Worte „des Bundesgesetzes BGBl. Nr. 516/1987" ersetzt.

3. Die Worte „nach der bisherigen Rechtslage" in Art. II Abs. 2 des Bundesgesetzes BGBl. Nr. 358/1990 werden durch die Worte „nach der bis zum Inkrafttreten des Bundesgesetzes BGBl. Nr. 358/1990 (1. Jänner 1991) geltenden Rechtslage" ersetzt.

2. Verwaltungsstrafgesetz 1991 – VStG

BGBl. Nr. 52/1991 (Wiederverlautbarung) idF BGBl. Nr. 755/1992, 867/1992, 666/1993, 799/1993, 620/1995, BGBl. I Nr. 158/1998, 194/1999 (Dfb), 26/2000, 138/2000, 137/2001, 65/2002, 117/2002, 3/2008, 5/2008, 142/2008, 20/2009, 135/2009, 111/2010 und 100/2011

I. Teil: Allgemeine Bestimmungen des Verwaltungsstrafrechts*)

Allgemeine Voraussetzungen der Strafbarkeit

§ 1. **(1) Als Verwaltungsübertretung[1])[2]) kann eine Tat (Handlung oder Unterlassung) nur bestraft werden, wenn sie vor ihrer Begehung mit Strafe bedroht war.[3])[4])**

(2) Die Strafe richtet sich nach dem zur Zeit der Tat geltenden Recht, es sei denn, daß das zur Zeit der Fällung des Bescheides in erster Instanz[5]) geltende Recht für den Täter günstiger[6]) wäre.[4])

*) Auf dem Gebiet des **materiellen Strafrechts** ist der Bund nach Art 11 Abs 2 B-VG nur zur Regelung der „allgemeinen Bestimmungen des Verwaltungsstrafrechts" zuständig; die Kompetenz zur Normierung der einzelnen Straftatbestände kommt jenem Gesetzgeber zu (Bund oder Land), der in der betreffenden Materie zuständig ist (**Adhäsionskompetenz).**

1) Siehe Art II Abs 3 EGVG (A 2). Verwaltungsübertretungen sind alle strafbaren Handlungen, die ausdrücklich einer in Art I EGVG (A 2) zur Anwendung des VStG berufenen Behörde übertragen sind, sowie jene, die nicht ausdrücklich anderen Verwaltungsbehörden oder den Gerichten zugewiesen sind. Im letzteren Fall sind nach § 26 VStG die BVB (BPD) zuständig.

2) Ob ein Delikt von Gerichten oder von Verwaltungsbehörden zu verfolgen ist, hat der einfache Gesetzgeber festzulegen; er ist dabei durch Art 91 Abs 2 und 3 B-VG, Art 3 PersFrG und Art 6 MRK verfassungsrechtlich gebunden.

3) Verbot der rückwirkenden Anwendung von Strafbestimmungen.

4) Siehe auch Art 7 Abs 1 MRK.

5) Eine Änderung der Strafdrohung während eines Verfahrens in höherer Instanz ist nach dieser Anordnung nicht mehr zu beachten.

Der EuGH hat allerdings judiziert, das Unionsrecht enthalte als allgemeinen Grundsatz das Prinzip der Rückwirkung der günstigeren Strafnorm: EuGH *Berlusconi,* Slg 2005, I-3565; *Åklagaren/Percy Mickelson,* Slg 2009, I-4273. Auch der EGMR hat judiziert, Art 7 Abs 1 MRK gebiete die Rückwirkung der günstigeren Strafnorm: EGMR *Scoppola,* 17. 9. 2009, 10.249/03 (Große Kammer). Der Ausschluss der Berücksichtigung von Strafmilderungen während des Rechtsmittelverfahrens steht im Lichte dieser Rsp in einem Spannungsverhältnis zur MRK und zum Unionsrecht.

6) „Günstiger" ist das zur Zeit der Fällung des Bescheides in erster Instanz geltende Recht auch dann, wenn die Verwaltungsstrafnorm nach Begehung aber vor Erlassung des erstinstanzlichen Bescheides ersatzlos außer Kraft tritt (Zeitablauf, Aufhebung).

§ 2.*) **(1) Sofern die Verwaltungsvorschriften nicht anderes bestimmen,**[1]) **sind nur die im Inland begangenen Verwaltungsübertretungen**[2]) **strafbar.**[3])

(2) Eine Übertretung ist im Inland begangen, wenn der Täter im Inland gehandelt hat oder hätte handeln sollen oder wenn der zum Tatbestand gehörende Erfolg im Inland eingetreten ist.

(3) Niemand darf wegen einer Verwaltungsübertretung an einen anderen Staat ausgeliefert werden, und eine von einer ausländischen Behörde wegen einer Verwaltungsübertretung verhängte Strafe darf im Inland nicht vollstreckt werden, es sei denn, dass in Staatsverträgen ausdrücklich anderes bestimmt ist.[4])

*) IdF des Art 2 Z 1 BGBl I 2008/3 (Neufassung des Abs 3; in Kraft getreten am 5. 1. 2008).

1) Anderes bestimmen zB § 8 Abs 3 DevG, § 54 Abs 1 SeeschiffahrtsG, § 43 Abs 4 SchiffahrtsG.

2) Siehe Art II Abs 3 EGVG (A 2).

3) **Territorialprinzip.**

4) Besonderes über die Vollstreckung von Strafen sehen zB Art 9 RechtshilfeAbk zwischen Österreich und der BRD (E 5) sowie das EU-VStVG (D 4) vor.

Zurechnungsfähigkeit

§ 3. (1) Nicht strafbar ist, wer zur Zeit der Tat wegen Bewußtseinsstörung,[1]) wegen krankhafter Störung der Geistestätigkeit oder wegen Geistesschwäche unfähig war, das Unerlaubte der Tat einzusehen[2]) oder dieser Einsicht gemäß zu handeln.[3])

(2) War die Fähigkeit zur Zeit der Tat aus einem dieser Gründe in hohem Grad vermindert, so ist das als mildernder Umstand bei der Bemessung der Strafe zu berücksichtigen. Das gilt aber nicht für Bewußtseinsstörungen, die auf selbst verschuldeter Trunkenheit beruhen.[4])

1) Auch Trunkenheit schließt, wenn die Voraussetzung des § 3 Abs 1 zweiter Halbsatz VStG zutrifft, die Zurechnung einer in diesem Zustand begangenen Verwaltungsübertretung aus. Eine Bestrafung des Täters kann hier nur nach § 83 SPG erfolgen.

2) Fehlen der **Diskretionsfähigkeit.**

3) Fehlen der **Dispositionsfähigkeit.**

4) § 3 Abs 2 VStG ist für das ordentliche Verfahren durch § 35 StGB iVm § 19 Abs 2 VStG partiell derogiert.

§ 4.*) (1) Nicht strafbar ist, wer zur Zeit der Tat das 14. Lebensjahr noch nicht zurückgelegt hat.

(2) War der Täter zur Zeit der Tat zwar 14, aber noch nicht 18 Jahre alt (Jugendlicher),[1]) so wird sie ihm nicht zugerechnet, wenn er aus besonderen Gründen noch nicht reif genug war, das Unerlaubte der Tat einzusehen[2]) oder dieser Einsicht gemäß zu handeln.[3])

*) IdF des Art 2 Z 1 BGBl I 2002/117 (Neufassung des Abs 2; in Kraft getreten am 1. 8. 2002).

1) „Alter der problematischen Reife". Besondere Bestimmungen für Jugendliche sind auch vorgesehen in den §§ 20, 53e, 54 und 58 bis 62 VStG.

2) Fehlen der **Diskretionsfähigkeit.**

3) Fehlen der **Dispositionsfähigkeit.**

Schuld

§ 5. (1) Wenn eine Verwaltungsvorschrift[1]) über das Verschulden[2]) nicht anderes bestimmt,[3]) genügt zur Strafbar-

keit fahrlässiges Verhalten. Fahrlässigkeit ist bei Zuwiderhandeln gegen ein Verbot oder bei Nichtbefolgung eines Gebotes dann ohne weiteres anzunehmen, wenn zum Tatbestand einer Verwaltungsübertretung der Eintritt eines Schadens oder einer Gefahr nicht gehört[4]) und der Täter nicht glaubhaft macht, daß ihn an der Verletzung der Verwaltungsvorschrift kein Verschulden trifft.[5])[6])

(2) Unkenntnis der Verwaltungsvorschrift,[1]) der der Täter zuwidergehandelt hat,[7]) entschuldigt nur dann, wenn sie erwiesenermaßen unverschuldet[8]) ist und der Täter das Unerlaubte seines Verhaltens ohne Kenntnis der Verwaltungsvorschrift[1]) nicht einsehen konnte.

1) Siehe Art II Abs 2 EGVG (A 2).

2) Das VStG normiert das **Schuldprinzip,** enthält aber keine Definition der Verschuldensformen „Vorsatz“ und „Fahrlässigkeit“, siehe dazu §§ 5 und 6 StGB. **Juristische Personen** können wegen des Erfordernisses des persönlichen Verschuldens nach dem VStG nicht strafrechtlich verantwortlich gemacht werden, für sie sieht § 9 VStG eine besondere Regelung vor.

3) Anderes bestimmen zB § 23 PunzG 2000, § 49 TubG. Das VStG selbst fordert Vorsatz für die Strafbarkeit nach § 7 (Anstiftung und Beihilfe) und nach § 8 (Versuch).

4) **Ungehorsamsdelikte.**

5) Danach ist – bei Ungehorsamsdelikten, nicht bei Erfolgsdelikten – das Verschulden des Täters nicht von der Behörde zu beweisen, sondern „ohne weiteres anzunehmen“. Dem Täter steht es jedoch frei, diese Vermutung durch Glaubhaftmachung seiner Schuldlosigkeit zu widerlegen. Der „Entlastungsbeweis“ ist aber nicht notwendig, wenn die Behörde schon bei Ermittlung des äußeren Tatbestandes schuldausschließende Umstände feststellt.

6) Die Bestimmung normiert nur eine Schuldvermutung, nicht eine Vermutung, dass der Beschuldigte das Verhalten gesetzt hat und dass es rechtswidrig war. Die objektive Tatseite und die Rechtswidrigkeit sind von der Behörde von Amts wegen zu ermitteln.

7) **Rechtsirrtum,** Verbotsirrtum.

8) Kann der Mangel des Verschuldens nicht erwiesen werden, geht dies zu Lasten des Täters.

§ 6. Eine Tat[1]) ist nicht strafbar, wenn sie durch Notstand[2]) entschuldigt[3]) oder, obgleich sie dem Tatbestand einer

Verwaltungsübertretung entspricht, vom Gesetz geboten oder erlaubt[4]) ist.

1) Eine Tat ist nur dann strafbar, wenn das inkriminierte Verhalten dem **Tatbild** einer Verwaltungsstrafnorm entspricht, sowie **rechtswidrig** und **schuldhaft verwirklicht** wurde.

2) Das VStG enthält keine Definition des Begriffes „Notstand", dieser wird als bekannt vorausgesetzt, siehe § 1306 a ABGB und § 10 StGB.

3) Schuldausschließungsgrund.

4) Rechtfertigungsgrund, insb Notwehr, Erfüllung einer Amtspflicht oder Zustimmung des Verletzten.

Anstiftung und Beihilfe

§ 7. Wer vorsätzlich veranlaßt, daß ein anderer eine Verwaltungsübertretung begeht, oder wer vorsätzlich einem anderen die Begehung einer Verwaltungsübertretung erleichtert,[1]) unterliegt der auf diese Übertretung gesetzten Strafe,[2])[3]) und zwar auch dann, wenn der unmittelbare Täter selbst nicht strafbar ist.[4])

1) Das (vorsätzliche) Verhalten des Anstifters oder Gehilfen muss ursächlich dazu führen, dass eine andere Person den objektiven Tatbestand einer Verwaltungsübertretung verwirklicht. **Anstiftung zur Anstiftung, Anstiftung zur Beihilfe, Beihilfe zur Anstiftung und Beihilfe zur Beihilfe** sind **nicht strafbar.** Unterschiedlich beurteilt wird, ob Anstiftung und Beihilfe zu einer Verwaltungsübertretung auch dann strafbar sind, wenn es nur zum Versuch der Haupttat gekommen ist, soferne bereits der Versuch als strafbar erklärt ist.

2) Die Strafbarkeit von Anstiftung und Beihilfe bedarf keiner ausdrücklichen Normierung in den Verwaltungsvorschriften.

3) Als **eigener Deliktstatbestand** ist die **Anstiftung** zB in § 49 TubG und § 367 Z 54 GewO normiert, die **Beihilfe** in § 23 SchBeihG und § 49 TubG.

4) Limitierte Akzessorietät.

Versuch

§ 8. (1) Sofern eine Verwaltungsvorschrift den Versuch einer Verwaltungsübertretung ausdrücklich für strafbar erklärt,[1]) unterliegt der Strafe, wer vorsätzlich[2]) eine zur wirklichen Ausübung[3]) führende Handlung[4]) unternimmt.

(2) Wegen Versuches wird nicht bestraft, wer aus freien Stücken[5]) die Ausführung aufgibt oder verhindert oder den Erfolg abwendet.[6])[7])

1) Der Versuch ist nur strafbar, wenn die anzuwendende Verwaltungsvorschrift das ausdrücklich bestimmt, siehe zB § 8 Abs 2 DevG, § 134 Abs 1 KFG, § 99 Abs 5 StVO, § 51 Abs 1 WaffG, § 25 Abs 2 FMedG, § 36 Abs 1 PflSchMG.

2) Ein Versuch kommt nur in Betracht, soweit Delikte auch mit Vorsatz begangen werden können (AB 1925: „... zur Vollendung hinführende Willensbetätigung ...").

3) **Versuch der Anstiftung** und **Versuch der Beihilfe** sind **nicht strafbar.**

4) Bei Unterlassungsdelikten kommt ein Versuch nicht in Betracht.

5) Nicht notwendig aus Reue.

6) Ein Abwenden des Erfolges kommt nur bei Erfolgsdelikten in Betracht.

7) Der Rücktritt vom Versuch kommt nur demjenigen zugute, der ihn gesetzt hat, nicht dem Gehilfen; er ist ein **persönlicher Strafaufhebungsgrund.**

Besondere Fälle der Verantwortlichkeit[1])

§ 9.*) (1) Für die Einhaltung der Verwaltungsvorschriften durch juristische Personen oder eingetragene Personengesellschaften ist, sofern die Verwaltungsvorschriften nicht anderes bestimmen[2]) und soweit nicht verantwortliche Beauftragte (Abs. 2) bestellt sind, strafrechtlich[3]) verantwortlich, wer zur Vertretung nach außen berufen ist.[4])

(2) Die zur Vertretung nach außen Berufenen[4]) sind berechtigt und, soweit es sich zur Sicherstellung der strafrechtlichen Verantwortlichkeit als erforderlich erweist, auf Verlangen der Behörde verpflichtet,[5]) aus ihrem Kreis eine oder mehrere Personen als verantwortliche Beauftragte zu bestellen,[6]) denen für das ganze Unternehmen oder für bestimmte räumlich oder sachlich abgegrenzte Bereiche des Unternehmens die Verantwortung für die Einhaltung der Verwaltungsvorschriften obliegt. Für bestimmte räumlich oder sachlich abgegrenzte Bereiche des Unternehmens können aber auch andere Personen[7]) zu verantwortlichen Beauftragten bestellt werden.

(3) Eine natürliche Person, die Inhaber eines räumlich oder sachlich gegliederten Unternehmens ist, kann für bestimmte räumlich oder sachlich abgegrenzte Bereiche ihres Unternehmens einen verantwortlichen Beauftragten bestellen.[6])[8])

(4) Verantwortlicher Beauftragter kann nur eine Person mit Hauptwohnsitz[9]) im Inland sein, die strafrechtlich[3]) verfolgt werden kann, ihrer Bestellung nachweislich zugestimmt[10]) hat und der für den ihrer Verantwortung unterliegenden klar abzugrenzenden Bereich eine entsprechende Anordnungsbefugnis zugewiesen ist.[11]) Das Erfordernis des Hauptwohnsitzes im Inland gilt nicht für Staatsangehörige von EWR-Vertragsstaaten, falls Zustellungen im Verwaltungsstrafverfahren durch Staatsverträge mit dem Vertragsstaat des Wohnsitzes des verantwortlichen Beauftragten oder auf andere Weise sichergestellt sind.[12])

(5) Verletzt der verantwortliche Beauftragte auf Grund einer besonderen Weisung[13]) des Auftraggebers eine Verwaltungsvorschrift, so ist er dann nicht verantwortlich, wenn er glaubhaft zu machen vermag, daß ihm die Einhaltung dieser Verwaltungsvorschrift unzumutbar war.

(6) Die zur Vertretung nach außen berufenen Personen[4]) im Sinne des Abs. 1 sowie Personen im Sinne des Abs. 3 bleiben trotz Bestellung[6]) eines verantwortlichen Beauftragten – unbeschadet der Fälle des § 7 – strafrechtlich[3]) verantwortlich, wenn sie die Tat vorsätzlich nicht verhindert haben.[14])

(7) Juristische Personen und eingetragene Personengesellschaften sowie die in Abs. 3 genannten natürlichen Personen haften für die über die zur Vertretung nach außen Berufenen[4]) oder über einen verantwortlichen Beauftragten verhängten Geldstrafen, sonstige in Geld bemessene Unrechtsfolgen und die Verfahrenskosten zur ungeteilten Hand.[15])

*) IdF des Art 2 Z 1 bis 4 BGBl I 1998/158 (Präzisierung der Umschreibung der zur Bestellung verantwortlicher Beauftragter befugten Personen in den Abs 1, 3 und 7, Normierung des Hauptwohnsitzerfordernisses in Abs 4; in Kraft getreten am 1. 1. 1999), des Art IV BGBl I 2001/137 (Einschränkung des Hauptwohnsitzerfordernisses für EWR-Angehörige in Abs 4; in Kraft getreten am 1. 1. 2002) und des Art 2 Z 2 und 3 BGBl I 2008/3 (terminologische An-

passungen an das Handelsrechts-ÄnderungsG BGBl I 2005/120; in Kraft getreten am 5. 1. 2008).

1) Da juristische Personen – vor allem mangels der Möglichkeit eines Verschuldens – nicht in gleicher Weise strafbar sein können wie natürliche Personen, sieht § 9 VStG für den Fall, dass Adressat einer Verwaltungsstrafnorm eine juristische Person ist, einen **Adressatenwechsel** vor, sodass anstelle der juristischen Person ein vertretungsbefugtes Organ bzw ein verantwortlicher Beauftragter als Adressat der Strafnorm gilt. Ein solcher Adressatenwechsel ist auch bei größeren Unternehmen physischer Personen vorgesehen.

2) Siehe zB §§ 39 und 370 GewO, §§ 125 und 193 Abs 4 MinroG.

3) Gemeint: **verwaltungs**strafrechtlich.

4) Darunter sind nur die durch die Verfassung der juristischen Person (Gesetz, Satzung, Gesellschaftsvertrag) zur Vertretung berufenen Organe gemeint, nicht aber zB ein Prokurist.

5) Ein solches Verlangen ist ein Bescheid. Zu seiner Erlassung ist jene Behörde berufen, die die Strafe wegen Nichteinhaltung der Verwaltungsvorschrift zu verhängen hätte. Da dieser Bescheid eine **unvertretbare Leistung** auferlegt, ist er nach § 5 VVG (D 2) vollstreckbar.

6) Nach der Rsp des VwGH müssen im Zeitpunkt der („internen") Bestellung alle Bestellungsvoraussetzungen vorliegen, und es muss spätestens im Laufe des Strafverfahrens der verantwortliche Beauftragte namhaft gemacht und ein aus der Zeit vor der Tat stammender Zustimmungsnachweis vorgelegt werden. Vgl aber zur Verfolgungsverjährung § 32 Abs 3 VStG.

7) Das sind nicht iS des § 9 Abs 1 VStG zur Vertretung nach außen berufene Personen, siehe Anm 4.

8) Eine Verpflichtung zur Bestellung eines verantwortlichen Beauftragten ist hier nicht vorgesehen.

9) Vgl dazu Anm 1 zu § 3 AVG (B 2).

10) Die Zustimmung muss von dem zur Vertretung nach außen Berufenen bzw vom Unternehmer der Behörde nachgewiesen werden. Nach der Rsp muss der Zustimmungsnachweis aus der Zeit vor Begehung der Tat stammen.

11) Eine Bestellung ist nur rechtswirksam, wenn alle Voraussetzungen vorliegen. Fällt eine dieser Voraussetzungen nach der Bestellung weg, erlischt die Funktion des verantwortlichen Beauftragten.

12) Erl 2001, 9 f: „Wie der Europäische Gerichtshof in seinem Urteil vom 7. Mai 1998 betreffend den Fall ‚Clean Car Autoservice

GmbH', Rs C-350/96, zum Wohnsitzerfordernis für den gewerberechtlichen Geschäftsführer nach der Stammfassung des § 39 GewO 1994, BGBl. Nr. 194, festgestellt hat, verbietet das in Art. 39 EGV (ex-Artikel 48) verankerte Prinzip der Arbeitnehmerfreizügigkeit nicht nur unmittelbar auf die Staatsangehörigkeit abstellende Diskriminierungen von ausländischen Arbeitnehmern aus anderen EU-Mitgliedstaaten hinsichtlich des Berufszuganges, sondern auch versteckte Diskriminierungen, die auf Unterscheidungsmerkmale abstellen, durch die regelmäßig Ausländer benachteiligt werden. Gleiches gilt nach Art. 28 des EWR-Abkommens für Angehörige anderer EWR-Vertragsstaaten. Das Erfordernis eines inländischen Wohnsitzes kann nach Auffassung des EuGH eine solche mittelbare Diskriminierung darstellen, sofern es nicht auf objektiven, von der Staatsangehörigkeit der betroffenen Arbeitnehmer unabhängigen Erwägungen beruht und in einem angemessenen Verhältnis zu einem legitimen Zweck steht, den das nationale Recht verfolgt. Das Wohnsitzerfordernis des vormaligen § 39 GewO 1994 erfüllte diese Voraussetzungen jedoch nicht: Zur Erreichung des Zieles, eine Betätigung des Geschäftsführers im Betrieb sicherzustellen, sei dieses Erfordernis nicht geeignet, weil auch ein inländischer Wohnsitz weit vom Betrieb entfernt sein könne. Zur Sicherung der Strafverfolgung sei dieses Erfordernis überschießend, weil dies auch durch weniger einschneidende Maßnahmen gewährleistet werden könne. Der EuGH wies dabei auf die Möglichkeit der Zustellung von Strafbescheiden am Sitz der Betriebsstätte oder die Einhebung einer Sicherheit hin. Selbst solche Maßnahmen seien aber im Hinblick auf die fraglichen Zwecke nicht gerechtfertigt, wenn die Zustellung und Vollstreckung von Straferkenntnissen im Wohnsitzstaat des Geschäftsführers durch entsprechende Abkommen gesichert sei. Schließlich vermöchten auch die in Art. 39 Abs. 3 EGV genannten Gründe für eine Einschränkung der Arbeitnehmerfreizügigkeit diese Beschränkungen nicht zu rechtfertigen. . . .

Diese Erwägungen gelten in gleicher Weise für das Hauptwohnsitzerfordernis des § 9 Abs. 4 VStG. . . . Auch diese – nach Beitritt Österreichs zur Europäischen Union erlassene – Bestimmung verstieß daher bisher – soweit es sich um Angehörige anderer EU-Mitglied- oder EWR-Vertragsstaaten sowie Österreicher mit Wohnsitz im EWR-Ausland handelte – gegen das Gemeinschaftsrecht und war wegen dessen Vorrangwirkung insofern unanwendbar . . . Die Vorrangwirkung war daher von allen Verwaltungsbehörden zu beachten. Staatsangehörige anderer EU-Mitglied- oder EWR-Vertragsstaaten sowie Österreicher ohne Hauptwohnsitz im Inland (jedenfalls dann, wenn sie einen Wohnsitz in einem anderen EU- oder EWR-

Staat haben) konnten im Ergebnis daher bereits vor Herstellung einer gemeinschaftsrechtskonformen innerstaatlichen Rechtslage zu verantwortlichen Beauftragten bestellt werden, sofern sie die übrigen Voraussetzungen erfüllten. Für Drittstaatsangehörige war das Hauptwohnsitzerfordernis dagegen auch nach dem Urteil des EuGH weiter anwendbar und bleibt es auch nach der bereinigten Rechtslage:

... Nach der bereinigten Rechtslage wird das Hauptwohnsitzerfordernis für Drittstaatsangehörige aufrechterhalten; für Angehörige von EWR-Vertragsstaaten soll es – in Anlehnung an die Ausführungen des EuGH im Urteil ‚Clean Car Autoservice GmbH' – nur mehr dann gelten, wenn die Zustellung im Verwaltungsstrafverfahren nicht durch Staatsvertrag und auch nicht auf andere Weise, etwa durch einen Zustellbevollmächtigten oder einen Arbeitsplatz im Inland (vgl. § 4 *[jetzt: § 2 Z 4]* des Zustellgesetzes), sichergestellt ist."

13) Das ist eine solche, die auf die **Begehung einer bestimmten Rechtsverletzung gerichtet** ist.

14) Damit wird ein **echtes Unterlassungsdelikt** normiert.

15) Nach der (neueren) Rsp des VwGH hat die juristische Person bzw der Unternehmer Parteistellung im Verwaltungsstrafverfahren und kann dort ihre rechtlichen Interessen geltend machen. Die Haftung ist im Spruch des Strafbescheides ausdrücklich anzuordnen: VwGH 1. 7. 2010, 2008/09/0377.

Strafen

§ 10.*) (1) Strafart und Strafsatz richten sich nach den Verwaltungsvorschriften,[1])[2]) soweit in diesem Bundesgesetz nicht anderes bestimmt ist.[3])

(2) Soweit für Verwaltungsübertretungen, insbesondere auch für die Übertretung ortspolizeilicher Vorschriften, keine besondere Strafe festgesetzt ist, werden sie mit Geldstrafe bis zu 218 Euro oder mit Freiheitsstrafe bis zu zwei Wochen bestraft.[4])

*) IdF des Art 3 Z 1 BGBl I 2008/5 (Bezeichnung des bisherigen § 10 als Abs 1, Anfügung des Abs 2; rückwirkend in Kraft getreten am 1. 1. 2008).

1) Siehe Art II Abs 2 EGVG (A 2). Für den Fall, dass eine Verwaltungsstrafnorm keine bestimmte Strafdrohung vorsieht, enthält Abs 2 eine subsidiäre Regelung.

2) Das VStG sieht als Strafarten die Freiheitsstrafe (und Ersatzfreiheitsstrafe), die Geldstrafe und den Verfall vor; als **weitere Straf-**

arten sind in den Verwaltungsvorschriften zB vorgesehen die **Entziehung von Berechtigungen** (zB § 193 Abs 9 MinroG, § 18 ApG, § 23 Abs 2 PunzG 2000, § 85 AMG), die **Veröffentlichung von Straferkenntnissen** (zB § 48 Abs 4 PatAnwG) oder der **Wertersatz** (zB § 26 Abs 1 PunzG 2000).

3) Den Verwaltungsvorschriften vorgehende Regelungen über Freiheits- und Geldstrafen enthalten die §§ 11 bis 22 VStG.

4) **Erl 2007, 16:** „Der vorgeschlagene § 10 Abs. 2 enthält eine Nachfolgeregelung zur verwaltungsstrafrechtlichen lex fugitiva des Art. VII EGVG. Die praktische Bedeutung dieser Bestimmung war seit jeher gering.

Der Begriff der ‚Verwaltungsübertretung' ist im technischen Sinn des Art. VI *[jetzt: Art II]* Abs. 3 EGVG zu verstehen. Einer Anordnung wie in Art. VII EGVG, wonach mit Freiheitsstrafe nur dann zu bestrafen ist, wenn ‚mit einer Geldstrafe nicht das Auslangen gefunden werden kann', bedarf es nicht, zumal gute Gründe für die Annahme sprechen, dass Art. VII EGVG insoweit bereits durch die mit der Verwaltungsstrafgesetz-Novelle 1987, BGBl. Nr. 516, erfolgte Neufassung des § 11 VStG materiell derogiert worden ist."

Verhängung einer Freiheitsstrafe

§ 11. Eine Freiheitsstrafe darf nur verhängt werden,[1]) wenn dies notwendig ist,[2]) um den Täter von weiteren Verwaltungsübertretungen gleicher Art abzuhalten.[3])[4])

1) Sofern eine solche in der konkreten Verwaltungsvorschrift überhaupt angedroht ist. Der früher vorgesehene Hausarrest ist als Strafart nicht mehr vorgesehen.

2) Siehe Art 1 Abs 3 und 4 PersFrG.

3) Eine primäre Freiheitsstrafe ist nur aus Gründen der **Spezialprävention** zulässig. Die Verhängung von primären Freiheitsstrafen soll dadurch weitgehend vermieden werden. Für den Fall, dass danach eine Freiheitsstrafe nicht verhängt werden darf, siehe § 12 Abs 2 VStG.

4) Für Jugendliche siehe auch die §§ 54 und 58 Abs 2 VStG.

§ 12.[*]) **(1) Die Mindestdauer der Freiheitsstrafe[1]) beträgt zwölf Stunden. Eine Freiheitsstrafe von mehr als zwei Wochen darf nur verhängt werden, wenn dies wegen besonderer Erschwerungsgründe geboten ist. Eine längere als eine sechswöchige Freiheitsstrafe[2]) darf nicht verhängt werden.[3])**

(2) Darf nach § 11 eine Freiheitsstrafe nicht verhängt werden, so ist die für die Tat neben der Freiheitsstrafe angedrohte Geldstrafe zu verhängen. Ist eine solche nicht vorgesehen, so ist eine Geldstrafe bis zu 2 180 Euro zu verhängen.

*) IdF des Art 4 Z 2 BGBl I 2001/137 (Ersetzung des früheren Schillingbetrages durch einen Euro-Betrag in Abs 2; in Kraft getreten am 1. 1. 2002).

1) Sofern eine solche in der konkreten Verwaltungsvorschrift überhaupt angedroht ist und nach § 11 VStG verhängt werden darf.

2) Sofern eine Strafe in solcher Höhe in der konkreten Verwaltungsvorschrift überhaupt angedroht ist.

3) Die Einführung dieser **absoluten Höchstgrenze** der Freiheitsstrafe hat den in älteren bundes- und landesgesetzlichen Verwaltungsvorschriften vorgesehenen höheren Strafdrohungen derogiert; siehe auch Art 3 Abs 2 und 3 PersFrG.

Verhängung einer Geldstrafe

§ 13.*) Abgesehen von Organstrafverfügungen[1]) ist mindestens eine Geldstrafe von 7 Euro zu verhängen.

*) IdF des Art 4 Z 3 BGBl I 2001/137 (Ersetzung des früheren Schilling-Betrages durch einen Euro-Betrag; in Kraft getreten am 1. 1. 2002).

1) Siehe § 50 VStG.

§ 14.[1]) (1) Geldstrafen dürfen nur insoweit zwangsweise eingebracht werden,[2]) als dadurch weder der notwendige Unterhalt[3]) des Bestraften und derjenigen, zu deren Unterhalt ihn das Gesetz verpflichtet, noch die Erfüllung der Pflicht, den Schaden gutzumachen, gefährdet wird.[4])

(2) Mit dem Tod des Bestraften erlischt die Vollstreckbarkeit der Geldstrafe.

1) Dieser Paragraf findet gem § 64 Abs 5 VStG sinngemäß auch auf die Kosten des Strafverfahrens Anwendung.

2) Rechtskräftig verhängte Geldstrafen sind nach § 54b Abs 1 VStG – nach § 3 VVG (D 2) – zu vollstrecken; zur Haftung anderer Personen für Geldstrafen vgl § 9 Abs 7 VStG.

3) Das ist der zu einer **einfachen Lebensführung** benötigte Unterhalt.

4) Siehe jedoch § 16 Abs 1 und § 54b Abs 2 VStG (Festsetzung und Vollziehung der Ersatzfreiheitsstrafe bei Uneinbringlichkeit der Geldstrafe). Die Gefährdung des notwendigen Unterhaltes ist erst im Zuge des Vollstreckungsverfahrens zu berücksichtigen. Siehe auch § 37 Abs 5 und § 37a Abs 5 VStG über den Verfall einer erlegten Sicherheit bei Unmöglichkeit des Strafvollzuges sowie § 54b Abs 3 VStG über Zahlungsaufschub und Teilzahlung.

Widmung von Geldstrafen

§ 15.*) Geldstrafen sowie der Erlös verfallener Sachen[1]) fließen, sofern die Verwaltungsvorschriften nicht anderes bestimmen,[2])

1. dem Land für Zwecke der Sozialhilfe, bestehen aber Sozialhilfeverbände,[3]) dem Sozialhilfeverband, in dessen Gebiet die Strafe verhängt wurde, zu;

2. dem Bund zu, sofern ein Bundesgesetz im Wirkungsbereich einer Bundespolizeidirektion vollzogen wurde.[4])

*) IdF des Art 18 Z 1 BGBl I 2000/26 (Neufassung samt Überschrift; in Kraft getreten am 1. 1. 2000) und des Art 2 Z 4 BGBl I 2008/3 (Ersetzung des Wortes „Bundespolizeibehörde" durch „Bundespolizeidirektion" in Z 2; in Kraft getreten am 5. 1. 2008).

1) Siehe § 18 VStG.

2) Anderes bestimmen zB § 100 Abs 7 StVO, § 28 Abs 3 AuslBG, § 174 Abs 7 ForstG, § 372 GewO, § 42 EpidemieG, § 37 Abs 9 DSchG.

3) Dies richtet sich nach den Sozialhilfegesetzen der Länder.

4) **Erl** (zur RV des BG BGBl I 2000/26) **61 BlgNR 21. GP:** „§ 1 Abs. 1 letzter Satz des Reichspolizeikostengesetzes vom 29. April 1940, dRGBl. I, S 688/1940, sah vor, dass die ‚staatliche Polizeiverwaltung alle Einnahmen (. . .), die aus den von ihr zu erledigenden polizeilichen Aufgaben entstehen', erhebt. ‚Das Aufkommen aus Geldstrafen und gebührenpflichtigen Verwarnungen' bildete gemäß § 1 Abs. 2 ‚auch dann eine polizeiliche Einnahme, wenn die Polizei hierbei nicht kraft eigenen Rechts, sondern im Auftrag einer anderen Behörde tätig gewesen ist.'

Auf Grund der Aufhebung des Reichspolizeikostengesetzes durch das 1. Bundesrechtsbereinigungsgesetz, BGBl. I Nr. 191/1999, mit Wirksamkeit vom 1. Jänner 2000 fließen sämtliche in Vollziehung von Bundesgesetzen (zB dem Kraftfahrgesetz 1967) eingehobenen Strafgelder nicht mehr dem Bund, sondern gemäß § 15 des Verwaltungsstrafgesetzes 1991 – VStG, BGBl. Nr. 52/1991, für Zwecke der Sozialhilfe dem Land bzw. bestehenden Sozialhilfeverbänden zu. Durch die beabsichtigte Änderung des § 15 VStG soll eine Ersatzregelung geschaffen werden."

Ersatzfreiheitsstrafe

§ 16. (1) Wird eine Geldstrafe verhängt, so ist zugleich[1]) für den Fall ihrer Uneinbringlichkeit[2]) eine Ersatzfreiheitsstrafe festzusetzen.[3])

(2) Die Ersatzfreiheitsstrafe darf das Höchstmaß der für die Verwaltungsübertretung angedrohten Freiheitsstrafe und, wenn keine Freiheitsstrafe angedroht und nicht anderes bestimmt ist, zwei Wochen nicht übersteigen. Eine Ersatzfreiheitsstrafe von mehr als sechs Wochen ist nicht zulässig.[4]) Sie ist ohne Bedachtnahme auf § 12[5]) nach den Regeln der Strafbemessung[6]) festzusetzen.

1) Wird im Strafbescheid nur eine Geldstrafe verhängt, ist eine spätere Verhängung einer Ersatzfreiheitsstrafe unzulässig.

2) Siehe § 54 b Abs 2 VStG.

3) Eine Ersatzfreiheitsstrafe ist nicht festzusetzen nach § 49 a VStG (Anonymverfügung). Für Jugendliche siehe § 58 Abs 2 VStG.

4) Siehe Anm 3 zu § 12 VStG. Für Jugendliche siehe § 58 Abs 2 VStG.

5) Die Ersatzfreiheitsstrafe kann die in § 12 VStG vorgesehene Mindestdauer unterschreiten, aber auch ohne besondere Erschwerungsgründe die Dauer von zwei Wochen überschreiten.

6) Siehe § 19 VStG.

Verfall[1])

§ 17. (1) Sofern die Verwaltungsvorschriften nicht anderes bestimmen,[2]) dürfen nur Gegenstände für verfallen erklärt werden,[3])[4]) die im Eigentum des Täters oder eines Mitschuldigen[5]) stehen oder ihnen vom Verfügungsberechtigten überlassen worden sind, obwohl dieser hätte erkennen müssen, daß die Überlassung des Gegenstandes der Begehung einer mit Verfall bedrohten Verwaltungsübertretung dienen werde.[6])

(2) Gegenstände, die nach Abs. 1 verfallsbedroht sind, hinsichtlich deren aber eine an der strafbaren Handlung nicht als Täter oder Mitschuldiger[5]) beteiligte Person ein Pfandrecht

oder Zurückbehaltungsrecht nachweist,[7]) dürfen nur für verfallen erklärt werden, wenn die betreffende Person fahrlässig dazu beigetragen hat, daß mit diesem Gegenstand die strafbare Handlung begangen wurde, oder bei Erwerb ihres Rechtes von der Begehung der den Verfall begründenden strafbaren Handlung wußte oder hätte wissen müssen.

(3) Kann keine bestimmte Person verfolgt oder bestraft werden, so kann auf den Verfall selbständig erkannt werden, wenn im übrigen die Voraussetzungen[8]) dafür vorliegen.[9]) Die Zustellung solcher Bescheide kann auch durch öffentliche Bekanntmachung[10]) bewirkt werden.

1) Soweit vom Verfall Gegenstände betroffen sind, die sich im Eigentum des Täters befinden, ist er ein **Strafmittel,** soweit aber Rechte dritter Personen entzogen werden, ist er auch ein **Sicherungsmittel.**

2) Anderes bestimmen zB jene Verwaltungsvorschriften, die den Verfall ausschließlich als **Sicherungsmittel** vorsehen (siehe zB § 12 Abs 4 WaffG), oder die für den Fall, dass die dem Verfall unterliegende Sache nicht erfasst werden kann, eine **Wertersatzstrafe** vorsehen (siehe zB § 25 Abs 3 FMedG).

3) Sofern der Verfall in der Verwaltungsvorschrift überhaupt als Strafe angedroht ist; siehe zB § 369 GewO, § 41 SprengmittelG, § 44 Abs 5 SMG, § 26 Abs 1 PunzG 2000, § 36 Abs 2 PflSchMG, § 8 Abs 7, § 9 Abs 1 ArtenhandelsG.

4) Der Ausspruch des Verfalls hat im Straferkenntnis (in der Strafverfügung) zu erfolgen; mit Rechtskraft des Straferkenntnisses (der Strafverfügung) verlieren der Eigentümer und sonstige (dinglich) Berechtigte ihre Rechte. Stehen die Gegenstände im Eigentum eines Dritten (der nicht Täter oder Mitschuldiger ist) oder haben **Dritte** dingliche Rechte an dem Gegenstand, so sind auch sie **Parteien** des Verwaltungsstrafverfahrens, siehe § 8 AVG (B 2).

5) Siehe § 7 VStG.

6) Zur Sicherung des Verfalls ist die Beschlagnahme des Verfallsgegenstandes vorgesehen, siehe § 39 VStG.

7) Die Beweislast obliegt demjenigen, der ein solches Recht behauptet.

8) Das ist die rechtswidrige Verwirklichung des Tatbildes.

9) Ein solches (objektives) Verfallserkenntnis ist ein im Instanzenzug anfechtbarer Bescheid.

10) Siehe § 25 ZustG (E 1).

§ 18. **Verfallene Gegenstände sind, sofern in den Verwaltungsvorschriften nicht anderes bestimmt ist[1]) oder die Gegenstände nicht wegen ihrer Beschaffenheit vernichtet werden müssen, nutzbringend zu verwerten.[2]) Nähere Vorschriften darüber können durch Verordnung[3]) getroffen werden.**

1) Siehe zB § 174 Abs 7 ForstG.
2) Zur Widmung des Erlöses siehe § 15 VStG.
3) Siehe die VfllV (C 3).

Strafbemessung[1])

§ 19.*) **(1) Grundlage für die Bemessung der Strafe ist stets[2]) das Ausmaß der mit der Tat verbundenen Schädigung oder Gefährdung derjenigen Interessen, deren Schutz die Strafdrohung dient, und der Umstand, inwieweit die Tat sonst nachteilige Folgen nach sich gezogen hat.[3])**

(2) Im ordentlichen Verfahren (§§ 40 bis 46)[4]) sind überdies[2]) die nach dem Zweck der Strafdrohung in Betracht kommenden Erschwerungs- und Milderungsgründe, soweit sie nicht schon die Strafdrohung bestimmen, gegeneinander abzuwägen. Auf das Ausmaß des Verschuldens ist besonders Bedacht zu nehmen. Unter Berücksichtigung der Eigenart des Verwaltungsstrafrechtes sind die §§ 32 bis 35 des Strafgesetzbuches[5]) sinngemäß anzuwenden.[6]) Die Einkommens- und Vermögensverhältnisse und allfällige Sorgepflichten des Beschuldigten sind bei der Bemessung von Geldstrafen zu berücksichtigen.

*) IdF des Art 6 Z 1 BGBl I 2011/100 (Ersetzung der Wortfolge „Einkommens-, Vermögens- und Familienverhältnisse“ durch die Wortfolge „Einkommens- und Vermögensverhältnisse und allfällige Sorgepflichten“ in Abs 2; in Kraft getreten am 1. 1. 2012).

1) Die Strafe ist stets – außer in den Fällen der außerordentlichen Milderung (§ 20 VStG) und des Absehens von der Strafe (§ 21 VStG) – **innerhalb der Grenzen des gesetzlichen Strafrahmens** zu verhängen. Innerhalb dieses Strafrahmens kommt der Behörde **Ermessen** zu, das sie – sowohl hinsichtlich der Strafart wie auch des Strafausmaßes – nach den Kriterien des § 19 VStG zu üben hat.

Da nach § 20 VStG die **außerordentliche Strafmilderung** bei einem **Jugendlichen** unabhängig davon möglich ist, ob die Milderungsgründe die Erschwerungsgründe wesentlich überwiegen, ist bei der Strafbemessung von einer Untergrenze des Strafrahmens in halber Höhe auszugehen.

2) Die in Abs 1 normierte Ermessensrichtlinie ist auch im ordentlichen Verfahren zu beachten.

3) Die Berücksichtigung der nachteiligen Folgen einer (konkreten) Tat kommt nur in den Fällen individueller Strafbemessung (Strafverfügung, ordentliches Verfahren) in Betracht, nicht bei der – generellen – Festlegung des Strafmaßes für Anonymverfügungen und Organstrafverfügungen.

4) Daher nicht bei Strafverfügungen (§§ 47 bis 49 VStG), Anonymverfügungen (§ 49a VStG) und Organstrafverfügungen (§ 50 VStG).

5) § 32 StGB normiert allgemeine Grundsätze für die Strafbemessung, die §§ 33f StGB nennen (beispielsweise) besondere Erschwerungs- und Milderungsgründe.

6) Da § 19 Abs 2 VStG auf § 35 StGB verweist, der die gleiche Problematik wie § 3 Abs 2 VStG – Strafmilderung wegen Beeinträchtigung der Zurechnungsfähigkeit – regelt, hat § 35 StGB dem § 3 Abs 2 VStG partiell derogiert.

Anrechnung der Vorhaft

§ 19 a. (1) Die verwaltungsbehördliche und eine allfällige gerichtliche Verwahrungs- oder Untersuchungshaft[1]) sind auf die zu verhängende Strafe insoweit, als sie nicht bereits auf eine andere Strafe angerechnet worden sind, anzurechnen,[2]) wenn sie der Täter

1. wegen der Tat, für die er bestraft wird, oder

2. sonst nach der Begehung dieser Tat wegen des Verdachtes einer Verwaltungsübertretung[3])

erlitten hat.

(2) Werden Strafen verschiedener Art verhängt, so ist die Vorhaft zunächst auf die Freiheitsstrafe anzurechnen.

(3) Für die Anrechnung der Vorhaft auf in Geld bemessene Unrechtsfolgen[4]) ist die an deren Stelle tretende Ersatzfreiheitsstrafe maßgebend.[2])

(4) Eine Anrechnung gemäß Abs. 1 ist nur vorzunehmen, wenn der Behörde die anzurechnende Haft bekannt ist oder der Beschuldigte eine Anrechnung vor Erlassung des Straferkenntnisses beantragt.[5])

1) Eine Anrechnung einer bereits vollstreckten Verwaltungsstrafe ist in § 30 Abs 4 VStG vorgesehen.

2) Die Anrechnung hat schon bei der Strafbemessung zu erfolgen: Die nach den allgemeinen Strafbemessungsregeln zu bestimmende **Freiheitsstrafe** ist um die Dauer der anzurechnenden Vorhaft zu verkürzen und dann in dem sich daraus ergebenden Ausmaß festzusetzen. Bei **Geldstrafen** ist die festzusetzende Ersatzfreiheitsstrafe um die Dauer der anzurechnenden Vorhaft zu verkürzen und die Geldstrafe im gleichen Verhältnis zu verringern; Geld- und Ersatzfreiheitsstrafe sind schließlich in dem sich daraus ergebenden Ausmaß festzusetzen.

3) In diesem Fall ist die Anrechnung einer gerichtlichen Haft nicht möglich.

4) Das sind insb Geldstrafen, Verfallstrafen und Wertersatzstrafen.

5) Der Antrag ist vor Erlassung des Strafbescheides zu stellen, über den rechtzeitigen Antrag ist im Strafbescheid abzusprechen.

Außerordentliche Milderung der Strafe

§ 20. Überwiegen die Milderungsgründe[1]) die Erschwerungsgründe[1]) beträchtlich oder ist der Beschuldigte ein Jugendlicher,[2]) so kann die Mindeststrafe bis zur Hälfte unterschritten werden.[3])[4])

1) Zu den Milderungs- und Erschwerungsgründen siehe § 19 Abs 2 VStG.

2) Das ist eine Person zwischen dem 14. und dem 18. Lebensjahr, siehe § 4 Abs 2 VStG. Siehe auch Anm 1 zu § 19 VStG.

3) Nach den Erl (133 BlgNR 17. GP 9) und der Rsp sollen die Mindeststrafen der §§ 12 und 13 VStG nicht unterschritten werden dürfen.

4) Eine außerordentliche Strafmilderung kann auch bei der Straffestsetzung durch den UVS erfolgen, siehe § 66 Abs 4 AVG (B 2) iVm § 24 VStG.

Absehen von der Strafe

§ 21.*) (1) Die Behörde[1]) kann[2]) ohne weiteres Verfahren von der Verhängung einer Strafe absehen, wenn das Verschulden des Beschuldigten geringfügig ist und die Folgen der Übertretung unbedeutend sind. Sie kann den Beschuldigten je-

doch gleichzeitig unter Hinweis auf die Rechtswidrigkeit seines Verhaltens mit Bescheid ermahnen,[3])[4]) **sofern dies erforderlich ist, um den Beschuldigten von weiteren strafbaren Handlungen gleicher Art abzuhalten.**

(1 a) Die Behörde kann von der Einleitung und Durchführung eines Strafverfahrens absehen, wenn die Verfolgung aussichtslos erscheint oder der hiefür erforderliche Aufwand in einem Missverhältnis zum Grad und zur Bedeutung der in der Verwaltungsübertretung liegenden Verletzung öffentlicher Interessen steht.[5])[6])

(1 b) Unter den in Abs. 1 genannten Voraussetzungen können die Verwaltungsbehörden von der Erstattung einer Anzeige absehen.[7])

(2) Unter den in Abs. 1 angeführten Voraussetzungen können[2]) **die Organe der öffentlichen Aufsicht von der Verhängung einer Organstrafverfügung**[8]) **oder von der Erstattung einer Anzeige absehen; sie können den Täter in solchen Fällen in geeigneter Weise auf die Rechtswidrigkeit seines Verhaltens aufmerksam machen.**

*) IdF des Art 2 Z 1 BGBl I 2002/65 (Einfügung der Abs 1 a und 1 b; in Kraft getreten am 20. 4. 2002).

1) Auch die UVS, siehe § 66 Abs 4 AVG (B 2) iVm § 24 VStG.

2) Die Behörde hat **kein Ermessen,** der Betroffene vielmehr bei Vorliegen der Voraussetzungen einen **Rechtsanspruch** auf das Absehen von der Strafe bzw auf das Absehen von der Erstattung einer Anzeige oder der Verhängung einer Organstrafverfügung.

3) Auf einen solchen Bescheid finden die Vorschriften des VStG uneingeschränkt Anwendung.

4) Siehe das **Form 33** der **VwFormV.**

5) **Erl 2002, 44:** „Für die Behörde soll es nach der beabsichtigten Regelung in zwei (weiteren) Fällen möglich sein, von der Einleitung und Durchführung eines Strafverfahrens abzusehen:

a) wenn die Verfolgung aussichtslos ist;

b) wenn der Aufwand in einem Missverhältnis zum Grad und zur Bedeutung der in der Verwaltungsübertretung liegenden Verletzung öffentlicher Interessen steht; die beabsichtigte Regelung ist jener des § 34 VStG nachgestaltet, der es schon bisher unter ähnlichen Voraussetzungen ermöglicht, von der Ausforschung des Täters abzusehen."

6) Ein „Missverhältnis“ liegt nicht schon dann vor, wenn es sich um eine Strafbestimmung mit geringer Strafdrohung handelt; ein Absehen von der Strafverfolgung ist nach der zutreffenden Rsp vielmehr nur dann zulässig, wenn mit der Durchführung eines Verwaltungsstrafverfahrens wegen einer bestimmten Übertretung ein über den Normalfall weit hinausgehender Aufwand zu erwarten ist und das Absehen von der Strafverfolgung wegen der vergleichsweise geringen Bedeutung der Rechtsverletzung vertretbar ist (zB VwGH 16. 5. 2011, 2011/17/0053).

7) **Erl 2002, 45:** „Die bestehende Regelung des § 21 Abs. 2 VStG ermöglicht es den Organen der öffentlichen Aufsicht, von der Erstattung einer Anzeige abzusehen, wenn das Verschulden des Beschuldigten geringfügig ist und die Folgen der Übertretung unbedeutend sind. Diese Möglichkeit soll durch die beabsichtigte Regelung nun auch auf die Verwaltungsbehörden ausgedehnt werden.“

8) Siehe § 50 VStG.

Zusammentreffen von strafbaren Handlungen

§ 22. (1) Hat jemand durch verschiedene selbständige Taten[1]) mehrere Verwaltungsübertretungen begangen[2]) oder fällt eine Tat unter mehrere einander nicht ausschließende[3]) Strafdrohungen,[4]) so sind die Strafen nebeneinander zu verhängen.[5])

(2) Dasselbe gilt bei einem Zusammentreffen von Verwaltungsübertretungen mit anderen von einer Verwaltungsbehörde[6]) oder einem Gericht zu ahndenden strafbaren Handlungen.[5])

1) Nicht von § 22 VStG erfasst sind daher jene Fälle, in denen mehrere Tathandlungen der Selbständigkeit entbehren; dies sind **fortgesetzte Delikte** (mehrere Einzelhandlungen sind von einem einheitlichen Tatvorsatz getragen) und **Dauerdelikte** (die Aufrechterhaltung eines Zustandes gehört zur Verwirklichung des Tatbildes). In diesen Fällen liegt keine Deliktskonkurrenz, sondern Deliktseinheit vor.

2) **Realkonkurrenz.**

3) Liegen mehrere **einander ausschließende Strafdrohungen** vor, handelt es sich um eine **Scheinkonkurrenz;** im Verwaltungsstrafrecht haben insb die **Subsidiarität,** die **Spezialität** und die **Konsumtion** Bedeutung. Zum Verfahren in Fällen der Scheinkonkurrenz vgl § 30 Abs 2 bis 4 VStG.

4) **Idealkonkurrenz.**

5) **Kumulationsprinzip.** Für das Verfahren siehe § 30 Abs 1 VStG. Die Normierung des Kumulationsprinzips im Falle von Idealkonkurrenz begegnete im Hinblick auf Art 4 7. ZPMRK verschiedentlich verfassungsrechtlichen Bedenken. Nach der Rsp des VfGH ist eine mehrfache Strafverfolgung wegen mehrerer Delikte dann ausgeschlossen, wenn diese zueinander in einer Scheinkonkurrenz stehen. Der EGMR stellt in seiner neueren Rsp darauf ab, dass eine mehrfache Strafverfolgung dann unzulässig ist, wenn sie sich auf denselben oder im Wesentlichen denselben Sachverhalt bezieht (EGMR *Zoltukhin,* 10. 2. 2009, 14.939/03 (Große Kammer). Der VfGH ist dieser Auffassung nicht gefolgt: VfSlg 18.833/2009.

Ein Doppelverfolgungsverbot – für den Fall von „Aburteilungen" derselben Tat in anderen Vertragsstaaten – ist ferner in Art 54 SDÜ vorgesehen, ebenso in Art 1 des EG-ne-bis-in-idem-Übk. Für das Vorliegen „derselben Tat" kommt es nach der Rsp des EuGH auf die „Identität der materiellen Tat verstanden als das Vorhandensein eines Komplexes konkreter, unlösbar miteinander verbundener Umstände", also auch denselben tatsächlichen Sachverhalt, an: zB EuGH *van Esbroek,* Slg 2006, I-2333.

6) Das sind Übertretungen, die von anderen als den in Art I EGVG (A 2) genannten Verwaltungsbehörden zu ahnden sind; siehe dazu Art II Abs 3 EGVG (A 2).

II. Teil: Verwaltungsstrafverfahren

1. Abschnitt: Allgemeine Bestimmungen

§ 23. Wegen einer Verwaltungsübertretung darf eine Strafe nur auf Grund eines nach diesem Bundesgesetz durchgeführten Verfahrens verhängt werden.

§ 24.*) **Soweit sich aus diesem Bundesgesetz nicht anderes ergibt, gilt das AVG auch im Verwaltungsstrafverfahren.**[1]) **Die §§ 2, 3, 4, 11, 12, 13 Abs. 8, 14 Abs. 3 zweiter Satz, 37 zweiter Satz, 39 Abs. 3, 41, 42, 44 a bis 44 g, 51, 51 d, 57, 63 Abs. 1, 64 Abs. 2, 66 Abs. 2, 67 a bis 67 d, 67 h, 68 Abs. 2 und 3, 75, 76 a zweiter Satz, 78, 78 a, 79, 79 a, 80, 81 und 82 AVG sind im Verwaltungsstrafverfahren nicht anzuwenden.**[2])[3])

*) IdF des Art 2 Z 5 BGBl I 1998/158 (Neufassung; in Kraft getreten am 1. 1. 1999), des Art 2 Z 2 BGBl I 2002/65 (Einfügung

des § 67h AVG in die Aufzählung der unanwendbaren Bestimmungen des AVG; in Kraft getreten am 20. 4. 2002) und des Art 7 Z 1 BGBl I 2009/20 (Streichung der Nennung des § 36 Abs 2 AVG; mangels besonderer Inkrafttretensbestimmung gem Art 49 Abs 1 B-VG mit dem der Kundmachung folgenden Tag in Kraft getreten: 26. 3. 2009).

1) Das AVG ist im Verhältnis zum VStG lex generalis, soweit dieses keine besonderen Bestimmungen enthält, ist daher das AVG auch im Verwaltungsstrafverfahren anzuwenden.

2) Die im Verwaltungsstrafverfahren nicht anzuwendenden Bestimmungen des AVG betreffen:

§ 2: Sachliche Zuständigkeit; siehe § 26, § 51 Abs 1 und § 52b VStG;

§ 3: örtliche Zuständigkeit; siehe §§ 27 bis 29a, § 51 Abs 1 und § 52b VStG;

§ 4: Zuständigkeitskonkurrenz; siehe § 27 Abs 2 VStG;

§ 11: Betrauung einer Person mit der Obsorge, Bestellung eines Sachwalters (Kurators);

§ 12: Anwendung der Bestimmungen über Beteiligte auch auf deren gesetzliche Vertreter und Bevollmächtigte;

§ 13 Abs 8: Antragsänderung;

§ 14 Abs 3 zweiter Satz: Verzicht auf die Wiedergabe der Niederschrift;

§ 37 zweiter Satz: Ergänzung des Ermittlungsverfahrens nach Antragsänderung;

§ 39 Abs 3: Schluss des Ermittlungsverfahrens;

§§ 41 und 42: Anberaumung der mündlichen Verhandlung und Folgen ihrer Versäumung; siehe §§ 40 bis 43 sowie §§ 51e bis 51i VStG;

§§ 44a bis 44g: Großverfahren;

§ 51: Beteiligtenvernehmung; siehe § 33 VStG;

§ 51d: Beteiligtengebühren;

§ 57: Mandatsverfahren; siehe §§ 47 bis 49 VStG;

§ 63 Abs 1: Instanzenzug und Recht zur Erhebung der Berufung; siehe § 39 Abs 6, § 51 Abs 1 und 2, § 54c, § 56 Abs 3 und § 57 Abs 2 und 3 VStG;

§ 64 Abs 2: Ausschluss der aufschiebenden Wirkung einer Berufung; vgl dazu auch Art 3 Abs 3 PersFrG;

§ 66 Abs 2: Zurückverweisung durch die Berufungsbehörde;

§§ 67a bis 67d: Zuständigkeit und Verfahren vor den UVS; siehe §§ 51, 51d bis 51i, § 56 Abs 3 VStG;

§ 67 h: Entscheidungsbefugnis der UVS über Berufungen nach den Verwaltungsvorschriften;

§ 68 Abs 2 und 3: amtswegige Abänderung und Behebung von Bescheiden; siehe § 52 a und § 56 Abs 4 VStG;

§ 75: Kosten der Behörde; siehe dazu § 54 d und §§ 64 bis 66 VStG;

§ 76 a zweiter Satz: Tragung der Beteiligtengebühren;

§§ 78 und 78 a: Verwaltungsabgaben und Ausnahmen davon;

§ 79: Beschränkungen der Kosteneinhebung; siehe § 64 Abs 4 VStG;

§ 79 a: Kosten bei Beschwerden wegen Ausübung unmittelbarer verwaltungsbehördlicher Befehls- und Zwangsgewalt;

§ 80: Verweisungen;

§ 81: Vollzugsklausel; siehe § 67 VStG;

§ 82: Inkrafttreten und Übergangsbestimmungen. Mangels einer Nennung in der Liste der unanwendbaren Bestimmungen ist hingegen die Übergangsbestimmung in § 82 a AVG idF BGBl I 2008/5 auch im Verwaltungsstrafverfahren anwendbar.

3) Zur eingeschränkten Anwendbarkeit des § 73 AVG (B 2) im Verwaltungsstrafverfahren siehe § 52 b VStG; siehe auch § 51 Abs 7 VStG.

§ 25. (1) **Verwaltungsübertretungen sind**[1]) **mit Ausnahme des Falles des § 56**[2]) **von Amts wegen zu verfolgen.**[3])

(2) **Die der Entlastung des Beschuldigten dienlichen Umstände sind in gleicher Weise zu berücksichtigen wie die belastenden.**[4])[5])

1) Grundsatz der **Gesetzmäßigkeit (Legalitätsprinzip)**. Die Verfolgung einer Verwaltungsübertretung steht nicht im Ermessen der Behörde; siehe jedoch § 21, § 34 zweiter Satz und § 49 a Abs 7 VStG.

2) Das sind die Privatanklagesachen.

3) Grundsatz der **Amtswegigkeit (Offizialmaxime)**. Siehe auch § 39 AVG (B 2) iVm § 24 VStG.

4) Grundsatz der **materiellen Wahrheit.** Siehe auch §§ 37 und 39 AVG (B 2) iVm § 24 VStG.

5) Im Verwaltungsstrafverfahren erster Instanz gilt das **Inquisitionsprinzip** (Vereinigung der Anklage- und Entscheidungsfunktion im selben Organ); siehe aber für das Verfahren der UVS § 51 d VStG.

Zuständigkeit[1])

§ 26.[*])[2]) **(1) Den Bezirksverwaltungsbehörden[3]) steht in erster Instanz die Untersuchung und Bestrafung aller Übertretungen zu, deren Ahndung nicht anderen Verwaltungsbehörden zugewiesen ist.[4])**

(2) Den Bundespolizeidirektionen[5]) kommt die Strafbefugnis in erster Instanz im Rahmen ihres Wirkungsbereiches[6]) zu.[7])

*) IdF des Art 2 Z 5 BGBl I 2008/3 (Ersetzung des Wortes „Bundespolizeibehörden" durch „Bundespolizeidirektionen" in Abs 2; in Kraft getreten am 5. 1. 2008) und des Art 36 Z 1 BGBl I 2009/135 (Streichung der Wortfolge „oder den Gerichten" in Abs 1; in Kraft getreten am 1. 1. 2010).

1) Die sachliche und örtliche Zuständigkeit der Verwaltungsstrafbehörden ist nach § 6 AVG (B 2) in jeder Lage des Verfahrens wahrzunehmen.

2) § 26 VStG regelt nur die sachliche Zuständigkeit **in erster Instanz;** für das Berufungsverfahren siehe § 51 Abs 1 VStG, für Verfahren über Devolutionsanträge § 73 Abs 2 AVG (B 2) iVm §§ 24 und 52 b VStG.

3) Das sind die BH, die Bürgermeister der Städte mit eigenem Statut und der Magistrat der Stadt Wien.

4) Den BVB kommt eine **subsidiäre sachliche Allgemeinzuständigkeit** zu.

Nach der Rsp des VfGH gehört die Durchführung von Verwaltungsstrafverfahren zum Kernbereich der staatlichen Aufgaben und darf nicht auf ausgegliederte Rechtsträger oder Beliehene übertragen werden (vgl VfSlg 16.400/2001).

Erl 2009/2, 24: „Die derzeitige Fassung des § 26 Abs. 1 VStG ist nur vor dem Hintergrund der früheren Einteilung der mit gerichtlicher Strafe bedrohten Handlungen in Verbrechen, Vergehen und Übertretungen verständlich (vgl. Art. II des Strafrechtsanpassungsgesetzes, BGBl. Nr. 422/1974). Da den Gerichten seit dem Inkrafttreten des Strafgesetzbuches, BGBl. Nr. 60/1974, keine ‚Übertretungen' mehr zur Ahndung zugewiesen sind, kann deren Nennung in § 26 Abs. 1 entfallen."

5) Siehe Anm 9 zu Art I EGVG (A 2).

6) Damit ist neben dem örtlichen auch der sachliche Wirkungsbereich gemeint.

7) Die Zuständigkeit der BPD ist **nicht subsidiär,** vielmehr ist an ihre Sachkompetenz generell auch die Kompetenz zur Durchführung von Strafverfahren geknüpft.

§ 27.[1]) **(1) Örtlich zuständig ist die Behörde, in deren Sprengel**[2]) **die Verwaltungsübertretung begangen worden ist,**[3]) **auch wenn der zum Tatbestand gehörende Erfolg in einem anderen Sprengel eingetreten ist.**[4])

(2) Ist danach die Zuständigkeit mehrerer Behörden begründet[5]) **oder ist es ungewiß,**[6]) **in welchem Sprengel**[2]) **die Übertretung begangen worden ist, so ist die Behörde zuständig, die zuerst eine Verfolgungshandlung (§ 32 Abs. 2) vorgenommen hat.**

(3) Die Organe des öffentlichen Sicherheitsdienstes[7]) **dürfen bei Gefahr im Verzug zur Vornahme unaufschiebbarer Amtshandlungen die Grenzen des Sprengels**[2]) **ihrer Behörde überschreiten, wenn die örtlich zuständige Behörde die notwendigen Maßnahmen nicht rechtzeitig treffen kann und die Amtshandlungen**[8])

1. zur Abwehr einer unmittelbar drohenden Gefahr für die Sicherheit von Menschen oder des Eigentums oder

2. zur Aufklärung oder Verhinderung von strafbaren Handlungen, die von Amts wegen zu verfolgen sind, oder

3. zur Festnahme oder Verfolgung einer Person, die aus amtlichem Gewahrsam entwichen ist,

erforderlich sind. Solche Amtshandlungen gelten als Amtshandlungen der sachlich zuständigen Behörde, in deren Sprengel[2]) **sie vorgenommen worden sind.**[9]) **Das Organ des öffentlichen Sicherheitsdienstes hat diese Behörde von solchen Amtshandlungen unverzüglich zu benachrichtigen und festgenommene Personen sowie sichergestellte Sachen unverzüglich den zuständigen Organen zu übergeben.**

(4) Organe des öffentlichen Sicherheitsdienstes gelten, wenn sie jemanden vorführen und dabei die Grenzen des Sprengels[2]) **ihrer Behörde überschreiten, bei dieser Amtshandlung als Organe der sachlich und örtlich zuständigen Behörde.**[9])

1) § 27 VStG regelt nur die örtliche Zuständigkeit **in erster Instanz;** für das Berufungsverfahren siehe § 51 Abs 1, für Devolutionsanträge § 52 b VStG.

2) Als **Sprengel** ist dort, wo es sich um eine Behörde mit mehreren relativ selbständigen Dienststellen handelt, der örtliche Wirkungsbereich der Gesamtbehörde (zB Sprengel der BPD Wien) und nicht der der einzelnen Dienststelle zu verstehen.

3) Das ist der Ort, wo der Täter gehandelt hat oder hätte handeln sollen.

4) Bei Delikten, die im Ausland begangen wurden, deren Erfolg aber im Inland eingetreten ist (§ 2 Abs 2 VStG), gilt als Tatort der Ort, wo der Erfolg eingetreten ist.

5) **Zuständigkeitskonkurrenz;** die Zuständigkeit der zuerst einschreitenden Behörde ist eine endgültige.

6) Dies betrifft nur den Fall, dass die Zuständigkeit der zuerst einschreitenden Behörde nach dem Sachverhalt in Frage kommt; auch in diesem Fall ist eine endgültige Zuständigkeit der zuerst einschreitenden Behörde anzunehmen. Siehe aber auch § 28 VStG.

7) Organe des öffentlichen Sicherheitsdienstes sind nach § 5 SPG die Angehörigen des Wachkörpers **Bundespolizei,** der **Gemeindewachkörper** (siehe auch Art 118 Abs 8 und Art 118a B-VG) und die zur Ausübung unmittelbarer verwaltungsbehördlicher Befehls- und Zwangsgewalt ermächtigten **Angehörigen des rechtskundigen Dienstes bei Sicherheitsbehörden.**

8) Nach der Formulierung der folgenden Z 1 bis 3 wird deutlich, dass damit nicht nur Amtshandlungen für Zwecke eines Verwaltungsstrafverfahrens gemeint sind, sondern auch solche, die von den Sicherheitsorganen im Dienste der Strafjustiz gesetzt wurden; diese Regelung hängt mit dem früheren Art V EGVG zusammen, wonach die Verwaltungsbehörden (einschließlich ihrer Exekutivorgane) bei Amtshandlungen im Dienste der Strafjustiz das VStG anzuwenden hatten. Art V EGVG ist jedoch mit Ablauf des 31. 12. 2007 außer Kraft getreten. Ermittlungen durch die Kriminalpolizei im Dienste der Strafjustiz sind nunmehr in den §§ 91 ff StPO geregelt. Da eine dem früheren Art V EGVG vergleichbare Bestimmung nicht mehr besteht, sind die Z 1 bis 3 des § 27 Abs 3 VStG daher nur mehr auf Amtshandlungen für Zwecke eines Verwaltungsstrafverfahrens anwendbar.

9) Diese Regelung hat Bedeutung für die Zurechnung von Akten unmittelbarer verwaltungsbehördlicher Befehls- und Zwangsgewalt zu einer Behörde und dafür, welcher Rechtsträger im Wege der Amtshaftung zu Schadenersatz verpflichtet ist.

§ 28. Die Behörde, die zuerst von einer Verwaltungsübertretung Kenntnis erlangt, ist zur Verfolgung zuständig,

solange nicht ein Umstand hervorgekommen ist, der nach § 27 Abs. 1 die Zuständigkeit einer anderen Behörde begründet.[1])

1) Die Behörde, die zuerst von einer Verwaltungsübertretung Kenntnis erlangt, hat zunächst von Amts wegen zu prüfen, welche Behörde zuständig sein könnte; nur wenn diese Prüfung ergibt, dass keine andere Behörde zuständig erscheint, kommt § 28 VStG zur Anwendung. Stellt sich später – jedoch vor Erlassung des Straferkenntnisses erster Instanz – die Zuständigkeit einer anderen Behörde nach § 27 Abs 1 VStG heraus, geht die Zuständigkeit ex nunc auf diese über; die Strafsache ist nach § 6 AVG (B 2) an die danach zuständige Behörde abzutreten. Stellt sich die Zuständigkeit einer anderen Behörde erst nach Erlassung des Straferkenntnisses erster Instanz heraus, wird dadurch die auf § 28 VStG gegründete Zuständigkeit nicht mehr beseitigt.

§ 29. (1) **Die Zuständigkeit einer Behörde für das Strafverfahren gegen einen Täter begründet auch ihre örtliche Zuständigkeit gegenüber allen Mitschuldigen.**[1])[2])

(2) **Das Strafverfahren gegen alle diese Personen ist womöglich gleichzeitig durchzuführen. Die Behörde kann jedoch aus Zweckmäßigkeitsgründen, insbesondere zur Beschleunigung des Verfahrens, von der gemeinsamen Durchführung absehen**[3]) **und das Verfahren gegen einzelne Mitbeschuldigte abgesondert zum Abschluß bringen.**[4])

1) Siehe § 7 VStG (Anstiftung und Beihilfe).

2) **Attraktionszuständigkeit;** diese Zuständigkeit besteht auch dann, wenn gegen den Haupttäter ein Strafverfahren nicht durchgeführt werden kann, etwa wegen Unzurechnungsfähigkeit.

3) Das Absehen von der gemeinsamen Durchführung der Verfahren ist eine Verfahrensanordnung iS des § 63 Abs 2 AVG (B 2), deren allfällige Rechtswidrigkeit erst bei der Anfechtung des in der Sache ergehenden Bescheides (des Straferkenntnisses) geltend gemacht werden kann.

4) Die Trennung der Verfahren beseitigt nicht die Attraktionszuständigkeit nach Abs 1.

§ 29 a.*) **Wenn hiedurch das Verfahren wesentlich vereinfacht oder beschleunigt wird, kann die zuständige Behörde**[1]) **das Strafverfahren oder den Strafvollzug**[2]) **an die sachlich zu-**

ständige Behörde[3]) übertragen,[4]) in deren Sprengel der Beschuldigte seinen Hauptwohnsitz[5]) oder Aufenthalt hat. Das Strafverfahren darf nur an eine Behörde im selben Bundesland, der Strafvollzug nur an eine Bezirksverwaltungsbehörde oder Bundespolizeidirektion übertragen werden.

*) IdF der Z 1a BGBl 1995/620 (Einschränkung der Übertragbarkeit; Neufassung des zweiten Satzes; in Kraft getreten am 1. 7. 1995), des Art 2 Z 6 BGBl I 1998/158 (Einfügung des Hauptwohnsitzes; in Kraft getreten am 1. 1. 1999) und des Art 2 Z 4 BGBl I 2008/3 (Ersetzung des Wortes „Bundespolizeibehörde" durch „Bundespolizeidirektion"; in Kraft getreten am 5. 1. 2008).

1) § 29a VStG bezieht sich nur auf die erstinstanzliche Behörde, nicht auf die UVS.

2) Siehe auch §§ 53, 53a VStG.

3) Siehe §§ 26, 53a und 54b VStG.

4) Die Übertragung hat – entgegen der unzutreffenden Rsp der Höchstgerichte – nicht durch bloße Verfahrensanordnung, sondern durch **verfahrensrechtlichen Bescheid** zu erfolgen.

5) Vgl Anm 1 zu § 3 AVG (B 2).

Zusammentreffen verschiedener strafbarer Handlungen

§ 30. **(1) Liegen einem Beschuldigten[1]) von verschiedenen Behörden zu ahndende Verwaltungsübertretungen oder eine Verwaltungsübertretung und eine andere von einer Verwaltungsbehörde[2]) oder einem Gericht zu ahndende strafbare Handlung zur Last, so sind die strafbaren Handlungen unabhängig voneinander zu verfolgen, und zwar in der Regel auch dann, wenn die strafbaren Handlungen durch ein und dieselbe Tat begangen worden sind.[3])**

(2) Ist aber eine Tat von den Behörden nur zu ahnden, wenn sie nicht den Tatbestand einer in die Zuständigkeit anderer Verwaltungsbehörden[2]) oder der Gerichte fallenden strafbaren Handlung bildet,[4])[5]) und ist es zweifelhaft, ob diese Voraussetzung erfüllt ist, so hat die Behörde das Strafverfahren auszusetzen,[6]) bis über diese Frage von der sonst in Betracht kommenden Verwaltungsbehörde[2]) oder vom Gericht rechtskräftig entschieden ist.[7])

(3) Hat die Behörde vor dieser Entscheidung ein Straferkenntnis gefällt, so darf es vorläufig[8]) nicht vollzogen werden.[9])

Ergibt sich später,[10]) daß das Verwaltungsstrafverfahren nicht hätte durchgeführt werden sollen, so hat die Behörde erster Instanz, wenn aber in der Sache ein unabhängiger Verwaltungssenat[11]) entschieden hat, dieser, das Straferkenntnis außer Kraft zu setzen und das Verfahren einzustellen.[12])

(4) Die Gerichte und die sonst in Betracht kommenden Verwaltungsbehörden[2]) haben eine entgegen Abs. 3 vollstreckte Verwaltungsstrafe auf die von ihnen wegen derselben Tat verhängte Strafe anzurechnen.

1) Siehe § 32 VStG.

2) Das sind solche Verwaltungsbehörden, die nicht nach Art I EGVG (A 2) die Verwaltungsverfahrensgesetze anzuwenden haben. Die von ihnen zu ahndenden Delikte sind keine „Verwaltungsübertretungen" iS des VStG, siehe Art II Abs 3 EGVG (A 2).

3) Diese Bestimmung regelt das Verfahren bei (echter) **Real- und Idealkonkurrenz;** in materiellrechtlicher Beziehung normiert § 22 VStG das Kumulationsprinzip. Die Anordnung des Kumulationsprinzips bei Idealkonkurrenz wurde im Lichte des Art 4 7. ZPMRK verschiedentlich als bedenklich angesehen. Vgl dazu auch Anm 5 zu § 22 VStG.

4) Aus der Unterscheidung zwischen „Behörden", „Verwaltungsbehörden" und „Gerichten" folgt, dass § 30 Abs 2 bis 4 VStG nur dann zur Anwendung kommt, wenn eine zur Anwendung des VStG berufene „Behörde" mit Verfahren vor Gerichten oder Verwaltungsbehörden, die nicht zur Anwendung des VStG berufen sind, konfrontiert ist. Für diese Fälle ist ein „Vorrang" der nicht zur Anwendung des VStG berufenen Verwaltungsbehörden bzw der Gerichte normiert.

5) Diese Bestimmung regelt nicht nur den Fall der Spezialität, sondern **alle Fälle der Scheinkonkurrenzen,** also auch jene der Konsumtion und der Subsidiarität.

6) Die Aussetzung hat durch verfahrensrechtlichen Bescheid zu erfolgen. Ist ein Berufungsverfahren anhängig, so hat der UVS auszusetzen und in weiterer Folge – wenn sich herausstellt, dass die Handlung nicht von ihm zu bestrafen ist – das Verfahren nach Aufhebung des erstinstanzlichen Bescheides einzustellen; siehe § 45 Abs 1 Z 1 VStG.

Durch die Aussetzung des Strafverfahrens wird die Strafbarkeitsverjährung nach § 31 Abs 3 VStG weder gehemmt noch unterbrochen.

7) Rechtskräftig entschieden ist die Sache nach einer Verurteilung, einem Freispruch, aber auch nach einer prozessualen (einstellenden) Entscheidung. Bindungswirkung entfaltet nach der Rsp allerdings nur das verurteilende Erk, in den anderen Fällen hat die Verwaltungsbehörde selbst zu beurteilen, ob die Tat nach den anderen Vorschriften strafbar ist. Auch eine Diversionsentscheidung (durch den StA oder das Gericht) nach den §§ 198 ff StPO inkludiert eine Feststellung der Schuld des Betroffenen und ist daher einer Verurteilung gleichzuhalten.

Die vom VStG vorgesehene Fortführung des Verwaltungsstrafverfahrens nach Einstellung oder Freispruch durch die andere Verwaltungsbehörde (Gericht) erscheint im Lichte des Art 4 7. ZPMRK bedenklich. Dieser verbietet nach seinem klaren Wortlaut nicht nur eine Doppelbestrafung, sondern auch eine nochmalige Verfolgung des Täters wegen derselben Tat.

8) Dh: Bis zur Rechtskraft der Entscheidung der sonst in Betracht kommenden Verwaltungsbehörde oder des Gerichts.

9) Das vorläufige Vollstreckungsverbot bewirkt eine Hemmung der Vollstreckungsverjährung, siehe § 31 Abs 3 VStG.

10) Dh: Aus der rechtskräftigen Entscheidung der anderen Verwaltungsbehörde oder des Gerichts.

11) Siehe Anm 5 zu Art I EGVG (A 2).

12) Siehe § 45 Abs 1 Z 1 VStG.

Verjährung

§ 31.*) **(1) Die Verfolgung einer Person ist unzulässig, wenn gegen sie binnen der Verjährungsfrist von der Behörde keine Verfolgungshandlung (§ 32 Abs. 2 und 3) vorgenommen worden ist.**[1][2]

(2) Die Verjährungsfrist beträgt sechs Monate.[3][4] **Diese Frist ist von dem Zeitpunkt zu berechnen, an dem die strafbare Tätigkeit abgeschlossen worden ist oder das strafbare Verhalten aufgehört hat; ist der zum Tatbestand gehörende Erfolg erst später eingetreten, so läuft die Frist erst von diesem Zeitpunkt.**[5-8]

(3) Sind seit dem in Abs. 2 bezeichneten Zeitpunkt drei Jahre vergangen, so darf ein Straferkenntnis nicht mehr gefällt werden.[9] **Eine Strafe darf nicht mehr vollstreckt werden, wenn seit ihrer rechtskräftigen Verhängung drei Jahre vergangen sind.**[10] **Die Zeit eines Verfahrens vor dem Verfassungsgerichts-**

hof, vor dem Verwaltungsgerichtshof oder vor dem Gerichtshof der Europäischen Gemeinschaften[11]) sowie Zeiten, während deren die Strafvollstreckung unzulässig,[12]) ausgesetzt,[13]) aufgeschoben[14]) oder unterbrochen[15]) war, sind nicht einzurechnen.

*) IdF der Z 2 BGBl 1995/620 (Einfügung über Nicht-Einrechnung in Abs 3; Neufassung des Abs 3 dritter Satz; in Kraft getreten am 1. 7. 1995), des Art 2 Z 7 BGBl I 1998/158 (Einfügung des Verweises auf § 32 Abs 3 in Abs 1; in Kraft getreten am 1. 1. 1999) und des Art 7 Z 2 BGBl I 2009/20 (Neufassung des ersten Satzes in Abs 2; mangels besonderer Inkrafttretensbestimmung gem Art 49 Abs 1 B-VG mit dem der Kundmachung folgenden Tag in Kraft getreten: 26. 3. 2009).

1) **Verfolgungsverjährung.** Ihr Eintritt bewirkt, dass die Verfolgung einer Person wegen einer strafbaren Handlung unzulässig und das Verfahren nach § 45 Abs 1 Z 3 VStG einzustellen ist.

Die Verfolgungshandlung gegen einen zur Vertretung nach außen Berufenen (§ 9 Abs 1 VStG) oder einen Unternehmer (§ 9 Abs 3 VStG) gilt auch als Verfolgungshandlung gegen einen verantwortlichen Beauftragten iS des § 9 VStG, und hindert daher auch diesem gegenüber den Eintritt der Verfolgungsverjährung: § 32 Abs 3 VStG.

2) Siehe auch § 56 Abs 1 VStG zur besonderen Verfolgungsverjährung bei Privatanklagedelikten.

3) **Erl 2009/1, 17:** „Aus systematischen Gründen erscheint es zweckmäßig, Sonderbestimmungen für das Abgabenstrafverfahren nicht im VStG, sondern in § 254 Abs. 1 des Finanzstrafgesetzes – FinStrG, BGBl. Nr. 129/1958, zu treffen (vgl. die Kritik von *Thienel,* Das Verfahren der Verwaltungssenate[2] [1992], 183, an dem auf die AVG-Novelle BGBl. Nr. 357/1990 zurückgehenden, durch die Verwaltungsverfahrensnovelle 1998, BGBl. I Nr. 158, aufgehobenen § 73 Abs. 4 AVG betreffend die Entscheidungspflicht im landesgesetzlichen Abgabenstrafrecht).

Die im VStG enthaltenen Sonderbestimmungen für das landesgesetzliche Abgabenstrafrecht (§ 31 Abs. 2 erster Satz: besondere Verjährungsfrist, § 51 a Abs. 5: Antrag auf Beigebung eines Verfahrenshilfeverteidigers, § 52: besondere Frist für die Wiederaufnahme eines durch Einstellung abgeschlossenen Strafverfahrens, § 52 b: Entscheidungspflicht) sollen daher im Hinblick auf den vorgeschlagenen § 254 Abs. 1 FinStrG (vgl. Art. X dieses Bundesgesetzes) entfallen."

4) Längere Verjährungsfristen sehen zB vor: § 27 Abs 3 PunzG 2000, § 37 Abs 7 DSchG.

5) Bei Handlungs- und Unterlassungsdelikten beginnt die Frist mit Abschluss der Handlung bzw Beendigung der Unterlassung; dies gilt auch für das fortgesetzte Delikt. Bei Dauerdelikten beginnt die Frist mit Beendigung des rechtswidrigen Zustandes. Für die Mitschuldigen (siehe § 7 VStG) beginnt die Verjährungsfrist erst mit Beendigung der Straftat durch den unmittelbaren Täter zu laufen. Durch jede innerhalb der Verjährungsfrist vorgenommene Verfolgungshandlung wird die (Verfolgungs-)Verjährung nicht bloß unterbrochen, sondern ausgeschlossen.

Die Verjährungsfristen des § 31 Abs 2 VStG sind auch für die Zulässigkeit der Wiederaufnahme eines durch Einstellung beendeten Verfahrens maßgebend; siehe § 52 VStG.

6) Zur Berechnung der Frist siehe §§ 32f AVG (B 2).

7) Die Verjährungsfristen sind **objektive Fristen,** ihr Beginn ist von der subjektiven Kenntnis des fristauslösenden Ereignisses unabhängig; anders aber § 56 Abs 1 VStG.

8) Besondere Regelungen über den Beginn des Fristenlaufes enthalten zB § 37 Abs 7 DSchG, § 137 Abs 7 WRG; verschiedentlich ist vorgesehen, dass bestimmte Zeiträume in den Lauf der Verjährungsfrist nicht einzurechnen sind, siehe zB Art III Abs 6 EGVG (A 2).

9) **Strafbarkeitsverjährung.** Ihr Eintritt bewirkt, dass eine Bestrafung nicht mehr erfolgen darf und das Strafverfahren nach § 45 Abs 1 Z 2 VStG einzustellen ist; ist schon das Berufungsverfahren anhängig, hat der UVS das erstinstanzliche Straferkenntnis zu beheben. Eine eingetretene Strafbarkeitsverjährung macht auch die Entscheidung über einen privatrechtlichen Anspruch nach § 57 VStG unzulässig. Längere Fristen sehen zB § 11 Abs 2 DevG, § 51 Abs 3 VermG vor.

10) **Vollstreckungsverjährung.** Durch diese wird nur die Vollstreckung der Strafe gehindert, nicht aber die sonstigen Wirkungen der rechtskräftigen Bestrafung beseitigt, zB Berücksichtigung bei einer späteren Strafbemessung. Die Vollstreckung der Kosten des Strafverfahrens ist auch nach Ablauf der Frist möglich.

11) Jetzt: Gerichtshof der Europäischen Union. Das Verfahren vor VwGH, VfGH oder EuGH beginnt mit Einlangen des jeweiligen Antrages bei dem betreffenden Gerichtshof und endet mit Zustellung des Erk des Gerichtshofes an die antragstellende Stelle.

Lege non distinguente tritt die Fristhemmung durch ein höchstgerichtliches Verfahren sowohl in den Fällen der Bescheidprüfung wie auch in den Fällen eines Normprüfungsverfahrens durch den VfGH ein. Die Fristhemmung durch ein Verfahren vor dem EuGH betrifft die Fälle einer Vorabentscheidung (insb Art 267 AEUV). Auch diese Fristhemmung ist nicht davon abhängig, dass die Vorabentscheidung durch eine zur Anwendung des VStG berufene Behörde – insb den UVS – beantragt wurde (siehe § 38 a AVG [B 2]), sondern tritt auch dann ein, wenn im Zuge eines Bescheidprüfungsverfahrens vor einem Höchstgericht von diesem die Vorabentscheidung beantragt wurde.

12) Siehe § 54 Abs 1 VStG sowie § 15 EU-VStVG (D 4).

13) Siehe § 54 Abs 2 und 3 VStG.

14) Siehe § 30 Abs 3, § 54 a Abs 1, 3 und 4 sowie § 54 b Abs 3 VStG.

15) Siehe § 54 a Abs 2, 3 und 4 VStG.

Beschuldigter

§ 32.*) **(1) Beschuldigter ist die im Verdacht einer Verwaltungsübertretung stehende Person von dem Zeitpunkt der ersten von der Behörde gegen sie gerichteten Verfolgungshandlung**[1]**) bis zum Abschluß der Strafsache. Der Beschuldigte ist Partei im Sinne des AVG.**[2]**)**

(2) Verfolgungshandlung ist jede von einer Behörde gegen eine bestimmte Person[3]**) als Beschuldigten gerichtete Amtshandlung**[4]**) (Ladung, Vorführungsbefehl, Vernehmung, Ersuchen um Vernehmung, Auftrag zur Ausforschung,**[5]**) Strafverfügung u. dgl.), und zwar auch dann, wenn die Behörde zu dieser Amtshandlung nicht zuständig**[6]**) war, die Amtshandlung ihr Ziel nicht erreicht oder der Beschuldigte davon keine Kenntnis erlangt hat.**

(3) Eine Verfolgungshandlung, die gegen einen zur Vertretung nach außen Berufenen (§ 9 Abs. 1) gerichtet ist, gilt auch als Verfolgungshandlung gegen die anderen zur Vertretung nach außen Berufenen und die verantwortlichen Beauftragten. Eine Verfolgungshandlung, die gegen den Unternehmer (§ 9 Abs. 3) gerichtet ist, gilt auch als Verfolgungshandlung gegen die verantwortlichen Beauftragten.[7]**)**

*) IdF des Art 2 Z 8 BGBl I 1998/158 (Einfügung des Abs 3; in Kraft getreten am 1. 1. 1999).

1) Die erste Verfolgungshandlung bewirkt die Einleitung des Verwaltungsstrafverfahrens, den Ausschluss der Verfolgungsverjährung (§ 31 Abs 1 VStG) und allenfalls die Begründung der Zuständigkeit kraft Zuvorkommens (§ 27 Abs 2 VStG).

2) Siehe § 8 AVG (B 2). Parteistellung im Verwaltungsstrafverfahren genießen neben dem Beschuldigten auch der Privatankläger (§ 56 Abs 1 VStG), der Privatbeteiligte (§ 57 Abs 1 VStG), der vom Beschuldigten (Mitschuldigen) verschiedene Eigentümer einer vom Verfall bedrohten Sache (§ 17 Abs 1 VStG und § 8 AVG [B 2]), der an einer vom Verfall bedrohten Sache sonst dinglich Berechtigte (§ 17 Abs 2 VStG und § 8 AVG [B 2]), die durch sondergesetzliche Bestimmungen bezeichneten Personen und Stellen (§ 51 Abs 2 VStG) sowie auch die nach § 9 Abs 7 VStG für eine Geldstrafe haftende juristische Person bzw der haftende Einzelunternehmer. Siehe Anm 15 zu § 9 VStG.

3) Keine Verfolgungshandlung – weil nicht gegen eine bestimmte Person gerichtet – ist die Ausforschung eines unbekannten Täters (§ 34 VStG), eine Anonymverfügung (siehe auch § 49a Abs 6 VStG) und ein Organstrafmandat (§ 50 VStG).

4) Die Verfolgungshandlung muss sich auf eine **bestimmte Tat** beziehen, dh auf alle der Bestrafung zugrunde liegenden Sachverhaltselemente. Eine Verfolgungshandlung liegt erst vor, wenn die Amtshandlung die behördliche Sphäre verlassen hat.

5) Damit ist die Ausforschung des unbekannten Aufenthaltsortes eines bekannten Beschuldigten gemeint, nicht die Ausforschung des unbekannten Täters nach § 34 VStG.

6) Es muss aber eine Behörde iS des Art II Abs 1 EGVG (A 2) sein, die zur Anwendung des VStG berufen ist.

7) **Erl 1998, 41:** „In der Verwaltungspraxis ist die Bestrafung verantwortlicher Beauftragter nicht selten daran gescheitert, daß sich zunächst ein zur Vertretung nach Außen Berufener (oder der Unternehmer) auf das Strafverfahren einließ und erst in einem fortgeschrittenen Verfahrensstadium einen verantwortlichen Beauftragten ins Spiel brachte, welcher wegen inzwischen eingetretener Verjährung nicht mehr verfolgt werden konnte. Dem soll durch die Ergänzung des § 32 VStG um einen Abs. 3 begegnet werden."

§ 33.*) **(1) Jeder Beschuldigte**[1]) **ist bei Beginn seiner ersten Vernehmung**[2]) **über den Vornamen und den Familiennamen oder Nachnamen, Tag und Ort der Geburt, die Staatsangehörigkeit, den Personenstand, die Beschäftigung und den Wohnort sowie über die Einkommens- und Vermögensverhältnisse und allfällige Sorgepflichten**[3]) **zu befragen. Sind die An-**

gaben darüber schon in den Akten enthalten, so sind sie dem Beschuldigten zur Anerkennung oder Richtigstellung vorzuhalten.

(2) Der Beschuldigte kann zur Beantwortung der an ihn gestellten Fragen nicht gezwungen werden.

(3) Eine Mutwillensstrafe[4]) darf gegen ihn nicht verhängt werden.[5])

*) IdF des Art 2 Z 9 BGBl I 1998/158 (Neufassung des Abs 1 erster Satz, insb Einfügung der Staatsangehörigkeit statt Staatsbürgerschaft, sowie des Tages statt der Zeit der Geburt; in Kraft getreten am 1. 1. 1999) und des Art 6 Z 2 bis 4 BGBl I 2011/100 (Ersetzung der Wortfolge „den Vor- und Familiennamen“ durch die Wortfolge „den Vornamen und den Familiennamen oder Nachnamen“, des Wortes „Familienstand“ durch das Wort „Personenstand“ sowie der Wortfolge „Vermögens-, Einkommens- und Familienverhältnisse“ durch die Wortfolge „Einkommens- und Vermögensverhältnisse und allfällige Sorgepflichten“ in Abs 1; in Kraft getreten am 1. 1. 2012).

1) Siehe § 32 VStG.

2) Siehe die – wenn die Vernehmung nicht im Zuge einer mündlichen Strafverhandlung erfolgt – zu verwendenden **Form 28.1 und 28.2** der **VwFormV.**

3) Siehe § 19 Abs 2 VStG.

4) Siehe § 35 AVG (B 2). Eine Mutwillensstrafe darf auch nicht gegen den Vertreter des Beschuldigten verhängt werden.

5) Wohl aber eine Ordnungsstrafe (§ 34 AVG [B 2]).

Ausforschung

§ 34. Ist der Täter oder der Aufenthalt des Beschuldigten unbekannt,[1]) so hat[2]) die Behörde den Sachverhalt möglichst ins klare zu bringen und Nachforschungen nach dem Beschuldigten einzuleiten.[3]) Solche Erhebungen sind abzubrechen,[4]) sobald die weitere Verfolgung aussichtslos erscheint oder der hiefür erforderliche Aufwand in einem Mißverhältnis zum Grad und zur Bedeutung der in der Verwaltungsübertretung liegenden Verletzung öffentlicher Interessen steht.

1) Die Bestellung eines Kurators nach § 11 AVG (B 2) ist ausgeschlossen (§ 24 VStG), auch eine Zustellung durch öffentliche Bekanntmachung ist unzulässig (§ 25 ZustG [E 1]).

2) Die Behörde hat **kein Ermessen,** siehe § 25 VStG. Dieses **Legalitätsprinzip** wird durch den zweiten Satz zugunsten des **Opportunitätsprinzips** durchbrochen. Siehe auch § 49 a Abs 7 VStG.

3) Die Vornahme von **Hausdurchsuchungen** ist im VStG nicht vorgesehen und kommt nur in Betracht, wenn dies die Verwaltungsvorschriften vorsehen: siehe zB § 44 Abs 3 EpidemieG, § 39 SprengmittelG.

Bei Hausdurchsuchungen ist im Übrigen das Gesetz zum Schutze des Hausrechts RGBl 1862/88 idF BGBl 1974/422 einzuhalten.

Eine **Personsdurchsuchung** – außer im Fall einer Festnahme: § 40 SPG – sowie eine **Überwachung des Fernmeldeverkehrs** kommen im Verwaltungsstrafverfahren **nicht** in Betracht.

4) Das **Abbrechen** hindert – solange nicht Verfolgungsverjährung eingetreten ist – die spätere Fortsetzung der Ausforschung nicht.

2. Abschnitt: Sicherung des Strafverfahrens und des Strafvollzuges

Festnahme[1])

§ 35. Die Organe des öffentlichen Sicherheitsdienstes[2]) dürfen außer den gesetzlich besonders geregelten Fällen[3]) Personen, die auf frischer Tat betreten werden, zum Zweck ihrer Vorführung vor die Behörde festnehmen,[4])[5]) wenn

1. der Betretene dem anhaltenden Organ unbekannt ist, sich nicht ausweist und seine Identität auch sonst nicht sofort feststellbar ist[6]) oder

2. begründeter Verdacht besteht, daß er sich der Strafverfolgung zu entziehen suchen werde,[6]) oder

3. der Betretene trotz Abmahnung in der Fortsetzung der strafbaren Handlung verharrt oder sie zu wiederholen sucht.

1) Siehe Art 1, Art 2 Abs 1 Z 3 sowie Art 4 Abs 5 bis 7 PersFrG.

2) Siehe Anm 7 zu § 27 VStG.

3) Siehe hiezu zB § 112 ForstG, § 30 Abs 3 EisbG, § 38 Abs 6 SchiffahrtsG, § 39 FPG, § 45 SPG.

4) Die Festnahme und folgende Anhaltung ist als Akt unmittelbarer verwaltungsbehördlicher Befehls- und Zwangsgewalt bei den UVS anfechtbar, siehe Art 129 a Abs 1 Z 2 B-VG, § 67 a Abs 1 Z 2

AVG (B 2); vgl auch § 88 Abs 1 SPG, § 54 Abs 1 MBG und Art 6 PersFrG.

5) Zur Anrechnung dieser Freiheitsbeschränkung (sog „Verwaltungshaft“) auf eine Strafe siehe § 19 a VStG.

6) Zu Z 1 und 2 siehe jedoch auch § 37 a VStG (Leistung einer vorläufigen Sicherheit). Soweit die Einhebung einer vorläufigen Sicherheitsleistung möglich ist, ist eine Festnahme nach § 35 Z 1 oder Z 2 VStG im Lichte der neueren Rsp des VwGH nicht zulässig (vgl Art 1 Abs 3 PersFrG).

§ 36.*) **(1) Jeder Festgenommene ist unverzüglich der nächsten sachlich zuständigen Behörde**[1]**) zu übergeben oder aber, wenn der Grund der Festnahme schon vorher wegfällt, freizulassen.**[2]**) Er ist ehestens, womöglich bei seiner Festnahme, in einer ihm verständlichen Sprache über die Gründe seiner Festnahme und die gegen ihn erhobenen Anschuldigungen zu unterrichten.**[3]**) Die Behörde hat den Angehaltenen unverzüglich zu vernehmen. Er darf keinesfalls länger als 24 Stunden angehalten werden.**[2]**)**

(2) Bei der Festnahme und Anhaltung ist unter Achtung der Menschenwürde und mit möglichster Schonung der Person vorzugehen.[4]**) Für die Anhaltung gilt § 53 c Abs. 1 und 2 sinngemäß; das Erfordernis genügenden Tageslichtes kann jedoch entfallen, sofern ausreichende künstliche Beleuchtung vorhanden ist.**

(3) Dem Festgenommenen ist ohne unnötigen Aufschub zu gestatten, einen Angehörigen (§ 36 a AVG)[5]**) oder eine sonstige Person seines Vertrauens und einen Rechtsbeistand zu verständigen; über dieses Recht ist der Festgenommene zu belehren. Bestehen gegen eine Verständigung durch den Festgenommenen selbst Bedenken, so hat die Behörde die Verständigung vorzunehmen.**[6]**)**

(4) Der Angehaltene darf von Angehörigen (§ 36 a AVG), von seinen Rechtsbeiständen sowie von den diplomatischen oder konsularischen Vertretern seines Heimatstaates besucht werden.[5]**) Für den Brief- und Besuchsverkehr gilt § 53 c Abs. 3 bis 5 sinngemäß.**

*) IdF des Art 36 Z 2 und 3 BGBl I 2009/135 (Ersetzung der Wortfolge „einen Angehörigen“ durch die Wortfolge „eine in § 36 a

Abs. 1 AVG genannte Person“ in Abs 3 erster Satz sowie Neufassung des ersten Satzes in Abs 4; in Kraft getreten am 1. 1. 2010) und des Art 6 Z 5 und 6 BGBl I 2011/100 (Ersetzung der Wortfolge „eine in § 36a Abs. 1 AVG genannte Person“ durch die Wortfolge „einen Angehörigen (§ 36a AVG)“ in Abs 3 sowie der Wortfolge „in § 36a Abs. 1 genannten Personen“ durch die Wortfolge „Angehörigen (§ 36a AVG)“ in Abs 4; in Kraft getreten am 1. 1. 2012).

1) Siehe § 26 VStG; die sachlich zuständige Behörde muss nicht notwendig auch örtlich zuständig sein.

2) Siehe Art 4 Abs 5 PersFrG.

3) Siehe Art 4 Abs 6 PersFrG.

4) Siehe Art 1 Abs 4 PersFrG.

5) **Erl 2009/2, 24:** „Im Interesse der Einheitlichkeit soll in diesen Bestimmungen anstatt auf ‚Familienmitglieder‘ künftig auf ‚in § 36a Abs. 1 AVG genannte Personen‘ abgestellt werden; eine Ehe, eingetragene Lebenspartnerschaft oder Lebensgemeinschaft muss also aufrecht sein (vgl. § 36a Abs. 2 AVG).“

Durch BGBl I 2011/100 wurde der Verweis dahingehend geändert, dass er sich nunmehr auf den gesamten § 36a AVG (B 2) – nicht nur auf dessen Abs 1 – bezieht. Daraus folgt, dass auch frühere Ehegatten oder Partner – die nach § 36a Abs 2 und 3 AVG (B 2) als Angehörige gelten – verständigt werden müssen sowie das Besuchsrecht ausüben können.

Vgl auch **AA 2011, 6:** „Durch das Bundesgesetz BGBl. I Nr. 135/2009 wurde der eingetragene Partner in den Kreis der Angehörigen einbezogen (vgl. § 36a Abs. 1 Z 6 und Abs. 3 AVG). Die Verweise in § 36 Abs. 3 und 4 VStG auf die ‚in § 36a Abs. 1 AVG genannte Person‘ bzw. auf die ‚in § 36a Abs. 1 AVG genannten Personen‘ berücksichtigen § 36a Abs. 3 erster Satz AVG (wonach Abs. 1 Z 3 auch für den eingetragenen Partner sinngemäß gilt) nur unzureichend; § 36 Abs. 3 und 4 VStG ist daher entsprechend anzupassen.“

6) Siehe Art 4 Abs 7 PersFrG. Diese Pflicht trifft nicht nur die „Behörde“ im technischen Sinn, sondern auch die Organe, die für sie tätig geworden sind, wie zB die Polizeibeamten einer Polizeiinspektion.

Vgl auch § 58b SPG, der nähere Regelungen über Verarbeitung und Weitergabe von Daten von Personen trifft, die in Hafträumen der BPolDion oder der BVB angehalten werden, sowie Informationen an persönlich vorsprechende Angehörige und Lebensgefährten des Angehaltenen vorsieht.

Sicherheitsleistung

§ 37.*)**) (1) Besteht begründeter Verdacht, daß sich der Beschuldigte[1]) der Strafverfolgung oder dem Vollzug der Strafe entziehen werde, so kann[2]) ihm die Behörde[3]) durch Bescheid auftragen,[4]) einen angemessenen Betrag als Sicherheit zu erlegen oder durch Pfandbestellung oder taugliche Bürgen, die sich als Zahler verpflichten,[5]) sicherzustellen. Ebenso kann die Behörde[3]) vorgehen, wenn auf Grund bestimmter Tatsachen anzunehmen ist, daß die Strafverfolgung oder der Vollzug der Strafe aus Gründen, die in der Person des Beschuldigten[1]) liegen, unmöglich oder wesentlich erschwert sein werde.[6])

(2) Die Sicherheit darf 2 180 Euro nicht übersteigen und keinesfalls höher sein als das Höchstmaß der angedrohten Geldstrafe. Für den Fall, daß die aufgetragene Sicherheitsleistung nicht unverzüglich erfolgt, kann[2]) die Behörde[3]) als Sicherheit verwertbare Sachen beschlagnahmen, die dem Anschein nach dem Beschuldigten[1]) gehören;[7]) ihr Wert soll die Höhe des zulässigen Betrages der Sicherheit nicht übersteigen.

(3) Berufungen gegen Bescheide nach Abs. 1 und 2 haben keine aufschiebende Wirkung.[8])

(4) Die Sicherheit wird frei, wenn das Verfahren eingestellt[9]) wird oder die gegen den Beschuldigten[1]) verhängte Strafe vollzogen ist, oder nicht binnen sechs Monaten[10]) der Verfall[11]) ausgesprochen wurde. Die als Sicherheit beschlagnahmte Sache wird auch frei, wenn vom Beschuldigten[1]) die aufgetragene Sicherheit in Geld erlegt oder sonst sichergestellt wird oder ein Dritter Rechte an der Sache glaubhaft macht.

(5) Die Sicherheit kann[2]) für verfallen erklärt werden,[12]) sobald sich die Strafverfolgung des Beschuldigten[1]) oder der Vollzug der Strafe als unmöglich erweist. § 17 ist sinngemäß anzuwenden.

(6) Für die Verwertung verfallener Sachen gilt § 18,[13]) wobei aus der verfallenen Sicherheit zunächst die allenfalls verhängte Geldstrafe und sodann die Kosten des Strafverfahrens sowie die Verwahrungs- und Verwertungskosten zu decken sind. Nach Abzug dieser Posten verbleibende Restbeträge sind dem Beschuldigten auszufolgen.[14]) Im Übrigen gelten für die Widmung der verfallenen Sicherheit dieselben Vorschriften wie für Geldstrafen.[15])[16])

*) IdF des Art 4 Z 4 und Z 5 BGBl I 2001/137 (Ersetzung des früheren Schilling-Betrages in Abs 2 durch einen Euro-Betrag und Neufassung des Abs 6; in Kraft getreten am 1. 1. 2002).

**) Diese Bestimmung findet gem Art I Abs 2 lit B EGVG (A 2) keine Anwendung im Verfahren vor Organen der 1. Gemeindeverbände, 2. Gemeinden, ausgenommen die Organe der Städte mit eigenem Statut, 3. Körperschaften, Anstalten und Fonds des öffentlichen Rechts und 4. Vollzugsbehörden erster Instanz und Vollzugsoberbehörden nach dem StVG.

1) Siehe § 32 VStG; diese Bestimmung kann ab Einleitung des Verwaltungsstrafverfahrens (nach der ersten Verfolgungshandlung, siehe § 32 Abs 1 VStG) bis zum Abschluss der Strafvollstreckung angewendet werden.

2) Die Behörde hat **kein Ermessen.**

3) Das ist die zur Strafverfolgung berufene Behörde.

4) Siehe das **Form 20** der **VwFormV.**

5) Siehe § 1357 ABGB.

6) Etwa weil der Beschuldigte seinen Wohnsitz im Ausland hat; vgl nun aber insb das EU-VStVG (D 4).

7) Diese gleichfalls in Bescheidform zu verfügende Beschlagnahme dient – anders als jene nach § 39 VStG – nicht der Sicherung des Verfalls, sondern der Sicherung der Strafverfolgung und/oder des Strafvollzugs. Siehe das **Form 23** der **VwFormV.**

8) Siehe dagegen § 64 AVG (B 2) iVm § 24 VStG.

9) Siehe § 45 VStG.

10) Die Frist beginnt mit der **Einhebung** der Sicherstellung zu laufen.

11) Nicht iS des § 17 VStG zu verstehen; hier wird vielmehr auf § 37 Abs 5 VStG Bezug genommen; siehe auch § 37 a Abs 5 erster Satz VStG.

12) Nach § 37 Abs 4 erster Satz VStG aber nur binnen sechs Monaten ab Einhebung.

13) Und damit auch die VfllV (C 3).

14) Erl 2001, 10: „Mit dieser Regelung wird klar gestellt, dass allfällige Restbeträge, die sich bei der Verwertung der für verfallen erklärten Sicherheit ergeben (das sog. ‚Superfluum'), dem Beschuldigten auszufolgen sind. Es soll niemand durch allfällige Restbeträge bereichert sein; der Behörde sollen aber auch keine Kosten für die Rückerstattung entstehen."

15) Siehe § 15 VStG.

16) Ein Anspruch auf Rückerstattung ist nach Art 137 B-VG beim VfGH geltend zu machen.

§ 37 a.*)[1]) **(1) Die Behörde[2]) kann besonders geschulte Organe des öffentlichen Sicherheitsdienstes[3]) ermächtigen,[4]) nach Maßgabe der nachfolgenden Bestimmungen eine vorläufige Sicherheit bis zum Betrag von 180 Euro festzusetzen und einzuheben.[5]) Besondere Ermächtigungen in anderen Verwaltungsvorschriften bleiben unberührt.[6]) § 50 Abs. 1 letzter Satz, Abs. 3, Abs. 5, Abs. 6 erster Satz sowie Abs. 8[7]) sind sinngemäß anzuwenden.**

(2) Die Ermächtigung kann sich darauf beziehen, daß das Organ

1. von der in § 35 Z 1 und 2 vorgesehenen Festnahme absieht, wenn der Betretene die vorläufige Sicherheit freiwillig erlegt,[8])

2. von Personen, die auf frischer Tat betreten werden und bei denen eine Strafverfolgung oder der Strafvollzug offenbar unmöglich oder wesentlich erschwert sein wird, die vorläufige Sicherheit einhebt.[9])

(3) Leistet der Betretene im Fall des Abs. 2 Z 2 den festgesetzten Betrag nicht, so kann das Organ verwertbare Sachen, die dem Anschein nach dem Betretenen gehören und deren Wert 180 Euro nicht übersteigen soll, als vorläufige Sicherheit beschlagnahmen.[5]) Hiebei ist mit möglichster Schonung der Person vorzugehen.

(4) Über den als vorläufige Sicherheit eingehobenen Betrag oder die Beschlagnahme ist sofort eine Bescheinigung[10]) auszustellen. Die vorläufige Sicherheit ist der Behörde mit der Anzeige unverzüglich vorzulegen.

(5) Die vorläufige Sicherheit wird frei, wenn das Verfahren eingestellt[11]) wird oder die gegen den Beschuldigten verhängte Strafe vollzogen ist oder wenn nicht binnen sechs Monaten[12]) gemäß § 37 Abs. 5 der Verfall ausgesprochen wird. § 37 Abs. 4 letzter Satz gilt sinngemäß.

*) IdF des Art 4 Z 6, 7 und 8 BGBl I 2001/137 (Ersetzung der früheren Schillingbeträge durch Euro-Beträge in den Abs 1 und 3, Neufassung von Abs 2 Z 2 und Verlängerung der Frist für die Verfallserklärung auf sechs Monate in Abs 5; in Kraft getreten am 1. 1. 2002).

1) Siehe auch die Sicherheiten-EinhebungsV (C 4).

2) Das ist die zur Strafverfolgung erster Instanz zuständige Behörde.

3) Siehe Anm 7 zu § 27 VStG.

4) Siehe das **Form 21** der **VwFormV.**

5) Festsetzung und Einhebung der vorläufigen Sicherheit sowie die Beschlagnahme von Gegenständen sind Akte unmittelbarer verwaltungsbehördlicher Befehls- und Zwangsgewalt, die nach Art 129a Abs 1 Z 2 B-VG iVm § 67a Abs 1 Z 2 AVG (B 2) bei den UVS angefochten werden können; siehe auch § 88 Abs 1 SPG und § 54 Abs 1 MBG.

6) Vgl zB § 37 Abs 4 GGBG, § 100 Abs 3 StVO.

7) Infolge des Verweises auf § 50 Abs 8 VStG kann die einstweilige Sicherheit auch in fremden Währungen und mittels Scheck oder Kreditkarte entrichtet werden.

8) Leistet der Betretene die Sicherheit nicht, so hat die Festnahme zu erfolgen.

9) Leistet der Betretene die Sicherheit nicht, so ist eine Festnahme unzulässig; es ist nach § 37a Abs 3 VStG vorzugehen.

10) Siehe das **Form 22** der **VwFormV.**

11) Siehe § 45 VStG.

12) Ab Einhebung der Sicherheit bzw Beschlagnahme der Sache.

Zeugen[1][2]

§ 38.[*][3] **Die Angehörigen (§ 36a AVG) des Beschuldigten, die mit seiner Obsorge betrauten Personen, sein Sachwalter und seine Pflegebefohlenen sind von der Aussagepflicht befreit.**

*) IdF des Art 36 Z 4 BGBl I 2009/135 (Neufassung samt Überschrift; in Kraft getreten am 1. 1. 2010).

1) Erl 2009/2, 24: „Infolge eines Redaktionsversehens wurde diese Bestimmung an den durch Art. 2 Z 22 des Verwaltungsverfahrens- und Zustellrechtsänderungsgesetzes 2007, BGBl. I Nr. 5/2008, neu gefassten § 49 Abs. 1 AVG nicht angepasst.

Nach der vorgeschlagenen Bestimmung sind die Angehörigen (§ 36a AVG) des Beschuldigten, die mit seiner Obsorge betrauten Personen, sein Sachwalter und seine Pflegebefohlenen schlechthin von der Aussagepflicht befreit (also auch dann, wenn die Voraussetzungen des § 49 Abs. 1 Z 1 AVG nicht vorliegen); vorbehaltlich des persönlichen Anwendungsbereiches der Bestimmung entspricht dies der geltenden Rechtslage (vgl. bereits *Ringhofer,* Verwaltungsverfahrensgesetze II [1992], Anm. 2 zu § 38 VStG)."

2) Die Vernehmung der Beteiligten (§ 51 AVG [B 2]) ist im Verwaltungsstrafverfahren nicht vorgesehen, siehe § 24 VStG.

3) Siehe die **Form 29.1 und 29.2** der **VwFormV.**

Beschlagnahme von Verfallsgegenständen

§ 39.*) **(1) Liegt der Verdacht einer Verwaltungsübertretung vor, für die der Verfall von Gegenständen als Strafe vorgesehen ist,[1]) so kann die Behörde[2]) zur Sicherung des Verfalles[3]) die Beschlagnahme dieser Gegenstände anordnen.[4])**

(2) Bei Gefahr im Verzug können auch die Organe der öffentlichen Aufsicht aus eigener Macht solche Gegenstände vorläufig in Beschlag nehmen. Sie haben darüber dem Betroffenen sofort eine Bescheinigung[5]) auszustellen und der Behörde die Anzeige zu erstatten.[6])

(3) Die Behörde[7]) kann an Stelle der Beschlagnahme den Erlag eines Geldbetrages anordnen,[8]) der dem Wert der der Beschlagnahme unterliegenden Sache entspricht.

(4) Ist die Beschlagnahme anders nicht durchführbar, so können auch dem Verfall nicht unterliegende Behältnisse, in denen sich die mit Beschlag belegten Gegenstände befinden, vorläufig beschlagnahmt werden; sie sind jedoch tunlichst bald zurückzustellen.[9])

(5) Unterliegen die beschlagnahmten Gegenstände raschem Verderben oder lassen sie sich nur mit unverhältnismäßigen Kosten aufbewahren und ist ihre Aufbewahrung nicht zur Sicherung des Beweises erforderlich, so können sie öffentlich versteigert oder zu dem von der Behörde zu ermittelnden Preis veräußert werden. Der Erlös tritt an die Stelle der veräußerten Gegenstände. Die Veräußerung wegen unverhältnismäßiger Aufbewahrungskosten unterbleibt, wenn rechtzeitig ein zur Deckung dieser Kosten ausreichender Betrag erlegt wird.[10])

(6) Gegen den Bescheid, mit dem eine Beschlagnahme angeordnet[4]) wird, ist in sinngemäßer Anwendung des § 51 Berufung, jedoch ohne aufschiebende Wirkung[11]) zulässig.

*) Diese Bestimmung findet gem Art I Abs 2 lit B EGVG (A 2) keine Anwendung im Verfahren vor Organen der 1. Gemeindever-

bände, 2. Gemeinden, ausgenommen die Organe der Städte mit eigenem Statut, 3. Körperschaften, Anstalten und Fonds des öffentlichen Rechts und 4. Vollzugsbehörden erster Instanz und Vollzugsoberbehörden nach dem StVG.

1) Siehe §§ 17 f VStG.

2) Das ist die zur Strafverfolgung berufene Behörde.

3) Eine Beschlagnahme zur Sicherung der Beweisführung sieht das VStG nicht vor.

4) Die Anordnung der Beschlagnahme hat bescheidförmig zu erfolgen, siehe dazu das **Form 24** der **VwFormV.**

5) Siehe das **Form 22** der **VwFormV.**

6) Die vorläufige Beschlagnahme ist ein Akt unmittelbarer verwaltungsbehördlicher Befehls- und Zwangsgewalt, der nach Art 129a Abs 1 Z 2 B-VG iVm § 67a Abs 1 Z 2 AVG (B 2) beim UVS angefochten werden kann (siehe auch § 88 Abs 1 SPG, § 54 Abs 1 MBG).

Die Strafbehörde hat nach einer vorläufigen Beschlagnahme unverzüglich durch Bescheid eine endgültige Beschlagnahme anzuordnen oder die vorläufige Beschlagnahme aufzuheben; unterbleibt die Erlassung eines Bescheides, invalidiert die vorläufige Beschlagnahme. Wird hingegen ein Bescheid erlassen, so erlangt die Beschlagnahme damit – nachträglich – eine bescheidmäßige Grundlage, die nach § 39 Abs 6 VStG angefochten werden kann; eine unmittelbare Anfechtung der vorläufigen Beschlagnahme beim UVS ist dann nicht mehr zulässig, ein bereits vorher vom UVS eingeleitetes Verfahren ist einzustellen.

7) Nicht die Organe der öffentlichen Aufsicht.

8) Eine solche Anordnung ist ein im Instanzenzug anfechtbarer (siehe § 39 Abs 6 VStG) verfahrensrechtlicher Bescheid, siehe dazu **Form 24** der **VwFormV.**

Der erlegte Geldbetrag kann im Straferkenntnis für verfallen erklärt werden, wenn die mit Verfall bedrohte Sache im Zeitpunkt der Fällung des Straferkenntnisses beim Täter nicht mehr vorhanden ist.

9) Dies gilt sowohl für Beschlagnahmen nach Abs 1 wie auch für solche nach Abs 2 des § 39 VStG.

10) Der Eigentümer ist daher vor Verkauf der Gegenstände anzuhören.

11) Siehe dagegen § 64 AVG (B 2) iVm § 24 VStG.

3. Abschnitt: Ordentliches Verfahren

§ 40. (1) Sieht die Behörde nicht schon auf Grund der Anzeige oder der darüber gepflogenen Erhebungen von der

Verfolgung ab (§ 45),[1]) so hat sie dem Beschuldigten Gelegenheit zu geben, sich zu rechtfertigen.

(2) Die Behörde kann den Beschuldigten zu diesem Zweck zur Vernehmung[2]) laden[3]) oder ihn auffordern, nach seiner Wahl entweder zu einem bestimmten Zeitpunkt zu seiner Vernehmung[2]) zu erscheinen oder sich bis zu diesem Zeitpunkt schriftlich zu rechtfertigen.[4]) Dabei ist der Beschuldigte auf sein Recht hinzuweisen, zur Vernehmung einen Rechtsbeistand seiner Wahl beizuziehen.[5])

(3) Hält sich der Beschuldigte nicht in der Gemeinde auf, in der die Behörde ihren Sitz hat, so kann sie die Vernehmung des Beschuldigten durch die Gemeinde seines Aufenthaltsortes veranlassen.[6])

1) Das Absehen von der Verfolgung liegt **nicht im Ermessen der Behörde (Legalitätsprinzip)**; sie darf nur unter den in § 45 VStG genannten Gründen von der Strafverfolgung absehen; siehe auch § 25 VStG.

2) Zur Vernehmung des Beschuldigten siehe §§ 33, 43 VStG.

3) Siehe § 41 VStG und Anm 1 dazu.

4) Siehe § 42 VStG und Anm 1 dazu.

5) Der Beschuldigte hat im Verwaltungsstrafverfahren einen **Anspruch auf mündliche Vernehmung.**

6) Siehe das **Form 30** der **VwFormV.** Für die UVS siehe aber § 51 e Abs 1, § 51 i VStG.

§ 41. (1) In der Ladung (§ 19 AVG) des Beschuldigten[1]) ist die Tat, die ihm zur Last gelegt wird, kurz und deutlich zu bezeichnen.

(2) Der Beschuldigte ist in der Ladung aufzufordern, die seiner Verteidigung dienlichen Beweismittel mitzubringen oder der Behörde so rechtzeitig anzuzeigen, daß sie zur Vernehmung noch herbeigeschafft werden können.

(3) Die Ladung kann auch die Androhung enthalten, daß das Strafverfahren, wenn der Beschuldigte der Ladung keine Folge leistet,[2]) ohne seine Anhörung durchgeführt werden kann. Diese Rechtsfolge kann nur eintreten, wenn sie in der Ladung angedroht und wenn die Ladung dem Beschuldigten zu eigenen Handen zugestellt[3]) worden ist.[4])

1) Siehe die **Form 25 und 26** der **VwFormV.** Siehe auch § 20 AVG (B 2). Kann der Beschuldigte nach § 19 Abs 1 AVG (B 2) nicht geladen werden, weil er sich außerhalb des Sprengels der Strafbehörde aufhält, ist nach § 55 Abs 2 AVG (B 2), § 40 Abs 3 VStG oder § 42 VStG vorzugehen.

2) Dh wohl: Wenn der Beschuldigte **ohne Vorliegen eines Entschuldigungsgrundes** nach § 19 Abs 3 AVG (B 2) nicht erscheint.

3) Siehe § 21 ZustG (E 1). Elektronische Zustellungen mit Zustellnachweis nach § 35 ZustG (E 1) haben ebenfalls die Wirkung einer eigenhändigen Zustellung.

4) Die Missachtung der Ladung entbindet die Behörde nicht von der Pflicht zur amtswegigen Gewährung des Parteiengehörs (siehe § 45 Abs 3 AVG [B 2], § 43 Abs 2 VStG); auch sind spätere Einwendungen des Beschuldigten nicht präkludiert. Für das Verfahren vor den UVS siehe §§ 51e ff VStG.

§ 42. **(1) Die Aufforderung nach § 40 Abs. 2[1]) hat zu enthalten:**

1. die deutliche Bezeichnung der dem Beschuldigten zur Last gelegten Tat sowie die in Betracht kommende Verwaltungsvorschrift;[2])

2. die Aufforderung, sich entweder binnen der gesetzten Frist[3]) schriftlich oder zu dem zur Vernehmung bestimmten Zeitpunkt mündlich zu rechtfertigen und die der Verteidigung dienlichen Tatsachen und Beweismittel der Behörde bekanntzugeben, widrigenfalls die Behörde das Strafverfahren ohne seine Anhörung durchführen werde.[4])

(2) Diese Aufforderung ist zu eigenen Handen zuzustellen.[5])

1) Siehe das **Form 27** der **VwFormV.** Diese Aufforderung ist eine bloße **Verfahrensanordnung.**

2) Das muss nicht notwendig die im Straferkenntnis als übertreten erkannte Norm sein.

3) Diese Frist kann von der Behörde erstreckt werden, siehe § 33 Abs 4 AVG (B 2).

4) Siehe Anm 4 zu § 41 VStG.

5) Siehe § 21 ZustG (E 1). Elektronische Zustellungen mit Zustellnachweis nach § 35 ZustG (E 1) haben ebenfalls die Wirkung einer eigenhändigen Zustellung.

§ 43. **(1) Wird der Beschuldigte zur Vernehmung[1]) vor die erkennende Behörde geladen[2]) oder ihr vorgeführt,[3]) so ist das Strafverfahren in mündlicher Verhandlung durchzuführen[4]) und nach der Aufnahme der erforderlichen Beweise[5]) womöglich sogleich der Bescheid (Straferkenntnis[6]) oder Einstellung[7])) zu verkünden.[8])**

(2) Kann der Bescheid nicht sofort auf Grund der mündlichen Verhandlung gefällt werden, so ist dem Beschuldigten, der an der Verhandlung teilgenommen hat, sofern er nicht darauf verzichtet hat, vor der Fällung des Straferkenntnisses Gelegenheit zu geben, sich zum Ergebnis der später vorgenommenen Erhebungen, wenn sie im Straferkenntnis berücksichtigt werden sollen, zu äußern.[9])

(3) Der Beschuldigte kann zur mündlichen Verhandlung eine an der Sache nicht beteiligte Person seines Vertrauens beiziehen.[10])

1) Zur Vernehmung des Beschuldigten siehe § 33 VStG.

2) Siehe § 41 VStG iVm § 19 AVG (B 2).

3) Siehe § 19 Abs 3 AVG (B 2), § 36 VStG.

4) Auf die Verhandlung sind die §§ 40, 43, 44 AVG (B 2) mit den sich aus dem VStG ergebenden Abweichungen anzuwenden.

Eine Verhandlung hat auch dann stattzufinden, wenn der Beschuldigte auf Grund einer Aufforderung zur Rechtfertigung nach § 42 VStG zur Vernehmung erscheint, siehe auch § 44 Abs 3 Z 1 VStG.

5) Auf das Beweisverfahren sind die §§ 45 bis 50, 51 a bis 51 c, 52 bis 55 AVG (B 2) – mit der in § 38 VStG normierten Abweichung – anzuwenden; die in § 51 AVG (B 2) vorgesehene Beteiligtenvernehmung ist im VStG als Beweismittel nicht vorgesehen, siehe § 24 VStG. Über das Beweisverfahren der UVS siehe insb §§ 51 g bis 51 h VStG. Auch in Verwaltungsstrafverfahren ist ein „elektronischer Datennachweis" nach den §§ 16 bis 18 E-GovG möglich. Siehe auch die **Form 28.1, 28.2, 29.1, 29.2 und 30** der **VwFormV.**

6) Für dessen Form und Inhalt sind die §§ 58 bis 61 AVG (B 2) mit den sich aus den §§ 44, 44 a VStG ergebenden Abweichungen anzuwenden.

7) Siehe § 45 VStG.

8) Siehe dazu § 62 Abs 1 bis 3 AVG (B 2) und § 46 VStG. Für Bescheide der UVS siehe § 67 g AVG (B 2).

9) Der Beschuldigte hat aber kein Recht, bei der Vornahme von Erhebungen persönlich anwesend zu sein; für das Verfahren der UVS siehe aber § 51 g VStG.

10) Diese darf jedoch gem § 43 Abs 3 AVG (B 2) in der Verhandlung nicht das Wort ergreifen; für Jugendliche siehe § 59 Abs 3 VStG.

§ 44.*)[1]) **(1) Die Niederschrift**[2]) **über den Gang der mündlichen Verhandlung hat zu enthalten:**[3])

1. die Behörde;

2. den Vornamen und den Familiennamen oder Nachnamen, Tag und Ort der Geburt, die Staatsangehörigkeit, den Personenstand, die Beschäftigung und den Wohnort des Beschuldigten;

3. die deutliche Bezeichnung der dem Beschuldigten zur Last gelegten Tat;

4. die wesentlichen Aussagen der Zeugen und Sachverständigen und die sonstigen Beweisergebnisse;

5. die Rechtfertigung oder das Geständnis des Beschuldigten;

6. den Spruch;[4])

7. die Begründung (§ 60 AVG);

8. die Rechtsmittelbelehrung;[5])

9. das Datum des Bescheides;

10. das Datum der Verkündung.

(2) Alle Angaben in der Niederschrift sind mit möglichster Kürze abzufassen. Sind die in Abs. 1 Z 2 bis 5 bezeichneten Angaben bereits schriftlich in den Akten niedergelegt, so genügt in der Niederschrift ein kurzer Hinweis auf die bezüglichen Aktenstücke.

(3) Von der Aufnahme der in Abs. 1 bezeichneten Niederschrift kann abgesehen werden,

1. wenn der Beschuldigte einer nach § 41 Abs. 3 erfolgten Ladung oder einer nach § 42 Abs. 1 Z 2 ergangenen Aufforderung zur Rechtfertigung nicht Folge leistet und das Verfahren ohne Anhören des Beschuldigten durchgeführt wird. In diesem Fall ist ein Aktenvermerk über die Tatsache der erfolgten Ladung oder Aufforderung zur Rechtfertigung aufzunehmen;

2. wenn der Beschuldigte vor der erkennenden oder ersuchten Behörde ein volles Geständnis ablegt und weitere Beweise nicht aufgenommen werden. In diesem Fall sind das Geständnis und der Verhandlungstag schriftlich festzuhalten.

*) IdF der Z 3 BGBl 1995/620 (Angabe der Staatsangehörigkeit, nicht der Staatsbürgerschaft; Neufassung von Abs 1 Z 2; in Kraft getreten am 1. 7. 1995) und des Art 6 Z 2 und 3 BGBl I 2011/100 (Ersetzung der Wortfolge „den Vor- und Familiennamen" durch die Wortfolge „den Vornamen und den Familiennamen oder Nachnamen" sowie des Wortes „Familienstand" durch das Wort „Personenstand" in Abs 1 Z 2; in Kraft getreten am 1. 1. 2012).

1) Diese Bestimmung geht davon aus, dass nach Ende der Verhandlung womöglich sogleich das Straferkenntnis verkündet oder die Einstellung verfügt wird. Für das Verfahren vor den UVS siehe § 51 h VStG sowie § 67 g AVG (B 2) iVm § 24 VStG.

2) Siehe das **Form 31** der **VwFormV.**

3) Siehe aber auch § 14 und § 44 AVG (B 2) iVm § 24 VStG.

4) Siehe § 44 a VStG.

5) Siehe § 61 Abs 1, aber auch § 61 a AVG (B 2).

§ 44 a. Der Spruch[1]) hat, wenn er nicht auf Einstellung[2]) lautet, zu enthalten:

1. die als erwiesen angenommene Tat;[3])

2. die Verwaltungsvorschrift, die durch die Tat verletzt worden ist;[4])

3. die verhängte Strafe und die angewendete Gesetzesbestimmung;[5])

4. den etwaigen Ausspruch über privatrechtliche Ansprüche;[6])

5. im Fall eines Straferkenntnisses die Entscheidung über die Kosten.[7])

1) Das ist der Spruch des **Straferkenntnisses** iS des § 44 Abs 1 Z 6 VStG; ein Bescheid, mit dem eine Ermahnung erteilt wird, ist zwar kein Straferkenntnis, doch gelten die Erfordernisse des § 44 a VStG für solche Bescheide sinngemäß.

2) Siehe § 45 VStG.

3) Der den Deliktstatbestand erfüllende Sachverhalt muss mit allen rechtserheblichen Merkmalen nach Ort und Zeit konkretisiert umschrieben werden. Der Anführung der Verschuldensform im

Spruch bedarf es nur, wenn das Gesetz ausdrücklich nur vorsätzliches Verhalten unter Strafe stellt (siehe § 5 Abs 1 VStG).

4) Das ist jene Gebots- oder Verbotsnorm, unter die die Tat zu subsumieren ist.

5) Das ist jene, die das normwidrige Verhalten mit Strafe bedroht.

6) Siehe § 57 VStG.

7) Siehe die §§ 64 ff VStG.

§ 45. **(1) Die Behörde hat von der Einleitung oder Fortführung eines Strafverfahrens abzusehen und die Einstellung zu verfügen,[1]) wenn**

1. die dem Beschuldigten zur Last gelegte Tat nicht erwiesen werden kann oder keine Verwaltungsübertretung[2]) bildet;

2. der Beschuldigte die ihm zur Last gelegte Verwaltungsübertretung nicht begangen hat oder Umstände vorliegen, die die Strafbarkeit aufheben[3]) oder ausschließen;[4])

3. Umstände vorliegen, die die Verfolgung ausschließen.[5])

(2) Wird die Einstellung verfügt, so genügt ein Aktenvermerk mit Begründung, es sei denn, daß einer Partei Berufung gegen die Einstellung zusteht[6]) oder die Erlassung eines Bescheides aus anderen Gründen[7]) notwendig ist. Die Einstellung ist, soweit sie nicht bescheidmäßig erfolgt, dem Beschuldigten[8]) mitzuteilen, wenn er nach dem Inhalt der Akten von dem gegen ihn gerichteten Verdacht wußte.[9])

1) Die Einstellung bewirkt insb, dass eine (vorläufige) Sicherheit frei wird (§ 37 Abs 4, § 37 a Abs 5 VStG), das eingestellte Strafverfahren nur innerhalb der Frist für die Verfolgungsverjährung wieder aufgenommen werden kann (§ 52 VStG), die Kosten des Verfahrens von der Behörde zu tragen und, sofern sie schon bezahlt wurden, zurückzuzahlen sind (§ 66 Abs 1 VStG) und dem Privatankläger die durch sein Einschreiten bewirkten Kosten aufzuerlegen sind (§ 66 Abs 2 VStG).

2) Dh, dass die dem Beschuldigten vorgeworfene Tat entweder nicht strafbar ist oder den Tatbestand einer gerichtlich strafbaren Handlung oder eines Deliktes erfüllt, das von anderen als den in Art I EGVG (A 2) aufgezählten Behörden zu ahnden ist; zu den beiden letztgenannten Fällen siehe auch § 30 Abs 2 und 3 VStG.

3) Strafaufhebungsgründe sind zB der Tod des Beschuldigten, die Strafbarkeitsverjährung oder der Rücktritt vom Versuch.

4) Strafausschließungsgründe sind zB das Fehlen der Zurechnungsfähigkeit (§§ 3f VStG), der unverschuldete Rechtsirrtum (§ 5 Abs 2 VStG), Notstand (§ 6 VStG) oder ein Rechtfertigungsgrund (Notwehr, Erfüllung einer Amtspflicht).

5) Verfolgungshindernisse sind insb die Verfolgungsverjährung (§ 31 Abs 2 VStG), die Nichterlassung des Berufungsbescheides innerhalb von 15 Monaten (§ 51 Abs 7 VStG), der Rücktritt des Privatanklägers (§ 56 Abs 2 VStG) sowie Immunität oder Exterritorialität.

6) Siehe zB § 51 Abs 2 und § 56 Abs 3 VStG.

7) Etwa im Berufungsverfahren.

8) Damit ist nicht nur der Beschuldigte im technischen Sinn (§ 32 Abs 1 VStG) gemeint, sondern auch Personen, gegen die noch keine Verfolgungshandlung gesetzt wurde (arg „absehen" in § 45 Abs 1 VStG).

9) Nach der Intention des Gesetzgebers soll die Einstellung durch Aktenvermerk kein Bescheid sein, obwohl damit Rechtswirkungen, die sich üblicherweise nur an Bescheide knüpfen (vgl Anm 1), verbunden sind. Im Hinblick auf die nunmehr zT bestehende Pflicht zur Information des „Beschuldigten" (Anm 8) von der Einstellung ist aber anzunehmen, dass in jenen Fällen, in denen der Beschuldigte von dem gegen ihn gerichteten Verdacht wusste und daher von der Einstellung zu informieren ist, diese als Bescheid anzusehen ist.

§ 46.*) (1) Den Parteien, denen gegen den Bescheid[1]) Berufung zusteht, ist von Amts wegen eine Ausfertigung des Bescheides mitzuteilen,[2]) wenn ihnen der Bescheid nicht mündlich verkündet[3]) worden ist. Sonst ist eine schriftliche Ausfertigung nur auf Verlangen[4]) einer Partei zuzustellen.[5])

(2) Die schriftliche Ausfertigung des Bescheides[6]) hat die Bezeichnung der Behörde, den Vornamen und den Familiennamen oder Nachnamen sowie den Wohnort der Parteien, den Spruch, die Begründung, die Rechtsmittelbelehrung und das Datum des Bescheides zu enthalten.[7])

(3) Wird über einen Soldaten eine Strafe verhängt, so ist davon dem Disziplinarvorgesetzten Mitteilung zu machen.

*) IdF des Art 6 Z 7 BGBl I 2011/100 (Ersetzung der Wortfolge „Vor- und Familiennamen sowie Wohnort" durch die Wortfolge

„den Vornamen und den Familiennamen oder Nachnamen sowie den Wohnort" in Abs 2; in Kraft getreten am 1. 1. 2012).

1) Straferkenntnis oder Einstellung.

2) Ungeachtet der einschränkenden Formulierung ist der Bescheid **allen Parteien zuzustellen,** auch wenn sie kein Berufungsrecht haben.

3) Siehe § 62 Abs 2 AVG (B 2) iVm § 43 Abs 1 VStG. Für das Verfahren vor den UVS siehe § 67g AVG (B 2) und § 51h VStG.

4) Siehe dazu § 62 Abs 3 AVG (B 2); für das Verfahren der UVS § 67g AVG (B 2).

5) Eine Zustellung zu eigenen Handen ist zwingend nur bei Strafverfügungen vorgesehen (§ 48 Abs 2 VStG), nicht aber bei Straferkenntnissen und Einstellungen.

6) Bezüglich des Straferkenntnisses siehe das **Form 32,** bezüglich des Bescheides über eine Ermahnung das **Form 33** der **VwFormV.**

7) Ferner die Fertigung nach § 18 Abs 4 oder § 82a AVG (B 2).

4. Abschnitt: Abgekürztes Verfahren

Strafverfügungen

§ 47.*) (1) Wenn von einem Gericht, einer Verwaltungsbehörde, einem Organ der öffentlichen Aufsicht oder einer Militärwache auf Grund eigener dienstlicher Wahrnehmung oder eines vor ihnen abgelegten Geständnisses eine Verwaltungsübertretung angezeigt oder wenn das strafbare Verhalten auf Grund automatischer Überwachung festgestellt wird, dann kann die Behörde ohne weiteres Verfahren durch Strafverfügung[1]) eine Geldstrafe bis zu 365 Euro festsetzen.[2-4]) In der Strafverfügung kann auch auf den Verfall beschlagnahmter Sachen oder ihres Erlöses erkannt werden, wenn der Wert der beschlagnahmten Sachen 120 Euro nicht übersteigt.[2])

(2) Die Behörde kann durch Verordnung zur Verfahrensbeschleunigung einzelne Tatbestände von Verwaltungsübertretungen bestimmen, für die sie unter Verwendung automationsunterstützter Datenverarbeitung durch Strafverfügung eine unter Bedachtnahme auf § 19 Abs. 1 in der Verordnung im Vorhinein festgesetzte Geldstrafe bis zu 300 Euro verhängen darf.[5])

*) IdF des Art 2 Z 2 BGBl I 2002/117 (Neufassung; in Kraft getreten am 1. 8. 2002).

1) Siehe § 48 VStG und Anm 1 dazu.

2) Die Verhängung dieser Strafen ist freilich nur dann zulässig, wenn sie in den anzuwendenden Verwaltungsvorschriften vorgesehen sind. Die Strafbemessung hat ausschließlich nach den Kriterien des § 19 Abs 1 VStG zu erfolgen, siehe Anm 4 zu diesem.

3) Der Ausspruch einer bloßen Ermahnung nach § 21 Abs 1 VStG durch Strafverfügung ist nicht zulässig.

4) Eine Freiheitsstrafe kann durch Strafverfügung nicht verhängt werden, wohl aber ist eine Ersatzfreiheitsstrafe festzusetzen. Strafverfügungen gegen Jugendliche sind zulässig.

5) § 47 Abs 2 VStG ist eine lex specialis gegenüber der allgemeinen Regel des § 18 AVG (B 2), die der Behörde einen Spielraum bei der Entscheidung über die Form der Ausfertigung einräumt; Strafverfügungen dürfen daher nur unter den Voraussetzungen des § 47 Abs 2 VStG unter Einsatz der EDV ausgefertigt werden.

§ 48.*) **(1) In der Strafverfügung**[1]) **müssen angegeben sein:**

1. die Behörde, die die Strafverfügung erläßt;

2. der Vorname und der Familienname oder Nachname sowie der Wohnort des Beschuldigten;

3. die Tat, die als erwiesen angenommen ist, ferner die Zeit und der Ort ihrer Begehung;[2])

4. die Verwaltungsvorschrift, die durch die Tat verletzt worden ist;[3])

5. die verhängte Strafe und die angewendete Gesetzesbestimmung;[4])

6. allenfalls der Ausspruch über die vom Beschuldigten zu ersetzenden Kosten (§ 64 Abs. 3);[5])

7. die Belehrung über den Einspruch (§ 49).[6])

(2) Strafverfügungen sind zu eigenen Handen zuzustellen.[7])

*) IdF der Z 4 BGBl 1995/620 (Neufassung von Abs 1 Z 2; in Kraft getreten am 1. 7. 1995), des Art 4 Z 10 BGBl I 2001/137 (Bereinigung von Redaktionsfehlern in Abs 1 Z 2; in Kraft getreten am 1. 1. 2002) und des Art 6 Z 8 BGBl I 2011/100 (Ersetzung der Wortfolge „der Vor- und Familienname" durch die Wortfolge „der Vorna-

me und der Familienname oder Nachname“ in Abs 1 Z 2; in Kraft getreten am 1. 1. 2012).

1) Siehe das **Form 34** der **VwFormV.** Strafverfügungen sind stets schriftlich zu erlassen. Die Ausfertigung hat nach § 18 Abs 4 AVG (B 2) außerdem das **Datum,** den **Namen des Genehmigenden** und die **Fertigung** zu enthalten. Eine **Begründung** ist **nicht vorgesehen.**

2) Siehe § 44 a Z 1 VStG und Anm 3 dazu.

3) Siehe § 44 a Z 2 VStG und Anm 4 dazu.

4) Siehe § 44 a Z 3 VStG und Anm 5 dazu.

5) Als Kosten kommen nur Barauslagen in Betracht, nicht auch ein Strafkostenbeitrag.

6) Zu den Folgen einer fehlerhaften Rechtsmittelbelehrung siehe § 61 und § 71 Abs 1 Z 2 AVG (B 2).

7) Siehe § 21 ZustG (E 1). Elektronische Zustellungen mit Zustellnachweis nach § 35 ZustG (E 1) erfüllen ebenfalls das Erfordernis einer Zustellung zu eigenen Handen.

§ 49.*) **(1) Der Beschuldigte[1]) kann gegen die Strafverfügung binnen zwei Wochen[2]) nach deren Zustellung Einspruch erheben und dabei die seiner Verteidigung dienlichen Beweismittel vorbringen.[3]) Der Einspruch kann auch mündlich erhoben werden.[4]) Er ist bei der Behörde einzubringen, die die Strafverfügung erlassen hat.**

(2) Wenn der Einspruch rechtzeitig eingebracht wird, dann ist das ordentliche Verfahren einzuleiten. Der Einspruch gilt als Rechtfertigung[5]) im Sinne des § 40. Wenn im Einspruch ausdrücklich[6]) nur das Ausmaß der verhängten Strafe oder die Entscheidung über die Kosten angefochten wird, dann hat die Behörde, die die Strafverfügung erlassen hat, darüber zu entscheiden. In allen anderen Fällen tritt durch den Einspruch die gesamte Strafverfügung außer Kraft.[7]) In dem auf Grund des Einspruches ergehenden Straferkenntnis darf keine höhere Strafe verhängt werden als in der Strafverfügung.[8])

(3) Wenn ein Einspruch nicht oder nicht rechtzeitig erhoben wird, dann ist die Strafverfügung zu vollstrecken.[9])

*) IdF der Z 5 BGBl 1995/620 (Anfügung des Abs 2 fünfter Satz, in Kraft getreten am 1. 7. 1995; nach § 66 b Abs 7 VStG ist dieser Satz „für Bescheide anzuwenden, die nach dem 30. Juni 1995 erlassen werden“).

1) In den Fällen der §§ 9 und 17 VStG können auch die juristische Person (der Unternehmer) bzw der Verfallsbeteiligte Einspruch erheben.

2) Zur Fristberechnung siehe §§ 32 f AVG (B 2).

3) Der Einspruch muss die Strafverfügung, gegen die er sich richtet, bezeichnen und erkennen lassen, dass Einspruch erhoben werden soll. Eine Begründung ist zulässig, aber nicht notwendig. Die fehlerhafte Bezeichnung (als „Rekurs" oder ähnlich) ist irrelevant.

4) Siehe dagegen § 13 Abs 1 AVG (B 2), wonach Rechtsmittel (ansonsten) schriftlich einzubringen sind. Da § 13 Abs 1 AVG (B 2) zwischen mündlichen und telefonischen Anbringen unterscheidet, ist die telefonische Einbringung eines Einspruchs nicht möglich. Über den mündlichen Einspruch ist eine Niederschrift aufzunehmen, siehe § 14 AVG (B 2). Der Einspruch kann aber auch schriftlich erhoben werden, siehe dazu § 13 Abs 1 AVG (B 2).

5) Als Rechtfertigung kann der Einspruch nur gelten, wenn er eine Begründung enthält.

6) Also nur dann, wenn dem Einspruch eindeutig entnehmbar ist, dass er sich nur gegen die Strafhöhe oder die Kostenentscheidung richtet.

7) Ist infolge der Erhebung des Einspruches die Strafverfügung außer Kraft getreten, ist eine spätere Zurückziehung des Einspruches wirkungslos; richtet sich der Einspruch hingegen nur gegen die Strafhöhe oder die Kostenentscheidung, kann er später noch wirksam zurückgezogen werden.

8) Das Verbot der reformatio in peius gilt sowohl in den Fällen, in denen sich der Einspruch nur gegen die Strafhöhe richtet, als auch dann, wenn durch den Einspruch die Strafverfügung außer Kraft tritt und ein ordentliches Strafverfahren durchzuführen ist.

9) Ein nicht rechtzeitig erhobener Einspruch ist bescheidförmig zurückzuweisen. Zur Vollstreckung siehe § 54 b VStG.

Anonymverfügung

§ 49 a.[*][1]) **(1) Die Behörde**[2]) **kann,**[3]) **soweit die Verwaltungsvorschriften nicht anderes bestimmen, durch Verordnung zur Verfahrensbeschleunigung einzelne Tatbestände von Verwaltungsübertretungen bestimmen, für die sie durch Anonymverfügung**[4]) **eine unter Bedachtnahme auf § 19 Abs. 1 im Vorhinein festgesetzte Geldstrafe bis zu 220 Euro**[5]) **vorschreiben darf.**[6])

(2) Hat die Behörde[2]) durch Verordnung gemäß Abs. 1 eine Geldstrafe im vorhinein festgesetzt, so kann sie von der Ausforschung des unbekannten Täters (§ 34) vorerst Abstand nehmen und die Geldstrafe ohne Festsetzung einer Ersatzstrafe durch Anonymverfügung vorschreiben, wenn

1. die Anzeige auf der dienstlichen Wahrnehmung eines Organs der öffentlichen Aufsicht oder auf automatischer Überwachung beruht und

2. sowohl das Ausmaß der mit der Tat verbundenen Schädigung oder Gefährdung derjenigen Interessen, deren Schutz die Strafdrohung dient, als auch die nachteiligen Folgen, welche die Tat sonst nach sich gezogen hat, keine Bedachtnahme auf die Person des Täters erfordern.

(3) In der Anonymverfügung müssen angegeben sein:[7])

1. die Behörde, die sie erläßt, und das Datum der Ausfertigung;[8])

2. die Tat, die als erwiesen angenommen ist, ferner die Zeit und der Ort ihrer Begehung;[9])

3. die Verwaltungsvorschrift, die durch die Tat verletzt worden ist;[10])

4. die verhängte Strafe und die angewendete Gesetzesbestimmung;[11])

5. die Belehrung über die in Abs. 6 getroffene Regelung.

(4) Der Anonymverfügung ist ein zur postalischen Einzahlung des Strafbetrages geeigneter Beleg beizugeben. Der Beleg hat eine Identifikationsnummer zu enthalten, die automationsunterstützt gelesen werden kann. § 50 Abs. 5 gilt sinngemäß.[12])

(5) Die Anonymverfügung ist einer Person zuzustellen,[13]) von der die Behörde[2]) mit Grund annehmen kann, daß sie oder ein für sie gemäß § 9 verantwortliches Organ den Täter kennt oder leicht feststellen kann.[14])

(6) Die Anonymverfügung ist keine Verfolgungshandlung. Gegen sie ist kein Rechtsmittel zulässig. Sie wird gegenstandslos, wenn nicht binnen vier Wochen nach Ausfertigung die Einzahlung des Strafbetrages mittels Beleges (Abs. 4) erfolgt. Ist die Anonymverfügung gegenstandslos geworden, so hat die Behörde[2]) gemäß § 34 vorzugehen.[15]) Als fristgerechte Einzahlung des Strafbetrages mittels Beleges (Abs. 4) gilt auch die Überweisung des Strafbetrages auf das im Beleg angegebe-

ne Konto, wenn der Überweisungsauftrag die automationsunterstützt lesbare, vollständige und richtige Identifikationsnummer des Beleges enthält und der Strafbetrag dem Konto des Überweisungsempfängers fristgerecht gutgeschrieben wird.[16])

(7) Wird der Strafbetrag mittels Beleges (Abs. 4) fristgerecht eingezahlt, so hat die Behörde[2]) von der Ausforschung des unbekannten Täters endgültig Abstand zu nehmen und jede Verfolgungshandlung zu unterlassen.

(8) Die Anonymverfügung darf weder in amtlichen Auskünften erwähnt noch bei der Strafbemessung im Verwaltungsstrafverfahren berücksichtigt werden. Jede über Abs. 5 und 6 hinausgehende Verknüpfung von Daten mit jenen einer Anonymverfügung im automationsunterstützten Datenverkehr ist unzulässig. Die Daten einer solchen Anonymverfügung sind spätestens sechs Monate nach dem Zeitpunkt, in dem sie gegenstandslos geworden oder die Einzahlung des Strafbetrages erfolgt ist, physisch zu löschen.

(9) Wird der Strafbetrag nach Ablauf der in Abs. 6 bezeichneten Frist oder nicht mittels Beleges (Abs. 4) bezahlt und weist der Beschuldigte die Zahlung im Zuge des Verwaltungsstrafverfahrens nach, so ist der Strafbetrag zurückzuzahlen oder anzurechnen.

*) IdF des Art 2 Z 10 und 11 BGBl I 1998/158 (Neufassung des Abs 4 und Anfügung des Abs 6 letzter Satz, Ermöglichung der Zahlung des Strafbetrages durch Überweisung; in Kraft getreten am 1. 1. 1999), des Art 4 Z 11 BGBl I 2001/137 (Ersetzung des früheren Schilling-Betrages durch einen Euro-Betrag in Abs 1; in Kraft getreten am 1. 1. 2002) und des Art 2 Z 3 BGBl I 2002/117 (Neufassung des Abs 1, Erhöhung der Höchstgrenze für Anonymverfügungen; in Kraft getreten am 1. 8. 2002).

1) Diese Regelung hat insb für das Verkehrsrecht Bedeutung.

2) Das ist die zur Strafverfolgung in erster Instanz berufene Behörde.

3) Bei Vorliegen der gesetzlichen Voraussetzungen ist eine Anonymverfügung zu erlassen, der Einzelne hat aber keinen durchsetzbaren Rechtsanspruch auf eine solche.

4) Siehe das **Form 43** der **VwFormV.**

5) Die Verhängung einer Freiheitsstrafe durch Anonymverfügung ist unzulässig; siehe auch § 49 a Abs 2 VStG. Die Erlassung ei-

ner Anonymverfügung kommt nur bei Verwaltungsübertretungen in Betracht, bei denen die gesetzlich festgelegte Strafuntergrenze unter der zulässigen Höchstgrenze für Anonymverfügungen liegt.

Erl (zum BG BGBl I 2002/117) **1126 BlgNR 21. GP:** „Es versteht sich, dass bei größerer Schwere der Tat, die in einem höheren Strafbetrag ihren Ausdruck findet, in einer größeren Zahl von Fällen eine Bedachtnahme auf die Person des Täters erforderlich ist. Eine verantwortungsbewusste Handhabung dieses Kriteriums durch die Verwaltungsstrafbehörden vorausgesetzt, erscheint die wenn auch erhebliche Anhebung der Grenze für Anonymverfügungen vertretbar."

6) Nach der Intention des Gesetzgebers soll die Anonymverfügung kein Bescheid sein.

7) Die Anonymverfügung kann nur schriftlich erlassen werden. Sie muss nach § 18 Abs 4 AVG (B 2) auch die **Angabe** des **Namens des Genehmigenden** und eine **Fertigung** aufweisen. Eine Begründung ist nicht gefordert.

8) Zur Bedeutung des Datums der Ausfertigung siehe § 49 a Abs 6 VStG.

9) Siehe § 44 a Z 1 VStG und Anm 3 dazu.

10) Siehe § 44 a Z 2 VStG und Anm 4 dazu.

11) Siehe § 44 a Z 3 VStG und Anm 5 dazu.

12) Verordnungsermächtigung betreffend Gestaltung der Drucksorten sowie die Gebarung mit diesen und den eingehobenen Strafbeträgen; eine solche V ist bezüglich Anonymverfügungen noch nicht ergangen.

13) Eine Zustellung mit Zustellnachweis ist nicht zwingend gefordert. Wegen der Notwendigkeit der Beifügung eines zur postalischen Einzahlung geeigneten Belegs kommt eine elektronische Zustellung der Anonymverfügung praktisch nicht in Betracht.

14) Der Adressat der Anonymverfügung ist nicht verpflichtet, den Täter auszuforschen und ihm die Anonymverfügung zu übergeben.

15) Dh: den Täter auszuforschen. Im nachfolgenden Strafverfahren besteht kein Verbot der reformatio in peius.

16) Erl 1998, 41: „Da die Geldstrafe eine ‚Bringschuld' ist, sind sämtliche mit der Einschaltung eines Dritten (des Kreditinstitutes) verbundenen Risiken des Überweisungsverkehrs der Sphäre des Beanstandeten (und Auftraggebers der Überweisung) zuzurechnen. Übermittlungsfehler, Irrtümer, Unterbrechungen, Auslassungen oder Störungen irgendwelcher Art, die dazu führen, daß der Strafbetrag nicht fristgerecht auf dem Konto der Behörde einlangt, gehen zu seinen Lasten, und zwar auch dann, wenn ihn daran kein Verschulden trifft. Auch die mit der Überweisung allenfalls verbundenen Kosten sind vom Auftraggeber zu tragen. Wer diese Kosten und Risiken nicht in Kauf nehmen will, dem steht es frei, sich weiterhin des ‚zur postalischen Einzahlung geeigneten Beleges' (Erlagscheines) zu bedienen und den Strafbetrag bar einzuzahlen."

Organstrafverfügung

§ 50.*)) (1) Die Behörde[1]) kann besonders geschulte Organe der öffentlichen Aufsicht ermächtigen, wegen bestimmter von ihnen dienstlich wahrgenommener oder vor ihnen eingestandener Verwaltungsübertretungen mit Organstrafverfügung[2]) Geldstrafen einzuheben.[3]) Sofern in den Verwaltungsvorschriften für bestimmte Verwaltungsübertretungen der durch eine Organstrafverfügung einzuhebende Höchstbetrag nicht bestimmt ist,[4]) hat die Behörde[1]) einen einheitlich im Vorhinein festzusetzenden[5]) Betrag bis zu 36 Euro zu bestimmen.[6]) Wenn die ermächtigende Behörde[1]) nicht zugleich Dienstbehörde ist, kann die Ermächtigung nur mit Zustimmung der Dienstbehörde gegeben werden.**

(2) Die Behörde[1]) kann die Organe (Abs. 1) ferner ermächtigen, dem Beanstandeten einen zur postalischen Einzahlung des Strafbetrages geeigneten Beleg zu übergeben, oder, wenn keine bestimmte Person beanstandet wird, am Tatort zu hinterlassen.[7]) Der Beleg hat eine Identifikationsnummer zu enthalten, die automationsunterstützt gelesen werden kann.

(3) Die Ermächtigung ist in einer dem Organ zu übergebenden Urkunde festzuhalten.[8]) Das Organ ist verpflichtet, bei der Amtshandlung diese Urkunde auf Verlangen des Beanstandeten vorzuweisen.

(4) Eine Organstrafverfügung hat die Tat, die Zeit und den Ort ihrer Begehung, den Strafbetrag und die Behörde, in deren Namen eingeschritten wurde, anzugeben. Falls ein Beleg gemäß Abs. 2 verwendet wird, hat das Organ zusätzlich jene Daten festzuhalten, die für eine allfällige Anzeigenerstattung an die Behörde erforderlich sind.

(5) Die Gestaltung der für die Organstrafverfügung zu verwendenden Drucksorten,[9]) die Art ihrer Ausstellung und die Gebarung mit diesen Drucksorten sowie mit den eingeho-

benen Strafbeträgen sind durch Verordnung der Bundesregierung[10]) zu regeln.

(6) Gegen die Organstrafverfügung ist kein Rechtsmittel zulässig. Verweigert der Beanstandete die Zahlung des Strafbetrages oder die Entgegennahme des Beleges (Abs. 2), so ist die Organstrafverfügung gegenstandslos.[11]) Die Unterlassung der Einzahlung mittels Beleges (Abs. 2) binnen einer Frist von zwei Wochen gilt als Verweigerung der Zahlung des Strafbetrages; der Lauf der Frist beginnt mit Ablauf des Tages, an dem der Beleg am Tatort hinterlassen oder dem Beanstandeten übergeben wurde. Im Fall der Verweigerung der Zahlung des Strafbetrages oder der Entgegennahme des Beleges (Abs. 2) ist die Anzeige an die Behörde zu erstatten. Als fristgerechte Einzahlung des Strafbetrages mittels Beleges (Abs. 2) gilt auch die Überweisung des Strafbetrages auf das im Beleg angegebene Konto, wenn der Überweisungsauftrag die automationsunterstützt lesbare, vollständige und richtige Identifikationsnummer des Beleges enthält und der Strafbetrag dem Konto des Überweisungsempfängers fristgerecht gutgeschrieben wird.[12])

(7) Wird der Strafbetrag nach Ablauf der in Abs. 6 bezeichneten Frist oder nicht mittels Beleges (Abs. 2)[13]) bezahlt und weist der Beschuldigte die Zahlung im Zuge des Verwaltungsstrafverfahrens nach, so ist der Strafbetrag zurückzuzahlen oder anzurechnen.

(8) Die Behörde kann die Organe (Abs. 1) ermächtigen, dem Beanstandeten zu gestatten, den einzuhebenden Strafbetrag auch in bestimmten fremden Währungen oder mit Scheck oder Kreditkarte zu entrichten. Wird der Strafbetrag mit Kreditkarte entrichtet, so ist der mit dem Kreditkartenunternehmen vereinbarte Abschlag von demjenigen zu tragen, dem die Geldstrafe gewidmet ist.

*) IdF der Z 1 BGBl 1992/867 (Anhebung des höchstzulässigen Strafbetrages; in Kraft getreten am 1. 1. 1993), des Art 2 Z 12 bis 15 BGBl I 1998/158 (Einfügung der Überschrift, Neufassung des Abs 2, Anfügung des Abs 6 letzter Satz sowie Neufassung des Abs 8, insb Einführung der Möglichkeit der Zahlung des Strafbetrages in fremden Währungen, durch Überweisung, mittels Scheck oder Kreditkarte; in Kraft getreten am 1. 1. 1999), des Art 4 Z 12 und 13 BGBl I 2001/137 (Ersetzung des früheren Schilling-Betrages durch einen Eu-

ro-Betrag in Abs 1 und des Wortes „Täter“ durch das Wort „Beanstandeten“ in Abs 6 dritter Satz; in Kraft getreten am 1. 1. 2002), des Art 2 Z 4 BGBl I 2002/117 (Neufassung des Abs 1, Anhebung des höchstzulässigen Strafbetrages; in Kraft getreten am 1. 8. 2002) und des Art 8 Z 1 BGBl I 2010/111 (Neufassung des ersten Satzes in Abs 3; in Kraft getreten am 1. 1. 2011).

**) Diese Bestimmung findet gem Art I Abs 2 lit B EGVG (A 2) keine Anwendung im Verfahren vor Organen der 1. Gemeindeverbände, 2. Gemeinden, ausgenommen die Organe der Städte mit eigenem Statut, 3. Körperschaften, Anstalten und Fonds des öffentlichen Rechts und 4. Vollzugsbehörden erster Instanz und Vollzugsoberbehörden nach dem StVG.

1) Das ist die zur Strafverfolgung in erster Instanz berufene Behörde.

2) Die Organstrafverfügung ist nach der Intention des Gesetzgebers kein Bescheid.

3) Es besteht – abgesehen von gesetzlichen Sonderregelungen (etwa § 134 Abs 3 c und 3 d KFG) – kein Rechtsanspruch auf Ausstellung einer Organstrafverfügung, diese liegt im Ermessen des Aufsichtsorgans. Siehe aber auch § 21 Abs 2 VStG und Anm 3 dazu.

4) Siehe zB § 37 Abs 6 FSG.

5) Das Aufsichtsorgan hat keine Befugnis zur Strafzumessung innerhalb des Strafrahmens.

6) Mit Organstrafverfügungen können nur solche Verwaltungsübertretungen geahndet werden, bei denen die gesetzlich vorgesehene Strafuntergrenze unter der Höchstgrenze für Organstrafverfügungen liegt.

7) ZB durch Anbringung an einem rechtswidrig abgestellten Kraftfahrzeug.

8) Erl 2010, 44: „Derzeit muss in der Ermächtigungsurkunde der (genaue) Inhalt der Ermächtigung angeführt werden, was eine zeitaufwändige laufende Aktualisierung dieser Urkunde erfordert. Aus Gründen der Einfachheit und Kostenersparnis soll in dieser Urkunde daher künftig nur mehr die Tatsache der Ermächtigung anzuführen sein.“

Siehe das **Form 21** der **VwFormV.**

9) Siehe das **Form 35** der **VwFormV.**

10) Siehe die OrgStrafvV (C 5).

11) In diesem Fall ist der Täter nach § 34 VStG auszuforschen. Im nachfolgenden Strafverfahren besteht kein Verbot der reformatio in peius.

12) Siehe Anm 16 zu § 49a VStG.
13) Oder durch Überweisung: § 50 Abs 6 letzter Satz VStG.

5. Abschnitt: Rechtsschutz durch unabhängige Verwaltungssenate

Berufung

§ 51.*)[1]) (1) Im Verwaltungsstrafverfahren[2]) steht den Parteien[3])[4]) das Recht der Berufung[5-7]) an den unabhängigen Verwaltungssenat[8-10]) jenes Landes zu, in dem die Behörde, die den Bescheid erlassen hat, ihren Sitz hat.[11])

(2) Ob und inwieweit Verwaltungsbehörden Berufung erheben können, bestimmen die Verwaltungsvorschriften.[12])

(3) Die Berufung kann auch mündlich eingebracht werden[13]) und bedarf in diesem Fall keines begründeten Berufungsantrages. Die Behörde[14]) hat jedoch die Gründe des Beschuldigten für die Erhebung der Berufung in einer Niederschrift festzuhalten.

(4) Der Beschuldigte kann während einer Anhaltung einen Berufungsverzicht (§ 63 Abs. 4 AVG) nicht wirksam abgeben.

(5) Hat der Beschuldigte innerhalb der Berufungsfrist die Beigebung eines Verteidigers[15]) beantragt, so beginnt für ihn die Berufungsfrist mit dem Zeitpunkt zu laufen, in dem der Bescheid über die Bestellung des Rechtsanwalts zum Verteidiger und der anzufechtende Bescheid diesem zugestellt sind. Wird der rechtzeitig gestellte Antrag auf Beigebung eines Verteidigers abgewiesen, so beginnt die Berufungsfrist mit der Zustellung des abweisenden Bescheides an den Beschuldigten zu laufen.

(6) Auf Grund einer vom Beschuldigten oder auf Grund einer zu seinen Gunsten erhobenen Berufung[16]) darf in einer Berufungsentscheidung oder Berufungsvorentscheidung[17]) keine höhere Strafe verhängt werden als im angefochtenen Bescheid.[18])

(7) Sind in einem Verfahren seit dem Einlangen der Berufung[19])[20]) gegen ein Straferkenntnis[21]) 15 Monate vergangen,[22])[23]) so tritt das Straferkenntnis von Gesetzes wegen außer Kraft; das Verfahren ist einzustellen.[24])[25]) Die Zeit eines Ver-

fahrens[26]) vor dem Verfassungsgerichtshof oder vor dem Gerichtshof der Europäischen Gemeinschaften[27]) ist in diese Frist nicht einzurechnen.

*) IdF BGBl 1992/755 (Aufhebung des Abs 1 mit Wirkung ab 1. 10. 1993), der Z 1 BGBl 1993/666 (Neuerlassung des Abs 1; in Kraft getreten am 1. 10. 1993), der Z 6, 7 und 8 BGBl 1995/620 (Neufassung der Abs 1, 3, 6 und 7; in Kraft getreten am 1. 7. 1995), des Art 2 Z 16, 17 und 18 BGBl I 1998/158 (Neufassung der Abs 3 und 7 und Änderung in Abs 5; in Kraft getreten am 1. 1. 1999), des Art 4 Z 14 BGBl I 2001/137 (Streichung des zweiten Satzes in Abs 1 betreffend die örtliche Zuständigkeit des UVS NÖ; in Kraft getreten am 1. 1. 2002) und der Kdm BGBl I 2008/142 (Aufhebung einer Wortfolge in Abs 7; in Kraft getreten am 1. 11. 2009. Auf die beim VwGH am 9. 10. 2008 anhängigen Verfahren ist diese Wortfolge nicht mehr anzuwenden).

1) Siehe Art 129 a Abs 1 Z 1, Abs 2 und Art 129 b Abs 6 B-VG, ferner Art 3 Abs 3 PersFrG.

2) Die Anrufung der UVS ist nur in Verfahren nach dem VStG möglich, wenn also in erster Instanz eine Behörde tätig geworden ist, die nach Art I EGVG (A 2) zur Anwendung des VStG berufen ist.

3) Das Berufungsrecht steht **allen Parteien** des erstinstanzlichen Verfahrens zu (siehe dazu Anm 2 zu § 32 VStG), soweit dies nicht – wie für den Privatbeteiligten (§ 57 Abs 2 VStG) – ausdrücklich ausgeschlossen ist. Berufungsberechtigt sind daher der Beschuldigte, der Privatankläger, der Verfallsbeteiligte, die mithaftende juristische Person (der mithaftende Unternehmer) nach § 9 Abs 7 VStG sowie allfällige Legalparteien (§ 51 Abs 2 VStG). Der Umfang des Berufungsrechts ist aber bei den verschiedenen Parteien unterschiedlich; siehe insb § 56 Abs 3 VStG.

Für Jugendliche siehe die Sonderbestimmung des § 60 VStG.

4) Zur Parteistellung im Verfahren vor den UVS siehe § 51 d VStG.

5) Auch gegen verfahrensrechtliche Bescheide im Zuge von Verwaltungsstrafverfahren. Diesfalls gelten sämtliche Sonderverfahrensbestimmungen für die UVS, sofern nicht anderes bestimmt ist; siehe insb § 51 e Abs 3 VStG. Nach der Rsp des VfGH muss wegen Art 129 a Abs 1 Z 1 B-VG gegen **alle** verfahrensrechtlichen Bescheide in Verwaltungsstrafverfahren die Anrufung der UVS möglich sein; einfachgesetzlich vorgesehene Ausschlüsse von Rechtsmitteln seien

daher verfassungskonform so auszulegen, dass nur die Anrufung sonstiger Behörden ausgeschlossen ist, nicht aber die Berufung an den UVS: VfSlg 14.957/1997.

6) Die Berufung an den UVS in Verwaltungsstrafsachen ist auch gegen Bescheide oberster Organe oder von Kollegialbehörden mit richterlichem Einschlag (Art 133 Z 4 B-VG) möglich.

7) Da § 64 Abs 2 AVG (B 2) nach § 24 VStG im Verwaltungsstrafverfahren keine Anwendung findet, kann der Berufung die aufschiebende Wirkung nicht aberkannt werden. Siehe aber § 37 Abs 3, § 39 Abs 6 VStG.

8) Siehe Anm 5 zu Art I EGVG (A 2).

9) Die UVS sind **generell als zweitinstanzliche Behörden** in Verwaltungsstrafsachen vorgesehen, siehe Art 129a Abs 2 B-VG. Mit dieser Anordnung wurde älteren Bestimmungen, die andere Behörden als Berufungsbehörden vorsehen, derogiert. Nach Art 12 Abs 2 B-VG iVm § 1 Abs 2 AgrVG (F 2) sind jedoch die Agrarsenate als Berufungsbehörden in Verwaltungsstrafsachen in Agrarangelegenheiten vorgesehen. Obwohl der durch BGBl 1995/620 neu gefasste § 51 Abs 1 VStG diesbezüglich keine ausdrückliche Ausnahme vorsieht, ist – bei verfassungskonformer Auslegung – anzunehmen, dass dieser verfassungsrechtlich normierten Spezialzuständigkeit nicht derogiert wurde. Die Rsp des VfGH und des VwGH sowie Teile der Lehre nehmen allerdings – darüber hinausgehend – an, dass die genannten Behörden in Verwaltungsstrafsachen als letzte Instanz einschreiten und eine Anrufung der UVS nicht möglich ist (VfGH 19. 6. 2006, B 3697/05; VwGH 25. 7. 2002, 2002/07/0050).

10) Dem UVS kommt damit im Verwaltungsstrafverfahren die Stellung einer Berufungsbehörde zu; nicht anwendbar ist § 66 Abs 2 AVG (B 2; Zurückverweisung an die erste Instanz), siehe § 24 VStG. Die Einschränkung der Entscheidungsbefugnis nach § 67h AVG (B 2; Widerspruch der belangten Behörde gegen reformatorische Entscheidungen) ist im Verwaltungsstrafverfahren nicht anwendbar: § 24 VStG.

11) Die Berufung ist binnen zwei Wochen bei der Behörde erster Instanz einzubringen; wird sie direkt beim UVS eingebracht, gilt sie jedoch als rechtzeitig, der UVS hat sie unverzüglich an die erstinstanzliche Behörde weiterzuleiten; siehe § 63 Abs 5 AVG (B 2).

Nach § 35 Abs 3 ÜbG ist für Berufungen gegen Strafbescheide der Übernahmekommission der UVS Wien zuständig.

12) Siehe zB § 11 Abs 3 ArbIG, § 14 Abs 3 VAIG, § 117 LAG, § 58 RAO, § 187 NO.

13) Siehe dagegen § 13 Abs 1 AVG (B 2), wonach Rechtsmittel (ansonsten) schriftlich einzubringen sind. Da § 13 Abs 1 AVG (B 2) zwischen mündlichen und telefonischen Anbringen unterscheidet, ist die telefonische Einbringung eines Einspruchs nicht möglich.

Diese Regelung gilt für alle Parteien, nicht nur für den Beschuldigten. Die mündliche Berufung ist in einer Niederschrift zu beurkunden, siehe § 14 AVG (B 2).

14) Die mündliche Berufung ist grundsätzlich bei der erstinstanzlichen Behörde zu erheben, im Hinblick auf § 63 Abs 5 AVG (B 2) kann sie aber auch fristwahrend direkt beim UVS erhoben werden.

15) Siehe § 51 a VStG. Diese Regelung gilt nur für den **Beschuldigten** und nur dann, wenn er den Antrag auf Beigebung eines Verteidigers während der Berufungsfrist bei der zuständigen Behörde gestellt hat. Es kommt nicht darauf an, ob der Beschuldigte – oder eine andere Partei – schon Berufung erhoben hat.

16) Daher nicht, wenn ausschließlich oder neben dem Beschuldigten eine andere Partei Berufung erhoben hat.

17) Siehe § 64 a AVG (B 2) iVm § 24 VStG.

18) Verbot der reformatio in peius. Dieses Verbot gilt auch nach einer Behebung des Bescheides durch die Berufungsbehörde, nach einer Wiederaufnahme des Verfahrens sowie nach der Aufhebung eines Straferkenntnisses durch ein Höchstgericht. Es gilt aber nicht für die Kostenentscheidung.

19) Die zweimonatige Frist zur Erlassung einer Berufungsvorentscheidung (siehe § 64 a Abs 1 AVG [B 2]) ist in diese Frist einzurechnen.

20) Wird ein rechtzeitig erlassenes Berufungserkenntnis vom VfGH oder VwGH aufgehoben, so beginnt die Frist mit Zustellung des Erk an den UVS neu zu laufen. Gleiches gilt, wenn infolge Bewilligung der Wiedereinsetzung ein die Berufung wegen Verspätung zurückweisender Bescheid außer Kraft tritt.

21) § 51 Abs 7 VStG gilt nicht für Berufungen gegen verfahrensrechtliche Bescheide (Erl 1998, 41).

22) Gemeint: Ohne dass über die Berufung entschieden wurde. Entgegen der Rsp kann das nur eine materielle, nicht eine prozessuale Entscheidung sein: Eine unzulässige oder verspätete Berufung ändert nichts an der Rechtskraft des Strafbescheides, sodass dieser auch dann in seinem Bestand nicht berührt wird, wenn die Zurückweisung erst nach Ablauf der in § 51 Abs 7 VStG normierten Frist erfolgt.

23) Da es sich vor dem UVS um ein Mehrparteienverfahren handelt (§ 51 d VStG), ist die Frist gewahrt, wenn der Berufungsbescheid gegenüber einer einzigen Partei innerhalb dieser Frist erlassen wird; die Frist ist auch dann gewahrt, wenn alle Parteien zur Verkündung des Bescheides ordnungsgemäß geladen wurden, zu der Verkündung aber nicht erscheinen: Diesfalls ist der Bescheid durch die Verkündung existent geworden, siehe § 67 g Abs 1 AVG (B 2).

24) Nach Ablauf der Frist darf eine Berufung nicht mehr meritorisch erledigt werden.

§ 51 Abs 7 VStG hatte ursprünglich eine Einschränkung der darin vorgesehenen Rechtsfolge der nicht rechtzeitigen Erledigung der Berufung dahingehend vorgesehen, dass diese nur dann gelten sollte, wenn nur dem Beschuldigten die Berufung offensteht. In Mehrparteienverfahren trat die angefochtene Entscheidung daher bei Säumigkeit des UVS nicht außer Kraft. Eine Säumnisbeschwerde in Verwaltungsstrafsachen ist in derartigen Konstellationen aber nur in Privatanklagesachen vorgesehen (Art 132 B-VG), nicht aber zB im Falle eines Berufungsrechts einer Amtspartei (vgl § 51 Abs 2 VStG). Der VfGH hat diese Einschränkung wegen Verstoßes gegen Art 13 iVm Art 6 MRK als verfassungswidrig aufgehoben: VfSlg 18.609/2008.

25) Siehe Art 132 zweiter Satz B-VG: Im **landesgesetzlichen Abgabenstrafrecht** ist eine Säumnisbeschwerde an den VwGH grundsätzlich zulässig; nach der Rsp des VwGH ist eine solche Beschwerde jedoch im Ergebnis nicht möglich: Vor Ablauf der in § 51 Abs 7 VStG normierten Frist ist die Säumnisbeschwerde mangels Verletzung der Entscheidungspflicht unzulässig, nach deren Ablauf ist sie deshalb unzulässig, weil eine Sachentscheidung nach § 51 Abs 7 VStG nicht mehr in Betracht kommt.

26) Jetzt: Gerichtshof der Europäischen Union. Dies ist der Zeitraum zwischen dem Einlangen des Antrages beim jeweiligen Gericht und der Zustellung von dessen Erk an den UVS; siehe auch § 31 Abs 3 VStG und Anm 11 dazu.

27) Diese Regelung betrifft Normprüfungsverfahren vor dem VfGH auf Antrag des UVS (siehe Art 129 a Abs 3 B-VG iVm Art 89 B-VG) sowie Vorabentscheidungsverfahren vor dem EuGH auf Antrag des UVS (siehe insb Art 267 AEUV iVm § 38 a AVG [B 2]). Zu Bescheidprüfungsverfahren vor dem VwGH und VfGH vgl Anm 21.

Verfahrenshilfeverteidiger

§ 51 a.*)[1]) **(1) Ist der Beschuldigte[2]) außerstande, ohne Beeinträchtigung des für ihn und Personen, für deren Unterhalt er zu sorgen hat, zu einer einfachen Lebensführung notwendigen Unterhaltes die Kosten der Verteidigung zu tragen,[3]) so hat[4]) der unabhängige Verwaltungssenat auf Antrag des Be-**

schuldigten zu beschließen, daß diesem ein Verteidiger[5]) beigegeben wird, dessen Kosten der Beschuldigte nicht zu tragen hat,[6]) wenn und soweit[7]) dies im Interesse der Verwaltungsrechtspflege, vor allem im Interesse einer zweckentsprechenden Verteidigung, erforderlich ist.[8])[9])

(2) Der Antrag auf Beigebung eines Verteidigers kann schriftlich oder mündlich gestellt werden. Er ist ab Erlassung des Bescheides bis zur Vorlage der Berufung bei der Behörde, ab Vorlage der Berufung beim unabhängigen Verwaltungssenat einzubringen.[10])[11]) Wird der Antrag innerhalb der Berufungsfrist[12]) beim unabhängigen Verwaltungssenat eingebracht, so gilt er als rechtzeitig gestellt. In dem Antrag ist die Strafsache bestimmt zu bezeichnen, für die die Beigebung eines Verteidigers begehrt wird.[13])

(3) Der unabhängige Verwaltungssenat hat über den Antrag durch Einzelmitglied zu entscheiden. Hat der unabhängige Verwaltungssenat die Beigebung eines Verteidigers beschlossen, so hat er den Ausschuß der nach dem Sitz des unabhängigen Verwaltungssenates zuständigen Rechtsanwaltskammer zu benachrichtigen, damit der Ausschuß einen Rechtsanwalt zum Verteidiger bestelle.[14])[15]) Dabei hat der Ausschuß Wünschen des Beschuldigten zur Auswahl der Person des Verteidigers im Einvernehmen mit dem namhaft gemachten Rechtsanwalt nach Möglichkeit zu entsprechen.

(4) Die Bestellung eines Verteidigers erlischt mit dem Einschreiten eines Bevollmächtigten.[16])

(5)[17]) In Privatanklagesachen sind die Abs. 1 bis 4 mit der Maßgabe anzuwenden, daß der Antrag auf Beigebung eines Verteidigers auch gestellt werden kann, wenn der Bescheid nicht innerhalb der Entscheidungsfrist erlassen worden ist.[18]) Er kann frühestens gleichzeitig mit dem Devolutionsantrag[19]) gestellt werden und ist beim unabhängigen Verwaltungssenat einzubringen.

*) IdF des Art 2 Z 19 BGBl I 1998/158 (Neufassung samt Überschrift; in Kraft getreten mit 1. 1. 1999), des Art 7 Z 3 BGBl I 2009/20 (Streichung der Wortfolge „und im landesgesetzlichen Abgabenstrafrecht" in Abs 5; mangels besonderer Inkrafttretensbestimmung gem Art 49 Abs 1 B-VG mit dem der Kundmachung folgenden Tag in Kraft getreten: 26. 3. 2009) und des Art 6 Z 9 BGBl I

2011/100 (Ersetzung der Wortfolge „seine Familie" durch das Wort „Personen" in Abs 1; in Kraft getreten am 1. 1. 2012).

1) Siehe Art 6 Abs 3 lit c MRK.

2) Für andere Parteien ist eine Verfahrenshilfe nicht vorgesehen. Der Verfahrenshilfeantrag des Beschuldigten hemmt für ihn die Berufungsfrist (§ 51 Abs 5 VStG).

3) Dabei ist auf die Erwerbsfähigkeit des Beschuldigten sowie auf sein Vermögen Bedacht zu nehmen, insb darauf, ob er dieses leicht verwerten oder belasten kann.

4) Der Beschuldigte hat einen Rechtsanspruch auf Gewährung der Verfahrenshilfe.

5) Der Verteidiger hat die Stellung eines Vertreters des Beschuldigten iS des § 10 AVG (B 2), bedarf aber keiner Vollmacht.

6) Die Verfahrenshilfe bezieht sich ausschließlich auf die Beigabe eines Verteidigers und bewirkt nicht eine Befreiung von sonstigen Verfahrenskosten.

7) Die Beigabe muss sich daher nicht auf das ganze (Berufungs-)Verfahren beziehen.

8) Dabei ist auf die Komplexität des Falles und die drohende Strafe abzustellen.

9) Die Beigabe eines Verteidigers ist nur für das Berufungsverfahren – allenfalls auch für das Verfahren zur Erlassung einer Berufungsvorentscheidung (siehe § 64 a AVG [B 2]) – vorgesehen, nicht aber für das erstinstanzliche Verfahren. Die Beigabe des Verteidigers bezieht sich auch nicht auf die spätere Erhebung einer Höchstgerichtsbeschwerde; siehe dazu § 61 VwGG iVm § 63 ZPO, § 35 VfGG iVm § 63 ZPO.

10) Diese Regelung nimmt darauf Bedacht, dass die erstinstanzliche Behörde die Berufung nicht sogleich der Berufungsbehörde vorlegen muss, sondern sie selbst durch Berufungsvorentscheidung erledigen kann (§ 64 a AVG [B 2]). Solange die Berufung – aus welchem Grund immer – nicht der Berufungsbehörde vorgelegt wurde, ist der Antrag daher bei der erstinstanzlichen Behörde zu stellen.

11) Der Antrag kann bis zum Abschluss des Berufungsverfahrens, allenfalls auch später – zwecks Wiederaufnahme oder Wiedereinsetzung – gestellt werden.

12) Nicht aber nach Ablauf der Berufungsfrist, wenn die Berufung noch nicht dem UVS vorgelegt wurde.

13) Beilagen, insb ein Vermögensbekenntnis, sind nicht erforderlich.

14) Die Entscheidung des UVS ist ein Bescheid. Der UVS entscheidet nur darüber, **ob** und **in welchem Umfang** die Verfahrenshilfe bewilligt wird; die Bestellung eines konkreten Rechtsanwaltes als Verteidiger hat durch Bescheid der Rechtsanwaltskammer zu erfolgen; siehe § 45 a iVm § 45 RAO. Auch eine Abberufung des Verteidigers hat durch die Rechtsanwaltskammer zu erfolgen.

15) Die Bestellung wird in dem Zeitpunkt rechtswirksam, in dem der Bestellungsbescheid und die Kopie des angefochtenen Bescheides dem betreffenden Rechtsanwalt zugestellt werden, siehe § 51 Abs 5 VStG.

16) Gemeint wohl: Eines gewillkürten Vertreters iS des § 10 AVG (B 2).

17) Erl 2009/1, 17: „Aus systematischen Gründen erscheint es zweckmäßig, Sonderbestimmungen für das Abgabenstrafverfahren nicht im VStG, sondern in § 254 Abs. 1 des Finanzstrafgesetzes – FinStrG, BGBl. Nr. 129/1958, zu treffen (vgl. die Kritik von *Thienel,* Das Verfahren der Verwaltungssenate^2 [1992], 183, an dem auf die AVG-Novelle BGBl. Nr. 357/1990 zurückgehenden, durch die Verwaltungsverfahrensnovelle 1998, BGBl. I Nr. 158, aufgehobenen § 73 Abs. 4 AVG betreffend die Entscheidungspflicht im landesgesetzlichen Abgabenstrafrecht).

Die im VStG enthaltenen Sonderbestimmungen für das landesgesetzliche Abgabenstrafrecht (§ 31 Abs. 2 erster Satz: besondere Verjährungsfrist, § 51 a Abs. 5: Antrag auf Beigebung eines Verfahrenshilfeverteidigers, § 52: besondere Frist für die Wiederaufnahme eines durch Einstellung abgeschlossenen Strafverfahrens, § 52 b: Entscheidungspflicht) sollen daher im Hinblick auf den vorgeschlagenen § 254 Abs. 1 FinStrG (vgl. Art. X dieses Bundesgesetzes) entfallen."

18) Auch im Devolutionsverfahren hat nur der Beschuldigte Anspruch auf Beigabe eines Verfahrenshilfeverteidigers, nicht aber zB der Privatankläger.

19) Auch wenn dieser von einer anderen Partei als dem Beschuldigten gestellt wurde.

§ 51 b.*) *(Entfällt; Z 9 BGBl 1995/620)*

*) § 51 b aufgehoben durch Z 9 BGBl 1995/620 (mit Ablauf des 30. 6. 1995). Für die in § 51 b VStG bis dahin geregelte Berufungsvorentscheidung gilt nunmehr nach § 24 VStG § 64 a AVG (B 2), siehe ferner § 51 Abs 6 VStG. Die Überschrift zu § 51 b wurde durch Art 2 Z 20 BGBl I 1998/158 mit Ablauf des 31. 12. 1998 aufgehoben.

Besetzung

§ 51 c.*) Wenn in dem mit Berufung angefochtenen Bescheid weder eine primäre Freiheitsstrafe noch eine 2 000 € übersteigende Geldstrafe verhängt wurde,[1-3]) entscheiden die unabhängigen Verwaltungssenate in den Ländern durch Einzelmitglied.[4]) Ansonsten[5]) entscheiden sie, abgesehen von den gesetzlich besonders geregelten Fällen,[6]) durch Kammern, die aus drei Mitgliedern bestehen.

*) IdF des Art 2 Z 21 BGBl I 1998/158 (Neufassung samt Überschrift; in Kraft getreten am 1. 1. 1999), des Art 4 Z 15 BGBl I 2001/137 (Ersetzung des früheren Schillingbetrages durch den Betrag von 726 Euro; in Kraft getreten am 1. 1. 2002) und des Art 2 Z 3 BGBl I 2002/65 (Neufassung, Erhöhung des Euro-Betrages auf 2.000 Euro; in Kraft getreten am 20. 4. 2002).

1) Sonstige Strafen im angefochtenen Bescheid – zB der Wert einer für verfallen erklärten Sache – sind für die Besetzung des UVS ohne Relevanz.

2) Über Berufungen gegen verfahrensrechtliche Bescheide haben die UVS durch ein Einzelmitglied zu entscheiden, da in einem verfahrensrechtlichen Bescheid keine Strafe (gemeint: wegen einer Verwaltungsübertretung; Art II EGVG [A 2]) verhängt wird. Dies gilt auch dann, wenn sich die Berufung gegen eine Ordnungs- oder Mutwillensstrafe richtet (§§ 34, 35 AVG [B 2]).

3) Werden in einer Bescheidausfertigung gegen einen Beschuldigten Strafen für verschiedene Delikte verhängt, handelt es sich um rechtlich voneinander zu unterscheidende Strafbescheide; die Besetzung richtet sich nach den jeweils verhängten Strafen, eine „Zusammenrechnung“ mehrerer Strafen ist nicht vorzunehmen. Siehe aber auch § 51 e Abs 5 VStG.

4) Die Zuständigkeit des Einzelmitglieds zur Sachentscheidung zieht auch die Zuständigkeit zur Erlassung verfahrensrechtlicher Bescheide nach sich.

5) Dh: Wenn im angefochtenen Bescheid eine primäre Freiheitsstrafe oder eine Geldstrafe über 2.000 Euro verhängt wurde, sowie bei Entscheidungen über Devolutionsanträge im landesgesetzlichen Abgabenstrafrecht sowie in Privatanklagesachen. Über verfahrensrechtliche Anträge entscheiden die UVS nur dann durch Kammern, wenn in der Hauptsache eine Kammerzuständigkeit besteht, und nicht eine Zuständigkeit eines Einzelmitgliedes gesetzlich festgelegt ist.

6) Siehe insb § 51 b Z 2, § 53 a Abs 2, § 71 Abs 6 AVG (B 2), § 51 a Abs 3, § 51 e Abs 7 VStG.

Parteien

§ 51 d.*) **Partei des Berufungsverfahrens ist auch**[1]) **die Behörde,**[2])[3]) **die den angefochtenen Bescheid erlassen hat, Partei des Verfahrens über den Devolutionsantrag auch die Unterbehörde.**[2])

*) IdF Art 2 Z 22 BGBl I 1998/158 (Neufassung samt Überschrift; in Kraft getreten am 1. 1. 1999).

1) Da § 8 AVG (B 2) auch im Verfahren vor den UVS in Verwaltungsstrafsachen gilt, kann sich § 51 d VStG darauf beschränken, neben jenen Personen, die kraft ausdrücklicher Anordnung im VStG oder vermöge eines Rechtsanspruches oder rechtlichen Interesses beteiligt sind, „auch" der Behörde Parteistellung einzuräumen. Zur Parteistellung im Verwaltungsstrafverfahren vgl Anm 2 zu § 32 VStG.

2) Der Behörde werden keine materiellen Rechte eingeräumt, sondern nur die Parteirechte des AVG und VStG.

3) Das Verfahren vor den UVS ist daher ein Mehrparteienverfahren.

Öffentliche mündliche Verhandlung (Verhandlung)[1])

§ 51 e.*) **(1) Der unabhängige Verwaltungssenat hat eine öffentliche mündliche Verhandlung durchzuführen.**[2–4])

(2) Die Verhandlung entfällt,[5]) **wenn**

1. der Antrag der Partei[6]) **oder die Berufung zurückzuweisen ist oder bereits auf Grund der Aktenlage feststeht, daß der mit Berufung angefochtene Bescheid aufzuheben ist;**

2. der Devolutionsantrag zurückzuweisen oder abzuweisen ist.

(3) Der unabhängige Verwaltungssenat kann[7]) **von einer Berufungsverhandlung absehen, wenn**

1. in der Berufung nur eine unrichtige rechtliche Beurteilung behauptet wird[8]) **oder**

2. sich die Berufung nur gegen die Höhe der Strafe richtet oder

3. im angefochtenen Bescheid eine 500 € nicht übersteigende Geldstrafe verhängt wurde[9]) **oder**

4. sich die Berufung gegen einen verfahrensrechtlichen Bescheid[10]) richtet

und keine Partei die Durchführung einer Verhandlung beantragt hat.[11]) Der Berufungswerber hat die Durchführung einer Verhandlung in der Berufung zu beantragen. Etwaigen Berufungsgegnern ist Gelegenheit zu geben, einen Antrag auf Durchführung einer Verhandlung zu stellen.[12]) Ein Antrag auf Durchführung einer Verhandlung kann nur mit Zustimmung der anderen Parteien zurückgezogen werden.[13])

(4) Der unabhängige Verwaltungssenat kann ungeachtet eines Parteiantrages von einer Verhandlung absehen, wenn er einen verfahrensrechtlichen Bescheid[10]) zu erlassen hat, die Akten erkennen lassen, daß die mündliche Erörterung eine weitere Klärung der Sache nicht erwarten läßt, und dem nicht Art. 6 Abs. 1 der Konvention zum Schutze der Menschenrechte und Grundfreiheiten, BGBl. Nr. 210/1958, entgegensteht.

(5) Der unabhängige Verwaltungssenat kann von der Durchführung (Fortsetzung) einer Verhandlung absehen, wenn die Parteien[14]) ausdrücklich darauf verzichten. Ein solcher Verzicht kann bis zum Beginn der (fortgesetzten) Verhandlung erklärt werden.[15])

(6) Die Parteien sind so rechtzeitig zur Verhandlung zu laden, daß ihnen von der Zustellung der Ladung an mindestens zwei Wochen zur Vorbereitung zur Verfügung stehen.[16])

(7) Die gemeinsame Durchführung der Verhandlung[17]) in verschiedenen Verfahren ist zulässig,[18])[19]) wenn dies auf Grund des sachlichen Zusammenhangs der den Verfahren zugrunde liegenden Verwaltungsübertretungen zweckmäßig ist.[20]) Die Entscheidung über die gemeinsame Durchführung ist von den zuständigen Organen des unabhängigen Verwaltungssenats einvernehmlich zu treffen.[21]) Die die Verhandlung betreffenden Anordnungen und Entscheidungen[22]) sind im Falle der gemeinsamen Durchführung einer Verhandlung in Verfahren, die einerseits in die Zuständigkeit einer Kammer fallen, andererseits in die Zuständigkeit eines einzelnen Mitglieds, von der Kammer zu treffen, in Verfahren, die in die Zuständigkeit verschiedener Kammern oder verschiedener einzelner Mitglieder fallen, von dem in der Geschäftsordnung des unabhängigen Verwaltungssenats für diesen Fall bestimmten Organ.

Die Leitung der Verhandlung obliegt dem nach landesrechtlichen Vorschriften zuständigen Organ.[23])

*) IdF der Z 10 BGBl 1995/620 (Neufassung; in Kraft getreten am 1. 7. 1995), des Art 2 Z 23 und 24 BGBl I 1998/158 (Einfügung der Abs 1 bis 5 anstelle der früheren Abs 1 bis 3, Umbenennung der früheren Abs 4 und 5 zu Abs 6 und 7; in Kraft getreten am 1. 1. 1999), des Art 4 Z 16 BGBl I 2001/137 (Ersetzung des früheren Schillingbetrages in Abs 3 Z 3 durch den Betrag von 218 Euro; in Kraft getreten am 1. 1. 2001) und des Art 2 Z 4 BGBl I 2002/65 (Neufassung des Abs 3 Z 3, Erhöhung des Betrages auf 500 Euro; in Kraft getreten am 20. 4. 2002).

1) Die Normierung einer (volks-)öffentlichen Verhandlung soll den Anforderungen des Art 6 Abs 1 MRK Rechnung tragen. Soweit nach § 51 e VStG eine Verhandlung unterbleiben kann, entfallen auch die in den folgenden Bestimmungen vorgesehenen Parteirechte.

2) Die im früheren § 51 c Abs 1 letzter Satz VStG normierte Ladung der zu hörenden Personen konnte im Hinblick darauf entfallen, dass ohnedies die allgemeinen Regelungen des VStG sowie die §§ 40, 43 und 44 AVG (B 2) auch für das Verfahren der UVS gelten (§ 24 VStG); der Grundsatz der Unmittelbarkeit (§ 51 i VStG; § 67 f, § 67 g Abs 1 AVG [B 2]) wird dadurch nicht berührt (vgl Erl 1998, 38, 42).

3) Die Anberaumung der Verhandlung hat durch **Verfahrensanordnung** zu erfolgen.

Wegen des Grundsatzes der Unmittelbarkeit des Verfahrens sind alle Beteiligten sowie Zeugen und Sachverständigen zur Verhandlung zu laden. Für die Ladung des Beschuldigten gilt § 41 VStG; in dieser ist stets auf die Möglichkeit der Verhandlung in Abwesenheit des Beschuldigten hinzuweisen (§ 51 f Abs 2 VStG); sie muss ihm zu eigenen Handen zugestellt werden (§ 41 Abs 3 VStG).

4) Die in § 51 e Abs 2 bis 5 VStG normierten Ausnahmen vom Gebot der mündlichen Verhandlung sind taxativ.

5) Nach Auffassung des VfGH ist auch in den in § 51 e Abs 2 VStG genannten Fällen die Durchführung einer mündlichen Verhandlung nicht ausgeschlossen; auch in diesen Fällen liege die Durchführung der Verhandlung im Ermessen des UVS, bei dessen Ausübung neben § 39 AVG (B 2) auch Art 6 MRK zu beachten sei (VfSlg 17.413/2004).

6) Gemeint offenbar: auf Erlassung eines verfahrensrechtlichen Bescheides; vgl aber auch § 51 e Abs 4 VStG.

7) Ob der UVS in den im § 51 e Abs 3 VStG geregelten Fällen eine Verhandlung durchzuführen hat, hängt in erster Linie von den Parteien ab, weil ein Entfall der Verhandlung gegen ihren erklärten Willen unzulässig ist. Wird von keiner Partei eine Verhandlung beantragt, steht es im Ermessen des UVS, ob er eine solche durchführt.

8) Auch in diesem Fall hat der UVS von Amts wegen (§ 39 Abs 2 AVG [B 2]) den maßgeblichen Sachverhalt festzustellen (siehe § 37 AVG [B 2], § 25 VStG) und den angefochtenen Bescheid nach jeder Richtung zu prüfen (§ 66 Abs 4 AVG [B 2]), ohne an die Sachverhaltsannahmen der erstinstanzlichen Behörde gebunden zu sein.

9) Die gleichzeitige – regelmäßig gebotene: § 16 VStG – Verhängung einer Ersatzfreiheitsstrafe hindert nicht das Absehen von der Verhandlung. Werden hingegen andere Strafen – zB Primärarrest, Verfall – verhängt, darf die Verhandlung nicht unterbleiben.

10) Es sind (ausschließlich) verfahrensrechtliche Bescheide gemeint; dh nicht Bescheide, die auch materiellrechtlichen Charakter haben, etwa nach § 52 a VStG. Siehe auch § 67 d AVG (B 2) und Anm 6 dazu.

11) Die Unterlassung eines Antrags ist als stillschweigender Verzicht auf die Verhandlung zu werten. Der VfGH und der VwGH judizieren allerdings, dass die Verhandlung trotz Fehlens eines Antrages nicht unterbleiben darf, wenn der Beschuldigte rechtsunkundig und nicht vertreten ist und kein Anhaltspunkt besteht, dass er von seinem Antragsrecht Kenntnis hatte: VfSlg 16.894/2003; VwGH 18. 9. 2008, 2006/09/0110.

12) Das Verlangen kann jederzeit während des Verfahrens – bis zur Erlassung des Bescheides – mündlich oder schriftlich gestellt werden. Wenn eine Berufungsmitteilung gemacht wird (§ 65 AVG [B 2]), ist etwaigen Berufungsgegnern zweckmäßigerweise gleichzeitig Gelegenheit zu geben, einen Antrag auf Durchführung einer Verhandlung zu stellen.

13) Dies soll ausschließen, dass ein solcher Antrag nur „vorsichtshalber" gestellt wird; vgl § 67 d AVG (B 2) und Anm 5 dazu.

14) Dh: **alle** Parteien.

15) Aus welchem Grund die Vertagung erfolgt, ist irrelevant; es genügt, wenn alle Parteien bis zum Beginn der fortgesetzten Verhandlung auf die Fortsetzung der Verhandlung verzichten.

16) Siehe Art 6 Abs 3 lit b MRK.

17) Die damit ermöglichte „Verfahrenskonzentration" bezieht sich nur auf die Verhandlung und die im Zusammenhang damit stehenden Anordnungen und Entscheidungen, nicht aber auf die Kom-

petenz zur Sachentscheidung. Insb ist eine **gemeinsame Beratung und Abstimmung nicht zulässig.**

18) Die Organe des UVS haben bezüglich der Verhandlungsverbindung Ermessen.

19) Vgl aber auch § 39 Abs 2 AVG (B 2), wonach der UVS mehrere Verwaltungssachen zur gemeinsamen Verhandlung und Entscheidung verbinden kann; diese Möglichkeit besteht im Verfahren vor den UVS aber nur, wenn zur Entscheidung in allen diesen Verwaltungssachen nicht nur derselbe UVS zuständig ist, sondern zudem – wegen des Grundsatzes der festen Geschäftsverteilung (Art 129b Abs 2 B-VG) – dieselbe Kammer oder dasselbe Einzelmitglied berufen ist.

20) Dies kann sowohl dann der Fall sein, wenn eine Person mehrere Bescheide anficht als auch wenn mehrere Personen mehrere Bescheide anfechten; es kommt darauf an, ob im Zuge der mehreren Verfahren dieselben Beweismittel heranzuziehen sind, sodass sich durch die Verbindung der Verhandlungen eine Wiederholung der Beweisaufnahme erübrigt.

21) Das sind – von jedem Entscheidungsorgan zu erlassende – übereinstimmende Verfahrensanordnungen.

22) Dies können sowohl Verfahrensanordnungen wie auch verfahrensrechtliche Bescheide sein; diese Entscheidungskonzentration ist nicht zeitlich auf die Dauer der Verhandlung, sondern **sachlich** auf die die Verhandlung betreffenden Erledigungen beschränkt, endet daher nicht mit dem Schluss der Verhandlung. Inhaltlich umfasst sie insb die Entscheidung über Zeugengebühren oder die Ladung von Parteien, Zeugen etc, **nicht** aber die Entscheidung über die Wiederaufnahme oder die Wiedereinsetzung.

23) Der letzte Satz ist nur eine Klarstellung dahingehend, dass in den Fällen, in denen nach den vorangegangenen Anordnungen die Leitung einer Verhandlung einer Kammer zufiele, das nach den organisationsrechtlichen Bestimmungen berufene Mitglied der Kammer die Verhandlung zu leiten hat.

§ 51 f.*) **(1) Die Verhandlung**[1]) **beginnt mit dem Aufruf der Sache. Zeugen**[2]) **haben daraufhin das Verhandlungszimmer**[3]) **zu verlassen.**

(2) Wenn eine Partei trotz ordnungsgemäßer Ladung[4]) **nicht erschienen ist, dann hindert dies weder die Durchführung der Verhandlung noch die Fällung des Erkenntnisses.**

(3) Zu Beginn der Verhandlung ist der Gegenstand der Verhandlung[5]) zu bezeichnen und der bisherige Gang des Verfahrens zusammenzufassen. Sodann ist den Parteien Gelegenheit zu geben, sich zu äußern.

*) IdF des Art 2 Z 25 BGBl I 1998/158 (Ersetzung des Wortes „Berufungsverhandlung“ durch „Verhandlung“ in Abs 3; in Kraft getreten am 1. 1. 1999).

1) Für die Durchführung der Verhandlung gelten die §§ 40, 43 und 44 AVG (B 2) sowie § 44 VStG betreffend das Protokoll (siehe dazu auch § 51 h Abs 3 VStG). Ein Ausschluss der Öffentlichkeit ist nach § 67 e AVG (B 2) möglich.

2) Nicht aber Sachverständige.

3) Damit ist wohl allgemein der Ort der Verhandlung gemeint, auch wenn diese nicht in einem „Verhandlungszimmer“ stattfindet.

4) Siehe insb § 41 VStG für die Ladung des Beschuldigten.

5) Die Änderung des Wortlauts von „Berufungsverhandlung“ zu „Verhandlung“ war notwendig, weil Verhandlungen auch auf Grund von Devolutionsanträgen durchzuführen sein können (Erl 1998, 42).

Beweisaufnahme[1])

§ 51 g.*) (1) Der unabhängige Verwaltungssenat hat die zur Entscheidung der Sache erforderlichen Beweise aufzunehmen.[2])

(2) Außer dem Verhandlungsleiter sind die Parteien und ihre Vertreter, insbesondere der Beschuldigte,[3]) im Verfahren vor einer Kammer auch die übrigen Mitglieder berechtigt, an jede Person, die vernommen wird, Fragen zu stellen.[4]) Der Verhandlungsleiter erteilt ihnen hiezu das Wort. Er kann Fragen, die nicht der Aufklärung des Sachverhaltes dienen, zurückweisen.[5])

(3) Niederschriften über die Vernehmung des Beschuldigten oder von Zeugen sowie die Gutachten der Sachverständigen dürfen nur verlesen werden,[6]) wenn

1. die Vernommenen in der Zwischenzeit gestorben sind, ihr Aufenthalt unbekannt ist oder ihr persönliches Erscheinen wegen ihres Alters, wegen Krankheit oder Behinderung oder wegen entfernten Aufenthaltes oder aus anderen erheblichen Gründen nicht verlangt werden kann[7]) oder

2. die in der mündlichen Verhandlung Vernommenen[8]) in wesentlichen Punkten von ihren früheren Aussagen abweichen oder

3. Zeugen, ohne dazu berechtigt zu sein,[9]) oder Beschuldigte[8]) die Aussage verweigern oder

4. alle anwesenden Parteien zustimmen.

(4) Sonstige Beweismittel, wie Augenscheinsaufnahmen, Fotos oder Urkunden, müssen dem Beschuldigten vorgehalten werden.[10]) Es ist ihm Gelegenheit zu geben, sich dazu zu äußern.

*) IdF des Art 2 Z 6 BGBl I 2008/3 (Ersetzung des Wortes „Gebrechlichkeit" durch „Behinderung" in Abs 3 Z 1; in Kraft getreten am 5. 1. 2008).

1) Für das Beweisverfahren der UVS gelten die allgemeinen Bestimmungen der § 43 Abs 4 und §§ 45 bis 55 AVG (B 2) mit den durch das VStG normierten Besonderheiten (siehe § 33 Abs 2, § 38 VStG). Die §§ 51 g bis 51 i VStG normieren weitere Regeln für die Beweisaufnahme, durch die das Verfahren der UVS mit den Anforderungen des Art 6 MRK in Einklang gebracht werden soll. Diese Bestimmungen gelten aber nur im Falle der Durchführung einer mündlichen Verhandlung; unterbleibt eine solche (siehe § 51 e Abs 1 bis 5 VStG), gelten für die UVS dieselben Bestimmungen wie für die erstinstanzliche Behörde.

2) Im Verfahren vor den UVS gilt der **Grundsatz der Unmittelbarkeit** der Beweisaufnahme; dies bedeutet, dass der UVS die **Beweise selbst aufzunehmen und zu würdigen hat.** Aus diesem Grundsatz ist auch abzuleiten, dass der UVS das jeweils **tatnächste Beweismittel** heranzuziehen hat. Eine mittelbare Beweisaufnahme und die Heranziehung von Beweisen, die außerhalb der Verhandlung aufgenommen wurden, ist im Falle der Durchführung einer Verhandlung nur ausnahmsweise zulässig, siehe § 51 g Abs 3 (Verlesung von Vernehmungsprotokollen) und Abs 4 VStG (Augenscheinsbeweise). Auch mittelbar erhobene Beweise müssen in der Verhandlung erörtert werden, siehe § 51 g Abs 4 und § 51 i VStG. Das gilt auch für Informationen, die im Wege eines „elektronischen Datennachweises" nach den §§ 16 bis 18 E-GovG eingeholt wurden. Eine Ausnahme gilt nur für Beweismittel, die infolge Verzichts auf die Fortsetzung einer Verhandlung außerhalb einer solchen aufgenommen wurden, siehe § 51 e Abs 5 iVm § 51 i VStG.

3) Siehe Art 6 Abs 3 lit d MRK.

4) **Sachverständige** sind zur Verhandlung zu laden und haben ihre Gutachten in dieser mündlich vorzutragen, ihre Gutachten dürfen nur unter den Voraussetzungen des § 51 g Abs 3 VStG verlesen werden.

5) Zu Beweisanträgen der Parteien, insb zur Namhaftmachung von Entlastungszeugen durch den Beschuldigten, siehe § 43 Abs 4 AVG (B 2).

6) Dies gilt nicht nur für Niederschriften, die im betreffenden Strafverfahren aufgenommen wurden; auch Niederschriften aus anderen Verfahren dürfen unter den Voraussetzungen des § 51 g Abs 3 VStG verlesen werden. Es kommt nicht darauf an, in welcher Eigenschaft die Person, deren Aussage verlesen wird, früher einvernommen worden ist.

7) Die Verlesung ist nach diesem Tatbestand nur zulässig, wenn der UVS das Erscheinen und die Aussage nicht erzwingen kann, weil eine Ladung faktisch nicht möglich ist (zB unbekannter Aufenthaltsort) oder die Person etwa durch Krankheit länger verhindert ist.

8) Aussagen, die der Beschuldigte in einem anderen Verfahren gemacht hat, in dem er zur Aussage verpflichtet war, dürfen vom UVS nicht verwertet werden; siehe Art 90 Abs 2 B-VG sowie § 33 Abs 2 VStG. Nach der – verfehlten – Rsp des VfGH ist aber das Recht, die Zeugenaussage wegen drohender strafgerichtlicher Verfolgung zu verweigern „verfassungskonform" so auszulegen, dass auch eine drohende Verwaltungsstrafe zur Zeugenentschlagung berechtigt; siehe insb § 49 Abs 1 Z 1 AVG (B 2) und Anm 4 dazu.

9) Die Verlesung – und damit auch die Verwertung: § 51 i VStG – einer früheren Aussage eines nunmehrigen Zeugen ist daher nicht zulässig, wenn er sich berechtigt der Aussage entschlägt; siehe § 49 AVG (B 2) und § 38 VStG.

10) Auch den anderen Parteien ist nach § 43 Abs 4 und § 45 Abs 3 AVG (B 2) Gelegenheit zu einer Äußerung zu geben, selbst wenn der Beschuldigte auf eine Verlesung nach § 51 i VStG verzichtet.

§ 51 h.*) **(1) Das Verfahren ist möglichst in einer Verhandlung abzuschließen. Wenn sich die Einvernahme des von der Verhandlung ausgebliebenen Beschuldigten oder die Aufnahme weiterer Beweise als notwendig erweist,[1]) dann ist die Verhandlung zu vertagen.[2])**

(2) Wenn die Sache reif zur Entscheidung[3]) ist, dann ist die Beweisaufnahme zu schließen.[2])

(3) Nach Schluß der Beweisaufnahme ist den Parteien Gelegenheit zu ihren Schlußausführungen zu geben. Dem Beschuldigten steht das Recht zu, sich als letzter zu äußern. Niederschriften im Verfahren vor den unabhängigen Verwaltungssenaten bedürfen nicht der Unterschrift der Zeugen.[4])

(4) Hierauf[5]) **ist die Verhandlung zu schließen.**[2]) **Im Verfahren vor einer Kammer zieht sich diese zur Beratung und Abstimmung zurück.**[6]) **Der Spruch des Bescheides und seine wesentliche Begründung sind nach Möglichkeit sofort zu beschließen und zu verkünden.**[7])

*) IdF der Z 11 BGBl 1995/620 (Neufassung der Abs 3 und 4; in Kraft getreten am 1. 7. 1995).

1) Die Vertagung hat insb dann zu erfolgen, wenn eine Partei nicht ordnungsgemäß geladen wurde, weil diesfalls die Verhandlung in ihrer Abwesenheit unzulässig ist, siehe § 51 f Abs 2 VStG.

2) Vertagung und Schließung der Verhandlung sowie die Schließung der Beweisaufnahme erfolgen durch Verfahrensanordnung.

3) Soferne die Berufung nicht zurückzuweisen ist, hat der UVS in der Sache zu entscheiden (§ 66 Abs 4 AVG [B 2]), eine bloße Behebung des Bescheides und Zurückverweisung an die erstinstanzliche Behörde ist im Verwaltungsstrafverfahren unzulässig; die Einschränkung der Entscheidungsbefugnis über Berufungen nach § 67 h AVG (B 2; Widerspruch der belangten Behörde gegen eine reformatorische Entscheidung) ist im Verwaltungsstrafverfahren nicht anwendbar. Siehe § 66 Abs 2 und § 67 h AVG (B 2) iVm § 24 VStG.

4) Siehe dagegen § 14 Abs 5 AVG (B 2). Der letzte Satz gilt nur für Niederschriften über die mündliche Verhandlung, nicht für Niederschriften über eine Zeugeneinvernahme außerhalb einer Verhandlung.

5) Dh: nach Schluss der Beweisaufnahme.

6) Beratung und Abstimmung gehören nicht mehr zur Verhandlung. Sie sind nach § 67 f Abs 2 AVG (B 2) nicht öffentlich.

7) Siehe auch § 67 g Abs 1 AVG (B 2).

Unmittelbarkeit des Verfahrens

§ 51 i.[*])[1]) **Wenn eine Verhandlung durchgeführt wurde, dann ist bei der Fällung des Erkenntnisses nur auf das Rücksicht zu nehmen, was in dieser Verhandlung vorgekommen**

ist.[2]) Auf Aktenstücke ist nur insoweit Rücksicht zu nehmen, als sie bei der Verhandlung verlesen wurden, es sei denn, der Beschuldigte[3]) hätte darauf verzichtet, oder als es sich um Beweiserhebungen handelt, deren Erörterung infolge des Verzichts auf eine fortgesetzte Verhandlung gemäß § 51 e Abs. 5 entfallen ist.

*) IdF der Z 12 BGBl 1995/620 (Neufassung; in Kraft getreten am 1. 7. 1995) und des Art 2 Z 26 BGBl I 1998/158 (Anpassung der Verweisung auf § 51 e; in Kraft getreten am 1. 1. 1999).

1) Siehe dazu auch § 67 f Abs 1 AVG (B 2).

2) **Grundsatz der Unmittelbarkeit;** siehe Anm 2 zu § 51 g VStG.

3) Auch den anderen Parteien muss aber Gelegenheit zur Stellungnahme zu den Beweisergebnissen eingeräumt werden (siehe § 43 Abs 4, § 45 Abs 3 AVG [B 2]), sodass trotz Verzichts durch den Beschuldigten eine Verlesung von Schriftstücken erfolgen muss, soweit dies zur Gewährung des Parteiengehörs gegenüber den anderen Parteien erforderlich ist.

6. Abschnitt: Sonstige Abänderung von Bescheiden*)

Wiederaufnahme des Verfahrens zum Nachteil des Beschuldigten

§ 52.) Die Wiederaufnahme[1]) eines durch Einstellung[2]) abgeschlossenen Strafverfahrens ist nur innerhalb der in § 31 Abs. 2 bezeichneten Frist[3]) zulässig.**

*) Überschrift eingefügt durch Z 13 BGBl 1995/620 (in Kraft getreten am 1. 7. 1995).

**) IdF des Art 7 Z 4 BGBl I 2009/20 (Ersetzung des Wortes „Fristen“ durch das Wort „Frist“; mangels besonderer Inkrafttretensbestimmung gem Art 49 Abs 1 B-VG mit dem der Kundmachung folgenden Tag in Kraft getreten: 26. 3. 2009).

1) Siehe dazu die §§ 69 f AVG (B 2). Siehe auch Art 4 7. ZPMRK.

2) § 52 VStG gilt nach der Rsp auch dann, wenn die Einstellung nicht durch Bescheid, sondern durch bloßen Aktenvermerk erfolgte. Siehe § 45 VStG und insb Anm 9 dazu. Die Wiederaufnahme

nach § 52 VStG ist nicht nur von Amts wegen, sondern auch auf Antrag einer Amtspartei (§ 51 Abs 2 VStG) oder des Privatanklägers (§ 56 VStG) möglich.

3) Also innerhalb der **Verfolgungsverjährungsfrist;** es ist irrelevant, ob vor der Einstellung schon eine Verfolgungshandlung gesetzt wurde. Siehe aber auch die Anm 5 zu § 31 VStG. Im wiederaufgenommenen Verfahren ist freilich auch die Strafbarkeitsverjährungsfrist nach § 31 Abs 3 VStG zu beachten.

Abänderung und Aufhebung von Amts wegen*)

§ 52 a.**) **(1) Von Amts wegen können der Berufung nicht oder nicht mehr unterliegende Bescheide,[1][2]) durch die das Gesetz zum Nachteil des Bestraften[3]) offenkundig verletzt worden ist,[4]) sowohl von der Behörde[5]) als auch in Ausübung des Aufsichtsrechtes von der sachlich in Betracht kommenden Oberbehörde[6]) aufgehoben oder abgeändert werden.[7]) § 68 Abs. 7 AVG gilt sinngemäß.[8])**

(2) Die Folgen der Bestrafung sind wiedergutzumachen. Soweit dies nicht möglich ist, ist gemäß dem Strafrechtlichen Entschädigungsgesetz 2005 (StEG 2005), BGBl. I Nr. 125/2004, zu entschädigen.[9])

*) Überschrift eingefügt durch Z 14 BGBl 1995/620 (in Kraft getreten am 1. 7. 1995); idF des Art 2 Z 27 BGBl I 1998/158 (Neufassung; in Kraft getreten am 1. 1. 1999).

**) IdF des Art 2 Z 28 BGBl I 1998/158 (Neufassung des Abs 1; in Kraft getreten am 1. 1. 1999) und des Art 2 Z 7 BGBl I 2008/3 (Anpassung des Gesetzeszitates in Abs 2; in Kraft getreten am 5. 1. 2008).

1) Das sind alle Bescheide der UVS, sowie Bescheide unterinstanzlicher Strafbehörden, die infolge Verzichts auf die Berufung, Zurückziehung der Berufung oder ungenutzten Verstreichens der Berufungsfrist unanfechtbar geworden sind.

2) Mit dieser Formulierung sind **formell rechtskräftige Bescheide** gemeint (vgl auch § 68 Abs 1 AVG [B 2]). Trotz der auf die Berufung und damit auf im normalen Ermittlungsverfahren ergangene Bescheide abstellenden Formulierung ist die Abänderung oder Aufhebung auch bei rechtskräftigen Strafverfügungen und rechtskräftigen Berufungsvorentscheidungen möglich. Wenn man Organstrafverfügungen und Anonymverfügungen als Bescheide qualifiziert,

können auch sie nach dieser Bestimmung aufgehoben oder abgeändert werden.

3) Auf den Nachteil sonstiger Parteien, wie insb des Privatanklägers oder des Privatbeteiligten kommt es nicht an.

Eine reformatio in peius darf nicht erfolgen.

4) Dies ist nur dann anzunehmen, wenn dem Bescheid eine unvertretbare Rechtsansicht zugrunde gelegt wurde, wobei es nicht darauf ankommt, ob diese für den Beschuldigten erkennbar war.

5) Gemeint: die den Bescheid in letzter Instanz erlassen hat; das kann auch der UVS sein (vgl Erl 1998, 42).

6) Siehe Anm 3 zu § 4 AVG (B 2). Die UVS in den Ländern sind keine Oberbehörden gegenüber den unterinstanzlichen Behörden, und daher zur amtswegigen Aufhebung oder Abänderung von Bescheiden der unterinstanzlichen Behörden nicht befugt; die UVS haben umgekehrt aber auch keine Oberbehörden, sodass ihre Bescheide nicht durch andere Behörden aufgehoben oder abgeändert werden können.

7) Nach der Rsp ist die Befugnis zur Aufhebung oder Abänderung nicht befristet; die Abänderung oder Aufhebung hat durch Bescheid zu erfolgen; gegen Bescheide der erstinstanzlichen Behörde bzw ihrer Oberbehörde steht eine Berufung an den UVS offen, Bescheide des UVS sind bei den Höchstgerichten anfechtbar.

8) Danach hat niemand einen Anspruch auf die amtswegige Aufhebung oder Abänderung, die Behörde hat also **Ermessen.** Mutwillige Abänderungsanträge sind mit Mutwillensstrafen zu ahnden.

9) Durch die Entscheidung der Strafbehörde (des UVS) über die Abänderung oder Aufhebung ist dem Grunde nach über die offenkundige Gesetzesverletzung abgesprochen; die Entscheidung über die Höhe der Entschädigung steht den Gerichten zu. Obwohl § 1 Abs 1 StEG 2005 nur eine Haftung des Bundes vorsieht, ist in diesem Zusammenhang anzunehmen, dass die Ersatzpflicht **jenen Rechtsträger** treffen soll, in **dessen Namen** die Bestrafung erfolgte.

Entscheidungspflicht

§ 52 b.*) **§ 73 AVG ist nur in Privatanklagesachen anzuwenden.**[1-4]) **Örtlich zuständig ist der unabhängige Verwaltungssenat des Landes, in dem die Unterbehörde ihren Sitz hat.**

*) Samt Überschrift eingefügt durch Art 2 Z 29 BGBl I 1998/158 (in Kraft getreten am 1. 1. 1999); idF des Art 2 Z 5 BGBl I 2002/

117 (Streichung des früheren letzten Satzes; in Kraft getreten am 1. 8. 2002) und des Art 7 Z 5 BGBl I 2009/20 (Streichung der Wortfolge „und im landesgesetzlichen Abgabenstrafrecht"; mangels besonderer Inkrafttretensbestimmung gem Art 49 Abs 1 B-VG mit dem der Kundmachung folgenden Tag in Kraft getreten: 26. 3. 2009).

1) Erl 1998, 42: „§ 52 b erster Satz ist eine Sonderbestimmung zu § 73 AVG und erklärt diesen in Privatanklagesachen und im landesgesetzlichen Abgabenstrafrecht – und nur in diesen Angelegenheiten – für anwendbar (vgl. Art. 132 B-VG)."

2) Erl 1998, 42: „Da § 73 AVG von vornherein nur für Privatanklagesachen und im landesgesetzlichen Abgabenstrafrecht gilt, besteht in anderen Verwaltungsstrafverfahren bei Säumnis mit der Erledigung verfahrensrechtlicher Anträge (zB Anträge auf Wiedereinsetzung in den vorigen Stand und auf Wiederaufnahme des Verfahrens; vgl. VwSlg. 11.682 A/1985) eine Rechtsschutzlücke, die letztlich nur durch eine Änderung der Bundesverfassung geschlossen werden könnte: Zwar könnte § 73 AVG auch ohne Verfassungsänderung in verfassungsrechtlich unbedenklicher Weise im Verwaltungsstrafverfahren allgemein für anwendbar erklärt werden; auch in diesem Fall bestünde jedoch kein Rechtsschutz, wenn der unabhängige Verwaltungssenat seinerseits säumig wird."

Angesichts des durch die Novelle 1998 neu gefassten – klaren – Wortlautes und der eindeutigen Äußerungen in den Erl 1998 ist die – schon bisher unzutreffende – Auffassung des VfGH (VfSlg 13.987/1994) überholt, wonach bei Säumnis erstinstanzlicher Behörden mit der Erledigung bestimmter verfahrensrechtlicher Anträge im Verwaltungsstrafverfahren Devolutionsanträge an den UVS gestellt werden können.

3) Erl 2009/1, 17: „Aus systematischen Gründen erscheint es zweckmäßig, Sonderbestimmungen für das Abgabenstrafverfahren nicht im VStG, sondern in § 254 Abs. 1 des Finanzstrafgesetzes – FinStrG, BGBl. Nr. 129/1958, zu treffen (vgl. die Kritik von *Thienel,* Das Verfahren der Verwaltungssenate[2] [1992], 183, an dem auf die AVG-Novelle BGBl. Nr. 357/1990 zurückgehenden, durch die Verwaltungsverfahrensnovelle 1998, BGBl. I Nr. 158, aufgehobenen § 73 Abs. 4 AVG betreffend die Entscheidungspflicht im landesgesetzlichen Abgabenstrafrecht).

Die im VStG enthaltenen Sonderbestimmungen für das landesgesetzliche Abgabenstrafrecht (§ 31 Abs. 2 erster Satz: besondere Verjährungsfrist, § 51 a Abs. 5: Antrag auf Beigebung eines Verfahrenshilfeverteidigers, § 52: besondere Frist für die Wiederaufnahme eines durch Einstellung abgeschlossenen Strafverfahrens, § 52 b: Entscheidungspflicht) sollen daher im Hinblick auf den vorgeschlagenen § 254 Abs. 1 FinStrG (vgl. Art. X dieses Bundesgesetzes) entfallen."

4) Devolutionsanträge in Privatanklagesachen können sowohl wegen Untätigkeit bei Erlassung des Straferkenntnisses wie auch bei Erledigung verfahrensrechtlicher Anträge gestellt werden; zur Stellung des Devolutionsantrages sind alle Parteien mit Erledigungsanspruch legitimiert, insb auch der Beschuldigte wegen Untätigkeit bei Erlassung des Straferkenntnisses.

III. Teil: Strafvollstreckung*)[1]

Vollzug von Freiheitsstrafen

§ 53.**) **(1) Die Freiheitsstrafe[2]) ist im Haftraum der Behörde zu vollziehen, die in erster Instanz entschieden hat[3]) oder der der Strafvollzug gemäß § 29 a übertragen worden ist. Können diese Behörden die Strafe nicht vollziehen oder verlangt es der Bestrafte, so ist die dem ständigen Aufenthalt des Bestraften nächstgelegene Bezirksverwaltungsbehörde oder Bundespolizeidirektion um den Strafvollzug zu ersuchen, wenn sie über einen Haftraum verfügt. Kann auch diese Behörde die Strafe nicht vollziehen, so ist der Leiter des gerichtlichen Gefangenenhauses, in dessen Sprengel der Bestrafte seinen ständigen Aufenthalt hat, um den Strafvollzug zu ersuchen.[4]) Dieser hat dem Ersuchen zu entsprechen, soweit dies ohne Beeinträchtigung anderer gesetzlicher Aufgaben möglich ist.[5])**

(2) Im unmittelbaren Anschluß an eine gerichtliche Freiheitsstrafe, oder wenn andernfalls die Untersuchungshaft zu verhängen wäre,[6]) darf die von der Verwaltungsbehörde verhängte Freiheitsstrafe auch sonst in einem gerichtlichen Gefangenenhaus vollzogen werden;[7]) mit Zustimmung des Bestraften[8]) ist der Anschlußvollzug auch in einer Strafvollzugsanstalt zulässig.[4])

*) Die Bestimmungen des VStG über den Strafvollzug sind nach § 36 AVG (B 2) auch auf Ordnungs- und Mutwillensstrafen sinngemäß anzuwenden; dies kann sich nur mehr auf die Bestimmungen über die Vollstreckung von Geldstrafen beziehen.

**) IdF des Art 2 Z 4 BGBl I 2008/3 (Ersetzung des Wortes „Bundespolizeibehörde" durch „Bundespolizeidirektion" in Abs 1; in Kraft getreten am 5. 1. 2008).

1) Voraussetzung der Strafvollstreckung ist die **Unanfechtbarkeit** des Straferkenntnisses bzw der Strafverfügung.

2) Zur Vollstreckung von Geldstrafen siehe § 54 b VStG; die Zuständigkeit zur Vollstreckung der Geldstrafen ist im VVG (D 2) geregelt. Die Vollstreckung von Verfallsstrafen ist im VStG nicht geregelt und hat daher allein nach dem VVG (D 2) zu erfolgen.

3) Dies gilt auch, wenn ihr das Strafverfahren nach § 29 a VStG übertragen wurde.

4) Siehe § 53 d VStG.

5) Dem Vollzug von gerichtlich verhängten Freiheitsstrafen in einem Gefangenenhaus ist der Vorrang vor dem Vollzug von Freiheitsstrafen nach dem VStG zu geben.

6) Siehe § 174 StPO.

7) In diesem Fall ist nicht zu versuchen, die Freiheitsstrafe im Haftraum einer Verwaltungsbehörde zu vollstrecken, sondern es ist der Leiter des gerichtlichen Gefangenenhauses um den Vollzug zu ersuchen. Die Anschlusshaft im gerichtlichen Gefangenenhaus bedarf keiner Zustimmung des Bestraften.

8) Die Zustimmung ist vom Leiter der Strafvollzugsanstalt einzuholen; sie ist nicht widerrufbar.

Zuständige Behörde

§ 53 a.*) **Alle Anordnungen und Entscheidungen im Zusammenhang mit dem Vollzug der Freiheitsstrafe obliegen bis zum Strafantritt der Behörde, die in erster Instanz entschieden hat oder der der Strafvollzug gemäß § 29 a übertragen worden ist. Mit Strafantritt stehen diese Anordnungen und Entscheidungen, soweit nicht das Vollzugsgericht**[1]) **zuständig ist, der Verwaltungsbehörde zu, der gemäß § 53 der Strafvollzug obliegt (Strafvollzugsbehörde).**[2])

*) IdF der Z 18 BGBl 1999/194 (Dfb; Richtigstellung der Verweisung auf § 53 VStG).

1) Siehe dazu die §§ 16 f StVG und § 53 d VStG.

2) Mit dem Strafantritt ändert sich die Zuständigkeit der Strafvollzugsbehörde. Wird die Freiheitsstrafe in den Hafträumen einer Verwaltungsbehörde vollzogen (§ 53 VStG), ist diese zuständig; bei

Vollzug in einem gerichtlichen Gefangenenhaus oder einer Strafvollzugsanstalt ist der Anstaltsleiter als Strafvollzugsbehörde zuständig, soweit nicht nach dem StVG eine Zuständigkeit des Gerichtes besteht.

Einleitung des Vollzuges von Freiheitsstrafen

§ 53 b.*) **(1) Ein Bestrafter auf freiem Fuß,**[1]) **der die Strafe nicht sofort antritt, ist aufzufordern, die Freiheitsstrafe binnen einer bestimmten angemessenen Frist anzutreten.**[2])[3])

(2) Kommt der Bestrafte der Aufforderung zum Strafantritt nicht nach, so ist er zwangsweise vorzuführen.[4])[5]) **Dies ist ohne vorherige Aufforderung sofort zu veranlassen, wenn die begründete Sorge besteht, daß er sich durch Flucht dem Vollzug der Freiheitsstrafe entziehen werde. Solange eine solche Sorge nicht besteht, ist mit dem Vollzug bis zur Erledigung einer vor dem Verfassungsgerichtshof oder dem Verwaltungsgerichtshof in der Sache anhängigen Beschwerde zuzuwarten.**[6]) **§ 36 Abs. 1 zweiter Satz und § 36 Abs. 3 sind anzuwenden.**[7])

*) IdF der Z 15 BGBl 1995/620 (Anfügung des Abs 2 vierter Satz; in Kraft getreten am 1. 7. 1995).

1) Bei einem „Anschlußvollzug" (siehe § 53 Abs 2 VStG) ist eine Aufforderung zum Strafantritt nicht erforderlich.

2) Siehe die **Form 37.1 und 37.2** der **VwFormV.** Die Aufforderung ist weder ein Bescheid noch ein Akt unmittelbarer verwaltungsbehördlicher Befehls- und Zwangsgewalt.

3) Die Aufforderung zum Antritt einer Ersatzfreiheitsstrafe muss den Geldbetrag angeben, durch dessen Erlag der Vollzug der Freiheitsstrafe abgewendet wird, siehe § 54 b Abs 2 VStG.

4) Siehe die **Form 38.1, 38.2 und 38.3** der **VwFormV.**

5) Die Vorführung – nach oder ohne Aufforderung – ist ein Akt unmittelbarer verwaltungsbehördlicher Befehls- und Zwangsgewalt. Die Vorführung ist rechtswidrig und verletzt das Recht auf persönliche Freiheit, wenn sie ohne vorherige Aufforderung erfolgt, obwohl keine Fluchtgefahr besteht und sie während eines anhängigen höchstgerichtlichen Verfahrens erfolgt, oder wenn in der Aufforderung zum Antritt einer Ersatzfreiheitsstrafe der Geldbetrag, durch den der Vollzug der Ersatzfreiheitsstrafe abgewendet werden kann, nicht oder falsch angegeben ist.

6) Die Zeit des höchstgerichtlichen Verfahrens hemmt die Vollstreckungsverjährung, siehe § 31 Abs 3 VStG.

7) Siehe auch Art 4 Abs 6 und 7 PersFrG.

Durchführung des Strafvollzuges

§ 53 c.[*)][1)][2)] **(1) Häftlinge dürfen ihre eigene Kleidung tragen und sich, ohne dazu verpflichtet zu sein,[3)] angemessen beschäftigen.[4)] Sie dürfen sich selbst verköstigen, wenn dies nach den verfügbaren Einrichtungen weder die Aufsicht und Ordnung beeinträchtigt noch unverhältnismäßigen Verwaltungsmehraufwand verursacht. Sie sind tunlichst von Häftlingen, die nach anderen Bestimmungen als nach diesem Bundesgesetz angehalten werden, männliche Häftlinge jedenfalls von weiblichen Häftlingen getrennt zu halten.**

(2) Häftlinge sind in einfach und zweckmäßig eingerichteten Räumen mit ausreichendem Luftraum und genügend Tageslicht unterzubringen. Die Hafträume sind gut zu lüften und in der kalten Jahreszeit entsprechend zu heizen. Bei Dunkelheit sind sie außerhalb der Zeit der Nachtruhe so zu beleuchten, daß die Häftlinge ohne Gefährdung des Augenlichtes lesen und arbeiten können. Es ist dafür zu sorgen, daß die Häftlinge Vorfälle, die das unverzügliche Einschreiten eines Aufsichtsorgans erforderlich machen könnten, diesem jederzeit zur Kenntnis bringen können.

(3) Ihr Briefverkehr darf nicht beschränkt, sondern nur durch Stichproben überwacht werden.[5)] Schriftstücke, die offenbar der Vorbereitung oder Weiterführung strafbarer Handlungen oder deren Verschleierung dienen, sind zurückzuhalten. Geld- oder Paketsendungen sind frei. Pakete sind in Gegenwart des Häftlings zu öffnen. Sachen, die die Sicherheit und Ordnung gefährden können, sind ihm jedoch erst bei der Entlassung auszufolgen, sofern sie nicht wegen ihrer Beschaffenheit vernichtet werden müssen.

(4) Häftlinge dürfen innerhalb der Amtsstunden Besuche empfangen, soweit dies unter Berücksichtigung der erforderlichen Überwachung ohne Gefährdung der Sicherheit und Ordnung sowie ohne Beeinträchtigung des Dienstbetriebes möglich ist.

(5) Der Brief- und Besuchsverkehr von Häftlingen mit inländischen Behörden und Rechtsbeiständen[6]) sowie mit Organen, die durch für Österreich verbindliche internationale Übereinkommen zum Schutz der Menschenrechte eingerichtet sind,[7]) darf weder beschränkt noch inhaltlich überwacht werden. Das gleiche gilt für den Verkehr ausländischer Häftlinge mit diplomatischen und konsularischen Vertretern ihres Heimatstaates.

(6) Die obersten Behörden[8]) haben für den Strafvollzug in den Hafträumen der Bezirksverwaltungsbehörden oder Bundespolizeidirektionen eine Hausordnung[9]) zu erlassen. Darin sind die Rechte und Pflichten der Häftlinge unter Bedachtnahme auf die Aufrechterhaltung der Ordnung sowie unter sinngemäßer Berücksichtigung der sich aus dem Strafvollzugsgesetz ergebenden Grundsätze des Strafvollzuges und der räumlichen und personellen Gegebenheiten zu regeln. Für diese Häftlinge gelten die §§ 76 ff. des Strafvollzugsgesetzes über die Unfallfürsorge sinngemäß. Über die gebührenden Leistungen entscheidet die oberste Behörde.[8])[10])

*) IdF des Art 2 Z 5 BGBl I 2008/3 (Ersetzung des Wortes „Bundespolizeibehörden" durch „Bundespolizeidirektionen" in Abs 6; in Kraft getreten am 5. 1. 2008).

1) Siehe auch Art 3 MRK und Art 1 Abs 4 PersFrG.

2) Diese Bestimmung gilt auch beim Vollzug in gerichtlichen Gefangenenhäusern und Strafvollzugsanstalten, siehe § 53 d Abs 1 erster Satz VStG.

3) Siehe Art 4 MRK.

4) Siehe dazu § 54 d Abs 2 zweiter Satz VStG.

5) Siehe Art 10 StGG, Art 6 Abs 3 lit c und Art 8 MRK.

6) Siehe Art 6 Abs 3 lit c MRK.

7) Das sind insb der EGMR (MRK), das Menschenrechtskomitee der Vereinten Nationen sowie das „Europäische Komitee zur Verhütung von Folter und unmenschlicher oder erniedrigender Behandlung oder Strafe".

8) Das ist bezüglich der BVB die jeweilige LReg, bezüglich der BPD der BMI.

9) Siehe die AnhO (C 6) und die Hausordnung für den Verwaltungsarrest Bludenz Vbg LGBl 2000/23.

10) Vgl auch § 58 b SPG: Dieser ermächtigt die Sicherheitsbehörden zur Verarbeitung und Weitergaben von Daten der in Hafträumen der BPolDion und der BVB angehaltenen Personen mittels EDV; außerdem verpflichtet er diese Behörden, persönlich vorsprechenden Angehörigen und Lebensgefährten die Tatsache der Anhaltung und eine allenfalls ausständige Geldstrafe bekanntzugeben.

Vollzug in gerichtlichen Gefangenenhäusern und Strafvollzugsanstalten

§ 53 d.[*]) **(1) Soweit in diesem Bundesgesetz nicht anderes bestimmt ist, sind auf den Vollzug von Freiheitsstrafen in gerichtlichen Gefangenenhäusern oder Strafvollzugsanstalten die Bestimmungen des Strafvollzugsgesetzes über den Vollzug von Freiheitsstrafen, deren Strafzeit achtzehn Monate nicht übersteigt,**[1]) **mit Ausnahme der §§ 31 Abs. 2, 32,**[2]) **45 Abs. 1, 54 Abs. 3, 115, 127, 128, 132 Abs. 4 und 149 Abs. 1 und 4 sinngemäß anzuwenden, soweit dies nicht zu Anlaß und Dauer der von der Verwaltungsbehörde verhängten Freiheitsstrafe außer Verhältnis steht. Die Entscheidungen des Vollzugsgerichtes stehen dem Einzelrichter zu.**

(2) Soweit Häftlinge eine Arbeitsvergütung zu erhalten haben, ist ihnen diese nach Abzug des Vollzugskostenbeitrages (§ 32 Abs. 2 erster Fall und Abs. 3 des Strafvollzugsgesetzes) zur Gänze als Hausgeld gutzuschreiben.[3])

(3) Wird eine Freiheitsstrafe nach § 53 Abs. 2[4]) **in einer Strafvollzugsanstalt vollzogen, so bleiben die im Strafvollzug gewährten Vergünstigungen und Lockerungen auch für den Vollzug der durch eine Verwaltungsbehörde verhängten Freiheitsstrafe aufrecht.**

*) IdF des Art V Z 1 BGBl 1993/799 (Änderung des Abs 1 und Neufassung des Abs 2; in Kraft getreten am 1. 1. 1994) und des Art IV BGBl I 2000/138 (Änderung des Verweises auf das StVG in Abs 1; in Kraft getreten am 1. 1. 2001).

1) Das sind die §§ 8 bis 129, 131 bis 133a, 147 bis 152 und 153 bis 156a StVG.

2) Siehe aber § 53d Abs 2 und § 54d Abs 2 VStG.

3) Siehe § 53c Abs 1 und § 54d Abs 2 VStG.

4) Dh: in unmittelbarem Anschluss an eine gerichtliche Freiheitsstrafe.

Vollzug von Freiheitsstrafen an Jugendlichen

§ 53 e. **(1) Jugendliche[1]) Häftlinge sind von Erwachsenen zu trennen.**

(2) Auf den Strafvollzug an Jugendlichen in gerichtlichen Gefangenenhäusern oder Strafvollzugsanstalten sind die Bestimmungen des Jugendgerichtsgesetzes 1988, BGBl. Nr. 599, über den Jugendstrafvollzug sinngemäß anzuwenden.[2])

1) Das sind Personen zwischen dem 14. und dem 18. Lebensjahr; siehe § 4 Abs 2 VStG. Bezüglich Freiheitsstrafen gegen Jugendliche siehe ferner § 54 Abs 1 und § 58 Abs 2 VStG.

2) Für den Strafvollzug in verwaltungsbehördlichen Hafträumen bestehen (abgesehen von § 53 e Abs 1 VStG) keine Sonderbestimmungen.

Unzulässigkeit des Vollzuges von Freiheitsstrafen

§ 54.[*])[1]) **(1) An psychisch kranken oder körperlich schwer kranken Personen und an Jugendlichen unter 16 Jahren[2]) darf eine Freiheitsstrafe nicht vollzogen werden.**

(2) Der Vollzug der Freiheitsstrafe an einer Bestraften, die schwanger ist oder entbunden hat, ist bis zum Ablauf der achten Woche nach der Entbindung und darüber hinaus so lange auszusetzen, als sich das Kind in ihrer Pflege befindet, höchstens aber bis zum Ablauf eines Jahres nach der Entbindung. Die Freiheitsstrafe kann jedoch vollzogen werden, wenn es die Bestrafte verlangt.

(3) Auf Verlangen des Standeskörpers[3]) ist der Vollzug einer Freiheitsstrafe an Soldaten, die Präsenz- oder Ausbildungsdienst leisten, und im Fall eines Einsatzes des Bundesheeres (§ 2 Abs. 1 des Wehrgesetzes 2001, BGBl. I Nr. 146)[4]) oder der unmittelbaren Vorbereitung eines solchen Einsatzes auch an anderen Soldaten auszusetzen. Auf Verlangen der Zivildienstserviceagentur[5]) ist auch der Vollzug einer Freiheitsstrafe an Personen, die Zivildienst leisten, auszusetzen.[6])

*) IdF des Art 2 Z 30 BGBl I 1998/158 (Änderung der Umschreibung der Soldaten in Abs 3; rückwirkend in Kraft getreten am 1. 1. 1998), des Art 2 Z 8 und 9 BGBl I 2008/3 (Ersetzung des Wortes „geisteskranken" durch „psychisch kranken" in Abs 1; Änderung des Gesetzeszitates in Abs 3; in Kraft getreten am 5. 1. 2008) und des

Art 6 Z 10 BGBl I 2011/100 (Ersetzung der Wortfolge „des Bundesministers für Inneres" durch die Wortfolge „der Zivildienstserviceagentur" in Abs 3; in Kraft getreten am 1. 1. 2012).

1) In den Fällen des § 54 Abs 1 und 2 VStG ist die Unzulässigkeit der Haft von Amts wegen wahrzunehmen, nach Abs 3 nur auf Verlangen der berechtigten Stelle. Die Behörde hat bei der Entscheidung über die Aussetzung **kein Ermessen,** der Bestrafte hat bei Vorliegen der Voraussetzungen einen **Rechtsanspruch** auf Unterlassung des Vollzugs. Eine **Vollstreckungsverjährung** ist in diesen Fällen nach § 31 Abs 3 VStG **ausgeschlossen.**

2) Gegen Jugendliche unter 16 Jahren darf eine **primäre Freiheitsstrafe** nicht verhängt werden; eine Ersatzfreiheitsstrafe ist zulässig (siehe § 58 Abs 2 VStG); mit ihrem Vollzug ist aber bis zur Vollendung des 16. Lebensjahres zuzuwarten.

3) Das sind die für Personalmaßnahmen der Militärverwaltung zuständigen Einrichtungen im Rahmen der Heereskörper und Truppenkörper.

4) Es handelt sich also nicht nur um Fälle der militärischen Landesverteidigung, sondern auch um Einsätze in Katastrophenfällen oder zur Aufrechterhaltung der öffentlichen Ordnung auf Ersuchen ziviler Stellen.

5) **Erl 2011, 24:** „Seit der ZDG-Novelle 2005, BGBl. I Nr. 106, obliegt die Vollziehung des Zivildienstgesetzes 1986 – ZDG, BGBl. Nr. 679, in erster Instanz der Zivildienstserviceagentur (§ 2a Abs. 1 ZDG)."

6) Unter den Voraussetzungen des § 54 Abs 3 VStG darf der Vollzug einer Freiheitsstrafe nicht eingeleitet werden, ein bereits eingeleiteter Vollzug ist zu unterbrechen.

Aufschub und Unterbrechung des Strafvollzuges

§ 54 a.[*][1] **(1) Auf Antrag des Bestraften kann**[2] **aus wichtigem Grund der Strafvollzug aufgeschoben werden,**[3] **insbesondere**[4] **wenn**

1. durch den sofortigen Vollzug der Freiheitsstrafe die Erwerbsmöglichkeit des Bestraften oder der notwendige Unterhalt[5] **der ihm gegenüber gesetzlich unterhaltsberechtigten Personen gefährdet würde oder**

2. dringende Angelegenheiten, die Angehörige (§ 36a AVG) betreffen, zu ordnen sind.

(2) Auf Antrag des Bestraften kann[2]) aus wichtigem Grund (Abs. 1) auch die Unterbrechung des Vollzuges der Freiheitsstrafe bewilligt werden.[3]) Die Zeit der Unterbrechung des Strafvollzuges ist nicht in die Strafzeit einzurechnen.

(3) Ein Aufschub oder eine Unterbrechung des Strafvollzuges ist[6]) dem Bestraften auf Antrag für die Dauer von mindestens sechs Monaten zu bewilligen,[3]) wenn er während der letzten sechs Monate schon ununterbrochen[7]) sechs Wochen wegen einer von einer Verwaltungsbehörde verhängten Strafe in Haft war. Besteht jedoch begründete Sorge, dass sich der Bestrafte dem Strafvollzug durch Flucht entziehen werde,[7]) so ist der Antrag auf Aufschub oder Unterbrechung des Strafvollzuges abzuweisen, wenn die Umstände, die Anlass zur begründeten Sorge geben, bereits im Zeitpunkt der Entscheidung über den Antrag vorliegen.

(4) Der Aufschub oder die Unterbrechung des Vollzuges der Freiheitsstrafe ist zu widerrufen,[3]) wenn begründete Sorge besteht, daß sich der Bestrafte dem Strafvollzug durch Flucht entziehen werde.[7])

*) IdF des Art 4 Z 17 BGBl I 2001/137 (Anfügung des letzten Satzes an Abs 3; in Kraft getreten am 1. 1. 2002 und des Art 6 Z 11 BGBl I 2011/100 (Ersetzung des Wortes „Familienangelegenheiten" durch die Wortfolge „Angelegenheiten, die Angehörige (§ 36 a AVG) betreffen," in Abs 1 Z 2; in Kraft getreten am 1. 1. 2012).

1) Eine **Vollstreckungsverjährung** ist in diesen Fällen nach § 31 Abs 3 VStG **ausgeschlossen.**

2) Die Behörde hat in diesem Fall **Ermessen.**

3) Diese Entscheidung ist ein verfahrensrechtlicher Bescheid.

4) Die folgende Aufzählung ist demonstrativ.

5) Siehe Anm 3 zu § 14 VStG.

6) Der Bestrafte hat in diesem Fall einen Rechtsanspruch auf Unterbrechung des Strafvollzugs.

7) Siehe auch § 53 b Abs 2 VStG.

Vollstreckung von Geldstrafen

§ 54 b. **(1)[1]) Rechtskräftig verhängte Geldstrafen oder sonstige in Geld bemessene Unrechtsfolgen sind zu vollstrecken.[2])[3])**

(2) Soweit eine Geldstrafe[4]) uneinbringlich ist oder dies mit Grund anzunehmen ist,[5]) ist die dem ausstehenden Betrag

entsprechende Ersatzfreiheitsstrafe zu vollziehen.[6]) Der Vollzug der Ersatzfreiheitsstrafe hat zu unterbleiben, soweit[7]) die ausstehende Geldstrafe erlegt wird. Darauf ist in der Aufforderung zum Strafantritt hinzuweisen.[8])

(3) Einem Bestraften, dem aus wirtschaftlichen Gründen die unverzügliche Zahlung nicht zuzumuten ist,[3])[9]) hat die Behörde auf Antrag einen angemessenen Aufschub[10]) oder Teilzahlung[11]) zu bewilligen.[12])

1) Dieser Absatz findet gem § 64 Abs 5 VStG sinngemäß auch auf die Kosten des Strafverfahrens Anwendung.

2) Siehe § 3 VVG (D 2); die Setzung einer Leistungsfrist im Strafbescheid ist nicht vorgesehen. Auch eine Zahlungsaufforderung vor der Exekution ist gesetzlich nicht vorgesehen. Wurde die Geldstrafe zu Unrecht bezahlt (insb Fehlen eines Strafbescheides, Aufhebung durch ein Höchstgericht), ist sie von jener Gebietskörperschaft zurückzuzahlen, in deren Vollzugsbereich die Strafbehörde tätig war. Diese Verpflichtung kann nach Art 137 B-VG beim VfGH durchgesetzt werden.

Zur Vollstreckung von Geldstrafen im Ausland siehe §§ 12 ff EU-VStVG (D 4).

3) Siehe aber auch § 14 VStG (Bedachtnahme auf den Unterhalt).

4) Die Uneinbringlichkeit der Kosten rechtfertigt nicht den Vollzug der Ersatzfreiheitsstrafe.

5) Uneinbringlich ist eine Geldstrafe jedenfalls dann, wenn eine Zwangsvollstreckung bereits erfolglos versucht wurde; die Uneinbringlichkeit darf nur auf Grund von Offenkundigkeit oder auf Grund eines entsprechenden Ermittlungsverfahrens angenommen werden.

Soweit eine Geldstrafe auf Grund völkerrechtlicher Vereinbarungen oder des EU-VStVG (D 4) im Ausland vollstreckt werden kann, liegt „Uneinbringlichkeit" iS des § 54 b Abs 2 VStG erst dann vor, wenn die Vollstreckung im Ausland erfolglos geblieben ist bzw auf Grund von Offenkundigkeit oder entsprechender Erhebungen die Aussichtslosigkeit der Vollstreckung im Ausland feststeht (vgl aber auch § 13 EU-VStVG [D 4]). Dass mangels entsprechender Vermögenswerte in Österreich die Geldstrafe nicht in Österreich hereingebracht werden kann, erlaubt daher – soweit eine Vollstreckung im Ausland in Betracht kommt – nicht automatisch den Vollzug der Ersatzfreiheitsstrafe; nach Art 10 des Rahmenbeschlusses 2005/214/JI kann aber der Vollstreckungsstaat Ersatzfreiheitsstrafen festsetzen, wenn die Behörden des Entscheidungsstaates dies zulassen. Insofern könnte es auch im Ausland zur Vollstreckung der Ersatzfreiheitsstrafe kommen; vgl auch Anm 2 zu § 12 EU-VStVG (D 4).

6) Wird die Ersatzfreiheitsstrafe vollzogen, obwohl diese Voraussetzungen nicht vorliegen, ist das verfassungsgesetzlich gewährleistete Recht auf persönliche Freiheit verletzt.

7) Die Geldstrafe kann auch nach Beginn des Strafvollzugs erlegt werden, in welchem Fall der weitere Strafvollzug zu beenden ist. Wird nur ein Teil der Geldstrafe erlegt, ist die Dauer der Ersatzfreiheitsstrafe entsprechend zu verkürzen.

8) Siehe die **Form 37.1 und 37.2** der **VwFormV.** Wird die Ersatzfreiheitsstrafe ohne eine vorangehende Aufforderung vollzogen oder ist in der Aufforderung kein Hinweis auf den möglichen Erlag der Geldstrafe oder eine falsche Summe angegeben, ist das verfassungsgesetzlich gewährleistete Recht auf persönliche Freiheit verletzt. Vgl auch § 58 b Abs 2 SPG (Information von Angehörigen und Lebensgefährten eines Häftlings über eine allenfalls ausständige Geldstrafe).

9) Dabei sind die Höhe der Strafe, das Einkommen des Bestraften und gesetzliche Sorgepflichten in Betracht zu ziehen.

10) Eine Vollstreckungsverjährung ist in diesem Fall nach § 31 Abs 3 VStG ausgeschlossen.

11) Siehe das **Form 36** der **VwFormV.**

12) Die Entscheidung über einen solchen Antrag ist ein verfahrensrechtlicher Bescheid.

§ 54 c.*) *(Entfällt; Art 4 Z 18 BGBl I 2001/137)*

*) § 54 c aufgehoben durch Art 4 Z 18 BGBl I 2001/137 (mit 1. 1. 2002).

Kosten des Vollzuges von Freiheitsstrafen

§ 54 d.*) **(1) Den Aufwand für den Vollzug von Freiheitsstrafen hat jene Gebietskörperschaft zu tragen, die Rechtsträger jener Einrichtung ist, in der die Freiheitsstrafen vollzogen werden.**

(2) Außer dem Fall des § 53 d Abs. 2 haben Häftlinge für jeden Hafttag einen Beitrag zu den Kosten des Vollzuges in der im § 32 Abs. 2 zweiter Fall des Strafvollzugsgesetzes vorgesehenen Höhe[1]) **zu leisten. Eine solche Verpflichtung entfällt für jeden Tag, an dem der Häftling im Interesse einer Gebiets-**

körperschaft nützliche Arbeit leistet, oder soweit ihn daran, dass er keine solche Arbeit leistet, weder ein vorsätzliches noch ein grob fahrlässiges Verschulden trifft.

(3) Der Kostenbeitrag ist nach Beendigung des Vollzuges durch Bescheid,[2]) im Fall des Vollzuges in einem gerichtlichen Gefangenenhaus oder einer Strafvollzugsanstalt durch Bescheid des Vollzugsgerichtes vorzuschreiben,[3]) wenn er nicht ohne weiteres geleistet wird oder offenkundig uneinbringlich ist. Der Kostenbeitrag ist nach den Bestimmungen des VVG über die Einbringung von Geldleistungen,[4]) im Fall der Vorschreibung durch das Vollzugsgericht nach den für die Einbringung gerichtlich festgesetzter Kostenbeiträge geltenden Bestimmungen[5]) einzutreiben.

(4) Die Kostenbeiträge fließen der Gebietskörperschaft zu, die gemäß Abs. 1 den Aufwand für den Strafvollzug zu tragen hatte. Dieser sind uneinbringliche Kostenbeiträge von jener Gebietskörperschaft zu refundieren, in deren Vollzugsbereich die Freiheitsstrafe verhängt wurde.

*) IdF des Art 18 Z 2 BGBl I 2000/26 (Neufassung samt Überschrift; rückwirkend in Kraft getreten am 1. 1. 1997).

1) Dieser Kostenbeitrag beträgt das Vierfache der Arbeitsvergütung je Arbeitsstunde in der höchsten Vergütungsstufe für jeden Tag der Strafzeit.

2) Gemeint: Bei Vollzug der Freiheitsstrafe in einem verwaltungsbehördlichen Haftraum durch Bescheid der zuständigen Verwaltungsbehörde (§ 53 a VStG).

3) Siehe dazu §§ 16 f StVG, § 53 d Abs 1 letzter Satz VStG.

4) Siehe § 3 VVG (D 2).

5) Siehe das GEG, insb dessen §§ 1, 6, 9, 11 und 13.

IV. Teil: Straftilgung, besondere Verfahrensvorschriften, Verfahrenskosten

Tilgung der Strafe

§ 55. (1) Ein wegen einer Verwaltungsübertretung verhängtes Straferkenntnis[1]) zieht, sofern gesetzlich nicht anderes bestimmt ist,[2]) keinerlei Straffolgen nach sich und gilt nach

Ablauf von fünf Jahren nach Fällung des Straferkenntnisses als getilgt.

(2) Getilgte Verwaltungsstrafen dürfen in amtlichen Leumundszeugnissen oder Auskünften für Zwecke eines Strafverfahrens[3]) nicht erwähnt und bei der Strafbemessung[4]) im Verwaltungsstrafverfahren nicht berücksichtigt werden.

1) Gleiches gilt auch für eine Strafverfügung nach § 47 VStG. Organstrafverfügungen und Anonymverfügungen können – weil nicht gegen eine bestimmte Person gerichtet – keine Straffolgen der genannten Art nach sich ziehen; siehe auch § 49 a Abs 8 VStG.

2) Anderes bestimmt zB § 193 Abs 9 MinroG.

3) Das gilt auch für gerichtliche Strafverfahren, Disziplinarverfahren und Strafverfahren vor Verwaltungsbehörden, die nicht das VStG anzuwenden haben.

4) Siehe § 19 VStG.

Privatanklagesachen

§ 56.[*])[**]) **(1) Die Verwaltungsübertretung der Ehrenkränkung[1]) ist nur zu verfolgen und zu bestrafen, wenn der Verletzte binnen sechs Wochen[2])[3]) von dem Zeitpunkt an, in dem er von der Verwaltungsübertretung und der Person des Täters Kenntnis erlangt hat, bei der zuständigen Behörde einen Strafantrag stellt[4]) (Privatankläger).[5])**

(2) Der Privatankläger ist Partei im Sinne des AVG.[6]) Er kann jederzeit von der Verfolgung zurücktreten. Leistet er einer Ladung ungerechtfertigt keine Folge[7]) oder kommt er einem sonstigen das Verfahren betreffenden Auftrag der Behörde innerhalb der gesetzten Frist nicht nach, so wird angenommen, daß er von der Verfolgung zurückgetreten ist.[8]) In diesen Fällen ist das Verfahren einzustellen.[9])

(3) Dem Privatankläger steht gegen die Einstellung[10]) das Recht der Berufung zu.[11])[12])

(4) Widerruft der Privatankläger den Strafantrag nach Fällung des Straferkenntnisses,[13]) so kann die Berufungsbehörde[14]) die verhängte Strafe in eine mildere Strafe umwandeln oder ganz nachsehen, auch wenn die Berufungsfrist bereits verstrichen ist.

*) IdF des Art 2 Z 31 BGBl I 1998/158 (Neufassung des Abs 3; in Kraft getreten am 1. 1. 1999).

**) Diese Bestimmung findet gem Art I Abs 2 lit B EGVG (A 2) keine Anwendung im Verfahren vor Organen der 1. Gemeindeverbände, 2. Gemeinden, ausgenommen die Organe der Städte mit eigenem Statut, 3. Körperschaften, Anstalten und Fonds des öffentlichen Rechts und 4. Vollzugsbehörden erster Instanz und Vollzugsoberbehörden nach dem StVG.

1) Maßnahmen zur Verfolgung von Ehrenkränkungen sind in Gesetzgebung und Vollziehung Landessache: Art VIII B-VGNov 1974 BGBl 444. Heute ist die Ehrenkränkung – und zwar ausnahmslos als Privatanklagedelikt iS des § 56 VStG – mit Strafe bedroht in

NÖ: §§ 3 ff PolizeistrafG LGBl 4000 – 6;

Sbg: § 31 LandessicherheitsG LGBl 2009/57 idF LGBl 2011/56;

Stmk: § 3 Landes-SicherheitsG LGBl 2005/24 idF LGBl 2011/37;

Tir: §§ 20 ff Landes-PolizeiG LGBl 1976/60 idF LGBl 2011/2;

Vbg: §§ 12, 13, 18 Abs 1 lit g und Abs 2 sowie § 19 SittenpolizeiG LGBl 1976/6 idF LGBl 2008/1;

Wien: §§ 1 ff LG zum Schutze der persönlichen Ehre und zur Regelung der Ehrenkränkung LGBl 1987/35 idF LGBl 2001/28.

2) **Subjektive Verjährungsfrist;** daneben sind auch die objektiven Verjährungsfristen des § 31 VStG zu beachten.

3) Es handelt sich um eine **verfahrensrechtliche Frist;** zu ihrer Berechnung siehe §§ 32 f AVG (B 2).

4) Der Antrag ist **schriftlich** zu stellen; siehe § 13 Abs 1 und 2 AVG (B 2).

Nach Auffassung des VwGH liegt ein schriftliches Anbringen auch dann vor, wenn die Behörde ein mündliches Anbringen in einer Niederschrift (§ 14 AVG [B 2]) beurkundet hat (VwGH 6. 5. 2004, 2001/20/0195 – verstärkter Senat).

5) Ausnahme vom Grundsatz der Amtswegigkeit der Strafverfolgung nach § 25 VStG. Privatanklagedelikte sind vereinzelt auch in anderen Rechtsvorschriften vorgesehen; vgl zB § 160 ArbVG.

6) Siehe § 8 AVG (B 2).

7) Siehe § 19 Abs 3 AVG (B 2).

8) Diese Vermutung ist nicht widerleglich; Wiedereinsetzung in den vorigen Stand ist aber zulässig.

9) Siehe § 45 Abs 1 Z 3 VStG. Die Einstellung hat nach § 45 Abs 2 VStG durch Bescheid zu erfolgen. Zu den Kostenfolgen siehe § 66 Abs 2 VStG.

10) Nicht aber gegen eine zu geringe Bestrafung.

11) Und zwar an den UVS; dessen sachliche und örtliche Zuständigkeit ergibt sich aus § 51 Abs 1 VStG.

12) Im Falle der Säumnis der erstinstanzlichen Behörde kann der Privatankläger Devolutionsantrag an den UVS stellen, siehe Art 129a Abs 1 Z 4 B-VG und § 52b VStG.

13) Diese Bestimmung gilt auch bei Widerruf nach Eintritt der Rechtskraft des erstinstanzlichen Straferkenntnisses.

14) Das ist der UVS.

Entscheidung über privatrechtliche Ansprüche

§ 57. (1) Soweit die Behörde nach einzelnen Verwaltungsvorschriften im Straferkenntnis[1]) auch über die aus einer Verwaltungsübertretung abgeleiteten privatrechtlichen Ansprüche zu entscheiden hat,[2]) ist der Anspruchsberechtigte Partei im Sinne des AVG.[3])

(2) Dem Anspruchsberechtigten steht gegen die im Straferkenntnis enthaltene Entscheidung über seine privatrechtlichen Ansprüche kein Rechtsmittel zu. Es steht ihm aber frei, diese Ansprüche, soweit sie ihm nicht im Verwaltungsstrafverfahren zuerkannt worden sind, im ordentlichen Rechtsweg geltend zu machen.[4])[5])

(3) Der Beschuldigte kann die Entscheidung über die privatrechtlichen Ansprüche nur mit der gegen das Straferkenntnis zulässigen Berufung anfechten.[6])

1) § 44a Z 4 VStG; nicht aber in einer Strafverfügung und auch nicht gesondert nach Erlassung des Straferkenntnisses.

2) Siehe zB § 100 Abs 6 StVO, § 75 TierseuchenG, § 174 Abs 2 ForstG. Siehe auch § 1338 ABGB. Ob die Behörde über solche Ansprüche von Amts wegen oder nur auf Antrag zu entscheiden hat, richtet sich nach den Verwaltungsvorschriften.

3) § 8 AVG (B 2): **Privatbeteiligter.** Der Privatbeteiligte hat auch im Berufungsverfahren Parteistellung, wenngleich er kein Berufungsrecht hat.

4) Der Privatbeteiligte hat Anspruch auf Sachentscheidung; die Verwaltungsstrafbehörde darf sich nicht darauf beschränken, ihn auf den Zivilrechtsweg zu verweisen.

5) Die Geltendmachung weitergehender zivilrechtlicher Ansprüche im ordentlichen Rechtsweg setzt die Unanfechtbarkeit des Straferkenntnisses durch den Beschuldigten voraus.

6) Siehe auch § 14 Abs 1 VStG.

Sonderbestimmungen für Jugendliche

§ 58. **(1) Die Behörden sollen sich im Strafverfahren gegen Jugendliche[1]) nach Möglichkeit der Mithilfe der öffentlichen Unterrichts(Erziehungs)anstalten und Jugendämter[2]) sowie von Personen und Körperschaften bedienen, die in der Jugendfürsorge tätig sind und sich den Behörden zur Verfügung stellen. Die Mithilfe kann insbesondere in der Erhebung der persönlichen Verhältnisse des Jugendlichen, in der Fürsorge für seine Person und in dem Beistand bestehen, dessen er im Verfahren bedarf.**

(2) Über Jugendliche, die zur Tatzeit das 16. Lebensjahr noch nicht vollendet haben, darf eine Freiheitsstrafe nicht verhängt werden.[3]) Über andere Jugendliche[4]) darf eine Freiheitsstrafe bis zu zwei Wochen verhängt werden, wenn dies aus besonderen Gründen geboten ist; der Vollzug einer Ersatzfreiheitsstrafe, die gleichfalls zwei Wochen nicht übersteigen darf, wird dadurch nicht berührt.

1) Jugendliche sind Personen zwischen dem 14. und dem 18. Lebensjahr, siehe § 4 Abs 2 VStG. Diese Bestimmung gilt nur für Personen, die nicht nur im Tatzeitpunkt, sondern auch im Zeitpunkt der Verfahrensdurchführung noch Jugendliche sind.

2) Siehe § 4 Abs 2 JWG.

3) Gemeint: Primärfreiheitsstrafe. Eine Ersatzfreiheitsstrafe darf auch über Jugendliche unter 16 Jahren verhängt, aber erst nach Vollendung des 16. Lebensjahres vollzogen werden; siehe § 54 VStG und Anm 2 dazu.

4) Das sind solche, die **zur Tatzeit** das 16. Lebensjahr vollendet haben.

§ 59. **(1) Die Behörde hat, wenn sie es im Interesse eines jugendlichen Beschuldigten für notwendig oder zweckmäßig hält, seinen bekannten gesetzlichen Vertreter von der Einleitung des Strafverfahrens und dem Straferkenntnis zu benachrichtigen.**

(2) Der Befragung durch Organe des öffentlichen Sicherheitsdienstes oder der Vernehmung durch die Behörde eines wegen des Verdachtes einer Verwaltungsübertretung festge-

nommenen Jugendlichen ist auf sein Verlangen ein gesetzlicher Vertreter, ein Erziehungsberechtigter oder ein Vertreter des Jugendwohlfahrtsträgers, der Jugendgerichtshilfe oder der Bewährungshilfe beizuziehen, sofern damit keine unangemessene Verlängerung der Anhaltung verbunden wäre.

(3) Ein jugendlicher Beschuldigter kann zu mündlichen Verhandlungen zwei an der Sache nicht beteiligte Personen seines Vertrauens beiziehen.[1])

(4) Jugendliche sind über ihr Recht gemäß Abs. 2 nach der Festnahme, über ihr Recht gemäß Abs. 3 in der Ladung zu belehren.

1) Diese dürfen jedoch in der Verhandlung nicht das Wort ergreifen; siehe § 43 Abs 3 AVG (B 2); für erwachsene Beschuldigte siehe § 43 Abs 3 VStG, für das Berufungsverfahren vor den UVS im Falle des Ausschlusses der Öffentlichkeit siehe § 67e Abs 3 AVG (B 2).

§ 60. Der gesetzliche Vertreter eines jugendlichen Beschuldigten[1]**) hat das Recht,**[2]**) auch gegen den Willen des Beschuldigten zu dessen Gunsten Beweisanträge zu stellen und innerhalb der dem Beschuldigten offenstehenden Frist Rechtsmittel einzulegen, Anträge auf Wiedereinsetzung in den vorigen Stand oder auf Wiederaufnahme des Verfahrens zu stellen.**[3])[4])

1) Diese Rechte stehen dem gesetzlichen Vertreter nur zu, wenn der Beschuldigte **im Zeitpunkt der Setzung der Prozesshandlung** noch Jugendlicher ist. Der Jugendliche ist aber im Verwaltungsstrafverfahren selbst prozessfähig.

2) Der gesetzliche Vertreter ist lediglich **Vertreter des jugendlichen Beschuldigten,** nicht aber Partei des Verfahrens.

3) Die Ausübung dieser Rechte ist unabhängig davon, ob der gesetzliche Vertreter nach § 59 Abs 1 VStG von der Einleitung des Strafverfahrens benachrichtigt wurde.

4) Ein Rechtsmittelverzicht des Jugendlichen bewirkt nicht den Entfall der Rechtsmittellegitimation des gesetzlichen Vertreters. Ein vom gesetzlichen Vertreter erhobenes Rechtsmittel kann vom Jugendlichen auch nicht zurückgezogen werden. Umgekehrt kann aber auch der gesetzliche Vertreter nicht wirksam auf Rechtsmittel des jugendlichen Beschuldigten verzichten oder diese zurückziehen.

§ 61. Einem jugendlichen Beschuldigten kann von Amts wegen ein Verteidiger bestellt werden,[1]) wenn sein gesetzlicher Vertreter an der strafbaren Handlung beteiligt ist oder wenn es wegen der geringeren geistigen Entwicklung des Beschuldigten notwendig oder zweckmäßig ist und die Verteidigung durch den gesetzlichen Vertreter aus irgendeinem Grund nicht Platz greifen kann. Als Verteidiger kann ein Beamter der Behörde oder eine andere geeignete Person bestellt werden.

1) Die Bestellung eines amtlichen Verteidigers stellt einen verfahrensrechtlichen Bescheid dar. Dem Verteidiger stehen die sonst dem gesetzlichen Vertreter zukommenden Rechte zu; siehe § 60 VStG.

§ 62. Erlangt die Behörde von Umständen Kenntnis, die eine pflegschaftsbehördliche Maßnahme erfordern, so hat sie dem Pflegschaftsgericht davon Mitteilung zu machen.

§ 63. *(Entfällt; Art. III Abs. 2 der Kundmachung)*

Kosten des Strafverfahrens[1])

§ 64.*) (1) In jedem Straferkenntnis[2]) und in jeder Entscheidung eines unabhängigen Verwaltungssenates, mit der ein Straferkenntnis[3]) bestätigt wird,[4]) ist auszusprechen, daß der Bestrafte[5]) einen Beitrag zu den Kosten des Strafverfahrens zu leisten hat.[6])

(2) Dieser Beitrag ist für das Verfahren erster Instanz mit 10% der verhängten Strafe, für das Berufungsverfahren mit weiteren 20% der verhängten Strafe, mindestens jedoch mit je 1,50 Euro zu bemessen; bei Freiheitsstrafen ist zur Berechnung der Kosten ein Tag Freiheitsstrafe gleich 15 Euro anzurechnen.[7]) Der Kostenbeitrag fließt der Gebietskörperschaft zu, die den Aufwand der Behörde zu tragen hat.

(3) Sind im Zuge des Verwaltungsstrafverfahrens Barauslagen erwachsen (§ 76 AVG), so ist dem Bestraften der Ersatz dieser Auslagen aufzuerlegen,[8]) sofern sie nicht durch Verschulden einer anderen Person verursacht sind;[9]) der hienach zu ersetzende Betrag ist, wenn tunlich, im Erkenntnis (der

Strafverfügung), sonst durch besonderen Bescheid ziffernmäßig festzusetzen.[10]) Dies gilt nicht für Gebühren, die dem Dolmetscher zustehen, der dem Beschuldigten beigestellt wurde.[11])

(4) Von der Eintreibung der Kostenbeiträge (Abs. 1 und § 54 d) und der Barauslagen ist abzusehen, wenn mit Grund angenommen werden darf, daß sie erfolglos wäre.

(5) Die §§ 14 und 54 b Abs. 1 sind sinngemäß anzuwenden.

(6) Wird einem Antrag des Bestraften auf Wiederaufnahme des Strafverfahrens nicht stattgegeben, so gelten hinsichtlich der Verpflichtung zur Tragung der Verfahrenskosten sinngemäß die vorhergehenden Bestimmungen.

*) IdF des Art 4 Z 19 BGBl I 2001/137 (Ersetzung der früheren Schilling-Beträge durch Euro-Beträge in Abs 2; in Kraft getreten am 1. 1. 2002).

1) Die folgenden Bestimmungen regeln nur die **Kosten der Behörde;** für die Kosten der Beteiligten gilt § 74 AVG (B 2) iVm § 24 VStG, dh die Beteiligten haben ihre Kosten selbst zu tragen.

2) Nicht auch in einer Strafverfügung gem § 47 VStG; in dieser können nur Barauslagen nach § 64 Abs 3 VStG vorgeschrieben werden.

3) Eine Kostenvorschreibung hat auch dann zu erfolgen, wenn auf Grund eines Einspruches gegen die Höhe der in einer Strafverfügung verhängten Strafe diese in einem Straferkenntnis herabgesetzt wird; siehe § 49 Abs 2 dritter Satz VStG.

4) Die Vorschreibung eines Beitrags zu den Kosten des Berufungsverfahrens setzt mithin voraus, dass auf Grund der Berufung des Bestraften in der Sache selbst – und zwar vollinhaltlich abweisend – entschieden wird; wird der Berufung – auch nur teilweise – stattgegeben, sind die Kosten nur für das erstinstanzliche Verfahren vorzuschreiben, und zwar auf Grund einer allenfalls herabgesetzten Strafe. Auch wenn die Berufung zurückgewiesen wird, dürfen für das Berufungsverfahren keine Kosten vorgeschrieben werden; siehe auch § 65 VStG.

5) Für das Berufungsverfahren allerdings nur, wenn der Bestrafte auch Berufungswerber ist; siehe § 65 VStG.

6) Siehe § 44 a Z 5 VStG.

7) Die Vorschreibung eines Strafkostenbeitrags ist mithin nur bei Verhängung von Geld- oder Freiheitsstrafen, nicht auch bei Strafen anderer Art vorgesehen.

8) Barauslagen sind auch im Mandatsverfahren vorzuschreiben; siehe § 48 Abs 1 Z 6 VStG.

9) Wurden Barauslagen durch das Verschulden einer anderen Person verursacht, sind sie dieser nach § 76 Abs 2 AVG (B 2) iVm § 24 VStG aufzuerlegen. Hinsichtlich der Heranziehung des Privatanklägers zur Kostentragung bei Einstellung des Verfahrens oder Aufhebung der Strafe siehe § 66 Abs 2 VStG.

10) Ein solcher Bescheid ist, wenn der Ersatz von Barauslagen dem Bestraften auferlegt wird, ein Nachtrag zum Straferkenntnis (zur Strafverfügung), wenn er aber einer anderen Person (siehe § 76 Abs 2 AVG [B 2]) auferlegt wird, ein im Instanzenzug anfechtbarer Bescheid.

11) Diese hat der Bestrafte nicht zu ersetzen; Art 6 Abs 3 lit e MRK.

§ 65.*) **Die Kosten des Berufungsverfahrens sind dem Berufungswerber**[1]) **nicht aufzuerlegen, wenn der Berufung auch nur teilweise Folge gegeben**[2]) **worden ist.**[3])

*) IdF des Art 2 Z 32 BGBl I 1998/158 (Streichung des obsoleten Verweises auf § 51 Abs 4 VStG; in Kraft getreten am 1. 1. 1999).

1) Gemeint ist, wie sich aus § 64 Abs 1 VStG ergibt, der Bestrafte.

2) Dies gilt nach der Rsp nicht, wenn die Berufungsbehörde lediglich die rechtliche Qualifikation der Tat ändert oder der Berufung nur in der Kostenfrage stattgibt.

3) Wenn die Berufungsbehörde eine geringere Strafe ausspricht, als von der ersten Instanz verhängt wurde, ist für die Berechnung (§ 64 Abs 2 VStG) des erstinstanzlichen Kostenbeitrags die geringere Strafe maßgebend.

§ 66. (1) **Wird ein Strafverfahren eingestellt**[1]) **oder eine verhängte Strafe infolge Berufung oder Wiederaufnahme des Verfahrens aufgehoben,**[2]) **so sind die Kosten des Verfahrens von der Behörde zu tragen, falls sie aber schon gezahlt sind, zurückzuerstatten.**[3])

(2) **Dem Privatankläger sind in solchen Fällen nur die durch sein Einschreiten tatsächlich verursachten Kosten aufzuerlegen.**[4])

1) Siehe § 45 VStG.

2) Dasselbe gilt in den Fällen des § 52a und § 56 Abs 4 VStG sowie auch bei Wegfall des Strafbescheides im Falle der Wiedereinsetzung in den vorigen Stand.

3) Der Rückerstattungsanspruch ist nach Art 137 B-VG vor dem VfGH geltend zu machen.

4) Diese Verfügung ist ein im Instanzenzug anfechtbarer verfahrensrechtlicher Bescheid.

Verweisungen

§ 66 a.*) **Soweit in diesem Bundesgesetz auf Bestimmungen anderer Bundesgesetze verwiesen wird, sind diese in ihrer jeweils geltenden Fassung anzuwenden.**[1])

*) IdF des Art 2 Z 33 BGBl I 1998/158 (Neufassung samt Überschrift; in Kraft getreten am 1. 1. 1999).

1) Vgl auch Pkt 62 der Legistischen Richtlinien 1990 (Erl 1998, 43).

Inkrafttreten

§ 66 b.*) **(1) § 50 Abs. 1 in der Fassung des Bundesgesetzes BGBl. Nr. 867/1992 tritt mit 1. Jänner 1993 in Kraft.**

(2) § 51 Abs. 1 in der Fassung des Bundesgesetzes BGBl. Nr. 666/1993 tritt mit 1. Oktober 1993 in Kraft.

(3) Die §§ 53 d Abs. 1 und 2 sowie 54 d Abs. 1 in der Fassung des Bundesgesetzes BGBl. Nr. 799/1993 treten mit 1. Jänner 1994 in Kraft.

(4) § 24, § 29 a zweiter Satz, § 31 Abs. 3 letzter Satz, § 44 Abs. 1 Z 2, § 48 Abs. 1 Z 2, § 49 Abs. 2 letzter Satz, § 51 Abs. 1, 3, 6 und 7, § 51 e, § 51 h Abs. 3 und 4, § 51 i, die Überschriften vor der Überschrift zu § 52 und vor § 52 a, § 53 b Abs. 2 letzter Satz sowie die Überschriften vor § 66 a und vor § 66 b in der Fassung des Bundesgesetzes BGBl. Nr. 620/1995 treten mit 1. Juli 1995 in Kraft.

(5) § 51 b in der Fassung vor dem Bundesgesetz BGBl. Nr. 620/1995 tritt mit Ablauf des 30. Juni 1995 außer Kraft.

(6) § 51 Abs. 1 in der Fassung vor dem Bundesgesetz BGBl. Nr. 620/1995 ist in Verfahren weiter anzuwenden, in denen die mündliche Verhandlung bis zum 30. Juni 1995 abgehalten wurde.

(7) § 49 Abs. 2 letzter Satz in der Fassung des Bundesgesetzes BGBl. Nr. 620/1995 ist für Bescheide anzuwenden, die nach dem 30. Juni 1995 erlassen werden. § 51 Abs. 3 in der Fassung des Bundesgesetzes BGBl. Nr. 620/1995 ist in Fällen anzuwenden, in denen die Berufung nach dem 30. Juni 1995 eingebracht wird.

(8) § 54 Abs. 3 in der Fassung des Bundesgesetzes BGBl. I Nr. 158/1998 tritt mit 1. Jänner 1998 in Kraft. Die §§ 9 Abs. 1, 3, 4 und 7, 24, 29 a, 31 Abs. 1, 32 Abs. 3, 33 Abs. 1 erster Satz, 49 a Abs. 4 und 6, die Überschrift zu § 50, die §§ 50 Abs. 2, 6 und 8, 51 Abs. 3, 5 und 7, 51 a samt Überschrift, 51 c samt Überschrift, 51 d samt Überschrift, 51 e, 51 f Abs. 3, 51 i, die Überschrift zu § 52 a, die §§ 52 a Abs. 1, 52 b samt Überschrift, 56 Abs. 3, 65 und 66 a samt Überschrift in der Fassung des Bundesgesetzes BGBl. I Nr. 158/1998 treten mit 1. Jänner 1999 in Kraft. Die Überschrift nach § 51 a tritt mit Ablauf des 31. Dezember 1998 außer Kraft.

(9) § 15 in der Fassung des Bundesgesetzes BGBl. I Nr. 26/2000 tritt mit 1. Jänner 2000 in Kraft. § 54 d in der Fassung desselben Bundesgesetzes tritt mit 1. Jänner 1997 in Kraft.

(10) § 9 Abs. 4, § 12 Abs. 2, § 13, § 37 Abs. 2 und 6, § 37 a Abs. 1, Abs. 2 Z 2, Abs. 3 und Abs. 5, § 47 Abs. 1 und 2, § 48 Abs. 1 Z 2, § 49 a Abs. 1, § 50 Abs. 1 und 6, § 51 Abs. 1, § 51 c, § 51 e Abs. 3 Z 3, § 54 a Abs. 3 und § 64 Abs. 2 in der Fassung des Bundesgesetzes BGBl. I Nr. 137/2001 treten mit 1. Jänner 2002 in Kraft. Zugleich tritt § 54 c außer Kraft.

(11) § 21 Abs. 1 a und 1 b, § 24, § 51 c und § 51 e Abs. 3 Z 3 in der Fassung des Verwaltungsreformgesetzes 2001, BGBl. I Nr. 65/2002, treten mit 1. Jänner 2002, jedoch nicht vor dem der Kundmachung des genannten Gesetzes folgenden Tag, in Kraft.

(12) Die §§ 4 Abs. 2, 47, 49 a Abs. 1 und 50 Abs. 1 in der Fassung des Bundesgesetzes BGBl. I Nr. 117/2002 treten mit 1. August 2002 in Kraft. Zugleich tritt § 52 b letzter Satz außer Kraft.

(13) § 2 Abs. 3, § 9 Abs. 1 und 7, § 15 Z 2, § 26 Abs. 2, § 29 a, § 51 g Abs. 3 Z 1, § 52 a Abs. 2, § 53 Abs. 1, § 53 c Abs. 6 und § 54 Abs. 1 und 3 in der Fassung des Bundesgesetzes BGBl. I Nr. 3/2008 treten mit Ablauf des Tages der Kund-

machung dieses Bundesgesetzes[1]) in Kraft. Das VStG-Übergangsrecht 1991, Anlage 2 zur Kundmachung BGBl. Nr. 52/1991, tritt mit diesem Zeitpunkt außer Kraft.[2])

(14) § 10 in der Fassung des Bundesgesetzes BGBl. I Nr. 5/2008 tritt mit 1. Jänner 2008 in Kraft.[3])

(15) § 26 Abs. 1, § 36 Abs. 3 erster Satz und Abs. 4 erster Satz, die Überschrift vor § 38 und § 38 in der Fassung des Bundesgesetzes BGBl. I Nr. 135/2009 treten mit 1. Jänner 2010 in Kraft.

(16) § 50 Abs. 3 in der Fassung des Budgetbegleitgesetzes 2011, BGBl. I Nr. 111/2010, tritt mit 1. Jänner 2011 in Kraft.

(17) § 19 Abs. 2, § 33 Abs. 1, § 36 Abs. 3 und 4, § 44 Abs. 1 Z 2, § 46 Abs. 2, § 48 Abs. 1 Z 2, § 51 a Abs. 1, § 54 Abs. 3 und § 54 a Abs. 1 Z 2 in der Fassung des Bundesgesetzes BGBl. I Nr. 100/2011 treten mit 1. Jänner 2012 in Kraft.

*) IdF der Z 2 BGBl 1992/867 (Einfügung des Abs 1; Entstehungszeitpunkt: 30. 12. 1992), der Z 2 BGBl 1993/666 (Einfügung der Absatzbezeichnung „(1)" und Anfügung des Abs 2; Entstehungszeitpunkt: 30. 9. 1993), des Art V Z 3 BGBl 1993/799 (Anfügung des Abs 3; Entstehungszeitpunkt: 26. 11. 1993), der Z 17 und 18 BGBl 1995/620 (Einfügung der Überschrift und der Abs 4 und 5, Entstehungszeitpunkt: 12. 9. 1995; Einfügung der Abs 6 und 7, mangels besonderer Inkrafttretensbestimmungen gem Art 49 Abs 1 B-VG mit dem der Kundmachung folgenden Tag in Kraft getreten: 13. 9. 1995), des Art 2 Z 34 BGBl I 1998/158 (Anfügung des Abs 8; Entstehungszeitpunkt: 30. 9. 1998), des Art 18 Z 3 BGBl I 2000/26 (Anfügung des Abs 9; Entstehungszeitpunkt: 19. 5. 2000), des Art 4 Z 20 BGBl I 2001/137 (Anfügung des Abs 10; Entstehungszeitpunkt: 27. 11. 2001), des Art 2 Z 5 BGBl I 2002/65 (Anfügung des Abs 11; Entstehungszeitpunkt: 19. 4. 2002), des Art 2 Z 6 BGBl I 2002/117 (Anfügung des Abs 12; Entstehungszeitpunkt: 9. 8. 2002), des Art 2 Z 10 BGBl I 2008/3 (Anfügung des Abs 13; Entstehungszeitpunkt: 4. 1. 2008), des Art 3 Z 2 BGBl I 2008/5 (Anfügung des Abs 14; Entstehungszeitpunkt: 4. 1. 2008), des Art 36 Z 5 BGBl I 2009/135 (Anfügung des Abs 15; Entstehungszeitpunkt: 30. 12. 2009), des Art 8 Z 2 BGBl I 2010/111 (Anfügung des Abs 16; Entstehungszeitpunkt: 30. 12. 2010) und des Art 6 Z 12 BGBl I 2011/100 (Anfügung des Abs 17; Entstehungszeitpunkt: 21. 11. 2011).

1) BGBl I 2008/3 wurde am 4. 1. 2008 kundgemacht.

2) Das VStG-Übergangsrecht 1991 ist durch Zeitablauf gegenstandslos geworden.

3) BGBl I 2008/5 wurde am 4. 1. 2008 kundgemacht; die Änderung des § 10 VStG trat daher rückwirkend in Kraft.

Vollziehung

§ 67. **Mit der Vollziehung dieses Bundesgesetzes ist die Bundesregierung betraut.**[1])

1) Siehe Anm 1 zu Art IV EGVG (A 2).

§ 68. *(Entfällt; Art. III Abs. 2 der Kundmachung)*

3. Verfallsverordnung

Verordnung der Bundesregierung betreffend die Verfügung über verfallene Gegenstände (Verfallsverordnung – VfllV),*) BGBl. Nr. 386/1927 idF BGBl. II Nr. 381/2008

Auf Grund des § 18 des Verwaltungsstrafgesetzes vom 21. Juli 1925, B.G. Bl. Nr. 275,**) wird verordnet:

*) Titel idF der Z 1 BGBl II 2008/381 (in Kraft getreten am 1. 11. 2008).

**) Nach Erlassung der VfllV wurde das VStG zuletzt durch BGBl 1991/52 wiederverlautbart. Danach wurde es mehrfach geändert. Vgl die Überschrift zum VStG (C 2). Die VfllV wurde durch das 1. BRBG in Geltung belassen.

§ 1.*) (1) Die Bestimmungen dieser Verordnung finden nur insoweit Anwendung, als in den Verwaltungsvorschriften die Verfügung über verfallene Gegenstände nicht besonders geregelt ist.

(2) Für etwaige Verfügungen über nur beschlagnahmte Verfallsgegenstände gilt § 39 Abs. 5 VStG.

*) IdF der Z 2 BGBl II 2008/381 (Neufassung der Formulierung des Verweises auf § 39 Abs 5 VStG in Abs 2; in Kraft getreten am 1. 11. 2008).

§ 2.*) Die Befugnis der Behörde, über verfallene Gegenstände nach den Bestimmungen dieser Verordnung zu verfügen, tritt in dem Zeitpunkte ein, in dem das Straferkenntnis, die Strafverfügung oder der auf Grund des § 17 Abs. 3 VStG erlassene Bescheid, womit der Verfall ausgesprochen wurde, in Rechtskraft erwachsen ist.

*) IdF der Z 3 BGBl II 2008/381 (Neufassung des Verweises auf § 17 VStG; in Kraft getreten am 1. 11. 2008).

§ 3.*) (1) In der Regel sind verfallene Gegenstände öffentlich zu versteigern.

(2) Ausnahmsweise kann von einer öffentlichen Versteigerung Abstand genommen werden, wenn die besonderen Umstände des Falles eine sofortige Verfügung erfordern und die öffentliche Versteigerung nicht zeitgerecht eingeleitet werden kann, eine bereits durchgeführte öffentliche Versteigerung vergeblich geblieben ist oder es sich um Gegenstände von sehr geringem Wert handelt, bei denen die Einleitung der öffentlichen Versteigerung mit unverhältnismäßigen Kosten verbunden wäre. Die Gegenstände sind in solchen Fällen zu dem von der Behörde zu ermittelnden Preise freihändig zu veräußern. Zur Ermittlung des Preises sind nach Tunlichkeit Sachverständige heranzuziehen.

(3) Erweist sich eine nutzbringende Verwertung im Sinne der Abs. 1 und 2 als unmöglich, so sind die Gegenstände an Wohltätigkeitsanstalten abzugeben oder sonst einer Verwendung zu gemeinnützigen Zwecken zuzuführen.

(4) Gegenstände, die auch nicht im Sinne des Abs. 3 verwertet werden können, unterliegen der freien Verfügung der Behörde; gegebenenfalls können sie auch unter Aufsicht der Behörde vernichtet werden.

*) IdF der Z 4 und 5 BGBl II 2008/381 (Neufassung der Formulierung des Verweises auf die Abs 1 und 2 in Abs 3 sowie des Verweises auf Abs 3 in Abs 4; in Kraft getreten am 1. 11. 2008).

§ 4.*) (1) Sind Gegenstände für verfallen erklärt worden, deren Besitz an eine besondere Bewilligung gebunden ist, so ist bei den im Sinne des § 3 zu treffenden Verfügungen darauf zu achten, daß sie nur in den Besitz von Personen gelangen, die sich mit der erforderlichen Bewilligung auszuweisen vermögen.

(2) Dürfen die verfallenen Gegenstände nur in einem bestimmten Zustande, unter einer bestimmten Bezeichnung oder unter sonstigen Beschränkungen in Verkehr gesetzt werden, so müssen an ihnen, bevor sie im Sinne des § 3 Abs. 1 oder 2 an Privatpersonen abgegeben werden, die Veränderungen vorgenommen werden, die sie für den Verkehr geeignet machen. Lassen sich diese Veränderungen nicht ohne Weiteres vornehmen, so ist über sie im Sinne des § 3 Abs. 3 und 4 zu verfügen.

*) IdF der Z 6 und 7 BGBl II 2008/381 (Einfügung des Wortes „für" in Abs 1; Neufassung der Formulierung der Verweise auf § 3 in Abs 2; in Kraft getreten am 1. 11. 2008).

§ 5.*) *(Entfällt; Z 8 BGBl II 2008/381)*

*) § 5 aufgehoben durch Z 8 BGBl II 2008/381.

§ 6. Besitzen die verfallenen Gegenstände eine wissenschaftliche oder künstlerische Bedeutung, derzufolge ihre Bestimmung für museale Zwecke wünschenswert ist, so ist das Einvernehmen mit dem Bundesdenkmalamt zu pflegen; die Gegenstände sind sodann an das von diesem Amt namhaft gemachte Museum gegen ein Entgelt abzugeben, das gleichfalls durch dieses Amt festzusetzen ist.

§ 7.*) (1) Handelt es sich um Gegenstände, die überhaupt nicht im Besitz von Privatpersonen sein dürfen, wegen ihrer Gefährlichkeit nicht in Verkehr gesetzt werden sollen, nach ihrer Beschaffenheit nur zur Begehung von strafbaren Handlungen bestimmt sind oder eine sonstige mißbräuchliche Verwendung erwarten lassen, so sind die Gegenstände unter den gebotenen Sicherheiten einer Verwendung für öffentliche Zwecke zuzuführen, an öffentliche Sammlungen abzugeben oder sonst im öffentlichen Interesse zu verwerten; soweit tunlich, ist hiebei die Erzielung eines Erlöses anzustreben.

(2) Kommt eine Verfügung im Sinne des Abs. 1 nicht in Betracht, so sind die Gegenstände, sofern dies wirtschaftlich erscheint, unter behördlicher Aufsicht umzuarbeiten und sodann in

dem umgearbeiteten Zustande nach den Bestimmungen des § 3 Abs. 1 bis 3 zu verwerten. Andernfalls sind sie unter behördlicher Aufsicht zu vernichten oder unbrauchbar zu machen, wobei mit dem Material, wenn dieses noch einen Wert besitzt, gleichfalls nach den Bestimmungen des § 3 Abs. 1 bis 3 zu verfahren ist.

*) IdF der Z 9 BGBl II 2008/381 (Neufassung der Formulierung der Verweise auf § 7 Abs 1 und auf § 3 in Abs 2; in Kraft getreten am 1. 11. 2008).

§ 8. Für die Widmung des Erlöses verfallener Gegenstände sowie für die Widmung für verfallen erklärter Erlöse[1]) gilt § 15 VStG.

*) IdF der Z 6 und 10 BGBl II 2008/381 (Einfügung des Wortes „für" und Neufassung der Formulierung des Verweises auf § 15 VStG; in Kraft getreten am 1. 11. 2008).

1) Im Sinne des § 39 Abs 5 VStG (C 2).

§ 9.*) Der Titel, § 1 Abs. 2, § 2, § 3 Abs. 3 und 4, § 4, § 7 Abs. 2 und § 8 in der Fassung der Verordnung BGBl. II Nr. 381/2008 treten mit Ablauf des Monats der Kundmachung dieser Verordnung in Kraft;[1]) gleichzeitig tritt § 5 außer Kraft.

*) Eingefügt durch Z 11 BGBl II 2008/381 (Entstehungszeitpunkt: 29. 10. 2008).

1) Die V BGBl II 2008/381 wurde am 29. 10. 2008 kundgemacht.

4. Sicherheiten-Einhebungsverordnung

Verordnung der Bundesregierung über die Einhebung vorläufiger Sicherheiten, BGBl. II Nr. 509/1999

Auf Grund des § 37 a des Verwaltungsstrafgesetzes 1991 – VStG, BGBl. Nr. 52, zuletzt geändert durch das Bundesgesetz BGBl. I Nr. 158/1998,*) wird verordnet:**)

*) Das VStG wurde nach dieser Nov noch mehrfach geändert. Vgl die Überschrift zum VStG (C 2).

**) Die EinhVorlSichV ist nach § 4 Abs 1 BGBlG 1996 am 31. 12. 1999 in Kraft getreten.

§ 1. Bei Einhebung einer vorläufigen Sicherheit (§ 37a Abs. 1 und 2 VStG) und bei Beschlagnahme verwertbarer Sachen (§ 37a Abs. 3 VStG) ist das Formular 22 der Verwaltungsformularverordnung, BGBl. II Nr. 508/1999, in der jeweils geltenden Fassung, zu verwenden.

§ 2. Das Formular ist vom Organ im Durchschreibeverfahren in drei Ausfertigungen auszufüllen, zu datieren und eigenhändig zu unterschreiben. Die Urschrift ist demjenigen zu übergeben, der die vorläufige Sicherheit erlegt hat oder dessen Sachen beschlagnahmt worden sind. Die Vorlage einer Durchschrift des Formulars und die Abführung der eingehobenen Geldbeträge (Schecks, Originale der Kreditkartenbelege) und beschlagnahmten Sachen an die Behörde hat unverzüglich zu erfolgen.

§ 3. Die der Behörde vorgelegte Durchschrift ist aufzubewahren, bis die vorläufige Sicherheit frei wird oder verfällt.

§ 4. Mit dem Inkrafttreten dieser Verordnung tritt die Verordnung über die Einhebung vorläufiger Sicherheiten, BGBl. Nr. 632/1983, außer Kraft.

5. Organstrafverfügungenverordnung

Verordnung der Bundesregierung über Organstrafverfügungen, BGBl. II Nr. 510/1999

Auf Grund des § 50 Abs. 1, 2, 4, 5, 6, 7 und 8 des Verwaltungsstrafgesetzes 1991, BGBl. Nr. 52, zuletzt geändert durch das Bundesgesetz BGBl. I Nr. 158/1998,*) wird verordnet:**)

*) Das VStG wurde nach dieser Nov noch mehrfach geändert. Vgl die Überschrift zum VStG (C 2).

**) Die OrgStrafvV ist nach § 4 Abs 1 BGBlG 1996 am 31. 12. 1999 in Kraft getreten.

Formular für die Organstrafverfügung

§ 1. Für die Einhebung von Geldstrafen mit Organstrafverfügung (§ 50 VStG) ist das Formular 35 der Verwaltungsformularverordnung, BGBl. II Nr. 508/1999, in der jeweils geltenden Fassung, zu verwenden.

Durchführung

§ 2. Das Formular ist vom Organ im Durchschreibeverfahren in zwei Ausfertigungen auszufüllen, zu datieren und eigenhändig zu unterschreiben. Die Urschrift ist dem Beanstandeten zu übergeben. Die Vorlage einer Durchschrift des Formulars und die Abführung der eingehobenen Strafbeträge (Schecks, Originale der Kreditkartenbelege) an die Behörde hat unverzüglich zu erfolgen.

Beleg

§ 3. (1) Der zur postalischen Einzahlung des Strafbetrages zu verwendende Beleg (§ 50 Abs. 2 VStG) hat den Postvorschriften für Einzahlungsbelege zu entsprechen und eine Identifikationsnummer zu enthalten, die automationsunterstützt gelesen werden kann. Der Beleg hat aus einem für den Beanstandeten und einem für die Behörde bestimmten Teil zu bestehen. Auf den für die Behörde bestimmten Teil kann verzichtet werden, wenn die Ausstellung der Organstrafverfügung und deren Inhalt durch ein mobiles Datenerfassungsgerät gespeichert werden. Es muss jedoch jedenfalls sichergestellt sein, dass die Kontrolle der Einzahlung möglich ist.

(2) Der für den Beanstandeten bestimmte Teil hat zu enthalten:

1. die Bezeichnung der Behörde, in deren Namen eingeschritten wurde;

2. die dem Beanstandeten zur Last gelegte Tat, ferner die Zeit und den Ort ihrer Begehung;

3. die Verwaltungsvorschrift, die durch die Tat verletzt worden ist;

4. den Strafbetrag und die angewendete Gesetzesbestimmung;

5. den Tag der Hinterlassung des Beleges am Tatort oder der Übergabe an den Beanstandeten;

6. die Nummer des für die Einzahlung des Strafbetrages bestimmten Kontos der Behörde;

7. den folgenden Hinweis:

„Als fristgerechte Einzahlung gilt auch die Überweisung des Strafbetrages auf das angegebene Konto, wenn der Überweisungsauftrag die automationsunterstützt lesbare, vollständige und richtige Identifikationsnummer des Beleges enthält und der Strafbetrag dem Konto fristgerecht gutgeschrieben wird.

Bitte beachten Sie, dass Sie in diesem Fall sämtliche mit der Einschaltung eines Kreditinstitutes verbundenen Risiken des Überweisungsverkehrs übernehmen. Übermittlungsfehler, Irrtümer, Unterbrechungen, Auslassungen oder Störungen irgendwelcher Art, die dazu führen, dass der Strafbetrag nicht fristgerecht auf dem angegebenen Konto einlangt, gehen auch dann zu Ihren Lasten, wenn Sie daran kein Verschulden trifft. Auch die mit der Überweisung allenfalls verbundenen Kosten sind von Ihnen zu tragen. Überprüfen Sie daher in Ihrem eigenen Interesse, ob die Nummer auf dem Überweisungsauftrag mit der Identifikationsnummer des Beleges übereinstimmt und deutlich lesbar ist, und erteilen Sie Überweisungsaufträge so rechtzeitig, dass die Überweisung innerhalb der zweiwöchigen Frist durchgeführt werden kann. Bitte bedenken Sie dabei, dass die Überweisung mehrere Tage in Anspruch nehmen kann.

Falls Sie den Strafbetrag nicht innerhalb von zwei Wochen mit diesem Beleg oder durch Überweisung auf das angegebene Konto einzahlen, muss Anzeige an die Behörde erstattet werden. Die Frist von zwei Wochen berechnet sich ab dem Tag der Hinterlassung des Beleges am Tatort oder der Übergabe an Sie.“;

8. den Namen und die Dienstnummer des Organs;

9. die Widmung des Strafbetrages;

10. die Art und das Kennzeichen des Kraftfahrzeuges, wenn die Tat mit einem Kraftfahrzeug oder Anhänger begangen wurde. Die Angabe weiterer sich aus dem Wesen der Organstrafverfügung ergebender Daten ist zulässig.

(3) Die Daten im Sinne des Abs. 2, die für eine allfällige Anzeigenerstattung an die Behörde erforderlich sind, sind entweder auf dem für die Behörde bestimmten Teil anzugeben oder im Sinne des Abs. 1 durch ein mobiles Datenerfassungsgerät zu erfassen.

(4) Der für den Beanstandeten bestimmte Teil des Beleges ist diesem zu übergeben oder, wenn er am Tatort nicht anwesend

ist, am Tatort zu hinterlassen. Ob stattdessen, für den Fall, dass die Tat mit einem Kraftfahrzeug oder Anhänger begangen wurde, die Zustellung des für den Beanstandeten bestimmten Teiles des Beleges an den Zulassungsbesitzer gestattet ist, richtet sich nach den hierüber bestehenden Vorschriften. Der für die Behörde bestimmte Teil oder die im Sinne des Abs. 1 durch ein mobiles Datenerfassungsgerät erfassten Daten sind der Behörde zur Verfügung zu stellen.

Einleitung des Verwaltungsstrafverfahrens

§ 4. (1) Das Verwaltungsstrafverfahren ist einzuleiten, wenn der Beanstandete die Zahlung des Strafbetrages oder die Entgegennahme des Beleges verweigert.

(2) Als Verweigerung der Zahlung des Strafbetrages gilt auch,

1. wenn der Strafbetrag, außer bei den Entrichtungsarten mit Scheck oder Kreditkarte, innerhalb von zwei Wochen weder mittels Beleges eingezahlt noch dem im Beleg angegebenen Konto gutgeschrieben wird;
2. wenn der Strafbetrag zwar innerhalb von zwei Wochen dem im Beleg angegebenen Konto gutgeschrieben wird, der Überweisungsauftrag aber nicht die für die Zuordnung der Zahlung erforderliche automationsunterstützt lesbare, vollständige und richtige Identifikationsnummer des Beleges enthält;
3. wenn die Einlösung eines vom Beanstandeten ausgestellten Schecks aus Gründen, die nicht von der Behörde zu vertreten sind, unterbleibt oder nicht in voller Höhe erfolgt;
4. wenn die Kreditkartenorganisation aus Gründen, die nicht von der Behörde zu vertreten sind, die Zahlung verweigert.

(3) In den Fällen des Abs. 2 Z 1 und 2 beginnt der Lauf der Frist mit Ablauf des Tages, an dem der Beleg am Tatort hinterlassen oder dem Beanstandeten übergeben wurde.

Aufbewahrungs- und Löschungsfristen

§ 5. (1) Die Durchschrift der Organstrafverfügung ist nach einem Jahr, der für die Behörde bestimmte Teil des Beleges ist nach sechs Monaten bzw. für den Fall der Gefährdung, Verkürzung oder Hinterziehung von Gemeindeabgaben nach einem Jahr (§ 31 Abs. 2 VStG) zu vernichten.

(2) Die gemäß § 3 durch ein mobiles Datenerfassungsgerät festgehaltenen und der Behörde zur Verfügung gestellten Daten, die ausschließlich zur Überprüfung der Einzahlung des Strafbetrages verwendet werden dürfen, sind spätestens sechs Monate bzw. für den Fall der Gefährdung, Verkürzung oder Hinterziehung von Gemeindeabgaben ein Jahr (§ 31 Abs. 2 VStG) nach dem Zeitpunkt, in dem die Organstrafverfügung gegenstandslos geworden oder die Einzahlung des Strafbetrages erfolgt ist, zu löschen.

Inkrafttreten

§ 6. Mit dem Inkrafttreten dieser Verordnung tritt die Verordnung über Organstrafverfügungen, BGBl. Nr. 128/1990, außer Kraft.

6. Anhalteordnung

Verordnung der Bundesministerin für Inneres über die Anhaltung von Menschen durch die Sicherheitsbehörden und Organe des öffentlichen Sicherheitsdienstes (Anhalteordnung – AnhO),*) BGBl. II Nr. 128/1999 idF BGBl. II Nr. 439/2005

Auf Grund des § 68 Abs. 4 des Fremdengesetzes 1997, BGBl. I Nr. 75,**) der §§ 31, 47 Abs. 3 und 50 des Sicherheitspolizeigesetzes, BGBl. Nr. 566/1991, des § 53c Abs. 6 des Verwaltungsstrafgesetzes 1991, BGBl. Nr. 52,***) sowie der §§ 2 und 4 des Waffengebrauchsgesetzes 1969, BGBl. Nr. 149, wird – hinsichtlich der Anhaltungen nach dem Sicherheitspolizeigesetz oder nach der Strafprozeßordnung im Einvernehmen mit dem Bundesminister für Justiz – verordnet:

*) Titel idF der Z 1 BGBl II 2005/439 (in Kraft getreten am 1. 1. 2006).

**) Das FrG wurde durch Art 5 des Fremdenrechtspaketes 2005, BGBl I 2005/100, mit Wirkung vom 31. 12. 2005 aufgehoben; die Rechtsgrundlage für die Erlassung einer Hausordnung für die Durchführung der Schubhaft findet sich derzeit in § 79 Abs 4 FPG.

***) Nach seiner WV in BGBl 1991/52 wurde das VStG mehrfach novelliert; vgl die Überschrift zum VStG (C 2).

Inhaltsverzeichnis*)

1. Abschnitt

Allgemeiner Teil

2. Abschnitt

Vollzug der Haft

3. Abschnitt

Sonstige Bestimmungen

4. Abschnitt

Schlussbestimmungen

*) Inhaltsverzeichnis eingefügt durch Z 2 BGBl II 2005/439 (in Kraft getreten am 1. 1. 2006).

1. Abschnitt

Allgemeiner Teil

Anwendungsbereich

§ 1.*) (1) Diese Verordnung findet auf Menschen Anwendung, die angehalten werden, nachdem sie von Organen des öffentlichen Sicherheitsdienstes[1]) festgenommen worden sind oder im Haftraum einer Sicherheitsbehörde[2]) eine mit Bescheid angeordnete Haft angetreten haben (Häftlinge)[3])[4]).

(2) Im Haftraum einer Sicherheitsbehörde[2]) ist die Verordnung außer in deutscher Sprache auch in den Amtssprachen der Vereinten Nationen, den Sprachen der an Österreich angrenzenden Staaten sowie in kroatisch, rumänisch, serbisch und türkisch bereitzuhalten; auf Wunsch ist Häftlingen Einsicht in die Verordnung in der Sprachfassung ihrer Wahl zu gewähren.

(3) In den Zellen der Hafträume einer Sicherheitsbehörde[2]) sind

1. die Regelungen über den Tagesablauf unter Bedachtnahme auf die jeweiligen Verhältnisse im Bereich des Haftraums sowie den Grund und die voraussichtliche Dauer der Anhaltung und

2. die in dieser Verordnung festgelegten Rechte und Pflichten der Häftlinge in gekürzter Fassung

anzuschlagen.

(4) Die Vollzugsbehörde hat die Behörde, die die Schubhaft angeordnet hat, über den Vollzug der Haft zu informieren.

*) IdF der Z 3 und 4 BGBl II 2005/439 (Änderung der Abs 3 und 4; in Kraft getreten am 1. 1. 2006).

1) Vgl § 5 SPG.

2) Sicherheitsbehörden sind nach Art 78 a Abs 1 B-VG und § 4 SPG der BMI, die SDion, die BPD sowie die BVB.

3) Die AnhO ist nicht nur auf Verwaltungsstrafhäftlinge, sondern auch auf Verwahrungshäftlinge und Schubhäftlinge anzuwenden.

4) Für die Anhaltung von Verwaltungshäftlingen in gerichtlichen Gefangenenhäusern und in Strafvollzugsanstalten vgl § 53d VStG (C 2).

Begriffsbestimmungen

§ 1 a.*) Im Sinne dieser Verordnung ist:

1. Vollzugsbehörde diejenige Sicherheitsbehörde, in deren Haftraum die Haft vollzogen wird;
2. Polizeiinspektion jene Dienststelle, in deren Verwahrungsraum (Einzel- und Sammelverwahrungsraum) die Haft vollzogen wird;
3. Haftraum die bauliche Gesamtheit der in der Behörde für die Anhaltung gewidmeten Räume;
4. Verwahrungsraum die bauliche Gesamtheit der in einer Polizeiinspektion für kurzfristige Anhaltungen zur Verfügung stehenden Räume;
5. Zelle ein abschließbarer Raum innerhalb des Haft- oder Verwahrungsraumes;
6. Kommandant der Verantwortliche für den Haftraum der Behörde bzw. für den Verwahrungsraum der Polizeiinspektion;
7. dienstführendes Aufsichtsorgan das in Vertretung des Kommandanten verantwortliche Organ;
8. Schubhaftbetreuung die vertraglich dem Bundesministerium für Inneres zur Betreuung von Fremden in Schubhaft verpflichtete tätige Hilfseinrichtung.

*) Eingefügt durch Z 5 BGBl II 2005/439 (in Kraft getreten am 1. 1. 2006).

Pflichten der Häftlinge

§ 2.*) (1) Die Häftlinge haben sich an diese Verordnung zu halten, den Anordnungen der Aufsichtsorgane Folge zu leisten und alles zu unterlassen, wodurch ihre eigene körperliche Sicherheit sowie die Sicherheit und Ordnung im Haftraum gefährdet werden könnte.

(2) Die Häftlinge haben die von ihnen benützten Räume und Einrichtungen sauber und in Ordnung zu halten, die ihnen

überlassenen Gegenstände schonend zu behandeln, nicht ungebührlicherweise störenden Lärm zu erregen und nicht den Anstand zu verletzen.

*) IdF der Z 6 BGBl II 2005/439 (Ersetzung der Worte „die Hausordnung“ durch „diese Verordnung“ in Abs 1; in Kraft getreten am 1. 1. 2006).

Aufsichtsorgane

§ 3.*) (1) Die Aufsichtsorgane haben Häftlinge vor unzulässigen Rechtseingriffen zu schützen, ihnen gegenüber die gebotene Zurückhaltung zu üben und sie mit Ruhe, Ernst und Festigkeit, gerecht sowie unter Achtung ihres Ehrgefühles, der Menschenwürde und mit möglichster Schonung ihrer Person zu behandeln.

(2) Die Aufsichtsorgane haben Häftlinge, soweit diese auf Grund der besonderen Umstände der Anhaltung nicht in der Lage sind, für ihre eigene Gesundheit und körperliche Sicherheit zu sorgen, vor Gesundheitsschädigung und Verletzungen zu schützen und zu bewahren. Soweit dies zur Erreichung dieses Zwecks erforderlich ist, sind die Aufsichtsorgane ermächtigt, im Einzelfall und kurzfristig die Ausübung von Rechten zu beschränken, die durch diese Verordnung gewährt werden. Solche Beschränkungen sind aufzuheben, sobald der für sie maßgebliche Anlass weggefallen ist.

(3) Grundsätzlich ist danach zu trachten, dass betreuende Aufsichtsorgane dasselbe Geschlecht wie die Angehaltenen haben. In Zellen, in denen Häftlinge des anderen Geschlechts angehalten werden, dürfen sich Aufsichtsorgane, außer bei Gefahr im Verzug, nur in Gegenwart eines Zweiten begeben.

*) IdF der Z 7 BGBl II 2005/439 (Neufassung des § 3 samt Überschrift; in Kraft getreten am 1. 1. 2006).

2. Abschnitt

Vollzug der Haft*)

Anhaltung

§ 4.**) (1) Die Häftlinge sind unter Achtung der Menschenwürde und mit möglichster Schonung ihrer Person anzuhalten.

(1a) Hafträume müssen so gelegen und eingerichtet sein, dass darin Häftlinge menschenwürdig angehalten und gesundheitliche Gefährdungen vermieden werden können; sanitäre Einrichtungen müssen so gestaltet sein, dass sie Häftlinge auch in Gemeinschaftshaft auf menschenwürdige Weise benützen können.

(2) Häftlinge haben ihre eigene Kleidung zu tragen. Werden sie zu Hausarbeiten herangezogen[1]) oder ist ihre Kleidung etwa aus hygienischen Gründen nicht mehr verwendbar, so ist ihnen die notwendige Kleidung zur Verfügung zu stellen.

(3) Die Anhaltung der Häftlinge erfolgt grundsätzlich in Gemeinschaftshaft. Häftlinge, an denen Schubhaft vollzogen wird (Schubhäftlinge), Häftlinge, an denen eine Verwaltungsfreiheitsstrafe vollzogen wird (Verwaltungsstrafhäftlinge), und Häftlinge, die auf Grund einer durch ein Organ des öffentlichen Sicherheitsdienstes aus eigenem oder in Vollziehung eines richterlichen Haftbefehls vorgenommenen Festnahme angehalten werden (Verwahrungshäftlinge), sind nach Möglichkeit getrennt voneinander anzuhalten. Frauen sind von Männern, Minderjährige von Erwachsenen getrennt zu verwahren.[2]) Wünsche eines Häftlings, mit bestimmten anderen Häftlingen gemeinsam oder nicht gemeinsam angehalten zu werden, sind nach Möglichkeit ebenso zu berücksichtigen wie Wünsche auf Anhaltung in einer Nichtraucherzelle.

(4) Schubhäftlinge unter sechzehn Jahren dürfen nur angehalten werden, wenn eine ihrem Alter und Entwicklungsstand entsprechende Unterbringung und Pflege gewährleistet ist. Wurde auch gegen einen Elternteil oder Erziehungsberechtigten eines minderjährigen Schubhäftlings die Schubhaft verhängt, so sind beide gemeinsam anzuhalten, es sei denn, daß das Wohl des Minderjährigen eine getrennte Anhaltung verlangt.

(5) Zur Verständigung der Aufsichtsorgane sind in den Hafträumen geeignete Einrichtungen vorzusehen.

*) IdF der Z 8 BGBl II 2005/439 (Änderung des Wortlauts der Überschrift des 2. Abschnittes; Einfügung vor § 4 statt vor § 5; in Kraft getreten am 1. 1. 2006).

**) IdF der Z 9 und 10 BGBl II 2005/439 (Einfügung des Abs 1a und Anfügung des Abs 5; in Kraft getreten am 1. 1. 2006).

1) Siehe dazu § 53c Abs 1 VStG (C 2) und § 16 Abs 1 AnhO.
2) Vgl § 53c Abs 1 und § 53e Abs 1 VStG (C 2).

Einzelhaft

§ 5.*) (1) Die Anhaltung eines Häftlings hat in Einzelhaft zu erfolgen:

1. wenn auf Grund bestimmter Tatsachen anzunehmen ist, daß der Häftling gegen andere gewalttätig werde;
2. wenn bei Häftlingen, gegen die ein gerichtliches Strafverfahren anhängig ist, vom Gericht darum ersucht wird;
3. wenn vom Häftling Ansteckungsgefahr ausgeht oder wenn er auf Grund seines Erscheinungsbildes oder seines Verhaltens andere Häftlinge erheblich belasten würde.

(2) Verwahrungshäftlinge sind, sofern dies aufgrund der Umstände der zugrunde liegenden Straftat oder sonst im Interesse anderer Verwahrungshäftlinge geboten scheint, in Einzelhaft anzuhalten.

(3) Die Anhaltung eines Häftlings kann in Einzelhaft erfolgen:

1. auf Wunsch des Häftlings;
2. während der Zeit der Nachtruhe, wenn dies zur Aufrechterhaltung der Sicherheit oder Ordnung erforderlich scheint;
3. als Disziplinarmittel;
4. wenn es aus organisatorischen Gründen kurzfristig notwendig ist;
5. wenn Tatsachen die Annahme rechtfertigen, daß der Häftling durch Gewalttätigkeit sein Leben oder seine Gesundheit gefährde.

(4) Über Anordnung der für ihre Anhaltung maßgeblichen Fremdenpolizeibehörde können Schubhäftlinge, bei denen Absprachen mit anderen Schubhäftlingen zu befürchten sind, bis zu ihrer Ersteinvernahme in Einzelhaft angehalten werden; § 4 Abs. 4 bleibt hiebei jedoch unberührt.

*) IdF der Z 11 bis 13 BGBl II 2005/439 (Neufassung des Abs 2; Aufhebung der früheren Z 6 in Abs 3 und des Abs 5; in Kraft getreten am 1. 1. 2006).

Vollzug in offenen Stationen

§ 5 a.*) (1) Die Schubhaft kann in offenen Stationen vollzogen werden, in denen sich Zellen sowie die dazugehörigen Aufenthalts- und Bewegungsräume in einem eigens abgegrenzten

Bereich des Haftraumes befinden und von den Angehaltenen frei aufgesucht werden können (offener Bereich).

(2) Die Anhaltung in einer offenen Station hat, wenn ihr weder medizinische Gründe noch in der Person des Häftlings liegende Gründe (insbesondere Aggressionsverhalten, Gewaltbereitschaft oder vorangegangene Fluchtversuche) entgegenstehen, sofort oder erst nach Ablauf eines Beobachtungszeitraums, in dem sich der Betroffene wohlverhalten hat, zu erfolgen. Sie darf nur bei Widerspruch des Betroffenen unterbleiben. Sie ist zu beenden, wenn eines der oben angeführten Kriterien wegfällt.

(3) Die Überwachung des offenen Bereiches kann sich auf die optische Überwachung durch technische Einrichtungen der Bildübertragung beschränken. Dabei ist die Menschenwürde zu wahren (§ 4 a Abs. 1 a[1])).

(4) Ist die Einrichtung offener Stationen für den Schubhaftvollzug aus baulichen oder personellen Gegebenheiten einer Behörde nicht möglich, so sind jedenfalls andere mögliche Verbesserungen der Haftbedingungen, wie etwa eine Öffnung der Zellentüren, erleichterter Zugang zu Gemeinschaftseinrichtungen und dergleichen anzustreben.

*) Eingefügt samt Überschrift durch Z 14 BGBl II 2005/439 (in Kraft getreten am 1. 1. 2006).

1) Die AnhO enthält keinen § 4 a; gemeint ist offenbar § 4 Abs 1 a AnhO.

Besondere Sicherheitsmaßnahmen

§ 5 b.*) (1) Gegen Häftlinge, bei denen

1. Fluchtgefahr,
2. die Gefahr von Gewalttätigkeiten gegen Personen oder Sachen,
3. die Gefahr eines Selbstmordes oder der Selbstbeschädigung besteht oder
4. von denen sonst eine beträchtliche Gefahr für die Sicherheit oder Ordnung ausgeht,

sind die erforderlichen besonderen Sicherheitsmaßnahmen anzuordnen.

(2) Als besondere Sicherheitsmaßnahmen kommen, wenn nicht gemäß § 5 vorgegangen wird, insbesondere in Betracht:

1. die häufigere Durchsuchung des Häftlings, seiner Sachen und seiner Zelle;

2. die nächtliche Beleuchtung der besonders gesicherten Zelle über ein Nachtlicht hinaus;

3. die Entziehung von Einrichtungs- oder Gebrauchsgegenständen oder Bekleidungsstücken, deren Missbrauch zu befürchten ist;

4. die Unterbringung in einer besonders gesicherten Zelle, aus der alle Gegenstände entfernt sind, mit denen der Häftling Schaden anrichten oder sich selbst schädigen kann.

(3) Soweit über einen Häftling Maßnahmen nach Abs. 2 Z 4 verhängt werden, ist er für die Dauer der Maßnahmen vom Recht auf Besuchsempfang und auf Telefongespräche, ausgenommen Rechtsvertretung oder Vertrauensperson, ausgeschlossen. Er ist jedoch unbeschadet der besonderen Überwachung durch Aufsichtsorgane unverzüglich und danach für die Dauer der Maßnahme in regelmäßigen Abständen, von einem Arzt zu untersuchen.

(4) Eine besonders gesicherte Zelle muss über ausreichende Luftzufuhr und ausreichende Beleuchtung verfügen; das Anschlagen der Anhalteordnung kann unterbleiben. Dem in einer solchen Zelle Untergebrachten sind eine Matratze und ein Löffel zur Einnahme der Mahlzeiten zur Verfügung zu stellen, soweit dagegen keine Bedenken bestehen.

(5) Besondere Sicherheitsmaßnahmen sind nur soweit und solange aufrechtzuerhalten, als dies das Ausmaß und der Fortbestand der Gefahr, die zu ihrer Anordnung geführt hat, unbedingt erfordern. Die Unterbringung eines Häftlings in einer besonders gesicherten Zelle ist nur zulässig, wenn seine Gefährlichkeit für sich selbst, andere Personen oder Sachen die Unterbringung in einem anderen Haftraum nicht gestattet. Fallen die Gründe weg, die zur Anordnung einer solchen Maßnahme geführt haben, so ist die Maßnahme unverzüglich aufzuheben.

(6) Die Anordnung besonderer Sicherheitsmaßnahmen steht dem dienstführenden Aufsichtsorgan zu. Dieses hat jede solche Anordnung so bald wie möglich, spätestens am nächsten Werktag dem Kommandanten zu melden. Der Kommandant hat

unverzüglich über die Aufrechterhaltung der besonderen Sicherheitsmaßnahme zu entscheiden.

*) Eingefügt samt Überschrift durch Z 14 BGBl II 2005/439 (in Kraft getreten am 1. 1. 2006).

Aufnahme

§ 6.*) (1) Die Aufnahme eines Menschen, der sich selbst zum Antritt einer Strafe meldet, ist jedenfalls in der Zeit zwischen 7.00 und 18.00 Uhr und weiters nur dann zulässig, wenn

1. an der Identität des Betroffenen keine Zweifel bestehen;
2. eine Aufforderung zum Antritt der (Ersatz-)Freiheitsstrafe vorliegt;
3. der Betroffene nicht offenbar haftunfähig ist, sich in keinem Rauschzustand befindet und seine Durchsuchung geduldet hat;
4. der Betroffene trotz Hinweises auf das zwischen 0.00 und 6.00 Uhr liegende Haftende am sofortigen Strafantritt festhält;
5. der Betroffene nur Effekten bei sich hat, die in der Zelle aufbewahrt werden dürfen oder nach den vorhandenen Einrichtungen in Verwahrung genommen werden können.

(2) Häftlinge, die sich zum Antritt der Schubhaft melden oder die vorgeführt werden, sind jederzeit aufzunehmen, sofern die erforderlichen Anhalteunterlagen beigebracht werden und sie nicht offenbar haftunfähig sind. Sofern die Verständigung eines Angehörigen, einer sonstigen Person des Vertrauens oder eines Rechtsvertreters bis dahin noch nicht vorgenommen wurde, ist dem Häftling unmittelbar nach der Aufnahme die Möglichkeit einzuräumen, dies telefonisch nachzuholen.

(3) Die Identitätsdaten (Namen, Geschlecht, Geburtstag und Geburtsort) aufzunehmender Häftlinge sind festzustellen und mit den in den Anhalteunterlagen angeführten zu vergleichen. Die Aufnahme ist in ein Zugangsverzeichnis einzutragen.

(4) Jeder Häftling hat sich bei der Aufnahme einer Durchsuchung zu unterziehen, die nur von jemandem desselben Geschlechts vorgenommen werden darf. Außerdem hat sich jeder Häftling vor der Einweisung in die Zelle erforderlichenfalls gründlich körperlich zu reinigen und Desinfektionsmaßnahmen

zu dulden. Dazu ist ihm Gelegenheit zu einer warmen Dusche zu geben.

*) IdF der Z 15 und 16 BGBl II 2005/439 (Ersetzung des Ausdrucks „Rechtsbeistandes“ durch den Ausdruck „Rechtsvertreters“ in Abs 2; Anfügung des letzten Satzes in Abs 4; in Kraft getreten am 1. 1. 2006).

Haftfähigkeit

§ 7.*) (1) Menschen, deren Haftunfähigkeit festgestellt oder offensichtlich ist,[1]) dürfen nicht im Haftraum der Behörde angehalten werden.

(2) Menschen, die Krankheitssymptome oder Verletzungen aufweisen, deren Vorhandensein behaupten oder bei denen bestimmte Tatsachen für deren Vorhandensein sprechen, sind, sofern diese eine auch nur kurze Anhaltung bedenklich erscheinen läßt, erst dann aufzunehmen, wenn eine ärztliche Untersuchung die Haftfähigkeit der Betroffenen erwiesen hat.

(3) Alle Häftlinge sind ohne unnötigen Aufschub, spätestens jedoch innerhalb von 24 Stunden nach der Aufnahme ärztlich auf ihre Haftfähigkeit zu untersuchen. Sie haben die für die Beurteilung der Haftfähigkeit erforderlichen ärztlichen Untersuchungen zu dulden und an der Befunderstellung mitzuwirken. Verweigern Häftlinge die Mitwirkung an der ärztlichen Untersuchung, so ist von deren Haftfähigkeit solange auszugehen, als sie weder relevante Krankheitssymptome oder Verletzungen aufweisen noch sonst Grund besteht, an ihrer Haftfähigkeit zu zweifeln.

(4) Bei der ärztlichen Untersuchung wahrgenommene Erkrankungen oder Verletzungen sind unter dem Gesichtspunkt der Haftfähigkeit zu beurteilen; auf die Ausstattung des Häftlings mit eigenen Medikamenten kann hiebei Bedacht genommen werden. Die Verpflichtung, Erste Hilfe zu leisten, bleibt hievon unberührt. Sind Verletzungen wahrscheinlich auf Fremdverschulden zurückzuführen oder wird Fremdverschulden behauptet, so ist hierüber ein ärztliches Gutachten zu erstellen.

(5) An Menschen, die schwer krank oder schwanger sind, dürfen Verwaltungsfreiheitsstrafen, solange dieser Zustand dauert, nicht vollstreckt werden. Das Gleiche gilt für Jugendliche unter 16 Jahren und für Frauen während eines Zeitraumes von acht Wochen nach der Entbindung.[1])

(5 a) Bei der Beurteilung der Haftfähigkeit oder anderer medizinischer Fragen sind dem Amtsarzt erforderlichenfalls geeignete Dolmetscher zur Verfügung zu stellen. Bei unklaren psychischen Zuständen des Untersuchten ist nötigenfalls auch ein fachärztliches Gutachten einzuholen.

(6) Werden Haftunfähige in eine Krankenanstalt überstellt, so ist – wenn die Betroffenen aus der Haft entlassen wurden – die Anstaltsleitung unverzüglich darauf hinzuweisen.

(7) Im Fall des Vollzuges der Schubhaft ist § 78 Abs. 6 und 7 des Fremdenpolizeigesetzes 2005 (FPG), BGBl. I Nr. 100, anzuwenden.

*) IdF der Z 17 bis 20 BGBl II 2005/439 (Neufassung der Abs 1 und 3; Einfügung des Abs 5 a; Anfügung des Abs 7; in Kraft getreten am 1. 1. 2006).

1) Siehe § 54 Abs 1 und 2 VStG (C 2).

Nachtruhe

§ 8.*) Die Zeit der Nachtruhe ist von der Behörde generell festzulegen; sie hat mindestens acht Stunden zu dauern.

*) IdF der Z 21 BGBl II 2005/439 (Neufassung der Überschrift und Streichung des zweiten Satzes; in Kraft getreten am 1. 1. 2006).

Verfügung über Kleidungsstücke und sonstige Effekten

§ 9.*) (1) In den Zellen dürfen nur die notwendigen Bekleidungsstücke, die zur Körperpflege und zur Einnahme von Speisen erforderlichen Gegenstände (geeignetes Essbesteck), persönliche Gegenstände und Gegenstände zur Freizeitgestaltung, sofern sie nicht als ordnungsstörend oder als gefährlich einzustufen sind, sowie Lebensmittel und Tabakwaren in geringen Mengen aufbewahrt werden. Die Mitnahme von Elektrogeräten bedarf einer Bewilligung des Kommandanten. Häftlinge dürfen geringfügige Geldbeträge bei sich haben, wenn dies der Kommandant generell für zulässig erklärt hat. Medikamente dürfen ausnahmslos nur mit Zustimmung des Arztes in die Zelle mitgenommen werden.

(2) Sonstige Effekten sind in Verwahrung zu nehmen, der Häftling kann jedoch über diese Gegenstände verfügen. Sie sind in ein Verzeichnis aufzunehmen, dessen Richtigkeit und Vollstän-

digkeit sowohl das Aufsichtsorgan, welches die Aufnahme durchführt, als auch der Häftling zu bestätigen hat. Ist der Häftling des Schreibens unkundig oder verweigert er die Unterschrift, so sind Richtigkeit und Vollständigkeit des Verzeichnisses von einem zweiten Aufsichtsorgan zu bestätigen.

(3) Verwahrungshäftlingen dürfen über die Abs. 1 und 2 hinaus Beschränkungen auferlegt werden, die im Hinblick auf die kurze Dauer der Anhaltung oder deshalb geboten sind, weil Tatsachen die Annahme rechtfertigen, der Häftling werde sein Leben oder seine Gesundheit gefährden.

(4) Jedem Häftling können Geldbeträge oder Pakete geschickt oder gebracht werden. Die Pakete sind in Gegenwart des Häftlings zu öffnen; ihr Inhalt darf dem Häftling nur in dem Maße ausgefolgt werden, in dem eine Verwahrung in der Zelle zulässig ist. Gegenstände, die nicht ausgefolgt werden dürfen, sind, soweit sie der Selbstverköstigung dienen,[1]) nach Maßgabe der vorhandenen Einrichtungen für den Häftling bereitzuhalten, sonst aber entweder dem Überbringer zurückzugeben oder bis zur Entlassung aufzubewahren, sofern sie nicht wegen ihrer Beschaffenheit vernichtet werden müssen.[2])

(5) Bei der Entlassung sind die in Verwahrung genommenen Effekten dem Häftling gegen Bestätigung auszufolgen.

*) IdF der Z 22 BGBl II 2005/439 (Neufassung des Abs 1; in Kraft getreten am 1. 1. 2006).

1) Vgl § 53 c Abs 1 VStG (C 2).

2) Vgl § 53 c Abs 3 VStG (C 2).

Ärztliche Betreuung der Häftlinge

§ 10.*) (1) Die notwendige ärztliche Betreuung der Häftlinge ist durch Amtsärzte oder sonst durch Vorsorge dafür sicherzustellen, daß erforderlichenfalls ohne unnötigen Aufschub ein Arzt einschreiten kann. Hiebei kann für minderschwere Anlässe auf die Betreuung der Häftlinge durch Sanitäter Bedacht genommen werden.

(2) Häftlinge, deren Haftfähigkeit bereits festgestellt wurde (§ 7), sind unverzüglich dem Arzt vorzuführen, wenn auf Grund bestimmter Umstände, insbesondere auch auf Grund eigener Behauptungen ihre weitere Haftfähigkeit in Zweifel steht. Der Gesundheitszustand verletzter oder kranker Häftlinge, deren Haftfä-

higkeit festgestellt wurde, ist unter amtsärztlicher Aufsicht zu beobachten, sodaß eine Verschlechterung rechtzeitig wahrgenommen werden kann; läßt eine solche Verschlechterung den Wegfall der Haftfähigkeit besorgen, so ist unverzüglich eine amtsärztliche Äußerung einzuholen.

(3) Geht von einem Häftling Ansteckungsgefahr aus, so hat der Arzt die gesetzlich vorgesehenen und medizinisch erforderlichen Maßnahmen zu treffen und für deren weitere Durchführung Sorge zu tragen. Dies umfaßt auch seine Verpflichtung, erforderlichenfalls die Unterbringung in Einzelhaft oder die Entlassung zu verlangen.

(4) Häftlinge, die in Hungerstreik treten oder die Aufnahme von Flüssigkeit verweigern, sind unverzüglich dem Arzt vorzuführen; dieser hat das medizinisch Gebotene festzustellen und auf die gesundheitlichen Gefahren eines Hungerstreiks aufmerksam zu machen, wobei die gesundheitlichen Konsequenzen vom Arzt mit dem Angehaltenen, erforderlichenfalls unter Beiziehung eines Dolmetschers, zu besprechen sind. Es ist Sorge zu tragen, dass dem Häftling die nötige medizinisch gebotene Behandlung und Pflege zu teil wird und der Arzt nachweislich das Informationsblatt Hungerstreik in einer dem Häftling verständlichen Sprache übergibt. Leseunkundigen Häftlingen ist der Inhalt des Informationsblattes zur Kenntnis zu bringen. Solange ein Häftling beharrlich die Aufnahme von Nahrung verweigert, ist er in regelmäßigen Abständen ärztlich zu beobachten. Hiezu ist täglich zumindest eine klinische Untersuchung durchzuführen. Der Angehaltene hat an den unbedingt notwendigen Untersuchungen mitzuwirken.

(5) Häftlingen steht es frei, auf ihre Kosten zu ihrer medizinischen Betreuung einen Arzt ihrer Wahl beizuziehen; diese Betreuung hat im Haftraum stattzufinden. Für die Beiziehung des eigenen Arztes zu Untersuchungen durch den in Abs. 1 genannten Arzt gilt dies nur insoweit, als es ohne eine wesentliche Verzögerung der Untersuchung möglich ist.

*) IdF der Z 23 BGBl II 2005/439 (Neufassung des Abs 4; in Kraft getreten am 1. 1. 2006).

Seelsorge

§ 11. *) Häftlingen steht es frei, an Gottesdiensten, die innerhalb des Haftraumes abgehalten werden, teilzunehmen. Dies gilt nicht für Häftlinge, die gemäß § 5 Abs. 1 in Einzelhaft angehalten werden. Über Ersuchen ist aber jedem Häftling der Besuch durch einen Seelsorger auch außerhalb der festgelegten Besuchszeiten zu ermöglichen.

*) IdF der Z 24 BGBl II 2005/439 (Neufassung des letzten Satzes; in Kraft getreten am 1. 1. 2006).

Hygiene

§ 12.*) (1) Für die hygienische Versorgung jedes Häftlings ist Sorge zu tragen.

(2) Die Häftlinge haben ihren Körper zu reinigen, einmal wöchentlich eine warme Dusche zu nehmen und erforderlichenfalls Desinfektionsmaßnahmen zu dulden. Zu diesem Zweck hat jeder Häftling so oft als nötig, mindestens einmal täglich, so viel warmes Wasser zu erhalten, dass er seinen Körper reinigen kann. Darüber hinaus ist den Häftlingen auf ihren Wunsch hin zumindest ein weiteres Mal wöchentlich die Möglichkeit zu einer warmen Dusche einzuräumen. Mittellosen Häftlingen sind Mittel zur Körperreinigung zur Verfügung zu stellen.

(3) Den Häftlingen ist Gelegenheit zum Rasieren und Haareschneiden zu geben. Mittellosen Häftlingen ist ein Rasiergerät beizustellen.

(4) Die Zellen sind von den Insassen täglich zu reinigen und zu lüften; die Fußböden sind von ihnen einmal wöchentlich, die sanitären Anlagen täglich zu säubern. Dazu ist ihnen ausreichendes Reinigungsmaterial zur Verfügung zu stellen.

(5) Die übrigen Räumlichkeiten des Haftraumes und die angeschlossenen Höfe sind nach den Erfordernissen der Hygiene und Ordnung sauberzuhalten. Hiezu ist von der Behörde ein Reinigungsplan zu erstellen, der unter Bedachtnahme auf die Verpflichtung gemäß § 2 Abs. 2 und auf die Möglichkeit, Häftlinge zu Hausarbeiten heranzuziehen,[1]) den zeitlichen Ablauf der Reinigungsarbeit festlegt.

*) IdF der Z 25 und 26 BGBl II 2005/439 (Neufassung der Abs 2 und 4; in Kraft getreten am 1. 1. 2006).

1) Siehe dazu § 53 c Abs 1 VStG (C 2) und § 16 Abs 1 AnhO.

Verpflegung

§ 13.*) (1) Die Häftlinge dürfen sich – etwa im Rahmen des Einkaufs – selbst verköstigen, sofern dies nach den verfügbaren Einrichtungen keinen organisatorisch unvertretbaren Aufwand verursacht oder den vorgesehenen Tagesablauf nicht stört.[1])

(2) Die Häftlinge haben Anspruch auf ausreichende und einmal täglich auf warme Verpflegung sowie auf ausreichende Versorgung mit Trinkwasser. Auf ärztliche Anordnungen (Schon-, Zweck- und Diätkost) oder auf religiöse Gebote (Sonderkost) ist Bedacht zu nehmen. Eine Zusatzverpflegung ist zulässig. Der Konsum alkoholischer Getränke ist verboten.

(3) Die Essenszeiten legt die Behörde unter Bedachtnahme auf die für die Einnahme von Mahlzeiten üblichen Tageszeiten fest. Eigene Lebensmittel darf der Häftling auch außerhalb dieser Zeiten verzehren, soweit dadurch die Aufsicht und Ordnung nicht beeinträchtigt wird.

(4) Menge, Schmackhaftigkeit und Qualität der Verpflegung sind vom Kommandanten täglich, vom Arzt und von der Behörde regelmäßig zu kontrollieren. Das Ergebnis ist am Speiseplan schriftlich festzuhalten.

*) IdF der Z 27 BGBl II 2005/439 (Neufassung des Abs 1; in Kraft getreten am 1. 1. 2006).

1) Siehe dazu § 53c Abs 1 VStG (C 2).

Rauchen

§ 14.*) (1) Sofern nicht für bestimmte Räumlichkeiten ein ausdrückliches Rauchverbot besteht, dürfen Häftlinge rauchen. Eine Beeinträchtigung von Nichtrauchern ist dabei auszuschließen.

(2) Verboten ist das Rauchen:

1. über ärztliche Anordnung, insbesondere im Falle eines Hungerstreiks;
2. Häftlingen, die auf Betten liegen;
3. in den Einzelzellen während der Nachtruhe.

*) IdF der Z 28 und 29 BGBl II 2005/439 (Anfügung des letzten Satzes an Abs 1; Streichung einzelner Worte in Abs 2; in Kraft getreten am 1. 1. 2006).

Beschäftigung

§ 15.*) (1) Die Häftlinge dürfen sich angemessen beschäftigen,[1]) soweit dies nicht gegen diese Verordnung verstößt oder die Sicherheit gefährdet. Hiefür notwendige Gegenstände können ihnen aus ihren Effekten ausgefolgt werden.

(1 a) Grundsätzlich ist Beschäftigung in unterschiedlicher Art als positives Element der Anhaltung anzusehen und von der Behörde durch entsprechende Anregungen und Angebote zu fördern.

(2) Häftlinge, denen ein Radio- oder Fernsehgerät zur Verfügung steht, dürfen dieses verwenden, sofern hiedurch, insbesondere während der Nachtruhe, keine Belästigung der Mithäftlinge entsteht. Der Gemeinschaftsempfang findet in dem von der Behörde festgesetzten Rahmen statt.

(3) Das Lesen von Büchern, Zeitungen und Zeitschriften darf nicht untersagt werden. Bei Dunkelheit sind die Zellen außerhalb der Zeit der Nachtruhe so zu beleuchten, daß die Häftlinge ohne Gefährdung des Augenlichts lesen können.

(4) Gesellschaftsspiele, einschließlich Kartenspiele, sind erlaubt. Geldeinsätze sind verboten.

(5) Der Entzug der Rechte nach Abs. 2 und 4 ist nur gemäß § 24 zulässig.

*) IdF der Z 6, 30 und 31 BGBl II 2005/439 (Ersetzung der Worte „die Hausordnung" durch „diese Verordnung" in Abs 1; Einfügung des Abs 1 a; Streichung einzelner Worte in Abs 2; in Kraft getreten am 1. 1. 2006).

1) Siehe dazu § 53 c Abs 1 VStG (C 2).

Hausarbeit

§ 16. (1) Jeder arbeitsfähige Häftling kann mit seiner Zustimmung zu Arbeiten im Behördenbereich (Hausarbeit) herangezogen werden.[1]) Bei der Zuweisung der Arbeit ist auf die Konstitution, das Alter, die Kenntnisse und Fähigkeiten sowie auf die Dauer der Anhaltung und das Verhalten in der Gemeinschaft angemessen Bedacht zu nehmen. Die arbeitsschutzrechtlichen Bestimmungen sind zu beachten.

(2) Die Arbeitsverrichtung erfolgt auf eigene Gefahr und, abgesehen von einer Zusatzverpflegung und vom Entfall der Voll-

zugskosten (§ 54 d Abs. 1 VStG[2])), unentgeltlich. Die Häftlinge sind hierüber vor Abgabe ihrer Zustimmung zu belehren.

1) Siehe dazu § 53 c Abs 1 VStG (C 2).
2) Nunmehr § 54 d Abs 2 VStG (C 2).

Bewegung im Freien

§ 17.*) Schubhäftlingen und Verwaltungsstrafhäftlingen, die länger als 24 Stunden angehalten werden, ist täglich mindestens eine Stunde Gelegenheit zur Bewegung im Freien zu geben. Ist dies aus Witterungs- oder sonstigen Gründen nicht möglich, so ist auf andere Weise für körperlichen Ausgleich zu sorgen.

*) IdF der Z 32 BGBl II 2005/439 (Neufassung des ersten Satzes; in Kraft getreten am 1. 1. 2006).

Einkauf

§ 18.*) Wöchentlich ist mindestens ein Einkaufstag vorzusehen und den Häftlingen rechtzeitig bekanntzugeben. An solchen Einkaufstagen dürfen Häftlinge Gegenstände des täglichen Bedarfs, Lebensmittel und Tabakwaren in beschränkten Mengen sowie Zeitungen und Zeitschriften erwerben. Der Ankauf alkoholischer Getränke ist verboten. Die Einschränkung dieses Rechtes ist nur gemäß § 24 zulässig, doch darf dies nicht die Möglichkeit der Selbstverköstigung und des Ankaufes von Zeitungen und Zeitschriften einschränken.

*) IdF der Z 33 BGBl II 2005/439 (Streichung des Abs 2 und der Absatzbezeichnung in Abs 1; in Kraft getreten am 1. 1. 2006).

Telefongespräche

§ 19.*) (1) Häftlingen ist in begründeten Fällen das Führen von Telefongesprächen auf eigene Kosten unter Aufsicht zu ermöglichen.

(1 a) Schubhäftlingen ist, soweit dies keinen organisatorisch unvertretbaren Aufwand verursacht, den vorgesehenen Tagesablauf nicht stört und sofern in dieser Verordnung nicht anderes vorgesehen ist, das Führen von Telefongesprächen auf eigene Kosten grundsätzlich ohne Aufsicht zu ermöglichen. Dazu kön-

nen auch eigene Mobiltelefone für die Dauer eines erforderlichen Telefongespräches ausgehändigt werden. Die Einschränkung dieses Rechtes ist nur gemäß § 24 zulässig.

(2) Mittellosen Häftlingen ist das Führen von Telefongesprächen zur Aufnahme des Kontaktes mit Angehörigen, Rechtsvertretern, Behörden, diplomatischen und konsularischen Vertretungen sowie in begründeten Einzelfällen mit Vertretern der Schubhaftbetreuung so bald wie möglich unentgeltlich zu gestatten.

*) IdF der Z 34 und 35 BGBl II 2005/439 (Einfügung des Abs 1a und Neufassung des Abs 2; in Kraft getreten am 1. 1. 2006).

Briefverkehr

§ 20.*) (1) Der Briefverkehr der Häftlinge unterliegt keinen Beschränkungen, seine stichprobenweise Überwachung ist jedoch, abgesehen vom Schriftverkehr mit inländischen Behörden und Rechtsvertretern, mit diplomatischen und konsularischen Vertretungen des Heimatstaates sowie mit Organen, die durch für Österreich verbindliche internationale Übereinkommen zum Schutz der Menschenrechte eingerichtet sind, zulässig. Schriftstücke, die offenbar der Vorbereitung, Begehung, Weiterführung oder Verschleierung strafbarer Handlungen dienen, sind zurückzuhalten[1]) und der Behörde zu übergeben; hievon ist der Häftling in Kenntnis zu setzen.

(2) Bei Bedarf ist dem Häftling Papier und Schreibzeug unentgeltlich zur Verfügung zu stellen. Die Postgebühren hat der Häftling zu tragen; mittellosen Häftlingen sind sie im notwendigen Ausmaß vorzustrecken; zur Aufnahme des Kontaktes mit Angehörigen, Rechtsvertretern, Vertretern der Schubhaftbetreuung, Behörden sowie diplomatischen und konsularischen Vertretungen sind sie in diesem Fall von der Behörde zu tragen.

*) IdF der Z 15 und 36 BGBl II 2005/439 (Ersetzung des Ausdrucks „Rechtsbeiständen" durch den Ausdruck „Rechtsvertretern" in Abs 1; Anfügung des letzten Halbsatzes in Abs 2; in Kraft getreten am 1. 1. 2006).

1) Siehe dazu § 53c Abs 3 und 5 VStG (C 2).

Besuche[1])

§ 21.[*]) (1) Das Recht der Häftlinge, Besuche zu empfangen, darf nicht über das durch diese Verordnung festgelegte Maß hinaus beschränkt werden. Besucher müssen sich mit einem amtlichen Lichtbildausweis legitimieren.

(2) Jeder Häftling darf einmal wöchentlich während der von der Behörde festgelegten Besuchszeit für die Dauer einer halben Stunde Besuch empfangen; hiebei dürfen jeweils nur zwei erwachsene Besucher gleichzeitig anwesend sein. Angehörigen unter 14 Jahren ist der Besuch nur in Begleitung eines Erwachsenen gestattet. Der Besuch ist nach Möglichkeit außerhalb der Zellen in hiefür geeigneten Räumlichkeiten abzuwickeln.

(2 a) Für den Schubhaftvollzug ist grundsätzlich danach zu trachten, die Frequenz und Dauer der Besuchsmöglichkeiten im Interesse der Aufrechterhaltung familiärer und sonstiger persönlicher Bindungen, soweit dies organisatorisch möglich ist, zu erhöhen und auch den Rahmen des Besuchsraums und die Abwicklung der Besuche dementsprechend zu gestalten. Bei den diesbezüglichen Anordnungen sollte auch auf die voraussichtliche Dauer der Schubhaft Rücksicht genommen werden. Auf eine Überwachung solcher Besuche kann, soweit Sicherheitserwägungen dem nicht entgegenstehen, verzichtet werden.

(3) Besuche

1. von Rechtsvertretern, Vertretern inländischer Behörden, diplomatischer oder konsularischer Vertretungen des Heimatstaates sowie von Organen, die durch für Österreich verbindliche internationale Übereinkommen zum Schutz der Menschenrechte eingerichtet sind, oder

2. deren Bedeutung für die Regelung wichtiger persönlicher Angelegenheiten glaubhaft gemacht werden,

dürfen jederzeit im erforderlichen Ausmaß empfangen werden; nach Möglichkeit sind sie während der Amtsstunden abzuwickeln. Besuche von Vertretern der Schubhaftbetreuung sind während der Amtsstunden, darüber hinaus in Absprache mit dem Kommandanten abzuwickeln.

(4) Besuche Privater, nicht jedoch von Rechtsvertretern, dürfen auch inhaltlich überwacht werden; Gespräche und Handlungen, die dem Zweck der Haft zuwiderlaufen oder die Ordnung im Hause stören, sind zu unterbinden. Wiederholt der Besucher

eine solche Handlung trotz Abmahnung, so ist der Besuch zu beenden.

*) IdF der Z 15 und 37 bis 40 BGBl II 2005/439 (Ersetzung des Ausdrucks „Rechtsbeiständen“ durch den Ausdruck „Rechtsvertretern“ in Abs 3 und Abs 4; Neufassung des Abs 1; Einfügung des Abs 2 a; Anfügung des letzten Satzes an Abs 3; Streichung des Abs 5; in Kraft getreten am 1. 1. 2006).

1) Siehe dazu § 53 c Abs 4 und 5 VStG (C 2).

Auskünfte

§ 22.*) (1) Nahen Angehörigen und Lebensgefährten, die persönlich vorsprechen und ihre Identität nachweisen ist darüber Auskunft zu erteilen, ob sich ein bestimmter Mensch in Haft befindet. Weitere Mitteilungen sind, abgesehen von der Auskunft über den Betrag einer ausständigen Geldstrafe, der Behörde vorbehalten, in deren Auftrag oder für deren Zwecke der Häftling angehalten wird.

(2) Gerichten und Behörden sowie Polizeiinspektionen ist über die Tatsache der Anhaltung sowie über sonstige Umstände, die die Haft betreffen, Auskunft zu erteilen. Diplomatischen und konsularischen Vertretungen ist nur über die Tatsache der Anhaltung Auskunft zu erteilen; weitere Auskünfte sind der Behörde vorbehalten, in deren Auftrag oder für deren Zwecke der Häftling angehalten wird.

(3) Telefonische Auskünfte nach Abs. 2 sind nach Rückruf zulässig.

*) IdF der Z 41 BGBl II 2005/439 (Einfügung der Wortfolge „sowie Polizeiinspektionen“ in Abs 2; in Kraft getreten am 1. 1. 2006).

Beschwerden, Wünsche und Ansuchen

§ 23.*) (1) Häftlinge haben während der Anhaltung das Recht, sich beim Kommandanten schriftlich oder mündlich mit der Behauptung noch andauernder Verletzung eines ihnen aus dieser Verordnung erwachsenden Rechte zu beschweren. Sie sind zu diesem Zwecke auf ihr Verlangen ohne unnötigen Aufschub dem Kommandanten vorzuführen.

(1 a) Sollten im Rahmen einer Beschwerde auch Misshandlungsvorwürfe erhoben werden, so ist jedenfalls unverzüglich ein ärztliches Gutachten einzuholen.

(2) Ist der Kommandant nach unverzüglicher Prüfung der Beschwerde nach Abs. 1 der Ansicht, daß die Beschwerde berechtigt ist, hat er den rechtmäßigen Zustand herzustellen, anderenfalls hat er den Sachverhalt der Behörde vorzulegen. Diese hat den Sachverhalt unverzüglich zu prüfen. Gelangt die Behörde zur Ansicht, daß die Beschwerde berechtigt ist und wird der Beschwerdeführer noch angehalten, so hat sie den Kommandanten anzuweisen, unverzüglich den rechtmäßigen Zustand herzustellen; andernfalls hat die Behörde den Betroffenen ohne Zustellnachweis vom Ergebnis der Prüfung in Kenntnis zu setzen, sofern eine Abgabestelle bekannt ist oder ohne Schwierigkeit festgestellt werden kann.[1])

(3) Soweit wegen des in Beschwerde gezogenen Verhaltens sonst ein Rechtsschutz besteht, bleibt dieser unberührt.

(4) Im übrigen steht es allen Häftlingen frei, Wünsche und Ansuchen mündlich oder schriftlich vorzubringen. Sie sind zu diesem Zwecke auf ihr Verlangen ohne unnötigen Aufschub dem Kommandanten vorzuführen.

*) IdF der Z 42 und 43 BGBl II 2005/439 (Ersetzung der Worte „der Hausordnung" durch „dieser Verordnung" in Abs 1; Einfügung des Abs 1 a; in Kraft getreten am 1. 1. 2006). Nach Z 6 BGBl II 2005/439 sollte ferner in Abs 1 die Wortfolge „die Hausordnung" durch die Wortfolge „diese Verordnung" ersetzt werden; da sich die zu ersetzende Wortfolge in Abs 1 nicht findet, geht diese Novellierungsanordnung ins Leere.

1) Nach der Intention des V-Gebers soll offenkundig über Beschwerden **nicht durch Bescheid entschieden** werden. Ein durchsetzbarer Anspruch auf Feststellung besteht somit lediglich insofern, als bei Akten unmittelbarer verwaltungsbehördlicher Befehls- und Zwangsgewalt – gleichgültig, ob damit die Verletzung von Rechten aus der AnhO oder von anderen Rechten geltend gemacht wird – eine Beschwerde an den UVS offensteht (vgl VfGH 30. 9. 2002, B 423/01). Schubhäftlinge können Verletzungen der AnhO auch mittels Schubhaftbeschwerde an den UVS (§ 82 FPG) geltend machen (vgl schon VfSlg 16.197/2001). Diese Möglichkeiten bleiben nach Abs 3 unberührt.

Ordnungswidrigkeiten

§ 24.*) (1) Ein Häftling, der vorsätzlich eine ihm durch diese Verordnung auferlegte Pflicht missachtet, der zu flüchten oder seine vorzeitige Entlassung zu erschleichen versucht, begeht eine Ordnungswidrigkeit.

(2) Steht ein Häftling im Verdacht, eine Ordnungswidrigkeit begangen zu haben, so hat der Aufsichtsbeamte hierüber Meldung zu erstatten, es sei denn, daß nach Ansicht des Aufsichtsbeamten eine Ermahnung ausreicht.

(3) Der Kommandant hat den der Meldung zu Grunde liegenden Sachverhalt zu untersuchen und den Häftling zur Anschuldigung zu hören. Gegen Häftlinge, die eine Ordnungswidrigkeit begangen haben, hat der Kommandant je nach Schwere des Verstoßes ohne förmliches Verfahren eine der folgenden, gemäß § 23 Abs. 2 anfechtbaren Maßnahmen zu ergreifen:

1. Verweis;
2. zeitweise Entziehung einer oder mehrerer der in den §§ 15, 18 und 19 als einschränkbar bezeichneten Rechte für die Zeit von höchstens einer Woche;
3. Anhaltung in Einzelhaft durch längstens drei Tage.

(4) Maßnahmen gemäß Abs. 3 Z 2 und 3 können gemeinsam verhängt werden.

*) IdF der Z 44 und 45 BGBl II 2005/439 (Änderung einzelner Wortfolgen in Abs 1 und Abs 3; in Kraft getreten am 1. 1. 2006).

Entlassung

§ 25.*) (1) Jedem Betroffenen ist bei seiner Entlassung aus dem Haftraum der Behörde eine Bestätigung über die Dauer der Anhaltung auszufolgen (Haftbestätigung).

(2) Häftlingen ist bei der Entlassung auf Verlangen auch eine Abschrift allfälliger ärztlicher Befunde und Gutachten über die während der Dauer der Anhaltung aufgetretenen Erkrankungen oder Verletzungen auszufolgen. Dies gilt auch für bei der Behörde aufliegende Befunde und Gutachten von externen medizinischen Einrichtungen.

(3) Bei der Entlassung sind die in Verwahrung genommenen Effekten dem Häftling gegen Bestätigung auszufolgen.

*) IdF der Z 46 BGBl II 2005/439 (Neufassung des § 25 samt Überschrift; in Kraft getreten am 1. 1. 2006).

3. Abschnitt
Sonstige Bestimmungen*)

Ausübung unmittelbarer Zwangsgewalt[1])

§ 26.**) (1) Die Aufsichtsorgane sind ermächtigt, ihre Anordnungen durch unmittelbare Zwangsgewalt durchzusetzen, soweit dies für die körperliche Sicherheit von Menschen sowie die Sicherheit und Ordnung in Hafträumen notwendig ist. Eine Durchsuchung nach § 6 Abs. 4 ist nach Maßgabe des § 50 Abs. 1 SPG mit unmittelbarerer Zwangsgewalt durchzusetzen. Weigert sich ein Häftling, bei dem Grund zur Annahme mangelnder Haftfähigkeit besteht, an der ärztlichen Untersuchung mitzuwirken, so kann diese, wenn anders die Frage der Haftfähigkeit nicht klärbar ist, soweit mit unmittelbarer Zwangsgewalt durchgesetzt werden, als es auch nach den Umständen des Falles zielführend erscheint und kein Eingriff in die körperliche Integrität des Betroffenen erforderlich ist.

(2) Es ist zulässig, einem Festgenommenen Handfesseln anzulegen, wenn auf Grund bestimmter Tatsachen die Gefahr besteht, der Betroffene werde

1. sich selbst oder andere gefährden;
2. fremde Sachen nicht nur geringen Wertes beschädigen;
3. flüchten;
4. eine Amtshandlung, an der er mitzuwirken hat, zu vereiteln versuchen.

(3) Als Gefahr im Sinne des Abs. 2 Z 3 ist insbesondere anzusehen, wenn der Festgenommene

1. im Verdacht der Begehung eines Verbrechens steht oder
2. bei Ausführungen oder Überstellungen eine für die Flucht günstige Situation nützen könnte

und nicht besondere Gründe einen Fluchtversuch unwahrscheinlich machen.

(4) Die Verwendung anderer Fesselungsmittel als der Handfessel oder zusätzlicher Fesselungsmittel ist nur unter strenger Beachtung des Verhältnismäßigkeitsgrundsatzes und nur dann zulässig, wenn auf Grund bestimmter Tatsachen anzuneh-

men ist, der Häftling werde auf Grund einer psychischen Krankheit oder durch Gewalttätigkeit sein Leben oder seine Gesundheit, andere Personen oder Sachen gefährden und eine Handfesselung allein dem Sicherungszweck nicht genügen werde.

(5) Bei jeglicher Ausübung unmittelbarer Zwangsgewalt ist besonders darauf zu achten, dass sie – nach Art, Umfang und Dauer – die Verhältnismäßigkeit zum Anlass wahrt. § 10 der Richtlinienverordnung, BGBl. Nr. 266/1993, gilt.

*) Überschrift des 3. Abschnittes neu gefasst durch Z 47 BGBl II 2005/439 (in Kraft getreten am 1. 1. 2006).

**) IdF der Z 48 bis 50 BGBl II 2005/439 (Änderung des ersten Halbsatzes in Abs 2; Umbenennung des früheren Abs 4 in Abs 5; Neufassung des Abs 3 und Einfügung eines neuen Abs 4; Änderung einzelner Worte in Abs 5; in Kraft getreten am 1. 1. 2006).

1) Vgl Anm 1 zu § 23 AnhO.

Kurzfristige Anhaltungen

§ 27.*) Für Anhaltungen in Verwahrungsräumen einer Sicherheitsdienststelle, die einen Zeitraum von 48 Stunden nicht übersteigen, wie insbesondere Anhaltungen bis zur Überstellung in den Haftraum einer Sicherheitsbehörde oder einer Strafvollzugsanstalt sind die Abschnitte 1 und 2, soweit dem nicht zwingende Erfordernisse der zugrunde liegenden Amtshandlung oder die kurze Dauer der Anhaltung entgegenstehen, sinngemäß anzuwenden. Der Anschlag gemäß § 1 Abs. 3 kann diesfalls zumindest auf die §§ 9 Abs. 1 und 3, 13 Abs. 1 und 2 beschränkt werden und ist in den in § 1 Abs. 2 genannten Sprachen bereitzuhalten; auf Wunsch ist Häftlingen Einsicht in die Anhalteordnung in der Sprachfassung ihrer Wahl zu gewähren.

*) IdF der Z 51 BGBl II 2005/439 (Neufassung samt Überschrift; in Kraft getreten am 1. 1. 2006).

Dokumentation

§ 28.*) Alle Maßnahmen verwaltungsbehördlicher Befehls- und Zwangsgewalt sind im Sinne des § 10 der Richtlinienverordnung[1]) zu dokumentieren.

*) IdF der Z 52 BGBl II 2005/439 (Einfügung eines neuen § 28 samt Überschrift; in Kraft getreten am 1. 1. 2006).

1) V des BMI, mit der Richtlinien für das Einschreiten der Organe des öffentlichen Sicherheitsdienstes erlassen werden (Richtlinien-Verordnung – RLV), BGBl 1993/266. Vgl auch § 26 Abs 5 AnhO.

4. Abschnitt

Schlussbestimmungen*)

Sprachliche Gleichbehandlung

§ 29.**) Soweit in dieser Verordnung auf natürliche Personen bezogene Bezeichnungen nur in männlicher Form angeführt sind, beziehen sie sich auf Frauen und Männer in gleicher Weise. Bei der Anwendung der Bezeichnung auf bestimmte natürliche Personen ist die jeweils geschlechtsspezifische Form zu verwenden.

*) Bezeichnung als 4. Abschnitt samt Überschrift eingefügt durch Z 53 BGBl II 2005/439 (in Kraft getreten am 1. 1. 2006).

**) IdF der Z 53 BGBl II 2005/439 (Einfügung des § 29 samt Überschrift; in Kraft getreten am 1. 1. 2006).

Inkrafttreten

§ 30.*) (1) Diese Verordnung tritt mit 1. Mai 1999 in Kraft. Gleichzeitig treten die Verordnung des Bundesministers für Inneres, mit der eine Hausordnung für den Strafvollzug in Hafträumen der Bundespolizeibehörden erlassen wird (Polizeigefangenenhaus-Hausordnung), BGBl. Nr. 566/1988, in der Fassung der Verordnung BGBl. II Nr. 185/1998, und die Verordnung des Bundesministers für Inneres zur Durchführung des Fremdengesetzes (Fremdengesetz-Durchführungsverordnung 1994 – FrG-DV 1994), BGBl. Nr. 121/1995, in der Fassung der Verordnung BGBl. II Nr. 185/1998, außer Kraft.

(2) Die §§ 1 Abs. 3 und 4, 1 a, 2 Abs. 1, 3, die Überschrift des 2. Abschnittes, 4 Abs. 1 a und 5, 5 Abs. 2 und 3 Z 5, 5 a und 5 b samt Überschriften, 6 Abs. 2 und 4, 7, 8 samt Überschrift, 9 Abs. 1, 10 Abs. 4, 11, 12 Abs. 2 und 4, 13 Abs. 1, 14 Abs. 1 und

2, 15 Abs. 1, 1 a und 2, 17, 18, 19 Abs. 1 a und 2, 20 Abs. 1 und 2, 21, 22 Abs. 2, 23 Abs. 1 und 1 a, 24, 25 samt Überschrift, die Überschrift des 3. Abschnittes, 26, 27 bis 29 samt Überschriften, die Überschrift des 4. Abschnittes, das Inhaltsverzeichnis sowie der Titel in der Fassung der Verordnung, BGBl. II Nr. 439/2005, treten mit 1. Jänner 2006 in Kraft. Die §§ 5 Abs. 3 Z 6 und Abs. 5, 18 Abs. 2 und 21 Abs. 5 treten mit Ablauf des 31. Dezember 2005 außer Kraft.

*) IdF der Z 54 BGBl II 2005/439 (Umbenennung des früheren § 28 in § 30; Einfügung der Absatzbezeichnung „(1)", mangels besonderer Inkrafttretensbestimmung gem Art 49 Abs 1 B-VG mit dem der Kundmachung folgenden Tag in Kraft getreten: 23. 12. 2005; Anfügung des Abs 2, Entstehungszeitpunkt: 22. 12. 2005).

D. Das Verwaltungsvollstreckungs-gesetz

1. Wiederverlautbarungskundmachung

Kundmachung des Bundeskanzlers, mit der das Verwaltungsvollstreckungsgesetz wiederverlautbart wird, BGBl. Nr. 53/1991

Artikel I. **Auf Grund des Art. 49 a B-VG wird in der Anlage das Verwaltungsvollstreckungsgesetz, BGBl. Nr. 172/1950,**[1]**) wiederverlautbart.**[2]**)**

1) Das VVG ist bereits einmal wiederverlautbart worden. Vgl darüber Anm 1 zu Art 1 der WVKdm zum EGVG (A 1).

2) Über die Rechtswirkung der WV vgl Anm 2 zu Art 1 der WVKdm zum EGVG (A 1).

Artikel II. **Bei der Wiederverlautbarung werden die Änderungen und Ergänzungen berücksichtigt,**[1]**) die sich aus folgenden Rechtsvorschriften ergeben:**[2]**)**

1. Bundesgesetz, mit dem die Verwaltungsverfahrensgesetze geändert werden, BGBl. Nr. 275/1964, Art. IV;

2. VVG-Novelle, BGBl. Nr. 210/1986, Art. I;

3. Bundesgesetz, mit dem das Verwaltungsvollstreckungsgesetz geändert wird, BGBl. Nr. 359/1990, Art. I.

1) Vgl Art 49 a Abs 1 B-VG („in ihrer geltenden Fassung").

2) Zu den Änderungen des VVG (D 2) seit seiner WV vgl die Überschrift zum VVG (D 2).

Artikel III. **(1) Die wiederverlautbarte Fassung der folgenden Bestimmungen ergibt sich aus den nachstehend angeführten Gesetzesänderungen:**[1]**)**[2]**)**

§ 1 Abs. 1	**BGBl. Nr. 210/1986, Art. I Z 1**
§ 3 Abs. 1	**BGBl. Nr. 210/1986, Art. I Z 2**
§ 3 Abs. 3	**BGBl. Nr. 210/1986, Art. I Z 3**

§ 5 Abs. 3 BGBl. Nr. 275/1964, Art. IV
§ 11 Abs. 3 und 4 BGBl. Nr. 359/1990, Art. I

(2) Die Fassung der übrigen wiederverlautbarten Bestimmungen des Gesetzes entspricht noch der Anlage 4 zur Kundmachung BGBl. Nr. 172/1950.

1) Vgl Art 49 a Abs 2 Z 5 B-VG.

2) Änderungen nach der WV werden in den Anm ersichtlich gemacht und im Text berücksichtigt.

Artikel IV. § 13 Abs. 1 ist gegenstandslos geworden und wird als nicht mehr geltend festgestellt.[1])

1) Vgl Art 49 a Abs 1 Z 3 B-VG.

Artikel V. Gegenüber dem geltenden Gesetzestext werden folgende Richtigstellungen und Anpassungen vorgenommen:[1])

1. Die Schreibweise von Überschriften, Gliederungsbezeichnungen, Zahlen und Abkürzungen wird der heutigen Schreibweise angepaßt.

2. Wendungen wie „die Bestimmungen (Vorschriften) des“ (§ 1 Abs. 2, § 6 Abs. 2, § 8 Abs. 2, § 10 Abs. 1 und Abs. 2 Z 3), „finden Anwendung“ (§ 6 Abs. 2 und § 10 Abs. 1), „das gegenwärtige Gesetz“ (§ 10 Abs. 1) und „nach Maßgabe der Bestimmungen des“ (§ 11 Abs. 2) werden durch einfachere Wendungen ersetzt.

3. In § 2 Abs. 1, § 8 Abs. 2, § 9 Abs. 1 sowie § 10 Abs. 1 und 2 werden die Ausdrücke „Gesetz“ und „Gesetze“ durch den Ausdruck „Bundesgesetz“ ersetzt.

4. Das Endungs-e in den Dativformen „Ziele“ (§ 2 Abs. 1), „Gesetze“ (§ 2 Abs. 2, § 10 Abs. 2 Z 3), „Falle“ (§§ 3 Abs. 1, 4 Abs. 2 und 11 Abs. 2 und 3) und „Widerspruche“ (§ 10 Abs. 2 Z 3) wird weggelassen.

5. Die Genitivform „Rechtes“ (§ 5 Abs. 4) wird durch die Form „Rechts“ ersetzt.

6. In § 2 Abs. 1, § 6 Abs. 2 erster Satz und § 9 Abs. 1 erster Satz wird nach dem Wort „bei“ und in § 11 Abs. 4 erster Satz nach dem Wort „vor“ der bestimmte Artikel gesetzt.

7. In § 4 Abs. 2 wird die Wendung „Auftrag auf Vorauszahlung“ durch die Wendung „Auftrag zur Vorauszahlung“ ersetzt.

8. In § 5 Abs. 1 wird die Stellung der Worte „sich" und „nicht" dem heutigen Sprachgebrauch angepaßt.

9. In § 5 Abs. 2 wird der Ausdruck „Saumsal" durch den Ausdruck „Säumnis" ersetzt.

10. Für die Zitierung des Allgemeinen Verwaltungsverfahrensgesetzes wird die Abkürzung „AVG" verwendet (§ 10 Abs. 1 und § 11 Abs. 2).

11. In § 10 Abs. 2 wird die Bezeichnung der Gliederungseinheiten mit Kleinbuchstaben durch eine solche mit arabischen Ziffern ersetzt.

12. In § 10 Abs. 3 und § 11 Abs. 2 wird das Wort „Stelle" durch das Wort „Behörde" ersetzt.

13. In § 11 Abs. 4 wird die Wortfolge „Verwaltungsvollstreckung der Behörde" durch die Worte „Vollstreckungsverfügung durch die Behörde" ersetzt.

14. In § 13 werden die Worte „das Bundeskanzleramt" durch die Worte „der Bundeskanzler" ersetzt.

15. Der bereits durch Art. 2 Abs. 2 der Kundmachung BGBl. Nr. 172/1950 als nicht mehr geltend festgestellte § 13 Abs. 2 wird im wiederverlautbarten Text nicht mehr berücksichtigt. Der bisherige Absatz 3 erhält die Bezeichnung „(2)".

1) Vgl Art 49 a Abs 2 Z 1 und 2 B-VG.

Artikel VI. Das Verwaltungsvollstreckungsgesetz – VVG 1950 wird als „Verwaltungsvollstreckungsgesetz 1991 – VVG" wiederverlautbart.[1])

1) Vgl Art 49 a Abs 2 Z 4 B-VG.

2. Verwaltungsvollstreckungsgesetz 1991 – VVG

BGBl. Nr. 53/1991 (Wiederverlautbarung) idF BGBl. Nr. 472/1995, BGBl. I Nr. 158/1998, 137/2001, 3/2008 und 100/2011

Allgemeine Grundsätze

§ 1.[*])[1])[2]) (1) Vorbehaltlich des § 3 Abs. 3[3]) obliegt den Bezirksverwaltungsbehörden[4])

1. die Vollstreckung der von ihnen selbst und von den ihnen übergeordneten Behörden[5]) erlassenen Bescheide;

2. soweit durch besondere Vorschriften nicht anderes bestimmt ist,[6])

a) die Vollstreckung der von anderen Behörden[7]) des Bundes[8]) oder der Länder[8]) erlassenen Bescheide;

b) die Vollstreckung der von Gemeindebehörden[8]) – ausgenommen die Behörden der Städte mit eigenem Statut[9]) – erlassenen Bescheide[10]) auf Ersuchen dieser Behörden;[11])

3. die Einbringung von Geldleistungen, für die durch besondere Vorschriften die Einbringung im Verwaltungsweg (politische Exekution) gewährt ist.[12])

(2) Abs. 1 Z 1 und 2 gilt auch für die Bundespolizeidirektionen[13]) innerhalb ihres Wirkungsbereiches.

(3) Die öffentlichen Abgaben und Beiträge und die ihnen gesetzlich gleichgehaltenen Geldleistungen werden, soweit durch besondere Vorschriften nicht anderes bestimmt ist, nach den für die Einhebung, Einbringung und Sicherung der öffentlichen Abgaben geltenden Vorschriften von den hiezu berufenen Organen eingebracht.[14])

*) IdF des Art 3 Z 1 BGBl I 2008/3 (Ersetzung des Wortes „Bundespolizeibehörden" durch das Wort „Bundespolizeidirektionen" in Abs 2; in Kraft getreten am 5. 1. 2008).

1) Diese Bestimmung regelt die **sachliche Zuständigkeit** der Vollstreckungsbehörden; diese umfasst auch die Vollstreckung von Strafbescheiden nach dem VStG, in denen Geldstrafen verhängt (§ 54b VStG [C 2]) oder Kosten auferlegt sind (§ 64 Abs 5 VStG [C 2]), sowie von Entscheidungen anderer Staaten, soweit die Vollstreckung ausländischer Entscheidungen durch besondere gesetzliche Bestimmungen wie das EU-VStVG (D 4) oder in StV vorgesehen ist. Der sachliche Wirkungsbereich umfasst nicht jene Angelegenheiten, die nach Art I EGVG (A 2) vom Anwendungsbereich der „Verfahrensgesetze" ausgenommen sind, also insb nicht das Dienstrecht. Vereinzelt sehen die Verwaltungsvorschriften auch die Zuständigkeit anderer Behörden zur Vollstreckung vor: Vgl § 22 FMABG (Vollstreckung durch die FMA).

Die **örtliche Zuständigkeit** richtet sich gem § 10 Abs 1 VVG nach den §§ 3f AVG (B 2).

Die sachliche Zuständigkeit der Vollstreckungsbehörden kann sich ferner aus Art 146 Abs 2 B-VG (Vollstreckung von Erk des

VfGH nach den Weisungen des BPräs) und § 63 Abs 2 VwGG (Vollstreckung von Sachentscheidungen des VwGH auf Grund einer Säumnisbeschwerde) ergeben.

2) Als **Vollstreckungstitel** kommen – in erster Linie – **Leistungsbescheide** in Betracht (nicht aber Rechtsgestaltungs- oder Feststellungsbescheide), ferner **Rückstandsausweise** (sofern die Verwaltungsvorschriften die Einbringung im Verwaltungswege vorsehen) sowie **einstweilige Verfügungen** nach § 8 VVG. Daneben können auch bestimmte ausländische Entscheidungen, Erk des VfGH und Erkenntnisse des VwGH auf Grund einer Säumnisbeschwerde zu vollstrecken sein.

3) Danach kommt den BVB bzw (gem § 1 Abs 2 VVG) den BPD die Zuständigkeit zur Veranlassung einer gerichtlichen Exekution gem § 3 Abs 1 VVG dann nicht zu, wenn die Anspruchsberechtigten selbst einen Exekutionsantrag unmittelbar bei Gericht einbringen.

4) Das sind die BH und die Bürgermeister der Städte mit eigenem Statut, in Wien der Magistrat.

5) Das sind sowohl die im Instanzenzug übergeordneten Behörden wie auch die sachlich in Betracht kommenden Oberbehörden.

6) Anderes bestimmt zB § 178 Abs 1 MinroG.

7) Auch von solchen, die die Verwaltungsverfahrensgesetze gem Art I EGVG (A 2) nicht anzuwenden haben.

8) Maßgebend ist nicht die organisatorische, sondern die funktionelle Qualifikation. Nach dieser Bestimmung sind daher auch die Bescheide der **Selbstverwaltungskörper im übertragenen Wirkungsbereich** von den BVB zu vollziehen.

9) Die Organe der Städte mit eigenem Statut sind selbst zur Anwendung des VVG berufen: Art I Abs 2 lit F EGVG (A 2).

10) Dies betrifft nur die im **eigenen Wirkungsbereich** erlassenen Bescheide der Gemeinden; zu Bescheiden im übertragenen Wirkungsbereich siehe Anm 8.

11) Die Gemeinden sind nach den GemeindeO grundsätzlich selbst – **im übertragenen Wirkungsbereich** – zur Vollstreckung ihrer im eigenen Wirkungsbereich erlassenen Bescheide zuständig.

12) Siehe zB § 30 Abs 3 KaKuG, § 84 WRG, § 22 IsraelitenG, § 64 Abs 1 ASVG.

13) Siehe Anm 9 zu Art I EGVG (A 2).

14) Siehe die AbgEO.

§ 2.*) **(1) Bei der Handhabung der in diesem Bundesgesetz geregelten Zwangsbefugnisse haben die Vollstreckungs-**

behörden an dem Grundsatz festzuhalten, daß jeweils das gelindeste noch zum Ziel führende Zwangsmittel anzuwenden ist.[1])

(2) Geldleistungen dürfen nur insoweit zwangsweise eingebracht werden, als dadurch der notwendige Unterhalt des Verpflichteten und der Personen, für die er nach dem Gesetz zu sorgen hat, nicht gefährdet wird.[2])[3])

*) IdF des Art 7 Z 1 BGBl I 2011/100 (Ersetzung der Wortfolge „notdürftige Unterhalt" durch die Wortfolge „notwendige Unterhalt" in Abs 2; in Kraft getreten am 1. 1. 2012).

1) Grundsatz der **Verhältnismäßigkeit.** Die Einhaltung dieser Vorschrift kann gem § 10 Abs 2 Z 3 VVG durch Berufung geltend gemacht werden.

2) Diese Bestimmung ist erst bei Erlassung der Vollstreckungsverfügung, nicht schon bei Schaffung des Vollstreckungstitels anzuwenden.

3) Siehe die für das gerichtliche Exekutionsverfahren geltenden Vorschriften über das exekutionsfreie Existenzminimum und über die der Exekution entzogenen Gegenstände in den §§ 250 ff und 290 ff EO. Falls die Vollstreckungsbehörde die Eintreibung einer Geldleistung selbst vornimmt (§ 3 Abs 1 dritter Satz VVG), sind die Exekutionsbeschränkungen der AbgEO (insb §§ 28 ff) maßgebend.

Eintreibung von Geldleistungen

§ 3.*) (1)[1]) Die Verpflichtung zu einer Geldleistung ist in der Weise zu vollstrecken, daß die Vollstreckungsbehörde durch das zuständige Gericht nach den für das gerichtliche Exekutionsverfahren geltenden Vorschriften[2]) die Eintreibung veranlaßt.[3]) In diesem Fall schreitet die Vollstreckungsbehörde namens des Berechtigten als betreibenden Gläubigers ein. Die Vollstreckungsbehörde kann die Eintreibung unter sinngemäßer Anwendung der Vorschriften über die Einbringung und Sicherung der öffentlichen Abgaben[4]) selbst vornehmen, wenn dies im Interesse der Raschheit und der Kostenersparnis gelegen ist.[5])

(2) Bescheide und Rückstandsausweise,[6]) die von der erkennenden oder verfügenden Stelle[7]) oder von der Vollstreckungsbehörde mit der Bestätigung versehen sind, daß sie einem die Vollstreckbarkeit hemmenden Rechtszug nicht unter-

liegen,[8]) sind Exekutionstitel im Sinne des § 1 EO.[9]) Einwendungen gegen den Anspruch im Sinne des § 35 EO[10]) sind bei der Stelle anzubringen, von der der Exekutionstitel ausgegangen ist.[11])[12])

(3) Natürliche Personen, juristische Personen des Privatrechts sowie der Bund, die Länder und die Gemeinden können die Eintreibung einer Geldleistung unmittelbar beim zuständigen Gericht beantragen. Andere juristische Personen des öffentlichen Rechts können dies nur, soweit ihnen zur Eintreibung einer Geldleistung die Einbringung im Verwaltungsweg (politische Exekution)[13]) gewährt ist.[14])

*) IdF des Art 5 Z 1 BGBl I 2001/137 (Neufassung des Abs 3; in Kraft getreten am 1. 1. 2002).

1) Siehe auch die GeldlEintrV (D 3).

2) Siehe die EO.

3) Der Anspruchsberechtigte kann sich auch unmittelbar an das Exekutionsgericht wenden, siehe § 3 Abs 3 VVG. In diesem Fall ist er selbst betreibender Gläubiger.

4) Siehe die AbgEO.

5) Nach § 1 Abs 2 GeldlEintrV (D 3) hat die Vollstreckungsbehörde die Anspruchsberechtigten zu verhalten, ihre Anträge unmittelbar beim zuständigen Gericht zu stellen, wenn sie nicht in der Lage ist, die Vollstreckung selbst durchzuführen.

6) Ein Rückstandsausweis ist kein Bescheid, sondern ein Akt der Beurkundung einer Zahlungsverbindlichkeit. Rückstandsausweise sind nur insoweit Exekutionstitel, als dies gesetzlich vorgesehen ist.

7) Das ist die Stelle, von der der Exekutionstitel stammt.

8) Die **Vollstreckbarkeitsbestätigung** ist eine **Beurkundung, kein Bescheid.** Über den Antrag auf Aufhebung einer – von einer Behörde – gesetzwidrig oder irrtümlich erteilten Vollstreckbarkeitsbestätigung hat gem § 7 Abs 4 EO jene Stelle zu entscheiden, „von der der Exekutionstitel ausgegangen ist“. Eine solche Entscheidung ist keine Vollstreckungsverfügung iS des § 10 Abs 2 VVG, sondern ein verfahrensrechtlicher Bescheid, auf den nur die Vorschriften des AVG (B 2) Anwendung finden.

9) Siehe § 1 Z 10, 11, 12, 14 EO.

10) Einwendungen auf Grund von – nach Entstehung des Exekutionstitels eingetretenen – neuen Tatsachen, die den ihm zugrunde liegenden materiellrechtlichen Anspruch aufheben oder hemmen.

11) Für die Entscheidung über solche (Oppositions-)Einwendungen gilt das in Anm 8 Gesagte.

12) Dagegen sind Rechte Dritter an den durch die Vollstreckung betroffenen Gegenständen (Exszindierungsansprüche, § 37 EO) gem Art III Abs 3 EGEO auch im Fall der Verwaltungsvollstreckung mittels Klage beim Bezirksgericht geltend zu machen.

13) Siehe Anm 12 zu § 1 VVG.

14) Erl 2001, 11: „Durch die Neufassung des § 3 Abs. 3 erfolgt keine inhaltliche Änderung der bisherigen Rechtslage, sondern wird lediglich klargestellt, welche Anspruchsberechtigten die Eintreibung einer Geldleistung unmittelbar beim zuständigen Gericht beantragen können."

Erzwingung anderer Leistungen und Unterlassungen

a) Ersatzvornahme

§ 4. (1) Wenn der zu einer Arbeits- oder Naturalleistung Verpflichtete[1]) dieser Pflicht gar nicht oder nicht vollständig oder nicht zur gehörigen Zeit nachgekommen ist,[2]) so kann die mangelnde Leistung nach vorheriger Androhung[3]) auf Gefahr und Kosten des Verpflichteten bewerkstelligt werden.[4-6])

(2) Die Vollstreckungsbehörde kann in einem solchen Fall dem Verpflichteten die Vorauszahlung der Kosten gegen nachträgliche Verrechnung auftragen.[7]) Der Auftrag zur Vorauszahlung ist vollstreckbar.[6])

1) Gemeint sind **vertretbare** Leistungen, also solche, die auch von einem Dritten ebenso erbracht werden können wie vom Verpflichteten selbst; zu unvertretbaren Leistungen siehe § 5 Abs 1 VVG.

2) Die **Ersatzvornahme** setzt voraus, dass der Verpflichtete mit der Leistung in Verzug ist, dh insb die im Leistungsbescheid vorgeschriebene Leistungsfrist (siehe § 59 Abs 2 AVG [B 2]) nicht eingehalten hat.

3) Diese Androhung ist kein Bescheid. In der Androhung ist eine Frist zu setzen, die ausreichen muss, dass der Verpflichtete die betreffende Leistung noch selbst erbringen kann („Paritionsfrist"). Siehe das **Form 39** der **VwFormV.**

4) Die Anordnung der Ersatzvornahme ist ein Bescheid (Vollstreckungsverfügung), die Bewerkstelligung selbst eine Summe faktischer Maßnahmen, die nicht unter § 7 VVG fallen. Die Ersatzvornahme kann durch die Behörde entweder selbst (dh: durch die Organe der Vollstreckung, siehe § 9 VVG) oder unter ihrer Aufsicht durch dritte Personen auf Grund privatrechtlicher Auftragsvergabe durchgeführt werden. Wird der Ersatzvornahme Widerstand entgegengesetzt, ist dieser durch Zwangsmaßnahmen zu überwinden; diese fallen nicht unter § 7 VVG.

5) Als Kosten sind dem Verpflichteten die aufgelaufenen Barauslagen sowie im Falle der Ersatzvornahme auch ein Beitrag zum Sach- und Personalaufwand der Behörde aufzuerlegen. Leistet der Verpflichtete keinen Kostenvorschuss, sind auch angemessene Finanzierungskosten vorzuschreiben; siehe § 11 VVG.

6) Die **Kostenvorschreibung** und der **Kostenvorauszahlungsauftrag** sind Bescheide, auf die nur die Bestimmungen des AVG anzuwenden sind. Sie sind nach § 3 VVG sofort vollstreckbar.

7) Siehe die **Form 40.1 und 40.3** der **VwFormV.**

b) Zwangsstrafen

§ 5.*) **(1) Die Verpflichtung zu einer Duldung oder Unterlassung oder zu einer Handlung, die sich wegen ihrer eigentümlichen Beschaffenheit nicht durch einen Dritten bewerkstelligen läßt,[1]) wird dadurch vollstreckt, daß der Verpflichtete von der Vollstreckungsbehörde durch Geldstrafen[2]) oder durch Haft[2]) zur Erfüllung seiner Pflicht angehalten wird.**

(2) Die Vollstreckung hat mit der Androhung[3]) des für den Fall des Zuwiderhandelns oder der Säumnis zur Anwendung kommenden Nachteiles zu beginnen. Das angedrohte Zwangsmittel[4]) ist beim ersten Zuwiderhandeln oder nach fruchtlosem Ablauf der für die Vornahme der Handlung gesetzten Frist sofort zu vollziehen.[5]) Gleichzeitig ist für den Fall der Wiederholung oder des weiteren Verzuges ein stets schärferes Zwangsmittel anzudrohen.[6]) Ein angedrohtes Zwangsmittel ist nicht mehr zu vollziehen, sobald der Verpflichtung entsprochen ist.[7])

(3) Die Zwangsmittel dürfen in jedem einzelnen Fall an Geld den Betrag von 726 Euro, an Haft die Dauer von vier Wochen nicht übersteigen.

(4) Die Vollstreckung durch Geldstrafen als Zwangsmittel ist auch gegen juristische Personen mit Ausnahme der Körperschaften des öffentlichen Rechts und eingetragene Personengesellschaften[8]) zulässig.

*) IdF des Art 3 Z 1 BGBl 1998/158 (Einfügung der Worte „juristische Personen, Personengesellschaften des Handelsrechts und eingetragene Erwerbsgesellschaften" in Abs 4; in Kraft getreten am 1. 1. 1999), des Art 5 Z 2 BGBl I 2001/137 (Ersetzung des früheren Schilling-Betrages durch einen Euro-Betrag in Abs 3; in Kraft getreten am 1. 1. 2002) und des Art 3 Z 2 BGBl I 2008/3 (Neufassung des Abs 4; in Kraft getreten am 5. 1. 2008).

1) **Unvertretbare** Leistung, zB Erstattung eines Sachverständigengutachtens oder Ausstellung einer Urkunde. Zu vertretbaren Leistungen siehe § 4 VVG, zu Geldleistungen siehe § 3 VVG.

2) Dabei handelt es sich nicht um Strafen iS des VStG (C 2), sondern um Vollstreckungsmittel. Das VStG findet auf die Verhängung dieser Zwangsstrafen keine Anwendung. Für die Verhängung der Zwangsstrafe ist insb kein Verschulden erforderlich. Bei der Wahl zwischen Geld- und Haftstrafe sowie der Bemessung der Zwangsstrafe hat sich die Behörde am Grundsatz der Verhältnismäßigkeit zu orientieren: § 2 VVG. Eine Zwangsstrafe kann auch neben einer – allenfalls gesetzlich vorgesehenen – Verwaltungsstrafe iS des VStG verhängt werden.

3) Die Androhung ist **kein Bescheid.** Mit der Androhung der Zwangsstrafe ist – bei sonstiger Unzulässigkeit der Vollstreckung der Zwangsstrafe – eine angemessene Frist („Paritionsfrist") zu setzen, die so bemessen sein muss, dass der Verpflichtete bei unverzüglichem Tätigwerden die Leistung noch erbringen kann. Siehe dazu das **Form 41** der **VwFormV.**

4) Die Behörde darf immer nur das angedrohte Zwangsmittel vollziehen, die Umwandlung einer Geldstrafe in einen „Ersatzarrest" ist unzulässig.

5) Die Verhängung der Zwangsstrafe ist eine **Vollstreckungsverfügung** iS des § 10 Abs 1 VVG. Siehe das **Form 42** der **VwFormV.**

6) Der Grundsatz **ne bis in idem gilt nicht.** Die Verhängung einer Zwangsstrafe ist so oft zu wiederholen, bis die Verpflichtung erfüllt wird. Kann die Verpflichtung auf diese Weise nicht erfüllt werden, kann – wenn die Voraussetzungen des § 7 VVG vorliegen – unmittelbarer Zwang angewendet werden.

7) Gleiches gilt, wenn die Verpflichtung gegenstandslos geworden oder ihre Erfüllung für den Verpflichteten unmöglich ist.

8) Die Umschreibung der erfassten Adressaten erfolgt in Übereinstimmung mit den Umschreibungen in § 10 Abs 1 AVG (B 2) und § 9 Abs 1 und Abs 7 VStG (C 2).

§ 6. (1) Die nach § 5 verhängten Geldstrafen fließen der Gebietskörperschaft zu, die den Aufwand der Vollstreckungsbehörde zu tragen hat.[1])

(2) Bei der Vollziehung der Haft sind die §§ 360 bis 362 und 365 EO sinngemäß anzuwenden.[2]) Wird die Haft durch die Gerichte vollzogen, so sind die damit verbundenen Kosten durch die Gerichte nach den für die Einbringung der Kosten des Vollzuges gerichtlicher Strafen bestehenden Vorschriften[3]) vom Verpflichteten einzutreiben.

1) Das ist für die BH das Land, für die Behörden der Städte mit eigenem Statut die Statutargemeinde, für die BPD der Bund.

2) Die in § 7 zweiter Satz VVG angeordnete Pflicht zur Belehrung über die Festnahmegründe und die sinngemäße Anwendung von § 36 Abs 2 und 3 VStG (C 2) kommt – da sie nur für die Ausübung unmittelbaren Zwanges nach § 7 VVG vorgesehen ist – nicht zum Tragen, soweit eine Person im Zuge der Vollstreckung einer Zwangsstrafe festgenommen wird; allerdings ergibt sich aus den unmittelbar anwendbaren Bestimmungen der Art 1 Abs 4 sowie Art 4 Abs 6 und 7 PersFrG die Pflicht zur Belehrung über die Festnahmegründe, das Recht auf Verständigung der Angehörigen und eines Rechtsbeistandes sowie die Pflicht zur menschenwürdigen Behandlung.

3) Siehe §§ 16, 32 StVG, § 1 Z 4, §§ 6, 7, 9, 11 und 13 GEG.

c) Anwendung unmittelbaren Zwanges

§ 7.*) Sofern die Gesetze nicht anderes bestimmen, kann der einem Bescheid entsprechende Zustand durch Anwendung unmittelbaren Zwanges[1])[2]) hergestellt werden, wenn dies auf andere Weise nicht oder nicht rechtzeitig möglich ist. Im Fall der Festnahme ist der Festgenommene ehestens, womöglich bei seiner Festnahme, in einer ihm verständlichen Sprache über die Gründe seiner Festnahme zu unterrichten. Für diese Festnahme gilt weiters § 36 Abs. 2 und 3 VStG.[3])

*) IdF der Z 1 BGBl 1995/472 (Anfügung des zweiten und dritten Satzes; der zweite Satz ist am 1. 7. 1995, der dritte Satz am 22. 7. 1995 in Kraft getreten).

1) Die Anwendung von Zwang nach dieser Bestimmung setzt einen **Titelbescheid** sowie die Anordnung des unmittelbaren Zwanges als Vollstreckungsmittel in einer **Vollstreckungsverfügung** vo-

raus. Die vorherige Androhung unmittelbarer Zwangsmaßnahmen ist nicht erforderlich. § 7 VVG ermächtigt nicht zur Setzung unmittelbarer verwaltungsbehördlicher Befehls- und Zwangsakte. Die Anwendung des Zwanges nach § 7 VVG kann nur mit Berufung gegen die Vollstreckungsverfügung bekämpft werden. Wird hingegen Zwang ohne Anordnung in einer Vollstreckungsverfügung oder in Überschreitung einer solchen gesetzt, liegt ein Akt unmittelbarer verwaltungsbehördlicher Befehls- und Zwangsgewalt vor.

2) Zwangsmaßnahmen im Zuge einer Vollstreckung nach § 3 (Eintreibung von Geldleistungen) und § 4 VVG (Ersatzvornahme) sind keine Zwangsmaßnahmen im Sinne des § 7 VVG. Die Anordnung unmittelbaren Zwanges kommt zB bei Abnahme einer Sache, Vorführung oder Räumung in Betracht.

3) Siehe Art 1 Abs 4, Art 4 Abs 6 und 7 PersFrG.

Einstweilige Verfügungen

§ 8. (1) Steht die Pflicht zu einer Leistung[1]) fest oder ist sie wahrscheinlich,[2]) so kann die Vollstreckungsbehörde[3]) zur Sicherung der Leistung[4]) einstweilige Verfügungen[5])[6]) treffen, wenn die Gefahr besteht, daß sich der Verpflichtete durch Verfügungen über Gegenstände seines Vermögens, durch Vereinbarungen mit dritten Personen oder durch andere Maßnahmen der Leistung entziehen und deren Vollstreckung vereiteln oder gefährden werde.[7])

(2) Einstweilige Verfügungen sind nach diesem Bundesgesetz sofort vollstreckbar.[8])[9])

1) Darunter sind Handlungen, Unterlassungen und Duldungen gleichermaßen zu verstehen.

2) Die Erlassung einer einstweiligen Verfügung ist nur zulässig, solange noch nicht Exekution geführt werden kann.

3) Das ist jene Vollstreckungsbehörde, die zur Durchführung eines Exekutionsverfahrens zuständig wäre.

4) Es dürfen nur Maßnahmen angeordnet werden, die zur Sicherung der Leistung notwendig und unvermeidlich sind, wobei der Grundsatz der Verhältnismäßigkeit (§ 2 VVG) zu beachten ist. In Betracht kommen zB Veräußerungs- oder Verpfändungsverbote oder die Beschlagnahme von Gegenständen.

5) Die einstweilige Verfügung ist eine – vorgreifende – Vollstreckungsverfügung iS des § 10 Abs 2 VVG, die den – voraussetzungsgemäß fehlenden – Titelbescheid ersetzt. Die einstweilige Verfü-

gung ist aufzuheben, wenn die Voraussetzungen ihrer Erlassung weggefallen sind.

6) Die Abweisung des Antrages auf Erlassung einer einstweiligen Verfügung ist ein verfahrensrechtlicher Bescheid, nicht eine Vollstreckungsverfügung.

7) Einstweilige Verfügungen sind nur zulässig, wenn eine **subjektive Gefährdung** (durch Handlungen des Verpflichteten) gegeben ist. Im Falle objektiver Gefahr der Leistungsvereitelung kann nach § 57 AVG (B 2) durch Erlassung eines Mandatsbescheides und dessen sofortige Vollstreckung vorgegangen werden.

8) Die einstweilige Verfügung ist durch eine (weitere) Vollstreckungsverfügung in Vollzug zu setzen.

9) Verschiedentlich sehen die Verwaltungsvorschriften besondere vorläufige – sofort vollstreckbare – Bescheide vor; siehe zB § 122 WRG, § 18 StrahlenschutzG.

Organe der Vollstreckung

§ 9. (1) Die Vollstreckungsbehörde ist berechtigt, bei der Durchführung dieses Bundesgesetzes die Organe der öffentlichen Aufsicht[1]) heranzuziehen.[2]) Ist die Vollstreckungsbehörde nicht selbst Dienstbehörde dieser Organe, so hat sie mit ihr das Einvernehmen zu pflegen.

(2) Die Gemeinden sind zur Mitwirkung verpflichtet.[3])[4])

(3) Unter den gesetzlichen Voraussetzungen kann die Vollstreckungsbehörde nötigenfalls auch die Mitwirkung des Bundesheeres in Anspruch nehmen.[4])

1) Das sind insb die Bundespolizei und die Gemeindewachen, ferner aber auch Jagd- und Feldschutzorgane etc.

2) Die Vollstreckungsbehörde darf Aufsichtsorgane nur zur Setzung einzelner Maßnahmen – zur Überwindung faktischer, beim Exekutionsvollzug auftretender Schwierigkeiten – heranziehen, kann ihnen aber nicht die Durchführung der Vollstreckung insgesamt übertragen. Die herangezogenen Aufsichtsorgane schreiten als exekutive Hilfsorgane ein, deren Handlungen der Vollstreckungsbehörde zuzurechnen sind.

3) Die Gemeinden werden bei dieser Hilfstätigkeit im übertragenen Wirkungsbereich tätig.

4) Siehe Art 79 Abs 2 und 4 B-VG und § 2 WG.

Verfahren

§ 10.*)[1]) **(1) Auf das Vollstreckungsverfahren[2])[3]) sind, soweit sich aus diesem Bundesgesetz nicht anderes ergibt, der I. Teil, hinsichtlich der Rechtsmittelbelehrung die §§ 58 Abs. 1 und 61, § 61 a und der IV. Teil mit Ausnahme der §§ 67 a bis 67 h des AVG[4]) sinngemäß anzuwenden. Im Verfahren vor dem unabhängigen Verwaltungssenat sind ferner die §§ 51 bis 51 i VStG und, soweit sich aus dem VStG nicht anderes ergibt, die für dieses Verfahren geltenden Bestimmungen des AVG anzuwenden.[5])**

(2) Die Berufung gegen eine nach diesem Bundesgesetz erlassene Vollstreckungsverfügung kann nur ergriffen werden, wenn[6])[7])

1. die Vollstreckung unzulässig ist[8]) oder

2. die Vollstreckungsverfügung mit dem zu vollstreckenden Bescheid nicht übereinstimmt[9]) oder

3. die angeordneten oder angewendeten Zwangsmittel im Gesetz nicht zugelassen sind oder mit § 2 im Widerspruch stehen.[9])

(3) Die Berufung hat keine aufschiebende Wirkung. Sie geht

1. in einer Angelegenheit der Sicherheitsverwaltung an die Sicherheitsdirektion,[10])

2. in einer sonstigen Angelegenheit der Bundesverwaltung an den Landeshauptmann und

3. in einer Angelegenheit der Landesverwaltung an die Landesregierung,

4. im Verfahren wegen Verwaltungsübertretungen jedoch an den unabhängigen Verwaltungssenat (§ 51 VStG).[5])

Die demnach zuständige Behörde entscheidet endgültig.

*) IdF des Art 3 Z 3 und 4 BGBl I 2008/3 (Änderung des Verweises auf das AVG in Abs 1; Neufassung des zweiten Satzes in Abs 3; in Kraft getreten am 5. 1. 2008) und des Art 7 Z 2 und 3 BGBl I 2011/100 (Anfügung des letzten Satzes in Abs 1 sowie Neufassung des zweiten Satzes in Abs 3; in Kraft getreten am 1. 1. 2012).

1) Das Vollstreckungsverfahren setzt das Vorliegen eines vollstreckbaren Bescheides (Vollstreckungstitel) voraus; dies kann auch eine einstweilige Verfügung nach § 8 VVG sein. Obwohl das VVG die Erteilung einer Vollstreckbarkeitsbestätigung nur in § 3 für die

Eintreibung von Geldleistungen vorsieht, ist anzunehmen, dass auch bei sonstigen Exekutionen eine Vollstreckung nur möglich ist, wenn seitens der Titelbehörde eine Vollstreckbarkeitsbestätigung vorliegt. Die Einleitung des Vollstreckungsverfahrens hat von Amts wegen zu erfolgen; nur dann, wenn der Exekutionstitel in einem Verfahren geschaffen wurde, das ausschließlich auf Grund eines Parteiantrages eingeleitet werden durfte, darf auch die Vollstreckung nur auf Parteiantrag erfolgen, es sei denn, dass der Vollstreckungstitel Verpflichtungen auferlegt, die auch von Amts wegen wahrzunehmen sind (zB Auflagen). Das Vollstreckungsverfahren hat in der Erlassung einer Vollstreckungsverfügung zu enden, auf Grund derer die vorgeschriebenen Vollstreckungsmittel einzusetzen sind. Es kann aber auch in einer Einstellung enden, wenn der Vollstreckungstitel nachträglich wegfällt, die Vollstreckbarkeitsbestätigung aufgehoben oder die Leistung erbracht wird.

2) § 10 VVG betrifft nur das von der Vollstreckungsbehörde selbst geführte Verfahren; veranlasst die Vollstreckungsbehörde oder der Berechtigte die Eintreibung einer Geldleistung durch das Gericht, hat dieses nach der EO vorzugehen; siehe § 3 VVG.

3) § 10 VVG gilt nur für die Erlassung von **Vollstreckungsverfügungen;** das sind alle unmittelbar der Vollstreckung des Titelbescheides dienenden, auf Grund des VVG ergehenden Bescheide. Für die Erlassung **verfahrensrechtlicher Bescheide** gilt hingegen ausschließlich das AVG. Dazu gehören insb die Entscheidung über die Nichterteilung oder Aufhebung einer Vollstreckbarkeitsbestätigung, die Entscheidung über Oppositionseinwendungen, Kostenbescheide oder die Zurückweisung einer unzulässigen Berufung. Lediglich der letzte Satz des § 10 Abs 3 VVG gilt auch für Berufungen gegen verfahrensrechtliche Bescheide.

4) AB EU-VStVG, 3: „Nach der vorgeschlagenen Neufassung des § 10 Abs. 1 VVG soll § 61a AVG (Hinweis auf die Möglichkeit einer Beschwerde bei den Gerichtshöfen des öffentlichen Rechts) auch auf letztinstanzliche Vollstreckungsverfügungen sinngemäß anzuwenden sein (so bereits zur geltenden Rechtslage vorsichtig *Ringhofer,* Verwaltungsverfahrensgesetze II [1992], Anm. 4 zu § 10 VVG). Infolge eines offenbaren Redaktionsversehens wurde der Wortlaut des § 10 Abs. 1 VVG dem Bundesgesetz BGBl. Nr. 199/1982 nämlich nicht angepasst (vgl. *Ringhofer,* Verwaltungsverfahrensgesetze I [1987], **Anm. zu § 61a AVG und *Walter/Thienel,* Verwaltungsverfahrensgesetze I² [1998], *Anm. zu § 61a AVG).

Nicht anzuwenden sein können dagegen – entgegen dem derzeitigen Gesetzeswortlaut – die nur für die unabhängigen Verwaltungssenate geltenden §§ 67a bis 67h AVG (vgl. bereits *Ringhofer*, Verwaltungsverfahrensgesetze II [1992], Anm. 1 zu § 10 VVG)."

5) Erl 2011, 24: „Nach der Rechtsprechung des Verfassungsgerichtshofes (siehe grundlegend VfSlg. 14.957/1997 mwH sowie zB VfSlg. 15.254/1998, 17.881/2006) ergibt sich die Zuständigkeit der unabhängigen Verwaltungssenate im Verfahren wegen Verwaltungsübertretungen gemäß Art. 129a Abs. 1 Z 1 B-VG von Verfassung wegen auch ohne ausdrückliche gesetzliche Anordnung und sogar dann, wenn Entscheidungen von Administrativbehörden im Gesetz als ‚endgültig' bezeichnet werden. Die Lehre hat sich dieser Auffassung des Verfassungsgerichtshofes angeschlossen (siehe zB *Köhler*, Art. 129a B-VG, in Korinek/Holoubek, Bundesverfassungsrecht, 1. Lfg [1999], Rz 35 bis 39; *Thienel*, Verwaltungsverfahrensrecht[4] [2006], 506f; *Walter/Thienel*, Verwaltungsverfahren[17] [2008], Anm. 9 zu § 10 VVG).

Demgemäß ist nach der Rechtsprechung des Verwaltungsgerichtshofes über Einwendungen gegen die Durchführung der Verwaltungsvollstreckung nach dem gemäß § 3 Abs. 1 dritter Satz VVG sinngemäß anzuwendenden § 13 der Abgabenexekutionsordnung – AbgEO, BGBl. Nr. 104/1949, in sinngemäßer Anwendung des § 12 Abs. 2 AbgEO mit Bescheid der Titelbehörde abzusprechen. Der Instanzenzug richtet sich nach den für das Titelverfahren geltenden Vorschriften, in Verwaltungsstrafsachen ist dies also der unabhängige Verwaltungssenat (VwGH 22. 11. 1996, Zl. 94/17/0168 mwH).

Durch die vorgeschlagene Anfügung eines Satzes an § 10 Abs. 1 VVG und die Neufassung des § 10 Abs. 3 zweiter Satz VVG soll – rückwirkend – klargestellt werden, dass durch die Novelle BGBl. I Nr. 3/2008 am bestehenden Instanzenzug in Angelegenheiten der Vollstreckung von Verwaltungsstrafbescheiden nichts geändert werden sollte (so auch *Raschauer/Wessely*, Zum EU-Verwaltungsstrafvollstreckungsgesetz (EU-VStVG), ÖJZ 2008, 167 [169 FN 19])."

Die in der RV vorgesehene rückwirkende Änderung des Instanzenzuges ist letztlich nicht Gesetz geworden, die Neufassung trat mit 1. 1. 2012 in Kraft. Dies ändert aber nichts daran, dass auch schon vor dieser Änderung aus den in den Erl 2011 angegebenen Gründen der Instanzenzug bei Vollstreckung von Verwaltungsstrafbescheiden an den UVS ging.

6) Die Rechtswidrigkeit des Titelbescheides kann im Vollstreckungsverfahren nicht mehr geltend gemacht werden.

7) Das Vorliegen eines Berufungsgrundes muss vom Berufungswerber behauptet und begründet werden; es besteht kein Neuerungsverbot.

8) Dieser Berufungsgrund kann nur vom Verpflichteten geltend gemacht werden.

9) Dieser Berufungsgrund kann sowohl vom Verpflichteten wie auch vom betreibenden Gläubiger geltend gemacht werden.

10) Erl EU-VStVG, 6: „Durch die ... Neufassung des § 10 Abs. 3 zweiter Satz VVG soll berücksichtigt werden, dass der Instanzenzug in Angelegenheiten der Sicherheitsverwaltung an die Sicherheitsdirektion verläuft (vgl. *Walter/Thienel*, Verwaltungsverfahrensgesetze II[2] [2000], Anm. 14 zu § 10 VVG)."

Kosten

§ 11.[*][1] **(1) Die Kosten der Vollstreckung[2]) fallen dem Verpflichteten zur Last[4]) und sind gemäß § 3 einzutreiben.**

(2) Im Fall der Uneinbringlichkeit sind sie von der Partei zu tragen, auf deren Antrag und in deren Interesse die Vollstreckungshandlungen vorgenommen wurden.[5]) Hierüber ist von der Vollstreckungsbehörde nach dem AVG zu entscheiden.[4]) Die Berufung geht an die nach § 10 Abs. 3 zuständige Behörde, die endgültig entscheidet.

(3) Wenn die Vollstreckungsbehörde im Fall einer Ersatzvornahme Leistungen erbringt, für die der Verpflichtete, würden sie durch einen von der Behörde beauftragten Dritten erbracht, Barauslagen zu ersetzen hätte, so zählt zu den Kosten auch ein angemessener Beitrag zum Personal- und Sachaufwand der Vollstreckungsbehörde. Dieser darf 10% der bei der Vollstreckung im übrigen anfallenden Barauslagen nicht übersteigen.

(4) Soweit der Verpflichtete die Kosten der Vollstreckung für Maßnahmen nach § 4 nicht vor der Durchführung der Ersatzvornahme entrichtet hat (§ 4 Abs. 2) und die Durchführung der Ersatzvornahme unaufschiebbar ist, zählen zu den Kosten der Vollstreckung auch angemessene Finanzierungskosten, die ab dem Zeitpunkt entstanden sind, in dem die Behörde in Vorlage getreten ist. Diese Kosten sind jedenfalls angemessen, wenn sie jährlich den jeweils geltenden Basiszinssatz[6]) um nicht mehr als 2% übersteigen. Maßgebend ist der Zeitpunkt der Erlassung der Vollstreckungsverfügung durch die Behörde erster Instanz.

*) IdF des Art 3 Z 5 BGBl I 2008/3 (Ersetzung der Wortfolge „Zinsfuß für Eskontierungen der Oesterreichischen Nationalbank" durch das Wort „Basiszinssatz"; in Kraft getreten am 5. 1. 2008).

1) Diese Bestimmung regelt nur die Kosten der Behörde, die Kosten der Beteiligten sind von diesen selbst zu tragen.

2) Als Kosten der Vollstreckung können nur Barauslagen sowie die in § 11 Abs 3 und 4 VVG vorgesehenen Beiträge zum Amtssachaufwand sowie zu den Finanzierungskosten vorgeschrieben werden. Es dürfen nur die Kosten **rechtmäßiger Vollstreckung** vorgeschrieben werden.

3) Die Stellung als Verpflichteter kann im Verfahren betreffend die Auferlegung der Kosten nicht mehr bestritten werden.

4) Eine Kostenentscheidung ist keine Vollstreckungsverfügung iS des § 10 Abs 2 VVG, sondern ein verfahrensrechtlicher Bescheid, auf den nur die Vorschriften des AVG Anwendung finden.

5) Die Heranziehung anderer Parteien zur Kostentragung ist nur zulässig, wenn die Vollstreckung lediglich auf Antrag durchzuführen war; die Kosten können nur einer Partei vorgeschrieben werden, die auch tatsächlich einen Antrag gestellt hat.

6) Vgl Art I § 1 Abs 1 1. Euro-Justiz-BegleitG.

Besondere Zwangsbefugnisse[1])

§ 12.[*]) **Die den Verwaltungsbehörden in den Verwaltungsvorschriften eingeräumten besonderen Zwangsbefugnisse bleiben unberührt.**[2])

*) IdF des Art 7 Z 4 BGBl I 2011/100 (Ersetzung der Überschrift „Schlußbestimmungen“ durch die Paragraphenüberschrift „Besondere Zwangsbefugnisse“; in Kraft getreten am 1. 1. 2012).

1) Erl 2011, 24: „Die Zwischenüberschrift vor § 12 (zu den §§ 12 bis 14) VVG soll durch (Paragraphen-)Überschriften zu den §§ 12 bis 14 ersetzt werden. Aus diesem Anlass soll die Vollziehungsklausel des VVG im Interesse der Einheitlichkeit an die Vollziehungsklauseln des EGVG, des AVG (vgl. die in Art. 5 Z 6 vorgeschlagene Neufassung des § 81) und des VStG angeglichen werden.“

2) Siehe zB § 360 GewO und § 178 MinroG.

Inkrafttreten[1])

§ 13.[*]) **(1) § 7 zweiter und dritter Satz in der Fassung des Bundesgesetzes BGBl. Nr. 472/1995 tritt mit 1. Juli 1995 in Kraft.**[2])

(2) § 5 Abs. 4 in der Fassung des Bundesgesetzes BGBl. I Nr. 158/1998 tritt mit 1. Jänner 1999 in Kraft.

(3) § 3 Abs. 3 und § 5 Abs. 3 in der Fassung des Bundesgesetzes BGBl. I Nr. 137/2001 treten mit 1. Jänner 2002 in Kraft.

(4) § 1 Abs. 2, § 5 Abs. 4, § 10 Abs. 1 und Abs. 3 zweiter Satz, § 11 Abs. 4 und § 15 samt Überschrift in der Fassung des Bundesgesetzes BGBl. I Nr. 3/2008 treten mit Ablauf des Tages der Kundmachung dieses Bundesgesetzes[3]) in Kraft.

(5) § 2 Abs. 2, § 10 Abs. 1 letzter Satz und Abs. 3 zweiter Satz, die Überschrift zu § 12, die Überschrift zu § 13, § 13 Abs. 1 und § 14 samt Überschrift in der Fassung des Bundesgesetzes BGBl. I Nr. 100/2011 treten mit 1. Jänner 2012 in Kraft.

*) IdF der Z 2 BGBl 1995/472 (Einfügung des Abs 1, Entstehungszeitpunkt: 21. 7. 1995), des Art 3 Z 2 und 3 BGBl I 1998/158 (Einfügung des Abs 2, Entstehungszeitpunkt: 30. 9. 1998; Transferierung des bisherigen Abs 2 in § 14, mangels besonderer Inkrafttretensbestimmung gem Art 49 Abs 1 B-VG mit dem der Kundmachung folgenden Tag in Kraft getreten: 1. 10. 1998), des Art 5 Z 3 BGBl I 2001/137 (Anfügung des Abs 3; Entstehungszeitpunkt: 27. 11. 2001), des Art 3 Z 6 BGBl I 2008/3 (Anfügung des Abs 4; Entstehungszeitpunkt: 4. 1. 2008) und des Art 7 Z 5 bis 7 BGBl I 2011/100 (Einfügung der Überschrift „Inkrafttreten" sowie der Wortfolge „und dritter" in Abs 1; in Kraft getreten am 1. 1. 2012; Anfügung des Abs 5; Entstehungszeitpunkt: 21. 11. 2011).

1) **Erl 2011, 24:** „Die Zwischenüberschrift vor § 12 (zu den §§ 12 bis 14) VVG soll durch (Paragraphen-)Überschriften zu den §§ 12 bis 14 ersetzt werden. Aus diesem Anlass soll die Vollziehungsklausel des VVG im Interesse der Einheitlichkeit an die Vollziehungsklauseln des EGVG, des AVG (vgl. die in Art. 5 Z 6 vorgeschlagene Neufassung des § 81) und des VStG angeglichen werden."

2) Durch Z 1 BGBl 1995/472 wurden dem § 7 VVG **zwei Sätze** angefügt; da sich die Inkrafttretensbestimmung ausdrücklich nur auf den zweiten Satz bezog, war der dritte Satz nach Art 49 Abs 1 B-VG am 22. 7. 1995 in Kraft getreten. Durch die Nov BGBl I 2011/100 sollte dieses Redaktionsversehen bereinigt werden (Erl 2011, 24). Die in § 13 Abs 5 enthaltene Bestimmung über das Inkrafttreten des § 13 Abs 1 idF dieser Nov geht ins Leere. Der dritte Satz des § 7 VVG ist damit rückwirkend am 1. 7. 1995 in Kraft getreten.

3) BGBl I 2008/3 wurde am 4. 1. 2008 kundgemacht.

Vollziehung

§ 14.*) Mit der Vollziehung dieses Bundesgesetzes ist die Bundesregierung betraut.[1])

*) IdF des Art 3 Z 3 BGBl I 1998/158 (Umbenennung des bisherigen § 13 Abs 2 in § 14; mangels besonderer Inkrafttretensbestimmungen gem Art 49 Abs 1 B-VG mit dem der Kundmachung folgenden Tag in Kraft getreten: 1. 10. 1998) und des Art 7 Z 8 BGBl I 2011/100 (Neufassung samt Überschrift; in Kraft getreten am 1. 1. 2012).

1) Erl 2011, 24: „Die Zwischenüberschrift vor § 12 (zu den §§ 12 bis 14) VVG soll durch (Paragraphen-)Überschriften zu den §§ 12 bis 14 ersetzt werden. Aus diesem Anlass soll die Vollziehungsklausel des VVG im Interesse der Einheitlichkeit an die Vollziehungsklauseln des EGVG, des AVG (vgl. die in Art. 5 Z 6 vorgeschlagene Neufassung des § 81) und des VStG angeglichen werden."

Siehe Anm 1 zu Art IV EGVG (A 2).

Sprachliche Gleichbehandlung

§ 15.*) Soweit in diesem Bundesgesetz auf natürliche Personen bezogene Bezeichnungen nur in männlicher Form angeführt sind, beziehen sie sich auf Frauen und Männer in gleicher Weise. Bei der Anwendung der Bezeichnung auf bestimmte natürliche Personen ist die jeweils geschlechtsspezifische Form zu verwenden.

*) Samt Überschrift eingefügt durch Art 3 Z 7 BGBl I 2008/3 (in Kraft getreten am 5. 1. 2008).

3. Geldleistungen-Eintreibungsverordnung

Verordnung des Bundeskanzleramtes vom 1. August 1949 über den Vorgang bei der Eintreibung von Geldleistungen im Verwaltungsvollstreckungsverfahren, BGBl. Nr. 159/1949

Auf Grund des § 3 des Verwaltungsvollstreckungsgesetzes vom 21. Juli 1925, B.G. Bl. Nr. 276,*) wird verordnet:

*) Nach Erlassung der GeldlEintrV wurde das VVG zuletzt durch BGBl 1991/53 wiederverlautbart. Danach wurde es mehrfach geändert. Vgl die Überschrift zum VVG (D 2).

§ 1. (1) Dem Ersuchen einer erkennenden oder verfügenden Stelle um Eintreibung einer Geldleistung durch die Verwaltungsvollstreckungsbehörde ist eine Ausfertigung des Exekutionstitels anzuschließen, die mit der Bestätigung versehen ist, daß der Exekutionstitel einem die Vollstreckbarkeit hemmenden Rechtszug nicht unterliegt (Vollstreckbarkeitsbestätigung). Die Vollstreckbarkeitsbestätigung kann auch in das Ersuchen aufgenommen werden.

(2) Die Anspruchsberechtigten, die gemäß § 3, Abs. (3), des Verwaltungsvollstreckungsgesetzes die Eintreibung der Verpflichtung zu einer Geldleistung unmittelbar beim zuständigen Gericht beantragen können, sind von der Vollstreckungsbehörde, wenn sie nicht in der Lage ist, die Eintreibung selbst durchzuführen, zu verhalten, ihre Anträge unmittelbar beim zuständigen Gericht zu stellen.[1])

1) Die Anspruchsberechtigten können nach § 3 Abs 3 VVG (D 2) die Eintreibung der Geldleistung unmittelbar beim zuständigen Gericht beantragen.

§ 2. Die Vollstreckungsbehörde hat von jedem im Verwaltungsvollstreckungsverfahren begründeten Pfandrecht das Bezirksgericht, das Finanzamt und die Gemeindebehörde, in deren Sprengel die Sachen gepfändet wurden, durch Übersendung des Pfändungsprotokolles oder eines kurzen Auszuges daraus zu verständigen.

§ 3. Von der Einforderung der im Exekutionsverfahren aufgelaufenen, nicht einbringlichen Vollzugskosten hat das Gericht abzusehen, wenn der betreibende Gläubiger die Republik Österreich (Bundesschatz) ist.

§ 4. (1) Die Verordnung des Bundeskanzlers vom 28. Dezember 1925, B.G. Bl. Nr. 446, über den Vorgang bei der gerichtlichen Eintreibung von Geldleistungen für Verwaltungszwecke wird aufgehoben.

(2) Diese Verordnung findet auf bereits anhängige Vollstreckungsverfahren Anwendung, sofern eine gerichtliche Verteilungstagsatzung noch nicht stattgefunden hat.

4. EU-Verwaltungsstrafvollstreckungsgesetz

Bundesgesetz über die Vollstreckung von Geldstrafen und Geldbußen von Verwaltungsbehörden im Rahmen der Europäischen Union (EU-Verwaltungsstrafvollstreckungsgesetz – EU-VStVG),[1]) BGBl. I Nr. 3/2008

1) **Erl EU-VStVG, 2 f:** „Der Rat der Europäischen Union unterstützte auf seiner Tagung am 15. und 16. Oktober 1999 in Tampere den Grundsatz der gegenseitigen Anerkennung, der zum Eckstein der justiziellen Zusammenarbeit sowohl in Zivil- als auch in Strafsachen innerhalb der Union werden soll. Der Grundsatz der gegenseitigen Anerkennung sollte für Geldstrafen oder Geldbußen von Gerichts- oder Verwaltungsbehörden gelten, um die Vollstreckung solcher Geldstrafen oder Geldbußen in einem anderen Mitgliedstaat als dem, in dem sie verhängt worden sind, zu erleichtern.

Am 29. November 2000 nahm der Europäische Rat in Einklang mit den Schlussfolgerungen von Tampere ein Maßnahmenprogramm zur Umsetzung des Grundsatzes der gegenseitigen Anerkennung gerichtlicher Entscheidungen in Strafsachen an, wobei er der Annahme eines Rechtsakts zur Anwendung des Grundsatzes der gegenseitigen Anerkennung von Geldstrafen oder Geldbußen Vorrang einräumte.

Der Rahmenbeschluss 2005/214/JI des Rates vom 24. Februar 2005 über die Anwendung des Grundsatzes der gegenseitigen Anerkennung von Geldstrafen und Geldbußen, ABl. L Nr. 76 vom 22. 3. 2005, S. 16 (im Folgenden: Rahmenbeschluss) erfasst auch die wegen Zuwiderhandlungen gegen die den Straßenverkehr regelnden Vorschriften verhängten Geldstrafen und Geldbußen.

Wiederin hat sich in seinem für die Abteilung Strafrecht des 16. Österreichischen Juristentages erstatteten Gutachten (Die Zukunft des Verwaltungsstrafrechts, 16. ÖJT Band III/1, 141 ff) gegen eine getrennte Umsetzung der einschlägigen Rahmenbeschlüsse im gerichtlichen Strafrecht und im Verwaltungsstrafrecht ausgesprochen; eine solche erhöhe nicht nur den legistischen Aufwand, sondern berge auch die Gefahr, dass Entscheidungen ausländischer Verwaltungsbehörden in Österreich leichter anerkannt und vollstreckt werden könnten als gerichtliche Entscheidungen in derselben Sache. Die ordentlichen Gerichte seien als Rechtshilfebehörden besser geeignet als die Bezirksverwaltungsbehörden und Bundespolizeidirektionen sowie die künftigen Verwaltungsgerichte erster Instanz.

Ungeachtet der beachtlichen Argumente *Wiederins* wird im Gesetzentwurf eine Übertragung der Aufgaben der Vollstreckung auf die Bezirksverwaltungsbehörden (Bezirkshauptmannschaften und Bürgermeister der Städte mit eigenem Statut) und (innerhalb ihres Wirkungsbereiches) auf die Bundespolizeidirektionen, also eine getrennte Umsetzung vorgeschlagen. Für diese Lösung spricht, dass diese Behörden regelmäßig Straf- und Vollstreckungsbehörden erster Instanz sind und bereits nach dem Vertrag zwischen der Republik Österreich und der Bundesrepublik Deutschland über Amts- und Rechtshilfe in Verwaltungssachen, BGBl. Nr. 526/1990, und nach dem Übereinkommen über die Rechtshilfe in Strafsachen zwischen den Mitgliedstaaten der Europäischen Union, BGBl. III Nr. 65/2005, Amts- und Rechtshilfe zu leisten haben. In einem dualen System, in dem gerichtliches Strafrecht und Verwaltungsstrafrecht nebeneinander stehen, erscheint dies, wie auch *Wiederin* (aaO, 138) einräumt, durchaus folgerichtig. Der legistische Aufwand für eine getrennte Umsetzung ist, wie der nur 19 Paragraphen umfassende Gesetzentwurf zeigt, vernachlässigbar, und auch die Befürchtung *Wiederins,* der europarechtliche Ermessensspielraum könne bei der Vollstreckung von Entscheidungen der Verwaltungsbehörden weniger stark ausgeschöpft werden als bei der Vollstreckung von Entscheidungen der Gerichte (aaO, 140), ist nicht begründet, weil mit der vorgeschlagenen Erlassung einer lex specialis zum Verwaltungsvollstreckungsgesetz 1991 (VVG), BGBl. Nr. 53, einer vollständigen Übernahme der europarechtlich zulässigen Ablehnungsgründe weder legistische Zwänge noch sonstige Hindernisse entgegen stehen.

‚[A]uch in Strafsachen zuständige Gerichte', deren Entscheidungen sich auf Entscheidungen von nicht gerichtlichen Behörden beziehen, im Sinne dieses Bundesgesetzes sind in Österreich die unabhängigen Verwaltungssenate (RV 696 BlgNR XXII. GP, 3 zu Art. 3 des Übereinkommens über die Rechtshilfe in Strafsachen zwischen den Mitgliedstaaten der Europäischen Union); die gegenteilige Auffassung von *Wiederin* (aaO, 113 ff) vermag aus folgenden Gründen nicht zu überzeugen: Wie ein Vergleich mit anderen Sprachfassungen des Rahmenbeschlusses 2005/214/JI zeigt, verlangt dessen Art. 1 Buchstabe a Z iv) nicht, dass das ‚Gericht' (Tribunal) *neben* seiner Zuständigkeit in Strafsachen über eine originäre Strafkompetenz verfügt, sondern nur, dass es *insbesondere* (‚in particular', ‚notamment', ‚in particolare', ‚en particular') in Strafsachen zuständig ist. Die Entstehungsgeschichte der Vorbildbestimmung des Art. 49. lit. a des

Übereinkommens von Schengen vom 14. Juni 1990, BGBl. III Nr. 90/1997, in der eine wortgleiche Formulierung verwendet wird, legt die Deutung nahe, dass damit lediglich gesagt werden soll, dass das betreffende Gericht neben seiner Zuständigkeit in Strafsachen auch noch andere, nicht strafrechtliche Zuständigkeiten haben kann (so wie dies namentlich auf die deutschen Amtsgerichte zutrifft, die durch die Vorbildbestimmung offenbar erfasst werden sollten).

Die Kompetenz des Bundes zur Erlassung eines dem Gesetzentwurf entsprechenden Bundesgesetzes ergibt sich aus Art. 10 Abs. 1 Z 2 B-VG (‚äußere Angelegenheiten . . .') und Art. 11 Abs. 2 B-VG (‚Verwaltungsstrafverfahren', ‚Verwaltungsvollstreckung')."

Inhaltsverzeichnis

1. Abschnitt
Allgemeine Bestimmungen

2. Abschnitt
Vollstreckung von Entscheidungen anderer Mitgliedstaaten in Österreich

3. Abschnitt
Vollstreckung von österreichischen Entscheidungen in einem anderen Mitgliedstaat

4. Abschnitt

Schlussbestimmungen

1) Hier nicht abgedruckt.

1. Abschnitt

Allgemeine Bestimmungen

Anwendungsbereich

§ 1.[1]) Dieses Bundesgesetz regelt

1. die Vollstreckung von Entscheidungen anderer Mitgliedstaaten der Europäischen Union in Österreich, soweit sie nicht im Bundesgesetz über die justizielle Zusammenarbeit in Strafsachen mit den Mitgliedstaaten der Europäischen Union (EU-JZG), BGBl. I Nr. 36/2004, geregelt ist,[2]) und

2. die Vollstreckung von Entscheidungen österreichischer Verwaltungsbehörden in einem anderen Mitgliedstaat der Europäischen Union,

jedoch mit Ausnahme von Entscheidungen der Finanz- und Zollbehörden.[3])

1) **Erl EU-VStVG, 3:** „Die Möglichkeit einer Anordnung von Ersatzfreiheitsstrafen soll nicht bestehen; damit erübrigt sich eine Umsetzung des Art. 10 des Rahmenbeschlusses."

2) **Erl EU-VStVG, 3:** „Entscheidungen einer Justizbehörde, insbesondere einer Staatsanwaltschaft, sollen gemäß § 1 Z 1 nicht in den Anwendungsbereich dieses Bundesgesetzes fallen (vgl. den – in der Regierungsvorlage eines Bundesgesetzes, mit dem das Bundesgesetz über die justizielle Zusammenarbeit in Strafsachen mit den Mitgliedstaaten der Europäischen Union [EU-JZG] geändert wird [EU-JZG-ÄndG 2007] – vorgeschlagenen § 53 Abs. 2 Z 1 EU-JZG)."

3) **AB EU-VStVG, 2:** „Durch die vorgeschlagene Neufassung des § 1 soll zunächst klargestellt werden, dass Entscheidungen, die in den Anwendungsbereich des Bundesgesetzes zur Durchführung der EG-Beitreibungsrichtlinie (EG-Vollstreckungsamtshilfegesetz – EG-VAHG), BGBl. Nr. 658/1994, zuletzt geändert durch das Bundesgesetz BGBl. I Nr. 132/2002, fallen, vom Anwendungsbereich des EU-VStVG ausgenommen sind.

Der Katalog des Art. 5 des Rahmenbeschlusses enthält ua. den Tatbestand des ‚Warenschmuggels', zu dessen Ahndung nach österreichischem Recht – soweit sie nicht den Gerichten obliegt – die Finanzstrafbehörden zuständig sind. Damit fallen auch Geldstrafen in den Anwendungsbereich des Rahmenbeschlusses, die nicht wegen Verwaltungsübertretungen (im technischen Sinn des Art. VI Abs. 3 des Einführungsgesetzes zu den Verwaltungsverfahrensgesetzen 1991 – EGVG, BGBl. Nr. 50) verhängt worden sind.

Für die Vollstreckung der von den Finanzstrafbehörden verhängten Geldstrafen gelten völlig andere Regeln als für die Vollstreckung der wegen Verwaltungsübertretungen verhängten Geldstrafen: Dafür zuständig sind gemäß § 172 Abs. 1 des Finanzstrafgesetzes – FinStrG, BGBl. Nr. 129/1958, die Finanzstrafbehörden erster Instanz, das sind die Zoll- und Finanzämter (und nicht die Bezirksverwaltungsbehörden bzw. Bundespolizeidirektionen); diese haben dabei, soweit das Finanzstrafgesetz nicht anderes bestimmt, in sinngemäßer Anwendung der Bundesabgabenordnung und der Abgabenexekutionsordnung vorzugehen (und nicht in Anwendung des Verwaltungsvollstreckungsgesetzes 1991 – VVG, BGBl. Nr. 53).

In seiner Stellungnahme zu dem der Regierungsvorlage zugrunde liegenden Begutachtungsentwurf führt das Bundesministerium für Finanzen aus, es gehe davon aus, ‚dass der vorliegende Gesetzesentwurf auf die Vollstreckung von Strafen nach dem Finanzstrafgesetz (FinStrG) bzw. gleichartigen ausländischen fiskalischen Strafen keine Anwendung findet'. Eben dies ist jedoch angesichts der insoweit nicht differenzierenden Formulierung des § 1 EU-VStVG nicht gewährleistet.

Angesichts der weitreichenden Unterschiede zwischen den Verfahrenssystemen des FinStrG und des VVG erscheint es umgekehrt kaum zweckmäßig, die Vollstreckung der Entscheidungen in- und ausländischer Finanzstrafbehörden im Rahmen dieses Gesetzes zu regeln, würde dies doch Sonderbestimmungen erfordern, die mit dem Konzept und der Systematik des vorgeschlagenen Gesetzes kaum in Einklang zu bringen sind. Im Hinblick darauf soll die Vollstreckung von Entscheidungen (österreichischer und ausländischer) Finanz- und

Zollbehörden vom Anwendungsbereich des EU-VStVG ausgenommen werden und einer gesonderten Regelung vorbehalten bleiben."

Begriffsbestimmungen

§ 2. Im Sinne dieses Bundesgesetzes bezeichnet der Begriff

1. „Entscheidung"

a) eine rechtskräftige Entscheidung über die Zahlung einer Geldstrafe oder Geldbuße durch eine natürliche oder juristische Person, die

aa) von einer nicht gerichtlichen Behörde[1]) des Entscheidungsstaats in Bezug auf eine nach dessen Recht strafbare Handlung getroffen wurde, vorausgesetzt, die Person hatte die Möglichkeit, die Sache vor ein auch in Strafsachen zuständiges Gericht zu bringen,[2]) oder

bb) von einer nicht gerichtlichen Behörde des Entscheidungsstaats in Bezug auf Handlungen getroffen wurde, die nach dessen innerstaatlichem Recht als Zuwiderhandlung gegen Rechtsvorschriften geahndet wurden, vorausgesetzt, die Person hatte die Möglichkeit, die Sache vor ein auch in Strafsachen zuständiges Gericht zu bringen;

b) im Anwendungsbereich des 3. Abschnitts auch eine rechtskräftige Entscheidung über die Zahlung einer Geldstrafe oder Geldbuße durch eine natürliche oder juristische Person, die von einem auch in Strafsachen zuständigen Gericht[3]) getroffen wurde und sich auf eine unter lit. a sublit. bb fallende Entscheidung bezieht;

2. „Geldstrafe oder Geldbuße" die Verpflichtung zur Zahlung

a) eines in einer Entscheidung festgesetzten Geldbetrags auf Grund einer Bestrafung wegen einer strafbaren Handlung oder Zuwiderhandlung gegen Rechtsvorschriften;[4])

b) einer in derselben Entscheidung festgesetzten Entschädigung für die Opfer, wenn das Opfer im Rahmen des Verfahrens keine zivilrechtlichen Ansprüche geltend machen darf und das Gericht in Ausübung seiner strafrechtlichen Zuständigkeit tätig wird;

c) von Geldbeträgen für die Kosten der Gerichts- und Verwaltungsverfahren, die zu der Entscheidung geführt haben;

d) von in derselben Entscheidung festgesetzten Geldbeträgen an eine öffentliche Kasse oder eine Organisation zur Unterstützung von Opfern.

Unter den Begriff „Geldstrafe oder Geldbuße" fallen weder Anordnungen über die Einziehung von Tatwerkzeugen oder von Erträgen aus Straftaten noch Anordnungen zivilrechtlicher Natur, die sich aus Schadenersatzansprüchen und Klagen auf Wiederherstellung des früheren Zustands ergeben und gemäß der Verordnung (EG) Nr. 44/2001 über die gerichtliche Zuständigkeit und die Anerkennung und Vollstreckung von Entscheidungen in Zivil- und Handelssachen, ABl. L Nr. 12 vom 16. 01. 2001 S. 1, vollstreckbar sind;

3. „Bestrafter" die auf Grund der Entscheidung zur Zahlung der Geldstrafe oder Geldbuße verpflichtete Person;

4. „Rahmenbeschluss" den Rahmenbeschluss 2005/214/JI über die Anwendung des Grundsatzes der gegenseitigen Anerkennung von Geldstrafen und Geldbußen, ABl. L Nr. 76 vom 22. 03. 2005 S. 16;[5])

5. „Mitgliedstaat" einen Mitgliedstaat der Europäischen Union;

6. „Entscheidungsstaat" den Mitgliedstaat, in dem die Entscheidung ergangen ist;

7. „Vollstreckungsstaat" den Mitgliedstaat, dem die Entscheidung zum Zweck der Vollstreckung übermittelt wurde;

8. „Bescheinigung" die Bescheinigung nach Art. 4 des Rahmenbeschlusses.[5])

1) **Erl EU-VStVG, 3:** „Ob es sich bei der übermittelten Entscheidung um eine Entscheidung einer nicht gerichtlichen Behörde im Sinne des § 2 Z 1 lit. a, um eine Entscheidung eines ‚auch in Strafsachen zuständigen Gerichts im Sinne des § 2 Z 1 lit. b oder um eine Entscheidung eines Gerichtes in Bezug auf eine strafbare Handlung im Sinne des Art. 1 Buchstabe a Z i) des Rahmenbeschlusses (letztere wäre gemäß § 4 dem zuständigen Gericht zu übermitteln) handelt, ist der Angabe in der Bescheinigung zu entnehmen (siehe Buchstabe g Z 1 der Bescheinigung)."

2) **Erl EU-VStVG, 3:** „Zu § 2 Z 1 lit. a sublit. aa ist anzumerken, dass damit auf die Besonderheiten des finnischen und schwedischen Rechts Bezug genommen wird (vgl. dazu die Erläuterungen zum vorgeschlagenen § 53 EU-JZG)."

3) Vgl dazu Anm 1 zur Überschrift dieses Gesetzes.

4) Erl EU-VStVG, 3: „Zu § 2 Z 2 lit. a ist anzumerken, dass – im Gegensatz zur deutschen Fassung des Art. 1 Buchstabe b Z i) des Rahmenbeschlusses (vgl. demgegenüber in der englischen Sprachfassung das Wort „offence") – die Festsetzung eines Geldbetrages nicht nur wegen einer Zuwiderhandlung, sondern auch wegen einer strafbaren Handlung erfolgen kann."

5) Hier nicht abgedruckt.

2. Abschnitt

Vollstreckung von Entscheidungen anderer Mitgliedstaaten in Österreich

Anzuwendendes Verfahrensrecht

§ 3. Soweit sich aus den Bestimmungen dieses Abschnitts nicht anderes ergibt, ist auf das Verfahren zur Vollstreckung von Entscheidungen anderer Mitgliedstaaten in Österreich das Verwaltungsvollstreckungsgesetz 1991 (VVG), BGBl. Nr. 53,[1]) anzuwenden.[2])[3])

1) In der jeweils geltenden Fassung: § 17 EU-VStVG.

2) Erl EU-VStVG, 3 f: „Gemäß Art. 9 Abs. 1 des Rahmenbeschlusses ist auf die Vollstreckung einer Entscheidung das Recht des Vollstreckungsstaats in derselben Weise anwendbar, wie bei Geldstrafen, die vom Vollstreckungsstaat verhängt werden.

Gegenüber dem VVG hat das vorgeschlagene Bundesgesetz den Charakter einer lex specialis. Ein Einbau der Regelungen in das VVG erscheint aus systematischen und legistischen Gründen wenig zweckmäßig.

Vollstreckungsbehörden sind demnach die Bezirksverwaltungsbehörden (Bezirkshauptmannschaften und Organe der Städte mit eigenem Statut) (§ 1 Abs. 1 VVG) sowie die Bundespolizeidirektionen innerhalb ihres Wirkungsbereiches (§ 1 Abs. 2 VVG in der in Art. 3 Z 1 vorgeschlagenen Fassung).

Hinzuweisen ist darauf, dass gemäß § 10 VVG auf das Vollstreckungsverfahren – soweit sich aus dem VVG nicht anderes ergibt – der I. und der IV. Teil des Allgemeinen Verwaltungsverfahrensgesetzes 1991 (AVG), BGBl. Nr. 51, sinngemäß anzuwenden sind; aus diesem Grund ergibt sich die örtliche Zuständigkeit aus den Bestimmungen des I. Teils des AVG."

Von der Ermächtigung des Art 10 des Rahmenbeschlusses 2005/214/JI, die Anordnung von Ersatzfreiheitsstrafen bei der Vollstreckung ausländischer Strafen vorzusehen, wurde nicht Gebrauch gemacht.

3) **AB EU-VStVG, 3:** „Nach diesem Bundesgesetz zu vollstreckende Entscheidungen sind Exekutionstitel im Sinne des § 2 Abs. 2 der Exekutionsordnung – EO, RGBl. Nr. 79/1896.“

Übermittlung der Entscheidung

§ 4. Ist eine österreichische Verwaltungsbehörde, die eine zur Vollstreckung übermittelte Entscheidung im Sinne dieses Bundesgesetzes oder des EU-JZG erhält, nicht zuständig, die erforderlichen Maßnahmen für deren Vollstreckung zu treffen, so hat sie die Entscheidung von Amts wegen der zuständigen Vollstreckungsbehörde oder dem gemäß § 53b Abs. 1 und 2 EU-JZG zuständigen Gericht zu übermitteln.[1])

1) **Erl EU-VStVG, 4:** „Durch § 4 wird die Regelung des Art. 4 Abs. 6 des Rahmenbeschlusses umgesetzt; eine solche Umsetzung ist deswegen erforderlich, weil § 6 Abs. 1 AVG nur für Organe gilt, die die Verwaltungsverfahrensgesetze anzuwenden haben.

Zur Unterrichtungspflicht siehe den vorgeschlagenen § 10 Z 1, zur Zuständigkeit der Gerichte siehe den vorgeschlagenen § 53b EU-JZG.“

Unzulässigkeit der Vollstreckung

§ 5. (1) Die Vollstreckungsbehörde hat die Vollstreckung der Entscheidung zu verweigern, wenn die Bescheinigung nicht vorliegt, unvollständig ist oder der Entscheidung offensichtlich nicht entspricht.[1]) Als Unvollständigkeit gilt auch, wenn nicht zusammen mit der Bescheinigung die Entscheidung oder eine beglaubigte Abschrift der Entscheidung übermittelt wird oder wenn eine Übersetzung der Bescheinigung in die deutsche Sprache fehlt, es sei denn der Entscheidungsstaat hat die Erklärung abgegeben, als Vollstreckungsstaat Bescheinigungen auch in deutscher Sprache zu akzeptieren.[2])

(2) Die Vollstreckungsbehörde hat die Vollstreckung der Entscheidung zu verweigern, wenn

1. der Bestrafte im Inland nicht über Vermögen verfügt oder Einkommen bezieht, oder sich nicht in der Regel im Inland aufhält bzw. dort seinen Sitz hat,

2. gegen den Bestraften wegen derselben Tat eine rechtskräftige Entscheidung im Inland ergangen oder eine in einem anderen Staat als dem Entscheidungsstaat oder Österreich ergangene Entscheidung vollstreckt worden ist,

3. sich die Entscheidung auf eine Tat bezieht, die nach österreichischem Recht keine strafbare Handlung darstellen würde, sofern es sich nicht um einen in der Liste in **Anlage 1** aufgezählten Fall handelt,

4. die Vollstreckbarkeit der Entscheidung nach österreichischem Recht verjährt ist[3]) und die Entscheidung sich auf eine Tat bezieht, für die österreichisches Strafrecht gilt,

5. sich die Entscheidung auf eine Tat bezieht,

a) die im Inland oder an Bord eines österreichischen Schiffes oder Luftfahrzeuges begangen worden ist oder

b) die nicht im Hoheitsgebiet des Entscheidungsstaats begangen worden ist, und nach österreichischem Recht im Ausland begangene Taten gleicher Art nicht strafbar sind,

6. nach österreichischem Recht Immunitäten bestehen, die einer Vollstreckung entgegenstehen,

7. die Entscheidung gegen eine natürliche Person ergangen ist, die nach österreichischem Recht zur Zeit der Tat strafunmündig war,[4])

8. dem Bestraften im Entscheidungsstaat Amnestie oder Begnadigung gewährt worden ist,

9. laut Bescheinigung der Bestrafte

a) im Fall eines schriftlichen Verfahrens nicht persönlich oder über einen nach innerstaatlichem Recht befugten Vertreter von seinem Recht, die Entscheidung anzufechten, und von den Fristen, die für dieses Rechtsmittel gelten, gemäß den Rechtsvorschriften des Entscheidungsstaats unterrichtet worden ist, oder

b) im Verfahren nicht persönlich erschienen ist, es sei denn, aus der Bescheinigung geht hervor, dass der Bestrafte

aa) persönlich oder über einen nach innerstaatlichem Recht befugten Vertreter gemäß den Rechtsvorschriften des Entscheidungsstaats über das Verfahren unterrichtet worden ist oder

bb) angegeben hat, dass er die Entscheidung nicht anficht,

10. die verhängte Geldstrafe oder Geldbuße unter 70 Euro oder dem Gegenwert dieses Betrags liegt oder

11. Grundrechte oder allgemeine Rechtsgrundsätze gemäß Art. 6 des Vertrags über die Europäische Union verletzt wurden.[5])

(3) Die Vollstreckungsbehörde hat die Vollstreckung der Entscheidung zu verweigern, soweit

1. die Republik Österreich den Anwendungsbereich des Rahmenbeschlusses in einer gemäß Art. 20 Abs. 2 des Rahmenbeschlusses abgegebenen Erklärung beschränkt hat oder

2. im Hinblick auf eine vom Entscheidungsstaat gemäß dieser Bestimmung abgegebene Erklärung Gegenseitigkeit fehlt.[6])

(4) Bevor die Vollstreckungsbehörde in den in Abs. 1 und Abs. 2 Z 4, 9 und 11 genannten Fällen die Vollstreckung einer Entscheidung ganz oder teilweise verweigert, hat sie auf geeignete Art und Weise die zuständige Behörde des Entscheidungsstaats zu konsultieren und diese gegebenenfalls um die unverzügliche Übermittlung aller erforderlichen zusätzlichen Angaben zu bitten.

(5) Bevor die Vollstreckungsbehörde die Eintreibung der zu zahlenden Geldstrafe oder Geldbuße durch das zuständige Gericht veranlasst oder diese selbst vornimmt (§ 3 Abs. 1 VVG), hat sie den Bestraften zu deren Zahlung aufzufordern und ihm Gelegenheit zu geben, sich zu den möglichen Gründen für eine Verweigerung der Vollstreckung der Entscheidung zu äußern, wenn ihm im Inland zugestellt werden kann.[7]) Liegen solche Gründe vor, ist die Vollstreckung unzulässig; die Bewilligung einer gerichtlichen Exekution ist vom Gericht auf Antrag des Verpflichteten zu verweigern.

1) **Erl EU-VStVG, 4:** „Der Rahmenbeschluss hebt zwar gleich zweimal ausdrücklich hervor, dass die zuständige Behörde des Entscheidungsstaats zusammen mit der Bescheinigung die Entscheidung oder eine beglaubigte Abschrift derselben zu übermitteln hat (vgl. Art. 4 Abs. 1 und 3 des Rahmenbeschlusses), regelt jedoch umgekehrt nicht ausdrücklich, wie vorzugehen ist, wenn nur die Bescheinigung übermittelt wird. Es muss angenommen werden, dass dies eine Unvollständigkeit im Sinne des Art. 7 Abs. 1 des Rahmenbeschlusses darstellt, die den Vollstreckungsstaat dazu berechtigt, die Vollstreckung zu verweigern."

2) **Erl EU-VStVG, 4:** „Wie vorzugehen ist, wenn die Bescheinigung nicht in einer der nach Art. 16 Abs. 1 des Rahmenbeschlusses zulässigen Sprachen abgefasst oder in eine solche Sprache übersetzt worden ist, ist im Rahmenbeschluss ebenfalls nicht ausdrücklich geregelt; Art. 16 Abs. 2 des Rahmenbeschlusses regelt nämlich, wie ein Vergleich mit anderen Sprachfassungen zeigt, nur den Fall, dass die Übersetzung der Entscheidung nötig wird . . . Da Art. 16 Abs. 1 des Rahmenbeschlusses eine Verpflichtung des Entscheidungsstaats normiert, wird auch der Fall der fehlenden Übersetzung der Bescheini-

gung als Unvollständigkeit im Sinne des Art. 7 Abs. 1 des Rahmenbeschlusses zu qualifizieren sein.

Da das Bundesministerium für Justiz in Aussicht genommen hat, im Zusammenhang mit der Akzeptanz von Bescheinigungen in anderen Amtssprachen der Europäischen Union gemäß Art. 16 Abs. 1 des Rahmenbeschlusses gegenüber dem Ratssekretariat einen gegenseitigen Übersetzungsverzicht abzugeben (vgl. dazu die Erläuterungen zum vorgeschlagenen § 53k EU-JZG), sind Bescheinigungen, die nicht in die deutsche Sprache übersetzt worden sind, dann zu akzeptieren, wenn der Entscheidungsstaat die Erklärung abgegeben hat, als Vollstreckungsstaat Bescheinigungen auch in deutscher Sprache zu akzeptieren. Gemäß dem vorgeschlagenen § 53k Abs. 2 EU-JZG soll die Bundesministerin für Justiz durch Verordnung verlautbaren, welche Mitgliedstaaten welche Amtssprachen akzeptieren."

3) Vgl § 31 Abs 3 VStG (C 2).

4) Vgl § 4 Abs 1 VStG (C 2).

5) Erl EU-VStVG, 4: „Zum Verweigerungsgrund des § 5 Abs. 2 Z 11 ist auch auf den Erwägungsgrund 5 des Rahmenbeschlusses hinzuweisen, in dem es heißt: ‚Der vorliegende Rahmenbeschluss achtet die Grundrechte und wahrt die in Artikel 6 des Vertrags anerkannten Grundsätze, die auch in der Charta der Grundrechte der Europäischen Union (4), insbesondere in deren Kapitel VI, zum Ausdruck kommen. Keine Bestimmung des vorliegenden Rahmenbeschlusses darf in dem Sinne ausgelegt werden, dass sie es untersagt, die Vollstreckung einer Entscheidung abzulehnen, wenn objektive Anhaltspunkte dafür vorliegen, dass die Geldstrafe oder Geldbuße zum Zwecke der Bestrafung einer Person aus Gründen ihres Geschlechts, ihrer Rasse, Religion, ethnischen Herkunft, Staatsangehörigkeit, Sprache, politischen Überzeugung oder sexuellen Ausrichtung verhängt wurde oder dass die Stellung dieser Person aus einem dieser Gründe beeinträchtigt werden kann.' "

6) Erl EU-VStVG, 4f: „Art. 20 Abs. 2 des Rahmenbeschlusses sieht vor, dass jeder Mitgliedstaat für einen Zeitraum von bis zu fünf Jahren ab dem Zeitpunkt des Inkrafttretens des Rahmenbeschlusses dessen Anwendung auf Entscheidungen nach Art. I Buchstabe a Z i) und iv) beschränken kann. Die Anwendung auf Entscheidungen nach Art. 1 Buchstabe a Z ii) und iii) – dies entspricht Entscheidungen gemäß § 2 Z 1 lit. a – kann somit aufgeschoben werden. Weiters sieht Art. 20 Abs. 2 des Rahmenbeschlusses vor, dass die Anwendung des Rahmenbeschlusses für den gleichen Zeitraum bei juristischen Personen auf Entscheidungen beschränkt werden kann, die sich auf Handlungen beziehen, für die ein europäischer Rechtsakt die Anwendung des Grundsatzes der Haftung juristischer Personen vorschreibt. Wenn ein Mitgliedstaat eine dahingehende Erklärung abgegeben hat, werden davon erfasste österreichische Entscheidungen in diesem Staat nicht vollstreckt und es fehlt somit an der Gegenseitigkeit. Erklärungen der Mitgliedstaaten gemäß Art. 20 Abs. 2 des Rahmenbeschlusses werden im Amtsblatt der Europäischen Union veröffentlicht."

7) **AB EU-VStVG, 3:** „Um der Vollstreckungsbehörde die Beurteilung der Frage zu erleichtern, ob die Vollstreckung gemäß § 5 Abs. 1 bis 3 zu verweigern ist, sieht Abs. 5 in der vorgeschlagenen Fassung vor, dass sie dem Bestraften Gelegenheit zu geben hat, sich zu den möglichen Gründen für eine Verweigerung der Vollstreckung zu äußern.

Hervorzuheben ist, dass es sich bei diesem von der Vollstreckungsbehörde durchzuführenden ‚Äußerungsverfahren' nicht um ein eigenes ‚behördliches Verfahren' im Sinne des Art. II Abs. 1 EGVG handelt. Die Frage der Zulässigkeit oder Unzulässigkeit der Vollstreckung gemäß § 5 Abs. 1 bis 3 kann daher auch nicht Gegenstand eines eigenen bescheidmäßigen Abspruchs (etwa in Form eines Feststellungsbescheides) sein. Ob die Vollstreckung gemäß § 5 Abs. 1 bis 3 zulässig ist, ist vom Exekutionsgericht (aus Anlass der Bewilligung einer von der Vollstreckungsbehörde beantragten Exekution) zu entscheiden bzw. nur dann, wenn die Vollstreckungsbehörde die Eintreibung der Geldstrafe oder Geldbuße selbst vornimmt, von ihr selbst (in der Vollstreckungsverfügung) bzw. von der Berufungsbehörde (in der Entscheidung über eine gegen die Vollstreckungsverfügung erhobene Berufung). Wenn die Vollstreckungsbehörde zur Überzeugung gelangt, dass die Vollstreckung gemäß § 5 Abs. 1 bis 3 unzulässig ist, darf sie die gerichtliche Exekution erst gar nicht beantragen (bzw. die Vollstreckung verfügen), sondern hat die Vollstreckung sofort zu verweigern."

Vollstreckung

§ 6. (1) Der zu vollstreckende Geldbetrag ist von der Vollstreckungsbehörde in Euro anzugeben. Ist die zu zahlende Geldstrafe oder Geldbuße in der zu vollstreckenden Entscheidung nicht in Euro angegeben, so ist der zu vollstreckende Geldbetrag zu dem am Tag der Verhängung der Geldstrafe oder Geldbuße geltenden Wechselkurs in Euro umzurechnen.

(2) Bezieht sich die Entscheidung nachweislich auf Taten, die nicht im Hoheitsgebiet des Entscheidungsstaats begangen worden sind, und gilt für diese Taten österreichisches Strafrecht, so ist der zu vollstreckende Betrag auf das nach österreichischem Recht zulässige Höchstmaß herabzusetzen.

(3) § 54b Abs. 3 VStG ist sinngemäß anzuwenden.[1])

(4) Die Vollstreckung der Entscheidung kann für die Zeit ausgesetzt werden, die für eine Anfertigung ihrer Übersetzung benötigt wird.[2])

1) Diese Bestimmung sieht die Gewährung eines Zahlungsaufschubes oder von Teilzahlungen vor.

2) Erl EU-VStVG, 5: „Inwieweit eine Übersetzung der Entscheidung erforderlich ist, ist von der Vollstreckungsbehörde zu beurteilen; dies wird dann nicht der Fall sein, wenn bereits anhand der Bescheinigung erschöpfend beurteilt werden kann, ob die Vollstreckung zulässig ist.“

Anrechnung geleisteter Zahlungen

§ 7. Kann der Verpflichtete den Nachweis für eine teilweise oder vollständig geleistete Zahlung in einem Staat erbringen, so hat die Vollstreckungsbehörde nach dem Verfahren des § 5 Abs. 4 die zuständige Behörde des Entscheidungsstaats zu konsultieren. Jeder in einem Staat in welcher Weise auch immer eingetriebene Teil der Geldstrafe oder Geldbuße ist voll auf den einzutreibenden Geldbetrag anzurechnen.

Beendigung der Vollstreckung

§ 8. Unterrichtet die zuständige Behörde des Entscheidungsstaats die Vollstreckungsbehörde über eine Entscheidung oder Maßnahme, auf Grund derer die Vollstreckbarkeit der Entscheidung erlischt oder die Vollstreckung Österreich aus anderen Gründen wieder entzogen wird, so ist die Vollstreckung zu beenden.

Erlös aus der Vollstreckung

§ 9. Sofern nicht eine anders lautende Vereinbarung mit dem Entscheidungsstaat getroffen wurde, fließt der Erlös aus der Vollstreckung dem Rechtsträger zu, der den Aufwand der Vollstreckungsbehörde zu tragen hat.[1])[2])

1) Erl EU-VStVG, 5: „Die Grundsatzentscheidung, dass der Erlös – soweit nicht eine anders lautende Vereinbarung getroffen wurde – dem Vollstreckungsstaat zufließt, ergibt sich aus Art. 13 des Rahmenbeschlusses.“

2) Vollstreckungsbehörden sind nach dem subsidiär anzuwendenden VVG die BVB und die BPD; den Aufwand für die BH hat das Land zu tragen, für Behörden der Städte mit eigenem Statut die Statutargemeinde, für die BPD der Bund.

Unterrichtung des Entscheidungsstaats

§ 10. Die jeweilige Behörde[1]) hat die zuständige Behörde des Entscheidungsstaats unverzüglich in einer Form, die einen schriftlichen Nachweis ermöglicht,

1. über die Übermittlung der Entscheidung an die zuständige Vollstreckungsbehörde oder an das zuständige Gericht gemäß § 4,
2. über die Verweigerung der Vollstreckung einer Entscheidung gemäß § 5 zusammen mit einer Begründung,
3. über die in ihrer Gesamtheit oder in Teilen aus den in § 6 Abs. 2, § 7 oder in anderen Rechtsvorschriften genannten Gründen nicht erfolgte Vollstreckung der Entscheidung und
4. über die Vollstreckung der Entscheidung, sobald sie abgeschlossen ist,

zu unterrichten.

1) Das ist im Fall der Z 1 die Behörde, an die eine ausländische Entscheidung zur Vollstreckung übermittelt wird, die sich aber für unzuständig hält; in den Fällen der Z 2 bis 4 die jeweilige Vollstreckungsbehörde.

Kosten

§ 11. Ein Ersatz für entstehende Kosten darf von anderen Mitgliedstaaten nicht gefordert werden.[1])

1) § 11 VVG (D 2) über den Kostenersatz durch den Verpflichteten bleibt unberührt.

3. Abschnitt

Vollstreckung von österreichischen Entscheidungen in einem anderen Mitgliedstaat

Voraussetzungen

§ 12. Entscheidungen österreichischer Behörden können in einem anderen Mitgliedstaat vollstreckt werden, wenn eine

Vollstreckung im Inland nicht möglich ist oder mit einem unverhältnismäßigen Aufwand verbunden wäre.[1][2])

1) **Erl EU-VStVG, 5:** „Durch § 12 wird klar zum Ausdruck gebracht, dass Entscheidungen österreichischer Behörden primär im Inland vollstreckt werden sollen; nur wenn eine Vollstreckung im Inland nicht möglich ist oder mit einem unverhältnismäßigen Aufwand verbunden wäre, kommt eine Vorgehensweise gemäß dem 3. Abschnitt in Betracht. Siehe auch die korrespondierende Regelung über die Entziehung der Vollstreckung in § 14 Abs. 2."

2) Die Unmöglichkeit bzw Unverhältnismäßigkeit bezieht sich auf die Einbringung der Geldstrafe, nicht auf eine Ersatzfreiheitsstrafe: Eine Ersatzfreiheitsstrafe darf nach § 54b Abs 2 VStG (C 2) nämlich nur vollzogen werden, wenn die verhängte Geldstrafe „uneinbringlich" ist; ist die Vollstreckung der Geldstrafe auf Grund des EU-VStVG in einem anderen Staat grundsätzlich möglich, muss zunächst die Vollstreckung auf diesem Wege versucht werden. Die Ersatzfreiheitsstrafe darf im Inland erst in Vollzug gesetzt werden, wenn die Geldstrafe auch auf diesem Weg nicht eingebracht werden kann (vgl Anm 5 zu § 54b VStG [C 2]). Ohne einen solchen Versuch bzw ohne Erhebungen über die Möglichkeit der Einbringung der Geldstrafe ist der Vollzug der Ersatzfreiheitsstrafe aus rechtlichen Gründen nicht möglich; dass der Bestrafte in Österreich in Haft genommen werden könnte, steht daher dem Versuch der Einbringung der Geldstrafe in einem anderen EU-Staat nach dem EU-VStVG nicht entgegen. Allerdings kann nach Art 10 des Rahmenbeschlusses 2005/214/JI der Vollstreckungsstaat Ersatzfreiheitsstrafen festsetzen, wenn die österreichischen Behörden dies zulassen; dies muss in der Bescheinigung nach Art 4 des Rahmenbeschlusses angegeben werden (vgl lit i der Bescheinigung in der Anlage 2 zum EU-VStVG).

Übermittlung der Entscheidung

§ 13. (1) Die Strafbehörde hat die Entscheidung oder eine beglaubigte Abschrift der Entscheidung zusammen mit einer Bescheinigung der zuständigen Behörde eines Mitgliedstaats zu übermitteln, in dem der Bestrafte über Vermögen verfügt, Einkommen bezieht oder sich in der Regel aufhält bzw. seinen eingetragenen Sitz hat.

(2) Für die Bescheinigung ist das Formblatt in **Anlage 2**[1]) zu verwenden; sie ist von der Strafbehörde zur Bestätigung der Richtigkeit ihres Inhalts zu unterzeichnen. Sofern der Vollstre-

ckungsstaat nicht die Erklärung abgegeben hat, Bescheinigungen auch in deutscher Sprache zu akzeptieren, ist die Bescheinigung in die Amtssprache oder eine der Amtssprachen des Vollstreckungsstaats oder, wenn der Vollstreckungsstaat die Erklärung abgegeben hat, eine Übersetzung in eine oder mehrere andere Amtssprachen der Europäischen Union zu akzeptieren, in eine dieser Amtssprachen zu übersetzen.[2])

(3) Die Übermittlung gemäß Abs. 1 hat in einer Form zu erfolgen, die einen schriftlichen Nachweis unter Bedingungen ermöglicht, die dem Vollstreckungsstaat die Feststellung der Echtheit gestattet. Das Original der Entscheidung oder eine beglaubigte Abschrift der Entscheidung und das Original der Bescheinigung sind dem Vollstreckungsstaat auf Wunsch im Postweg zuzusenden. Die Übermittlung gemäß Abs. 1 sowie sämtliche offiziellen Mitteilungen erfolgen unmittelbar zwischen der Strafbehörde und der zuständigen Behörde des Vollstreckungsstaats.

(4) Die Strafbehörde darf die Entscheidung jeweils nur einem Vollstreckungsstaat übermitteln.

(5) Ist der Strafbehörde nicht bekannt, welche Behörde im Vollstreckungsstaat zuständig ist, so hat sie zu versuchen, diese beim Vollstreckungsstaat mit allen ihr zur Verfügung stehenden Mitteln – auch über die Kontaktstellen des Europäischen Justiziellen Netzes – in Erfahrung zu bringen.

1) Hier nicht abgedruckt.

2) Erl EU-VStVG, 5: „Welche Mitgliedstaaten welche Amtssprachen akzeptieren, soll gemäß dem vorgeschlagenen § 53k Abs. 2 EU-JZG durch Verordnung der Bundesministerin für Justiz verlautbart werden."

Beendigung der Vollstreckung

§ 14. (1) Die Strafbehörde hat die zuständige Behörde des Vollstreckungsstaats unverzüglich über jede Entscheidung oder Maßnahme zu unterrichten, auf Grund derer die Vollstreckbarkeit der Entscheidung erlischt.

(2) Die Strafbehörde hat dem Vollstreckungsstaat die Vollstreckung wieder zu entziehen, wenn die Voraussetzungen nach § 12 weggefallen sind.

Folgen der Übermittlung

§ 15. (1) Vorbehaltlich des Abs. 2 darf eine gemäß § 13 übermittelte Entscheidung im Inland nicht vollstreckt werden.

(2) Die Vollstreckung ist wieder zulässig,

1. nachdem der Vollstreckungsstaat die Strafbehörde davon unterrichtet hat, dass bei Anwendung von Art. 7, ausgenommen dessen Abs. 2 Buchstabe a, von Art. 11 Abs. 1 oder von Art. 20 Abs. 3 des Rahmenbeschlusses die Vollstreckung der Entscheidung in ihrer Gesamtheit oder in Teilen nicht erfolgt ist oder die Entscheidung nicht anerkannt wurde,[1]) oder

2. wenn die Strafbehörde den Vollstreckungsstaat davon unterrichtet hat, dass sie ihm die Vollstreckung der Entscheidung gemäß § 14 Abs. 2 wieder entzogen hat.

(3) Erhält nach Übermittlung einer Entscheidung gemäß § 13 eine österreichische Behörde einen Geldbetrag, den der Bestrafte freiwillig auf Grund der Entscheidung gezahlt hat, so hat sie dies der zuständigen Behörde im Vollstreckungsstaat unverzüglich mitzuteilen. § 7 ist sinngemäß anzuwenden.

1) Art 7 des Rahmenbeschlusses regelt die Gründe für die Versagung der Anerkennung oder der Vollstreckung einer Entscheidung; sein Abs 2 lit a betrifft den Fall, dass gegen den Bestraften im Vollstreckungsstaat oder in einem anderen Staat – als dem, der jetzt um die Vollstreckung ersucht – wegen derselben Handlung eine Entscheidung ergangen ist.

Art 11 Abs 1 des Rahmenbeschlusses erlaubt dem Vollstreckungsstaat die Gewährung einer Amnestie oder einer Begnadigung.

Art 20 Abs 3 des Rahmenbeschlusses erlaubt die Verweigerung der Vollstreckung bei vermuteter Verletzung der in Art 6 EUV genannten Rechtsgrundsätze.

4. Abschnitt

Schlussbestimmungen

Verhältnis zu anderen Übereinkünften und Vereinbarungen

§ 16. Dieses Bundesgesetz schließt die Anwendung anderer Übereinkünfte oder Vereinbarungen zwischen Mitgliedstaaten nicht aus, insoweit diese Übereinkünfte oder Vereinbarungen Möglichkeiten bieten, die über die Bestimmungen des Rahmenbeschlusses hinausgehen und zu einer weiteren Vereinfachung oder Erleichterung der Verfahren zur Vollstreckung von Geldstrafen oder Geldbußen beitragen.[1])

1) Vgl insb das Rechtshilfeabkommen BRD – Österreich (E 5).

Verweisungen

§ 17. Soweit in diesem Bundesgesetz auf Bestimmungen anderer Bundesgesetze verwiesen wird, sind diese in ihrer jeweils geltenden Fassung anzuwenden.

Inkrafttreten

§ 18. Dieses Bundesgesetz tritt mit 1. März 2008 in Kraft.[1]) Auf Übertretungen, die vor diesem Datum begangen wurden, ist dieses Gesetz jedoch nicht anzuwenden.[2])

1) Nach Art 20 Abs 1 des Rahmenbeschlusses 2005/214/JI wäre dieser bis 22. 3. 2007 umzusetzen gewesen.

2) **AB EU-VStVG, 3:** „Die Stichtagsregelung für die Anwendung berücksichtigt das Prinzip der nicht rückwirkenden Strafgesetze (nulla poena . . .) und wird voraussichtlich in gleicher Weise auch im Zuge der Umsetzung des Rahmenbeschlusses durch Deutschland berücksichtigt (so die Erklärung der dt. Justizministerin Zypries am 13. 11. 2007 bei der ADAC-Rechtskonferenz in Berlin)."

Vollziehung

§ 19. Mit der Vollziehung dieses Bundesgesetzes ist die Bundesregierung betraut.

Anlage 1

Liste von Straftaten, bei denen die beiderseitige Strafbarkeit nicht geprüft wird

- Beteiligung an einer kriminellen Vereinigung,
- Terrorismus,
- Menschenhandel,
- sexuelle Ausbeutung von Kindern und Kinderpornografie,
- illegaler Handel mit Drogen und psychotropen Stoffen,
- illegaler Handel mit Waffen, Munition und Sprengstoffen,
- Korruption,

- Betrugsdelikte, einschließlich Betrug zum Nachteil der finanziellen Interessen der Europäischen Gemeinschaften im Sinne des Übereinkommens vom 26. Juli 1995 über den Schutz der finanziellen Interessen der Europäischen Gemeinschaften,
- Wäsche von Erträgen aus Straftaten,
- Geldfälschung, einschließlich der Euro-Fälschung,
- Cyberkriminalität,
- Umweltkriminalität, einschließlich des illegalen Handels mit bedrohten Tierarten oder mit bedrohten Pflanzen- und Baumarten,
- Beihilfe zur illegalen Einreise und zum illegalen Aufenthalt,
- vorsätzliche Tötung, schwere Körperverletzung,
- illegaler Handel mit Organen und menschlichem Gewebe,
- Entführung, Freiheitsberaubung und Geiselnahme,
- Rassismus und Fremdenfeindlichkeit,
- Diebstahl in organisierter Form oder mit Waffen,
- illegaler Handel mit Kulturgütern, einschließlich Antiquitäten und Kunstgegenstände,
- Betrug,
- Erpressung und Schutzgelderpressung,
- Nachahmung und Produktpiraterie,
- Fälschung von amtlichen Dokumenten und Handel damit,
- Fälschung von Zahlungsmitteln,
- illegaler Handel mit Hormonen und anderen Wachstumsförderern,
- illegaler Handel mit nuklearen und radioaktiven Substanzen,
- Handel mit gestohlenen Kraftfahrzeugen,
- Vergewaltigung,
- Brandstiftung,
- Verbrechen, die in die Zuständigkeit des Internationalen Strafgerichtshofs fallen,
- Flugzeug- und Schiffsentführung,
- Sabotage,
- gegen die den Straßenverkehr regelnden Vorschriften verstoßende Verhaltensweise, einschließlich Verstößen gegen Vorschriften über Lenk- und Ruhezeiten und des Gefahrgutrechts,
- Warenschmuggel,
- Verletzung von Rechten an geistigem Eigentum,
- Bedrohungen von Personen und Gewalttaten gegen sie, einschließlich Gewalttätigkeit bei Sportveranstaltungen,

- Sachbeschädigung,
- Diebstahl,
- Straftatbestände, die vom Entscheidungsstaat festgelegt wurden und durch Verpflichtungen abgedeckt sind, die sich aus im Rahmen des EG-Vertrags oder des Titels VI des EU-Vertrags erlassenen Rechtsakten ergeben

Anlage 2

siehe Anlagen[1])

1) Hier nicht abgedruckt.

E. Das Zustellgesetz

1. Zustellgesetz

Bundesgesetz über die Zustellung behördlicher Dokumente (Zustellgesetz – ZustG),*) BGBl. Nr. 200/1982 idF BGBl. Nr. 357/1990, BGBl. I Nr. 158/1998, 137/2001, 65/2002, 10/2004, 5/2008 und 111/2010

*) IdF des Art 3 Z 1 BGBl I 2004/10 (Neufassung des Titels; in Kraft getreten am 1. 3. 2004).

1. Abschnitt*)

Allgemeine Bestimmungen

Anwendungsbereich

§ 1.**)[1]) **Dieses Bundesgesetz regelt die Zustellung**[2])[3]) **der von Gerichten und Verwaltungsbehörden in Vollziehung der Gesetze**[4]) **zu übermittelnden Dokumente**[5]) **sowie die durch sie vorzunehmende Zustellung von Dokumenten ausländischer Behörden.**[6])

*) IdF des Art 4 Z 1 BGBl I 2008/5 (Ersetzung der Bezeichung „ABSCHNITT I" durch „1. Abschnitt"; rückwirkend in Kraft getreten am 1. 1. 2008).

**) IdF des Art 3 Z 2 BGBl I 2004/10 (Neufassung samt Überschrift; in Kraft getreten am 1. 3. 2004).

1) Gleichzeitig mit dem ZustG wurde das ZustRAG erlassen, das entsprechende Änderungen von JN, ZPO, StPO, StVG, BAO, FinStrG, DVG (G 2) und PatG verfügte; die Anpassung der §§ 21 bis 31 AVG (B 2) erfolgte mit BGBl 1982/199. In diesen Gesetzen und in zahlreichen anderen Bestimmungen werden zT Sonderregelungen über die Zustellung getroffen, die als leges speciales den Bestimmungen des ZustG vorgehen; vgl auch § 28 ZustG.

Die Änderungen durch BGBl I 2004/10 hängen mit der Erlassung des E-GovG und der gleichzeitigen Novellierung des AVG

(B 2), insb dessen § 18 zusammen. In diesem Zusammenhang wurden die Bestimmungen über elektronische Zustellungen gänzlich neu gefasst; dabei wurde auch eine Umstellung der Vorgangsweise bei elektronischen Zustellungen bis 31. 12. 2007 vorgesehen. Die derart geschaffenen Regelungen des AVG (B 2) und des ZustG erwiesen sich jedoch als „unnötig kompliziert, schwer verständlich oder unpraktikabel" (AB 2007, 1), auch konnte die Umstellung der elektronischen Zustellungen nicht wie vorgesehen bis 31. 12. 2007 abgeschlossen werden. Durch BGBl I 2008/5 wurden daher das AVG (B 2) und das ZustG neuerlich geändert, wobei der Abschnitt über die elektronische Zustellung neu gefasst und die Fristen für die Umstellung verlängert wurden.

Das ZustG unterscheidet nunmehr zwischen traditionellen („physischen") Zustellungen an eine Abgabestelle (vgl den 2. Abschnitt) und elektronischen Zustellungen (vgl den 3. Abschnitt). Die allgemeinen Bestimmungen des 1. Abschnitts und die Schlussbestimmungen (4. Abschnitt) gelten für alle Arten der Zustellung.

2) **Zustellung** ist nur die Übermittlung behördlicher Dokumente an verfahrensbeteiligte Private (zB Beteiligte, Zeugen, Sachverständige, Dolmetscher) und an solche Behörden (Organe), die funktionell als Verfahrensbeteiligte tätig werden, nicht aber der interne Austausch von Dokumenten zwischen Behörden.

Dabei obliegt der Verwaltungsbehörde bzw dem Gericht die **„Zustellverfügung"** (§ 5 ZustG), dem Zusteller (§ 4 ZustG) dagegen die **Verwirklichung des Zustellvorgangs.**

3) Die Novelle BGBl I 2004/10 hatte vorgesehen, dass elektronische Zustellungen (abgesehen von einzelnen Ausnahmen) nur im Wege eines elektronischen Zustelldienstes erfolgen können; daneben sah § 18 AVG (B 2) idF dieser Novelle zwar die Möglichkeit einer formlosen Zusendung schriftlicher Erledigungen – zB mittels Fax oder E-Mail – vor, die aber nicht als Zustellung iS des ZustG galt. Durch die Novelle BGBl I 2008/5 wurde dieses System aufgegeben und – wie nach der früheren Rechtslage – die Möglichkeit einer unmittelbaren elektronischen Zustellung durch die Behörde unter bestimmten Voraussetzungen wieder eingeführt (§ 37 ZustG). Die Möglichkeit einer „formlosen Zusendung" schriftlicher Erledigungen ist im neu gefassten § 18 AVG (B 2) nicht mehr vorgesehen.

4) Also im Bereich der Gerichtsbarkeit und der Hoheitsverwaltung.

Für Stellen, die für den Staat als Träger von Privatrechten tätig werden, gilt das ZustG nicht; für sie sind die allgemeinen postrechtlichen Vorschriften maßgebend.

5) Siehe § 2 Z 2 ZustG.
6) Siehe § 12 ZustG.

§ 1 a.*) *(Entfällt; Art 4 Z 2 BGBl I 1998/158)*

*) Eingefügt durch Art III Z 1 BGBl 1990/357; aufgehoben durch Art 4 Z 2 BGBl I 1998/158 (mit Ablauf des 31. 12. 1998).

Begriffsbestimmungen

§ 2.*) **Im Sinne dieses Bundesgesetzes bedeuten die Begriffe:**

1. „Empfänger“: die von der Behörde in der Zustellverfügung (§ 5) namentlich bezeichnete Person, in deren Verfügungsgewalt das zuzustellende Dokument gelangen soll;[1])

2. „Dokument“: eine Aufzeichnung, unabhängig von ihrer technischen Form, insbesondere eine behördliche schriftliche Erledigung;[2])

3. „Zustelladresse“: eine Abgabestelle (Z 4) oder elektronische Zustelladresse (Z 5);[3])

4. „Abgabestelle“:[4])[5]) die Wohnung oder sonstige Unterkunft, die Betriebsstätte, der Sitz, der Geschäftsraum, die Kanzlei[6]) oder auch der Arbeitsplatz des Empfängers, im Falle einer Zustellung anlässlich einer Amtshandlung auch deren Ort,[7]) oder ein vom Empfänger der Behörde für die Zustellung in einem laufenden Verfahren angegebener Ort;

5. „elektronische Zustelladresse“:[8]) eine vom Empfänger der Behörde für die Zustellung in einem anhängigen oder gleichzeitig anhängig gemachten Verfahren[9]) angegebene elektronische Adresse;[10])

6. „Post“: die Österreichische Post AG (§ 2 Z 2 des Postgesetzes 1997, BGBl. I Nr. 18/1998[11]));

7. „Zustelldienst“: die Post oder ein anderer Universaldienstbetreiber gemäß § 5 Abs. 1 bis 3 des Postgesetzes 1997[12]) im Anwendungsbereich des 2. Abschnitts sowie ein elektronischer Zustelldienst im Anwendungsbereich des 3. Abschnitts;[13])

8. „Ermittlungs- und Zustelldienst“: der elektronische Zustelldienst, der die Leistungen gemäß § 29 Abs. 2 zu erbringen hat;

9. „Kunde“: Person, gegenüber der sich ein elektronischer Zustelldienst zur Zustellung behördlicher Dokumente verpflichtet hat.[14])

*) IdF des Art 3 Z 2 BGBl I 2004/10 (Neufassung samt Überschrift; in Kraft getreten am 1. 3. 2004) und des Art 4 Z 2 bis 6 BGBl 2008/5 (Streichung des Klammerausdrucks „[Sendung]“ in Z 2; Streichung der früheren Z 3 und Z 7; Umbenennung der früheren Z 4, 5 und 8 in Z 3, 4 und 6; Umbennnung der früheren Z 6 in Z 5 und Neufassung derselben; Ersetzung der früheren Z 9 durch die Z 7 bis 9; rückwirkend in Kraft getreten am 1. 1. 2008).

1) Empfänger ist jene Person, die von der Behörde in der Zustellverfügung (§ 5 Z 1 ZustG) (und in der Sendung [dem Dokument]) namentlich bezeichnet wird und an die die Sendung (das Dokument) gelangen soll: **formeller Empfängerbegriff.** Als Empfänger ist **in der Regel** jene Person anzugeben, für die das Schriftstück (das Dokument) **seinem Inhalt nach bestimmt ist: materieller Empfängerbegriff.**

2) **Erl 2004, 14:** „Im derzeit geltenden Zustellgesetz wird mehrfach der Begriff des ‚Schriftstücks‘ verwendet. Für elektronische Nachrichten scheint dieser Begriff zu eng, weshalb auch der allgemeinere Begriff ‚Dokument‘ in die Terminologie des Zustellgesetzes eingeführt wird, um den Aspekt der inhaltlichen Nachweisbarkeit von zuzustellenden Nachrichten in den Vordergrund zu rücken gegenüber der technischen Form ihrer Darstellung. Durch die weite Definition des Begriffs ‚Dokument‘ soll klargestellt werden, dass darunter nicht nur Schriftstücke im engeren Sinn, sondern alle Aufzeichnungen (also z. B. auch Pläne oder Fotos) zu verstehen sind . . . Der Begriff ‚elektronisches Dokument‘ wird im Übrigen bereits jetzt in § 4 Abs. 3 des Signaturgesetzes, BGBl. I Nr. 190/1999 idF. BGBl. I Nr. 152/2001, verwendet, ist jedoch vor allem in der deutschen Rechtssprache gebräuchlich (vgl. z. B. § 130 a dZPO).“

3) **Erl 2007, 17:** „Die durch die Novelle BGBl. I Nr. 10/2004 eingeführte Definition des Begriffes ‚Adresse‘ erscheint angesichts der in § 2 Z 4 bis 6 (künftig Z 3 bis 5) ZustG vorgenommenen Begriffsbestimmungen (‚Zustelladresse‘, ‚Abgabestelle‘ und ‚elektronische Zustelladresse‘) entbehrlich. . . . § 2 Z 3 ZustG soll daher entfallen; wo bisher im ZustG nur von ‚Adresse‘ die Rede war, soll nunmehr der Begriff ‚Zustelladresse‘ verwendet werden.“

4) Die in § 2 Z 4 ZustG als **Abgabestelle(n)** qualifizierten Orte stehen (siehe aber § 13 Abs 4 ZustG) gleichrangig nebeneinander; an

welchem dieser Orte im Einzelfall zuzustellen ist, hat die Behörde in der Zustellverfügung zu bestimmen (§ 5 ZustG). Zur Änderung der Abgabestelle siehe § 8 ZustG.

Jeder der in § 2 Z 4 ZustG genannten Orte ist „Abgabestelle" nur dann und nur so lange, wenn und als sich der Empfänger, von relativ kurzfristigen Ausnahmen abgesehen (§ 16 Abs 1 und § 17 Abs 1 ZustG), dort **tatsächlich aufhält.**

In den Verwaltungsvorschriften sind verschiedentlich auch andere Orte als Abgabestelle vorgesehen; siehe zB § 19a Abs 2 MeldeG.

5) Kann die Zustellung an der von der Behörde bestimmten Abgabestelle **nicht bewirkt** werden, liegt aber Grund zur Annahme vor, dass sich der Empfänger regelmäßig an der Abgabestelle aufhält, so ist das Schriftstück (Dokument) zu hinterlegen (§ 17 Abs 1 ZustG). Hält sich aber der Empfänger nicht regelmäßig an der Abgabestelle auf, so ist das Schriftstück (Dokument) – vom Fall des § 8 Abs 2 ZustG (wenn einer Behörde eine Änderung der Abgabestelle nicht mitgeteilt wurde und eine neue Abgabestelle nicht ohne Schwierigkeiten festgestellt werden kann) abgesehen – nicht zu hinterlegen, sondern entweder an eine inländische Abgabestelle nachzusenden (§ 18 Abs 1 ZustG) oder an die Behörde zurückzustellen (§ 19 Abs 1 ZustG).

6) Die Kanzlei kann nach der Rsp auch dann als Abgabestelle bestimmt werden, wenn es sich um ein Schriftstück (Dokument) handelt, das einem berufsmäßigen Parteienvertreter (siehe Anm 11 zu § 49 AVG [B 2]) **außerhalb** seiner Funktion als Parteienvertreter zugehen soll; auch in diesem Fall kommen die besonderen Zustellregeln des § 13 Abs 4 ZustG zur Anwendung. Soll einem berufsmäßigen Parteienvertreter **in dieser Funktion** zugestellt werden, so **ist** nach § 13 Abs 4 ZustG die Kanzlei als Abgabestelle zu bestimmen.

Bei **Rechtsanwälten** sind nach § 7a Abs 4 RAO auch weitere **Niederlassungen** Abgabestellen iS des § 13 Abs 4 ZustG und daher auch iS des § 2 Z 4 ZustG.

7) Voraussetzung ist, anders als nach § 24 ZustG (unmittelbare Ausfolgung bei der Behörde), dass eine Amtshandlung – wo immer im Bundesgebiet – stattfindet und der Empfänger daran teilnimmt.

8) **Erl 2007, 17:** „Von einer elektronischen Zustelladresse soll in Hinkunft nur mehr dann gesprochen werden, wenn der Empfänger der Behörde eine elektronische Adresse für die Zustellung in einem laufenden Verfahren angegeben hat. Die einem elektronischen Zustelldienst benannte elektronische Adresse als ‚Zustelladresse' zu bezeichnen (vgl. zB § 32 Abs. 1 Z 4 und § 34 Abs. 1 ZustG) erscheint irreführend: Diese elektronische Adresse dient nämlich ausschließlich

der Verständigung des Empfängers, dass auf der technischen Einrichtung des Zustelldienstes ein Dokument für ihn zur Abholung bereitliegt; für die Zustellung selbst (welche in der Regel durch Abholung des Dokuments erfolgt) spielt sie hingegen keine Rolle."

9) **Erl 2007, 17:** „ ‚[F]ür die Zustellung in einem anhängigen oder gleichzeitig anhängig gemachten Verfahren angegeben' ist eine elektronische Adresse zB, wenn sie in einem schriftlichen Anbringen im Briefkopf angeführt oder der Behörde vom Empfänger zum Zweck der Vornahme elektronischer Zustellungen in einem bestimmten Verfahren bekanntgegeben worden ist."

10) Elektronische Zustelladresse kann zB eine E-Mail-Adresse oder eine Faxadresse sein. Wegen § 11 ZustG – der Zustellungen **im Ausland** nur unter bestimmten Voraussetzungen zulässt – ist anzunehmen, dass grundsätzlich nur österreichische elektronische Zustelladressen verwendet werden dürfen; eine Zustellung an eine ausländische elektronische Zustelladresse – zB E-Mail-Adresse bei einem ausländischen Provider – kommt nur in Betracht, wenn die Voraussetzungen des § 11 ZustG für eine solche Zustellung erfüllt sind.

11) Das PostG 1997 wurde durch das PMG (§ 63 Abs 1) aufgehoben. Vgl nun § 3 Z 1 PMG.

12) Das PostG 1997 wurde durch das PMG (§ 63 Abs 1) aufgehoben. Vgl nun insb § 6, § 12 und § 17 PMG.

13) **Erl 2007, 17:** „Mit der in § 2 Z 7 vorgeschlagenen Neudefinition des Begriffes ‚Zustelldienst' soll einerseits ein bei der Novelle BGBl. I Nr. 10/2004 unterlaufenes Redaktionsversehen (unrichtige Schreibweise des Begriffes ‚Universaldienstbetreiber') bereinigt werden, andererseits soll die vorgeschlagene Neufassung der Abschnittsbezeichnungen . . . berücksichtigt werden.

Da gemäß § 5 des Postgesetzes 1997 neben der Post auch andere Betreiber zur Erbringung von Universaldienstleistungen zugelassen werden können, erscheint es zweckmäßig, in den folgenden Bestimmungen des ZustG die Begriffe ‚Post' und ‚Postamt' durch die allgemeineren Begriffe ‚Zustelldienst' und ‚Geschäftsstelle des Zustelldienstes' zu ersetzen (vgl. § 3 Abs. 1 der Post-Universaldienstverordnung, BGBl. II Nr. 100/2002, wonach der Universaldienstbetreiber verpflichtet ist, eine ausreichende, flächendeckende Versorgung mit Post-geschäftsstellen sicherzustellen, wobei als Post-Geschäftsstellen Postämter und Postagenturen gelten)."

14) **Erl 2007, 17:** „Im III. Abschnitt des ZustG wird vereinzelt von ‚Kunden' (vgl. § 30 Abs. 2 und 3 ZustG), an anderen Stellen hingegen von ‚Angemeldeten' gesprochen (vgl. § 32 Abs. 1 und § 33 Abs. 2 ZustG); gemeint sind in beiden Fällen ‚jene Personen, die mit

dem Zustelldienst vertraglich vereinbart haben, dass er an sie nach den näheren Bestimmungen dieses Bundesgesetzes behördliche Dokumente zustellt' (§ 28 Abs. 1 Z 1 ZustG). Es wird vorgeschlagen, einheitlich den Begriff ‚Kunde' zu gebrauchen und diesen an systematisch richtiger Stelle zu definieren. Zwischen ‚Kunde' und ‚Empfänger' ist voraussetzungsgemäß zu unterscheiden."

§ 2 a.*) *(Entfällt; Art 3 Z 2 BGBl I 2004/10)*

*) Eingefügt durch Art 4 Z 3 BGBl I 1998/158; aufgehoben durch Art 3 Z 2 BGBl I 2004/10 (mit Ablauf des 29. 2. 2004).

Durchführung der Zustellung

§ 3.*)[1]) **Soweit die für das Verfahren geltenden Vorschriften nicht eine andere Form der Zustellung vorsehen, hat die Zustellung durch einen Zustelldienst,[2]) durch Bedienstete der Behörde oder, wenn dies im Interesse der Zweckmäßigkeit, Einfachheit und Raschheit gelegen ist, durch Organe der Gemeinden zu erfolgen.**

*) IdF des Art 3 Z 2 BGBl I 2004/10 (Neufassung samt Überschrift; in Kraft getreten am 1. 3. 2004) und des Art 4 Z 7 BGBl I 2008/5 (Neufassung samt Überschrift; rückwirkend in Kraft getreten am 1. 1. 2008).

1) Erl 2007, 17: „Der vorgeschlagene § 3 entspricht im Wesentlichen § 2 ZustG in der Fassung vor der Novelle BGBl. I Nr. 10/2004. Bei Neufassung dieser Bestimmung wurde anscheinend übersehen, dass die ZPO besondere Formen der Zustellung kennt – etwa die zwischen Rechtsanwälten untereinander –, die nicht ohne Not als unzulässig angesehen werden können (so bereits ausdrücklich 162 BlgNR XV. GP 9)."

2) Siehe § 2 Z 7 ZustG.

Stellung des Zustellers

§ 4.*)[1]) **Wer mit der Zustellung betraut ist (Zusteller), handelt hinsichtlich der Wahrung der Gesetzmäßigkeit der Zustellung als Organ der Behörde, deren Dokument zugestellt werden soll.[2])[3])**

*) IdF des Art 3 Z 2 BGBl I 2004/10 (Neufassung samt Überschrift; in Kraft getreten am 1. 3. 2004) und des Art 4 Z 7 BGBl 2008/5 (Neufassung samt Überschrift; rückwirkend in Kraft getreten am 1. 1. 2008).

1) **Erl 2007, 17:** „Der vorgeschlagene § 4 entspricht inhaltlich § 3 ZustG in der Fassung vor der Novelle BGBl. I Nr. 10/2004. Eine Zustellung durch andere Behörden als jene, von der das zuzustellende Dokument stammt, im Rahmen der Amtshilfe nach Art. 22 B-VG ist schon von Verfassungs wegen zulässig."

2) Für Schäden, die sich aus einer schuldhaften Verletzung des ZustG und der sonst anzuwendenden Vorschriften durch den Zusteller ergeben, haftet der für die Behörde, in deren Namen die Zustellung erfolgt, nach dem AHG haftbare Rechtsträger, in dessen Namen die Zustellung erfolgt. Vgl aber auch die Sonderregelung des § 17 Abs 2 bis Abs 6 PMG.

3) **Erl 2007, 18:** „Die Formulierung des § 4 Abs. 3 erster Satz ZustG, wonach eine Zustelladresse als Abgabestelle dann nicht verwendet werden darf, wenn der Empfänger von ihr ‚durch längere Zeit hindurch dauernd abwesend' ist (im letzten Satz ist dagegen von einer ‚länger dauernden Abwesenheit' die Rede) oder an einer elektronischen Adresse ‚durch längere Zeit hindurch nicht erreichbar' ist, weicht von der sonstigen Terminologie des ZustG ab und wirft damit erhebliche Auslegungsschwierigkeiten auf (vgl. *Thienel,* Verwaltungsverfahrensrecht^4 [2006], 363 f). Sie soll daher – gemeinsam mit dem mit ihr in untrennbarem inhaltlichem Zusammenhang stehenden folgenden Satz – entfallen; damit erübrigt sich auch eine dem § 4 Abs. 1 erster Satz ZustG entsprechende Regelung.

Welche Formen der elektronischen Zustellung mit Zustellnachweis zur Verfügung stehen, ergibt sich aus dem vorgeschlagenen 3. Abschnitt; von einer ausdrücklichen Regelung im 1. Abschnitt (wie sie derzeit in § 4 Abs. 1 dritter Satz ZustG vorgesehen ist) kann daher abgesehen werden.

Bei Erledigungen ‚aus einem elektronischen Aktensystem' wird der elektronischen Zustellung schon im Hinblick auf die Grundsätze der Sparsamkeit, Wirtschaftlichkeit und Zweckmäßigkeit regelmäßig der Vorzug zu geben sein. § 4 Abs. 2 ZustG kann daher als überflüssig entfallen.

Unter welchen Voraussetzungen bei einer nachträglich hervorgekommenen Abwesenheit des Empfängers von der Abgabestelle die Zustellung erst zu einem späteren Zeitpunkt wirksam wird, ist in den §§ 16 Abs. 5, 17 Abs. 3 und 26 Abs. 2 ZustG (sowie künftig in den vorgeschlagenen § 35 Abs. 6 und 7) geregelt; die in § 4 Abs. 3 letzter Satz ZustG getroffene Regelung soll daher ersatzlos entfallen.

Die in § 4 Abs. 4 und 5 ZustG enthaltenen Regelungen sollen insb. in den §§ 24a und 37a in modifizierter Form rezipiert werden."

Zustellverfügung

§ 5.*) Die Zustellung ist von der Behörde zu verfügen, deren Dokument zugestellt werden soll.[1]) Die Zustellverfügung hat den Empfänger möglichst eindeutig zu bezeichnen und die für die Zustellung erforderlichen sonstigen Angaben zu enthalten.[2])[3])

*) IdF des Art 3 Z 2 BGBl I 2004/10 (Neufassung samt Überschrift; in Kraft getreten am 1. 3. 2004) und des Art 4 Z 7 BGBl I 2008/5 (Neufassung samt Überschrift; rückwirkend in Kraft getreten am 1. 1. 2008).

1) Die Zustellverfügung ist kein förmlicher Akt, insb kein Bescheid.

2) Zu den erforderlichen Angaben gehören neben der genauen Bezeichnung des Empfängers insb die Angabe der Zustelladresse (§ 2 Z 3 ZustG); die Anordnung, ob die Zustellung mit oder ohne Zustellnachweis zu erfolgen hat; ob eine Zustellung zu eigenen Handen (§ 21 ZustG) vorzunehmen ist; der Ausschluss bestimmter Personen als Ersatzempfänger (§ 16 Abs 4 ZustG) oder bestimmter Personen von der Übernahme von Sendungen (Dokumenten) in der Kanzlei eines Rechtsanwaltes (§ 13 Abs 2 und 4 ZustG) sowie die Anordnung, in welcher technischen Form (physische oder elektronische Zustellung) die Zustellung vorgenommen werden soll.

3) Elektronische Zustellungen (mit Zustellnachweis) im Wege eines Zustelldienstes haben die Wirkung einer eigenhändigen Zustellung; bei Anordnung einer elektronischen Zustellung mit Zustellnachweis braucht daher die eigenhändige Zustellung nicht gesondert angeordnet zu werden.

Mehrmalige Zustellung

§ 6.*) Ist ein Dokument zugestellt, so löst die neuerliche Zustellung des gleichen Dokuments[1]) keine Rechtswirkungen aus.

*) IdF des Art 3 Z 2 BGBl I 2004/10 (Neufassung samt Überschrift; in Kraft getreten am 1. 3. 2004).

1) Das bedeutet eine inhaltlich vollkommen identische Ausfertigung.

Heilung von Zustellmängeln

§ 7.*) **Unterlaufen im Verfahren der Zustellung Mängel,**[1]) **so gilt die Zustellung als in dem Zeitpunkt dennoch bewirkt,**[2]) **in dem das Dokument dem Empfänger**[3]) **tatsächlich zugekommen ist.**[4])

*) IdF des Art 3 Z 2 BGBl I 2004/10 (Neufassung samt Überschrift; in Kraft getreten am 1. 3. 2004) und des Art 4 Z 8 BGBl I 2008/5 (Streichung der Absatzbezeichnung „(1)“ und des Abs 2; rückwirkend in Kraft getreten am 1. 1. 2008).

1) Ein **Zustellmangel** liegt vor, wenn der **Zustellvorgang,** prinzipiell aber auch dann, wenn die **Zustellverfügung** iS des § 5 ZustG (Zustellungs-)Vorschriften widerspricht.

2) **Bewirkt** bedeutet, dass die Zustellung gültig, dh rechtswirksam zustandegekommen ist.

3) Das ist **nicht** die Person, für die das Dokument **inhaltlich** „bestimmt ist“, die es betrifft, sondern die Person, an die es die Behörde gerichtet hat, die in der Zustellverfügung (§ 5 ZustG) von ihr als Empfänger angegeben worden ist („formeller Empfänger“); siehe auch Anm 1 zu § 2 ZustG. **Daher kann die fehlerhafte Bezeichnung einer Person als Empfänger in der Zustellverfügung nicht heilen.**

4) **Erl 2007, 18:** „Gemäß § 7 Abs. 2 ZustG stellt der Versuch der Zustellung an einer gemäß § 4 ZustG nicht vorgesehenen Adresse einen Zustellmangel dar. Dass es sich bei der Zustellung an einer anderen als der in der Zustellverfügung genannten Adresse oder an einer Adresse, an der die Behörde eine Zustellung nicht verfügen darf, um einen (heilbaren) Zustellmangel handelt, ist eine Selbstverständlichkeit und braucht daher nicht ausdrücklich normiert zu werden (vgl. *Thienel,* Verwaltungsverfahrensrecht[4] [2006], 352 f FN 17).“

Änderung der Abgabestelle

§ 8. **(1) Eine Partei,**[1]) **die während eines Verfahrens, von dem sie Kenntnis hat, ihre bisherige Abgabestelle**[2]) **ändert,**[3]) **hat dies der Behörde unverzüglich mitzuteilen.**[4])

(2) Wird diese Mitteilung unterlassen, so ist, soweit die Verfahrensvorschriften nicht anderes vorsehen, die Zustellung durch Hinterlegung[5]) **ohne vorausgehenden Zustellversuch**[6])

vorzunehmen, falls eine Abgabestelle nicht ohne Schwierigkeiten festgestellt[7]) werden kann.[8])[9])

1) Die Regelung gilt nach § 9 Abs 6 ZustG sinngemäß auch für Zustellungsbevollmächtigte.

2) Das ist jene Abgabestelle, an die die Behörde bisher Zustellungen vorgenommen hat bzw jene, die die Partei der Behörde – etwa in einem Anbringen – zur Kenntnis gebracht hat.

§ 8 ZustG gilt nicht für Änderungen einer elektronischen Zustelladresse (§ 2 Z 5 ZustG) und auch nicht für Änderungen der elektronischen Adresse, die einem Zustelldienst bekannt gegeben wurde; siehe dazu § 33 Abs 2 ZustG. Diese Bestimmung stellt auch hinsichtlich der einem Zustelldienst für Verständigungen nach § 35 Abs 2 ZustG bekannt gegebenen inländischen Abgabestelle (vgl § 33 Abs 1 Z 5 ZustG) eine lex specialis im Verhältnis zu § 8 ZustG dar.

3) Eine **Änderung** der (bisherigen) Abgabestelle liegt nur vor, wenn diese **dauernd** verlegt oder **aufgegeben** wird; eine vorübergehende Abwesenheit hindert zwar die Zustellung an dieser Abgabestelle, sie bedeutet aber keine „Änderung" der Abgabestelle.

4) Siehe jedoch zB die Sonderregelung des § 104 BAO.

5) Siehe § 17 Abs 1 ZustG.

6) Siehe § 23 ZustG.

7) ZB durch die Einholung einer Meldeauskunft.

8) Diese Bestimmung wendet sich an die Behörde – die Hinterlegung bedarf gem § 23 Abs 1 ZustG der behördlichen Anordnung – nicht an den Zusteller; siehe dagegen § 18 Abs 1 Z 1 ZustG.

9) Eine Hinterlegung ohne vorherigen Zustellversuch ist wohl auch dann nicht zulässig, wenn die Partei der Behörde eine elektronische Zustelladresse (§ 2 Z 5 ZustG) oder einem elektronischen Zustelldienst eine **elektronische Adresse** (§ 33 Abs 1 Z 4 ZustG) bekannt gegeben hat, wenn auch damit eine elektronische Zustellung ermöglicht wird.

§ 8 a.[*]) *(Entfällt; Art 3 Z 3 BGBl I 2004/10)*

*) Eingefügt durch Art 4 Z 5 BGBl I 1998/158; aufgehoben durch Art 3 Z 3 BGBl I 2004/10 (mit Ablauf des 29. 2. 2004). Durch Art 4 Z 9 BGBl I 2008/5 wurde ausdrücklich die Überschrift zum früheren § 8 a ZustG mit Wirkung ab 1. 1. 2008 aufgehoben; nach den Erl 2007, 18 soll dies der Bereinigung eines bei der Novelle BGBl I 2004/10 unterlaufenen Redaktionsversehens dienen.

Zustellungsbevollmächtigter

§ 9.*) (1) Soweit in den Verfahrensvorschriften nicht anderes bestimmt ist, können die Parteien und Beteiligten andere natürliche oder juristische Personen oder eingetragene Personengesellschaften[1]) gegenüber der Behörde[2]) zur Empfangnahme von Dokumenten bevollmächtigen (Zustellungsvollmacht).[3])

(2) Einer natürlichen Person, die keinen Hauptwohnsitz[4]) im Inland hat,[5]) kann eine Zustellungsvollmacht nicht wirksam erteilt werden. Gleiches gilt für eine juristische Person oder eingetragene Personengesellschaft, wenn diese keinen zur Empfangnahme von Dokumenten befugten Vertreter mit Hauptwohnsitz[4]) im Inland[5]) hat. Das Erfordernis des Hauptwohnsitzes im Inland gilt nicht für Staatsangehörige von EWR-Vertragsstaaten, falls Zustellungen durch Staatsverträge mit dem Vertragsstaat des Wohnsitzes des Zustellungsbevollmächtigten oder auf andere Weise sichergestellt sind.[6])

(3) Ist ein Zustellungsbevollmächtigter bestellt, so hat die Behörde,[7]) soweit gesetzlich nicht anderes bestimmt ist,[8]) diesen als Empfänger[9]) zu bezeichnen. Geschieht dies nicht, so gilt die Zustellung als in dem Zeitpunkt bewirkt, in dem das Dokument dem Zustellungsbevollmächtigten tatsächlich zugekommen ist.[10])[11])

(4) Haben mehrere Parteien oder Beteiligte einen gemeinsamen Zustellungsbevollmächtigten, so gilt mit der Zustellung einer einzigen Ausfertigung des Dokumentes an ihn die Zustellung an alle Parteien oder Beteiligte als bewirkt.[11]) Hat eine Partei oder hat ein Beteiligter mehrere Zustellungsbevollmächtigte, so gilt die Zustellung als bewirkt,[11]) sobald sie an einen von ihnen vorgenommen worden ist.

(5) Wird ein Anbringen[12]) von mehreren Parteien oder Beteiligten gemeinsam eingebracht und kein Zustellungsbevollmächtigter namhaft gemacht, so gilt die an erster Stelle genannte Person als gemeinsamer Zustellungsbevollmächtigter.[13])

(6) § 8 ist auf den Zustellungsbevollmächtigten sinngemäß anzuwenden.

*) IdF des Art 3 Z 4 BGBl I 2004/10 (Neufassung samt Überschrift; in Kraft getreten am 1. 3. 2004) und des Art 4 Z 10 bis 13 BGBl I 2008/5 (Neufassung des Abs 1; Ersetzung der Wortfolge „ju-

ristische Person, Personengesellschaft des Handelsrechts oder eingetragene Erwerbsgesellschaft" durch die Wortfolge „juristische Person oder eingetragene Personengesellschaft" in Abs 2; Anfügung des letzten Satzes an Abs 3 sowie Anfügung des Abs 6; rückwirkend in Kraft getreten am 1. 1. 2008).

1) Vgl zu diesem Personenkreis § 10 Abs 1 AVG (B 2) und die Anm 1 und 2 hiezu. Vgl auch § 9 Abs 1 und Abs 7 VStG (C 2), § 5 Abs 4 VVG (D 2).

2) Das ist die Behörde, die die Zustellung zu verfügen hat. Davon zu unterscheiden ist die Bevollmächtigung gegenüber der Post bzw gegenüber der Gemeinde; siehe § 13 Abs 2 ZustG.

3) **Erl 1998, 43:** „Der neue § 8a *(jetzt: § 9 Abs 1)* soll ua. § 10 Abs. 1 AVG (Art. 1 Z 2) dahingehend ergänzen, daß juristische Personen, Personengesellschaften des Handelsrechts und eingetragene Erwerbsgesellschaften *(jetzt: juristische Personen und eingetragene Personengesellschaften)* grundsätzlich auch zum Empfang von Schriftstücken bevollmächtigt werden können."

4) Vgl Art 6 Abs 3 B-VG und § 3 Z 3 AVG (B 2) und die Anm 1 dazu.

5) „Inland" ist das Bundesgebiet: Art 3 Abs 1 B-VG.

6) Durch den dem Abs 2 neu angefügten dritten Satz soll möglichen unionsrechtlichen Bedenken gegen das Erfordernis eines Hauptwohnsitzes im Inland Rechnung getragen werden; vgl § 9 Abs 4 VStG (C 2) und Anm 12 dazu. Vgl aber auch § 10 ZustG.

Eine – wegen der Subsidiaritätsklausel in § 9 Abs 1 ZustG vorrangige – Sonderbestimmung enthält § 6 EuRAG für Rechtsanwälte aus dem EWR-Raum: Diese können zwar bevollmächtigt werden, haben aber bei ihrem ersten Einschreiten einen inländischen Zustellungsbevollmächtigten namhaft zu machen; diese Regelung dürfte der unionsrechtlichen Dienstleistungsfreiheit widersprechen.

7) Das ist die Behörde, die die Zustellung zu verfügen hat.

8) Siehe dazu zB §§ 83 und 103 BAO, § 22 AbgEO.

9) Siehe § 2 Z 1 ZustG.

10) Nach § 7 ZustG kann die fehlerhafte Bezeichnung einer Person als Empfänger in der Zustellverfügung nicht heilen; vgl Anm 3 zu § 7 ZustG. Abweichend davon sieht § 9 Abs 3 zweiter Satz ZustG die Möglichkeit der Heilung vor, wenn die Behörde fälschlicherweise einen bestellten Zustellungsbevollmächtigten entgegen § 9 Abs 1 erster Satz ZustG nicht als Empfänger bezeichnet. Nach der Rsp des VwGH zu einer früheren gleichartigen Regelung ist eine Heilung in diesem Fall allerdings nur dann möglich, wenn irrtümlich der

Vertretene anstelle des Zustellungsbevollmächtigten als Empfänger bezeichnet wird.

11) Siehe Anm 2 zu § 7 ZustG.

12) Siehe zB § 13 AVG (B 2).

13) **Fiktion** der Bestellung eines Zustellungsbevollmächtigten.

Namhaftmachung eines Zustellungsbevollmächtigten

§ 10.*) **(1) Parteien und Beteiligten, die über keine inländische Abgabestelle verfügen,**[1]) **kann**[2]) **von der Behörde**[3]) **aufgetragen werden,**[4]) **innerhalb einer Frist von mindestens zwei Wochen**[5]) **für bestimmte oder für alle bei dieser Behörde anhängigen oder anhängig zu machenden Verfahren**[6]) **einen Zustellungsbevollmächtigten namhaft zu machen. Kommt die Partei bzw. der Beteiligte diesem Auftrag nicht fristgerecht nach, so ist die Zustellung ohne Zustellversuch durch Hinterlegung**[7]) **bei der Behörde vorzunehmen; auf diese Rechtsfolge ist im Auftrag hinzuweisen.**

(2) Eine Zustellung durch Hinterlegung bei der Behörde ist nicht mehr zulässig, sobald die Partei bzw. der Beteiligte

1. einen Zustellungsbevollmächtigten namhaft gemacht hat oder

2. über eine inländische Abgabestelle verfügt und diese der Behörde bekanntgegeben hat.[8])

*) IdF des Art 4 Z 6 und 7 BGBl I 1998/158 (Änderung von Begriffen; Entfall der Überschrift; in Kraft getreten am 1. 1. 1999) und des Art 4 Z 14 BGBl I 2008/5 (Neufassung samt Überschrift; rückwirkend in Kraft getreten am 1. 1. 2008).

1) **Erl 2007, 18 f:** „Zur geltenden Rechtslage (‚Einer sich nicht nur vorübergehend im Ausland aufhaltenden Partei oder einem solchen Beteiligten') wurde in der Lehre die Auffassung vertreten, die Regelung beziehe sich auf den Fall, dass ‚eine – natürliche oder juristische – Person [. . .] keine Abgabestelle [. . .] im Inland hat, ohne, dass dies darauf zurückzuführen ist, dass sie sich bloß vorübergehend, zB auf eine Urlaubsreise, ins Ausland begeben hat' (so *Walter/Mayer,* Zustellrecht [1983], § 10 Anm. 1; ebenso *Walter/Thienel,* Verwaltungsverfahrensgesetze I² [1998], § 10 ZustG Anm. 2, und *Stumvoll* in Fasching/Konecny [Hrsg], Kommentar zu den Zivilprozeßgesetzen II/2² [2003], Anh zu § 87 ZPO [ZustG] § 10 ZustG Rz 4). Durch die vorgeschlagene Regelung soll klargestellt werden, dass in allen Fällen, in denen keine inländische Abgabestelle vorliegt, ein Auftrag zur Bestellung eines Zustellungsbevollmächtigten erteilt werden kann. Ein Urlaub im Ausland hebt in der Regel – anders könnte dies nur bei Urlauben von besonders langer Dauer sein – den Charakter als Abgabestelle nicht auf.

Da nicht mehr auf einen vorübergehenden Aufenthalt im Ausland abgestellt werden soll, kann in Zukunft auch kein Zweifel mehr daran bestehen, dass der Auftrag zur Namhaftmachung eines Zustellungsbevollmächtigten nicht nur an eine natürliche, sondern auch an eine juristische Person ergehen kann."

2) Die Erteilung eines solchen Auftrags liegt im Ermessen der Behörde; diese kann, wenn ein die Partei (den Beteiligten) betreffendes Verfahren anhängig ist, eingeleitet werden soll oder abzusehen ist, dass ein solches einzuleiten sein wird, den Auftrag zur Bestellung eines Zustellungsbevollmächtigten erteilen; sie kann das aber auch unterlassen und gegebenenfalls die Zustellung im Ausland nach § 11 ZustG veranlassen; dies ist insb dann vorzuziehen, wenn die Zustellung im Ausland durch StV sichergestellt ist (vgl § 9 Abs 2 ZustG). Die Erteilung eines solchen Auftrags kommt jedoch nicht in Betracht, wenn der Beteiligte (ohnedies schon) einen Zustellungsbevollmächtigten (§ 9 Abs 1 ZustG; vgl § 10 Abs 2 Z 1 ZustG) im Inland hat. Unzulässig ist ein solcher Auftrag wohl auch dann, wenn der Empfänger über eine elektronische Zustelladresse (§ 2 Z 5 ZustG) verfügt, oder einem Zustelldienst eine elektronische Adresse bekannt gegeben hat und somit eine elektronische Zustellung erfolgen kann.

3) Das ist die Behörde, von der das zuzustellende Dokument herrührt oder die sonst eine Zustellung nach § 1 ZustG vorzunehmen hat.

4) Der Auftrag hat durch verfahrensrechtlichen Bescheid zu erfolgen.

5) Erl 2007, 19: „Dass die Behörde in einem Auftrag, innerhalb einer bestimmten Frist eine Handlung zu setzen, auch die Dauer dieser Frist anzugeben hat, versteht sich von selbst. Der Wegfall der Wortfolge ‚gleichzeitig zu bestimmenden' vor dem Wort ‚Frist' im ersten Satz bewirkt daher keine Änderung gegenüber der bisherigen Rechtslage. . . .

Da die Namhaftmachung eines Zustellungsbevollmächtigten darauf gerichtet ist, prozessuale Rechtswirkungen auszulösen, handelt es sich bei der von der Behörde zu bestimmenden Frist um eine verfahrensrechtliche Frist."

6) Erl 2007, 19: „Eine Selbstverständlichkeit ist auch, dass sich ein Auftrag an eine Partei oder einen Beteiligten, einen Zustellungsbevollmächtigten namhaft zu machen, sinnvollerweise nur auf Verfahren beziehen kann, die den Beteiligten ‚betreffen'. Auch der Wegfall der Worte ‚sie betreffenden' vor dem Wort ‚Verfahren' im ersten Satz bezweckt daher keine Änderung der Rechtslage."

7) Siehe dazu § 23 ZustG, aber auch die Sonderregelung des § 5 Abs 2 und 3 AgrVG (F 2).

8) **Erl 2007, 19:** „Der Behörde ‚bekanntgegeben' ist die Abgabestelle erst dann, wenn die sich darauf beziehende Mitteilung bei der Behörde eingelangt ist; Entsprechendes gilt für die verspätete Namhaftmachung eines Zustellungsbevollmächtigten."

Besondere Fälle der Zustellung

§ 11.*) **(1) Zustellungen im Ausland sind nach den bestehenden internationalen Vereinbarungen**[1]**) oder allenfalls auf dem Weg, den die Gesetze oder sonstigen Rechtsvorschriften des Staates, in dem zugestellt werden soll,**[2]**) oder die internationale Übung**[3]**) zulassen, erforderlichenfalls unter Mitwirkung der österreichischen Vertretungsbehörden,**[4]**) vorzunehmen.**

(2) Zur Vornahme von Zustellungen an Ausländer oder internationale Organisationen, denen völkerrechtliche Privilegien und Immunitäten zustehen,[5]**) ist unabhängig von ihrem Aufenthaltsort oder Sitz die Vermittlung des Bundesministeriums für Auswärtige Angelegenheiten in Anspruch zu nehmen.**

(3) Zustellungen an Personen, die nach den Vorschriften des Bundesverfassungsgesetzes über Kooperation und Solidarität bei der Entsendung von Einheiten und Einzelpersonen in das Ausland (KSE-BVG), BGBl. I Nr. 38/1997,[6]**) in das Ausland entsendet wurden, sind im Wege des zuständigen Bundesministers, sofern aber diese Personen anlässlich ihrer Entsendung zu einer Einheit oder zu mehreren Einheiten zusammengefasst wurden, im Wege des Vorgesetzten der Einheit vorzunehmen.**[7]**)**

*) IdF des Art 1 Z 3 BGBl I 2001/137 (Neufassung des Abs 3; in Kraft getreten am 1. 1. 2002).

1) Siehe insb das EuZustÜb (E 4) und das RechtshilfeAbk (E 5). Vgl auch die V 1393/2007 des europäischen Parlaments und des Rates über die Zustellung gerichtlicher und außergerichtlicher Schriftstücke in Zivil- oder Handelssachen in den Mitgliedstaaten

(„Zustellung von Schriftstücken"), ABl L 324/79 v 10. 12. 2007. Diese V gilt für alle Mitgliedstaaten außer Dänemark (siehe auch unter E 6); sie geht in ihrem Anwendungsbereich bi- und multilateralen Abkommen zwischen den Mitgliedstaaten vor.

2) Die Zustellung von Schriftstücken (Dokumenten) – jeder Art – unterliegt, vorbehaltlich staatsvertraglicher Regelungen, der Regelungskompetenz des Staates, auf dessen Gebiet die Zustellung erfolgen soll.

3) Dabei geht es im Ergebnis um die Duldung einer (ausländischen) Zustellung im jeweiligen Inland.

4) Amtshilfe (Art 22 B-VG).

5) Das sind Personen, welchen auf Grund des Völkerrechts oder nach innerstaatlichem Recht (zB auf Grund einer V nach § 1 Abs 1 IntOrgPrivG) solche Rechte eingeräumt sind.

6) § 11 Abs 3 ZustG gilt für alle Formen der Entsendung.

7) Das ist die vom zuständigen BM nach § 4 Abs 5 KSE-BVG in diese Funktion berufene Person; diese wird als Zustellungsorgan tätig. Die Formulierung des Abs 3 trägt dem Umstand Rechnung, dass die Zusammenfassung entsendeter Personen zu einer Einheit fakultativ ist.

Zustellung ausländischer Dokumente im Inland

§ 12.[*][**] **(1) Zustellungen von Dokumenten ausländischer Behörden im Inland sind nach den bestehenden internationalen Vereinbarungen,**[1] **mangels solcher nach diesem Bundesgesetz vorzunehmen. Einem Ersuchen um Einhaltung einer bestimmten davon abweichenden Vorgangsweise kann jedoch entsprochen werden, wenn eine solche Zustellung mit den Grundwertungen der österreichischen Rechtsordnung vereinbar ist.**

(2) Die Zustellung eines ausländischen, fremdsprachigen Dokuments, dem keine, im gerichtlichen Verfahren keine beglaubigte, deutschsprachige Übersetzung angeschlossen ist, ist nur zulässig, wenn der Empfänger zu dessen Annahme bereit ist; dies ist anzunehmen, wenn er nicht binnen drei Tagen gegenüber der Behörde, die das Dokument zugestellt hat, erklärt, daß er zur Annahme nicht bereit ist; diese Frist beginnt mit der Zustellung zu laufen und kann nicht verlängert werden.

(3) Ist die Erklärung gemäß Abs. 2 verspätet oder unzulässig, so ist sie zurückzuweisen; sonst hat die Behörde zu be-

urkunden, daß die Zustellung des fremdsprachigen Dokuments mangels Annahmebereitschaft des Empfängers als nicht bewirkt anzusehen ist.

(4) Für die Zustellung von Dokumenten ausländischer Behörden in Verwaltungssachen gelten, falls in Staatsverträgen nicht anderes bestimmt ist, außerdem die folgenden Bestimmungen:[2])

1. Dokumente werden nur zugestellt, wenn gewährleistet ist, dass auch der ersuchende Staat einem gleichartigen österreichischen Ersuchen entsprechen würde.[3]) Das Vorliegen von Gegenseitigkeit kann durch Staatsverträge, die nicht unter Art. 50 B-VG fallen, festgestellt werden.[4])

2. Im Übrigen sind das Europäische Übereinkommen über die Zustellung von Schriftstücken in Verwaltungssachen im Ausland, BGBl. Nr. 67/1983, und die von der Republik Österreich gemäß diesem Abkommen abgegebenen Erklärungen sinngemäß anzuwenden.[5])

*) IdF des Art 1 Z 4 BGBl I 2001/137 (Anfügung des Abs 4; in Kraft getreten am 1. 1. 2002) und des Art 4 Z 15 bis 18 BGBl I 2008/5 (Ersetzung des Wortes „Schriftstück" [in der jeweiligen grammatikalischen Fassung] durch das Wort „Dokument" [in der jeweiligen grammatikalischen Fassung] in der Überschrift sowie in den Abs 1, 2, 3 und 4; rückwirkend in Kraft getreten am 1. 1. 2008).

Nach der Novellierungsanordnung des Art 4 Z 16 BGBl I 2008/5 sollte in Abs 4 das Wort „Schriftstücken" durch das Wort „Dokumenten" ersetzt werden; bei wörtlichem Verständnis würde damit auch eine Änderung des in Abs 4 Z 2 enthaltenen Zitates des Titels des EuZustÜb (E 4) bewirkt. Wie sich aus der der RV 294 BlgNR 23. GP beigefügten Gegenüberstellung der Gesetzestexte ergibt, war eine solche Änderung aber nicht intendiert, die Novellierungsanordnung soll sich offenbar nur auf den ersten Satz des Abs 4 beziehen. Die Formulierung der Novellierungsanordnung ist daher ein offenkundiges Redaktionsversehen.

) Da das ZustG seinem § 1 zufolge nur „die Zustellung der von *(inländischen)* Gerichten und Verwaltungsbehörden . . . zu übermittelnden Dokumente sowie die **durch sie vorzunehmende Zustellung von Dokumenten ausländischer Behörden" regelt, findet dieses Gesetz – auch dessen § 12 – grundsätzlich keine Anwendung, wenn ein ausländisches Dokument auf Grund staatsvertraglicher Vereinbarung oder sonst mit (stillschweigender) Duldung Österreichs **unmit-**

telbar von der ausländischen Stelle durch die Post oder durch Diplomaten bzw Konsularbeamte zugestellt wird (vgl zB Art 10 und 11 des EuZustÜb sowie die Z 3 und 4 der Erklärung der Republik Österreich dazu [E 4]). Diese Möglichkeiten unmittelbarer Zustellung – auch ohne staatsvertragliche Vereinbarung – werden durch § 12 ZustG nicht ausgeschlossen. Die weite Formulierung des § 12 Abs 4 Z 2 ZustG spricht aber dafür, dass unmittelbare Zustellungen (durch Post oder Konsularbeamte) **ohne** staatsvertragliche Vereinbarung nur in sinngemäßer Anwendung des EuZustÜb zugelassen werden, also nur in dem Umfang, wie dies nach diesem Abkommen von Österreich akzeptiert wurde.

1) Siehe zB das EuZustÜb (E 4). Vgl auch die V 1393/2007 des europäischen Parlaments und des Rates über die Zustellung gerichtlicher und außergerichtlicher Schriftstücke in Zivil- oder Handelssachen in den Mitgliedstaaten („Zustellung von Schriftstücken"), ABl L 324/79 v 10. 12. 2007. Diese V gilt für alle Mitgliedstaaten außer Dänemark (siehe auch unter E 6); sie geht in ihrem Anwendungsbereich bi- und multilateralen Abkommen zwischen den Mitgliedstaaten vor.

2) Erl 2001, 7: „§ 12 Abs. 1 des Zustellgesetzes legt nur die Form der Zustellung von Schriftstücken ausländischer Verwaltungsbehörden im Inland durch österreichische Gerichte bzw. Verwaltungsbehörden fest, nicht jedoch eine Verpflichtung zur Zustellung ... Für die Frage, ob zuzustellen ist (bzw. zugestellt werden darf), sind – insoweit in bestehenden Staatsverträgen nicht anderes bestimmt wird – für die Zivilgerichtsbarkeit vor allem die Bestimmung des § 38 JN, RGBl. Nr. 111/1895, für die Strafgerichtsbarkeit die Bestimmung des § 53 ARHG, BGBl. Nr. 529/1979, maßgeblich. Für das Verwaltungs(straf)verfahren gab es bisher keine einschlägige allgemeine Regelung ..., wann bei Fehlen einer völkerrechtlichen Regelung eine Zustellung vorgenommen werden kann. Es war daher zweifelhaft, ob der geltende § 12 überhaupt Zustellhilfe ohne weitere Rechtsgrundlage erlaubt (vgl. die Erläuterungen der Regierungsvorlage 816 BlgNR XV. GP: ‚Nur dann, wenn die Bereitschaft zur Zustellung besteht, ist nach den Vorschriften des Zustellgesetzes vorzugehen.'). Eine allgemeine Regelung über die Zustellung in Verwaltungssachen soll nunmehr geschaffen werden, wobei hinsichtlich der näheren Ausgestaltung auf das Europäische Übereinkommen über die Zustellung von Schriftstücken in Verwaltungssachen im Ausland, BGBl. Nr. 67/1983, und die von der Republik Österreich gemäß diesem Abkommen abgegebenen Erklärungen zurückgegriffen werden kann. Dieses Abkommen deckt bereits einen großen Teil des Zustellverkehrs mit anderen Staaten ab, lässt aber auch erhebliche Lücken offen . . ."

3) Dh: wenn materielle Gegenseitigkeit gegeben ist.

4) Damit kann formelle Gegenseitigkeit vereinbart werden.

5) Die Regelungen des EuZustÜb (E 4) sind nur anzuwenden, soweit nicht das ZustG selbst speziellere Regelungen trifft. Einschränkungen hinsichtlich der Zustellung ausländischer Schriftstücke (Dokumente) auf Grund entsprechender Erklärungen Österreichs zum EuZustÜb (E 4; zB Ausschluss der Zustellung in Strafsachen) sind auch im Anwendungsbereich des § 12 Abs 4 ZustG zu beachten. Ersuchen ausländischer Stellen um Zustellungen sind an die von Österreich auf Grund des EuZustÜb (E 4) bekanntgegebenen zentralen Stellen zu richten.

Die nach dem EuZustÜb (E 4) zulässige unmittelbare Zustellung durch ausländische Stellen oder Konsularbeamte wird durch § 12 Abs 4 ZustG wohl nicht ausgeschlossen, doch ist anzunehmen, dass sie nur in jenem Umfang zulässig ist, in dem Österreich dies nach dem EuZustÜb (E 4) zugelassen hat.

2. Abschnitt

Physische Zustellung*)[1])

Zustellung an den Empfänger

§ 13.*) **(1) Das Dokument ist dem Empfänger[2]) an der Abgabestelle[3]) zuzustellen. Ist aber auf Grund einer Anordnung einer Verwaltungsbehörde oder eines Gerichtes an eine andere Person als den Empfänger zuzustellen,[4]) so tritt diese an die Stelle des Empfängers.**

(2) Bei Zustellungen durch Organe eines Zustelldienstes oder der Gemeinde darf[5]) auch an eine gegenüber dem Zustelldienst[6]) oder der Gemeinde zur Empfangnahme solcher Dokumente bevollmächtigte Person zugestellt werden,[7]) soweit dies nicht durch einen Vermerk auf dem Dokument ausgeschlossen ist.

(3) Ist der Empfänger keine natürliche Person, so ist das Dokument einem zur Empfangnahme befugten Vertreter[8]) zuzustellen.

(4) Ist der Empfänger eine zur berufsmäßigen Parteienvertretung befugte Person,[9]) so ist das Dokument in deren Kanzlei zuzustellen[10]) und darf[11]) an jeden dort anwesenden

Angestellten des Parteienvertreters zugestellt werden;[12]) durch Organe eines Zustelldienstes darf an bestimmte Angestellte nicht oder nur an bestimmte Angestellte zugestellt werden, wenn der Parteienvertreter dies schriftlich beim Zustelldienst verlangt hat. Die Behörde hat Angestellte des Parteienvertreters wegen ihres Interesses an der Sache oder auf Grund einer zuvor der Behörde schriftlich abgegebenen Erklärung des Parteienvertreters durch einen Vermerk auf dem Dokument und dem Zustellnachweis von der Zustellung auszuschließen; an sie darf nicht zugestellt werden.

*) IdF des Art 3 Z 5 und 6 BGBl I 2004/10 (Neufassung des Titels des II. Abschnittes; Aufhebung der Abs 5 und 6 betreffend Zustellungen außerhalb einer Abgabestelle; in Kraft getreten am 1. 3. 2004) und des Art 4 Z 19 bis 27 BGBl I 2008/5 (Änderung der Bezeichnung des Abschnittes in „2. Abschnitt“ sowie Neufassung seines Titels; Ersetzung des Wortes „Sendung“ [in der jeweiligen grammatikalischen Form] durch das Wort „Dokument“ [in der jeweiligen grammatikalischen Form] in Abs 1, 2, 3 und 4; Ersetzung der Wortfolge „Organe der Post“ durch „Organe eines Zustelldienstes“ in Abs 2 und 4; Ersetzung der Wortfolge „gegenüber der Post“ durch die Wortfolge „gegenüber dem Zustelldienst“ in Abs 2; Ersetzung der Wortfolge „bei der Post“ durch die Wortfolge „beim Zustelldienst“ in Abs 4; Ersetzung des Wortes „Rückschein“ durch das Wort „Zustellnachweis“ in Abs 4; in Kraft getreten am 1. 1. 2008).

1) Der 2. Abschnitt gilt nur für traditionelle – postalische – Zustellungen an eine Abgabestelle.

2) Siehe Anm 1 zu § 2 ZustG; wenn eine Zustellvollmacht vorliegt, hat die Behörde gem § 9 Abs 3 ZustG den Zustellungsbevollmächtigten als Empfänger zu bezeichnen.

3) Siehe § 2 Z 4 ZustG.

4) Siehe zB § 78 Abs 2 IO.

5) Diese Bestimmung wendet sich an den Zusteller, nicht an die Behörde.

6) ZB bei den praktisch relevanten Zustellungen durch die Post (§ 2 Z 6 ZustG) durch Postvollmacht nach den gem § 20 PMG erlassenen AGB der Post.

7) Der Post(Gemeinde)bevollmächtigte ist – anders als der Zustellungsbevollmächtigte nach § 9 ZustG – nicht „Empfänger“, sodass, wenn ihm das Schriftstück (Dokument) nicht zugestellt werden kann, – bezogen auf seine Person – eine Ersatzzustellung nach § 16

ZustG nicht zulässig ist. In einem solchen Fall kann wirksam nur an den Empfänger oder **dessen** Ersatzempfänger zugestellt werden. Desgleichen können – auf die Person des Post(Gemeinde)bevollmächtigten bezogen – auch die §§ 17 (Hinterlegung), 18 (Nachsendung) und 20 ZustG (Verweigerung der Annahme) keine Anwendung finden.

8) Die Vertretungsbefugnis ergibt sich aus den einschlägigen gesetzlichen, statutarischen oder vertraglichen Bestimmungen.

9) Siehe Anm 11 zu § 49 AVG (B 2).

10) Diese Bestimmung wendet sich an die Behörde, nicht an den Zusteller. Bei Rechtsanwälten sind auch weitere Niederlassungen Abgabestellen iS des § 13 Abs 4 ZustG (§ 7 a Abs 4 RAO). Siehe auch Anm 6 zu § 2 ZustG.

11) Diese Bestimmung wendet sich an den Zusteller, nicht an die Behörde.

12) Dabei handelt es sich nicht um eine Ersatzzustellung; die Übergabe an den Angestellten des Parteienvertreters ist daher auch zulässig, wenn die Behörde eine Eigenhandzustellung an den Parteienvertreter verfügt hat.

§ 14.*) Untersteht der Empfänger einer Anstaltsordnung und dürfen ihm auf Grund gesetzlicher Bestimmungen[1]) Dokumente nur durch den Leiter der Anstalt oder durch eine von diesem bestimmte Person oder durch den Untersuchungsrichter ausgehändigt werden, so ist das Dokument dem Leiter der Anstalt oder der von ihm bestimmten Person vom Zusteller zur Vornahme der Zustellung zu übergeben.[2])

*) IdF des Art 4 Z 23 und 25 BGBl I 2008/5 (Ersetzung des Wortes „Sendung“ [in den jeweiligen grammatikalischen Formen] durch das Wort „Dokument“ [in den jeweiligen grammatikalischen Formen]; rückwirkend in Kraft getreten am 1. 1. 2008).

1) Siehe zB § 87 Abs 1 StVG, § 188 StPO und § 53 c Abs 3 VStG (C 2).

2) Das Anstaltsorgan ist sohin nicht „Empfänger“, es fungiert vielmehr für die Phase der Aushändigung des Schriftstücks (Dokuments) an den Empfänger als „Zusteller“ iS des § 4 ZustG, dem es auch obliegt, die Zustellung gem § 22 Abs 1 ZustG zu beurkunden.

§ 15.*) (1) Zustellungen an Soldaten, die Präsenz- oder Ausbildungsdienst[1]) leisten, sind durch das unmittelbar vorgesetzte Kommando[2]) vorzunehmen.

(2) Bei sonstigen Zustellungen in Kasernen oder auf anderen militärisch genutzten Liegenschaften ist das für deren Verwaltung zuständige Kommando vorher davon in Kenntnis zu setzen. Auf Verlangen des Kommandos ist ein von ihm zu bestimmender Soldat oder Bediensteter der Heeresverwaltung dem Zusteller beizugeben.

*) IdF des Art 4 Z 8 BGBl I 1998/158 (Neufassung des Abs 1; [rückwirkend] in Kraft getreten am 1. 1. 1998).

1) Erl 1998, 43: Die Fassung „steht in inhaltlichem Zusammenhang mit der Erlassung des Gesetzes über die Ausbildung von Frauen im Bundesheer, BGBl. I Nr. 30/1998 (vgl. Art. 47 der bezughabenden RV 915 BlgNR XX. GP)."

2) Diese Konstruktion entspricht jener des § 14 ZustG, siehe die Anm 2 dazu.

Ersatzzustellung

§ 16.*) **(1) Kann das Dokument nicht dem Empfänger zugestellt werden**[1]**) und ist an der Abgabestelle**[2]**) ein Ersatzempfänger anwesend, so darf**[3]**) an diesen zugestellt werden (Ersatzzustellung), sofern der Zusteller Grund zur Annahme hat, daß sich der Empfänger oder ein Vertreter im Sinne des § 13 Abs. 3 regelmäßig an der Abgabestelle**[2]**) aufhält.**[4]**)**

(2) Ersatzempfänger kann jede erwachsene Person sein, die an derselben Abgabestelle wie der Empfänger wohnt oder Arbeitnehmer oder Arbeitgeber des Empfängers ist und die – außer wenn sie mit dem Empfänger im gemeinsamen Haushalt lebt[5]**) – zur Annahme bereit ist.**[6]**)**

(3) Durch Organe eines Zustelldienstes darf an bestimmte Ersatzempfänger nicht oder nur an bestimmte Ersatzempfänger zugestellt werden, wenn der Empfänger dies schriftlich beim Zustelldienst verlangt hat.

(4) Die Behörde[7]**) hat Personen wegen ihres Interesses an der Sache oder auf Grund einer schriftlichen Erklärung des Empfängers durch einen Vermerk auf dem Dokument und dem Zustellnachweis von der Ersatzzustellung auszuschließen; an sie darf nicht zugestellt werden.**

(5) Eine Ersatzzustellung gilt als nicht bewirkt,[8]**) wenn sich ergibt,**[9]**) daß der Empfänger oder dessen Vertreter im Sinne des § 13 Abs. 3 wegen Abwesenheit**[10]**) von der Abgabestelle**

nicht rechtzeitig[11]) vom Zustellvorgang Kenntnis erlangen konnte, doch wird die Zustellung mit dem der Rückkehr an die Abgabestelle folgenden Tag wirksam.[12])

*) IdF des Art 4 Z 21, 24, 25, 26 und 27 BGBl I 2008/5 (Ersetzung der Wortfolge „Organe der Post" durch die Wortfolge „Organe eines Zustelldienstes" in Abs 3; Ersetzung des Wortes „Sendung" [in der jeweiligen grammatikalischen Form] durch das Wort „Dokument" [in der jeweiligen grammatikalischen Form] in Abs 1 und 4; Ersetzung der Wortfolge „bei der Post" durch die Wortfolge „beim Zustelldienst" in Abs 3; Ersetzung des Wortes „Rückschein" durch das Wort „Zustellnachweis" in Abs 4; rückwirkend in Kraft getreten am 1. 1. 2008).

1) Eine Ersatzzustellung ist nur dann zulässig, wenn der Empfänger (an der Abgabestelle) **nicht angetroffen** wird. Für die Fälle, dass der Empfänger die Annahme ausdrücklich verweigert, dass dem Zusteller der Zugang zur Abgabestelle verwehrt wird oder dass der Empfänger seine Anwesenheit verleugnet oder sich verleugnen lässt, siehe § 20 ZustG.

2) Das ist jene Abgabestelle (siehe dazu allgemein § 2 Z 4 ZustG), die die Behörde in der Zustellverfügung (§ 5 ZustG) angegeben hat oder an die gem § 18 Abs 1 ZustG nachgesendet worden ist.

3) Das bedeutet hier kein Ermessen des Zustellers; dieser muss, wenn die Voraussetzungen vorliegen, dem Ersatzempfänger zustellen.

Wenn die Behörde die **Zustellung zu eigenen Handen** angeordnet hat (zB § 22 AVG [B 2]), findet § 16 ZustG keine Anwendung (§ 21 ZustG).

4) „Regelmäßig anwesend" ist der Empfänger, wenn er – von kurzfristigen, periodischen Abwesenheiten abgesehen (insb berufsbedingte Abwesenheit während des Tages) – immer wieder an die Abgabestelle zurückkehrt. Nicht regelmäßig anwesend ist der Empfänger daher bei einer mehrtägigen Abwesenheit, zB während eines Urlaubs.

Entgegen dem Anschein, den der Wortlaut erweckt, kommt es nach der überwiegenden Rsp für die Zulässigkeit der Ersatzzustellung nicht auf den subjektiven Eindruck des Zustellers an, sondern ausschließlich darauf, ob sich der Empfänger **tatsächlich** regelmäßig an der Abgabestelle aufhält. Ist das nicht der Fall, darf weder eine Ersatzzustellung noch eine Hinterlegung nach § 17 ZustG erfolgen, vielmehr ist das Dokument dem Empfänger nach § 18 ZustG nachzusenden; wenn auch das nicht möglich ist, ist es nach § 19 ZustG der Behörde zurückzustellen. Siehe aber auch § 7 ZustG.

5) Nur der mit dem Empfänger im gemeinsamen Haushalt lebende Ersatzempfänger kann die Annahme nicht rechtswirksam verweigern, das zuzustellende Dokument ist, wenn er das tut, nach § 20 ZustG an der Abgabestelle zurückzulassen bzw – wenn dies nicht möglich ist – zu hinterlegen.

6) Dem mit dem Empfänger nicht im gemeinsamen Haushalt lebenden Ersatzempfänger kann rechtswirksam nur zugestellt werden, wenn er zur Annahme bereit ist; die Annahmeverweigerung steht in seinem freien, nicht begründungsbedürftigen Belieben. Das zuzustellende Dokument ist in diesem Fall nach § 17 ZustG zu hinterlegen.

7) Das ist die Behörde, deren Dokument zuzustellen ist oder die nach § 1 ZustG Dokumente ausländischer Stellen zuzustellen hat.

8) Im Fall der Zulässigkeit der Ersatzzustellung gilt die Zustellung an den Empfänger mit dem Zeitpunkt der Übernahme des Dokuments durch den Ersatzempfänger als bewirkt. War die Ersatzzustellung dagegen unzulässig, so ist die Zustellung erst in dem Zeitpunkt rechtswirksam erfolgt, in dem das zuzustellende Dokument dem Empfänger tatsächlich zugekommen ist (§ 7 ZustG).

9) Diese Bestimmung wendet sich an die Behörde, nicht an den Zusteller. Der Empfänger wird seine Abwesenheit glaubhaft zu machen haben.

10) Nach der neueren Rsp ist § 16 Abs 5 ZustG auf Fälle längerer Abwesenheit anzuwenden, die eine „regelmäßige Anwesenheit“ iS des § 16 Abs 1 ZustG ausschließen und den Empfänger hindern, Zustellvorgänge an der Abgabestelle wahrzunehmen.

11) Diese Bestimmung stellt darauf ab, dass das zugestellte Dokument dem Empfänger (Vertreter) eine befristete oder terminisierte Reaktion ermöglicht oder verpflichtend auferlegt. Ob dieser vom Zustellvorgang **rechtzeitig** Kenntnis erlangen konnte, hängt demnach vor allem von der Länge des zur Verfügung stehenden (verbliebenen) Zeitraums und von der Art der erforderlichen Reaktion ab.

12) Dass das Dokument dem Empfänger (Vertreter) bis dahin tatsächlich zugekommen ist, wird vom Gesetz nicht gefordert.

Hinterlegung

§ 17.*) **(1) Kann das Dokument an der Abgabestelle[1]) nicht zugestellt werden[2]) und hat der Zusteller Grund zur Annahme, daß sich der Empfänger oder ein Vertreter im Sinne des § 13 Abs. 3 regelmäßig an der Abgabestelle aufhält,[3]) so ist das Dokument im Falle der Zustellung durch den Zustelldienst bei seiner zuständigen Geschäftsstelle, in allen anderen Fällen**

aber beim zuständigen Gemeindeamt oder bei der Behörde, wenn sie sich in derselben Gemeinde befindet, zu hinterlegen.[4])

(2) Von der Hinterlegung ist der Empfänger schriftlich zu verständigen.[5]) Die Verständigung ist in die für die Abgabestelle bestimmte Abgabeeinrichtung (Briefkasten, Hausbrieffach oder Briefeinwurf) einzulegen, an der Abgabestelle zurückzulassen oder, wenn dies nicht möglich ist, an der Eingangstüre (Wohnungs-, Haus-, Gartentüre) anzubringen. Sie hat den Ort der Hinterlegung zu bezeichnen, den Beginn und die Dauer der Abholfrist anzugeben sowie auf die Wirkung der Hinterlegung hinzuweisen.

(3) Das hinterlegte Dokument ist mindestens zwei Wochen zur Abholung bereitzuhalten. Der Lauf dieser Frist beginnt mit dem Tag, an dem das Dokument erstmals zur Abholung bereitgehalten wird.[6]) Hinterlegte Dokumente gelten mit dem ersten Tag dieser Frist als zugestellt.[7]) Sie gelten nicht als zugestellt,[7]) wenn sich ergibt,[8]) daß der Empfänger oder dessen Vertreter im Sinne des § 13 Abs. 3 wegen Abwesenheit[9]) von der Abgabestelle nicht rechtzeitig[10]) vom Zustellvorgang Kenntnis erlangen konnte, doch wird die Zustellung an dem der Rückkehr an die Abgabestelle folgenden Tag innerhalb der Abholfrist[11]) wirksam, an dem das hinterlegte Dokument behoben werden könnte.[12])

(4) Die im Wege der Hinterlegung vorgenommene Zustellung ist auch dann gültig, wenn die im Abs. 2 genannte Verständigung beschädigt oder entfernt wurde.[13])

*) IdF des Art 4 Z 17, 23, 25, 28, 29, 30, 31 und 32 BGBl I 2008/5 (Ersetzung der Worte „Schriftstück" und „Sendung" [in den jeweiligen grammatikalischen Formen] durch das Wort „Dokument" [in den jeweiligen grammatikalischen Formen] in Abs 1 und 3; Ersetzung der Wortfolge „durch die Post beim zuständigen Postamt" durch die Wortfolge „durch den Zustelldienst bei seiner zuständigen Geschäftsstelle" in Abs 1; Ersetzung der Wortfolge „den für die Abgabestelle bestimmten Briefkasten (Briefeinwurf, Hausbrieffach)" durch die Wortfolge „die für die Abgabestelle bestimmte Abgabeeinrichtung (Briefkasten, Hausbrieffach oder Briefeinwurf)" in Abs 2; Ersetzung der Wortfolge „die hinterlegte Sendung" durch die Wortfolge „das hinterlegte Dokument" in Abs 3; rückwirkend in Kraft getreten am 1. 1. 2008).

1) Das ist jene Abgabestelle (siehe dazu allgemein § 2 Z 4 ZustG), die die Behörde auf der Zustellverfügung (§ 5 ZustG) angegeben hat oder an die gem § 18 Abs 1 ZustG nachgesendet worden ist.

2) Nicht zugestellt werden kann die Sendung (das Dokument), wenn weder der Empfänger (Vertreter) noch eine der in den Abs 2 und 4 des § 13 ZustG genannten Personen, im Fall der Zulässigkeit der Ersatzzustellung auch kein Ersatzempfänger (§ 16 Abs 2 ZustG) angetroffen wird und eine Zurücklassung des zuzustellenden Dokuments nach § 20 ZustG nicht zulässig oder zwar zulässig, aber nicht möglich ist. Liegt keines dieser Hindernisse vor, so kommt durch die Hinterlegung des Dokuments – außer in den Fällen des § 23 ZustG (Hinterlegung ohne Zustellversuch) – eine rechtswirksame Zustellung nicht zustande; siehe aber auch § 17 Abs 3 letzter Satz ZustG.

3) Siehe dazu Anm 4 zu § 16 ZustG.

4) Diese Bestimmung wendet sich an den Zusteller, nicht an die Behörde.

Außer in dem hier geregelten Fall sieht das ZustG die Hinterlegung auch in § 20 Abs 1 und 3, § 8 Abs 2 iVm § 23 und § 10 Abs 1 iVm § 23 vor.

In den Verwaltungsvorschriften ist verschiedentlich auch eine Hinterlegung an anderen Orten vorgesehen; siehe zB § 5 DVG (G 2), wonach eine Hinterlegung auch beim Leiter der Dienststelle oder dessen Stellvertreter erfolgen kann.

5) Siehe das **Form 1** der **ZustFormV.** Die Unterlassung der Verständigung stellt einen Zustellmangel dar; ein Verlust der Verständigung berührt aber die Gültigkeit der Hinterlegung nicht: § 17 Abs 4 ZustG. Keine Verständigung ist erforderlich nach § 20 ZustG; siehe aber auch § 23 Abs 3 ZustG.

6) Dieser Tag ist nach dem letzten Satz in § 17 Abs 2 ZustG vom Zusteller festzusetzen und in der Verständigung anzugeben.

7) Im Fall ihrer Zulässigkeit gilt mit der Hinterlegung des zuzustellenden Dokuments dessen Zustellung an den Empfänger (Vertreter) als bewirkt, uzw mit dem Tag, an dem die hinterlegte Sendung (das Dokument) erstmals zur Abholung bereitgehalten wird. War die Hinterlegung dagegen unzulässig, so ist die Zustellung in dem Zeitpunkt rechtswirksam erfolgt, in dem das zuzustellende Dokument dem Empfänger tatsächlich zugekommen ist (§ 7 ZustG).

8) Diese Bestimmung wendet sich an die Behörde, nicht an den Zusteller. Der Empfänger wird seine Abwesenheit glaubhaft zu machen haben.

9) Siehe Anm 10 zu § 16 ZustG.

10) Siehe Anm 11 zu § 16 ZustG.

11) Gemeint ist, sofern dieser Tag vor Ablauf der Abholfrist liegt.

12) Dass die Hinterlegung dem Empfänger (Vertreter) bis dahin bekannt geworden ist, wird vom Gesetz nicht gefordert.

13) Abhilfe kann in solchen Fällen allenfalls die Wiedereinsetzung (vgl zB §§ 71 f AVG [B 2]) bieten.

§ 17 a.*) *(Entfällt; Art 3 Z 6 BGBl I 2004/10)*

*) Eingefügt durch Art 3 Z 2 BGBl 2002/65; aufgehoben durch Art 3 Z 6 BGBl I 2004/10 (mit Ablauf des 29. 2. 2004). Durch Art 4 Z 33 BGBl I 2008/5 wurde ausdrücklich die Überschrift zum früheren § 17 a ZustG mit Wirkung ab 1. 1. 2008 aufgehoben; nach den Erl 2007, 18 soll dies der Bereinigung eines bei der Novelle BGBl I 2004/10 unterlaufenen Redaktionsversehens dienen.

Nachsendung

§ 18.*) **(1) Hält sich der Empfänger nicht regelmäßig (§ 17 Abs. 1)[1]) an der Abgabestelle[2]) auf, so ist das Dokument an eine andere inländische Abgabestelle[3]) nachzusenden,[4]) wenn es**

1. durch Organe eines Zustelldienstes zugestellt werden soll und nach den für die Beförderung von Postsendungen geltenden Vorschriften[5]) die Nachsendung vorgesehen ist;

2. durch Organe der Behörde oder einer Gemeinde zugestellt werden soll, die neue Abgabestelle ohne Schwierigkeit festgestellt werden kann und im örtlichen Wirkungsbereich der Behörde oder der Gemeinde liegt.

(2) Dokumente, deren Nachsendung durch einen auf ihnen angebrachten Vermerk ausgeschlossen ist, sind nicht nachzusenden.

*) IdF des Art 4 Z 21, 23, 25 und 34 BGBl I 2008/5 (Ersetzung der Wortfolge „Organe der Post" durch die Wortfolge „Organe eines Zustelldienstes" in Abs 1 Z 1; Ersetzung des Wortes „Sendung" [in der jeweiligen grammatikalischen Form] durch das Wort „Dokument" [in der jeweiligen grammatikalischen Form] in Abs 1 und 2; Ersetzung des Wortes „sie" durch das Wort „es" in Abs 1; rückwirkend in Kraft getreten am 1. 1. 2008).

1) Siehe Anm 4 zu § 16 ZustG.

2) Siehe Anm 2 zu § 16 ZustG.

3) Siehe § 2 Z 4 ZustG.

4) Vom **Zustellorgan** „nachzusenden" **ist** das zuzustellende Schriftstück (Dokument) – gegebenenfalls –, wenn die Zustellung durch **Organe** eines Zustelldienstes (§ 18 Abs 1 Z 1 ZustG) erfolgt; ist eine Nachsendung nicht möglich, so hat der Zusteller das Schriftstück (Dokument) der Behörde zurückzustellen (§ 19 ZustG).

5) Siehe die nach § 20 PMG erlassenen AGB der Post.

Erl 2007, 16: „Die alternative Verwendung der Begriffe ‚Dokument', ‚Sendung' und ‚Schriftstück' soll zugunsten einer einheitlichen Terminologie aufgegeben werden. An dem Wort ‚Postsendungen' in § 18 Abs. 1 Z 1 ZustG soll hingegen festgehalten werden; es erscheint erforderlich, hier an den Begriff ‚Postsendung' im Sinne des § 2 Z 4 des Postgesetzes 1997 (‚eine adressierte Sendung in der endgültigen Form, in der sie von Anbietern von Universaldienstleistungen oder anderen Anbietern von Postdiensten übernommen wird') anzuknüpfen."

Zurückstellung an die Behörde

§ 19.*) (1) Dokumente, die weder zugestellt werden können[1]) noch nachzusenden sind[2]) oder die zwar durch Hinterlegung zugestellt, aber nicht abgeholt worden sind,[3]) sind der Behörde[4]) zurückzustellen.

(2) Auf dem Dokument ist der Grund der Zurückstellung zu vermerken.

*) IdF des Art 4 Z 23 und 24 BGBl I 2008/5 (Ersetzung des Wortes „Sendung" [in der jeweiligen grammatikalischen Form] durch das Wort „Dokument" [in der jeweiligen grammatikalischen Form] in Abs 1 und 2; rückwirkend in Kraft getreten am 1. 1. 2008).

1) **Nicht zugestellt werden** können Sendungen (Dokumente), die weder dem Empfänger (Vertreter), noch einem Ersatzempfänger übergeben werden, noch auch gem § 20 ZustG an der Abgabestelle zurückgelassen werden können.

2) **Nicht nachzusenden** sind unzustellbare Sendungen (Dokumente), wenn die in § 18 ZustG umschriebenen Voraussetzungen nicht vorliegen oder wenn die Nachsendung durch einen Vermerk auf der Sendung (dem Dokument) ausgeschlossen ist.

3) Das heißt nicht **fristgerecht** (siehe § 17 Abs 3 ZustG) abgeholt worden sind.

4) Das ist die Behörde, deren Dokument zuzustellen ist bzw die die Zustellung einer ausländischen Sendung (eines Dokuments) durchführt.

Verweigerung der Annahme

§ 20.*) (1) Verweigert[1]) der Empfänger oder ein im gemeinsamen Haushalt mit dem Empfänger lebender Ersatzempfänger die Annahme ohne Vorliegen eines gesetzlichen Grundes,[2]) so ist das Dokument an der Abgabestelle zurückzulassen oder, wenn dies nicht möglich ist, nach § 17 ohne die dort vorgesehene schriftliche Verständigung zu hinterlegen.[3])

(2) Zurückgelassene Dokumente gelten damit als zugestellt.

(3) Wird dem Zusteller der Zugang zur Abgabestelle verwehrt, verleugnet der Empfänger seine Anwesenheit, oder läßt er sich verleugnen, so gilt dies als Verweigerung der Annahme.

*) IdF des Art 4 Z 23, 25 und 35 BGBl I 2008/5 (Ersetzung des Wortes „Sendung" [in der jeweiligen grammatikalischen Form] durch das Wort „Dokument" [in der jeweiligen grammatikalischen Form] in Abs 1 und 2; Ersetzung der Wortfolge „des im § 13 Abs. 5 genannten oder eines anderen gesetzlichen Grundes" durch die Wortfolge „eines gesetzlichen Grundes" in Abs 1; rückwirkend in Kraft getreten am 1. 1. 2008).

1) Als Annahmeverweigerung gilt nicht die Verweigerung der Bestätigung der Übernahme des Schriftstücks (Dokuments) (siehe § 22 Abs 2 ZustG).

2) ZB Versuch einer Zustellung außerhalb der Abgabestelle, wenn der Empfänger zur Annahme nicht bereit ist (§ 24a Z 1 ZustG); Zustellung eines ausländischen fremdsprachigen Schriftstücks (Dokuments), dem keine deutschsprachige Übersetzung angeschlossen ist (§ 12 Abs 2 ZustG).

3) Diese Bestimmung wendet sich – anders als § 23 ZustG – an den Zusteller, nicht an die Behörde.

Zustellung zu eigenen Handen

§ 21.*) Dem Empfänger zu eigenen Handen[1]) zuzustellende Dokumente dürfen nicht an einen Ersatzempfänger zugestellt werden.[2])[3])

*) IdF des Art 4 Z 36 BGBl I 2008/5 (Neufassung samt Überschrift; rückwirkend in Kraft getreten am 1. 1. 2008).

1) Eine Zustellung zu eigenen Handen hat die Behörde zB nach § 22 AVG (B 2) „bei Vorliegen besonders wichtiger Gründe oder wenn es gesetzlich vorgesehen ist" zu verfügen. Zwingend vorgeschrieben ist die Zustellung zu eigenen Handen in den VerwaltungsverfahrensG insb für Ladungen oder Aufforderungen, in denen Zwangsmittel oder Säumnisfolgen angedroht werden (§ 19 Abs 3 AVG [B 2], § 41 Abs 3 und § 42 Abs 2 VStG [C 2]), für Strafverfügungen (§ 48 Abs 2 VStG [C 2]) und für Beamte des Dienststandes betreffende Bescheide in Dienstrechtsangelegenheiten (§ 11 Abs 1 DVG [G 2]).

Nach der Intention des Gesetzgebers haben **elektronische Zustellungen mit Zustellnachweis** (§ 35 ZustG) ebenfalls die Wirkung einer Zustellung zu eigenen Handen (vgl Anm 11 zu § 35 ZustG); soweit die Verwaltungsvorschriften eine Zustellung zu eigenen Handen vorsehen, kann dies auch durch eine elektronische Zustellung mit Zustellnachweis bewirkt werden.

2) Sondern nur an die gem § 5 oder § 9 Abs 3 ZustG als Empfänger bezeichnete Person; davon Abweichendes bestimmen § 13 Abs 2 ZustG (Zustellung an Post[Gemeinde]bevollmächtigten) und § 13 Abs 4 ZustG (Zustellung an den in der Kanzlei anwesenden Kanzleibediensteten).

3) **Erl 2007, 19:** „Dass bei der Zustellung zu eigenen Handen ein zweiter Zustellversuch vorzunehmen ist, erhöht die Kosten dieser Form der Zustellung. Die Sinnhaftigkeit der Vornahme eines solchen zweiten Zustellversuches erscheint fraglich, weil angesichts einer Erwerbsquote von 72,4% auch der zweite Versuch einer Zustellung an der Wohnadresse des Empfängers regelmäßig fehlschlagen wird. Es wird daher vorgeschlagen, den zweiten Zustellversuch gemäß § 21 Abs. 2 ZustG entfallen zu lassen. § 17 Abs. 4 ZustG ist entsprechend anzupassen."

Zustellnachweis

§ 22.*) **(1) Die Zustellung ist vom Zusteller auf dem Zustellnachweis (Zustellschein, Rückschein)**[1]**) zu beurkunden.**[2]**)**

(2) Der Übernehmer des Dokuments hat die Übernahme auf dem Zustellnachweis durch seine Unterschrift unter Beifügung des Datums und, wenn er nicht der Empfänger ist, seines Naheverhältnisses zu diesem zu bestätigen. Verweigert er die Bestätigung, so hat der Zusteller die Tatsache der Verweige-

rung, das Datum und gegebenenfalls das Naheverhältnis des Übernehmers zum Empfänger auf dem Zustellnachweis zu vermerken.[3]) Der Zustellnachweis ist der Behörde[4]) unverzüglich zu übersenden.[5])

(3) An die Stelle der Übersendung des Zustellnachweises kann die elektronische Übermittlung einer Kopie des Zustellnachweises oder der sich daraus ergebenden Daten treten, wenn die Behörde dies nicht durch einen entsprechenden Vermerk auf dem Zustellnachweis ausgeschlossen hat.[6]) Das Original des Zustellnachweises ist mindestens fünf Jahre nach Übermittlung aufzubewahren und der Behörde auf deren Verlangen unverzüglich zu übersenden.[7–9])

(4) Liegen die technischen Voraussetzungen dafür vor, so kann die Beurkundung der Zustellung auch elektronisch erfolgen. In diesem Fall hat der Übernehmer auf einer technischen Vorrichtung zu unterschreiben; an die Stelle der Unterschriftsleistung kann auch die Identifikation und Authentifizierung mit der Bürgerkarte (§ 2 Z 10 des E-Government-Gesetzes – E-GovG, BGBl. I Nr. 10/2004) treten. Die die Beurkundung der Zustellung betreffenden Daten sind der Behörde unverzüglich zu übermitteln.[10])

*) IdF des Art 4 Z 37 BGBl I 2008/5 (Ersetzung der früheren Abs 2 und 3 durch die Abs 2 bis 4; rückwirkend in Kraft getreten am 1. 1. 2008) und des Art 9 Z 1 und 2 BGBl I 2010/111 (Einfügung der Wortfolge „des Zustellnachweises oder der sich daraus ergebenden Daten" in Abs 3 erster Satz sowie Ersetzung der Wortfolge „drei Monate" durch die Wortfolge „fünf Jahre" in Abs 3 zweiter Satz; in Kraft getreten am 1. 1. 2011).

1) Siehe die **Form 3/1, 3/2, 3/3, 4/1, 4/2, 4/3, 5 und 6** der **ZustFormV.**

2) Der **Zustellnachweis** ist eine **öffentliche Urkunde.**

3) Die **Verweigerung** dieser Bestätigung durch den Übernehmer gilt nicht als Annahmeverweigerung und hindert die Rechtswirksamkeit der Zustellung nicht.

4) Das ist die Behörde, deren Dokument zuzustellen ist bzw die nach § 1 ZustG die Zustellung eines ausländischen Dokumentes bewerkstelligt.

5) Die **Zurücksendung** des Zustellnachweises obliegt dem Zusteller, im Fall der Hinterlegung jener Stelle, bei der das zuzustellende

Dokument nach § 17 Abs 1 ZustG zur Abholung bereitgehalten – und behoben – worden ist.

6) Erl 2007, 19 f: „Eine Kopie des Zustellnachweises kann nach dem derzeitigen Stand der Technik durch Scannen erzeugt werden. Beim Scannen wird von einem Papierdokument ein elektronisches Abbild erzeugt und als Bilddatei gespeichert. Diese Datei kann gelesen und als ‚Non Coded Information' (NCI) zwar nicht wie ein digitales Textdokument, aber wie ein digitales Bild bearbeitet werden (die optionale Variante der Umwandlung eines Papierdokuments in ein digitales Textdokument durch Umwandlung in ‚Coded Information' [CI] kann hier außer Betracht bleiben). Die Problematik gescannter Dokumente (dazu grundlegend *Roßnagel,* Die rechtliche Bedeutung gescannter Dokumente, NJW 2006, 2145) besteht nun darin, dass das papierene Ursprungsdokument mit Sicherheitsmerkmalen (zB Unterschrift oder Stempel) versehen sein kann, die durch die Transformation verloren gehen. Die elektronischen Zieldokumente wiederum können erst nachträglich (zB durch eine Signatur) gesichert werden. Dadurch können sowohl das Papierdokument vor der Transformation als auch das elektronische Dokument nach der Transformation und vor einer Integritätssicherung manipuliert werden. Solche Veränderungen sind in dem elektronischen Bild nicht mehr als solche erkennbar. Im Hinblick auf diese Risiken sieht Abs. 3 erster Satz vor, dass die Behörde die elektronische Übermittlung einer Kopie des (physischen) Zustellnachweises durch einen entsprechenden Vermerk auf dem Zustellnachweis ausschließen kann."

Nach den Erl 2010, 44, sollte mit der Nov BGBl I 2010/111 durch die Möglichkeit der elektronischen Übermittlung der sich aus dem Zustellnachweis ergebenden Daten die Ermächtigung geschaffen werden, die „Metadaten" des Zustellnachweises anstelle einer Kopie zu übersenden.

7) Erl 2007, 20: „Mit der Regelung des Abs. 3 zweiter Satz über die Pflicht zur vorübergehenden Aufbewahrung des Originals des Zustellnachweises und die Möglichkeit der Behörde, die Übersendung des Originals zu verlangen, soll eine Vorkehrung für den Fall getroffen werden, dass bei der Erzeugung oder Übermittlung der Kopie Fehler unterlaufen sind (zB unzureichende Auflösung, Unvollständigkeit). Eine Frist von drei Monaten erscheint ausreichend, um die Kopie des Zustellnachweises auf das Vorliegen solcher Mängel zu überprüfen."

Durch die Nov BGBl I 2010/111 wurde die Aufbewahrungsfrist auf fünf Jahre verlängert.

8) Erl 2007, 20: „Die Verpflichtung, die nicht mehr benötigten (physischen) Zustellnachweise zu vernichten, ergibt sich bereits aus § 6 Abs. 1 Z 5 DSG 2000.

Die Möglichkeit der Behörde, zu Zwecken der elektronischen Archivierung elektronische Kopien von ihr bereits übermittelten (physischen) Zustellnachweisen anzufertigen, wird durch Abs. 3 nicht berührt; auch eine Verpflichtung zur Vernichtung des Originals besteht in diesem Fall selbstverständlich nicht."

9) Erl 2007, 20: „Es kann zweckmäßig sein, wenn nicht nur der (physische) Zustellnachweis oder dessen Kopie, sondern auch die ‚Metadaten' elektronisch an die Behörde übermittelt werden. Darunter sind die auf dem Zustellnachweis enthaltenen, den Zustellvorgang dokumentierenden Daten (also alle Angaben über Zeitpunkt und Vorgänge im Zusammenhang mit Zustellversuchen, Übernahme, Annahmeverweigerung und Hinterlegung) zu verstehen. Einer entsprechenden Vereinbarung mit einem Zustelldienst steht nichts entgegen; einer ausdrücklichen gesetzlichen Normierung dieser Möglichkeit bedarf es dazu nicht."

10) Erl 2007, 20: „Die elektronische Übermittlung eines elektronischen Zustellnachweises (also nicht bloß einer elektronischen Kopie eines physischen Zustellnachweises) setzt voraus, dass dieser bereits in elektronischer Form vorliegt; dies bedingt, dass die vom Übernehmer des Dokuments geleistete Unterschrift unmittelbar elektronisch erfasst werden kann (nach heutigem Stand der Technik etwa durch die Leistung der Unterschrift auf einem Touchscreen) oder dass an die Stelle der Unterschriftsleistung die Identifikation und Authentifizierung durch die Bürgerkarte (§ 2 Z 10 E-GovG) tritt.

Das zuzustellende Dokument muss mit einem Code versehen sein, der eine Zuordnung dieses Dokuments zum elektronischen Zustellnachweis ermöglicht. Die ‚technischen Voraussetzungen', von denen in Abs. 4 erster Satz die Rede ist, bestehen also zunächst darin, dass die Behörde auf dem Dokument einen derartigen Code anbringt. Ferner muss technisch gewährleistet sein, dass die elektronisch erfasste Unterschrift einer (erforderlichenfalls graphologischen) Überprüfung auf ihre Echtheit in einem der Funktion des Zustellnachweises als Beweismittel entsprechenden Ausmaß zugänglich ist. Schließlich muss die Integrität der die Zustellung betreffenden Daten technisch sichergestellt sein, sodass die Zuordnung der Unterschrift (bzw. des Nachweises der Identität und Authentizität durch die Bürgerkarte) zum Zustellnachweis bzw. zum zugestellten Dokument selbst nicht nachträglich manipuliert werden kann.

Bei der Aufnahme eines elektronischen Zustellnachweises kann die Beifügung des Datums und des allfälligen Naheverhältnisses des Übernehmers zum Empfänger zB durch handschriftlichen Vermerk auf dem Touchscreen oder durch Anklicken bestimmter Felder erfolgen.

Die auf eine technische Vorrichtung aufgebrachte Unterschrift stellt keine elektronische Signatur im Sinne des § 2 Z 1 des Signaturgesetzes, BGBl. I Nr. 190/1999, dar.

Die Verpflichtung, nach der Übermittlung des elektronischen Zustellnachweises die nicht mehr benötigten Daten zu löschen, ergibt sich bereits aus § 6 Abs. 1 Z 5 DSG 2000."

Hinterlegung ohne Zustellversuch

§ 23.*) **(1) Hat die Behörde auf Grund einer gesetzlichen Vorschrift**[1]) **angeordnet,**[2]) **daß ein Dokument ohne vorhergehenden Zustellversuch zu hinterlegen ist, so ist dieses sofort bei der zuständigen Geschäftsstelle des Zustelldienstes, beim Gemeindeamt oder bei der Behörde selbst zur Abholung bereitzuhalten.**[3])

(2) Die Hinterlegung ist von der zuständigen Geschäftsstelle des Zustelldienstes oder vom Gemeindeamt auf dem Zustellnachweis,[4]) **von der Behörde auch auf andere Weise zu beurkunden.**

(3) Soweit dies zweckmäßig ist, ist der Empfänger durch eine an die angegebene inländische Abgabestelle zuzustellende schriftliche Verständigung[5]) **oder durch mündliche Mitteilung an Personen, von denen der Zusteller annehmen kann, daß sie mit dem Empfänger in Verbindung treten können, von der Hinterlegung zu unterrichten.**[6])

(4) Das so hinterlegte Dokument gilt mit dem ersten Tag der Hinterlegung als zugestellt.

*) IdF des Art 4 Z 38 bis 41 BGBl I 2008/5 (Ersetzung der Wortfolge „eine Sendung" durch die Wortfolge „ein Dokument", des Wortes „diese" durch das Wort „dieses" sowie der Wortfolge „beim Postamt" durch die Wortfolge „bei der zuständigen Geschäftsstelle des Zustelldienstes" in Abs 1; Ersetzung der Wortfolge „vom Postamt" durch die Wortfolge „von der zuständigen Geschäftsstelle des Zustelldienstes" in Abs 2; Ersetzung der Wortfolge „Die so hinterlegte Sendung" durch die Wortfolge „Das so hinterlegte Dokument" in Abs 4; rückwirkend in Kraft getreten am 1. 1. 2008).

1) Siehe zB § 8 Abs 2 und § 10 Abs 1 ZustG.

2) Siehe § 5 ZustG.

3) In Ermangelung entsprechender Regelungen in § 23 ZustG sind die ersten beiden Sätze in § 17 Abs 3 ZustG (betreffend Abholfrist und deren Beginn) sinngemäß auch hier anzuwenden.

4) Siehe § 22 ZustG.

5) Diese **schriftliche Verständigung** kann von der Behörde, aber auch vom Zusteller veranlasst werden. Sie bedarf keiner besonderen Form. Dass die Verständigung zuzustellen ist, kann im gegebenen Zusammenhang nicht bedeuten, dass auf den damit angesprochenen Vorgang die Bestimmungen des ZustG anzuwenden wären.

6) Die Verletzung dieser Ordnungsvorschrift begründet keinen Mangel der Zustellung durch Hinterlegung ohne Zustellversuch.

Unmittelbare Ausfolgung

§ 24.*) **Dem Empfänger**[1]) **können**[2])

1. versandbereite Dokumente[3]) **unmittelbar bei der Behörde,**

2. Dokumente, die die Behörde an eine andere Dienststelle übermittelt hat,[4]) **unmittelbar bei dieser ausgefolgt**[5]) **werden. Die Ausfolgung ist von der Behörde bzw. von der Dienststelle zu beurkunden; § 22 Abs. 2 bis 4 ist sinngemäß anzuwenden.**[6])

*) IdF des Art 4 Z 9 BGBl I 1998/158 (Neufassung samt Überschrift; in Kraft getreten am 1. 1. 1999) und des Art 4 Z 42 BGBl I 2008/5 (Neufassung samt Überschrift; rückwirkend in Kraft getreten am 1. 1. 2008).

1) Die Aushändigung des Schriftstücks (Dokuments) bei der Behörde darf **nur an den Empfänger** (siehe Anm 1 zu § 2 ZustG), nicht auch an einen Ersatzempfänger (§ 16 Abs 2 ZustG) erfolgen.

2) Der Behörde ist ein – nach prozessökonomischen Gesichtspunkten auszuübendes – Ermessen eingeräumt.

Der **Empfänger,** der sich bei der Behörde einfindet, ist zur Übernahme des Schriftstücks (Dokuments) verpflichtet; dies stellt eine Abweichung von § 24 a Z 1 ZustG dar. Bei Annahmeverweigerung ist nach § 20 ZustG vorzugehen.

3) Ein „versandbereites Dokument" – zB eine Ladung, die Ausfertigung eines Bescheides ua – muss inhaltlich und formell **vollständig** sein.

4) **Erl 2007, 20:** „Eine Ausfolgung unmittelbar bei einer Dienststelle soll unabhängig von der Art der Übermittlung des Dokuments zulässig sein."

5) Von der im § 24 ZustG geregelten Ausfolgung ist die Ausfolgung eines zuzustellenden Schriftstücks (Dokuments) aus Anlass und am Ort einer behördlichen Amtshandlung nach § 2 Z 4 ZustG zu unterscheiden.

6) Dh: Der Übernehmer hat eine schriftliche Übernahmsbestätigung zu unterfertigen (§ 22 Abs 2 ZustG); wird die Sendung (das Dokument) zwar übernommen, jedoch die Unterfertigung der Übernahmsbestätigung verweigert, ist die Zustellung dennoch gültig vollzogen; die Behörde hat in diesem Fall nach § 22 Abs 2 ZustG vorzugehen.

Zustellung am Ort des Antreffens

§ 24 a.*) **Dem Empfänger kann an jedem Ort zugestellt werden, an dem er angetroffen wird, wenn er**

1. **zur Annahme bereit ist oder**
2. **über keine inländische Abgabestelle verfügt.**[1])[2])

*) IdF des Art 4 Z 43 BGBl I 2008/5 (Einfügung des § 24a samt Überschrift; rückwirkend in Kraft getreten am 1. 1. 2008).

1) **Erl 2007, 20:** „Im Hinblick auf die mit einer Zustellung im Ausland häufig verbundenen Schwierigkeiten soll in Z 2 darauf abgestellt werden, ob der Empfänger über eine inländische Abgabestelle verfügt (vgl. § 13 Abs. 6 ZustG in der Fassung vor der Novelle BGBl. I Nr. 10/2004). § 22 Abs. 2 bis 4 ZustG ist anzuwenden."

2) Der Empfänger ist in diesem Fall zur Verweigerung der Annahme nicht berechtigt. Die Übernahme des zuzustellenden Dokuments kann aber nicht etwa zwangsweise bewirkt werden; es ist vielmehr gegebenenfalls nach § 20 ZustG vorzugehen.

Zustellung durch öffentliche Bekanntmachung

§ 25.*) **(1) Zustellungen an Personen, deren Abgabestelle unbekannt ist,**[1]) **oder an eine Mehrheit von Personen, die der Behörde nicht bekannt sind, können,**[2]) **wenn es sich nicht um ein Strafverfahren**[3]) **handelt, kein Zustellungsbevollmächtigter**[4]) **bestellt ist und nicht gemäß § 8 vorzugehen ist,**[5]) **durch Anschlag an der Amtstafel,**[6]) **daß ein zuzustellendes Dokument bei der Behörde liegt, vorgenommen werden. Findet sich der Empfänger zur Empfangnahme des Dokuments (§ 24) nicht**

ein, so gilt, wenn gesetzlich nicht anderes bestimmt ist, die Zustellung als bewirkt, wenn seit dem Anschlag an der Amtstafel der Behörde zwei Wochen verstrichen sind.[7])

(2) Die Behörde kann die öffentliche Bekanntmachung in anderer geeigneter Weise ergänzen.

*) IdF des Art 4 Z 17 und 44 BGBl I 2008/5 (Ersetzung des Wortes „Schriftstück" [in der jeweiligen grammatikalischen Form] durch das Wort „Dokument" [in der jeweiligen grammatikalischen Form] in Abs 1; rückwirkend in Kraft getreten am 1. 1. 2008).

1) Eine unbekannte Abgabestelle kann nicht angenommen werden, wenn ein Empfänger von einer bekannten Abgabestelle nur vorübergehend abwesend ist.

Ist der Behörde eine **elektronische Zustelladresse** bekannt oder hat der Empfänger einem Zustelldienst eine elektronische Adresse bekannt gegeben und ist eine elektronische Zustellung möglich, kommt eine Zustellung durch öffentliche Bekanntmachung nicht in Betracht.

2) Die Behörde kann aber auch allenfalls die Bestellung eines Abwesenheitskurators veranlassen. Siehe zB § 11 AVG (B 2).

3) Auch ein Verwaltungsstrafverfahren oder ein Disziplinar(straf)verfahren; siehe aber § 17 Abs 3 VStG (C 2) sowie Anm 10 dazu.

4) Siehe § 9 ZustG.

5) Zustellung durch Hinterlegung ohne vorausgehenden Zustellversuch.

6) Damit ist die Amtstafel der Behörde, von der das zuzustellende Dokument herrührt oder die sonst die Zustellung iS des § 1 ZustG veranlasst hat, gemeint.

7) Findet sich der Empfänger vorher zur Empfangnahme des Schriftstücks (Dokuments) bei der Behörde ein, gilt die Zustellung mit dem Tag der Entgegennahme des Schriftstücks (Dokuments) als bewirkt.

Zustellung ohne Zustellnachweis

§ 26.[*])[1]) **(1) Wurde die Zustellung ohne Zustellnachweis angeordnet, wird das Dokument zugestellt, indem es in die für die Abgabestelle bestimmte Abgabeeinrichtung (§ 17 Abs. 2) eingelegt oder an der Abgabestelle zurückgelassen wird.**[2])

(2) Die Zustellung gilt[3]) **als am dritten Werktag**[4]) **nach der Übergabe an das Zustellorgan bewirkt. Im Zweifel hat die Behörde die Tatsache und den Zeitpunkt der Zustellung von**

Amts wegen festzustellen. Die Zustellung wird nicht bewirkt, wenn sich ergibt,[5]) dass der Empfänger wegen Abwesenheit von der Abgabestelle nicht rechtzeitig vom Zustellvorgang Kenntnis erlangen konnte, doch wird die Zustellung mit dem der Rückkehr an die Abgabestelle folgenden Tag wirksam.

*) IdF des Art 3 Z 7 BGBl I 2004/10 (Neufassung samt Überschrift; in Kraft getreten am 1. 3. 2004) und des Art 4 Z 45 BGBl I 2008/5 (Ersetzung der Wortfolge „den für die Abgabestelle bestimmten Briefkasten (Briefeinwurf, Hausbrieffach)" durch die Wortfolge „die für die Abgabestelle bestimmte Abgabeeinrichtung (§ 17 Abs. 2)" in Abs 1; rückwirkend in Kraft getreten am 1. 1. 2008).

1) Für postalische Zustellungen ohne Zustellnachweis gelten die Allgemeinen Bestimmungen (1. Abschnitt, 4. Abschnitt), im Übrigen aber auch der 2. Abschnitt, soweit dessen Bestimmungen nicht nur auf Zustellungen mit Zustellnachweis zugeschnitten sind; auch für Zustellungen ohne Zustellnachweis gilt daher zB § 13 Abs 1 ZustG. Für Zustellungen ohne Zustellnachweis durch die Post gelten außerdem postrechtliche Vorschriften (vgl das PMG sowie die nach seinem § 20 erlassenen AGB der Post).

2) Die Formulierung des § 26 Abs 1 ZustG ist insofern missverständlich, als dadurch nur klargestellt werden soll, dass die Zustellung jedenfalls durch das Einlegen des Dokuments in den Briefkasten bewirkt wird; selbstverständlich kann das Schriftstück (Dokument) an der Abgabestelle auch direkt an den Empfänger ausgehändigt werden (§ 13 Abs 1 ZustG).

3) Gesetzliche Vermutung; die Vermutung ist, wie der folgende Satz zeigt, widerlegbar.

4) Siehe § 33 AVG (B 2).

5) Der Empfänger wird seine Abwesenheit glaubhaft zu machen haben.

§ 26 a.*) *(Entfällt; Art 3 Z 6 BGBl I 2004/10)*

*) Eingefügt durch Art 4 Z 11 BGBl I 1998/158; aufgehoben durch Art 3 Z 6 BGBl I 2004/10 (mit Ablauf des 29. 2. 2004).

Ausstattung der Dokumente; Zustellformulare; Zustellnachweise

§ 27.*) Soweit dies erforderlich ist, hat die Bundesregierung durch Verordnung nähere Bestimmungen über

1. die Ausstattung der zuzustellenden Dokumente,[1])

2. die bei der Zustellung zu verwendenden Formulare und

3. die für die elektronische Übermittlung gemäß § 22 Abs. 3 sowie für die Speicherung und Übermittlung der die Beurkundung der Zustellung betreffenden Daten erforderlichen technischen Voraussetzungen[2])
zu erlassen.[3])

*) IdF des Art 3 Z 7 BGBl I 2004/10 (Neufassung samt Überschrift; in Kraft getreten am 1. 3. 2004), des Art 4 Z 46 BGBl I 2008/5 (Neufassung samt Überschrift; rückwirkend in Kraft getreten am 1. 1. 2008) und des Art 9 Z 3 BGBl I 2010/111 (Ersetzung der Wortfolge „einer Kopie des Zustellnachweises" durch den Verweis auf § 22 Abs 3 ZustG; in Kraft getreten am 1. 1. 2011).

1) **Erl 2004, 16:** „Im neuen § 27 werden die Regelungen über Zustellformulare und die Regelungen des bisherigen § 5 zusammengezogen: § 5 (‚Ausstattung von Schriftstücken') soll im Interesse größerer Flexibilität in eine Verordnungsermächtigung umgewandelt werden."

2) **Erl 2007, 21:** „Das in § 22 Abs. 3 und 4 vorgesehene Modell der alternativen Übermittlung des Zustellnachweises an die Behörde stellt hohe Anforderungen an die Überprüfbarkeit der Echtheit der kopierten bzw. elektronisch erfassten Unterschrift; außerdem muss die Zuordnung der elektronisch geleisteten Unterschrift bzw. des mit Hilfe der Bürgerkarte (§ 2 Z 10 E-GovG) erbrachten Nachweises zum Zustellnachweis dauerhaft gesichert sein (siehe näher die Erläuterungen zu Art. 4 Z 37 *[§ 22 Abs 2 und 3 ZustG]*). Um eine ausreichend genaue Regelung der Anforderungen an die bei der Herstellung und Übermittlung elektronischer Kopien und bei der Aufnahme und Übermittlung elektronischer Zustellnachweise eingesetzte Technik sicherzustellen, soll daher die Verordnungsermächtigung des § 27 ZustG ergänzt werden."

3) Siehe die **ZustFormV** (E 2).

3. Abschnitt*)

Elektronische Zustellung

Anwendungsbereich

§ 28.*)[1])[2]) **(1) Soweit die für das Verfahren geltenden Vorschriften nicht anderes bestimmen,**[3]) **ist eine elektronische**

Zustellung nach den Bestimmungen dieses Abschnitts vorzunehmen.

(2) Die elektronische Zustellung der Gerichte richtet sich nach den §§ 89 a ff des Gerichtsorganisationsgesetzes – GOG, RGBl. Nr. 217/1896.[4])

*) IdF des Art 3 Z 10 BGBl I 2004/10 (Einfügung des III. Abschnittes; Einfügung des § 28 samt Überschrift; in Kraft getreten am 1. 3. 2004), des Art 4 Z 47 BGBl I 2008/5 (Neufassung des 3. Abschnitts; Neufassung des § 28 samt Überschrift; rückwirkend in Kraft getreten am 1. 1. 2008) und des Art 9 Z 4 BGBl I 2010/111 (Einfügung des Kurztitels des GOG in Abs 2; in Kraft getreten am 1. 1. 2011).

1) **Erl 2004, 16:** „Die kompetenzrechtliche Grundlage für diese Lösung wird in einer intrasystematischen Fortentwicklung des Begriffes ‚Post- und Fernmeldewesen' (Art. 10 Abs. 1 Z 9 B-VG) gesehen, da die Zustellung behördlicher Schriftstücke wesensgemäß gleichartig ist, unabhängig davon ob sie auf traditionellen Transportwegen oder auf dem neuen Kommunikationsweg des Internet vorgenommen wird."

2) Der Abschnitt über elektronische Zustellungen wurde durch BGBl I 2004/10 eingefügt und durch BGBl I 2008/5 neu gefasst; dabei wurden wesentliche Teile der früheren Fassung übernommen, sodass zum Verständnis dieser Regelungen auch auf die Materialien zu BGBl I 2004/10 zurückgegriffen werden kann.

3) Siehe insb § 98 BAO, wonach der 3. Abschnitt des ZustG über elektronische Zustellungen auf Zustellungen nach der BAO nicht anzuwenden ist.

4) Siehe aber § 29 Abs 1 Z 11, § 33 Abs 1 und § 35 Abs 9 ZustG, wonach auf Verlangen des Empfängers beim Zustelldienst die Zustellung eines Dokumentes (das nicht ohnedies nach den §§ 89 a ff GOG zuzustellen ist) im Wege des elektronischen Rechtsverkehrs nach den Bestimmungen der §§ 89 a ff GOG erfolgen kann.

Leistungen der Zustelldienste

§ 29.*) **(1) Jeder Zustelldienst hat nach den näheren Bestimmungen dieses Bundesgesetzes die Zustellung behördlicher Dokumente an seine Kunden**[1]) **vorzunehmen (Zustellleistung). Die Zustellleistung**[2]) **umfasst folgende, nach dem jeweiligen Stand der Technik zu erbringende Leistungen:**

1. die unverzügliche Weiterleitung

a) der Daten gemäß § 33 Abs. 1,

b) einer vom Kunden[1]) bekanntgegebenen Änderung dieser Daten (§ 33 Abs. 2 erster Satz) sowie

c) von Mitteilungen gemäß § 33 Abs. 2 zweiter Satz

an den Ermittlungs- und Zustelldienst;[3])

2. die Schaffung der technischen Voraussetzungen für die Entgegennahme der zuzustellenden Dokumente (§ 34 Abs. 1);

3. das Betreiben einer technischen Einrichtung für die sichere elektronische Bereithaltung der zuzustellenden Dokumente;

4. die Verständigung des Empfängers, dass auf der technischen Einrichtung ein Dokument für ihn zur Abholung bereitliegt (§ 35 Abs. 1 und 2);

5. die gegebenenfalls verschlüsselte (§ 33 Abs. 1 Z 7) Speicherung der zuzustellenden Dokumente;

6. die Bereitstellung eines Verfahrens zur identifizierten und authentifizierten Abholung der bereitgehaltenen Dokumente;

7. die Protokollierung von Daten im Sinn des § 35 Abs. 3 vierter Satz[4]) und die Übermittlung dieser Daten an die Behörde;

8. die unverzügliche Verständigung der Behörde, wenn ein Dokument nicht abgeholt wird;

9. die Beratung des Empfängers, wenn bei der Abholung von Dokumenten technische Probleme auftreten;[5])

10. die Erstellung von Ausdrucken oder Kopien des zuzustellenden Dokuments auf Papier oder Kopien dieses Dokuments auf Datenträgern sowie die Übermittlung dieser Ausdrucke und Datenträger an den Empfänger auf dessen Verlangen;

11. sofern der Zustelldienst diese Leistung anbietet, die Weiterleitung eines zuzustellenden Dokuments zur elektronischen Übermittlung nach den §§ 89 a ff GOG auf Verlangen des Empfängers sowie die Mitteilung an die Behörde, wann das zuzustellende Dokument in den elektronischen Verfügungsbereich des Empfängers (§ 89 d GOG) gelangt ist.[7])

Die Behörde hat für die Erbringung der Leistungen gemäß Z 1 bis 9 ein Entgelt zu entrichten, dessen Höhe dem Entgelt entspricht, das dem Zuschlagsempfänger gemäß § 32 Abs. 1 für die Erbringung dieser Leistungen zusteht.[8]) Das Entgelt für die Erbringung der Leistung gemäß Z 10 ist vom Empfänger zu entrichten.

(2) Einer der Zustelldienste hat außerdem folgende Leistungen zu erbringen:[9])

1. die Speicherung der gemäß Abs. 1 Z 1 weitergeleiteten Daten,

2. die Leistungen gemäß § 34 Abs. 1 erster und zweiter Satz (Ermittlungsleistung) und

3. die Weiterleitung des von den Behörden für eine Zustellung entrichteten Entgelts an jene Zustelldienste, die die Zustellleistung erbracht haben, sowie die Verrechnung der weitergegebenen Entgelte mit den Behörden (Verrechnungsleistung).

Die Behörde hat für die Erbringung der Verrechnungsleistung ein Entgelt zu entrichten.

(3) Zustelldienste können weitere Leistungen, wie insbesondere die nachweisliche Zusendung von Dokumenten im Auftrag von Privaten, entgeltlich anbieten.[10]) Für die nachweisliche Zusendung von Dokumenten im Auftrag von Privaten hat der Ermittlungs- und Zustelldienst die Ermittlungsleistung (Abs. 2 Z 2) zu denselben Bedingungen wie bei der Zustellung behördlicher Dokumente zu erbringen.[11])

(4) Zustelldienste sind hinsichtlich der von ihnen für die Besorgung ihrer Aufgaben verwendeten Daten Auftraggeber im Sinne des § 4 Z 4 des Datenschutzgesetzes 2000, BGBl. I Nr. 165/1999. Sie dürfen die ihnen zur Kenntnis gelangten Daten über ihre Kunden – soweit keine besonderen vertraglichen Vereinbarungen mit diesen bestehen – ausschließlich für den Zweck der Zustellung verwenden.[12]) Der Abschluss eines Vertrags über die Zustellleistung sowie der Inhalt eines solchen Vertrags dürfen nicht von der Zustimmung zur Weitergabe von Daten an Dritte abhängig gemacht werden; eine Weitergabe von Daten über Herkunft und Inhalt zuzustellender Dokumente an Dritte darf nicht vereinbart werden.

(5) Auf natürliche Personen, die an der Erbringung der Leistungen gemäß Abs. 1 und 2 mitwirken, ist in Hinblick auf Daten über Herkunft und Inhalt zuzustellender behördlicher Dokumente § 46 Abs. 1 bis 4 des Beamten-Dienstrechtsgesetzes 1979, BGBl. Nr. 333,[13]) sinngemäß anzuwenden. Hinsichtlich

der abgabenrechtlichen Geheimhaltungspflicht des § 48 a der Bundesabgabenordnung, BGBl. Nr. 194/1961,[12]) gelten diese Personen als Beamte im Sinne des § 74 Z 4 des Strafgesetzbuches, BGBl. Nr. 60/1974.[13])

(6) Zustelldienste können in ihren allgemeinen Geschäftsbedingungen vorsehen, dass sie Zustellungen nur an bestimmte Personengruppen anbieten;[14]) Angehörige der betreffenden Personengruppe dürfen vom Abschluss eines Vertrags über die Zustellleistung gemäß Abs. 1 nicht ausgeschlossen werden.[15]) Einschränkungen in Hinblick auf die Herkunft der zuzustellenden behördlichen Dokumente dürfen nicht vorgesehen werden.[16])

(7) Die Zustellleistung (Abs. 1) ist so zu erbringen, dass für behinderte Menschen ein barrierefreier Zugang zu dieser Leistung nach dem jeweiligen Stand der Technik gewährleistet ist.

*) IdF des Art 3 Z 10 BGBl I 2004/10 (Einfügung samt Überschrift; in Kraft getreten am 1. 3. 2004), des Art 4 Z 47 BGBl I 2008/5 (Neufassung samt Überschrift; rückwirkend in Kraft getreten am 1. 1. 2008) und des Art 9 Z 5 BGBl I 2010/111 (Ersetzung des Punktes am Ende der Z 10 durch einen Strichpunkt und Anfügung der Z 11 in Abs 1; in Kraft getreten am 1. 1. 2011).

1) Die Rechtsbeziehungen zwischen dem Zustelldienst und seinen Kunden sind privatrechtlicher Natur; der Vertragsabschluss erfolgt durch eine „Anmeldung" nach § 33 ZustG.

2) Von der Zustellleistung zu unterscheiden ist die Ermittlungsleistung und die Verrechnungsleistung, die nur von einem Zustelldienst zu erbringen sind (§ 29 Abs 2 iVm § 32 ZustG).

3) Erl 2007, 21: „Insb. ist in Abs. 1 Z 1 vorgesehen, dass die Zustelldienste die Kundendaten (§ 33 Abs. 1), die vom Kunden bekanntgegebenen Änderungen dieser Daten sowie Mitteilungen des Kunden über den Ausschluss der Zustellung innerhalb bestimmter Zeiträume unverzüglich an den Ermittlungs- und Zustelldienst weiterzuleiten haben; es soll daher in Zukunft nicht mehr erforderlich sein, vor jeder einzelnen Zustellung eine Abfrage aller Zustelldienste vorzunehmen."

4) Das sind die Daten über die Verständigung des Empfängers nach § 35 Abs 1 und 2 ZustG sowie über die Abholung des Dokumentes durch diesen; die Gesamtheit dieser Daten bildet den Zustellnachweis.

5) Erl 2004, 18: „Um technische Probleme der Übertragung und der Lesbarkeit möglichst gering zu halten, hat der Zustelldienst die Pflicht, ... eine Hotline zur Pannenbekämpfung zu unterhalten ...".

Ungeachtet der Pflicht des Zustelldienstes zur Beratung seiner Kunden im Falle technischer Schwierigkeiten, trägt jeder, der sich – freiwillig! – bei einem Zustelldienst anmeldet, selbst die Verantwortung dafür, dass er über die erforderlichen Voraussetzungen für den Empfang elektronischer Verständigungen und die Abholung elektronischer Dokumente verfügt (Hardware, Software, Computerkenntnisse).

6) Erl 2007, 21: „Ein Ausdruck des zuzustellenden Dokuments (Abs. 1 Z 10) kann dann nicht erstellt werden, wenn es nur verschlüsselt vorliegt; in einem solchen Fall kann nur ein Datenträger mit einer Kopie des Dokuments übermittelt werden."

7) Erl 2010, 44: „In der Regel ist die elektronische Zustellung durch den Zustelldienst selbst (nach den Bestimmungen des 3. Abschnitts des Zustellgesetzes – ZustG, BGBl. Nr. 200/1982) vorzunehmen. Der Zustelldienst soll jedoch denjenigen seiner Kunden, die Teilnehmer am ‚Elektronischen Rechtsverkehr' (ERV) nach dem Gerichtsorganisationsgesetz – GOG, RGBl. Nr. 217/1986, sind, die Weiterleitung der zuzustellenden Dokumente an den ERV anbieten können (sog. ‚Koppelung' von elektronischer Zustellung nach dem ZustG und ERV). Diesfalls wird das Dokument nach den Bestimmungen der §§ 89a ff GOG zugestellt; der Zustelldienst hat der Behörde den Zeitpunkt der Zustellung des Dokuments nach § 89d Abs. 2 GOG bekanntzugeben, der ihm vom Betreiber des ERV mitgeteilt worden ist.

Eine Weiterleitung zuzustellender Dokumente an den ERV soll nur auf Verlangen des Empfängers erfolgen können. Ein Empfänger, der sowohl Kunde eines Zustelldienstes als auch Teilnehmer am ERV ist, kann also wählen, ob ihm elektronische Dokumente nach den Bestimmungen des 3. Abschnitts des ZustG oder nach den §§ 89a ff GOG zugestellt werden sollen. Ein solches Verlangen kann die Weiterleitung eines einzelnen Dokuments, die Weiterleitung von nach generellen Merkmalen bestimmten Dokumenten oder auch die Weiterleitung aller künftig zuzustellender Dokumente zum Inhalt haben."

8) Erl 2007, 21: „Die Höhe des von der Behörde für die Erbringung der Leistungen gemäß Abs. 1 Z 1 bis 9 zu entrichtenden Entgelts richtet sich (vgl. § 30 Abs. 1 ZustG bzw. den vorgeschlagenen Abs. 1 Schlussteil) nach dem Entgelt, das Inhalt des Vertrages mit dem Zuschlagsempfänger im Sinne des vorgeschlagenen § 32

Abs. 1 ist. Zwar erfasst das von der Behörde zu entrichtende Entgelt auch die Verständigung des Empfängers, dass auf der technischen Einrichtung des Zustelldienstes ein Dokument für ihn zur Abholung bereit liegt (Abs. 1 Z 4). Bei der Versendung von Verständigungen an mehr als eine elektronische Adresse und Abgabestelle handelt es sich jedoch – wie sich aus § 33 Abs. 1 letzter Satz ergibt – um eine ‚weitere Leistung' im Sinne des vorgeschlagenen Abs. 3; das Entgelt für solche zwischen Zustelldienst und Kunden vereinbarte Zusatzleistungen ist daher vom Empfänger zu entrichten."

9) Erl 2007, 21: „Der vorgeschlagene Abs. 2 nennt jene Zusatzleistungen, die vom Ermittlungs- und Zustelldienst zu erbringen sind: Entsprechend der Verpflichtung der Zustelldienste zur Weiterleitung der vom Kunden mitgeteilten Daten (vgl. Abs. 1 Z 1) soll zunächst die Verpflichtung des Ermittlungs- und Zustelldienstes zur Speicherung dieser Daten ausdrücklich normiert werden (Abs. 2 Z 1). Da die zuzustellenden Dokumente von der Behörde direkt an den Zustelldienst weiterzuleiten sind, bei dem der Empfänger angemeldet ist (vgl. den vorgeschlagenen § 34 Abs. 1 letzter Satz), entfällt die sogenannte ‚Verteilerleistung' im Sinne des § 30 Abs. 2 Z 2 ZustG. Ausdrücklich angeführt werden soll dagegen jene Leistung, deren Inhalt sich aus dem vorgeschlagenen § 34 Abs. 1 erster und zweiter Satz (bisher § 33 Abs. 1 ZustG) ergibt; für diese Leistung soll der Begriff ‚Ermittlungsleistung' eingeführt werden (Abs. 2 Z 2)."

10) Erl 2004, 17: „Die Eröffnung der Möglichkeit, über Zustelldienste auch im Auftrag Privater nachweislich Dokumente zuzustellen, entspricht einem vielfach geäußerten Wunsch. Das Verbot nach § 107 TKG (Spam-Verbot) bleibt hiedurch freilich unberührt."

11) Erl 2007, 21: „ ‚[Z]u denselben Bedingungen wie bei der Zustellung behördlicher Dokumente' bedeutet ua., dass auch für Abfragen im Auftrag von Privaten nur die im vorgeschlagenen § 34 Abs. 2 angeführten Suchkriterien herangezogen werden dürfen und dass lediglich die Informationen gemäß § 33 Abs. 1 Z 6 und 7 sowie die Internetadresse des betreffenden Zustelldienstes, nicht jedoch weitere Daten übermittelt werden dürfen (vgl. § 34 Abs. 1 zweiter Satz)."

12) Siehe auch § 34 Abs 2 ZustG.

13) In der jeweils geltenden Fassung: § 38 Abs 2 ZustG.

14) ZB nur an berufsmäßige Parteienvertreter.

15) Erl 2007, 21 f: „Die im bisherigen § 30 Abs. 4 zweiter Satz ZustG enthaltene Wortfolge ‚bei Einhaltung der allgemeinen Geschäftsbedingungen' soll jedoch entfallen; denn es ist selbstverständlich, dass bei Bestehen eines Kontrahierungszwangs eine Verpflichtung zum Abschluss von Verträgen unter Zugrundelegung der (im

Zulassungsbescheid genehmigten) allgemeinen Geschäftsbedingungen besteht – und nicht etwa eine Verpflichtung zum Abschluss von Verträgen mit einem von den AGB abweichenden Inhalt (vgl. *Rummel* in Rummel [Hrsg], Kommentar zum Allgemeinen bürgerlichen Gesetzbuch[3] [2000], § 861 ABGB Rz 10, und *Koziol/Welser,* Grundriss des bürgerlichen Rechts I[13] [2006], 141)."

16) Eine Beschränkung auf die Zustellung von Dokumenten bestimmter Behörden ist daher unzulässig.

Zulassung als Zustelldienst

§ 30.*)[1]) **(1) Die Erbringung der Zustellleistung (§ 29 Abs. 1) bedarf einer Zulassung, deren Erteilung beim Bundeskanzler zu beantragen ist. Voraussetzungen für die Erteilung der Zulassung sind die für die ordnungsgemäße Erbringung der Zustellleistung erforderliche technische und organisatorische Leistungsfähigkeit sowie die rechtliche, insbesondere datenschutzrechtliche Verlässlichkeit des Zustelldienstes.**[2]) **Mit dem Antrag auf Zulassung sind allgemeine Geschäftsbedingungen vorzulegen, die den gesetzlichen Anforderungen zu entsprechen haben und der ordnungsgemäßen Erbringung der Zustellleistung nicht entgegenstehen dürfen.**

(2) Der Zulassungsbescheid ist schriftlich zu erlassen; wenn es für die Gewährleistung der Leistungsfähigkeit und Verlässlichkeit erforderlich ist, sind darin Auflagen zu erteilen und Bedingungen vorzuschreiben.

(3) Der Bundeskanzler hat eine Liste der zugelassenen Zustelldienste einschließlich der in den Zulassungsbescheiden erteilten Auflagen und vorgeschriebenen Bedingungen (Abs. 2) und der gemäß § 31 Abs. 2 zweiter Satz erteilten Auflagen im Internet zu veröffentlichen.[3])

(4) Wenn eine Zulassungsvoraussetzung wegfällt[2]) **oder ihr ursprünglicher Mangel nachträglich hervorkommt, hat der Bundeskanzler die Behebung des Mangels innerhalb einer angemessenen Frist anzuordnen. Ist die Behebung des Mangels nicht möglich oder erfolgt sie nicht innerhalb der gesetzten Frist, ist die Zulassung durch Bescheid zu widerrufen.**[4])

*) IdF des Art 3 Z 10 BGBl I 2004/10 (Einfügung samt Überschrift; in Kraft getreten am 1. 3. 2004) und des Art 4 Z 47 BGBl I

2008/5 (Neufassung samt Überschrift; rückwirkend in Kraft getreten am 1. 1. 2008).

1) **Erl 2007, 22:** „Der vorgeschlagene § 30 entspricht inhaltlich weitgehend dem § 29 ZustG; der einzige – allerdings wesentliche – Unterschied besteht darin, dass das ursprüngliche duale Konzept eines Nebeneinanders von behördlichen und zugelassenen Zustelldiensten nicht mehr weiterverfolgt wird. Das System der Ermittlungsleistung durch den Ermittlungs- und Zustelldienst setzt nämlich voraus, dass die technische Interoperabilität zwischen den Zustelldiensten jederzeit sichergestellt ist; das Aufsichtsrecht des Bundeskanzlers über die Zustelldienste (einschließlich der Möglichkeit, im äußersten Fall durch einen Widerruf der Zulassung eine Einstellung der Zustelltätigkeit zu erzwingen) stößt jedoch dort an seine Grenzen, wo andere oberste Organe, weisungsfreie Behörden oder Behörden anderer Rechtsträger diese Tätigkeit ausüben. Was die Frage der praktischen Bedeutung behördlicher Zustelldienste betrifft, ist darauf hinzuweisen, dass der Bundeskanzler gemäß § 29 Abs. 1 letzter Satz ZustG eine Liste der gemeldeten behördlichen Zustelldienste im Internet zu veröffentlichen hat. Mangels entsprechender Meldungen ist eine solche Veröffentlichung jedoch bisher nicht erfolgt (der einzige behördliche Zustelldienst wird derzeit vom Bundeskanzleramt selbst betrieben). Es soll daher in Zukunft nur mehr zugelassene Zustelldienste sowie einen beim Bundeskanzleramt eingerichteten Übergangszustelldienst (vgl. § 32 Abs. 2) geben."

2) **Erl 2007, 22:** „Gemäß dem vorgeschlagenen § 29 Abs. 1 zweiter Satz ist die Zustellleistung ‚nach dem jeweiligen Stand der Technik' zu erbringen; eine Voraussetzung der Zulassung gemäß dem vorgeschlagenen § 30 Abs. 1 ist das Vorliegen der ‚für die ordnungsgemäße Erbringung der Zustellleistung erforderlichen technischen [. . .] Leistungsfähigkeit'. Dies bedeutet, dass eine Zulassungsvoraussetzung im Sinne des vorgeschlagenen Abs. 4 ua. dann weggefallen ist, wenn der Zustelldienst seine Leistungen nicht mehr ‚nach dem jeweiligen Stand der Technik' erbringt."

Nähere Regelungen über die technische und organisatorische Leistungsfähigkeit sowie über die rechtliche Verlässlichkeit wurden in der ZustDV (E 3) getroffen, die nach § 40 Abs 5 ZustG in ihrer am 31. 12. 2007 geltenden Fassung weiter gilt.

3) **Erl 2007, 22:** „Zum vorgeschlagenen Abs. 3 ist darauf hinzuweisen, dass die Verpflichtung des Bundeskanzlers, eine ‚Liste der zugelassenen (elektronischen) Zustelldienste' zu veröffentlichen, die Pflicht miteinschließt, diese Liste auf dem aktuellen Stand zu halten.

Wird eine Zulassung widerrufen, so ist der betreffende Zustelldienst daher in der im Internet veröffentlichten Liste zu streichen."

Auf der Homepage des BKA sind folgende Zustelldienste angeführt (Stand 28. November 2011): Online Post Austria GmbH vormals Electronic Bill Presentment and Payment GmbH (https://www.meinbrief.at/); Bundesrechenzentrum GmbH (https://www.brz-zustelldienst.at/Zustellservice/processor); die Zulassung der A1 Telekom Austria AG wurde nach den Angaben auf dieser Homepage mit Bescheid vom 13. September 2011 widerrufen.

4) Zur Aufsichtsbefugnis des BK vgl § 31 und die Anm dazu.

Aufsicht

§ 31.*) (1) Die Zustelldienste unterliegen der Aufsicht durch den Bundeskanzler.[1]) Sie sind verpflichtet, dem Bundeskanzler jede Änderung der die Voraussetzung der Zulassung gemäß § 30 bildenden Umstände unverzüglich bekanntzugeben.

(2) Der Bundeskanzler hat die Aufsicht über die Zustelldienste dahin auszuüben, dass diese die Gesetze und Verordnungen nicht verletzen, insbesondere ihren Aufgabenbereich nicht überschreiten und die ihnen gesetzlich obliegenden Aufgaben erfüllen. Zu diesem Zweck ist der Bundeskanzler berechtigt, Auskünfte einzuholen und gegebenenfalls Auflagen vorzuschreiben, wenn die ordnungsgemäße Erbringung der Leistungen sonst nicht gewährleistet ist.[2]) Die Zustelldienste haben dem Bundeskanzler die geforderten Auskünfte unverzüglich, spätestens jedoch binnen zwei Wochen zu erteilen.

*) IdF des Art 3 Z 10 BGBl I 2004/10 (Einfügung samt Überschrift; in Kraft getreten am 1. 3. 2004) und des Art 4 Z 47 BGBl I 2008/5 (Neufassung samt Überschrift; rückwirkend in Kraft getreten am 1. 1. 2008).

1) Vgl auch die in § 30 Abs 4 ZustG vorgesehene Möglichkeit des Widerrufs der Zulassung, wenn festgestellte Mängel nicht behoben werden (können).

Erl 2007, 22: „Die Aufsicht über den Ermittlungs- und Zustelldienst erstreckt sich auch auf die Erbringung der Leistungen gemäß dem vorgeschlagenen § 29 Abs. 2. Dabei festgestellte Mängel berühren allerdings ausschließlich das Vertragsverhältnis mit dem jeweiligen Zustelldienst und können nicht zu einem Widerruf der Zulassung führen.“

2) **Erl 2007, 22:** „Auf Grund des vorgeschlagenen Abs. 2 zweiter Satz soll zB die Vorlage einer detaillierten Systembeschreibung verlangt werden können, aus der hervorgeht, ob alle zum zuverlässigen und leistungsfähigen Betrieb erforderlichen organisatorischen und technischen Maßnahmen ergriffen wurden, und in der die zugrunde liegende Infrastruktur, die verwendeten Systemkomponenten sowie die angewendeten Sicherheits-, Betriebs- und Notfallkonzepte erläutert werden. Sie sollen sich auch auf die einer solchen Systembeschreibung zugrunde liegenden Unterlagen, die Protokolldateien und die sonstigen relevanten Aufzeichnungen des Zustelldienstes beziehen können. Im Fall von durchgehenden Unterbrechungen oder wesentlichen Beeinträchtigungen des ordnungsgemäßen Betriebs des Zustelldienstes soll dieser auf Anfrage alle notwendigen Informationen zur Verfügung zu stellen haben, damit die Ursache der Unterbrechung bzw. der Beeinträchtigung, deren Auswirkungen sowie die zur Prävention ergriffenen nachhaltigen Maßnahmen nachvollzogen werden können.“

Bestimmung des Ermittlungs- und Zustelldienstes

§ 32.[*)][1]) **(1) Zur Bestimmung des Ermittlungs- und Zustelldienstes hat der Bundeskanzler die Leistungen gemäß § 29 Abs. 1 Z 1 bis 9 und Abs. 2 in einem gemeinsamen Vergabeverfahren im Sinne des Bundesvergabegesetzes 2006, BGBl. I Nr. 17,**[2]) **auszuschreiben. Der Zuschlag darf nur einem zugelassenen Zustelldienst erteilt werden. Der Bundeskanzler hat den Zuschlagsempfänger und die Höhe des diesem für die Erbringung der Leistungen gemäß § 29 Abs. 1 Z 1 bis 9 zustehenden Entgelts im Internet zu veröffentlichen.**[3])[4])

(2) In Zeiträumen, in denen die Leistungen gemäß § 29 Abs. 2 nicht von einem Ermittlungs- und Zustelldienst erbracht werden, sind sie durch einen beim Bundeskanzleramt eingerichteten Übergangszustelldienst zu erbringen. Der Übergangszustelldienst kann auch Leistungen gemäß § 29 Abs. 1 erbringen und nachweisliche Zusendungen im Auftrag von Privaten gemäß § 29 Abs. 3 vornehmen; er unterliegt nicht der Aufsicht gemäß § 31.[5]) **Die Leistungen gemäß § 29 Abs. 1 Z 1 bis 9 und Abs. 2 sind unentgeltlich zu erbringen.**[6])

*) IdF des Art 3 Z 10 BGBl I 2004/10 (Einfügung samt Überschrift; in Kraft getreten am 1. 3. 2004) und des Art 4 Z 47 BGBl I

2008/5 (Neufassung samt Überschrift; rückwirkend in Kraft getreten am 1. 1. 2008).

1) **Erl 2004, 16:** „Besonderer Wert wurde auf ein Konzept gelegt, das Marktkonformität durch Konkurrenz und marktorientierte Preisgestaltung verwirklicht. Durch einen speziellen – bereits im Gesetz vorgezeichneten – Inhalt der Ausschreibung soll gesichert werden, dass es mehrere Zustelldienste auf dem Markt geben kann und dennoch für die Behörden ein einheitlicher Zustellpreis besteht, obwohl sie nicht Vertragspartner aller dieser Zustelldienste sind – dies ist vielmehr der Bürger, der sich bei einem – ‚seinem' – Zustelldienst anmeldet."

2) In der jeweils geltenden Fassung: § 38 Abs 2 ZustG.

3) **Erl 2007, 22 f:** „Die Ermittlungsleistung und die Verrechnungsleistung können nur von einem einzigen Zustelldienst erbracht werden, dem Ermittlungs- und Zustelldienst; dieser soll in dem im vorgeschlagenen Abs. 1 vorgesehenen Vergabeverfahren ermittelt werden (vgl. § 30 Abs. 1 zweiter Satz ZustG). Da sich das Vergabeverfahren auf alle Leistungen gemäß dem vorgeschlagenen § 29 Abs. 1 Z 1 bis 9 und Abs. 2 erstreckt, sind in den zu erstellenden Angeboten Preise für alle Leistungen anzugeben; dementsprechend werden auch alle Leistungen Gegenstand des mit dem Bestbieter abzuschließenden Vertrages. Die Zulässigkeit der Erbringung der Zustellleistung durch andere zugelassene Zustelldienste als den Zuschlagsempfänger wird von der Durchführung des Vergabeverfahrens nicht berührt. Der Zuschlag darf nur einem zugelassenen Zustelldienst erteilt werden; dementsprechend ist der Vertrag unter der auflösenden Bedingung der aufrechten Zulassung abzuschließen."

4) Nach dem Konzept dieser Bestimmung soll somit der BK – namens des Bundes – ein Vergabeverfahren durchführen, in dem der Ermittlungs- und Zustelldienst bestimmt wird, der in weiterer Folge die Ermittlungs- und Verrechnungsleistungen nach § 29 Abs 2 ZustG zu erbringen hat; auch die Zustellleistung soll aber Gegenstand dieses Vergabeverfahrens sein.

Der Ermittlungs- und Zustelldienst iS des § 32 ZustG soll seine Leistungen aber nicht nur für den Bund, sondern auch für alle anderen Rechtsträger erbringen, die Zustellungen im Rahmen ihrer hoheitlichen Tätigkeit vorzunehmen haben; ebenso soll das auf diese Weise ermittelte Entgelt für die Zustellleistungen auch für alle anderen Rechtsträger maßgeblich sein (§ 29 Abs 1 vorletzter Satz ZustG). Die verfassungsrechtliche Zulässigkeit dieser Konstruktion ist zweifelhaft: Dass einem zivilrechtlichen Vertrag mit einer Vertragspartei (dem Ermittlungs- und Zustelldienst) unmittelbare – generelle – Rechtswirkungen auch für Dritte (alle anderen zuglassenen Zustelldienste hinsichtlich des ihnen zustehenden Entgelts für die Zustellleistungen) beigelegt wird, dürfte gegen das verfassungsrechtliche Gebot der Geschlossenheit des Rechtsquellensystems verstoßen.

Zum Zeitpunkt des durchzuführenden Vergabeverfahrens vgl § 40 Abs 6 ZustG. Bei Abschluss des Manuskriptes war auf der Homepage des BKA nicht ersichtlich, dass eine solche Vergabe erfolgt ist.

5) **Erl 2007, 23:** „Eine Neuerung gegenüber der geltenden Rechtslage (vgl. § 40 Abs. 6 ZustG) besteht darin, dass gemäß dem vorgeschlagenen Abs. 2 der Bundeskanzler einen Übergangszustelldienst einzurichten hat, der in Zeiträumen, in denen die Leistungen gemäß dem vorgeschlagenen § 29 Abs. 2 nicht von einem Ermittlungs- und Zustelldienst erbracht werden, diese Leistungen erbringt."

6) Das Gesetz schließt die Erbringung weiterer Leistungen auf Grund (privatrechtlicher) Vereinbarungen nicht aus (vgl § 29 Abs 1 Z 10, Abs 3 ZustG); für solche weiteren Leistungen ist die Vereinbarung eines Entgelts durch den BK (namens des Bundes) als Betreiber des Übergangszustelldienstes gesetzlich nicht ausgeschlossen (vgl Art 17 B-VG).

An- und Abmeldung

§ 33.*) (1) Die Anmeldung[1]) bei einem Zustelldienst[2]) kann nur unter Verwendung der Bürgerkarte (§ 2 Z 10 E-GovG) erfolgen.[3]) Sofern es sich beim Kunden nicht um eine natürliche Person handelt, kann an die Stelle der Anmeldung mit der Bürgerkarte auch die Übermittlung der Daten aus dem elektronischen Rechtsverkehr (§§ 89 a ff GOG) treten, die zu seinem Anschriftcode gespeichert und zum Nachweis der eindeutigen Identität geeignet sind.[4]) Jeder Zustelldienst hat im Internet ein elektronisches Verfahren für die Anmeldung bereitzustellen. Bei der Anmeldung sind folgende Daten zu speichern:

1. Name bzw. Bezeichnung des Kunden,

2. bei natürlichen Personen das Geburtsdatum,[5])

3. die zur eindeutigen Identifikation des Kunden im Bereich „Zustellwesen" erforderlichen Daten:

a) bei natürlichen Personen das bereichsspezifische Personenkennzeichen (§ 9 E-GovG),[6])

b) sonst die Stammzahl (§ 6 E-GovG),[6])

4. eine elektronische Adresse, an die die Verständigungen gemäß § 35 Abs. 1 und 2 erster Satz übermittelt werden können,[7])

5. gegebenenfalls eine inländische Abgabestelle, an die die Verständigungen gemäß § 35 Abs. 2 übermittelt werden können,[8])

6. Angaben des Kunden darüber, welche Formate die zuzustellenden Dokumente aufweisen müssen, damit er zu ihrer Annahme bereit ist,[9]) und

7. Angaben des Kunden, die für eine allfällige inhaltliche Verschlüsselung der zuzustellenden Dokumente erforderlich sind.[10])

Wurde als weitere Leistung im Sinne des § 29 Abs. 3 vereinbart, dass die Verständigungen gemäß § 35 an mehrere elektronische Adressen oder mehrere Abgabestellen zu übermitteln sind, sind alle Adressen zu speichern.

(2) Der Kunde hat Änderungen der in Abs. 1 genannten Daten dem Zustelldienst unverzüglich bekanntzugeben.[11]) Darüber hinaus kann er dem Zustelldienst mitteilen, dass die Zustellung innerhalb bestimmter Zeiträume ausgeschlossen sein soll.

(3) Die Abmeldung von einem Zustelldienst kann unter Verwendung der Bürgerkarte (§ 2 Z 10 E-GovG) oder durch eine vom Kunden unterschriebene schriftliche Erklärung erfolgen. Sie wird mit ihrem Einlangen beim Zustelldienst wirksam.

*) IdF des Art 3 Z 10 BGBl I 2004/10 (Einfügung samt Überschrift; in Kraft getreten am 1. 3. 2004), des Art 4 Z 47 BGBl I 2008/5 (Neufassung samt Überschrift; rückwirkend in Kraft getreten am 1. 1. 2008) und des Art 9 Z 6 BGBl I 2010/111 (Einfügung des zweiten Satzes in Abs 1; in Kraft getreten am 1. 1. 2011).

1) Erl 2004, 17: „Bürger und Unternehmer, die grundsätzlich immer elektronisch zugestellt haben wollen, dokumentieren dies durch Anmeldung bei einem Zustelldienst. Er ist sodann zuständig für die Zustellung sämtlicher behördlicher Dokumente, die unter der Geltung des Zustellgesetzes zuzustellen sind. Deshalb genügt etwa auch in Zukunft die Bekanntgabe von Adressänderungen oder vorübergehender Nicht-Erreichbarkeit bei diesem einen Zustelldienst, der die gesamte elektronische ‚Zustellsphäre' seines Kunden zu betreuen hat."

Die Anmeldung bei einem elektronischen Zustelldienst erfolgt **freiwillig;** es gibt keine gesetzliche Verpflichtung von Bürgern oder Unternehmern, durch Anmeldung bei einem Zustelldienst elektronische Zustellungen zu ermöglichen. Ebenso steht den Bürgern und Unternehmern die Wahl zwischen verschiedenen Zustelldiensten frei.

2) Also sowohl bei einem durch Bescheid zugelassenen wie auch beim Übergangszustelldienst nach § 32 Abs 2 ZustG.

3) **Erl 2004, 17:** „Die Anmeldung erfolgt mit Hilfe der Bürgerkarte, was es dem Zustelldienst ermöglicht, die in Form der Personenbindung auf der Bürgerkarte enthaltene eindeutige Identifikation des Kunden in den Kundendatensatz beim Zustelldienst zu übernehmen, und zwar in Form des für den Bereich ‚Zustellung' geltenden bereichsspezifischen Personenkennzeichens bei natürlichen Personen, bzw. in Form der Stammzahl bei allen anderen Betroffenen. Durch den Vergleich dieser eindeutigen Identifikation anlässlich der Abholung vom Server mit dem bei der Zustellung mitgegebenen Personenkennzeichen ist die Ausfolgung des Dokuments an den richtigen Empfänger garantiert."

4) **Erl 2010, 44:** „Gemäß dem geltenden § 33 Abs. 1 ZustG kann die Anmeldung bei einem elektronischen Zustelldienst nur unter Verwendung der Bürgerkarte erfolgen. Da für am ERV Beteiligte, die nicht natürliche Personen sind (insb. die Gerichte und die Kanzleien der am ERV teilnehmenden berufsmäßigen Parteienvertreter), zum Nachweis der eindeutigen Identität geeignete Daten (wie die Gerichtskennung bzw. der dem Anschriftcode zugeordnete Datensatz) bereits im ERV vorhanden sind, soll mit dieser Bestimmung eine vereinfachte Anmeldemöglichkeit geschaffen werden: Auf Wunsch des Kunden sollen die betreffenden Daten aus dem ERV automatisiert dem jeweiligen Zustelldienst übermittelt werden können. Für die eindeutige Identifikation von natürlichen Personen und die Erzeugung des gemäß Z 3 lit. a zu speichernden bereichspezifischen Personenkennzeichens ist weiterhin die Bürgerkarte erforderlich."

5) **Erl 2007, 23:** „Das Geburtsdatum soll deshalb in den Katalog der bei der Anmeldung zu speichernden Daten aufgenommen werden, weil damit ein Suchkriterium zur Verfügung steht, das der Behörde vielfach bekannt sein wird und mit dessen Hilfe eine Abfrage gemäß dem vorgeschlagenen § 33 auch bei Namensgleichheit von Kunden von Zustelldiensten zu einem eindeutigen Ergebnis führen kann."

6) Nach § 8 E-GovG darf in den Datenanwendungen der Auftraggeber des öffentlichen Bereiches eine Identifikation von Betroffenen im Rahmen der Bürgerkartenfunktion bei natürlichen Personen

nur mittels des „bereichsspezifischen Personenkennzeichens (bPK)" erfolgen, bei anderen Rechtsträgern ist dafür die nach § 6 E-GovG gebildete Stammzahl zu verwenden. Zur Kennzeichnung natürlicher Personen für Zwecke der Zustellung ist daher von den Behörden die für den Bereich „Zustellwesen" relevante bereichsspezifische Personenkennung zu verwenden, bei anderen Rechtsträgern ihre Stammzahl.

7) Die dem Zustelldienst bekannt zu gebende elektronische Adresse ist von einer der Behörde bekannt gegebenen elektronischen Zustelladresse zu unterscheiden (vgl § 2 Z 5 ZustG sowie Anm 8 dazu).

Bei der dem Zustelldienst bekannt gegebenen elektronischen Adresse kann es sich zB um eine E-Mail-Adresse, eine Faxnummer oder eine Handynummer handeln; der einzige Zweck dieser elektronischen Adresse ist es, dass an sie die Verständigung übermittelt wird, dass für den Empfänger ein Dokument zur elektronischen Abholung bereit liegt (vgl § 35 Abs 1 ZustG). Der technische Weg der Abholung muss nicht identisch mit dem technischen Kommunikationsweg sein, auf dem diese Verständigung erfolgt.

8) Erl 2007, 23: „Damit sich auch Personen, die über keine inländische Abgabestelle verfügen, bei einem Zustelldienst anmelden können, soll – anders als nach § 32 Abs. 1 Z 4 ZustG – die Angabe einer solchen Abgabestelle nicht mehr verpflichtend sein. Es soll allerdings weiterhin die Möglichkeit bestehen, dem Zustelldienst eine inländische Abgabestelle bekanntzugeben, an der bei Zustellungen mit Zustellnachweis eine dritte, physische Zustellung der Verständigung zu erfolgen hat; dadurch hat der Kunde die Gewissheit, dass er von der Bereithaltung wichtiger Dokumente auf der technischen Einrichtung des Zustelldienstes nicht nur elektronisch, sondern auch in der herkömmlichen Form verständigt wird."

9) Erl 2007, 23: „Weiters soll dem Kunden die Möglichkeit eingeräumt werden, den Kreis der Dateiformate, die die zuzustellenden Dokumente aufweisen müssen, damit er zu ihrer Annahme bereit ist, einzuschränken."

10) Erl 2004, 17: „Ein weiteres Anliegen im Hinblick auf möglichst qualitätsvolles E-Government ist in der Förderung sicherer, d. h. verschlüsselter Datenverwendung zu sehen. Zustelldienste haben ihren Benützern diese Möglichkeit jedenfalls anzubieten. Wenn der Kunde die notwendigen Angaben in Form eines zur inhaltlichen Verschlüsselung geeigneten Schlüsselpaars macht, wird das zuzustellende Dokument bereits von der Behörde verschlüsselt an den Zustelldienst übergeben, sodass der Inhalt solcher Dokumente tatsächlich nur der Behörde und dem Empfänger bekannt werden kann."

11) § 8 ZustG über die Änderung einer Abgabestelle gilt nicht für Änderungen der einem Zustelldienst bekannt gegebenen elektronischen Adresse; solche Änderungen sind nach § 33 Abs 2 ZustG dem Zustelldienst bekannt zu geben, bei dem der Betroffene angemeldet ist. Solange eine solche Änderung nicht bekannt gegeben wird, kann an die (bisherige) elektronische Adresse weiterhin rechtswirksam zugestellt werden. Gleiches gilt auch für die Abgabestelle, die dem Zustelldienst für Zwecke der Verständigung nach § 35 Abs 2 ZustG bekannt gegeben wurde. § 32 Abs 2 ZustG ist eine lex specialis im Verhältnis zu § 8 ZustG, soweit es um die Abgabestelle geht, die dem elektronischen Zustelldienst für Zwecke der Verständigung nach § 35 Abs 2 ZustG bekannt gegeben wurde.

Ermittlung des Zustelldienstes und Übermittlung des zuzustellenden Dokuments an diesen

§ 34.*) **(1) Soll die Zustellung durch einen Zustelldienst erfolgen, so hat die Behörde den Ermittlungs- und Zustelldienst zu beauftragen, zu ermitteln, ob der Empfänger**

1. bei einem Zustelldienst angemeldet ist und

2. die Zustellung nicht gemäß § 33 Abs. 2 zweiter Satz ausgeschlossen hat.

Liegen diese Voraussetzungen vor, so sind die Informationen gemäß § 33 Abs. 1 Z 6 und 7 sowie die Internetadresse des Zustelldienstes, bei dem der Empfänger angemeldet ist, der Behörde zu übermitteln; andernfalls ist der Behörde mitzuteilen, dass diese Voraussetzungen nicht vorliegen. Steht der Behörde ein vom Empfänger akzeptiertes Format zur Verfügung, so hat sie das zuzustellende Dokument in diesem Format sowie gegebenenfalls in verschlüsselter Form dem Zustelldienst zu übermitteln.[1])

(2) Eine Abfrage zur Ermittlung der in Abs. 1 angeführten Daten darf nur auf Grund eines Auftrags einer Behörde nach Abs. 1 oder zum Zweck der nachweislichen Zusendung von Dokumenten im Auftrag von Privaten (§ 29 Abs. 3) vorgenommen werden. Als Suchkriterien dürfen nur die Daten gemäß § 33 Abs. 1 Z 1 bis 5 verwendet werden.

(3) Bei der Auswahl zwischen mehreren in Betracht kommenden Zustelldiensten ist jenen der Vorzug zu geben, gegenüber denen der Empfänger Angaben über die inhaltliche Verschlüsselung (§ 33 Abs. 1 Z 7) gemacht hat.

*) IdF des Art 3 Z 10 BGBl I 2004/10 (Einfügung samt Überschrift; in Kraft getreten am 1. 3. 2004) und des Art 4 Z 47 BGBl I 2008/5 (Neufassung samt Überschrift; rückwirkend in Kraft getreten am 1. 1. 2008).

1) **Erl 2007, 23:** „Soll die Zustellung durch einen Zustelldienst erfolgen, so hat die Zustellverfügung in Form einer Anordnung zur Zustellung durch einen in weiterer Folge zu ermittelnden Zustelldienst zu ergehen. Diese Anordnung kann für den Fall, dass die Voraussetzungen des Abs. 1 Z 1 und 2 nicht vorliegen oder dass der Behörde kein vom Empfänger akzeptiertes Format zur Verfügung steht, mit der Anordnung zur Zustellung zB an einer elektronischen Zustelladresse oder über das elektronische Kommunikationssystem der Behörde (vgl. dazu den vorgeschlagenen § 37) verbunden werden (Eventualanordnung).

Es steht der Behörde frei, entweder zuerst nur die Zustellung durch einen Zustelldienst zu verfügen und die Ermittlungsleistung in Auftrag zu geben (und danach erforderlichenfalls eine neue Zustellverfügung zu erlassen) oder aber eine Eventualanordnung (im oben beschriebenen Sinn) zu treffen."

Zustellung mit Zustellnachweis durch einen Zustelldienst

§ 35.*) (1) Der Zustelldienst hat den Empfänger unverzüglich davon zu verständigen, dass ein Dokument für ihn zur Abholung bereitliegt.[1]) Diese elektronische Verständigung ist an die dem Zustelldienst bekanntgegebene elektronische Adresse[2]) des Empfängers zu versenden. Hat der Empfänger dem Zustelldienst mehrere solcher Adressen bekanntgegeben, so ist die elektronische Verständigung an alle Adressen zu versenden; für die Berechnung der Frist gemäß Abs. 2 erster Satz ist der Zeitpunkt der frühesten Versendung maßgeblich. Die elektronische Verständigung hat jedenfalls folgende Angaben zu enthalten:

1. das Datum der Versendung,

2. die Internetadresse, unter der das zuzustellende Dokument zur Abholung bereitliegt,

3. das Ende der Abholfrist,

4. einen Hinweis auf das Erfordernis einer Signierung bei der Abholung und

5. einen Hinweis auf den Zeitpunkt, mit dem die Zustellung wirksam wird.

Soweit dies erforderlich ist, hat die Bundesregierung durch Verordnung nähere Bestimmungen über die Verständigungsformulare zu erlassen.

(2) Wird das Dokument nicht innerhalb von 48 Stunden abgeholt, so hat eine zweite elektronische Verständigung[1]) zu erfolgen; Abs. 1 dritter Satz ist sinngemäß anzuwenden. Wird das Dokument nicht innerhalb von weiteren 24 Stunden abgeholt und hat der Empfänger dem Zustelldienst eine Abgabestelle bekanntgegeben, so ist spätestens am nächsten Werktag außer Samstag eine Verständigung an die dem Zustelldienst bekanntgegebene Abgabestelle zu versenden,[3])[4]) es sei denn, das Dokument wurde vorher abgeholt; Abs. 1 dritter Satz erster Halbsatz ist sinngemäß anzuwenden.

(3) Der Zustelldienst hat sicherzustellen, dass zur Abholung bereitgehaltene Dokumente nur von Personen abgeholt werden können, die zur Abholung berechtigt sind und ihre Identität[5]) und die Authentizität der Kommunikation[6]) mit der Bürgerkarte (§ 2 Z 10 E-GovG) nachgewiesen haben. Zur Abholung berechtigt sind der Empfänger und, soweit dies von der Behörde nicht ausgeschlossen worden ist, eine zur Empfangnahme bevollmächtigte Person.[7]) Identifikation und Authentifizierung können auf Grund einer besonderen Vereinbarung des Empfängers mit dem Zustelldienst auch durch eine an die Verwendung sicherer Technik gebundene automatisiert ausgelöste Signatur erfolgen.[8]) Der Zustelldienst hat alle Daten über die Verständigungen gemäß Abs. 1 und 2 und die Abholung des Dokuments zu protokollieren und der Behörde unverzüglich zu übermitteln;[9]) die Gesamtheit dieser Daten bildet den Zustellnachweis.[10])[11])

(4) Der Zustelldienst hat das Dokument zwei Wochen zur Abholung bereitzuhalten. Wird das Dokument innerhalb dieser Frist nicht abgeholt, ist es zu löschen;[12]) andernfalls ist es nach Ablauf der Abholfrist (Abs. 1 Z 3) zwei weitere Wochen bereitzuhalten und danach, wenn zwischen Empfänger und Zustelldienst nicht anderes vereinbart wurde, zu löschen.[13])

(5) Ein zur Abholung bereitgehaltenes Dokument gilt spätestens mit seiner Abholung als zugestellt.[14])

(6)[15]) Hat der Empfänger dem Zustelldienst keine Abgabestelle bekanntgegeben, so gilt die Zustellung als am ersten

Werktag nach der Versendung der zweiten elektronischen Verständigung bewirkt. Sie gilt als nicht bewirkt, wenn sich ergibt,[16]) dass die erste elektronische Verständigung im Zeitpunkt der Versendung der zweiten nicht beim Empfänger eingelangt war, doch wird sie mit dem dem Einlangen einer der beiden elektronischen Verständigungen folgenden Tag innerhalb der Abholfrist (Abs. 1 Z 3) wirksam.[17])

(7)[15]) Hat der Empfänger dem Zustelldienst eine Abgabestelle bekanntgegeben, so gilt die Zustellung als am dritten Werktag nach der Versendung der Verständigung an die Abgabestelle bewirkt. Sie gilt als nicht bewirkt, wenn sich ergibt,[16]) dass der Empfänger von den elektronischen Verständigungen keine Kenntnis hatte und wegen Abwesenheit von der Abgabestelle vom Vorgang der Zustellung der Verständigung an der Abgabestelle nicht rechtzeitig Kenntnis erlangen konnte, doch wird sie mit dem der Rückkehr an die Abgabestelle folgenden Tag innerhalb der Abholfrist (Abs. 1 Z 3) wirksam.[17])

(8) Wurde dieselbe elektronische Verständigung an mehrere elektronische Adressen oder dieselbe Verständigung an mehrere Abgabestellen versendet, so sind die Zeitpunkte der frühesten Versendung bzw. des frühesten Einlangens maßgeblich.[18]) Bei Zweifeln, ob oder wann eine elektronische Verständigung beim Empfänger eingelangt oder eine Verständigung zugestellt worden ist, hat die Behörde die Tatsache und den Zeitpunkt des Einlangens bzw. der Zustellung von Amts wegen festzustellen.

(9) Leitet der Zustelldienst ein zuzustellendes Dokument zur elektronischen Übermittlung nach den §§ 89 a ff GOG weiter, ist die Zustellung nach diesen Bestimmungen vorzunehmen.[19])

*) IdF des Art 3 Z 10 BGBl I 2004/10 (Einfügung samt Überschrift; in Kraft getreten am 1. 3. 2004), des Art 4 Z 47 BGBl I 2008/5 (Neufassung samt Überschrift; in Kraft getreten am 1. 1. 2008) und des Art 9 Z 7 BGBl I 2010/111 (Anfügung des Abs 9; in Kraft getreten am 1. 1. 2011).

1) Siehe die **Form 7 und 8** der **ZustFormV** (E 2).

2) Siehe § 33 Abs 1 Z 4 ZustG und Anm 7 dazu.

3) Siehe das **Form 9** der **ZustFormV** (E 2).

4) Die Bekanntgabe einer Abgabestelle ist nicht zwingend vorgesehen (vgl § 33 Abs 1 Z 5 ZustG und Anm 8 dazu). Dementsprechend treffen die Abs 6 und 7 des § 35 ZustG differenzierende Regelungen für den Eintritt der Zustellwirkung, je nachdem, ob eine Abgabestelle bekannt gegeben wurde oder nicht.

5) Der Nachweis der eindeutigen Identität iS des § 2 Z 2 E-GovG ist nicht gefordert, daher reicht der Nachweis der Identität iS des § 2 Z 1 E-GovG.

6) Vgl § 2 Z 5 E-GovG.

7) Erl 2007, 23: „Die Abholung des bereitgehaltenen Dokuments soll künftig auch durch eine zur Empfangnahme bevollmächtigte Person erfolgen können; dadurch soll eine dem § 13 Abs. 2 ZustG (Zustellung an Postbevollmächtigte) entsprechende Regelung für den Bereich der elektronischen Zustellung geschaffen werden."

8) Erl 2004, 18 f: „Eine automatisiert ausgelöste Signatur zum Nachweis der Zustellung wird vor allem für Unternehmen und sonstige Empfänger von Interesse sein, die üblicherweise unter einem große Mengen von Zustellstücken in Empfang nehmen. Hier wäre die händische Eingabe einer elektronischen Signatur bei jedem einzelnen übernommenen Stück ein unpraktikabler Aufwand. Eine ohne manuelles Eingeben eines Signaturcodes ausgelöste elektronische Signatur müsste als Sicherheitselement die Aktivierung mit Hilfe einer Karte oder eines Host-Sicherheits-Moduls enthalten."

9) Im Falle einer erfolglosen elektronischen Zustellung ergibt sich die Information darüber implizit daraus, dass sich unter den nach Ablauf der Abholfrist übermittelten Daten keine Angaben über die Abholung des Dokuments finden (Erl 2007, 23 f).

10) Erl 2004, 19: „Beim elektronischen Nachweis einer erfolgten Zustellung liegt der Unterschied zur sonstigen elektronischen Zustellung nur mehr darin, dass die Behörde, deren Schriftstück zuzustellen war, vom Zustelldienst ausdrücklich davon in Kenntnis gesetzt wird, dass der Empfänger den Abholvorgang nachweisbar eingeleitet hat. Es liegt in der Logik des angewandten Kommunikationsmediums, dass ein Zugriff auf das bereitgehaltene Dokument angesichts des Erfordernisses der eindeutigen Identifikation *(jetzt: Identifikation)* und Authentifikation immer nur mit der ‚Unterschrift' (elektronischen Signatur) des Empfängers *(jetzt: oder eines von ihm Bevollmächtigten)* möglich ist. Das Vorliegen dieser Unterschrift wird für einen konkreten Abholvorgang vom Zustelldienst dokumentiert und in der Folge, wenn nötig, als Zustellnachweis weiterverwendet."

11) Erl 2004, 19: „Im Übrigen bewirken die eingesetzten technischen Verfahren bei der im 3. Abschnitt geregelten elektronischen

Zustellung, dass ein dem Rückschein RSb vergleichbarer Nachweis keinen Sinn machen würde – bei elektronischer Zustellung mit Einsatz der Bürgerkarten-Funktion hat der Zustellnachweis immer die Qualität eines RSa-Rückscheins."

Die Novelle BGBl I 2008/5 hat die elektronische Zustellung zwar neu geregelt, die Vorgangsweise bei elektronischen Zustellungen mit Zustellnachweis in diesem Punkt aber im Wesentlichen beibehalten. Mangels jeglichen in eine andere Richtung deutenden Anhaltspunktes ist daher davon auszugehen, dass elektronische Zustellungen mit Zustellnachweis auch weiterhin die Wirkung einer eigenhändigen Zustellung haben.

Soweit in gesetzlichen Bestimmungen die Zustellung zu eigenen Handen vorgeschrieben ist, kann diesem Erfordernis daher auch durch eine elektronische Zustellung mit Zustellnachweis Rechnung getragen werden.

12) Tritt die Zustellwirkung – zunächst – nicht ein, weil die elektronische Verständigung nicht angekommen ist oder der Empfänger von der Abgabestelle abwesend war, wird die Zustellung – abgesehen vom Fall der vorherigen Abholung: Abs 5 – nach den Abs 6 und 7 nur wirksam, wenn noch vor Ablauf der Abholfrist die Verständigung dem Empfänger zukommt bzw dieser an die Abgabestelle zurückkehrt.

13) Erl 2007, 24: „Die Regelung über die Bereithaltung des Dokuments auch nach Ablauf der Abholfrist . . . ist insb. für Fälle gedacht, in denen der Empfänger das Dokument erst kurz vor Fristablauf abholt und (aus welchen Gründen immer) keine Möglichkeit zur Versendung oder zum Download hat; aber auch in anderen Fällen kann es für den Empfänger von Vorteil sein, wenn das Dokument auch noch nach dem Zeitpunkt der Zustellung versendet oder lokal gespeichert werden kann."

14) Nach den folgenden Abs 6 und 7 kann die Zustellwirkung jedoch schon zu einem früheren Zeitpunkt eintreten.

15) Erl 2007, 24: „Die vorgeschlagenen Abs. 6 und 7 regeln die Zustellwirkungen abhängig davon, ob der Empfänger dem Zustelldienst eine Abgabestelle bekanntgegeben hat oder nicht, in Form von widerleglichen gesetzlichen Vermutungen. Danach soll die Zustellung grundsätzlich am ersten Werktag nach der Versendung der zweiten elektronischen Verständigung (Abs. 6) bzw. am dritten Werktag nach der Versendung der Verständigung an die Abgabestelle (Abs. 7) als bewirkt gelten. Die folgenden Ausnahmeregelungen dienen dem Schutz des Empfängers; ihr Zweck ist es, zu verhindern, dass die Zustellung wirksam wird, obwohl dem Empfänger nicht bekannt ist, dass ein Dokument für ihn zur Abholung bereit liegt. Der wesentliche Unterschied zwischen Abs. 6 und Abs. 7 besteht dabei darin, dass es nach Abs. 7 nicht darauf ankommt, ob und wann die elektronischen Verständigungen beim Empfänger eingelangt sind; Grund dafür ist, dass sich ein Empfänger, der dem Zustelldienst eine Abgabestelle bekanntgegeben hat, darauf verlassen können soll, dass er spätestens mit der physischen Zustellung der Verständigung an der Abgabestelle davon erfährt, dass ein Dokument für ihn zur Abholung bereitliegt. Einen Empfänger, der keine Abgabestelle bekanntgegeben hat, trifft dagegen nach Abs. 6 die dauernde Obliegenheit, zu kontrollieren, ob bei seiner elektronischen Adresse elektronische Verständigungen eingelangt sind, will er mögliche nachteilige Rechtsfolgen vermeiden. Die Zustellung ist nach Abs. 6 unwirksam, wenn nicht spätestens am vorletzten Tag der Abholfrist (Abs. 1 Z 3) eine elektronische Verständigung beim Empfänger eingelangt ist, und nach Abs. 7, wenn der Empfänger (aus welchem Grund immer) von den elektronischen Verständigungen keine Kenntnis hatte, wegen Abwesenheit von der Abgabestelle vom Vorgang der Zustellung der Verständigung an der Abgabestelle nicht rechtzeitig Kenntnis erlangen konnte und nicht spätestens am vorletzten Tag der Abholfrist (Abs. 1 Z 3) an die Abgabestelle zurückgekehrt ist (immer unter der Voraussetzung, dass der Empfänger das Dokument nicht doch innerhalb der Abholfrist [Abs. 1 Z 3] abgeholt hat oder abholt)."

16) Der Empfänger wird diesen Umstand glaubhaft zu machen haben.

17) Erl 2004, 18: „Die Möglichkeit einer Wiedereinsetzung in den vorigen Stand nach § 71 AVG gegen die unverschuldete und unvorhersehbare Versäumnis der ab dem Zeitpunkt der Zustellung laufenden Rechtmittelfrist besteht im vorliegenden Fall ebenso wie bei der herkömmlichen Form der Zustellung."

18) Erl 2007, 24: „Der vorgeschlagene Abs. 8 erster Satz enthält Sonderregelungen für die Fälle der Versendung ein und derselben elektronischen Verständigung an mehrere elektronische Adressen bzw. ein und derselben Verständigung an mehrere Abgabestellen. Dass bei Zustellung ein und derselben Verständigung an mehreren Abgabestellen die zeitlich erste Zustellung maßgeblich ist, ergibt sich bereits aus § 6 ZustG und braucht daher an dieser Stelle nicht nochmals normiert zu werden."

19) Erl 2010, 44: „Stellt ein Zustelldienst ein Dokument nicht gemäß § 35 Abs. 1 bis 8 ZustG selbst zu, sondern leitet es gemäß dem vorgeschlagenen Abs. 9 an den ERV weiter, so soll die Zustellung nach den Bestimmungen der §§ 89 a ff GOG vorzunehmen sein.

Der Zeitpunkt der Zustellung richtet sich daher nach § 89d Abs. 2 GOG. Nicht anzuwenden sind demgegenüber insbesondere die Bestimmungen des GOG betreffend den Inhalt und die Verschlüsselung der Dokumente und die Identifikation des Empfängers (welche bereits bei seiner Anmeldung gemäß § 33 Abs. 1 ZustG bei einem Zustelldienst erfolgt ist).

Der vorgeschlagene § 35 Abs. 9 gilt für die Zustellung mit Zustellnachweis sowie – gemäß § 36 ZustG – für die Zustellung ohne Zustellnachweis."

Zustellung ohne Zustellnachweis durch einen Zustelldienst

§ 36.*) Für die Zustellung ohne Zustellnachweis durch einen Zustelldienst[1]) gilt § 35[2]) mit Ausnahme des Abs. 2 zweiter Satz, des Abs. 7 und, soweit er sich auf die an einer Abgabestelle zuzustellende Verständigung bezieht, des Abs. 8;[3]) dies mit folgenden Maßgaben:

1. Die gemäß Abs. 3 letzter Satz übermittelten Daten gelten nicht als Zustellnachweis.

2. Abs. 6 ist auch dann anzuwenden, wenn der Empfänger dem Zustelldienst eine Abgabestelle bekanntgegeben hat.

*) IdF des Art 3 Z 10 BGBl I 2004/10 (Einfügung samt Überschrift; in Kraft getreten am 1. 3. 2004) und des Art 4 Z 47 BGBl I 2008/5 (Neufassung samt Überschrift; rückwirkend in Kraft getreten am 1. 1. 2008).

1) Zu elektronischen Zustellungen durch die Behörde selbst vgl § 37 und § 37a ZustG.

2) Vgl auch **Form 7** der **ZustFormV** (E 2).

3) **Erl 2007, 24:** „Bei der Zustellung ohne Zustellnachweis soll im Hinblick auf die damit verbundenen Kosten keine Zustellung einer Verständigung an einer Abgabestelle vorzunehmen sein."

Zustellung an einer elektronischen Zustelladresse oder über das elektronische Kommunikationssystem der Behörde

§ 37.*) (1)[1]) Zustellungen ohne Zustellnachweis können auch an einer elektronischen Zustelladresse oder über das elektronische Kommunikationssystem der Behörde erfolgen. Bei der Zustellung an einer elektronischen Zustelladresse gilt das Dokument mit dem Zeitpunkt des Einlangens beim Empfänger

als zugestellt. Bestehen Zweifel darüber, ob bzw. wann das Dokument beim Empfänger eingelangt ist, hat die Behörde Tatsache und Zeitpunkt des Einlangens von Amts wegen festzustellen. Bei der Zustellung über das elektronische Kommunikationssystem der Behörde gilt die Zustellung als am dritten Werktag nach dem erstmaligen Bereithalten des Dokuments als bewirkt.

(2) Bevor eine Zustellung über das elektronische Kommunikationssystem erfolgt, hat die Behörde einen Auftrag gemäß § 34 Abs. 1 zu erteilen. Die Zustellung über das elektronische Kommunikationssystem ist unzulässig, wenn sich ergibt, dass die Voraussetzungen für die Zustellung durch einen Zustelldienst vorliegen.[2])

*) IdF des Art 3 Z 10 BGBl I 2004/10 (Einfügung samt Überschrift; in Kraft getreten am 1. 3. 2004), des Art 4 Z 47 BGBl I 2008/5 (Neufassung samt Überschrift; rückwirkend in Kraft getreten am 1. 1. 2008) und des Art 4 Z 48 BGBl I 2008/5 (Neufassung samt Überschrift; in Kraft getreten am 1. 1. 2009).

1) **Erl 2007, 24 f:** „Die Zustellung ohne Zustellnachweis soll – so wie dies vor der Novelle BGBl. I Nr. 10/2004 der Fall war (vgl. § 26a ZustG in der Fassung des Bundesgesetzes BGBl. I Nr. 158/1998) – auch an einer elektronischen Zustelladresse möglich sein (zB Zustellung an einer E-Mail-Adresse, Fax-Zustellung). Darüber hinaus soll sie aber auch über das elektronische Kommunikationssystem der Behörde erfolgen können. Gemeint ist damit eine Form der Zustellung, wie sie derzeit etwa im Rahmen des elektronischen Datenübertragungsverfahrens der Österreichischen Finanzverwaltung (FinanzOnline) vorgenommen wird; die derzeitige gesetzliche Grundlage dafür findet sich in § 40 Abs. 5 ZustG, wonach bis zum (gemeint: Ablauf des) 31. Dezember 2007 ‚jene Verfahren der elektronischen Zustellung, die am 29. Februar 2004 auf Grund gesetzlicher Vorschriften angewendet wurden, weitergeführt werden‘ dürfen. Ein Nachteil dieser Form der Zustellung besteht allerdings darin, dass für jede Behörde, deren Dokumente elektronisch zugestellt werden sollen, eine gesonderte Anmeldung erforderlich ist, während bei der Zustellung durch einen Zustelldienst eine einzige Anmeldung ausreicht."

Zu beachten ist, dass der 3. Abschnitt des ZustG auf die elektronische Zustellung im Abgabenverfahren nicht anzuwenden ist: § 98 BAO.

2) **Erl 2007, 25:** „Die Zustellung über das elektronische Kommunikationssystem der Behörde soll – soweit die für das Verfahren geltenden Vorschriften nicht anderes bestimmen (§ 28 Abs. 1) – gemäß dem vorgeschlagenen Abs. 2 nur dann zulässig sein, wenn nicht die Voraussetzungen für die Zustellung durch einen Zustelldienst vorliegen. Dadurch soll eine größere Akzeptanz der Zustellung durch Zustelldienste in der Bevölkerung erreicht werden.

Bei bestehenden elektronischen Kommunikationssystemen von Behörden wird Abs. 2 technische Anpassungen erforderlich machen. Aus diesem Grund soll diese Bestimmung erst mit 1. Jänner 2009 in Kraft treten."

Unmittelbare elektronische Ausfolgung

§ 37 a.*) Versandbereite Dokumente können dem Empfänger unmittelbar elektronisch ausgefolgt werden, wenn dieser bei der Antragstellung seine Identität[1]) und die Authentizität der Kommunikation nachgewiesen hat und die Ausfolgung in einem so engen zeitlichen Zusammenhang mit der Antragstellung steht, dass sie von diesem Nachweis umfasst ist.[2]) Wenn mit Zustellnachweis zuzustellen ist, sind die Identität[1]) und die Authentizität der Kommunikation mit der Bürgerkarte (§ 2 Z 10 E-GovG) nachzuweisen.

*) Samt Überschrift eingefügt durch Art 4 Z 47 BGBl I 2008/5 (rückwirkend in Kraft getreten am 1. 1. 2008).

1) Ein Nachweis der „eindeutigen Identität" iS des § 2 Z 2 E-GovG ist nicht gefordert, sodass der Nachweis der „Identität" iS des § 2 Z 1 E-GovG ausreicht.

2) **Erl 2007, 24:** „Der vorgeschlagene § 37 a soll an die Stelle der derzeit in § 4 Abs. 5 letzter Satz ZustG enthaltenen Regelung über die unmittelbare elektronische Ausfolgung (sog. ‚online-Dialogverkehr') treten. Dabei handelt es sich um Fälle, in denen Antragstellung und Zustellung in derselben technischen Umgebung (zB einer Webanwendung) erfolgen und zueinander in engem zeitlichem Zusammenhang stehen: Voraussetzung der Zustellung ist, dass der Antragsteller (und Empfänger des zuzustellenden Dokuments) die technische Umgebung nach dem Einstieg in diese nicht verlässt, bevor die Zustellung erfolgt ist. Hier ist zB an Datenbank- und Registerabfragen gedacht, bei denen das zuzustellende Dokument automatisiert verfügbar gemacht werden kann."

4. Abschnitt*)

Schlußbestimmungen

Verweisungen

§ 38.**) **(1) Verweisungen in den Verfahrensvorschriften auf Bestimmungen, die Angelegenheiten des Zustellwesens regeln, gelten als Verweisungen auf die entsprechenden Bestimmungen dieses Bundesgesetzes.**[1])

(2) Soweit in diesem Bundesgesetz auf Bestimmungen anderer Bundesgesetze verwiesen wird, sind diese in ihrer jeweils geltenden Fassung anzuwenden.[2])

*) IdF des Art 3 Z 8 BGBl I 2004/10 (Umbenennung des bisherigen Abschnittes III in Abschnitt IV; in Kraft getreten am 1. 3. 2004) und des Art 4 Z 49 BGBl I 2008/5 (Umbenennung des bisherigen Abschnittes IV in 4. Abschnitt; rückwirkend in Kraft getreten am 1. 1. 2008).

**) IdF des Art 4 Z 12 BGBl I 1998/158 (Einfügung samt Überschrift; mangels besonderer Inkrafttretensbestimmungen gem Art 49 Abs 1 B-VG mit dem der Kundmachung folgenden Tag in Kraft getreten: 1. 10. 1998) und des Art 3 Z 9 BGBl I 2004/10 (Umbenennung des bisherigen § 28 in § 38; in Kraft getreten am 1. 3. 2004).

1) Dies ist als Anordnung zu verstehen, die denselben Gegenstand regelnden Bestimmungen des ZustG anzuwenden.

2) Es wird das System der dynamischen Verweisung auf andere Bundesgesetze festgelegt. Dies ist, da es um dieselbe Rechtsautorität (Bundesgesetzgeber) geht, verfassungsrechtlich zulässig.

Siehe auch Pkt 62 der Legistischen Richtlinien 1990.

Vollziehung

§ 39.*) **Mit der Vollziehung dieses Bundesgesetzes ist hinsichtlich der §§ 30 bis 32 der Bundeskanzler, hinsichtlich der übrigen Bestimmungen die Bundesregierung betraut.**[1])

*) IdF des Art 3 Z 9 und 11 BGBl I 2004/10 (Umbenennung des bisherigen § 29 in § 39; Neufassung ohne Änderung der Überschrift; in Kraft getreten am 1. 3. 2004) und des Art 4 Z 50 BGBl I 2008/5 (Änderung des Verweises; rückwirkend in Kraft getreten am 1. 1. 2008).

1) Siehe Anm 1 zu Art IV EGVG (A 2).

Inkrafttreten

§ 40.*) **(1) § 15 Abs. 1 in der Fassung des Bundesgesetzes BGBl. I Nr. 158/1998 tritt mit 1. Jänner 1998 in Kraft. Die §§ 1 Abs. 2, 2 a samt Überschrift, 7 samt Überschrift, die Überschrift vor § 8 a, die §§ 8 a, 9, 10, 24 samt Überschrift, 26 Abs. 2 und 26 a in der Fassung des Bundesgesetzes BGBl. I Nr. 158/1998 treten mit 1. Jänner 1999 in Kraft. § 1 Abs. 3, § 1 a und die Überschrift zu § 10 treten mit Ablauf des 31. Dezember 1998 außer Kraft.**

(2) § 1 Abs. 2 letzter Satz, § 2 a Abs. 2, § 11 Abs. 3 und § 12 Abs. 4 in der Fassung des Bundesgesetzes BGBl. I Nr. 137/2001 treten mit 1. Jänner 2002 in Kraft.

(3) § 1 Abs. 2 letzter Satz und § 17 a samt Überschrift in der Fassung des Verwaltungsreformgesetzes 2001, BGBl. I Nr. 65/2002, treten mit 1. Jänner 2002, jedoch nicht vor dem der Kundmachung des genannten Gesetzes folgenden Tag, in Kraft.

(4) Der Titel, §§ 1 bis 7 und 9 samt Überschriften, die Überschrift des Abschnitts II und die §§ 26 und 27 samt Überschriften, Abschnitt III, die Bezeichnungen des nunmehrigen Abschnitt IV und der nunmehrigen §§ 38, 39 und 40 sowie § 40 Abs. 4 und 5 in der Fassung des Bundesgesetzes BGBl. I Nr. 10/2004 treten mit 1. März 2004 in Kraft. Zugleich treten § 8 a, § 13 Abs. 5 und 6, § 17 a und § 26 a, in der zu diesem Zeitpunkt geltenden Fassung, außer Kraft.

(5)[1]) **Die Bezeichnung des 1. Abschnitts, § 2 Z 2, Z 4, 5, 6 und 8 (Z 3 bis 6 neu) und Z 7 bis 9, die §§ 3 bis 5 samt Überschriften, § 7, § 9 Abs. 1 bis 3 und 6, § 10 samt Überschrift, § 12 samt Überschrift, die Bezeichnung und die Überschrift des 2. Abschnitts, § 13, § 14, § 16 Abs. 1, 3 und 4, § 17, § 18, § 19, § 20 Abs. 1 und 2, § 21 samt Überschrift, § 22 Abs. 2 bis 4, § 23 Abs. 1, 2 und 4, § 24 samt Überschrift, § 24 a samt Überschrift, § 25 Abs. 1, § 26 Abs. 1, § 27 samt Überschrift, der 3. Abschnitt, die Bezeichnung des 4. Abschnitts, § 39, § 40 Abs. 5 und § 41 samt Überschrift in der Fassung des Bundesgesetzes BGBl. I Nr. 5/2008 treten mit 1. Jänner 2008 in Kraft; gleichzeitig treten § 2 Z 3 und 7, die Überschriften**

nach § 8 (zum früheren § 8a) und nach § 17 (zum früheren § 17a) außer Kraft.[2]) § 37 samt Überschrift in der Fassung des Art. 4 Z 48 des Bundesgesetzes BGBl. I Nr. 5/2008 tritt mit 1. Jänner 2009 in Kraft. Die Zustelldiensteverordnung – ZustDV, BGBl. II Nr. 233/2005, gilt in ihrer am 31. Dezember 2007 geltenden Fassung weiter.[3])

(6) Das Vergabeverfahren gemäß § 32 Abs. 1 ist spätestens neun Monate, nachdem zumindest drei elektronische Zustelldienste zugelassen worden sind, einzuleiten.[4]) Bis zur Erteilung des Zuschlags nach § 32 Abs. 1 beträgt das den zugelassenen elektronischen Zustelldiensten zu entrichtende Entgelt für die Leistungen gemäß § 29 Abs. 1 Z 1 bis 9 die Hälfte des in den allgemeinen Geschäftsbedingungen für den reservierten Postdienst (§ 9 Abs. 1 des Postgesetzes 1997) vorgesehenen Standardtarifs für Briefsendungen; erfolgt die Versendung einer Verständigung an die Abgabestelle, erhöht sich das zu entrichtende Entgelt um den Betrag dieses Tarifs.

(7) § 22 Abs. 3, § 27 Z 3, § 28 Abs. 2, § 29 Abs. 1 Z 10 und 11, § 33 Abs. 1 und § 35 Abs. 9 in der Fassung des Budgetbegleitgesetzes 2011, BGBl. I Nr. 111/2010, treten mit 1. Jänner 2011 in Kraft.

*) IdF des Art 4 Z 12 BGBl I 1998/158 (Einfügung samt Überschrift; Entstehungszeitpunkt: 30. 9. 1998), des Art 1 Z 5 BGBl I 2001/137 (Umbenennung des bisherigen § 30 in Abs 1, Anfügung des Abs 2; Entstehungszeitpunkt: 27. 11. 2001), des Art 3 Z 3 BGBl I 2002/65 (Anfügung des Abs 3; Entstehungszeitpunkt: 19. 4. 2002), des Art 3 Z 9 und 12 BGBl I 2004/10 (Umbenennung des bisherigen § 30 in § 40; Anfügung der Abs 4 bis 6; Entstehungszeitpunkt des Abs 4: 27. 2. 2004; Inkrafttreten des Abs 5 am 1. 3. 2004; Inkrafttreten des Abs 6: mangels abweichender Anordnung nach Art 49 Abs 1 B-VG am 28. 2. 2004), des Art 4 Z 51 BGBl I 2008/5 (Neufassung der Abs 5 und 6; Entstehungszeitpunkt: 4. 1. 2008) und des Art 9 Z 8 BGBl I 2010/111 (Anfügung des Abs 7; Entstehungszeitpunkt: 30. 12. 2010).

1) Erl 2007, 25: „Rechtsgrundlage für die elektronische Zustellung ohne Zustellnachweis, die nicht von elektronischen Zustelldiensten vorgenommen wird, sind ab dem 1. Jänner 2008 die §§ 37 und 37a. Die mit 31. Dezember 2007 befristete Übergangsbestimmung über ‚jene Verfahren der elektronischen Zustellung, die am 29. Februar 2004 auf Grund gesetzlicher Vorschriften angewendet wurden' (§ 40 Abs. 5 ZustG) kann daher entfallen."

2) BGBl I 2008/5 wurde am 4. 1. 2008 kundgemacht; die genannten Änderungen sind daher rückwirkend in Kraft getreten.

3) Damit ist offenbar gemeint, dass der ZustDV (E 3) durch die Neufassung des 3. Abschnittes des ZustG über die elektronische Zustellung nicht derogiert wurde; es besteht kein Anhaltspunkt, dass die ZustDV (E 3) damit den Rang eines BG erlangen sollte.

4) Erl 2007, 25: „Mit dem vorgeschlagenen § 40 Abs. 6 soll der Zeitpunkt der Durchführung des Vergabeverfahrens neu festgesetzt und eine Regelung über das von den Behörden bis zu diesem Zeitpunkt für die Zustellleistung zu entrichtende Entgelt getroffen werden.

Die Bestimmungen über einen Zustelldienst, der bis zur Ermittlung eines Zuschlagsempfängers gemäß dem vorgeschlagenen § 32 Abs. 1 die Funktion der Zustelldienste wahrnimmt (derzeit § 40 Abs. 6 ZustG), können im Hinblick auf dessen Abs. 2 entfallen."

Sprachliche Gleichbehandlung

§ 41.*) **Soweit sich die in diesem Bundesgesetz verwendeten Bezeichnungen auf natürliche Personen beziehen, gilt die gewählte Form für beide Geschlechter. Bei der Anwendung dieser Bezeichnungen auf bestimmte natürliche Personen ist die jeweils geschlechtsspezifische Form zu verwenden.**

*) IdF des Art 4 Z 52 BGBl I 2008/5 (Einfügung samt Überschrift; rückwirkend in Kraft getreten am 1. 1. 2008).

2. Zustellformularverordnung 1982

Verordnung der Bundesregierung vom 30. November 1982 über die Formulare für Zustellvorgänge (Zustellformularverordnung 1982 – ZustFormV),*) BGBl. Nr. 600/1982 idF BGBl. II Nr. 493/1999, 235/2004, 261/2006, 152/2008 und 238/2011

Auf Grund des § 27 des Zustellgesetzes, BGBl. Nr. 200/1982,**) wird verordnet:[1])

*) IdF der Z 1 BGBl II 2006/261 (Einfügung des Klammerausdrucks im Titel der V; in Kraft getreten am 15. 7. 2006).

**) Nach Erlassung der ZustFormV wurde das ZustG mehrmals geändert. Vgl die Überschrift des ZustG (E 1). Die Ermächtigung zur Festlegung der Zustellformulare findet sich nun in § 27 Z 2 ZustG (E 1).

1) Siehe Anm 1 und 2 zur Überschrift der **VwFormV** (H).

§ 1.*) Für Zustellungen im Inland gemäß dem 2. Abschnitt des Zustellgesetzes – ZustG, BGBl. Nr. 200/1982, in der Fassung des Verwaltungsverfahrens- und Zustellrechtsänderungsgesetzes 2007, BGBl. I Nr. 5/2008, stehen folgende in der **Anlage** angeschlossene Formulare zur Verfügung:

– Formular 1[1]) zu § 17 Abs. 2 des Zustellgesetzes (Verständigung über die Hinterlegung eines Schriftstückes),

– Formular 2[1]) *(Entfällt; Z 2 BGBl II 2008/152)*[2])

– Formular 3/1[1]) zu § 22 des Zustellgesetzes (Rückschein bei Zustellung zu eigenen Handen),

– Formular 3/2[1]) zu § 22 des Zustellgesetzes (Rückschein bei Zustellung zu eigenen Handen),

– Formular 3/3[1]) zu § 22 des Zustellgesetzes (Rückschein bei Zustellung zu eigenen Handen),

– Formular 4/1[1]) zu § 22 des Zustellgesetzes (Rückschein bei gewöhnlicher Zustellung),

– Formular 4/2[1]) zu § 22 des Zustellgesetzes (Rückschein bei gewöhnlicher Zustellung),

– Formular 4/3[1]) zu § 22 des Zustellgesetzes (Rückschein bei gewöhnlicher Zustellung),

– Formular 5[1]) zu § 22 des Zustellgesetzes (Zustellschein bei Zustellung zu eigenen Handen),

– Formular 6[1]) zu § 22 des Zustellgesetzes (Zustellschein bei gewöhnlicher Zustellung).

*) IdF der Z 1 BGBl II 1999/493 (Neufassung; in Kraft getreten am 29. 12. 1999), der Z 1 BGBl II 2004/235 (Einfügung des Verweises auf Abschnitt II des ZustG; in Kraft getreten am 10. 6. 2004), der Z 2 BGBl II 2006/261 (Neufassung; in Kraft getreten am 15. 7. 2006) und der Z 1 und 2 BGBl II 2008/152 (Neufassung des Einleitungssatzes; Entfall des Formulares 2; in Kraft getreten am 9. 5. 2008).

1) Hier nicht abgedruckt.

2) Formular 2 betraf die Ankündigung eines zweiten Zustellversuches iSd ehemaligen § 21 Abs 2 ZustG.

§ 2.*) (1) Bei Zustellungen durch einen Zustelldienst[1]) sind die Formulare 1[2]), 3/1[2]) oder 3/2[2]) sowie 4/1[2]) oder 4/2[2]) zu verwenden, bei Zustellungen durch Organe der Gemeinden[3]) die Formulare 1[2]), 5[2]) und 6[2]). Bei Zustellungen durch Bedienstete der Behörden[4]) sind das Formular 1[2]) und, sofern die für die Zustellung erforderlichen Angaben dem Zusteller nicht auf andere Weise bekanntgegeben werden, die Formulare 5[2]) und 6[2]) zu verwenden.

(2) Ausschließlich für die Zustellung von Reisepässen gemäß § 3 Abs. 9 des Paßgesetzes 1992, BGBl. Nr. 839, in der Fassung des Bundesgesetzes BGBl. I Nr. 44/2006, kann an Stelle der Formulare 3/1 und 3/2 das Formular 3/3 und an Stelle der Formulare 4/1 und 4/2 das Formular 4/3 verwendet werden.

*) IdF der Z 1 BGBl II 2004/235 (Einfügung des Verweises auf Abschnitt II des ZustG; in Kraft getreten am 10. 6. 2004) und der Z 3 BGBl II 2008/152 (Neufassung; in Kraft getreten am 9. 5. 2008).

1) Siehe § 2 Z 7 ZustG (E 1).
2) Hier nicht abgedruckt.
3) Siehe § 3 ZustG (E 1).
4) Siehe § 3 ZustG (E 1).

§ 3.*) (1) Für Zustellungen gemäß dem 3. Abschnitt des Zustellgesetzes stehen folgende in der **Anlage** angeschlossene Formulare zur Verfügung:
- Formular 7[1]) zu § 35 Abs. 1 und 2 und § 36 des Zustellgesetzes (elektronische Verständigung über die Bereithaltung eines Dokuments zur Abholung),
- Formular 8[1]) zu § 35 Abs. 1 und 2 des Zustellgesetzes (elektronische Verständigung über die Bereithaltung eines Dokuments zur Abholung) und
- Formular 9[1]) zu § 35 Abs. 2 des Zustellgesetzes (postalische Verständigung über die Bereithaltung eines Dokuments zur Abholung).

(2) Hat der Empfänger dem Zustelldienst[2]) eine Abgabestelle bekanntgegeben, so ist bei der Zustellung mit Zustellnachweis für die elektronischen Verständigungen das Formular 8[1]) zu

verwenden; in den übrigen Fällen ist für die elektronischen Verständigungen das Formular 7[1]) zu verwenden. Für die postalischen Verständigungen ist das Formular 9[1]) zu verwenden.

*) IdF der Z 2 BGBl II 2004/235 (Neufassung; in Kraft getreten am 10. 6. 2004), der Z 5 BGBl II 2008/152 (Neufassung; in Kraft getreten am 9. 5. 2008) und der Z 1 und 2 BGBl II 2011/238 (Aufhebung des früheren § 3, Umbenennung des früheren „§ 3 a“ zu § 3 und Aufhebung der Abs 3 und 4; in Kraft getreten am 1. 11. 2011).

1) Hier nicht abgedruckt.

2) Siehe § 2 Z 7 ZustG (E 1).

§ 3 a.*) (1) Für die in den §§ 1 und 3 vorgesehenen Formulare gilt:

1. In den mit „< >“ gekennzeichneten Feldern sind die entsprechenden Angaben zu ergänzen.

2. Die Formulare können auch in anderen Formaten verwendet werden.

3. Im Formular können Änderungen und Ergänzungen vorgenommen werden, die im Hinblick auf eine Änderung der Rechtslage erforderlich sind.

4. Soweit dadurch die vorgeschriebenen Angaben nicht beeinträchtigt werden, können die Gliederung oder die Gestaltung des Formulars geändert und auf dem Formular sonstige Vermerke oder Abbildungen angebracht werden.

(2) Für die in § 1 vorgesehenen Formulare und für das Formular 9 zu § 35 Abs. 2 des Zustellgesetzes gilt außerdem:

1. Soweit andere Vorschriften oder die für die Beförderung geltenden Bedingungen dem nicht entgegen stehen, können einzelne Angaben im Formular entfallen, wenn gewährleistet ist, dass

a) die Erkennbarkeit des behördlichen Dokuments als solches durch den Entfall der Angabe nicht beeinträchtigt wird und

b) die maßgeblichen Daten anstatt im Formular in einer anderen Urkunde festgehalten oder elektronisch gespeichert werden.

2. Soweit die vorgeschriebenen Angaben in einem Fenster sichtbar sind und es den Zweck des Formulars nicht beeinträchtigt, brauchen diese Angaben nicht auch im Formular selbst angebracht zu werden.

3. Von den für die Formulare 1 und 9 bestehenden technischen Spezifikationen gemäß Z 1 und 2 der Anlage darf nicht abgewichen werden.

*) Eingefügt durch Z 3 BGBl II 2011/238 (in Kraft getreten am 1. 11. 2011).

§ 4.*) (1) Diese Verordnung tritt mit 1. März 1983 in Kraft.

(2) Die §§ 1, 3 und 5 und die Anlage in der Fassung der Verordnung BGBl. II Nr. 493/1999 treten mit Ablauf des Tages der Kundmachung der genannten Verordnung in Kraft.[1])

(3) Die §§ 1, 2 und 3a sowie die Anlage in der Fassung der Verordnung BGBl. II Nr. 235/2004 treten mit Ablauf des Tages der Kundmachung der genannten Verordnung in Kraft.[2])

(4) Der Titel, § 1, § 3 Abs. 3 und 4 sowie die Anlage in der Fassung der Verordnung BGBl. II Nr. 261/2006 treten mit Ablauf des Tages der Kundmachung dieser Verordnung in Kraft.[3])

(5) Die §§ 1, 2, 3, 3a und 5 sowie die Anlage in der Fassung der Verordnung BGBl. II Nr. 152/2008 treten mit Ablauf des Tages der Kundmachung dieser Verordnung in Kraft.[4])

(6) Die neue Paragraphenbezeichnung des bisherigen § 3a (§ 3 neu) und § 3a in der Fassung der Verordnung BGBl. II Nr. 238/2011 treten mit 1. November 2011 in Kraft. Gleichzeitig treten § 3 und § 3a Abs. 3 und 4 außer Kraft und entfällt § 5.

*) IdF der Z 3 BGBl II 1999/493 (Neufassung des Abs 2; Entstehungszeitpunkt: 28. 12. 1999), der Z 3 BGBl II 2004/235 (Einfügung des Abs 3; Entstehungszeitpunkt: 9. 6. 2004), der Z 4 BGBl II 2006/261 (Anfügung des Abs 4; Entstehungszeitpunkt: 14. 7. 2006), der Z 6 BGBl II 2008/152 (Anfügung des Abs 5; Entstehungszeitpunkt: 8. 5. 2008) und der Z 4 BGBl II 2011/238 (Anfügung des Abs 6; Entstehungszeitpunkt: 26. 7. 2011).

1) Die Nov BGBl II 1999/493 wurde am 28. 12. 1999 im BGBl kundgemacht.

2) Die Nov BGBl II 2004/235 wurde am 9. 6. 2004 im BGBl kundgemacht.

3) Die Nov BGBl II 2006/261 wurde am 14. 7. 2006 im BGBl kundgemacht.

4) Die Nov BGBl II 2008/152 wurde am 8. 5. 2008 im BGBl kundgemacht.

§ 5.*) *(Entfällt; Z 5 BGBl II 2011/238)*

*) Eingefügt durch Z 4 BGBl II 1999/493; aufgehoben durch Z 5 BGBl II 2011/238 (mit 1. 11. 2011).

Anlage*)

Für die Formulare 1 und 9 bestehen folgende technische Spezifikationen:
1. Das Formular hat eine Lochung mit einem Durchmesser von 6 mm (± 0,5 mm) aufzuweisen. Das Lochmittel befindet sich 15 mm (± 1 mm) oberhalb der unteren Papierkante in einem Abstand von 10 mm (± 1 mm) vom linken Papierrand.
2. Der linke Papierrand und die obere Papierkante des Formulars haben eine Abschrägung aufzuweisen. Die Abschrägung ist durch Wegstanzen der linken oberen Ecke des Formulars vorzunehmen, wobei von dieser Ecke jeweils 10 mm nach rechts und nach unten gemessen werden.

*) IdF der Z 5 BGBl II 1999/493 (Einfügung der Anlage; in Kraft getreten am 29. 12. 1999), der Z 5 BGBl II 2006/261 (Ersetzung des Wortes „Formulares" durch das Wort „Formulars"; in Kraft getreten am 15. 7. 2006) und der Z 8 BGBl II 2008/152 (Neufassung; in Kraft getreten am 9. 5. 2008).

3. Zustelldiensteverordnung

Verordnung des Bundeskanzlers über die Zulassung als elektronischer Zustelldienst (Zustelldiensteverordnung – ZustDV), BGBl. II Nr. 233/2005 idF BGBl. II Nr. 354/2008

Auf Grund der §§ 29 Abs. 1 und 30 Abs. 4 und 5 des Bundesgesetzes über die Zustellung behördlicher Dokumente (Zustellgesetz – ZustG), BGBl. Nr. 200/1982, zuletzt geändert durch das Bundesgesetz BGBl. I Nr. 10/2004,*) sowie des § 14 des Bundesgesetzes über den Schutz personenbezogener Daten (Datenschutzgesetz 2000 – DSG 2000), BGBl. I Nr. 165/1999, zuletzt geändert durch das Bundesgesetz BGBl. I Nr. 13/2005, wird verordnet:**)

*) Nach Erlassung der ZustDV wurde das ZustG (E 1) mehrmals geändert. Vgl die Überschrift des ZustG (E 1). Die Bestimmungen über die elektronische Zustellung wurden durch BGBl I 2008/5 neu gefasst und auch neu nummeriert; den im Einleitungssatz genannten Bestimmungen des ZustG entsprechen nunmehr § 29 Abs 6 und 7 sowie § 30 ZustG (E 1). Die ZustDV gilt gemäß § 40 Abs 5 ZustG (E 1) in ihrer am 31. 12. 2007 geltenden Fassung weiter.

**) Die ZustDV ist nach § 11 Abs 1 BGBlG 2004 am 29. 7. 2007 in Kraft getreten.

Allgemeine Bestimmungen

§ 1.*) (1) Diese Verordnung trifft Regelungen über die für die ordnungsgemäße Erbringung der Zustellleistung erforderliche technische und organisatorische Leistungsfähigkeit sowie die rechtliche, insbesondere datenschutzrechtliche Verlässlichkeit der Zustelldienste (§ 30 Abs. 1 des Zustellgesetzes – ZustG, BGBl. Nr. 200/1982, in der Fassung des Verwaltungsverfahrens- und Zustellrechtsänderungsgesetzes 2007, BGBl. I Nr. 5/2008).

(2) Soweit in dieser Verordnung auf natürliche Personen bezogene Bezeichnungen nur in männlicher Form angeführt sind, beziehen sie sich auf Frauen und Männer in gleicher Weise.

*) IdF der Z 1 BGBl II 2008/354 (Neufassung des Abs 1; in Kraft getreten am 1. 11. 2008).

Antrag auf Zulassung

§ 2. Der Antrag auf Zulassung als elektronischer Zustelldienst ist beim Bundeskanzleramt einzubringen. Er hat die Angaben und Unterlagen nach § 3 und die allgemeinen Geschäftsbedingungen des Antragstellers zu enthalten.

Zulassungsvoraussetzungen

§ 3.*) (1) Für die Zulassung sind das Vorliegen folgender Voraussetzungen sowie folgende Angaben und Unterlagen erforderlich:

1. Name (Firma) des Antragstellers sowie, wenn es sich um eine juristische Person oder eine eingetragene Personengesellschaft handelt, Rechtsform und Namen der zur Vertretung nach außen berufenen Personen;

2. Angaben über die elektronische Erreichbarkeit des Antragstellers;

3. ein Mindestkapital oder ein eingezahltes Nennkapital in der Höhe von 100 000 Euro nach Maßgabe des § 2 Abs. 1 dritter bis letzter Satz der Signaturverordnung 2008 – SigV 2008, BGBl. II Nr. 3;

4. Bestand einer Haftpflichtversicherung mit einer Mindestversicherungssumme von 100 000 Euro je Versicherungsfall;

5. Angaben, über welche Ausstattung, einschließlich welcher Geräte und technischen Ausrüstung, der Antragsteller für die Ausführung der Dienstleistung verfügen wird;

6. ein technisches Sicherheits- und Betriebskonzept, aus dem hervorgeht, wie die Erbringung der Zustellleistung (§ 29 Abs. 1 ZustG) gewährleistet werden soll;

7. Erfüllung der in der **Anlage** genannten technischen Spezifikationen;

8. Gewährleistung der Datensicherheit durch Maßnahmen gemäß § 14 des Datenschutzgesetzes 2000 – DSG 2000, BGBl. I Nr. 165/1999, in der Fassung des Bundesgesetzes BGBl. I Nr. 13/2005, insbesondere auch Protokollierung der einzelnen durchgeführten Verwendungsvorgänge gemäß § 14 Abs. 2 Z 7 DSG 2000 und Belehrung der Mitarbeiter gemäß § 14 Abs. 2 Z 3 DSG 2000, sowie Gewährleistung der Voraussetzungen für die verschlüsselte Speicherung der zuzustellenden Dokumente gemäß § 29 Abs. 1 Z 5 ZustG;

9. ein Muster der Verträge, die der Antragsteller mit seinen Kunden abzuschließen beabsichtigt;

10. Angaben über die Gestaltung des barrierefreien Zugangs zur Zustellleistung (§ 29 Abs. 7 ZustG);

11. eine Strafregisterbescheinigung gemäß § 10 des Strafregistergesetzes 1968, BGBl. Nr. 277, in der Fassung des Bundesgesetzes BGBl. I Nr. 112/2007, bei Staatsangehörigen von Vertragsparteien des Abkommens über den Europäischen Wirtschaftsraum ein gleichwertiger Nachweis des Heimat- oder Herkunftsstaates; die Strafregisterbescheinigung bzw. der gleichwertige Nachweis dürfen im Zeitpunkt der Antragstellung nicht älter als drei Monate sein.

(2) Die rechtliche, insbesondere datenschutzrechtliche Verlässlichkeit des Zustelldienstes (§ 30 Abs. 1 ZustG) ist keinesfalls gegeben, wenn

1. innerhalb der vorangegangenen fünf Jahre die Zulassung des Antragstellers als Zustelldienst durch Bescheid widerrufen wurde (§ 30 Abs. 4 ZustG),

2. der Antragsteller von einem Gericht

a) zu einer Freiheitsstrafe von mehr als drei Monaten,

b) zu einer Geldstrafe von mehr als 180 Tagessätzen,

c) gemäß § 51 DSG 2000,

d) gemäß den §§ 126a bis 126c des Strafgesetzbuches – StGB, BGBl. Nr. 60/1974, in der Fassung des Bundesgesetzes BGBl. I Nr. 112/2007, oder

e) gemäß § 10 des Zugangskontrollgesetzes – ZuKG, BGBl. I Nr. 60/2000, in der Fassung des Bundesgesetzes BGBl. I Nr. 32/2001,

verurteilt worden ist und die Verurteilung weder getilgt ist noch der Beschränkung der Auskunft aus dem Strafregister (§ 6 des Tilgungsgesetzes 1972, BGBl. Nr. 68, in der Fassung des Bundesgesetzes BGBl. I Nr. 112/2007) unterliegt oder

3. über das Vermögen des Antragstellers der Konkurs eröffnet wurde oder gegen den Antragsteller der Antrag auf Konkurseröffnung gestellt und mangels eines zur Deckung der Kosten des Konkursverfahrens voraussichtlich hinreichenden Vermögens abgewiesen wurde, es sei denn, dass

a) es im Rahmen des Konkursverfahrens zum Abschluss eines Zwangsausgleiches gekommen und dieser erfüllt worden ist oder

b) im Rahmen des Konkursverfahrens das Gericht den Zahlungsplan des Schuldners bestätigt hat und der Zahlungsplan erfüllt worden ist oder nach Durchführung eines Abschöpfungsverfahrens die Restschuldbefreiung erteilt wurde und unwiderrufen geblieben ist.

Einer Verurteilung im Sinne der Z 2 lit. c bis e ist eine Verurteilung durch ein ausländisches Gericht gleichzuhalten, der eine auch nach § 51 DSG 2000, §§ 126a bis 126c StGB oder § 10 ZuKG strafbare Tat zu Grunde liegt. Eine Verurteilung durch ein ausländisches Gericht ist nur dann gemäß Z 2 zu berücksichtigen, wenn sie bei Anwendung des Strafregistergesetzes 1968 und des Tilgungsgesetzes 1972 weder getilgt wäre noch der Beschränkung der Auskunft aus dem Strafregister unterläge und wenn die in § 2 Abs. 3 des Strafregistergesetzes 1968 angeführten Voraussetzungen erfüllt sind.

(3) Ist der Antragsteller eine juristische Person oder eine eingetragene Personengesellschaft, gelten Abs. 1 Z 11 und Abs. 2 sinngemäß für die zur Vertretung nach außen berufenen Personen.

*) IdF der Z 2 bis 9 BGBl II 2008/354 (Neufassung der Z 1 bis 3 sowie 8 und 10, Änderung der Z 6 und Anfügung der Z 11 in Abs 1, Änderung des Abs 2 sowie Neufassung des Abs 3; in Kraft getreten am 1. 11. 2008).

Veröffentlichungen im Internet

§ 4.*) Der Bundeskanzler hat im Internet unter http://www.bka.gv.at/zustelldienste die in der Anlage zu dieser Verordnung genannten technischen Spezifikationen gemäß § 3 Abs. 1 Z 7 zu veröffentlichen.

*) IdF der Z 10 BGBl II 2008/354 (Streichung der Wortfolge „sowie die Erfordernisse zur Erfüllung der in § 3 Abs. 1 Z 10 genannten ‚Web Content Accessibility Guidelines' des W3C Stufe A"; in Kraft getreten am 1. 11. 2008).

Hinweis auf die Notifikation

§ 5. (1) Diese Verordnung wurde unter Einhaltung der Bestimmungen der Richtlinie 98/34/EG über ein Informationsverfahren auf dem Gebiet der Normen und technischen Vorschriften, ABl. Nr. L 204 vom 21. 07. 1998 S. 37, in der Fassung der Richtlinie 98/48/EG, ABl. Nr. L 217 vom 05. 08. 1998 S. 18, der Kommission der Europäischen Gemeinschaften[1]) notifiziert (Notifikationsnummer 2004/552/A).

(2) Die Verordnung BGBl. II Nr. 354/2008 wurde unter Einhaltung der Bestimmungen der Richtlinie 98/34/EG in der Fassung der Richtlinie 98/48/EG der Kommission der Europäischen Gemeinschaften[1]) notifiziert (Notifikationsnummer 2008/183/A).

*) IdF der Z 11 BGBl II 2008/354 (Bezeichnung des bisherigen § 5 als Abs 1, Ersetzung des Wortes „Kommission" durch die Wort-

folge „Kommission der Europäischen Gemeinschaften“ in Abs 1 und Anfügung des Abs 2; in Kraft getreten am 1. 11. 2008).

1) Jetzt: Kommission (der Europäischen Union).

Inkrafttreten

§ 6.*) § 1 Abs. 1, § 3 Abs. 1 Z 1, 2, 3, 6, 8, 10 und 11, § 3 Abs. 2 und 3, § 4 und § 5 sowie die Anlage in der Fassung der Verordnung BGBl. II Nr. 354/2008 treten mit Ablauf des Monats der Kundmachung dieser Verordnung[1]) in Kraft.

*) Samt Überschrift eingefügt durch Z 12 BGBl II 2008/354 (Entstehungszeitpunkt: 3. 10. 2008).

1) Die V BGBl II 2008/354 wurde am 3. 10. 2008 kundgemacht.

Anlage*)

Technische Spezifikationen gemäß § 3 Abs. 1 Z 7 sind

1. die Spezifikationen der elektronischen Zustellung für die gemäß § 29 Abs. 1 ZustG nach dem jeweiligen Stand der Technik zu erbringenden Leistungen eines Zustelldienstes,
2. die Spezifikationen der Bürgerkarte für die in § 33, § 35 Abs. 3 und § 37 a ZustG angeführten Verwendungen und
3. dem jeweiligen Stand der Technik entsprechende Algorithmen, Schlüssellängen und Parameter für serverseitig authentifizierte Verbindungen mit starker Verschlüsselung.

*) IdF der Z 13 BGBl II 2008/354 (Neufassung der Anlage; in Kraft getreten am 1. 11. 2008).

4. Europäisches Zustellübereinkommen

Europäisches Übereinkommen über die Zustellung von Schriftstücken in Verwaltungssachen im Ausland samt Anlage und Erklärung der Republik Österreich, BGBl. Nr. 67/1983 idF BGBl. III Nr. 53/2005 (Dfb)*)

*) Von einem Abdruck des Übereinkommens samt Erklärung in den authentischen Sprachen Englisch und Französisch sowie der

Anlage (Formulare) wurde Abstand genommen; zu den von anderen Staaten anlässlich der Hinterlegung ihrer Ratifikationsurkunden abgegebenen Erklärungen siehe Anm 2 zur Österreichischen Erklärung (nach Art 23).

Der Nationalrat hat beschlossen:

Der Abschluß des nachstehenden Staatsvertrages samt Anlage und Erklärung der Republik Österreich wird genehmigt.

(Übersetzung)

Europäisches Übereinkommen über die Zustellung von Schriftstücken in Verwaltungssachen im Ausland

Präambel

Die Mitgliedstaaten des Europarats, die dieses Übereinkommen unterzeichnen –

in der Erwägung, daß es das Ziel des Europarats ist, eine engere Verbindung zwischen seinen Mitgliedern herbeizuführen, die vor allem auf der Achtung des Vorranges des Rechts sowie der Menschenrechte und Grundfreiheiten beruht,

überzeugt, daß die Einführung geeigneter Maßnahmen der gegenseitigen Amtshilfe zur Erreichung dieses Zieles beitragen wird,

in der Erwägung, daß es wichtig ist, Schriftstücke in Verwaltungssachen, die im Ausland zugestellt werden sollen, den Empfängern rechtzeitig zur Kenntnis zu bringen –

sind wie folgt übereingekommen:

Kapitel I
Allgemeine Bestimmungen

Anwendungsbereich des Übereinkommens

Artikel 1. (1) Die Vertragsstaaten verpflichten sich, einander bei der Zustellung von Schriftstücken in Verwaltungssachen Amtshilfe zu leisten.

(2) Dieses Übereinkommen findet keine Anwendung in Finanz- oder Strafsachen. Jedoch kann jeder Staat bei der Unter-

zeichnung, bei der Hinterlegung seiner Ratifikations-, Annahme-, Genehmigungs- oder Beitrittsurkunde oder jederzeit danach durch eine an den Generalsekretär des Europarats gerichtete Erklärung mitteilen, daß bezüglich der an ihn gerichteten Ersuchen das Übereinkommen in Finanzsachen sowie auf Verfahren über Straftaten Anwendung findet, deren Verfolgung und Bestrafung im Zeitpunkt des Ersuchens nicht in die Zuständigkeit seiner Gerichte fällt. Dieser Staat kann in seiner Erklärung mitteilen, daß er sich auf das Fehlen der Gegenseitigkeit berufen wird.

(3) Jeder Staat kann bei der Unterzeichnung, bei der Hinterlegung seiner Ratifikations-, Annahme-, Genehmigungs- oder Beitrittsurkunde oder jederzeit binnen fünf Jahren nach dem Zeitpunkt, zu dem dieses Übereinkommen für ihn in Kraft getreten ist, durch eine an den Generalsekretär des Europarats gerichtete Erklärung die Verwaltungssachen bezeichnen, auf die er das Übereinkommen nicht anwenden wird. Jeder andere Vertragsstaat kann sich auf das Fehlen der Gegenseitigkeit berufen.

(4) Die Erklärungen nach den Absätzen 2 und 3 werden je nach Lage des Falles mit dem Zeitpunkt, zu dem dieses Übereinkommen für den die Erklärung abgebenden Staat in Kraft tritt, oder drei Monate nach ihrem Eingang beim Generalsekretär des Europarats wirksam. Sie können ganz oder teilweise durch eine an den Generalsekretär des Europarats gerichtete Erklärung zurückgenommen werden. Die Zurücknahme wird drei Monate nach Eingang der Erklärung wirksam.

Zentrale Behörde

Artikel 2. (1) Jeder Vertragsstaat bestimmt eine zentrale Behörde, welche die von Behörden anderer Vertragsstaaten ausgehenden Zustellungsersuchen entgegennimmt und bearbeitet. Bundesstaaten steht es frei, mehrere zentrale Behörden zu bestimmen.

(2) Jeder Vertragsstaat kann andere Behörden bestimmen, welche dieselben Aufgaben haben wie die zentrale Behörde; er legt ihre örtliche Zuständigkeit fest. Jedoch hat die ersuchende Behörde stets das Recht, sich unmittelbar an die zentrale Behörde zu wenden.

(3) Jeder Vertragsstaat kann außerdem eine Absendebehörde bestimmen, welche die von seinen eigenen Behörden ausge-

henden Zustellungsersuchen zusammenzufassen und an die zuständige zentrale Behörde im Ausland weiterzuleiten hat. Bundesstaaten steht es frei, mehrere Absendebehörden zu bestimmen.

(4) Bei den genannten Behörden muß es sich entweder um Ministerien oder um sonstige amtliche Stellen handeln.

(5) Jeder Vertragsstaat teilt durch eine an den Generalsekretär des Europarats gerichtete Erklärung Bezeichnung und Anschrift der nach diesem Artikel bestimmten Behörden mit.

Zustellungsersuchen

Artikel 3. Jedes Zustellungsersuchen wird an die zentrale Behörde des ersuchten Staates gerichtet. Es ist nach dem Muster zu stellen, das diesem Übereinkommen als Anlage beigefügt ist;[1]) das zuzustellende Schriftstück ist ihm beizufügen. Das Ersuchen und das Schriftstück sind in zwei Stücken zu übermitteln; eine Nichtbeachtung dieser Formvorschrift rechtfertigt jedoch nicht die Ablehnung des Ersuchens.

1) Hier nicht abgedruckt.

Befreiung von der Legalisation

Artikel 4. Ein nach diesem Übereinkommen übermitteltes Zustellungsersuchen und seine Anlagen sind von der Legalisation, der Apostille und jeder entsprechenden Förmlichkeit befreit.

Ordnungsmäßigkeit des Ersuchens

Artikel 5. Ist die zentrale Behörde des ersuchten Staates der Ansicht, daß das Ersuchen nicht diesem Übereinkommen entspricht, so unterrichtet sie unverzüglich die ersuchende Behörde und führt dabei die Einwände gegen das Ersuchen einzeln an.

Art der Zustellung

Artikel 6. (1) Die zentrale Behörde des ersuchten Staates nimmt die Zustellung auf Grund dieses Übereinkommens vor, und zwar

a) entweder in einer der Formen, die das Recht des ersuchten Staates für die Zustellung der in seinem Hoheitsgebiet ausgestellten Schriftstücke an dort befindliche Personen vorschreibt,

b) oder in einer besonderen von der ersuchenden Behörde gewünschten Form, es sei denn, daß diese Form mit dem Recht des ersuchten Staates unvereinbar ist.

(2) Von dem Fall des Absatzes 1 Buchstabe b abgesehen, darf die Zustellung stets durch einfache Übergabe des Schriftstücks an den Empfänger bewirkt werden, wenn er zur Annahme bereit ist.

(3) Wünscht die ersuchende Behörde, daß die Zustellung innerhalb einer bestimmten Frist erfolgt, so entspricht die zentrale Behörde des ersuchten Staates diesem Wunsch, sofern diese Frist eingehalten werden kann.

Sprachen

Artikel 7. (1) Soll ein ausländisches Schriftstück nach Artikel 6 Absatz 1 Buchstabe a und Absatz 2 zugestellt werden, so braucht keine Übersetzung beigefügt zu werden.

(2) Lehnt jedoch der Empfänger die Annahme des Schriftstücks mit der Begründung ab, daß er die Sprache nicht versteht, in der es abgefaßt ist, so läßt die zentrale Behörde des ersuchten Staates das Schriftstück in die Amtssprache oder eine der Amtssprachen dieses Staates übersetzen. Sie kann auch die ersuchende Behörde auffordern, das Schriftstück in die Amtssprache oder eine der Amtssprachen des ersuchten Staates übersetzen oder ihm eine Übersetzung in diese Sprache beifügen zu lassen.

(3) Soll ein ausländisches Schriftstück nach Artikel 6 Absatz 1 Buchstabe b zugestellt werden, so wird das Schriftstück auf Verlangen der zentralen Behörde des ersuchten Staates in die Amtssprache oder eine der Amtssprachen dieses Staates übersetzt oder von einer Übersetzung in diese Sprache begleitet.

Zustellungszeugnis

Artikel 8. (1) Die zentrale Behörde des ersuchten Staates oder die Behörde, welche die Zustellung vorgenommen hat, stellt ein Zustellungszeugnis aus, das dem diesem Übereinkommen als Anlage beigefügten Muster entspricht.[1]) Das Zeugnis stellt die Erledigung des Ersuchens fest; gegebenenfalls sind die Umstände anzuführen, welche die Erledigung verhindert haben.

(2) Das Zeugnis wird von der Behörde, die es ausgestellt hat, der ersuchenden Behörde unmittelbar zugesandt.

(3) Die ersuchende Behörde kann die zentrale Behörde des ersuchten Staates bitten, ein Zeugnis, das nicht von dieser zentralen Behörde ausgestellt worden ist, mit einem Sichtvermerk zu versehen, wenn die Echtheit dieses Zeugnisses angezweifelt wird.

1) Hier nicht abgedruckt.

Muster des Ersuchens und des Zustellungszeugnisses

Artikel 9. (1) Die vorgedruckten Teile des diesem Übereinkommen beigefügten Musters[1]) müssen in einer der Amtssprachen des Europarats abgefaßt sein. Sie können außerdem in der Amtssprache oder einer der Amtssprachen des Staates der ersuchenden Behörde abgefaßt sein.

(2) Die Eintragungen sind in der Amtssprache oder einer der Amtssprachen des ersuchten Staates oder in einer der Amtssprachen des Europarats vorzunehmen.

1) Hier nicht abgedruckt.

Zustellung durch Konsularbeamte

Artikel 10. (1) Jeder Vertragsstaat kann Zustellungen von Schriftstücken an Personen, die sich im Hoheitsgebiet anderer Vertragsstaaten befinden, unmittelbar und ohne Anwendung von Zwang durch seine Konsularbeamten oder, wenn es die Umstände erfordern, durch seine Diplomaten vornehmen lassen.

(2) Jeder Staat kann bei der Unterzeichnung oder bei der Hinterlegung seiner Ratifikations-, Annahme-, Genehmigungs- oder Beitrittsurkunde durch eine an den Generalsekretär des Europarats gerichtete Erklärung einer solchen Zustellung in seinem Hoheitsgebiet widersprechen, wenn ein Schriftstück einem seiner Staatsangehörigen, einem Angehörigen eines dritten Staates oder einem Staatenlosen zugestellt werden soll. Jeder andere Vertragsstaat kann sich auf das Fehlen der Gegenseitigkeit berufen.

(3) Die Erklärung nach Absatz 2 wird mit dem Zeitpunkt wirksam, zu dem dieses Übereinkommen für den die Erklärung abgebenden Staat in Kraft tritt. Sie kann durch eine an den Generalsekretär des Europarats gerichtete Erklärung zurückgenommen werden. Die Zurücknahme wird drei Monate nach Eingang der Erklärung wirksam.

Zustellung durch die Post

Artikel 11. (1) Jeder Vertragsstaat kann Personen, die sich im Hoheitsgebiet anderer Vertragsstaaten befinden, Schriftstücke unmittelbar durch die Post zustellen lassen.

(2) Jeder Vertragsstaat kann bei der Unterzeichnung, bei der Hinterlegung seiner Ratifikations-, Annahme-, Genehmigungs- oder Beitrittsurkunde oder jederzeit binnen fünf Jahren nach dem Zeitpunkt, zu dem dieses Übereinkommen für ihn in Kraft getreten ist, durch eine an den Generalsekretär des Europarats gerichtete Erklärung der Zustellung durch die Post in seinem Hoheitsgebiet wegen der Staatsangehörigkeit des Empfängers oder für bestimmte Arten von Schriftstücken ganz oder teilweise widersprechen. Jeder andere Vertragsstaat kann sich auf das Fehlen der Gegenseitigkeit berufen.

(3) Die Erklärung nach Absatz 2 wird je nach Lage des Falles mit dem Zeitpunkt, zu dem dieses Übereinkommen für den die Erklärung abgebenden Staat in Kraft tritt, oder drei Monate nach ihrem Eingang beim Generalsekretär des Europarats wirksam. Sie kann ganz oder teilweise durch eine an den Generalsekretär des Europarats gerichtete Erklärung zurückgenommen werden. Die Zurücknahme wird drei Monate nach Eingang der Erklärung wirksam.

Andere Übermittlungswege

Artikel 12. (1) Jedem Vertragsstaat steht es frei, für Ersuchen um Zustellung von Schriftstücken den diplomatischen oder konsularischen Weg zu benutzen.

(2) Dieses Übereinkommen schließt nicht aus, daß Vertragsstaaten vereinbaren, zum Zweck der Zustellung andere als die in den vorstehenden Artikeln vorgesehenen Übermittlungswege zuzulassen, insbesondere den unmittelbaren Verkehr zwischen ihren Behörden.

Kosten

Artikel 13. (1) Erfolgt die Zustellung eines ausländischen Schriftstücks nach Artikel 6 Absatz 1 Buchstabe a und Absatz 2, so darf die Zahlung oder Erstattung von Gebühren und

Auslagen für die Tätigkeit des ersuchten Staates nicht verlangt werden.

(2) Die ersuchende Behörde hat die Kosten zu zahlen oder zu erstatten, die durch die von ihr nach Artikel 6 Absatz 1 Buchstabe b gewünschte Form der Zustellung entstehen.

Ablehnung der Erledigung

Artikel 14. (1) Die zentrale Behörde des um Zustellung ersuchten Staates kann es ablehnen, dem Ersuchen stattzugeben,

a) wenn sich nach ihrer Ansicht das zuzustellende Schriftstück nicht auf eine Verwaltungssache im Sinne des Artikels 1 bezieht;

b) wenn sie die Erledigung für geeignet hält, die Souveränität, die Sicherheit, die öffentliche Ordnung oder andere wesentliche Interessen dieses Staates zu beeinträchtigen;

c) wenn der Empfänger unter der von der ersuchenden Behörde angegebenen Anschrift nicht zu erreichen ist und wenn seine Anschrift nicht leicht festgestellt werden kann.

(2) Über die Ablehnung unterrichtet die zentrale Behörde des ersuchten Staates unverzüglich die ersuchende Behörde unter Angabe der Gründe.

Fristen

Artikel 15. Wird ein Schriftstück zur Zustellung im Hoheitsgebiet eines anderen Vertragsstaats übermittelt, so muß dem Empfänger, wenn diese Zustellung für ihn eine Frist in Gang setzt, eine von dem ersuchenden Staat festzulegende angemessene Zeit von der Übergabe des Schriftstücks an eingeräumt werden, um je nach Lage des Falles beim Verfahren anwesend zu sein, sich vertreten zu lassen oder die erforderlichen Schritte zu unternehmen.

Andere internationale Übereinkünfte oder Absprachen

Artikel 16. Dieses Übereinkommen läßt bestehende oder künftige internationale Übereinkünfte oder sonstige Absprachen und Übungen zwischen Vertragsstaaten auf Gebieten unberührt, die Gegenstand des vorliegenden Übereinkommens sind.

Kapitel II

Schlußbestimmungen

Inkrafttreten des Übereinkommens

Artikel 17. (1) Dieses Übereinkommen liegt für die Mitgliedstaaten des Europarats zur Unterzeichnung auf. Es bedarf der Ratifikation, Annahme oder Genehmigung. Die Ratifikations-, Annahme- oder Genehmigungsurkunden werden beim Generalsekretär des Europarats hinterlegt.

(2) Das Übereinkommen tritt am ersten Tag des Monats in Kraft, der auf einen Zeitabschnitt von drei Monaten nach Hinterlegung der dritten Ratifikations-, Annahme- oder Genehmigungsurkunde folgt.

(3) Für jeden Unterzeichnerstaat, der das Übereinkommen später ratifiziert, annimmt oder genehmigt, tritt es am ersten Tag des Monats in Kraft, der auf einen Zeitabschnitt von drei Monaten nach Hinterlegung seiner Ratifikations-, Annahme- oder Genehmigungsurkunde folgt.

Revision des Übereinkommens

Artikel 18. Auf Ersuchen eines Vertragsstaats oder nach Ablauf des dritten Jahres, das auf das Inkrafttreten dieses Übereinkommens folgt, nehmen die Vertragsstaaten mehrseitige Konsultationen auf, bei denen sich jeder andere Mitgliedstaat des Europarats durch einen Beobachter vertreten lassen kann, um die Anwendung des Übereinkommens sowie die Zweckmäßigkeit seiner Revision oder einer Erweiterung einzelner Bestimmungen zu prüfen. Diese Konsultationen finden auf einer vom Generalsekretär des Europarats einberufenen Tagung statt.

Beitritt eines Nichtmitgliedstaats des Europarats

Artikel 19.*) (1) Nach Inkrafttreten dieses Übereinkommens kann das Ministerkomitee des Europarats jeden Nichtmitgliedstaat einladen, dem Übereinkommen beizutreten; ein solcher Beschluß bedarf der Zweidrittelmehrheit der abgegebenen Stimmen einschließlich der Stimmen aller Vertragsstaaten.

(2) Der Beitritt erfolgt durch Hinterlegung einer Beitrittsurkunde beim Generalsekretär des Europarats; die Urkunde wird drei Monate nach ihrer Hinterlegung wirksam.

*) IdF BGBl III 2005/53 (Dfb) (Ersetzung des Wortes „Ministerkomittee" durch das Wort „Ministerkomitee" in Abs 1).

Räumlicher Geltungsbereich des Übereinkommens

Artikel 20. (1) Jeder Staat kann bei der Unterzeichnung oder bei der Hinterlegung seiner Ratifikations-, Annahme-, Genehmigungs- oder Beitrittsurkunde einzelne oder mehrere Hoheitsgebiete bezeichnen, auf die dieses Übereinkommen Anwendung findet.

(2) Jeder Staat kann bei der Hinterlegung seiner Ratifikations-, Annahme-, Genehmigungs- oder Beitrittsurkunde oder jederzeit danach durch eine an den Generalsekretär des Europarats gerichtete Erklärung dieses Übereinkommen auf jedes weitere in der Erklärung bezeichnete Hoheitsgebiet erstrecken, dessen internationale Beziehungen er wahrnimmt oder für das er Vereinbarungen treffen kann.

(3) Jede nach Absatz 2 abgegebene Erklärung kann in bezug auf jedes darin genannte Hoheitsgebiet durch eine an den Generalsekretär des Europarats gerichtete Notifikation zurückgenommen werden. Die Zurücknahme wird sechs Monate nach Eingang der Notifikation beim Generalsekretär des Europarats wirksam.

Vorbehalte zu dem Übereinkommen

Artikel 21. Vorbehalte zu diesem Übereinkommen sind nicht zulässig.

Kündigung des Übereinkommens

Artikel 22. (1) Jeder Vertragsstaat kann dieses Übereinkommen durch eine an den Generalsekretär des Europarats gerichtete Notifikation für sich kündigen.

(2) Die Kündigung wird am ersten Tag des Monats wirksam, der auf einen Zeitabschnitt von sechs Monaten nach Eingang der Notifikation beim Generalsekretär folgt. Jedoch findet

das Übereinkommen weiterhin auf die vor Ablauf dieser Frist eingegangenen Zustellungsersuchen Anwendung.

Aufgaben des Verwahrers des Übereinkommens

Artikel 23. Der Generalsekretär des Europarats notifiziert den Mitgliedstaaten des Rates und jedem Staat, der diesem Übereinkommen beigetreten ist,

a) jede Unterzeichnung;

b) jede Hinterlegung einer Ratifikations-, Annahme-, Genehmigungs- oder Beitrittsurkunde;

c) jeden Zeitpunkt des Inkrafttretens dieses Übereinkommens nach seinem Artikel 17 Absätze 2 und 3;

d) jede nach Artikel 1 Absätze 2, 3 und 4 eingegangene Erklärung;

e) jede nach Artikel 2 Absatz 5 eingegangene Erklärung;

f) jede nach Artikel 10 Absätze 2 und 3 eingegangene Erklärung;

g) jede nach Artikel 11 Absätze 2 und 3 eingegangene Erklärung;

h) jede nach Artikel 20 Absätze 2 und 3 eingegangene Erklärung oder Notifikation;

i) jede nach Artikel 22 Absatz 1 eingegangene Notifikation und den Zeitpunkt, zu dem die Kündigung wirksam wird.

Zu Urkund dessen haben die hierzu gehörig befugten Unterzeichneten dieses Übereinkommen unterschrieben.

Geschehen zu Straßburg am 24. November 1977 in englischer und französischer Sprache, wobei jeder Wortlaut gleichermaßen verbindlich ist, in einer Urschrift, die im Archiv des Europarats hinterlegt wird. Der Generalsekretär des Europarats übermittelt allen Unterzeichnerstaaten und allen beitretenden Staaten beglaubigte Abschriften.

Erklärung

Anläßlich der Ratifikation des Übereinkommens erklärt die Republik Österreich:

1. im Sinne des Art. 1 Abs. 2, daß das Übereinkommen auf der Basis der Gegenseitigkeit auch in Finanz- und Strafsachen angewendet werden wird,

2. im Sinne des Art. 2, daß als zentrale Behörden, welche die von Behörden anderer Vertragsstaaten ausgehenden Zustellersuchen entgegennehmen und bearbeiten

A. für Schriftstücke, die Angelegenheiten des Flüchtlingswesens, des Waffenwesens oder des Fremdenpolizeiwesens betreffen, für das ganze Bundesgebiet das Bundesministerium für Inneres, Herrengasse, A-1010 Wien,

B. im übrigen für jedes Bundesland das Amt der Landesregierung bestimmt wird, und zwar:

a) für das Burgenland: Amt der Burgenländischen Landesregierung, A-7000 Eisenstadt, Landhaus;

b) für das Land Kärnten: Amt der Kärntner Landesregierung, A-9020 Klagenfurt, Arnulfplatz 1;

c) für das Land Niederösterreich: Amt der Niederösterreichischen Landesregierung, A-1014 Wien, Herrengasse 13;

d) für das Land Oberösterreich: Amt der Oberösterreichischen Landesregierung, A-4020 Linz, Klosterstraße 7;

e) für das Land Salzburg: Amt der Salzburger Landesregierung, A-5010 Salzburg, Chiemseehof;

f) für das Land Steiermark: Amt der Steiermärkischen Landesregierung, A-8011 Graz, Hofgasse;

g) für das Land Tirol: Amt der Tiroler Landesregierung, A-6020 Innsbruck, Landhaus;

h) für das Land Vorarlberg: Amt der Vorarlberger Landesregierung, A-6900 Bregenz, Landhaus;

i) für das Land Wien: Amt der Wiener Landesregierung, A-1082 Wien, Rathaus;

3. daß einer Zustellung durch konsularische oder diplomatische Vertreter gemäß Art. 10 Abs. 2 mit Ausnahme solcher Schriftstücke, die von konsularischen oder diplomatischen Vertretern eigenen Staatsangehörigen zugestellt werden, widersprochen wird;

4. im Sinne des Art. 11 Abs. 2, daß eine Zustellung direkt durch die Post auf der Grundlage der Gegenseitigkeit mit Ausnahme von Schriftstücken

a) durch die eine Enteignung ausgesprochen wird,

b) die im Zusammenhang mit der Feststellung der Eignung Wehrpflichtiger zum Wehrdienst stehen oder den Empfänger zur militärischen Dienstleistung oder – sofern es sich um einen österreichischen Staatsbürger handelt – die sein im Ausland gelegenes

Eigentum dauernd oder vorübergehend zu militärischen Zwecken heranziehen,

c) die einen sich auf die Konvention über die Rechtsstellung der Flüchtlinge vom 28. Juli 1951 gründenden Spruch enthalten,

d) die eine Angelegenheit des Waffenwesens oder des Fremdenpolizeiwesens betreffen,

zugelassen wird.

Die vom Bundespräsidenten unterzeichnete und vom Bundeskanzler gegengezeichnete Ratifikationsurkunde wurde am 24. November 1982 beim Generalsekretär des Europarats hinterlegt; das Übereinkommen tritt gemäß seinem Art. 17 Abs. 3 für Österreich am 1. März 1983 in Kraft.

Nach Mitteilungen des Generalsekretärs des Europarats haben folgende weitere Staaten das Übereinkommen ratifiziert bzw. genehmigt: Belgien, Bundesrepublik Deutschland (einschließlich Land Berlin), Frankreich und Luxemburg.[1])[2])

1) Siehe auch BGBl 1985/64 (Italien), BGBl 1987/408 (Spanien) und BGBl III 2001/160 (Estland).

2) Anlässlich der Hinterlegung ihrer Ratifikationsurkunden haben folgende Staaten nachstehende Erklärungen (vgl BGBl 1983/67) abgegeben, die mittlerweile zT geändert wurden:

Belgien:

„Artikel 2:

Die belgische Regierung bestimmt als zentrale Behörde und als Absendebehörde das Ministerium für Auswärtige Angelegenheiten, Außenhandel und Zusammenarbeit bei der Entwicklung (Ministère des Affaires étrangères, du Commerce extérieur et de la Coopération au Développement/Ministerie van Buitenlandse Zaken, Buitenlandse Handel en Ontwikkelingssamenwerking), 2, rue Quatre Bras, 1000 Brüssel.

Artikel 10 (2):

Die belgische Regierung erklärt, daß sie sich auf die in Artikel 10 Absatz 2 des Übereinkommens enthaltene Bestimmung beruft."

Bundesrepublik Deutschland:

1. nach Art 1 Abs 2 des Übereinkommens:

„Das Übereinkommen findet bezüglich der an die Bundesrepublik Deutschland gerichteten Ersuchen Anwendung auf Verfahren über Straftaten, deren Verfolgung und Bestrafung im Zeitpunkt des Ersuchens nicht in die Zuständigkeit der Gerichte fällt. In der Bundesrepublik Deutschland entsprechen diesen Verfahren die Bußgeldverfahren nach dem Gesetz über Ordnungswidrigkeiten (OWiG) in der Fassung der Bekanntmachung vom 2. Januar 1975 (BGBl. I S. 80), zuletzt geändert durch Artikel 4 des Gesetzes vom 5. Oktober 1978 (BGBl. I S. 1645). Die Bundesrepublik Deutschland behält sich jedoch vor, in solchen Fällen die Erledigung des Rechtshilfeersuchens unter Hinweis auf das Fehlen der Gegenseitigkeit zu verweigern.

Das Übereinkommen findet keine Anwendung auf Zustellungen von Schriftstücken, die Steuerordnungswidrigkeiten betreffen."

2. nach Art 1 Abs 3 des Übereinkommens:

„Das Übereinkommen findet keine Anwendung auf an die Bundesrepublik Deutschland gerichtete Ersuchen in Außenwirtschaftsangelegenheiten (Warenverkehr, Dienstleistungsverkehr, Kapital- und Zahlungsverkehr) und für Verbote und Beschränkungen für den Warenverkehr über die Grenze."

3. nach Art 2 Abs 1 Satz 2 des Übereinkommens:

„In der Bundesrepublik Deutschland werden die Aufgaben nach diesem Übereinkommen durch zentrale Behörden wahrgenommen, die von den Ländern bestimmt wurden.

Für die Erledigung von Zustellungsersuchen ist die zentrale Behörde des Landes zuständig, in dessen Gebiet die Zustellung vorzunehmen ist. Zentrale Behörde ist für *(Liste der zentralen Behörden idF der Kundmachung BGBl III 2001/15)*

Baden-Württemberg:	Regierungspräsidium Freiburg Kaiser-Joseph-Straße 167 79098 Freiburg i. Br.
Niedersachsen:	Bezirksregierung Lüneburg Auf der Hude 2 21339 Lüneburg
Bayern:	Regierung der Oberpfalz 93039 Regensburg
Berlin:	Landesverwaltungsamt Berlin 10702 Berlin
Brandenburg:	Ministerium des Innern des Landes Brandenburg Postfach 60 11 65 14411 Potsdam

Bremen:	Senator für Inneres, Kultur und Sport Contrescarpe 22 – 24 28203 Bremen
Hamburg:	Justizbehörde der Freien und Hansestadt Hamburg Drehbahn 36 20354 Hamburg
Hessen:	Regierungspräsidium Gießen Postfach 10 08 51 35338 Gießen
Mecklenburg-Vorpommern:	Innenministerium Mecklenburg-Vorpommern Arsenal am Pfaffenteich Karl-Marx-Straße 1 19048 Schwerin
Nordrhein-Westfalen:	Bezirksregierung Köln Zeughausstraße 2 – 10 50667 Köln
Rheinland-Pfalz:	Aufsichts- und Dienstleistungsdirektion Willy-Brandt-Platz 3 54290 Trier oder Postfach 1320 54203 Trier
Saarland:	Ministerium für Inneres und Sport – Abteilung B Mainzer Straße 136 66121 Saarbrücken
Sachsen:	Regierungspräsidium Leipzig Braustraße 2 04107 Leipzig
Sachsen-Anhalt:	Regierungspräsidium Magdeburg Postfach 1960 39009 Magdeburg oder Olvenstedter Straße 1 – 2 30108 Magdeburg
Schleswig-Holstein:	Innenministerium des Landes Schleswig-Holstein Postfach 7125 24171 Kiel

oder
Düsternbrooker Weg 92
24105 Kiel

Thüringen: Thüringer Landesverwaltungsamt
Weimarplatz 4
99423 Weimar
oder
Postfach 2249
99403 Weimar."

4. nach Art 7 Abs 3 des Übereinkommens:

„Die Bundesrepublik Deutschland weist darauf hin, daß Schriftstücke, die in einer fremden Sprache abgefaßt sind und nicht von einer Übersetzung in die deutsche Sprache begleitet werden, nicht nach Artikel 6 Abs. 1 Buchstabe b des Übereinkommens förmlich zugestellt werden können."

5. nach Art 10 Abs 2 des Übereinkommens:

„Die Bundesrepublik Deutschland widerspricht der Zustellung durch diplomatische oder konsularische Vertreter, wenn das Schriftstück einer anderen Person als einem Staatsangehörigen des ersuchenden Staates zuzustellen ist."

6. nach Art 11 Abs 2 des Übereinkommens:

„Die Bundesrepublik Deutschland widerspricht der Zustellung von Schriftstücken durch die Post in ihrem Hoheitsgebiet."

Luxemburg:

„Das Großherzogtum Luxemburg wird das Übereinkommen auf alle Verfahren über Straftaten, ausgenommen über Steuersachen, anwenden, deren Verfolgung und Bestrafung im Zeitpunkt des Ersuchens nicht in die Zuständigkeit unserer Gerichte fällt.

In Ausführung des Artikels 2 des Übereinkommens bestimmt das Großherzogtum Luxemburg als zentrale Behörde, welche die Zustellungsersuchen aus dem Ausland entgegennimmt, das Ministerium der Justiz (Minstère de la Justice), 16, boulevard Royal, Luxemburg."

Frankreich hat zufolge der Kdm BGBl 1984/141 nach Mitteilung des Generalsekretärs des Europarats gem Art 2 Abs 1 des Übereinkommens das Ministerium für Auswärtige Beziehungen (Ministère des Relations Extérieures, Direction des Français à l'Etranger et des Etrangers en France, Service des Accords de Réciprocité, 21 bis, rue La Pérouse, 75775 PARIS CEDEX 16) als Zentralbehörde bestimmt.

Italien hat zufolge der Kdm BGBl 1985/64 anlässlich der Hinterlegung seiner Ratifikationsurkunde folgende Erklärung abgegeben:

1. Zu Art 1 Abs 2 des Übereinkommens:

„Die italienische Regierung erklärt, daß das Übereinkommen auf Ersuchen Anwendung findet, die Verfahren über Vergehen betreffen, deren Bestrafung im Zeitpunkt des Ersuchens um Amtshilfe nicht in die Zuständigkeit ihrer Gerichte fällt.

Die italienische Regierung behält sich das Recht vor, bei Fehlen der Gegenseitigkeit Ersuchen nicht anzunehmen."

2. Zu Art 1 Abs 3 des Übereinkommens:

„Die italienische Regierung erklärt, daß das Übereinkommen keine Anwendung findet auf an die Italienische Republik gerichtete Ersuchen, die den Außenhandel (Warenverkehr, Dienstleistungsverkehr, Kapital- und Zahlungsverkehr) oder Verbote und Beschränkungen für den Warenverkehr über die Grenze betreffen."

3. Zu Art 2 Abs 1 des Übereinkommens:

„Die italienische Regierung bestimmt als zentrale Behörde für die Wahrnehmung der Aufgaben gem Art. 2 Abs. 1 des Übereinkommens das Ministerium für Auswärtige Angelegenheiten, Piazza della Farnesina 1, Rom."

Spanien hat zufolge der Kdm BGBl 1987/408 anlässlich der Hinterlegung seiner Ratifikationsurkunde folgende Erklärung zu Art 10 Abs 2 des Übereinkommens abgegeben:

„Spanien widerspricht der Zustellung durch Konsuln, wenn Schriftstücke an Empfänger zuzustellen sind, die nicht Angehörige des Staates sind, den der Konsul vertritt."

Spanien hat folgende zentrale Behörde gem Art 2 des Übereinkommens notifiziert *(idF der Kundmachung BGBl III 1999/93):*

„Dirección General de Asuntos Jurídicos y Consulares Ministerio de Asuntos Exteriores C/Goya no 6 28071 Madrid Espana"

Estland hat zufolge der Kdm BGBl III 2001/160 anlässlich der Hinterlegung seiner Ratifikationsurkunde folgende Erklärung abgegeben:

„1. Gemäß Art. 1 Abs. 2 erklärt Estland, dass es das Übereinkommen in Finanzsachen anwendet.

2. Gemäß Art. 2 Abs. 1 bestimmt Estland als zentrale Behörde das ‚Ministry of Justice'."

5. Rechtshilfeabkommen BRD – Österreich

Vertrag zwischen der Republik Österreich und der Bundesrepublik Deutschland über Amts- und Rechtshilfe in Verwaltungssachen, BGBl. Nr. 526/1990

Der Nationalrat hat beschlossen:

Der Abschluß des nachstehenden Staatsvertrages wird genehmigt:

Vertrag zwischen der Republik Österreich und der Bundesrepublik Deutschland über Amts- und Rechtshilfe in Verwaltungssachen

Die Republik Österreich
und
die Bundesrepublik Deutschland

– von dem Wunsche geleitet, den gegenseitigen Amts- und Rechtshilfeverkehr in Verwaltungssachen weiter zu verbessern und zu vereinfachen –

sind wie folgt übereingekommen:

I. Abschnitt
Allgemeine Bestimmungen

Artikel 1. (1) Die Vertragsstaaten leisten in öffentlich-rechtlichen Verfahren ihrer Verwaltungsbehörden, in österreichischen Verwaltungsstraf- und in deutschen Bußgeldverfahren, soweit sie nicht bei einer Justizbehörde anhängig sind, ferner in Verfahren vor den österreichischen Gerichten der Verwaltungsgerichtsbarkeit und den deutschen Gerichten der allgemeinen Verwaltungsgerichtsbarkeit nach Maßgabe dieses Vertrags Amts- und Rechtshilfe.

(2) Amts- und Rechtshilfe nach Absatz 1 wird nicht geleistet in

1. Abgabensachen, Zoll-, Verbrauchssteuer- und Monopolangelegenheiten, soweit sie in besonderen Verträgen geregelt sind;

2. Außenwirtschaftsangelegenheiten einschließlich devisenrechtlicher Angelegenheiten sowie hinsichtlich Verboten und Beschränkungen für den Warenverkehr über die Grenze;

3. Steuerberatungssachen und diesen gleichgestellten Angelegenheiten.

(3) Bestehende Vereinbarungen der Vertragsstaaten über die Leistung von Amts- und Rechtshilfe bleiben unberührt.

Artikel 2. (1) Im Amts- und Rechtshilfeverkehr nach Artikel 1 Absatz 1 zwischen den Vertragsstaaten können die Verwaltungsbehörden und die Gerichte der Verwaltungsgerichtsbarkeit unmittelbar miteinander verkehren. Soweit die Erledigung von Amts- und Rechtshilfeersuchen nach diesem Vertrag durch Strafgerichte vorzunehmen ist, ist auch mit diesen der unmittelbare Verkehr zulässig. Wenn der unmittelbare Verkehr nur unter besonderen Schwierigkeiten möglich ist, sind diejenigen Verwaltungsbehörden einzuschalten, die der ersuchte Staat hierfür bestimmt hat. Die Vertragsstaaten teilen einander diese Verwaltungsbehörden mit.[1])

(2) Amts- und Rechtshilfeersuchen sind von der ersuchten Stelle (Verwaltungsbehörde oder Gericht), wenn diese für die Erledigung nach dem Recht des ersuchten Staates nicht zuständig ist, an die zuständige Stelle weiterzuleiten. Die ersuchende Stelle ist davon zu unterrichten.

1) Siehe das Verzeichnis der deutschen Behörden, abgedruckt im Anschluss an den Text des Abkommens.

Artikel 3. Amts- und Rechtshilfe wird nach dem Recht des ersuchten Staates geleistet.

Artikel 4. (1) Amts- und Rechtshilfe wird nicht geleistet, wenn sie nach dem Recht des ersuchten Staates unzulässig ist oder wenn die Erledigung des Ersuchens geeignet wäre, die Souveränität, die Sicherheit, die öffentliche Ordnung oder andere wesentliche Interessen des ersuchten Staates zu beeinträchtigen.

(2) Über die Ablehnung unterrichtet die ersuchte Stelle unverzüglich die ersuchende Stelle unter Angabe der Gründe.

II. Abschnitt
Anhörungen, Auskünfte und Beweise

Artikel 5. (1) Die Vertragsstaaten leisten einander Amts- und Rechtshilfe durch

1. Ermittlungen einschließlich Beweisaufnahmen;
2. Anhörung Beteiligter und Vernehmung Beschuldigter/Betroffener;
3. Erteilung von Auskünften einschließlich solcher aus dem Strafregister;
4. Übersendung von Schriftstücken.

(2) Die Vertragsstaaten leisten einander ferner Amts- und Rechtshilfe durch die Erteilung von Auskünften und die Übersendung von Schriftstücken aus gerichtlichen Straf- und Bußgeldverfahren.

Artikel 6. Ersuchen nach Artikel 5 müssen Gegenstand und Zweck des Verfahrens, in dem Amts- oder Rechtshilfe geleistet werden soll, bezeichnen und die zur Erledigung erforderlichen Angaben enthalten.

Artikel 7. Der ersuchenden Stelle dürfen lediglich die Auslagen für Sachverständige und Dolmetscher, die bei der Erledigung des Ersuchens mitgewirkt haben, in Rechnung gestellt werden.

Artikel 8. (1) Auskünfte und Schriftstücke, die von der ersuchten Stelle übermittelt werden, unterliegen im anderen Vertragsstaat den innerstaatlichen Vorschriften über die Amtsverschwiegenheit.

(2) Teilt die ersuchte Stelle mit, daß die von ihr übermittelten Auskünfte oder Schriftstücke nicht weitergegeben oder nur zu bestimmten Zwecken oder nur während eines bestimmten Zeitraums verwertet werden dürfen, so hat die ersuchende Stelle diese Beschränkungen zu beachten.

III. Abschnitt
Vollstreckungshilfe

Artikel 9. (1) Die Vertragsstaaten leisten einander Amtshilfe durch Vollstreckung von öffentlich-rechtlichen Geldforderungen – einschließlich der in österreichischen verwaltungsbehördlichen Straferkenntnissen oder Strafverfügungen rechtskräftig verhängten Geldstrafen von mindestens dreihundertfünfzig Schilling und der von deutschen Verwaltungsbehörden rechtskräftig festgesetzten Geldbußen von mindestens fünfzig Deutsche Mark sowie der Nebenfolgen vermögensrechtlicher Art –, ferner bei der Einziehung von Urkunden, die vom ersuchenden Staat ausgestellt sind. Für die Vollstreckung gilt das Recht des ersuchten Staates. Freiheitsentzug als Strafmittel ist ausgeschlossen.

(2) Die Vertragsstaaten teilen einander mit, welche Stellen für die Erledigung von Ersuchen um Vollstreckung zuständig sind.[1]) Die Vertragsstaaten können auch Verwaltungsbehörden bestimmen, welche die Ersuchen um Vollstreckung entgegennehmen, um sie an die für die Erledigung zuständigen Stellen weiterzuleiten; soweit dies geschieht, teilen die Vertragsstaaten einander anstelle der Mitteilung nach Satz 1 diese Verwaltungsbehörden mit.

(3) Dem Ersuchen um Vollstreckung (Absatz 1) ist eine Ausfertigung des Exekutionstitels/Vollstreckungstitels oder des zu vollstreckenden Bescheides beizulegen, auf dem die Rechtskraft/Unanfechtbarkeit von der ersuchenden Behörde zu bestätigen ist. Solche Bescheide stehen hinsichtlich der Vollstreckung Bescheiden von Behörden des ersuchten Staates gleich.

(4) Die Vollstreckung von Geldforderungen wird in der Währung des ersuchten Staates durchgeführt. Die ersuchende Stelle rechnet den für sie zu vollstreckenden Geldbetrag in diese Währung um und vermerkt ihn auf dem zu vollstreckenden Titel. Für die Umrechnung maßgebend ist in der Republik Österreich der an der Wiener Börse zuletzt notierte Devisenankaufs-(Geld-)kurs für Zahlung Frankfurt und in der Bundesrepublik Deutschland der in Frankfurt am Main zuletzt festgestellte amtliche Devisenankaufskurs für Zahlung Wien.

(5) Über Einwendungen gegen die Zulässigkeit oder die Art der Vollstreckung entscheidet die zuständige Stelle des ersuchten Staates.

(6) Einwendungen gegen das Bestehen, die Höhe oder die Vollstreckbarkeit des zu vollstreckenden Anspruchs sind von der zuständigen Stelle des ersuchenden Staates nach dessen Recht zu erledigen. Werden solche Einwendungen bei der ersuchten Stelle

erhoben, so sind sie der ersuchenden Stelle zu übermitteln, deren Entscheidung abzuwarten ist.

(7) Wenn der zu vollstreckende Geldbetrag außer Verhältnis zu den durch die Vollstreckung entstehenden Kosten steht, kann die ersuchte Stelle von der Vollstreckung absehen; sie hat davon die ersuchende Stelle zu unterrichten. Diese kann verlangen, die Vollstreckung dennoch vorzunehmen, wenn sie dies aus besonderen Gründen für erforderlich hält, hat dann jedoch die Kosten einer erfolglosen Vollstreckung zu tragen.

(8) Die ersuchte Stelle hat die von ihr eingenommenen Geldbeträge der ersuchenden Behörde zu überweisen. Ausgenommen sind Kosten, die nach dem Recht des ersuchten Staates zu erheben waren.

1) Siehe das Verzeichnis der deutschen Behörden, abgedruckt im Anschluss an den Text des Abkommens.

IV. Abschnitt
Zustellungen

Artikel 10. (1) Schriftstücke in Verfahren nach Artikel 1 Absatz 1 werden unmittelbar durch die Post nach den für den Postverkehr zwischen den Vertragsstaaten geltenden Vorschriften übermittelt. Wird ein Zustellnachweis benötigt, ist das Schriftstück als eingeschriebener Brief mit den besonderen Versendungsformen „Eigenhändig" und „Rückschein" zu versenden. Kann eine Zustellung nicht unmittelbar durch die Post bewirkt werden oder ist dies nach Art und Inhalt des Schriftstücks nicht zweckmäßig, ist die zuständige Stelle im anderen Vertragsstaat um Vermittlung der Zustellung im Wege der Amts- und Rechtshilfe zu ersuchen. Die Vertragsstaaten teilen einander diese Stellen mit.[1])

(2) Eine unmittelbare Zustellung durch die Post ist bei Bescheiden im Zusammenhang mit der Feststellung der Eignung Wehrpflichtiger zum Wehrdienst, bei Bescheiden, die eine Person zur militärischen Dienstleistung oder das im ersuchenden Staat gelegene Eigentum eines Angehörigen des anderen Vertragsstaats dauernd oder vorübergehend zu militärischen Zwecken heranziehen, sowie bei Bescheiden auf Grund der Konvention/des Ab-

kommens vom 28. Juli 1951[2]) über die Rechtsstellung der Flüchtlinge nicht zulässig.

(3) Die Zustellung von Bescheiden in Verwaltungsstrafverfahren an Angehörige des Staates, in dem die Zustellung vorgenommen werden soll, gilt hinsichtlich des Ausspruchs eines Freiheitsentzugs als nicht bewirkt.

1) Siehe das Verzeichnis der deutschen Behörden, abgedruckt im Anschluss an den Text des Abkommens.

2) An dieser Stelle findet sich im Gesetzestext ein Stern, der auf eine Fußnote folgenden Inhalts verweist: „Kundgemacht in BGBl. Nr. 55/1955".

Artikel 11. Ersuchen, die auf Vornahme einer Zustellung gemäß Artikel 10 Absatz 1 Satz 3 gerichtet sind, sollen in denjenigen Fällen, in denen das Recht des ersuchten Staates die Wahl zwischen mehreren Zustellungsarten vorsieht, die Art der gewünschten Zustellung angeben; fehlt eine solche Angabe, steht die Wahl im Ermessen der ersuchten Stelle.

Artikel 12. Die Stelle, die auf Grund eines Ersuchens gemäß Artikel 10 Absatz 1 Satz 3 eine Zustellung selbst oder durch die Post vorgenommen hat, übermittelt der ersuchenden Stelle ein von ihr ausgestelltes Zustellzeugnis oder eine vom Empfänger eigenhändig unterschriebene Bestätigung, die Ort und Tag des Empfangs erkennen lassen.

Artikel 13. Ist der Empfänger unter der von der ersuchenden Stelle angegebenen Anschrift nicht zu erreichen und kann seine Anschrift nur unter unverhältnismäßigem Aufwand festgestellt werden, so sendet die ersuchte Stelle das Ersuchen wieder zurück.

V. Abschnitt

Besondere Regelungen in Angelegenheiten des Kraftfahrwesens

Artikel 14. (1) Ein im anderen Vertragsstaat ausgestellter Führerschein wird dem Inhaber gegen Empfangsbestätigung abgenommen, wenn

1. der andere Vertragsstaat um die Vollstreckung einer Entscheidung über die Entziehung der Lenkerberechtigung/Fahrerlaubnis ersucht;

2. der andere Vertragsstaat um Übermittlung des Führerscheins zum Zwecke der Vornahme von behördlichen Eintragungen ersucht;

3. auf seiner Grundlage eine Lenkerberechtigung/Fahrerlaubnis auf Antrag erteilt wird; der im anderen Vertragsstaat ausgestellte Führerschein darf nur gegen Ablieferung des auf seiner Grundlage ausgestellten wieder ausgehändigt werden;

4. das Recht, den Führerschein zu verwenden, aberkannt wird.

(2) Abgenommene Führerscheine werden in den Fällen des Absatzes 1 Nummern 1 und 2 der ersuchenden Behörde, sonst der Ausstellungsbehörde übermittelt; der Betroffene kann jedoch in den Fällen des Absatzes 1 Nummern 3 und 4 die Verwahrung bei einer anderen Behörde beantragen.

Artikel 15. (1) Der Zulassungsschein/Fahrzeugschein und die Kennzeichentafeln/amtlichen Kennzeichen eines im anderen Vertragsstaat zugelassenen Fahrzeugs werden dem Inhaber gegen Empfangsbestätigung abgenommen und der Behörde, die den Zulassungsschein/Fahrzeugschein ausgestellt hat, übermittelt, wenn

1. der andere Vertragsstaat um die Vollstreckung einer Entscheidung über die Aufhebung der Zulassung/Untersagung des Betriebs des Fahrzeugs ersucht;

2. es sich erweist, daß bei einer befristeten Zulassung die Frist abgelaufen ist;

3. es sich erweist, daß bei weiterer Verwendung des Fahrzeugs die Verkehrs- oder Betriebssicherheit wegen schwerer technischer Mängel gefährdet wurde, und die Mängel des Fahrzeugs nicht innerhalb einer von der einschreitenden Behörde gesetzten angemessenen Frist behoben werden;

4. das Fahrzeug zugelassen wird; in diesem Fall wird das Fahrzeug im anderen Vertragsstaat als abgemeldet behandelt.

(2) Im Falle des Absatzes 1 Nummern 2 und 3 wird dem anderen Vertragsstaat eine kurze Sachverhaltsdarstellung, im Falle des Absatzes 1 Nummer 4 Name und Anschrift des nunmehrigen

Zulassungsbesitzers/Halters sowie das neue Kennzeichen mitgeteilt.

(3) Die Absätze 1 und 2 gelten entsprechend für Fahrzeuge mit Kennzeichen für Probe-/Prüfungsfahrten, für Überstellungs-/Überführungsfahrten sowie für Fahrzeuge mit Zollkennzeichen.

VI. Abschnitt
Schlußbestimmungen

Artikel 16. (1) Meinungsverschiedenheiten über die Auslegung oder die Anwendung dieses Vertrags sollen durch die Regierungen der Vertragsstaaten beigelegt werden.

(2) Kann eine Meinungsverschiedenheit auf diese Weise nicht innerhalb von sechs Monaten beigelegt werden, so ist sie auf Verlangen eines Vertragsstaats einem Schiedsgericht zu unterbreiten.

(3) Das Schiedsgericht wird von Fall zu Fall gebildet, indem jeder Vertragsstaat ein Mitglied bestellt und sich beide Mitglieder auf den Angehörigen eines dritten Staates als Vorsitzenden einigen, der von den Regierungen der Vertragsstaaten zu bestellen ist. Die Mitglieder sind innerhalb von zwei Monaten, der Vorsitzende innerhalb von drei Monaten zu bestellen, nachdem der eine Vertragsstaat dem anderen mitgeteilt hat, daß er die Meinungsverschiedenheit einem Schiedsgericht unterbreiten will.

(4) Werden die in Absatz 3 genannten Fristen nicht eingehalten, so kann in Ermangelung einer anderen Vereinbarung jeder Vertragsstaat den Präsidenten des Europäischen Gerichtshofs für Menschenrechte bitten, die erforderlichen Ernennungen vorzunehmen. Für den Fall, daß der Präsident des Europäischen Gerichtshofs für Menschenrechte die österreichische oder die deutsche Staatsangehörigkeit besitzt, gehen die ihm durch diesen Artikel übertragenen Funktionen auf den Vizepräsidenten des Gerichtshofs, danach auf den ranghöchsten Richter des Gerichtshofs über, auf den dieser Umstand nicht zutrifft.

(5) Das Schiedsgericht entscheidet mit Stimmenmehrheit auf Grund der zwischen den Vertragsstaaten bestehenden Verträge und des allgemeinen Völkerrechts. Seine Entscheidungen sind bindend. Jeder Vertragsstaat trägt die Kosten des von ihm bestellten Schiedsrichters und seiner Vertretung in dem Verfahren vor

dem Schiedsgericht; die Kosten des Vorsitzenden und die sonstigen Kosten werden von den Vertragsstaaten zu gleichen Teilen getragen. Im übrigen regelt das Schiedsgericht sein Verfahren selbst.

(6) Die Gerichte der beiden Vertragsstaaten werden dem Schiedsgericht auf sein Ersuchen Rechtshilfe hinsichtlich der Ladung und der Vernehmung von Zeugen und Sachverständigen in entsprechender Anwendung der zwischen den beiden Vertragsstaaten jeweils geltenden Vereinbarungen über die Rechtshilfe in Zivil- und Handelssachen leisten.

Artikel 17. Artikel 9 ist nicht auf Geldstrafen oder Geldbußen anzuwenden, die vor dem Inkrafttreten dieses Vertrags verhängt oder festgesetzt worden sind.

Artikel 18. Wer Angehöriger eines Vertragsstaats im Sinne des Vertrags ist, bestimmt sich nach dem Recht dieses Vertragsstaats.

Artikel 19. Dieser Vertrag gilt auch für das Land Berlin, sofern nicht die Regierung der Bundesrepublik Deutschland gegenüber der Bundesregierung der Republik Österreich innerhalb von drei Monaten nach Inkrafttreten des Vertrags eine gegenteilige Erklärung abgibt.

Artikel 20. (1) Der Vertrag bedarf der Ratifikation; die Ratifikationsurkunden werden so bald wie möglich in Wien ausgetauscht.

(2) Dieser Vertrag tritt am ersten Tag des dritten Kalendermonats nach Austausch der Ratifikationsurkunden in Kraft.

(3) Dieser Vertrag kann jederzeit schriftlich auf diplomatischem Wege gekündigt werden; er tritt sechs Monate nach Eingang der Kündigung außer Kraft. Im Zeitpunkt des Außerkrafttretens dieses Vertrags bestehende Ersuchen sind nach den Bestimmungen dieses Vertrags durchzuführen.

Die vom Bundespräsidenten unterzeichnete und vom Bundeskanzler gegengezeichnete Ratifikationsurkunde wurde am 18. Juli 1990 ausgetauscht; der Vertrag tritt gemäß seinem Art. 20 Abs. 2 mit 1. Oktober 1990 in Kraft.

Verzeichnis der zuständigen deutschen Behörden nach dem Vertrag zwischen der Republik Österreich und der Bundesrepublik Deutschland über Amts- und Rechtshilfe in Verwaltungssachen, BGBl. Nr. 526/1990*)

Land	Art. 2 Abs. 1 Satz 3 (Zentrale Anlaufstellen)	Art. 9 Abs. 2 Satz 1 (Vollstreckungsersuchen)	Art. 10 Abs. 1 Satz 3 (Zustellungsersuchen)
Baden-Württemberg	Regierungspräsidium Freiburg Bissierstraße 7 79114 Freiburg i. Br. Postanschrift Regierungspräsidium Freiburg 79083 Freiburg i. Br. Tel.: (0761) 208-0 Fax: (0761) 208-394200 E-Mail: poststelle@rpf.bwl.de	Stadtkreise und Große Kreisstädte (Anhang 1) Für die übrigen kreisangehörigen Gemeinden ist die Landesoberkasse Baden-Württemberg zuständig: Landesoberkasse Baden-Württemberg Steinhäuserstraße 11 76135 Karlsruhe Postanschrift Landesoberkasse Baden-Württemberg Postfach 10 02 02 76232 Karlsruhe Tel.: (0721) 8199-0 Fax: (0721) 8199-299 E-Mail: poststelle@lok.bwl.de	wie Art. 2
Bayern	Regierung der Oberpfalz Emmeramsplatz 8 93047 Regensburg Tel.: 0941/5680-0 Fax: 0941/5680-199 E-Mail: poststelle@reg-opf.bayern.de	Finanzämter (Anhang 2) Behörden in Bayern können im Internet im Behördenwegweiser unter www.baynet.de gefunden werden. Die Finanzämter finden sich über Behördenwegweiser >> Übersicht der bayerischen Behörden >> Ministe-	wie Art. 2 und www.regierung.oberpfalz.bayern.de

		rien und nachgeordnete Behörden >> Finanzen >> Finanzämter.	
Berlin	Landesverwaltungsamt Berlin 10702 Berlin Tel.: (030) 9012-7303 Fax: (030) 9012-3115 E-Mail: amtshilfeersuchen @lvwa.verwalt-berlin.de	wie Art. 2	wie Art. 2
Brandenburg	Zentraldienst der Polizei (ZDPol) Zentrale Bußgeldstelle Oranienburger Straße 31A 16778 Gransee Tel.: 03306/750 500 Fax: 03306/750 329 E-Mail: zentrale. bussgeldstelle@polizei. brandenburg.at	Kasse der kreisfreien Stadt, der amtsfreien Gemeinde oder des Amtes, in der der Vollstreckungsschuldner seinen Wohnsitz oder dauernden Aufenthalt hat (Anhang 3)	wie Art. 2
Bremen	Senator für Inneres und Sport Contrescarpe 22/24 28203 Bremen Tel.: (0421) 361-9047 Fax: (0421) 361-9009 E-Mail: office@inneres. bremen.de	Finanzamt Bremen-Mitte Rudolf-Hilferding-Platz 1 28195 Bremen Tel.: (0421) 322-2727 Fax: (0421) 322-2878 Magistrat der Stadt Bremerhaven H.-Schmalfeldt-Str. (Stadthaus 1) 27576 Bremerhaven Tel.: (0471) 590-1 Fax: (0471) 590 -2400	wie Art. 2
Hamburg	Justizbehörde Hamburg Postfach 30 28 22 20310 Hamburg Tel.: (040) 42843-0	Finanzbehörde Hamburg Vollstreckungszentrale Große Theaterstraße 31 20354 Hamburg	wie Art. 2

	Fax: (040) 42843-3866 E-Mail: poststelle@ justiz.hamburg.de	Tel.: (040) 42823-2260 Fax: (040) 427 923 729 E-Mail: Voll- streckungszentrale@fb. hamburg.de	
Hessen	Regierungspräsidium Gießen Postfach 100851 35338 Gießen Tel.: (0641) 303-0 Fax: (0641) 303-2197 E-Mail: L.Schaefer@ rpgi.hessen.de	Kasse der Gemeinde oder Stadt, in der der Vollstreckungs-schuldner seinen Wohnsitz oder dau-ernden Aufenthalt hat. Für kreisangehörige Gemeinden oder Städ-te ohne eigene Voll-streckungsstelle voll-streckt die Kasse des Landkreises, dem die Gemeinde oder Stadt angehört.	wie Art. 2
Mecklen-burg-Vor-pommern	Innenministerium Mecklenburg- Vorpommern Arsenal am Pfaffen- teich Karl-Marx-Straße 1 19048 Schwerin Tel.: (0385) 588-2230/ 2233 Fax. (0385) 588-2978 E-Mail: poststelle@ im.mv-regierung.de	Bürgermeister der amtsfreien Gemeinden und die Amtsvorsteher der Ämter. Die ört-liche Zuständigkeit richtet sich dabei nach der Wohnung, bei mehreren Wohnungen nach der Haupt-wohnung oder, bei Fehlen einer Woh-nung, nach dem ge-wöhnlichen Aufent-haltsort des Voll-streckungsschuldners. Bis zur Bildung der Ämter nach den Vor-schriften der Amts-ordnung sind die Landräte der Land-kreise und die Ober-bürgermeister (Bürger-meister) der Kreis-freien Städte zu-ständige Behörden.	wie Art. 2

Nieder-sachsen	Polizeidirektion Lüneburg Auf der Hude 2 21339 Lüneburg oder Postfach 2240 21312 Lüneburg Tel.: (04131) 29-0 Fax: (04131) 29-1065 E-Mail: poststelle@pd-lg.polizei.niedersachsen.de	Gemeinden	wie Art. 2
Nordrhein-Westfalen	Bezirksregierung Köln Zeughausstraße 2-10 50606 Köln Tel.: (0221) 147-2124 Fax: (0221) 147-2305 E-Mail: claudia.klug@bezreg-koeln.nrw.de	Kassen der Gemeinden Gemeinden in Nordrhein-Westfalen können im Internet unter www.nrw.de über Land NRW >> Land & Leute >> Kommunaldatenbank ermittelt werden.	wie Art. 2
Rheinland-Pfalz	Aufsichts- und Dienstleistungsdirektion Willy Brandt-Platz 3 54290 Trier Tel.: (0651) 9494-0 Fax: (0651) 9494-170 E-Mail: Poststelle@add.rlp.de	Stadtverwaltungen der kreisfreien Städte und der großen kreisangehörigen Städte, Gemeinde- und Stadtverwaltungen der verbandsfreien Gemeinden sowie Verbandsgemeindeverwaltungen Nähere Angaben zu den Behörden können im Internet über das rheinland-pfälzische Verwaltungsportal ‚www.verwaltung.rlp.de' gefunden werden.	wie Art. 2
Saarland	Ministerium für Inneres und Europaangelegenheiten – Referat B1	Gemeinden	wie Art. 2

	Mainzer Straße 136 66121 Saarbrücken Tel.: (0681) 501-2651 Fax: (0681) 501-2649 E-Mail: t.besse@innen.saarland.de		
Sachsen	Regierungspräsidium Leipzig Braustraße 2 04107 Leipzig Tel.: (0341) 977-0 Fax: (0341) 977-1199 E-Mail: poststelle@rpl.sachsen.de	Finanzämter Die Finanzämter in Sachsen können im Internet unter www.smf.sachsen.de über >> Steuerrecht >> Die Finanzämter im Freistaat Sachsen gefunden werden.	wie Art. 2
Sachsen-Anhalt	Landesverwaltungsamt Ernst-Kamieth-Straße 2, 06112 Halle (Saale) Postanschrift Landesverwaltungsamt Postfach 20 02 56 06003 Halle (Saale) Tel.: (0345) 514- 0 Fax: (0345) 514-1444 E-Mail: poststelle @lvwa.lsa-net.de	Oberfinanzdirektion Magdeburg Landeshauptkasse Dessau Kühnauer Str. 161 06846 Dessau Postanschrift Oberfinanzdirektion Magdeburg Postfach 20 35 06816 Dessau Tel.: (0340) 6506-0 Fax: (0340) 6506-450	wie Art. 2
Schleswig-Holstein	Innenministerium des Landes Schleswig-Holstein Postfach 7125 24171 Kiel Tel.: (0431) 988-0 Fax: (0431) 988-3049 E-Mail: poststelle@im.landsh.de	Bürgermeister der amtsfreien Gemeinden sowie Amtsvorsteher der Ämter. (Anhang 4)	wie Art. 2
Thüringen	Thüringer Landesverwaltungsamt Weimar Weimarplatz 4 99423 Weimar	wie Art. 2	wie Art. 2

	Postanschrift Thüringer Landesverwaltungsamt Weimar Postfach 2249 99403 Weimar Tel.: (0361) 37900 / 3773-7015 / 3773-7033 Fax: (0361) 3773-7190 oder 3773-9315		

Zu Art. 5:

Auskünfte aus dem Strafregister erteilt:

Generalbundesanwalt beim Bundesgerichtshof
- Dienststelle Bundeszentralregister –
Adenauerallee 99 – 103
53113 Bonn
Tel.: (0228) 410-40
Fax: (0228) 410-5050

Auskünfte aus dem Verkehrszentralregister und dem Zentralen Fahrzeugregister erteilt:

Kraftfahr-Bundesamt
24932 Flensburg
Tel.: (0461) 316-0
Fax: (0461) 316-1495/1650
E-Mail: kba@kba.de

*) Laut Rundschreiben des Bundeskanzleramtes – Verfassungsdienst vom 16. 9. 2011, GZ 670.037/0006-V/1/2011; dieses Rundschreiben sowie die Liste der zuständigen deutschen Behörden können auf der Homepage des Bundeskanzleramtes unter http://www.bka.gv.at/site/6667/default.aspx abgerufen werden. Die in diesem Rundschreiben abgedruckten Anhänge zur oben angeführten Liste sind hier nicht abgedruckt.

6. Sonstige Verträge über Zustellungen

(Hinweise)

Zwischen der Republik Österreich, der Schweizerischen Eidgenossenschaft (BGBl 1980/380), dem Fürstentum Liechtenstein (BGBl 1983/64) und der Italienischen Republik (BGBl 1990/406) bestehen bilaterale Staatsverträge über die **Amtshilfe in Kraftfahr- bzw** (und) **Straßenverkehrsangelegenheiten,** ausgenommen Strafsachen. Zwischen der Republik Österreich, der Schweizerischen Eidgenossenschaft und dem Fürstentum Liechtenstein besteht ein Abkommen über die grenzüberschreitende **Zusammenarbeit der Sicherheits- und Zollbehörden** (BGBl III 2001/120). Diese Staatsverträge enthalten auch Bestimmungen über die Zustellung (vgl insb Art 2 und 9 Abs 2, 10 Abs 1 BGBl 1980/380; Art 2, 9 Abs 2, 10, 11 Abs 1 BGBl 1983/64; Art 2, 10 BGBl 1990/406; Art 32 BGBl III 2001/120). Insb wird darin die Postzustellung bestimmter Schriftstücke zugelassen.

Bestimmungen über Zustellungen finden sich ferner zB im Haager Prozeßübereinkommen 1954 (BGBl 1957/91; Art 1, 2, 4, 5, 6), im Europäischen Übereinkommen über die Rechtshilfe in Strafsachen (BGBl 1969/41; Art 7, 8, 10), im SDÜ (Art 49, 52), im Übereinkommen über Geldwäsche sowie Ermittlung, Beschlagnahme und Einziehung von Erträgen aus Straftaten (BGBl III 1997/153; Art 21), im Vertrag zwischen der Republik Österreich und Kanada über die Rechtshilfe in Strafsachen (BGBl III 1997/185; Art 6), im Vertrag zwischen der Regierung der Republik Österreich und der Regierung der Vereinigten Staaten von Amerika über die Rechtshilfe in Strafsachen (BGBl III 1998/107; Art 14), im Zusatzabkommen über Rechtshilfe und rechtliche Zusammenarbeit zwischen der Republik Österreich und dem Königreich Belgien zum Haager Übereinkommen betreffend bürgerliche Rechtssachen (BGBl III 1998/115; Art 5, 6, 11, 13), im Übereinkommen über die gerichtliche Zuständigkeit und die Vollstreckung gerichtlicher Entscheidungen in Zivil- und Handelssachen (BGBl III 1998/209; Art IV), im Abkommen mit der Ukraine über Amtshilfe und gegenseitige Zusammenarbeit in Zollsachen (BGBl III 2001/194; Art 15), im Übereinkommen über die Rechtshilfe in Strafsachen zwischen den Mitgliedstaaten der Europäischen Union, BGBl III 2005/65 (insb Art 5), im Übereinkommen der Vereinten Nationen gegen die grenzüberschreitende organisierte Kriminalität, BGBl I 2005/84 (insb Art 18), im Übereinkommen aufgrund von Artikel K.3 des Vertrages über die Europäische Union über gegenseitige Amtshilfe und Zusammenarbeit der Zollverwaltungen, BGBl III 2006/100 (insb Art 13), im Abkommen zwischen der Regierung der Republik Österreich und dem Ministerrat der Republik Albanien über gegenseitige Amtshilfe und Zusammenarbeit in Zollsachen, BGBl III 2007/111 (insb Art 10), im Vertrag zwischen der Republik Österreich und der Republik Kroatien über die Ergänzung des Europäischen Übereinkommens über die Rechtshilfe in Strafsachen, BGBl III 2009/67 (insb Art I, VIII, XI, XIII), im Abkommen zwischen der Regierung der Republik Österreich und der Regierung des Staates Israel über gegenseitige Amtshilfe in Zollsachen, BGBl III 2009/114 (insb Art 9).

Im Bereich der EG erging die V 1393/2007 des europäischen Parlaments und des Rates über die Zustellung gerichtlicher und außergerichtlicher Schriftstücke in Zivil- oder Handelssachen in den Mitgliedstaaten („Zustellung von Schriftstücken"), ABl L 2007/324, 79. Diese V gilt für alle Mitgliedstaaten außer Dänemark (siehe jedoch das Abkommen zwischen der EG und Dänemark über die Zustellung gerichtlicher und außergerichtlicher Schriftstücke in Zivil- oder Handelssachen, ABl L 2005/300, 55 idF ABl L 2006/120, 23); sie ist unmittelbar anwendbar und geht nach ihrem Art 20 in ihrem Anwendungsbereich bi- und multilateralen Übereinkünften der Mitgliedstaaten vor. Zu der früheren V 1348/2000, ABl L 2000/160, 37 besteht eine Liste mit Angaben der einzelnen Staaten zu den näheren Modalitäten der Zustellung: ABl C 2001/151, 4, zuletzt idF ABl C 2004/37, 12.

Vgl ferner das EU-JZG (insb dessen § 75) und das EU-FinStrVG.

F. Das Agrarverfahrensgesetz

1. Wiederverlautbarungskundmachung

Kundmachung der Bundesregierung vom 18. Juli 1950 über die Wiederverlautbarung des Agrarverfahrensgesetzes, BGBl. Nr. 173/1950

Artikel 1. (1) Auf Grund des Wiederverlautbarungsgesetzes vom 12. Juni 1947, BGBl. Nr. 114,[1]) wird in der Anlage das Bundesgesetz vom 4. März 1927, BGBl. Nr. 79, über das Verfahren der Agrarbehörden in den Angelegenheiten der Bodenreform (Agrarverfahrensgesetz – AgrVG.) unter Berücksichtigung der Änderungen und Ergänzungen neu verlautbart, die sich aus nachstehenden Rechtsvorschriften ergeben:[2])[3])

1. Übergangsgesetz vom 1. Oktober 1920 in der Fassung BGBl. Nr. 368/1925 § 8 Abs. 5 Eingang und lit. a,

2. Bundesgesetz BGBl. Nr. 133/1937, betreffend die Einrichtung der Agrarbehörden Artikel III §§ 5 und 6 und Artikel IV § 11 in der Fassung BGBl. Nr. 179/1947,

3. Bundesgesetz vom 2. Juli 1947, BGBl. Nr. 178 (Agrarverfahrensnovelle 1947).

(2) Bestimmungen des neuverlautbarten Gesetzes, die als nicht mehr geltend festgestellt werden, sind im Texte der Neuverlautbarung bezeichnet.

(3) Sonderbestimmungen in Verwaltungsvorschriften, die nach dem 12. März 1927 in Kraft getreten sind, bleiben durch das Wirksamwerden der Neuverlautbarung in ihrer Geltung unberührt.

1) Durch Art I Z 8 der B-VGNov BGBl 1981/350 wurde eine dem WVG 1947 entsprechende Wiederverlautbarungsermächtigung für BG als Art 49a in das B-VG eingefügt. Im Zusammenhang damit verfügte Art II Abs 1 dieser B-VGNov die Aufhebung des WVG 1947; auf Grund dieses Gesetzes bereits erfolgte WV von Rechtsvorschriften bleiben jedoch nach Art II Abs 2 dieser B-VGNov unberührt. Die WV nach dem WVG 1947 hatte rechtsverbindliche Wirkung; von dem der

Herausgabe der WV folgenden Tag an (1. 9. 1950, Art 3 WVKdm AgrVG und Anm 1 dazu) sind alle Gerichte und Verwaltungsbehörden für die danach verwirklichten Tatbestände an den wiederverlautbarten Gesetzestext gebunden (§§ 1 und 6 WVG 1947).

Über die Rechtswirkung der WV vgl auch Anm 2 zu Art 1 der WVKdm zum EGVG (A 1).

2) Die hier angeführten Rechtsvorschriften sind in der WV jeweils nach den durch sie bewirkten Änderungen und Ergänzungen in *Kursivschrift* unter Klammer zitiert.

3) Zu den Änderungen des AgrVG (F 2) seit seiner WV vgl die Überschrift zum AgrVG (F 2).

Artikel 2. Das neuverlautbarte Gesetz ist als „Agrarverfahrensgesetz – AgrVG. 1950“ zu bezeichnen.[1])

1) Vgl § 2 Z 8 WVG (entspricht Art 49a Abs 2 Z 4 B-VG).

Artikel 3. Als Tag der Herausgabe der Neuverlautbarung wird der Tag der Kundmachung im Bundesgesetzblatt festgestellt.[1])

1) 31. 8. 1950. Vgl § 5 WVG. Gleichzeitig wurde die WV in Nr 3 des Jg 1950 der „Amtlichen Sammlung wiederverlautbarter österreichischer Rechtsvorschriften“ kundgemacht (siehe § 4 WVG).

2. Agrarverfahrensgesetz – AgrVG 1950

BGBl. Nr. 173/1950 (Wiederverlautbarung) idF BGBl. Nr. 77/1967, 391/1977, 901/1993, BGBl. I Nr. 158/1998, 26/2000 und 57/2002

Abschnitt I

Allgemeine Bestimmungen für das Verfahren der Agrarbehörden

Anwendung des Allgemeinen Verwaltungsverfahrensgesetzes

§ 1.*) **(1) Im Verfahren in den Angelegenheiten der Bodenreform**[1]) **vor den Agrarbehörden**[2]) **(Agrarbezirksbehörden,**[3]) **Ämter der Landesregierungen,**[4]) **Agrarsenate**[5])**) gilt, so-**

weit im folgenden nichts anderes bestimmt ist, das Allgemeine Verwaltungsverfahrensgesetz 1991, BGBl. Nr. 51,[6])[7]) mit Ausnahme des § 78.[8])

(2) Im Berufungsverfahren in Verwaltungsstrafsachen[9]) vor den Agrarbehörden[10]) gilt der 5. Abschnitt des II. Teils des Verwaltungsstrafgesetzes 1991, BGBl. Nr. 52,[11])[12]) mit Ausnahme des §§ 51 Abs. 1[13]) und 51 c.[14])

*) IdF der Z 1 BGBl 1993/901 (Neufassung; in Kraft getreten am 1. 1. 1994), des Art 5 Z 1 BGBl I 1998/158 (Änderung von Verweisen im Abs 2; in Kraft getreten am 1. 1. 1999) und des BGBl I 2002/57 (Änderung des Verweises in Abs 1; mangels besonderer Inkrafttretensbestimmung gem Art 49 Abs 1 B-VG mit dem der Kundmachung folgenden Tag in Kraft getreten: 10. 4. 2002).

1) Zu den Angelegenheiten der **Bodenreform** (Art 12 Abs 1 Z 3 B-VG) gehören jene nicht unter Art 10 B-VG fallenden Maßnahmen auf dem Gebiet der Landeskultur, die die gegebenen Bodenbesitz-, -benützungs- oder -bewirtschaftungsverhältnisse den geänderten sozialen oder wirtschaftlichen Anschauungen oder Bedürfnissen entsprechend, einer planmäßigen Neuordnung oder Regulierung unterziehen. Dazu gehören die **Flurverfassung,** die Behandlung der **Wald- und Weidenutzungsrechte** und **besonderen Felddienstbarkeiten,** das **landwirtschaftliche Bringungsrecht,** der **Alp- und Weideschutz** sowie das **landwirtschaftliche Siedlungswesen.**

2) Siehe Art 12 Abs 2 B-VG und das AgrBehG.

3) Siehe § 2 AgrBehG. Agrarbezirksbehörden bestehen in NÖ (§§ 1 ff AgrarbezirksbehördeG, LGBl 6075 – 0), OÖ (§§ 1 ff AgrarbezirksbehördeG, LGBl 2000/56), Stmk (§§ 1 ff AgrarbezirksbehördenG, LGBl 2003/10) und Vbg (§§ 1 ff AgrarbezirksbehördeG, LGBl 1949/1 idF LGBl 2007/36).

4) Nach § 3 Abs 2 AgrBehG kann die Landesgesetzgebung bestimmen, dass von der Einrichtung von Agrarbezirksbehörden abgesehen wird, die Entscheidungen in erster Instanz dem Amt der LReg zustehen und die sonstige Zuständigkeit der Agrarbezirksbehörde mit jener des Amtes der LReg als Landesinstanz vereinigt wird. Dies ist in Bgld (§ 2 AgrarbehördenG, LGBl 1949/10), Ktn (§ 1 AgrarbehördeG, LGBl 2011/3 idF LGBl 2011/70), Sbg (§ 1 AgrarbehördeG, LGBl 1986/75 idF LGBl 1987/29), Tir (§§ 1 f AgrarbehördenG, LGBl 1948/32) und Wien (§§ 1 f AgrarbehördenG, LGBl 1971/6) vorgesehen.

5) Das sind die Landesagrarsenate bei den Ämtern der LReg und der Oberste Agrarsenat beim BMLF; siehe §§ 5 f AgrBehG.

6) Die Agrarbehörden sind nach Art I Abs 2 EGVG (A 2) nicht zur Anwendung des AVG berufen. Trotz der Zitierung der WV des AVG als Fundstelle ist das AVG in seiner **jeweils geltenden Fassung** maßgeblich, also auch die nach der WV erfolgten Novellen. Zur Derogation älterer Verfahrensvorschriften durch das AgrVG siehe § 16 AgrVG.

7) Für **Zustellungen** ist außerdem das ZustG (E 1) anzuwenden; siehe § 21 AVG (B 2) und § 1 ZustG (E 1).

8) Bundesverwaltungsabgaben; daher ist auch der daran anknüpfende § 78 a AVG (B 2) nicht anwendbar.

9) Zur Ausübung des Verwaltungsstrafrechts in Angelegenheiten der Bodenreform ist in erster Instanz die Agrarbezirksbehörde bzw das Amt der LReg zuständig (§ 1 Abs 3 und § 3 Abs 2 AgrBehG). Gem Art I Abs 2 lit E Z 41 EGVG (A 2) haben diese Behörden dabei die Vorschriften des VStG (C 2) ohne Abweichungen anzuwenden.

10) Das sind die Landesagrarsenate; siehe § 1 Abs 3 AgrBehG.

11) Nach Art I Abs 2 lit E Z 41 EGVG (A 2) ist das VStG von den Agrarbehörden ohnedies anzuwenden. Nach Art 12 Abs 2 letzter Satz B-VG darf aber ein ordentliches Rechtsmittel gegen Entscheidungen der ersten Instanz an die Landesinstanz nicht ausgeschlossen werden, sodass – auch in Verwaltungsstrafsachen – die Zuständigkeit der Landesinstanz in Agrarsachen verfassungsrechtlich garantiert ist. Daher musste – verfassungskonform – eine Ausnahme von der umfassenden zweitinstanzlichen Zuständigkeit der UVS nach § 51 Abs 1 VStG (C 2) normiert und zugleich geregelt werden, nach welchen Verfahrensvorschriften die Agrarsenate vorzugehen haben.

12) Trotz der Zitierung der Fundstelle der WV des VStG ist – auch wegen Art I Abs 2 Z 41 EGVG (A 2) – auch hinsichtlich des Berufungsverfahrens das VStG in seiner **jeweils geltenden Fassung** maßgeblich, also auch die nach der WV erfolgten Novellen. Da der 5. Abschnitt des II. Teiles des VStG (§§ 51 bis 51 i [C 2]) nur partielle Ergänzungen der im AVG (B 2) getroffenen Regelungen des Verfahrens der UVS enthält, im Übrigen aber nach § 24 VStG (C 2) auch im Verwaltungsstrafverfahren die §§ 67 e, 67 f und § 67 g AVG (B 2) gelten, ist anzunehmen, dass diese Bestimmungen auch für das Berufungsverfahren der Agrarsenate gelten. Die Agrarsenate haben daher im Verwaltungsstrafverfahren – abgesehen von den ausdrücklich ausgenommenen Bestimmungen – nach denselben Vorschriften vorzugehen wie die UVS auf Grund von Strafberufungen.

13) Nach der Intention des Gesetzgebers sollen die Agrarsenate in Verwaltungsstrafsachen in zweiter und letzter Instanz entschei-

den, eine Anrufung der UVS aber nicht stattfinden, weil die verfassungsrechtlich garantierte Anrufbarkeit der Agrarsenate in Verwaltungsstrafsachen (Art 12 Abs 2 B-VG) eine Ausnahme von deren Kompetenz bewirke. Der VwGH und der VfGH sind dieser Auffassung mittlerweile gefolgt (vgl Anm 9 zu § 51 VStG [C 2]).

14) Betrifft die Zusammensetzung des UVS.

Behörden[1])

§ 2.*) **(1) Behörden im Sinne dieses Bundesgesetzes sind die im § 1 bezeichneten Behörden.**

(2) Im Verhältnisse zu den Agrarbezirksbehörden und dem Amt der Landesregierung ist der Landes-Agrarsenat, im Verhältnisse zu den Landes-Agrarsenaten der Oberste Agrarsenat die sachlich in Betracht kommende Oberbehörde im Sinne des AVG.[2])[3])

*) IdF des Art I Z 2 BGBl 1967/77 (Ersetzung der Worte „der Landesregierung“ durch die Worte „dem Amt der Landesregierung“ im Abs 2, in Kraft getreten am 8. 3. 1967), der Z 2 BGBl 1993/901 (Neufassung des Abs 1, in Kraft getreten am 1. 1. 1994) und des Art 5 Z 2 BGBl I 1998/158 („AVG“ statt „AVG 1950“; in Kraft getreten am 1. 1. 1999).

1) Siehe auch Art 12 Abs 2 B-VG.

2) Siehe Anm 3 zu § 4 AVG (B 2); wegen Art 12 Abs 2 letzter Satz B-VG kann der OAS jedoch als sachlich in Betracht kommende Oberbehörde gegenüber den LAS nur in jenen Fällen tätig werden, in denen er gem § 7 Abs 2 AgrBehG (auch) als Berufungsbehörde zuständig ist.

3) Nach § 1 Abs 2 AgrBehG sind diese Behörden grundsätzlich auch im Instanzenzug übergeordnete Behörden; eine Anrufung des OAS gegen Bescheide der LAS ist aber nur in den in § 7 Abs 2 AgrBehG genannten Fällen zulässig.

Verwaltungsvorschriften

§ 3. Verwaltungsvorschriften im Sinne dieses Gesetzes[1]) **sind alle von den Agrarbehörden in den Angelegenheiten der Bodenreform zu handhabenden Gesetze und Verordnungen.**[2])

1) Und damit auch iS des AVG (B 2), soweit dieses im Agrarverfahren anzuwenden ist: § 1 Abs 1 AgrVG. Abweichende Verfahrensbestimmungen in den hier bezogenen Gesetzen haben daher Vorrang vor den (subsidiären) Bestimmungen des AVG (B 2).

2) Dazu gehören insb: Flurverfassungs-GrundsatzG mit Landesausführungsgesetzen; Wald- und Weideservituten-GrundsatzG mit Landesausführungsgesetzen; Güter- und Seilwege-GrundsatzG mit Landesausführungsgesetzen; Landwirtschaftliches Siedlungs-GrundsatzG mit Landesausführungsgesetzen.

Beteiligte, Parteien

§ 4.*) Die Bestimmungen der Verwaltungsvorschriften[1]) darüber, wer in einem Agrarverfahren als unmittelbar oder mittelbar Beteiligter anzusehen ist und welche Rechte ihm zustehen, bleiben unberührt.[2])

*) IdF der Z 3 BGBl 1993/901 (Neufassung, insb Streichung des früheren zweiten Satzes und des Verweises auf das „AVG 1950"; in Kraft getreten am 1. 1. 1994).

1) Siehe § 3 AgrVG.

2) Die älteren – unberührt bleibenden – Verwaltungsvorschriften auf dem Gebiet der Bodenreform kannten nur „Beteiligte" und unterschieden dabei zwischen „unmittelbar" und „mittelbar" Beteiligten. Diesen Personen kommt nunmehr Parteistellung iS des § 8 AVG (B 2) zu: § 1 Abs 1 AgrVG. Für die Parteistellung kommt es nunmehr – wie auch sonst – darauf an, ob einer Person in einer Verwaltungsvorschrift eine materielle Berechtigung eingeräumt ist. Die jüngeren Verwaltungsvorschriften verwenden bereits die Terminologie des AVG; siehe zB § 37 Flurverfassungs-GrundsatzG, § 35 Wald- und Weideservituten-GrundsatzG, § 5 Güter- und Seilwege-GrundsatzG.

Vertreter

§ 5.*) (1) Die Bestimmungen der Verwaltungsvorschriften über die Vertretung und Bevollmächtigung bleiben unberührt.[1])

(2) Den Miteigentümern eines dem Agrarverfahren unterworfenen Grundstückes kann von der Behörde[2]) aufgetragen werden, innerhalb einer gleichzeitig zu bestimmenden Frist einen gemeinsamen Vertreter für die Dauer des Agrarverfahrens zu bestellen.[3])[4])

(3) Kommen die in Abs. 2 genannten Personen diesem Auftrag nicht nach, so hat die Behörde[2]) von Amts wegen den gemeinsamen Vertreter[5]) zu bestellen.[3])

(4) Die gegen Bescheide nach den Abs. 2 und 3 eingebrachten Berufungen haben keine aufschiebende Wirkung.[6])

*) IdF des Art I Z 3 BGBl 1967/77 (Anfügung von drei Abs an § 5; in Kraft getreten am 8. 3. 1967; mittlerweile gegenstandslos), des Art I Z 1 BGBl 1977/391 (Neufassung; in Kraft getreten am 1. 9. 1977) und der Z 4 BGBl 1993/901 (Streichung des früheren Abs 3 und Neufassung der Abs 3 und 4).

1) Siehe – als allgemeine Bestimmung – § 10 AVG (B 2).

2) Das ist die Behörde jeder Instanz in jedem Stadium des Verfahrens.

3) Sowohl der Auftrag zur Bestellung eines gemeinsamen Vertreters wie auch die – ersatzweise – Bestellung des Vertreters sind **verfahrensrechtliche Bescheide;** siehe auch § 5 Abs 4 AgrVG.

4) Zur Vertretung der Parteien in mündlichen Verhandlungen siehe auch § 9 Abs 3 AgrVG.

5) Da das Gesetz eine Verpflichtung zur Übernahme einer solchen Vertretung nicht vorsieht, kann niemand gegen seinen Willen zum gemeinsamen Vertreter bestellt werden. Die Bestellung hat auch gegenüber dem Vertreter bescheidförmig zu erfolgen.

6) Siehe ansonsten § 64 AVG (B 2).

Anbringen

§ 6. Genehmigungspflichtige Verträge sind unter Anschluß einer zweiten Ausfertigung oder beglaubigten Abschrift für den Amtsgebrauch vorzulegen.[1])

1) Die Missachtung dieser Vorschrift stellt einen Mangel iS des § 13 Abs 3 AVG (B 2) dar.

Erlassung von Bescheiden; Berufungen

§ 7.*) (1) Ausweise, Pläne, Listen, Register und Verzeichnisse, durch die Rechte oder Rechtsverhältnisse festgestellt oder gestaltet werden, sind Bescheide im Sinne des AVG. Inhalt und Form dieser Bescheide richten sich nach den Verwaltungsvorschriften.[1])

(2) Im Agrarverfahren können[2]) Bescheide auch durch Auflage zur allgemeinen Einsicht während einer bestimmten Dauer erlassen werden. Die Dauer und der Ort der Auflage sind so zu bestimmen, daß jede Partei innerhalb einer Frist von mindestens zwei Wochen Einsicht nehmen kann. Die Dauer und der Ort sind den Parteien schriftlich bekanntzugeben. Für jede Partei beginnt die Auflagefrist nicht vor dem Tag der Zustellung[3]) dieser Verständigung. Die Verständigung hat eine Rechtsmittelbelehrung im Sinne des Abs. 3 zu enthalten.

(3) Im Falle einer Bescheiderlassung nach Abs. 2 beginnt die Berufungsfrist mit dem Tag, der auf den Ablauf der Dauer der Auflage folgt.[4])

(4) Die Behörde kann vor der Vorlage von Berufungen oder Aufsichtsbeschwerden an die Oberbehörde die Bereinigung der Angelegenheit durch ein Parteiübereinkommen versuchen und, wenn ein solches zustande kommt und dagegen keine Bedenken sprechen, ihren Bescheid selbst entsprechend abändern.[5])

*) IdF des Art I Z 4 BGBl 1967/77 (Neufassung; in Kraft getreten am 8. 3. 1967), des Art I Z 2 BGBl 1977/391 (Neufassung der Abs 2 und 3; in Kraft getreten am 1. 9. 1977) und der Z 5 BGBl 1993/901 (Neufassung der Abs 1 bis 3; in Kraft getreten am 1. 1. 1994). Siehe auch Art II BGBl 1967/77: „Bescheide, die vor dem Inkrafttreten dieses Bundesgesetzes in der in Artikel I Z. 4 geregelten Weise erlassen wurden, gelten als ordnungsgemäß erlassene Bescheide."

1) Ausnahme von den §§ 58 bis 62 AVG (B 2).

2) Die Behörde hat **Ermessen,** ob sie Bescheide nach § 62 AVG (B 2) oder in der in § 7 Abs 2 AgrVG vorgesehenen Weise erlässt; bei der Ausübung dieses Ermessens ist auf den Umfang des Bescheides und die Zahl der Parteien abzustellen. Diese Regelung gilt auch für Erkenntnisse der Agrarsenate, und ergänzt somit § 13 AgrVG; vgl Anm 1 dazu.

3) Die Verständigung ist nach dem ZustG (E 1) zuzustellen.

4) Hinsichtlich des Berufungsrechts und des Instanzenzugs siehe die § 1 Abs 3, § 7 und § 10 AgrBehG, ferner § 1 Abs 2 AgrVG und Anm 13 dazu, sowie § 7 a Abs 3 AgrVG. Im Übrigen gilt für Berufungen § 63 AVG (B 2).

5) „Selbstabänderungsrecht"; vgl auch § 64 a AVG (B 2).

Zusammenlegung[1])

§ 7 a.[*])[2]) **(1) Die Behörde[3]) hat vor der Erlassung des Besitzstandsausweises,[4]) des Bewertungsplanes[4]) und, sofern keine vorläufige Übernahme der Grundabfindung[5]) stattgefunden hat, des Zusammenlegungsplanes[6]) den Parteien das Ergebnis des Ermittlungsverfahrens in geeigneter Weise zur Kenntnis zu bringen, auf Verlangen zu erläutern und den Parteien Gelegenheit zur Stellungnahme zu geben.**

(2)[7]) Die Behörde[3]) hat einer Partei auf Verlangen einen Auszug aus dem Besitzstandsausweis[4]) oder Bewertungsplan,[4]) ausgenommen die kartographischen Darstellungen, auszufolgen, der die in das Verfahren einbezogenen Grundstücke der Partei umfaßt. Ebenso hat die Behörde einer Partei auf Verlangen einen Auszug aus dem Zusammenlegungsplan,[6]) ausgenommen die kartographischen Darstellungen, auszufolgen, der den Abfindungsanspruch und die Grundabfindungen der Partei sowie allfällige, die Partei betreffende Gegenleistungen ausweist.

(3) Jeder Partei steht das Berufungsrecht gegen den Bewertungsplan[4]) sowohl hinsichtlich ihrer eigenen als auch hinsichtlich fremder Grundstücke zu.[8])

(4)[9]) Im Falle einer vorläufigen Übernahme der Grundabfindungen ist der Zusammenlegungsplan[6]) spätestens drei Jahre nach Eintritt der Rechtskraft des Bescheides, mit dem die vorläufige Übernahme angeordnet wurde, zu erlassen.

*) Eingefügt durch Art I Z 3 BGBl 1977/391 (in Kraft getreten am 1. 9. 1977).

1) Diese Verfahrensregelungen gelten für Zusammenlegungen nach dem Flurverfassungs-GrundsatzG und den dazu ergangenen AusführungsG der Länder.

2) Diese Bestimmung weicht von den Regelungen des AVG (B 2) betreffend das Parteiengehör insb durch die Anordnung einer **Erläuterungspflicht** ab; siehe aber auch § 13 a AVG (B 2).

3) Das sind die Behörden aller Instanzen.

4) Siehe grundsätzlich § 10 Abs 3 Flurverfassungs-GrundsatzG.

5) § 11 Flurverfassungs-GrundsatzG. Nach dessen Abs 1 darf die Behörde eine vorläufige Übernahme von Grundabfindungen nur anordnen, wenn sie die zu übernehmenden Grundabfindungen in der Natur **abgesteckt,** jeder Partei **erläutert,** auf Verlangen der Partei **vorgezeigt** und ihr Gelegenheit zur Stellungnahme geboten hat.

6) Siehe grundsätzlich § 10 Abs 4 Flurverfassungs-GrundsatzG.

7) Diese Bestimmung stellt insofern eine Ergänzung des § 17 AVG (B 2) dar, als die Behörde auch zur Ausfolgung von Auszügen aus Aktenteilen verpflichtet ist.

8) Die Einräumung eines Berufungsrechts gegen die Bewertung fremder Grundstücke ist deshalb notwendig, weil diese Grundstücke uU als Grundabfindung zugewiesen werden können.

9) Diese Bestimmung normiert ausschließlich für die Erlassung des Zusammenlegungsplanes eine von § 73 Abs 1 AVG (B 2) abweichende – längere – Entscheidungsfrist.

Kosten

§ 8.*)[1]) **(1) Für die Durchführung örtlicher Arbeiten sind die notwendigen Räume einschließlich der Beheizung, Beleuchtung und des erforderlichen Bedienungspersonals, die erforderlichen Hilfskräfte und Transportmittel für das amtliche Gepäck und die Requisiten, einfache Werkzeuge, Meßpflöcke, Signalstangen, Grenzsteine und sonstige Materialien über Aufforderung**[2]) **der Behörde oder ihres mit der Durchführung beauftragten Organs von den Parteien unentgeltlich beizustellen. Die Behörde oder ihr Organ kann mit Zustimmung der Parteien oder, wenn diese der Aufforderung**[2]) **nicht rechtzeitig entsprechend nachkommen, das Erforderliche auf Kosten der Parteien selbst veranlassen.**[3])

(2) Alle übrigen Kosten für die Tätigkeit der Behörden[4]) **sind auch dann von Amts wegen**[5]) **zu tragen, wenn der Amtshandlung ein Parteienantrag zugrunde liegt; die Kosten von Amtshandlungen, die durch Verschulden veranlaßt werden, sind jedoch von den Schuldtragenden zu ersetzen.**

(3) Für die Geldausgleichungen und die Kosten der Kennzeichnung der Grenzen und der gemeinsamen Anlagen und Maßnahmen gelten die Verwaltungsvorschriften.[6])

*) IdF der Z 6 und Z 7 BGBl 1993/901 (Neufassung der Abs 1 und 3 in sprachlicher Hinsicht; in Kraft getreten am 1. 1. 1994).

1) Durch § 8 AgrVG werden die §§ 75 bis 77 AVG (B 2) für das Agrarverfahren fast völlig verdrängt; § 78 AVG (B 2) gilt im Agrarverfahren nicht: § 1 Abs 1 AgrVG.

2) Diese Aufforderung ist eine Verfahrensanordnung iS des § 63 Abs 2 AVG (B 2).

3) Die Vorschreibung dieser Kosten hat entweder in der Enderledigung zu erfolgen, siehe § 59 AVG (B 2), sonst in einem eigenen verfahrensrechtlichen Bescheid.

4) Für die Kosten der Parteien gilt § 74 AVG (B 2), dh diese haben ihre Kosten selbst zu tragen.

5) Siehe Anm 1 zu § 75 AVG (B 2).

6) Siehe insb §§ 11, 12, 14, 14a Flurverfassungs-GrundsatzG.

Abschnitt II

Besondere Bestimmungen für das Verfahren vor den Agrarsenaten

Zuziehung der Parteien

§ 9.*) (1) Die Agrarsenate[1]) entscheiden nach öffentlicher mündlicher Verhandlung unter Zuziehung der Parteien.[2])

(2) Von der Zuziehung der Parteien kann[3]) jedoch abgesehen werden:[4])[5])

1. wenn Parteienanträgen stattgegeben wird, welchen nicht andere Parteienanträge entgegenstehen, sofern dadurch die Rechte dritter Personen nicht berührt werden;

2. wenn das Parteienbegehren wegen offenbarer Unzulässigkeit, Unzuständigkeit oder wegen Versäumung der gesetzlichen Frist zurückzuweisen ist;

3. wenn der Bescheid gemäß § 66 Abs. 2 AVG behoben und die Angelegenheit zur neuerlichen Verhandlung und Erlassung eines neuen Bescheides an die Behörde unterer Instanz zurückverwiesen wird.

(3) Sind Parteien einer Verhandlung zuzuziehen, so hat sie der Vorsitzende des Agrarsenates von der Anberaumung der Verhandlung mit dem Beifügen zu verständigen, daß es ihnen freisteht, ihre Angelegenheit vor dem Senate mündlich selbst zu vertreten oder durch einen ausgewiesenen Bevollmächtigten vertreten zu lassen, daß aber das Ausbleiben der Parteien oder ihrer Vertreter der Verhandlung und Entscheidung nicht im Wege steht.[5]) Wenn jedoch die Zahl der Beteiligten, deren Rechtsinteressen bei der mündlichen Verhandlung gleichgerichtet sind, mehr als fünf beträgt, kann der Vorsitzende des Senates in der Verständigung anordnen, daß für diese Gruppe von Beteiligten nicht mehr als fünf Vertreter erscheinen dürfen. Die

hiezu von den Beteiligten abzuordnenden Vertreter sind auf Grund einer von jenen zu treffenden Vereinbarung dem Vorsitzenden vor der mündlichen Verhandlung bekanntzugeben; andere Vertreter für diese Gruppe sind nur zuzulassen, wenn ein besonderes Interesse hiefür glaubhaft gemacht wird.[6])

(4) Die Anberaumung der Verhandlung und die Verständigung der Parteien hat unmittelbar durch den Vorsitzenden des Senates oder seinen Stellvertreter derart zu erfolgen, daß zwischen der Zustellung der Verständigung und der Verhandlung ein Zeitraum von zwei Wochen liegt.[7]) **In dringenden Fällen kann diese Frist bis auf fünf Tage abgekürzt werden.**

*) IdF der Z 8 und Z 9 BGBl 1993/901 (Einführung des Gebotes einer öffentlichen Verhandlung in Abs 1, Reduzierung der Fälle des zulässigen Entfalles einer öffentlichen Verhandlung sowie Streichung des früheren Abs 5; in Kraft getreten am 1. 1. 1994) und des Art 5 Z 3 BGBl I 1998/158 (Änderung der Bezeichnung der Reihung in Abs 2 Z 1 bis 3, Ersetzung des Wortes „verwiesen" durch das Wort „zurückverwiesen" in Abs 2 Z 3; in Kraft getreten am 1. 1. 1999).

1) Das sind die LAS bei den Ämtern der LReg und der OAS beim BMLF; siehe §§ 5 f AgrBehG.

2) Die Entscheidung der Agrarbehörden betrifft zivile Rechte iS des Art 6 MRK. Es muss daher eine Entscheidung durch ein „Tribunal" vorgesehen sein, was durch die organisatorischen Regelungen der §§ 5 f, 8 f AgrBehG betreffend die Agrarsenate sichergestellt ist; hinsichtlich des Verfahrens wurde durch Z 8 BGBl 1993/901 das Gebot der öffentlichen mündlichen Verhandlung eingeführt. Gegen Bescheide der Agrarsenate ist nach § 8 AgrBehG (auch) die Anrufung des VwGH zulässig.

3) Die Behörde hat auch bei Vorliegen dieser Tatbestände Ermessen hinsichtlich der Anberaumung der Verhandlung, das sie unter Beachtung des § 39 AVG (B 2) und des Art 6 MRK zu üben hat.

4) Dh: Eine öffentliche mündliche Verhandlung kann in diesen Fällen entfallen. Die Aufzählung der Ausnahmetatbestände ist taxativ, ein Entfall der Verhandlung aus anderen Gründen ist nicht zulässig. Ein Entfall ist selbst dann nicht vorgesehen, wenn alle Parteien auf die Verhandlung verzichten; siehe dagegen für die UVS § 51 e Abs 5 VStG (C 2).

5) Auch wenn die öffentliche mündliche Verhandlung unterbleibt, muss das Parteiengehör gewahrt werden.

6) Zur Vertretung siehe auch § 10 AVG (B 2) und § 5 AgrVG.

7) Dies ist eine zwingende **Mindestfrist.**

Gang der Verhandlung[1])

§ 10.*) (1) Der Verhandlung ist der von der unteren Instanz festgestellte und von der oberen Instanz nötigenfalls ergänzte Sachverhalt zugrunde zu legen.[2])

(2) Zunächst hat der Berichterstatter einen Vortrag zu erstatten. Danach ist der Gegenstand durch Entgegennahme der Parteienerklärungen, Einvernahme der Zeugen und eingehende Erörterung der rechtlichen und wirtschaftlichen Verhältnisse klarzustellen. Vor dem Eingehen in die Hauptsache ist über die Zuständigkeit des Senates und andere Fragen verfahrensrechtlicher Art zu verhandeln und zu entscheiden.

(3) Der Vorsitzende hat die Verhandlung zu schließen, wenn er den Gegenstand für genügend geklärt hält. Wenn über den Anspruch mehrerer Parteien oder über mehrere Ansprüche einer oder mehrerer Parteien verhandelt wird, kann die Verhandlung auch hinsichtlich einzelner Parteien oder Ansprüche geschlossen werden.

(4) Wenn eine Verhandlung nicht gemäß Abs. 3 geschlossen werden kann, dann ist sie zu verlegen.[3]) Wenn es der Senat für erforderlich hält, dann kann er ergänzende Ermittlungen durch Abgeordnete des Senates oder durch die Unterinstanzen anordnen.[4]) Für die Zuziehung der Parteien zur fortgesetzten Verhandlung gilt § 9.

*) IdF der Z 10 BGBl 1993/901 (Neufassung des Abs 2 durch Streichung des letzten Satzes, Neufassung des Abs 3 insb durch Streichung des letzten Satzes und Neufassung des Abs 4; in Kraft getreten am 1. 1. 1994).

1) Siehe auch §§ 43 f AVG (B 2).

2) Siehe auch § 66 Abs 1 AVG (B 2).

3) Dh: Wenn der Gegenstand in der Verhandlung nicht ausreichend geklärt werden kann. Die „Verlegung" ist eine Vertagung iS des § 43 Abs 2 AVG (B 2).

4) Auch nach derartigen Ergänzungen der Erhebungen hat eine – fortgesetzte – Verhandlung stattzufinden. Ein Entfall der fortgesetzten Verhandlung ist nicht (mehr) vorgesehen, insb ist auch ein Verzicht der Parteien auf die fortgesetzte Verhandlung nicht vorgesehen. Vgl demgegenüber für das Verfahren der UVS § 51 e Abs 5 VStG (C 2).

§ 10 a.*) *(Entfällt)*

*) Eingefügt durch § 2 BGBl 1947/178; aufgehoben durch Art I Z 4 BGBl 1977/391 (in Kraft getreten am 1. 9. 1977).

Beratung und Abstimmung

§ 11.*) **(1) Die Beratung und Abstimmung erfolgt unter Ausschluß der Parteien. Nach Besprechung des Verhandlungsergebnisses hat zunächst der Berichterstatter einen Antrag zu stellen. Gegen- und Abänderungsanträge sind zu begründen. Die Anträge sind in der vom Vorsitzenden zu bestimmenden Reihenfolge zur Abstimmung zu bringen.**[1])

(2) Kein Mitglied des Senates darf die Abstimmung über einen zur Beschlußfassung gestellten Antrag verweigern. Der Berichterstatter gibt seine Stimme zuerst, der Vorsitzende zuletzt ab. Nach dem Berichterstatter stimmen die Mitglieder aus dem Richterstande dem Range nach und sodann die übrigen stimmführenden Mitglieder des Senates in der im § 5 Abs. 2 bzw. § 6 Abs. 2 des Agrarbehördengesetzes 1950, BGBl. Nr. 1/1951, in der jeweils geltenden Fassung angeführten Reihenfolge ab. Als Entscheidung oder Beschluß des Senates gilt jene Meinung, für welche die Mehrheit der Stimmführer, oder, bei Stimmengleichheit, der Vorsitzende gestimmt hat.

*) IdF der Z 11 BGBl 1993/901 (Neufassung des Abs 2 durch Anpassung der Zitierung des AgrBehG; in Kraft getreten am 1. 1. 1994).

1) Mangels ausdrücklicher Regelung ist zum Zustandekommen eines gültigen Beschlusses die Anwesenheit aller Mitglieder des Agrarsenates notwendig.

Verhandlungsschrift. Beratungsprotokoll

§ 12.*) **Über die Verhandlung ist eine Verhandlungsschrift aufzunehmen. Diese muß die Namen der stimmführenden Mitglieder des Senates, des Schriftführers, der amtlichen Sachverständigen, der Parteien und ihrer Vertreter enthalten und die wesentlichsten Vorkommnisse der Verhandlung beurkunden. Über die Beratung ist ein abgesondertes Protokoll zu führen, das außer der Benennung der Anwesenden alle gestell-**

ten Anträge mit der wesentlichen Begründung in kurzer Fassung und das Ergebnis der Abstimmung zu enthalten hat. Den Parteien steht die Einsicht in das Beratungsprotokoll nicht zu (§ 17 Abs. 3 AVG).[1]) Verhandlungsschrift und Beratungsprotokoll sind vom Vorsitzenden und vom Schriftführer zu unterfertigen. Die Entscheidungen und Beschlüsse sind durch den Schriftführer im Verhandlungsakte zu vermerken.[2])

*) IdF der Z 12 BGBl 1993/901 (Anpassung des Zitates an die neue Fassung des AVG; in Kraft getreten am 1. 1. 1994).

1) Die Einsicht in die Beratungsprotokolle ist auch dann ausgeschlossen, wenn die in § 17 Abs 3 AVG (B 2) genannten Gründe für die Ausnahme von der Akteneinsicht nicht vorliegen; diese absolute Ausnahme ist im Hinblick auf Art 20 Abs 3 B-VG iVm Art 10 MRK verfassungsrechtlich problematisch.

2) Siehe auch §§ 14, 44 AVG (B 2).

Erkenntnis

§ 13. **(1) Das Erkenntnis ist den Parteien in schriftlicher Ausfertigung zuzustellen.[1])[2]) In diesem sind die Namen des Vorsitzenden, der stimmführenden Senatsmitglieder, des Schriftführers, der einvernommenen amtlichen Sachverständigen sowie der Parteien und ihrer Vertreter anzuführen.[3]) Das Erkenntnis ist vom Vorsitzenden und Schriftführer zu fertigen.[4])**

(2) Auf Beschluß des Senates kann das Erkenntnis mit den wesentlichen Entscheidungsgründen auch sogleich verkündet werden.[2])

1) Für die Zustellung gilt das ZustG (E 1). Ein Erkenntnis kann nach § 7 Abs 2 AgrVG auch durch Auflage zur allgemeinen Einsicht erlassen werden.

2) Das Erkenntnis ist auch dann schriftlich auszufertigen, wenn es nach § 13 Abs 2 AgrVG zunächst mündlich verkündet wurde; siehe dagegen § 62 Abs 3 AVG (B 2).

3) Die mangelhafte Benennung der Senatsmitglieder, des Schriftführers und der Amtssachverständigen berührt nicht die Gültigkeit des Bescheides; die mangelhafte Bezeichnung der Parteien berührt die Gültigkeit des Bescheides ebenfalls nicht, solange die Adressaten eindeutig erkennbar sind.

4) Ein Absehen von der Unterschrift dieser Personen ist daher nicht zulässig.

Abschnitt III
Schluß- und Übergangsbestimmungen

Rechtswirkung der Bescheide und Vergleiche, Vollstreckung

§ 14.[1]) Die Bescheide (Erkenntnisse) der Agrarbehörden und die von ihnen genehmigten Vergleiche (Übereinkommen) haben insbesondere auch hinsichtlich der Vollstreckbarkeit die Rechtswirkung gerichtlicher Urteile und Vergleiche,[2]) soweit es sich aber um Bescheide (Erkenntnisse) in Angelegenheiten handelt, zu deren Entscheidung außerhalb eines Agrarverfahrens die Behörden der allgemeinen staatlichen Verwaltung zuständig wären, die Rechtswirkung verwaltungsbehördlicher Bescheide.[3])

(Übergangsgesetz vom 1. Oktober 1920 in der Fassung BGBl. Nr. 368/1925, § 8 Abs. 5 Eingang und lit. a.)

1) Diese Bestimmung hängt damit zusammen, dass die Agrarbehörden auch Aufgaben zu besorgen haben, die außerhalb eines Agrarverfahrens in die Zuständigkeit der ordentlichen Gerichte fallen.

2) Siehe dazu § 1 Z 1, 5 und 15 EO.

3) Siehe dazu § 1 Abs 1 Z 2 lit a VVG (D 2).

Befreiung von Abgaben

§ 15.*) (1) Die zur Durchführung eines Verfahrens vor der Agrarbehörde

1. zur Regelung der Flurverfassung (Zusammenlegung, Ordnung der rechtlichen und wirtschaftlichen Verhältnisse an agrargemeinschaftlichen Grundstücken durch Teilung oder Regulierung, Flurbereinigung) oder

2. zur Regelung der Wald- und Weidenutzungsrechte sowie anderer Felddienstbarkeiten oder

3. in Alpschutzangelegenheiten oder

4. nach den Güter- und Seilwegegesetzen oder

5. in Angelegenheiten des landwirtschaftlichen Siedlungswesens

erforderlichen Schriften und die zu diesen Zwecken vor der Agrarbehörde abgeschlossenen Rechtsgeschäfte sind von den Stempel- und Rechtsgebühren befreit.[1])

(2) Rechtsgeschäfte, die nicht im Rahmen von Verfahren vor der Agrarbehörde abgeschlossen werden, sind von den Stem-

pel- und Rechtsgebühren dann befreit, wenn die mit einem Hinweis auf die Gebührenbefreiung nach dieser Bestimmung versehenen Urkunden beim Finanzamt angezeigt werden und von der Agrarbehörde deren Übereinstimmung mit den Zielen des Gesetzes (Abs. 1 Z 1 bis 5) bescheidmäßig festgestellt wurde.[1])

(3) Grundbuchseintragungen, die zur Durchführung der in Abs. 1 Z 1 und 2 genannten Verfahren verwirklichten Rechtsvorgänge erforderlich sind, sind – ausgenommen die Fälle des § 50 Abs. 2 des Flurverfassungs-Grundsatzgesetzes[2]) **– von den Gerichtsgebühren befreit.**[3])[4])

*) IdF der Z 13 BGBl 1993/901 (Neufassung; in Kraft getreten am 1. 1. 1994) und des Art 17 Z 1 BGBl I 2000/26 (Änderung des Abs 3; in Kraft getreten am 1. 6. 2000).

1) Diese Ausnahme bezieht sich auf die Gebühren nach dem GebG.

2) Das sind Flurbereinigungsverträge und Flurbereinigungsübereinkommen.

3) Derartige Rechtsvorgänge sind nicht auch von sämtlichen anderen öffentlichen Abgaben befreit; derartige weitergehende Befreiungen müssten ausdrücklich vorgesehen werden; vgl insb § 3 Abs 1 Z 4 GrunderwerbssteuerG.

4) Diese Rechtsvorgänge sind zudem nach § 1 Abs 1 AgrVG auch von **Bundes**verwaltungsabgaben befreit. Eine Befreiung von **Landes**verwaltungsabgaben müsste hingegen durch LG vorgesehen werden; siehe zB § 118 nö Flurverfassungs-LG LGBl 6650 – 8; § 86 Tir FlurverfassungsLG LGBl 1996/74 idF LGBl 2010/7.

Rückwirkung auf andere gesetzliche Bestimmungen

§ 16. (1) Mit dem 12. März 1927 als dem Tage des Inkrafttretens dieses Gesetzes in seinem ursprünglichen Wortlaut haben alle in anderen Vorschriften des Bundes und der Länder enthaltenen Bestimmungen über das Verfahren, soweit es durch dieses Gesetz geregelt ist, für die im § 1 bezeichneten Behörden ihre Anwendbarkeit verloren. *(Der letzte Satz des ursprünglichen Wortlautes wird als nicht mehr geltend festgestellt. BGBl. Nr. 133/1937, §§ 8, 9 und 11 sowie BGBl. Nr. 178/1947, § 2.)*

(2) Alle seit dem 13. März 1938 erlassenen deutschen Rechtsvorschriften, die das Verfahren der Agrarbehörden (Agrarbezirksbehörden, oberen Umlegungsbehörden und der

Obersten Umlegungsbehörde) betreffen, sind für den Bereich der Republik Österreich am 2. September 1947, dem Tage des Inkrafttretens der Agrarverfahrensnovelle 1947, BGBl. Nr. 178/1947, außer Kraft getreten.

(3) Insbesondere sind aufgehoben:

die Verordnung über das Agrarverfahren in den Reichsgauen der Ostmark vom 7. September 1940, Deutsches RGBl. I S. 1233, und

die Verordnung zur Wahrung von Rechten der Wehrmachtsangehörigen vom 27. August 1942, Deutsches RGBl. I S. 538, hinsichtlich des Agrarverfahrens.

(Zu Abs. 2 und 3: BGBl. Nr. 178/1947, § 1.)

Übergang

§ 17.*) (1) §§ 1, 2 Abs. 1, §§ 4, 5 Abs. 3 und 4, § 7 Abs. 1 bis 3, § 8 Abs. 1 und 3, § 9 Abs. 1 und 2, § 10 Abs. 2 bis 4, § 11 Abs. 2, §§ 12 und 15 in der Fassung des Bundesgesetzes BGBl. Nr. 901/1993 treten mit 1. Jänner 1994 in Kraft.

(2) § 9 Abs. 5 tritt mit Ablauf des 31. Dezember 1993 außer Kraft.

(3) Die §§ 1 Abs. 2, 2 Abs. 2 und 9 Abs. 2 in der Fassung des Bundesgesetzes BGBl. I Nr. 158/1998 treten mit 1. Jänner 1999 in Kraft.

(4) § 15 Abs. 3 in der Fassung des Bundesgesetzes BGBl. I Nr. 26/2000 tritt mit 1. Juni 2000 in Kraft. Er ist in dieser Fassung auf alle Schriften und Amtshandlungen anzuwenden, hinsichtlich derer der Anspruch auf die Gebühr nach dem 31. Mai 2000 begründet wird.

*) IdF der Z 14 BGBl 1993/901 (Neufassung; Entstehungszeitpunkt: 28. 12. 1993), des Art 5 Z 4 BGBl I 1998/158 (Einfügung des Abs 3; Entstehungszeitpunkt: 30. 9. 1998) und des Art 17 Z 2 BGBl I 2000/26 (Einfügung des Abs 4; Entstehungszeitpunkt: 19. 5. 2000).

Vollziehung

§ 18. Mit der Vollziehung dieses Gesetzes ist die Bundesregierung betraut.[1])

1) Siehe Anm 1 zu Art IV EGVG (A 2).

G. Das Dienstrechtsverfahrensgesetz

1. Wiederverlautbarungskundmachung

Kundmachung des Bundeskanzlers vom 5. Jänner 1984, mit der das Dienstrechtsverfahrensgesetz wiederverlautbart wird, BGBl. Nr. 29/1984

Artikel I. **Auf Grund des Art. 49 a B-VG wird in der Anlage das Dienstrechtsverfahrensgesetz, BGBl. Nr. 54/1958, wiederverlautbart.**[1])

1) Über die Rechtswirkung der WV vgl Anm 2 zu Art 1 der WVKdm zum EGVG (A 1).

Artikel II. **Bei der Wiederverlautbarung werden die Änderungen und Ergänzungen berücksichtigt,**[1]) **die sich aus folgenden Rechtsvorschriften ergeben:**[2])[3])

1. Kundmachung des Bundeskanzleramtes vom 19. August 1960, BGBl. Nr. 179, über die Aufhebung von Bestimmungen des Dienstrechtsverfahrensgesetzes durch den Verfassungsgerichtshof;

2. Bundesgesetz vom 12. Dezember 1960, BGBl. Nr. 298, mit dem das Dienstrechtsverfahrensgesetz abgeändert wird;

3. Beamten-Dienstrechtsgesetz, BGBl. Nr. 329/1977, § 133;

4. Bundesgesetz vom 1. Feber 1978, BGBl. Nr. 116, mit dem das Dienstrechtsverfahrensgesetz geändert wird;

5. Zustellrechtsanpassungsgesetz, BGBl. Nr. 201/1982, Art. VII.

1) Vgl Art 49 a Abs 1 B-VG („in ihrer geltenden Fassung").

2) Die hier angeführten Rechtsvorschriften sind in der WV jeweils nach den durch sie bewirkten Änderungen und Ergänzungen in *Kursivschrift* unter Klammern zitiert.

3) Zu den Änderungen des DVG (G 2) seit seiner WV vgl die Überschrift zum DVG (G 2).

Artikel III. **Der gegenstandslos gewordene § 18 Abs. 1[1]) wird als nicht mehr geltend festgestellt.[2]) Im Hinblick darauf wird die Überschrift[3]) „Schlußbestimmung" durch „Vollziehung" ersetzt.[4])**

1) Siehe auch Art V WVKdm DVG.

2) Vgl Art 49 a Abs 2 Z 3 B-VG.

3) Heute: Überschrift vor § 20; siehe Anm 1 zu Art V WVKdm DVG.

4) Vgl Art 49 a Abs 2 Z 5 B-VG.

Artikel IV.[1]) **(1) Die Paragraphenbezeichnungen werden einheitlich vor die entsprechenden Paragraphen gestellt.**

(2) Die Überschriften werden heutiger Terminologie und Schreibweise angepaßt.

(3) Die überholten Wendungen „die Bestimmungen des", „die Vorschriften des", „finden . . . Anwendung" u. dgl. im § 1 Abs. 1 bis 3, in den §§ 2 Abs. 1, 9 Abs. 2, 15, 16 und 17 werden durch einfachere Wendungen ersetzt.

(4) Die Abkürzungspunkte nach Großbuchstaben entfallen.

(5) In den §§ 2 Abs. 4, 5 und 9 Abs. 5 wird das Wort „Vorstand" durch „Leiter" ersetzt.

(6) Im § 2 Abs. 6 wird nach den Worten „ausgeschieden sind" ein Beistrich gesetzt.

(7) Im § 2 Abs. 9 wird die Wendung „das Bundeskanzleramt" durch „der Bundeskanzler" ersetzt.

1) Vgl Art 49 a Abs 2 Z 1, 2 und 5 B-VG.

Artikel V. **Der bisherige § 18 Abs. 2 erhält die Bezeichnung „§ 18".[1])**

1) Heute: „§ 20" idF des Art IV Z 13 BGBl 1991/362 und des Art XII Z 2 BGBl 1994/16.

Artikel VI. **Das Dienstrechtsverfahrensgesetz wird mit dem Titel „Bundesgesetz über das Verwaltungsverfahren in Dienstrechtsangelegenheiten (Dienstrechtsverfahrensgesetz 1984 – DVG)" wiederverlautbart.[1])[2])**

1) Vgl Art 49 a Abs 2 Z 4 B-VG.

2) Änderungen nach der WV werden in den Anm ersichtlich gemacht und im Text berücksichtigt.

Vgl auch Anm 2 zu Art 1 der WVKdm zum EGVG (A 1).

2. Dienstrechtsverfahrensgesetz 1984 – DVG

BGBl. Nr. 29/1984 (Wiederverlautbarung) idF BGBl. Nr. 362/1991, 16/1994, 665/1994, BGBl. I Nr. 61/1997, 94/2000, 119/2002, 80/2005, 165/2005 und 6/2010

Anwendungsbereich

§ 1.*) **(1) Auf das Verfahren in Angelegenheiten des öffentlich-rechtlichen Dienst-, Ruhe- oder Versorgungsverhältnisses**[1]) **(im folgenden „Dienstverhältnis" genannt)**[2]) **zum Bund, den Ländern, Gemeinden und Gemeindeverbänden ist das Allgemeine Verwaltungsverfahrensgesetz 1991 – AVG, BGBl. Nr. 51,**[3]) **mit den nachstehenden Abweichungen anzuwenden.**[4])

(2) Dieses Bundesgesetz ist auch auf die öffentlich-rechtlichen Bediensteten von Stiftungen, Fonds und Anstalten anzuwenden, die von Organen des Bundes oder Personen (Personengemeinschaften) verwaltet werden, die hiezu von Organen des Bundes bestellt sind.[5])

(3) Auf das Verfahren in Disziplinar(Dienststraf)angelegenheiten ist dieses Bundesgesetz nicht anzuwenden, wenn die Gesetze und Verordnungen dafür ein besonderes Verfahren vorschreiben.[6]) ***(BGBl. Nr. 329/1977, § 133)***

(4) Das Recht des Vorgesetzten, dienstliche Anweisungen (Dienstaufträge)[7]) **zu erteilen, wird durch dieses Bundesgesetz nicht berührt.**

*) IdF des Art IV Z 1 BGBl 1991/362 (Neufassung des Abs 1, insb Ersetzung der Wendung „– AVG 1950, BGBl. Nr. 172" durch „1991 – AVG, BGBl. Nr. 51"; in Kraft getreten am 11. 7. 1991).

1) Gleichgültig, von welchen Behörden es durchzuführen ist. Eine abweichende Anordnung enthält allerdings § 41 f BDG in Bezug auf das Verfahren vor der Berufungskommission: Diese hat nach ausdrücklicher Anordnung das AVG (B 2) – mit bestimmten Ausnah-

men – sowie das ZustG (E 1) anzuwenden. Damit ist gemeint, dass das DVG von dieser Behörde nicht anzuwenden ist.

Nach der Rsp des VfGH dürfen nach Art 129a Abs 1 Z 3 B-VG auch die UVS in Dienstrechtssachen zur Entscheidung über Rechtsmittel vorgesehen werden (vgl VfSlg 18.645/2008, sowie zum Landeslehrer-Dienstrecht VfGH 5. 3. 2010, G 21/08; vgl § 8 oö Landeslehrer-DienstrechtsG 1986 LGBl 18 idF LGBl 2010/60). In diesen Verfahren haben die UVS – soweit nicht ausdrücklich anderes bestimmt ist – auch die für sie geltenden besonderen Verfahrensbestimmungen des AVG (B 2) anzuwenden.

2) Gegenstand des Dienstrechtsverfahrens sind nicht nur Begründung, Änderung oder Beendigung des Dienstverhältnisses, sondern alle mit dem Dienstverhältnis zusammenhängenden Verwaltungsangelegenheiten; dazu gehören zB die Bewilligung eines Bezugsvorschusses, die Erteilung eines Sonderurlaubes, die Entbindung vom Dienstgeheimnis, das Leistungsfeststellungsverfahren; ausgenommen sind nur die in § 1 Abs 3 DVG genannten Disziplinarangelegenheiten.

3) In der jeweils geltenden Fassung; § 17 DVG.

4) Art I Abs 4 Z 3 EGVG (A 2) schließt die Anwendung von AVG, VStG und VVG in Dienstrechtsangelegenheiten aus; § 1 Abs 1 DVG normiert jedoch lediglich die zT modifizierte Anwendbarkeit des AVG. VStG und VVG sind hingegen im Dienstrechtsverfahren nicht anzuwenden, wenn nicht ausdrücklich anderes vorgesehen ist (siehe zB § 13a Abs 2 GehaltsG, § 39 Abs 2 PensionsG). Daher kann ein bescheidförmig zuerkannter Anspruch auf eine Geldleistung nicht im verwaltungsbehördlichen Vollstreckungsverfahren eingebracht werden; da deren Exekution auch nicht den Gerichten zugewiesen ist (siehe § 1 Z 12 EO), sind derartige Ansprüche nach Art 137 B-VG vor dem VfGH geltend zu machen.

5) Siehe demgegenüber Art I Abs 4 Z 3 EGVG (A 2), wonach alle öffentlich-rechtlichen Dienstverhältnisse zu den „sonstigen Körperschaften, Fonds und Anstalten des öffentlichen Rechts" von der Anwendbarkeit der Verwaltungsverfahrensgesetze ausgenommen sind.

6) Für das Bundesdienstrecht siehe die §§ 105 bis 135 BDG, §§ 101 bis 165 RStDG und die §§ 1 ff HDG.

7) Damit ist die Erteilung von **Weisungen** gemeint. Siehe Art 20 Abs 1 B-VG und zB § 44 BDG.

Zu den §§ 2 bis 6 AVG

§ 2.*) **(1) Die Zuständigkeit in Dienstrechtsangelegenheiten richtet sich nach den einschlägigen Gesetzen und Ver-**

ordnungen.[1]) Soweit in diesen Rechtsvorschriften keine Bestimmungen über die Zuständigkeit enthalten sind, gelten die folgenden Absätze.

(2) Die obersten Verwaltungsorgane des Bundes[2]) sind für die Dienstrechtsangelegenheiten der der Zentralstelle angehörenden Beamten als Dienstbehörde in erster Instanz[3]) zuständig. Die den obersten Verwaltungsorganen nachgeordneten, vom jeweiligen Bundesminister durch Verordnung bezeichneten Dienststellen, die nach ihrer Organisation und personellen Besetzung zur Durchführung der Dienstrechtsangelegenheiten geeignet sind, sind innerhalb ihres Wirkungsbereiches als Dienstbehörden erster Instanz zuständig.[5]) In zweiter Instanz sind die obersten Verwaltungsorgane innerhalb ihres Wirkungsbereiches als oberste Dienstbehörde zuständig.[6]) In Dienstrechtsangelegenheiten eines Beamten, der eine unmittelbar nachgeordnete Dienstbehörde leitet oder der der obersten Dienstbehörde ununterbrochen mehr als zwei Monate zur Dienstleistung zugeteilt ist, ist jedoch die oberste Dienstbehörde in erster Instanz zuständig.

(2) Die obersten Verwaltungsorgane des Bundes[2]) sind für die Dienstrechtsangelegenheiten der der Zentralstelle angehörenden Beamten als Dienstbehörde in erster Instanz[3]) zuständig. Die den obersten Verwaltungsorganen nachgeordneten, von der jeweiligen Bundesministerin oder vom jeweiligen Bundesminister im Einvernehmen mit der Bundeskanzlerin oder dem Bundeskanzler[4]) durch Verordnung bezeichneten Dienststellen, die nach ihrer Organisation und personellen Besetzung zur Durchführung der Dienstrechtsangelegenheiten geeignet sind, sind innerhalb ihres Wirkungsbereiches als Dienstbehörden erster Instanz zuständig.[5]) In zweiter Instanz sind die obersten Verwaltungsorgane innerhalb ihres Wirkungsbereiches als oberste Dienstbehörde zuständig.[6]) In Dienstrechtsangelegenheiten eines Beamten, der eine unmittelbar nachgeordnete Dienstbehörde leitet oder der der obersten Dienstbehörde ununterbrochen mehr als zwei Monate zur Dienstleistung zugeteilt ist, ist jedoch die oberste Dienstbehörde in erster Instanz zuständig.

(Fassung ab 1. 1. 2013)

(3) *(Entfällt; Art 16 Z 2 BGBl I 2002/119)*

(4) Die Durchführung von Dienstrechtsangelegenheiten, die ihrer Natur nach einer sofortigen Erledigung bedürfen oder von untergeordneter Bedeutung sind, obliegt dem Leiter der Dienststelle;[7]) welche Angelegenheiten dies sind, wird durch Verordnung festgestellt.[8]) Das Recht des Leiters der Dienststelle zur Durchführung der Dienstrechtsangelegenheiten erstreckt sich in diesem Falle auf alle bei der Dienststelle in Verwendung stehenden Bediensteten, unabhängig davon, ob diese der Dienststelle angehören oder nur zur Dienstleistung zugewiesen sind; diese Bestimmung ist insoweit nicht anzuwenden, als verfassungsrechtliche Vorschriften über die Ausübung der Diensthoheit entgegenstehen.[9])

(5) Welche Dienstbehörde im einzelnen Fall zuständig ist, richtet sich bei Bediensteten des Dienststandes nach der Dienststelle, der der Bedienstete angehört.[10]) Sofern es sich um die Begründung eines Dienstverhältnisses[11]) handelt, ist für die Zuständigkeit jene Dienststelle maßgebend, bei der er die Anstellung anstrebt. Ist die Dienststelle nicht gleichzeitig Dienstbehörde, so ist jene Dienstbehörde zuständig, zu der die Dienststelle auf Grund der Organisationsvorschriften gehört.

(6) Bei Personen, die aus dem Dienstverhältnis oder aus dem Dienststand ausgeschieden sind,[12]) und bei versorgungsberechtigten Hinterbliebenen und Angehörigen[13]) ist zur Entscheidung in Dienstrechtsangelegenheiten, die aus Tatsachen herrühren, die vor dem Ausscheiden aus dem Dienstverhältnis oder aus dem Dienststand eingetreten sind, die Dienstbehörde berufen, die im Zeitpunkt des Ausscheidens des Bediensteten aus dem Dienstverhältnis oder aus dem Dienststand zuständig gewesen ist. In allen übrigen pensionsrechtlichen Angelegenheiten ist die Dienststelle Dienstbehörde, die über den Pensionsaufwand verfügt.[14]) § 135 des Beamten-Dienstrechtsgesetzes 1979, BGBl. Nr. 333, bleibt unberührt.[15])

(6 a) Für Bundesbedienstete, für deren Pensionsaufwand ein Land aufzukommen hat,[16]) ist in allen Dienstrechtsangelegenheiten die Dienstbehörde im Sinne des Abs. 6 erster Satz zuständig.

(7) Wird ein Bediensteter während eines laufenden Dienstrechtsverfahrens in den Personalstand eines anderen Ressorts übernommen, so hat die gemäß Abs. 2 zuständige

Dienstbehörde jenes Ressorts das Verfahren fortzuführen, in deren Personalstand der Bedienstete übernommen wird.

(8) Die Abs. 2 und 3 sind auch in den Fällen der Abs. 6 und 7 anwendbar.[17])

(9) Läßt sich nach den Vorschriften der Abs. 1 bis 7 eine zuständige Dienstbehörde nicht ermitteln, so ist in Dienstrechtsangelegenheiten des Bundes der Bundeskanzler in erster und letzter Instanz zuständig.

(BGBl. Nr. 116/1978, Art. I Z 2)

*) IdF des Art IV Z 2 und Z 3 BGBl 1991/362 (Entfall der Jahreszahl „1950" bei der Zitierung des AVG sowie Neufassung des ersten Satzes des Abs 2; in Kraft getreten am 11. 7. 1991), des Art XIII Z 1 BGBl 1994/665 (Neufassung des Abs 6 und Einfügung des Abs 6a; in Kraft getreten mit 1. 7. 1994), des Art XXI BGBl I 1997/61 (Änderung des Abs 9: BMF statt BK; in Kraft getreten am 15. 2. 1997), des Art 12 Z 1 BGBl I 2000/94 (Änderung der Bezeichnung des BM im Abs 9; in Kraft getreten am 1. 4. 2000), des Art 16 Z 1 bis Z 3 BGBl I 2002/119 (Neufassung des Abs 2, Aufhebung des Abs 3, Neufassung des Abs 7; in Kraft getreten am 1. 1. 2003), des Art 9 Z 1 BGBl I 2005/165 (Änderung des Abs 9: BK statt BMöLS; mangels besonderer Inkrafttretensbestimmung gem Art 49 Abs 1 B-VG mit dem der Kundmachung folgenden Tag in Kraft getreten: 31. 12. 2005) und des Art 1 Z 2 BGBl I 2010/6 (Ersetzung der Wortfolge „vom jeweiligen Bundesminister" durch die Wortfolge „von der jeweiligen Bundesministerin oder vom jeweiligen Bundesminister im Einvernehmen mit der Bundeskanzlerin oder dem Bundeskanzler"; tritt am 1. 1. 2013 in Kraft; oben kursiv hervorgehoben).

1) Vgl zB Art 30 Abs 4 und 6, Art 65 Abs 2 lit a, Art 86 Abs 1, Art 125 Abs 1, Art 134 Abs 2, Art 148h Abs 1 B-VG, § 5 AusschreibungsG, § 18 GehaltsG, §§ 41a ff BDG.

2) Als solche kommen in Betracht: BPräs, Präsident des Nationalrats, BK, BM, Präsident des Rechnungshofs, Vorsitzender der Volksanwaltschaft.

3) Und damit idR gleichzeitig auch letzter Instanz.

Nach § 41a Abs 6 BDG (Verfassungsbestimmung) ist die beim BK eingerichtete **Berufungskommission** jedoch zuständig zur Entscheidung über Berufungen gegen die in erster Instanz ergangenen Bescheide, mit denen eine Versetzung oder eine qualifizierte Verwendungsänderung verfügt wird. Dies gilt sowohl für Berufungen gegen

Bescheide nachgeordneter Dienstbehörden als auch für Berufungen gegen Bescheide oberster Organe.

4) **AB** (zum BG BGBl I 2010/6) **580 BlgNR 24. GP 1:** „Die haushaltsrechtlich angestrebte Zusammenführung von Ergebnis- und Ressourcenverantwortung erfordert eine möglichst weitgehende Homogenität von Budget- und Personalverantwortlichkeiten. Die entsprechenden dienstbehördlichen und haushaltsrechtlichen Strukturen sollen daher aufeinander abgestimmt sein (§ 6 Abs. 4 des Entwurfes zum BHG 2013). Dies wird dadurch ermöglicht, dass bei der Bezeichnung von Dienstbehörden erster Instanz das jeweilige oberste Organ und die Bundeskanzlerin oder der Bundeskanzler einvernehmlich zusammenwirken, wie dies auch hinsichtlich der Einrichtung von haushaltsführenden Stellen zwischen dem jeweiligen haushaltsleitenden Organ und der Bundesministerin oder dem Bundesminister für Finanzen im Hinblick auf die Struktur der haushaltsführenden Stellen angeordnet wird (§ 7 Abs. 1 Z 2 des Entwurfes zum BHG 2013). § 18 DVG enthält eine Übergangsregelung für gemäß § 2 DVG in der bisherigen Fassung erlassene Verordnungen."

5) Die ursprüngliche Fassung des § 2 Abs 2 sah vor, dass bestimmte Sachkompetenzen den nachgeordneten Behörden übertragen werden konnten. Nunmehr sind die als nachgeordnete Dienstbehörden durch V bestimmten Dienststellen für ihren Bereich in allen Angelegenheiten sachlich zuständig.

Siehe auch § 2 DVV (G 3); vgl aber § 18 DVG: frühere V betreffend die Bestimmungen der nachgeordneten Dienstbehörden gelten als BG weiter, bis auf Grund des § 2 Abs 2 DVG die dort vorgesehenen V erlassen werden.

Vgl die erlassenen Verordnungen unter G 4 bis G 10.

6) Siehe aber § 41 a Abs 6 BDG.

7) Auch wenn diese nicht selbst Dienstbehörde ist; zur Bescheiderlassung in diesem Fall siehe § 9 Abs 5 DVG (Dienstrechtsmandat).

8) Für den Bundesbereich siehe § 3 DVV (G 3), für den Landesbereich die in Anm 2 zu § 20 DVG zitierten DienstrechtsverfahrensV der Länder.

9) Siehe Art 21 Abs 3, Art 30 Abs 4, Art 125 und Art 148 h Abs 2 B-VG.

10) Es kommt also darauf an, welcher Dienststelle die Planstelle zugewiesen ist, auf die der Beamte ernannt ist, gleichgültig, wo er tatsächlich verwendet wird.

11) Auch die Begründung eines öffentlich-rechtlichen Dienstverhältnisses hat durch Bescheid zu erfolgen; in diesem Fall ist die

Erlassung eines Dienstrechtsmandates ausgeschlossen, sodass zuvor ein Verwaltungsverfahren durchzuführen ist; siehe § 9 Abs 1 DVG.

12) Zum Ausscheiden aus dem Dienstverhältnis zum Bund siehe §§ 20 ff BDG, zum Ausscheiden aus dem Dienststand siehe §§ 13 ff BDG.

13) Zu diesen Versorgungsansprüchen der Hinterbliebenen und Angehörigen im Bundesbereich vgl §§ 14 ff PensionsG.

14) Die Abgrenzung der Zuständigkeit der Aktivdienstbehörde iS des § 2 Abs 2 DVG richtet sich auch für die aus dem Dienstverhältnis bzw dem Dienststand ausgeschiedenen Beamten nach den jeweils geltenden Vorschriften: VwGH 30. 5. 2006, 2005/12/0118. Im Bundesbereich ist nach dem BFG im Allgemeinen der BMF zur Verfügung über den Pensionsaufwand zuständig.

15) § 135 BDG normiert für Beamte des Ruhestandes: „Zur Durchführung des Disziplinarverfahrens ist die Disziplinarkommission zuständig, die im Zeitpunkt des Ausscheidens des Beschuldigten aus dem Dienststand zuständig war."

16) Das sind die Bundesbediensteten, die in der mittelbaren Bundesverwaltung eingesetzt werden; siehe § 1 Abs 1 FAG 2008.

17) Da die seit BGBl 1994/665 in § 2 Abs 6 a DVG getroffene Bestimmung früher mit gleichem Inhalt in Abs 6 enthalten war, ist Abs 7 wohl auch auf die in Abs 6 a getroffene Zuständigkeitsregelung anzuwenden. Das entspricht auch der allgemeinen Regel des AVG, das eine perpetuatio fori nicht kennt.

Zu § 8 AVG

§ 3.*) Im Verfahren in Dienstrechtsangelegenheiten sind die Personen Parteien, deren öffentlich-rechtliches Dienstverhältnis oder deren Rechte oder Pflichten aus einem solchen Dienstverhältnis Gegenstand des Verfahrens sind.[1][2]

*) IdF des Art IV Z 2 BGBl 1991/362 (Entfall der Jahreszahl „1950" im Zitat des AVG; in Kraft getreten am 11. 7. 1991).

1) Mit dieser Bestimmung soll klargestellt werden, dass im Dienstrechtsverfahren grundsätzlich nur der Beamte selbst Partei ist, nicht aber Personen, die an seinen Berechtigungen nur tatsächlich interessiert sind. Nur wenn solche Personen rechtliche Interessen oder Rechtsansprüche haben, können auch sie Parteien des Verfahrens sein, wie insb Hinterbliebene; dies wird idR nur nach dem Tod des Beamten in Betracht kommen.

2) Partei im Dienstrechtsverfahren ist, wer behauptet, dass ihm ein Recht aus einem bestehenden Dienstverhältnis zusteht, oder dem die Behörde eine sich (angeblich) aus einem öffentlich-rechtlichen Dienstverhältnis ergebende Pflicht auferlegen will. Partei ist weiter derjenige, dessen öffentlich-rechtliches Dienstverhältnis selbst Gegenstand des Verfahrens ist, wenn es also beendet, umgestaltet oder festgestellt werden soll.

Da niemand einen Anspruch auf Begründung eines öffentlichrechtlichen Dienstverhältnisses hat, nimmt die überwiegende Rsp an, dass der **Bewerber** um die Aufnahme in ein Dienstverhältnis – von spezifischen Ausnahmefällen abgesehen – keine Parteistellung im Ernennungsverfahren habe. Daher sei über ein Bewerbungsgesuch auch nicht durch Bescheid zu entscheiden. Für den Bundesbereich wurde durch §§ 15 und 36 AusschreibungsG die Parteistellung des Bewerbers um eine Funktion ebenso wie die Parteistellung eines Bewerbers um die Verleihung einer Planstelle im Ausschreibungs-, Aufnahme- und Überprüfungsverfahren ausdrücklich ausgeschlossen.

Zu § 9 AVG

§ 4.*) **Die Handlungsfähigkeit der Parteien**[1]) **im Dienstrechtsverfahren ist, soweit die Dienstrechtsvorschriften nicht anderes bestimmen, durch ihre Minderjährigkeit**[2]) **nicht beschränkt.**

*) IdF des Art IV Z 2 BGBl 1991/362 (Entfall der Jahreszahl „1950" im Zitat des AVG; in Kraft getreten am 11. 7. 1991).

1) Damit sind nur die Bediensteten als Parteien gemeint, nicht etwa ihre minderjährigen Nachkommen.

2) Siehe auch Anm 2 zu § 9 AVG (B 2).

Zu § 21 AVG

§ 5.*) **Im Dienstrechtsverfahren ist das Zustellgesetz, BGBl. Nr. 200/1982,**[1]) **mit der Maßgabe anzuwenden, daß die Hinterlegung von Schriftstücken,**[2]) **die Bediensteten des Dienststandes zuzustellen sind, auch beim Leiter der Dienststelle des Bediensteten oder beim Stellvertreter des Leiters zulässig ist.**[3])

(BGBl. Nr. 201/1982, Art. VII)

*) IdF des Art IV Z 2 BGBl 1991/362 (Entfall der Jahreszahl „1950" im Zitat des AVG; in Kraft getreten am 11. 7. 1991).

1) In der jeweils geltenden Fassung; § 17 DVG.

2) Siehe die §§ 17 und 23, aber auch § 20 Abs 1 ZustG (E 1).

3) Diese Regelung scheint nur sinnvoll anwendbar, wenn als Abgabestelle der Arbeitsplatz des Empfängers (§ 2 Z 4 ZustG [E 1]) bestimmt ist.

Zu § 33 AVG

§ 6.*) Auch[1]) die Tage des Laufes des Dienstweges[2]) werden in den Fristenlauf nicht eingerechnet.

*) IdF des Art IV Z 2 BGBl 1991/362 (Entfall der Jahreszahl „1950" im Zitat des AVG; in Kraft getreten am 11. 7. 1991).

1) Dh: Zusätzlich zu den nach § 33 Abs 3 AVG (B 2) nicht in die Frist einzurechnenden Tagen des Postenlaufes. Wie § 33 AVG (B 2) gilt auch § 6 DVG nur für **verfahrensrechtliche Fristen.**

2) Beamte des Aktivstandes haben idR in den sie betreffenden dienstrechtlichen Angelegenheiten den Dienstweg einzuhalten; für den Bund siehe zB § 54 BDG. Wird ein fristgebundenes Anbringen im Dienstweg eingebracht, ist also jene Zeit nicht einzurechnen, die zwischen der Einbringung im Dienstweg und dem Einlangen bei der zuständigen Behörde liegt.

Zu den §§ 34 und 35 AVG

§ 7.*) Ordnungs- und Mutwillensstrafen sind über Beamte des Dienststandes[1]) nicht zu verhängen; statt dessen ist zum Zwecke einer allfälligen Ahndung des Verhaltens als Pflichtverletzung[2]) das Erforderliche zu veranlassen.[3])

*) IdF des Art IV Z 2 BGBl 1991/362 (Entfall der Jahreszahl „1950" im Zitat des AVG; in Kraft getreten am 11. 7. 1991).

1) Über Beamte des Ruhestandes – die nur einer eingeschränkten disziplinären Verantwortung unterliegen – können Ordnungs- und Mutwillensstrafen verhängt werden.

2) Dh zum Zweck der Geltendmachung der disziplinären Verantwortlichkeit des Beamten, siehe zB für den Bund die §§ 91 ff BDG.

3) Dh: Disziplinaranzeige zu erstatten oder eine Disziplinarverfügung zu erlassen.

Zu den §§ 37, 43, 45 und 65 AVG

§ 8.*) (1) Die Behörde hat im Dienstrechtsverfahren die zum Vorteil und Nachteil der Partei dienenden Umstände mit gleicher Sorgfalt zu berücksichtigen.[1])

(2) Im Dienstrechtsverfahren hat die Partei nur insoweit Anspruch darauf, daß ihr Gelegenheit gegeben wird, von den Ergebnissen amtlicher Erhebungen und Beweisaufnahmen Kenntnis und zu ihnen Stellung zu nehmen, als diese Ergebnisse von dem bisherigen für den Bescheid maßgebenden Vorbringen der Partei abweichen.[2])

*) IdF des Art IV Z 2 BGBl 1991/362 (Entfall der Jahreszahl „1950" im Zitat des AVG; in Kraft getreten am 11. 7. 1991).

1) Da nach dem AVG ohnedies der Grundsatz der **materiellen Wahrheit** gilt (siehe §§ 37, 39 Abs 2 und § 45 Abs 2 AVG [B 2]), ist diese Bestimmung überflüssig; durch sie wird – im Hinblick auf die „Parteirolle" der Dienstbehörde – die Pflicht zur Erforschung der materiellen Wahrheit nur besonders nachdrücklich hervorgehoben.

2) Liegt ein Parteivorbringen nicht vor, so ist das gesamte Ergebnis des Ermittlungsverfahrens der Partei vorzuhalten. Soll in der Begründung des Bescheides auf Tatsachen Bezug genommen werden, die in dem Parteivorbringen nicht enthalten sind, so sind diese Tatsachen ebenfalls der Partei vorzuhalten.

Zu § 38 AVG

§ 8 a.*) (1) Die zur Entscheidung in letzter Instanz berufene Behörde[1]) kann[2]) das Dienstrechtsverfahren auch[3]) dann aussetzen,[4]) wenn

1. sie dieselbe Rechtsfrage[5]) zu beurteilen hat wie in einem bereits von ihr[6]) erlassenen Bescheid und beim Verwaltungsgerichtshof ein Verfahren über eine Beschwerde gegen diesen Bescheid anhängig ist, in der die Unrichtigkeit der rechtlichen Beurteilung behauptet wird, und

2. überwiegende Interessen der Partei nicht entgegenstehen.

(2) Mit Abschluss des Verfahrens vor dem Verwaltungsgerichtshof ist das Dienstrechtsverfahren von Amts wegen fortzusetzen.[7])

*) Samt Überschrift eingefügt durch Art 9 Z 2 BGBl I 2005/165 (mangels besonderer Inkrafttretensbestimmung gem Art 49 Abs 1 B-VG mit dem der Kundmachung folgenden Tag in Kraft getreten: 31. 12. 2005).

1) **Erl** (zur Nov BGBl I 2005/165) **1190 BlgNR 22. GP 15**: „§ 15a DVG *[idF vor der zit Nov]* ermächtigt nur die oberste Dienstbehörde als Berufungsbehörde zur Aussetzung des Verfahrens. Es gibt aber zum einen Fälle, in denen ausnahmsweise eine andere Behörde als die oberste Dienstbehörde zur Entscheidung in letzter Instanz berufen ist (zB die Berufungskommission nach § 41a BDG 1979 oder der Dienstrechtssenat nach § 74a der Wiener Dienstordnung 1994, LGBl. Nr. 56); zum anderen kann die Ermächtigung zur Aussetzung des Verfahrens auch dann zweckmäßig sein, wenn die Dienstbehörde in erster und letzter Instanz entscheidet. Durch die vorgeschlagene Neuregelung *[in § 8a idF der zit Nov]* soll daher jede zur Entscheidung in letzter Instanz berufene Behörde zur Aussetzung des Dienstrechtsverfahrens ermächtigt werden."

2) Die Behörde hat Ermessen, bei dessen Ausübung sie die Schwierigkeiten der zu klärenden Rechtsfrage gegen die mit der Aussetzung verbundene Verfahrensverzögerung abzuwägen hat.

3) Also über die Fälle des § 38 AVG (B 2) hinaus.

4) Die Aussetzung hat durch – unmittelbar anfechtbaren – verfahrensrechtlichen Bescheid zu erfolgen.

5) Damit ist nur eine Hauptfrage gemeint, über die in einem anderen Verfahren als Hauptfrage entschieden wurde, wenn wegen behaupteter Unrichtigkeit der rechtlichen Beurteilung dieser Entscheidung der VwGH angerufen wurde.

6) Die Intention des Gesetzgebers ging dahin, die Aussetzung des Verfahrens zu ermöglichen, wenn von mehreren Bediensteten wegen derselben Rechtsfrage Verfahren bei einer Behörde anhängig sind; in diesem Fall soll aus Gründen der Verfahrensökonomie der Behörde die Möglichkeit geboten werden, im Falle der Anfechtung eines ihrer Bescheide beim VwGH die anderen Verfahren für die Dauer des verwaltungsgerichtlichen Verfahrens auszusetzen.

7) Das Verfahren der Behörde ist bis zum „Abschluß des Verfahrens" vor dem VwGH auszusetzen; der Abschluss seines Verfahrens besteht in der Erlassung seines Erk, wobei davon auszugehen ist, dass das Verfahren gegenüber der Behörde dann „abgeschlossen" ist, wenn ihr die für sie bestimmte Ausfertigung zugestellt wird. Die „Dauer der Aussetzung" endet daher mit der Zustellung des Erk des VwGH an die Behörde. Siehe auch Anm 11 zu § 31 VStG (C 2).

Erl (zur Nov BGBl I 2005/165) **1190 BlgNR 22. GP 15:** „Eine dem § 15a Abs. 1 zweiter Satz DVG *[idF vor der zit Nov]* entsprechende Regelung [*Anordnung der Hemmung des Laufes der Frist gem § 73 AVG [B 2] für die Dauer der Aussetzung*] ist entbehrlich, weil es im Wesen einer Aussetzung des Verfahrens liegt, dass die Entscheidungspflicht der Behörde im Sinne des § 73 AVG für die Dauer der Aussetzung gehemmt ist. Aus eben diesem Grund kann während dieser Zeit auch keine Säumnis im Sinne des § 27 VwGG eintreten (vgl. VwSlgNF 8937A/1975), worauf es eigentlich schon nach geltender Rechtslage – trotz des Fehlens einer entsprechenden Regelung – in erster Linie ankommt (vgl. *Walter/Thienel,* Verwaltungsverfahrensgesetze II[2] [2000] Anm. 11 zu § 15a DVG).“

Zu § 57 AVG

§ 9.*) **(1) Soweit es sich nicht um die Begründung, Änderung oder Beendigung des Dienstverhältnisses, um die Änderung der dienst- und besoldungsrechtlichen Stellung oder um die Entscheidung über das Bestehen des Dienstverhältnisses handelt, ist die Dienstbehörde berechtigt,**[1]) **einen Bescheid auch ohne vorausgegangenes Ermittlungsverfahren zu erlassen (Dienstrechtsmandat). Ein solcher Bescheid ist ausdrücklich als Dienstrechtsmandat zu bezeichnen**[2]) **und hat außer dem Spruch jedenfalls eine Rechtsmittelbelehrung zu enthalten.**[3])

(2) Ein Dienstrechtsmandat kann auch mündlich oder im Wege der Akteneinsicht erlassen werden.[4]) **Wird das Mandat im Wege der Akteneinsicht erlassen, dann ist die Kenntnisnahme des Mandates von der Partei am Einsichtsakt zu beurkunden. Im übrigen bleibt § 62 Abs. 2 und 3 AVG unberührt.**[5])

(3) Gegen ein Dienstrechtsmandat kann bei der Dienstbehörde, die das Mandat erlassen hat, binnen zwei Wochen Vorstellung erhoben werden.[6]) **Die Vorstellung hat keine aufschiebende Wirkung,**[7]) **sofern nicht im Dienstrechtsmandat die aufschiebende Wirkung**[7]) **ausgesprochen wird. Die aufschiebende Wirkung**[7]) **ist auszusprechen, wenn im Dienstrechtsmandat Rechte des Bediensteten aberkannt oder gemindert werden, es sei denn, daß die vorzeitige Vollstreckung im Interesse des öffentlichen Wohles wegen Gefahr im Verzuge dringend geboten ist.**[8])

(4) Die Dienstbehörde hat binnen zwei Wochen nach Einlangen der Vorstellung das Ermittlungsverfahren einzuleiten, widrigenfalls das angefochtene Dienstrechtsmandat von Gesetzes wegen außer Kraft tritt.[9]) Über die Vorstellung entscheidet die Dienstbehörde, die das Dienstrechtsmandat erlassen hat.[10])[11]) Wenn sich dies zugunsten der Partei auswirkt, ist in einer stattgebenden Entscheidung auszusprechen, daß der Bescheid auf den Zeitpunkt der Erlassung des Dienstrechtsmandates zurückwirkt.[12])

(5) Der Leiter einer Dienststelle, die nicht zugleich Dienstbehörde ist, hat[13]) seinen Bescheid im Sinne von § 2 Abs. 4 dieses Bundesgesetzes als Dienstrechtsmandat zu erlassen. Über die gegen ein solches Dienstrechtsmandat erhobene Vorstellung, für die Abs. 3 sinngemäß gilt, entscheidet die vorgesetzte Dienstbehörde.[14]) *(BGBl. Nr. 116/1978, Art. I Z 3)*

*) IdF des Art IV Z 2 und Z 4 BGBl 1991/362 (Entfall der Jahreszahl „1950" in den Zitaten des AVG; in Kraft getreten am 11. 7. 1991).

1) Die Dienstbehörde kann daher auch dann, wenn die in § 57 AVG (B 2) normierten Voraussetzungen nicht vorliegen, einen Bescheid ohne vorangehendes Ermittlungsverfahren erlassen, sie **muss dies aber nicht tun** (siehe jedoch § 9 Abs 5 DVG). Entscheidend für die Ausübung ihres diesbezüglichen Ermessens ist, ob die zur Verfügung stehenden Unterlagen ausreichenden Aufschluss für die Entscheidung bieten. Unberührt bleibt die Möglichkeit des Entfalls des Ermittlungsverfahrens nach § 56 AVG (B 2), wenn der Sachverhalt von vornherein klar gegeben ist.

2) Diese Bezeichnung hat konstitutive Wirkung, fehlt sie, liegt ein normaler Bescheid vor, der mit Berufung – nicht mit Vorstellung – zu bekämpfen ist.

3) § 18 Abs 4 sowie die §§ 58 bis 61 AVG (B 2) gelten auch für Dienstrechtsmandate; dieses muss daher auch enthalten: die Bezeichnung der Behörde, das Datum und die Fertigung. Wenn dem Standpunkt der Partei nicht vollinhaltlich stattgegeben wird, ist das Dienstrechtsmandat auch zu begründen. Der Hinweis auf die Möglichkeit einer unmittelbaren Anrufung der Höchstgerichte nach § 61 a AVG (B 2) kommt hingegen nicht in Betracht, da gegen ein Dienstrechtsmandat in jedem Fall – auch wenn es von einem obersten Organ erlassen wird – noch Vorstellung zulässig ist. Eine unmittelbare Anfechtung des Dienstrechtsmandates bei den Höchstgerichten ist daher mangels Erschöpfung des Instanzenzuges nicht zulässig.

4) Ausnahme von dem in § 11 Abs 1 DVG festgelegten Grundsatz, dass Bescheide schriftlich zu erlassen sind.

5) Niederschriftliche Beurkundung des Inhalts und der Verkündung des Bescheides; Recht der Partei, spätestens binnen drei Tagen nach der Verkündung (bzw nach der Akteneinsicht) eine schriftliche Ausfertigung zu verlangen; Pflicht der Behörde, die Partei hierüber zu belehren.

6) Und zwar gem § 13 Abs 1 und 2 AVG (B 2) schriftlich, wobei darin der Bescheid zu bezeichnen ist, gegen den sie sich richtet. Vorstellungen gegen Bescheide des Leiters der Dienststelle nach § 9 Abs 5 DVG sind bei diesem einzubringen. Zur Fristberechnung siehe auch § 6 DVG.

Der VwGH hat die Erfüllung des Erfordernisses der Schriftlichkeit auch dann angenommen, wenn die Behörde ein mündliches Anbringen in einer Niederschrift (§ 14 AVG [B 2]) beurkundet hat (VwGH 6. 5. 2004, 2001/20/0195 – verstärkter Senat).

7) „Aufschiebende Wirkung" bedeutet in diesem Zusammenhang nicht nur den Aufschub der Vollstreckbarkeit von Leistungsbescheiden, sondern – zT abweichend von der Terminologie des § 64 AVG (B 2) – auch den Aufschub der Verbindlichkeit des Bescheides; die aufschiebende Wirkung einer Vorstellung kommt daher auch bei Rechtsgestaltungs- und Feststellungsbescheiden in Betracht. Wird einer Vorstellung die aufschiebende Wirkung nicht zuerkannt, erlangt der Bescheid daher sogleich Verbindlichkeit, auch wenn noch ein Rechtsmittelverfahren anhängig ist.

8) Die Zuerkennung der aufschiebenden Wirkung liegt im Allgemeinen im Ermessen der Behörde, im Falle des zweiten Satzes ist sie zu deren Zuerkennung jedoch verpflichtet. Die Zuerkennung der aufschiebenden Wirkung hat im Spruch des Bescheides zu erfolgen.

9) Siehe auch § 57 Abs 3 AVG (B 2). Die Vorstellung hat daher grundsätzlich remonstrativen Charakter. Die Behörde hat ein ordentliches Verfahren durchzuführen und danach das angefochtene Dienstrechtsmandat zu bestätigen, abzuändern oder aufzuheben.

10) Oder wenn die Unterbehörde (Leiter einer Dienststelle, die nicht zugleich Dienstbehörde ist) das Dienstrechtsmandat erlassen hat: siehe § 9 Abs 5 letzter Satz DVG.

11) Sofern eine nachgeordnete Dienstbehörde über die Vorstellung entschieden hat, steht der Partei gegen deren Entscheidung nach § 12 Abs 1 DVG das Recht der Berufung an die oberste Dienstbehörde zu, soweit dies nicht durch Gesetz ausdrücklich ausgeschlossen ist. Hat eine oberste Dienstbehörde entschieden, kann ihr Bescheid nach

Art 131 und 144 B-VG bei den Gerichtshöfen des öffentlichen Rechts angefochten werden.

12) Die Rückwirkung stellt einen Ausgleich für den Mangel der aufschiebenden Wirkung der Vorstellung dar und darf daher nur angeordnet werden, wenn der Vorstellung nicht ohnedies aufschiebende Wirkung zuerkannt worden ist. „Rückwirkung" bedeutet, dass der angefochtene Bescheid rückwirkend zu beseitigen ist.

Ob die neu zu treffende Sachentscheidung (Zuerkennung von Rechten, Auferlegung von Pflichten) rückwirkend zu erlassen ist, richtet sich – bei verfassungskonformer Auslegung – nach den anzuwendenden materiellen dienstrechtlichen Vorschriften.

13) Der Leiter der Dienststelle hat kein Ermessen.

14) In diesem Fall hat die Vorstellung ausnahmsweise devolutiven Charakter.

Zu den §§ 58 und 61 a AVG

§ 10.*) **Ernennungen, Verleihungen von Amtstiteln, Verständigungen über solche Ernennungen und Verleihungen[1]) sowie die mit Ernennungen und Verleihungen von Amtstiteln zusammenhängenden und gleichzeitig getroffenen Feststellungen und Verfügungen bedürfen weder der Bezeichnung als Bescheid, noch einer Begründung, noch einer Rechtsmittelbelehrung. In diesen Fällen ist auch ein Hinweis gemäß § 61 a AVG nicht erforderlich.**

*) IdF des Art IV Z 5 BGBl 1991/362 (Neufassung der Überschrift und Anfügung des letzten Satzes; in Kraft getreten am 11. 7. 1991).

1) „Verständigung" ist die schriftliche Ausfertigung der Entscheidung der zuständigen Behörde – gedacht ist insb an Entscheidungen des BPräs – durch die zuständige Dienststelle an den Bescheidadressaten. Diese „Verständigung" ist offenbar selbst als Bescheid gedacht, sodass insofern ein **Intimationsbescheid** vorliegt.

Zu § 62 AVG

§ 11.*) **(1) Bescheide in Dienstrechtsangelegenheiten sind, abgesehen von den Fällen des § 9,[1]) schriftlich zu erlassen und, wenn sie an Beamte des Dienststandes[2]) gerichtet sind, jedenfalls zu eigenen Handen[3]) zuzustellen.**

(2) Soweit es die Gesetze und Verordnungen vorsehen, können Ernennungen mit Ausnahme der Anstellungen auch durch Verlautbarung in den dafür bestimmten Verkündungsblättern mit der Wirkung bekanntgegeben werden, daß die Zustellung des Bescheides nach Ablauf des Tages der Bekanntmachung als vollzogen gilt. Als Tag der Bekanntmachung gilt der Tag, an dem das Verkündungsblatt herausgegeben ist und versendet wird.

*) IdF des Art IV Z 6 BGBl 1991/362 (Entfall der Jahreszahl „1950" im Zitat des AVG; in Kraft getreten am 11. 7. 1991) und des Art 9 Z 3 BGBl I 2005/165 (Entfall der Worte „oder telegraphisch" in Abs 1; mangels besonderer Inkrafttretensbestimmung gem Art 49 Abs 1 B-VG mit dem der Kundmachung folgenden Tag in Kraft getreten: 31. 12. 2005).

1) Dienstrechtsmandate können auch mündlich oder im Wege der Akteneinsicht erlassen werden.

2) Bei Beamten des Ruhestandes steht es im Ermessen der Behörde, ob sie eine Eigenhandzustellung anordnet.

3) Siehe § 21 ZustG (E 1).

Zu den §§ 63 und 64 AVG

§ 12.*) (1) Im Dienstrechtsverfahren steht der Partei das Recht der Berufung zu, soweit dieses Recht nicht durch Gesetz ausdrücklich ausgeschlossen ist.[1])

(2) Berufungen haben im Dienstrechtsverfahren keine aufschiebende Wirkung,[2]) sofern nicht in den Gesetzen und Verordnungen die aufschiebende Wirkung[2]) ausdrücklich zuerkannt ist oder durch Bescheid die aufschiebende Wirkung[2]) ausgesprochen wird. Die aufschiebende Wirkung[2]) ist auszusprechen, wenn mit dem Bescheid Rechte des Bediensteten aberkannt oder gemindert werden, es sei denn, daß die vorzeitige Vollstreckung im Interesse des öffentlichen Wohles wegen Gefahr im Verzuge dringend geboten ist.[3])

(3) Wird der angefochtene Bescheid zugunsten des Berufungswerbers abgeändert, so kann in der Berufungsentscheidung ausgesprochen werden, daß die Entscheidung auf den Zeitpunkt der Erlassung des angefochtenen Bescheides zurückwirkt. Die Rückwirkung ist auszusprechen, wenn sich dies zugunsten der Partei auswirkt.[4])[5])

*) IdF des Art IV Z 6 und Z 7 BGBl 1991/362 (Entfall der Jahreszahl „1950" im Zitat des AVG und Anfügung des letzten Satzes des Abs 1; in Kraft getreten am 11. 7. 1991) und des Art 12 Z 1 BGBl I 2005/80 (Entfall von Abs 1 zweiter Satz; in Kraft getreten am 1. 7. 2005).

1) Eine Berufung kommt freilich nur in Betracht, wenn nicht – wie im Dienstrechtsverfahren häufig – ohnedies die oberste Behörde des betreffenden Vollzugsbereiches entschieden hat; da die obersten Organe grundsätzlich als Dienstbehörden in einziger Instanz zuständig sind (§ 2 Abs 2 DVG), kommt eine Berufung grundsätzlich nur in Frage, wenn sie ihre Zuständigkeit an eine nachgeordnete Behörde delegiert haben. Im Bundesbereich steht aber gegen Bescheide, mit denen eine Versetzung oder qualifizierte Verwendungsänderung verfügt wird, eine Berufung an eine „Berufungskommission" offen; dies gilt auch für Bescheide oberster Organe: § 41 a Abs 6 BDG (Verfassungsbestimmung). Siehe auch Anm 1 zu § 1 DVG.

2) Siehe Anm 7 zu § 9 DVG.

3) Siehe Anm 8 zu § 9 DVG.

4) Siehe Anm 12 zu § 9 DVG. Wenn sich dies zugunsten der Partei auswirkt, **ist** die Rückwirkung anzuordnen, die Behörde hat in diesem Fall kein Ermessen, von der Rückwirkung abzusehen. Macht die Berufungsbehörde von der Möglichkeit der Aufhebung des erstinstanzlichen Bescheids nach § 66 Abs 2 AVG (B 2) Gebrauch und verweist die Sache zur neuerlichen Entscheidung an diese zurück, tritt der erstinstanzliche Bescheid jedenfalls (rückwirkend) außer Kraft, sodass für einen Ausspruch nach § 12 Abs 3 DVG kein Raum bleibt: VwGH 28. 3. 2008, 2005/12/0178.

5) Siehe auch § 14 Abs 3, § 15 DVG.

Zu § 68 AVG

§ 13.*) (1) In Dienstrechtsangelegenheiten ist eine Aufhebung oder Abänderung von rechtskräftigen Bescheiden von Amts wegen auch[1]) dann zulässig, wenn die Partei wußte oder wissen mußte,[2]) daß der Bescheid gegen zwingende gesetzliche Vorschriften[3]) verstößt.

(2) Zur Aufhebung und Abänderung gemäß Abs. 1 und gemäß § 68 Abs. 2 AVG sowie zur Nichtigerklärung gemäß § 68 Abs. 4 AVG ist die oberste Dienstbehörde jenes Ressorts zuständig,[4]) dessen Personalstand der Bedienstete, auf den sich das Verfahren bezieht,

1. im Zeitpunkt der Erlassung des Bescheides im Sinne des § 68 AVG oder

2. im Zeitpunkt des Ausscheidens aus dem Dienststand oder Dienstverhältnis

angehört hat. Hat eine nachgeordnete Dienstbehörde einen Bescheid erlassen und gehört der betreffende Bedienstete weiterhin dem Personalstand dieser nachgeordneten Dienstbehörde an, kann auch sie diesen Bescheid gemäß § 68 Abs. 2 AVG – ausgenommen in den Fällen des Abs. 1 – abändern oder aufheben.

(3) Zur Erlassung von Bescheiden gemäß Abs. 2 ist, soweit es sich um Angelegenheiten im Sinne des § 2 Abs. 6 zweiter Satz handelt,[5]) die Dienststelle zuständig, die über den Pensionsaufwand verfügt.

(4) Die Nichtigerklärung im Sinne des § 68 Abs. 4 Z 1 AVG[6]) ist jedenfalls innerhalb eines Jahres von dem Zeitpunkt an zulässig, in dem der zuständigen Dienstbehörde der von der unzuständigen Behörde erlassene Bescheid bekanntgeworden ist, längstens jedoch innerhalb von zehn Jahren seit der Erlassung des Bescheides.[7]) *(BGBl. Nr. 116/1978, Art. I Z 5)*

(5) Die Nichtigerklärung nach § 68 Abs. 4 AVG[8]) reicht auf den Zeitpunkt zurück,[9]) in dem der nichtigerklärte Bescheid erlassen worden ist.[10]) *(BGBl. Nr. 116/1978, Art. I Z 5)*

*) IdF des Art IV Z 6, Z 8, Z 9 und Z 10 BGBl 1991/362 (Entfall der Jahreszahl „1950“ in den Zitaten des AVG, Neufassung des Abs 2, Ersetzung des Zitates „lit a“ durch „Z 1“ in Abs 4; in Kraft getreten am 11. 7. 1991), des Art XIII Z 2 BGBl 1994/665 (Neufassung des Abs 3; in Kraft getreten am 1. 7. 1994) und des Art 9 Z 4 BGBl I 2005/165 (Ersetzung des Wortes „zugestellt“ durch das Wort „erlassen“ in Abs 5; mangels besonderer Inkrafttretensbestimmung gem Art 49 Abs 1 B-VG mit dem der Kundmachung folgenden Tag in Kraft getreten: 31. 12. 2005).

1) Dh: Neben den in § 68 Abs 2 und 3 AVG (B 2) vorgesehenen Fällen. Darüber hinaus kommt auch eine Nichtigerklärung nach § 68 Abs 4 AVG (B 2) in Betracht.

2) Die Partei musste die Rechtswidrigkeit nach der Rsp dann wissen, wenn aus dem Bescheidinhalt – Kenntnis der Rechtvorschriften vorausgesetzt – mit entsprechender Sorgfalt der Konflikt erkannt werden konnte. Die Partei muss die Rechtswidrigkeit daher dann nicht wissen, wenn sie sich nicht unmittelbar aus dem Bescheid ergibt oder wenn die den Bescheid tragende Rechtsansicht vertretbar ist.

3) „Zwingend" sind solche Vorschriften, die der Behörde keinen Spielraum geben (Ermessen, unbestimmte Gesetzesbegriffe), sondern eine ganz bestimmte Entscheidung anordnen. Nach der Rsp kann eine „vertretbare Auslegung" nicht gegen zwingende gesetzliche Vorschriften verstoßen.

4) Abweichend von § 68 Abs 4 AVG (B 2) kann eine oberste Behörde daher auch die von ihr selbst erlassenen Bescheide für nichtig erklären.

5) Dies betrifft jene pensionsrechtlichen Angelegenheiten der Beamten (des Ruhestandes) und ihrer Hinterbliebenen, die aus Tatsachen herrühren, die nach dem Ausscheiden aus dem Dienststand bzw Dienstverhältnis eingetreten sind.

6) Aus der nur den Fall der **Unzuständigkeit** erfassenden Formulierung des § 13 Abs 4 DVG folgt, dass der § 68 Abs 4 Z 1 AVG (B 2) hinsichtlich des zweiten darin geregelten Tatbestandes – unrichtige Zusammensetzung der entscheidenden Behörde – nicht modifiziert wird.

7) Diese Bestimmung weicht von § 68 AVG (B 2) dadurch ab, dass die objektive Frist für die Nichtigerklärung auf zehn Jahre verlängert wird, zusätzlich aber eine – im AVG nicht vorgesehene – subjektive Frist normiert wird.

8) Nicht aber auch die Aufhebung und Abänderung gem § 13 Abs 1 DVG und gem § 68 Abs 2 und 3 AVG (B 2).

9) Siehe dagegen Anm 10 zu § 68 AVG (B 2).

10) Dienstrechtsbescheide können schriftlich (§ 11 Abs 1 DVG) oder mündlich oder durch Akteneinsicht (§ 9 Abs 2 DVG) erlassen werden.

Zu den §§ 69 und 70 AVG

§ 14.*) (1) Durch die Verfügung[1]) der Wiederaufnahme des Dienstrechtsverfahrens wird der frühere Bescheid nicht aufgehoben.[2])

(2) Erst mit Beendigung des wiederaufgenommenen Verfahrens tritt der neue Bescheid an die Stelle des früheren Bescheides.[3])

(3) Der neue Bescheid hat jedoch dann, wenn sich dies zugunsten der Partei auswirkt, anzuordnen, daß der Zustand hergestellt wird, der sich ergeben hätte, wenn der neue Bescheid schon im Zeitpunkt des Wirksamwerdens des früheren Bescheides erlassen worden wäre.[4])

(4) Die im § 69 Abs. 2 und 3 AVG mit drei Jahren festgesetzten Fristen betragen im Dienstrechtsverfahren zehn Jahre.

*) IdF des Art IV Z 6 und Z 11 BGBl 1991/362 (Entfall der Jahreszahl „1950“ in den Zitaten des AVG; in Kraft getreten am 11. 7. 1991).

1) Das gilt auch für die auf Antrag zu erteilende Bewilligung der Wiederaufnahme; siehe § 14 Abs 4 DVG.

2) Siehe dagegen Anm 1 zu § 70 AVG (B 2).

3) Bis zur Beendigung des wiederaufgenommenen Verfahrens bleibt somit der Bescheid, durch den das Verfahren ursprünglich abgeschlossen worden war, in Kraft.

4) Zur Rückwirkung siehe Anm 12 zu § 9 DVG. Die Behörde hat bei Vorliegen der Voraussetzungen für die Rückwirkung kein Ermessen hinsichtlich ihrer Anordnung.

Zu den §§ 71 und 72 AVG

§ 15.*) Für die Wiedereinsetzung in den vorigen Stand gilt, sofern das Dienstrechtsverfahren durch Bescheid abgeschlossen ist, § 14 sinngemäß.[1])

*) IdF des Art IV Z 6 BGBl 1991/362 (Entfall der Jahreszahl „1950“ im Zitat des AVG; in Kraft getreten am 11. 7. 1991).

1) Damit ist gemeint, dass in jenen Fällen, in denen ein Dienstrechtsverfahren bereits durch Bescheid abgeschlossen ist, dieser Bescheid durch die Bewilligung der Wiedereinsetzung nicht außer Kraft tritt; siehe dagegen Anm 1 zu § 72 AVG (B 2). Dieser Bescheid bleibt vielmehr bis zur neuerlichen Entscheidung bestehen; im neuen Bescheid ist jedoch – wenn sich dies zugunsten der Partei auswirkt – eine Rückwirkung anzuordnen (siehe § 14 Abs 3 DVG sowie Anm 12 zu § 9 DVG). Eine sinngemäße Anwendung der in § 14 Abs 4 DVG normierten Verlängerung der Frist für Bewilligung oder Verfügung der Wiederaufnahme kommt bei der Wiedereinsetzung nicht in Betracht.

§ 15 a.*) *(Entfällt; Art 9 Z 5 BGBl I 2005/165)*

*) § 15 a, der Regelungen zur Aussetzung des Verfahrens und zur Entscheidungsfrist vorgesehen hatte, war samt Überschrift durch Art XII Z 1 BGBl 1994/16 (in Kraft getreten am 1. 1. 1994) eingefügt worden und wurde samt Überschrift durch Art 9 Z 5 BGBl I 2005/

165 aufgehoben (mangels besonderer Inkrafttretensbestimmung gem Art 49 Abs 1 B-VG mit dem der Kundmachung folgenden Tag in Kraft getreten: 31. 12. 2005), der Regelungsinhalt zum Teil in § 8a idF BGBl I 2005/165 überführt.

Zu den §§ 77, 78 und 79 AVG

§ 16.*) **Die §§ 77 und 78 AVG**[1]) **sowie § 79 AVG, soweit er sich auf diese Paragraphen bezieht, sind im Dienstrechtsverfahren nicht anzuwenden.**[2])

*) IdF des Art IV Z 12 BGBl 1991/362 (Neufassung samt Überschrift; in Kraft getreten am 11. 7. 1991) und des Art 9 Z 6 BGBl I 2005/165 (Neufassung samt Überschrift; mangels besonderer Inkrafttretensbestimmung gem Art 49 Abs 1 B-VG mit dem der Kundmachung folgenden Tag in Kraft getreten: 31. 12. 2005).

1) Einhebung von Kommissionsgebühren und Bundesverwaltungsabgaben, Beschränkungen der Zulässigkeit der Kosteneinhebung. Auch eine Anwendung des § 76a AVG (B 2) betreffend die Tragung der Zeugen- und Beteiligtengebühren kommt im Dienstrechtsverfahren nicht in Betracht, da solche Gebühren nur in Verfahren vor den UVS zustehen (§§ 51a bis 51d AVG [B 2]); auch die Anwendung des § 79a AVG (B 2) betreffend die Kosten bei Beschwerden an den UVS wegen Ausübung unmittelbarer verwaltungsbehördlicher Befehls- und Zwangsgewalt kommt im Dienstrechtsverfahren nicht in Betracht.

2) Die sonstigen Kostenbestimmungen des AVG (B 2), insb betreffend die Kosten der Beteiligten (§ 74), die allgemeinen Kosten der Behörde (§ 75), die Barauslagen (§ 76) und die Befreiung von den Bundesverwaltungsabgaben in bestimmten Fällen (§ 78a) sind auch im Dienstrechtsverfahren anzuwenden, wobei die in § 79 AVG (B 2) normierte Beschränkung der Einhebung von Barauslagen nach der ausdrücklichen Anordnung des § 16 DVG nicht zum Tragen kommt. Unberührt bleibt auch die Möglichkeit der – in die Landeskompetenz fallenden – Normierung von Landesverwaltungsabgaben.

Verweisungen auf andere Bundesgesetze

§ 17.*) **Soweit in den §§ 1 bis 16 auf andere Bundesgesetze verwiesen wird, sind diese in der jeweils geltenden Fassung anzuwenden.**

*) Eingefügt durch Art IV Z 12 BGBl 1991/362 (in Kraft getreten am 11. 7. 1991).

Übergangsbestimmungen

§ 18.*) § 2 Z 1, 2 und 4 bis 9 der Dienstrechtsverfahrensverordnung 1981, BGBl. Nr. 162, zuletzt geändert durch die Verordnung BGBl. II Nr. 460/2001, gilt für den Wirkungsbereich des jeweiligen Bundesministers so lange als Bundesgesetz weiter, bis eine gemäß § 2 Abs. 2 erster Satz in der Fassung des Bundesgesetzes BGBl. I Nr. 119/2002 erlassene Verordnung des jeweiligen Bundesministers in Kraft tritt.[1])

§ 18.*) (1) § 2 Z 1 und 9 der Dienstrechtsverfahrensverordnung 1981, BGBl. Nr. 162, zuletzt geändert durch das Bundesgesetz BGBl. I Nr. 96/2007, gilt für den Wirkungsbereich der jeweiligen Bundesministerin oder des jeweiligen Bundesministers so lange als Bundesgesetz weiter, bis eine gemäß § 2 Abs. 2 zweiter Satz in der Fassung des Bundesgesetzes BGBl. I Nr. 6/2010 erlassene Verordnung der jeweiligen Bundesministerin oder des jeweiligen Bundesministers im Einvernehmen mit der Bundeskanzlerin oder dem Bundeskanzler in Kraft tritt.[1])

(2) Verordnungen, die gemäß § 2 Abs. 2 in der Fassung des Bundesgesetzes BGBl. I Nr. 119/2002 erlassen wurden, gelten weiter. Änderungen dieser Verordnungen bedürfen jedoch ab Inkrafttreten des Bundesgesetzes BGBl. I Nr. 6/2010 des Einvernehmens mit der Bundeskanzlerin oder dem Bundeskanzler.[2])

(Fassung ab 1. 1. 2013)

*) IdF des Art 16 Z 4 BGBl I 2002/119 (Neufassung; in Kraft getreten am 1. 1. 2003) und des Art 1 Z 2 BGBl I 2010/6 (Neufassung des § 18; tritt am 1. 1. 2013 in Kraft; oben kursiv hervorgehoben).

1) Vgl § 2 DVV (G 3) sowie die erlassenen Verordnungen unter G 4 bis G 10.

2) Siehe Anm 4 zu § 2 DVG.

Inkrafttreten

§ 19.*) (1) § 15 a samt Überschrift in der Fassung des Bundesgesetzes BGBl. Nr. 16/1994 tritt mit 1. Jänner 1994 in Kraft.

(2) § 2 Abs. 6 und 6a und § 13 Abs. 3 in der Fassung des Bundesgesetzes BGBl. Nr. 665/1994 treten mit 1. Juli 1994 in Kraft.

(3) § 2 Abs. 9 in der Fassung des Bundesgesetzes BGBl. I Nr. 61/1997 tritt mit 15. Februar 1997 in Kraft.

(4) § 2 Abs. 9 in der Fassung des Bundesgesetzes BGBl. I Nr. 94/2000 tritt mit 1. April 2000 in Kraft.

(5) § 2 Abs. 2 und 7, § 18 samt Überschrift, jeweils in der Fassung des Bundesgesetzes BGBl. I Nr. 119/2002, sowie die Aufhebung des § 2 Abs. 3 treten mit 1. Jänner 2003 in Kraft.

(6) Die Aufhebung des § 12 Abs. 1 zweiter Satz in der Fassung des Bundesgesetzes BGBl. I Nr. 80/2005 tritt mit 1. Juli 2005 in Kraft.

(7) § 2 Abs. 2 und § 18 in der Fassung des Bundesgesetzes BGBl. I Nr. 6/2010 treten mit 1. Jänner 2013 in Kraft.

*) IdF des Art XII Z 2 BGBl 1994/16 (Einfügung des Abs 1; Entstehungszeitpunkt: 5. 1. 1994), des Art XIII Z 3 BGBl 1994/665 (Einfügung der Absatzbezeichnung „(1)" und des Abs 2; Entstehungszeitpunkt: 23. 8. 1994), des Art XXI Z 2 BGBl I 1997/61 (Einfügung des Abs 3; Entstehungszeitpunkt: 30. 6. 1997), des Art 12 Z 2 BGBl I 2000/94 (Anfügung des Abs 5; Entstehungszeitpunkt: 11. 8. 2000; ein Abs 4 bestand damals nicht), des Art 16 Z 5 BGBl I 2002/119 (Umbenennung des Abs 5 in Abs 4 sowie Einfügung eines neuen Abs 5; Entstehungszeitpunkt: 9. 8. 2002), des Art 12 Z 2 BGBl I 2005/80 (Einfügung des Abs 6; Entstehungszeitpunkt: 9. 8. 2005) und des Art 1 Z 3 BGBl I 2010/6 (Anfügung des Abs 7; Entstehungszeitpunkt: 13. 1. 2010).

Vollziehung

§ 20.*) **Mit der Vollziehung dieses Bundesgesetzes ist die Bundesregierung betraut.**[1]) **Die Erlassung von Verordnungen im Sinne von § 2 Abs. 2 und 4 obliegt hinsichtlich jener Bediensteten, deren Dienstrecht in die Gesetzgebungskompetenz der Länder fällt, den Landesregierungen.**[2]) *(BGBl. Nr. 116/1978, Art. I Z 6)*

*) IdF des Art IV Z 13 BGBl 1991/362 (Änderung der Paragrafenbezeichnung von „18" auf „19"; in Kraft getreten am 11. 7. 1991)

und des Art XII Z 2 BGBl 1994/16 (Änderung der Paragrafenbezeichnung von „19“ auf „20“; in Kraft getreten am 6. 1. 1994).

1) Siehe Anm 1 zu Art IV EGVG (A 2).

2) Eine solche DienstrechtsverfahrensV hat neben dem Bund (G 3) das Land Stmk (LGBl 1999/69) erlassen.

3. Dienstrechtsverfahrensverordnung 1981 – DVV 1981

Verordnung der Bundesregierung vom 17. März 1981 über die Regelung der Zuständigkeiten in Dienstrechtsangelegenheiten (Dienstrechtsverfahrensverordnung 1981 – DVV 1981), BGBl. Nr. 162/1981 idF BGBl. Nr. 335/1984, 79/1985, 171/1987, 218/1991, 707/1991, 84/1993, 540/1995, 41/1996, BGBl. II Nr. 437/1998, 329/2000, 460/2001, BGBl. I Nr. 119/2002 und 96/2007

Auf Grund des § 2 des Dienstrechtsverfahrensgesetzes, BGBl. Nr. 54/1958, zuletzt geändert durch das Bundesgesetz BGBl. Nr. 116/1978,*) wird verordnet:

*) Nach Erlassung der DVV wurde das DVG durch BGBl 1984/29 wiederverlautbart. Danach wurde es mehrfach geändert. Vgl dazu die Überschrift zum DVG (G 2).

§ 1.*) *(Entfällt; Art 21 Abs 4 Z 4 BG BGBl I 2002/119)*

*) § 1 DVV trat mit Ablauf des 31. 12. 2002 außer Kraft (Art 21 Abs 4 Z 4 BG BGBl I 2002/119).

§ 2.*) Nachgeordnete Dienstbehörden im Sinne des § 1 sind:[1])

1. im Bereich des Bundeskanzleramtes:

a) das Amt der Österreichischen Staatsdruckerei,

b) das Amt des Österreichischen Statistischen Zentralamtes,

c) das Amt der Bundestheater;

2\. *(Entfällt; vgl §§ 18f DVG [G 2] und DVPV-BMWA, BGBl II 2008/22);*

3\. *(Entfällt; Art 21 Abs 4 Z 4 BGBl I 2002/119);*

4\. *(Entfällt; vgl §§ 18 DVG [G 2] und DVPV-BMF, BGBl II 2004/171);*

5\. *(Entfällt; vgl §§ 18 DVG [G 2] und DVPV-BMI, BGBl II 2003/609);*

6\. *(Entfällt; vgl §§ 18 DVG [G 2] und DVPV-BMJ, BGBl II 2004/516);*

7\. *(Entfällt; vgl §§ 18 DVG [G 2] und DVPV-BMLV, BGBl II 2002/492);*

8\. *(Entfällt; vgl §§ 18 DVG [G 2] und DVPV-BMBWK, BGBl II 2003/588);*

9\. im Bereich des Bundesministeriums für Verkehr, Innovation und Technologie:

a) die Wasserstraßendirektion,

b) das Österreichische Patentamt.

*) IdF der Z 2 BGBl 1987/171 (gänzliche Neufassung; in Kraft getreten am 1. 5. 1987), Art I Z 5 bis 8 BGBl 1991/218 (Neufassung der Z 1, Z 4 lit e, Z 7, Z 8 und Z 10; in Kraft getreten am 1. 5. 1991 bzw [Z 10] am 1. 10. 1991), Art 1 BGBl 1991/707 (Neufassung der Z 7; in Kraft getreten am 1. 7. 1992; Art 2 Abs 2 dieser V traf für die Zeit vom 1. 1. 1992 bis 30. 6. 1992 eine mittlerweile gegenstandslose Übergangsregelung), Z 3 BGBl 1993/84 (Neufassung der Z 5; in Kraft getreten am 12. 2. 1993), Z 5 und Z 6 BGBl 1995/540 (Neufassung der Z 3 sowie der Z 8 bis 10; in Kraft getreten am 12. 8. 1995), Z 2 bis 4 BGBl 1996/41 (Änderung der Z 4, Neufassung der Z 8 und Änderung der Z 10; in Kraft getreten am 1. 1. 1996), Z 8 bis 11 BGBl II 1998/437 (Änderung der Z 3 und 4 lit f; Entfall der lit h in Z 4; Anfügung der lit e in Z 6 und Neufassung der Z 9 sowie Entfall der Z 10; Verfahren, die am 31. 1. 1998 anhängig waren, sind nach den bisherigen Vorschriften fortzuführen; die neuen Bestimmungen sind am 1. 1. 1999 in Kraft getreten), der Z 4 bis 9 BGBl II 2000/329 (Änderung der Z 1 bis 3 sowie 8 und 9, Einfügung der Z 7 lit e; Verfahren, die am 30. 9. 2000 anhängig waren, sind nach den bisherigen Vorschriften fortzuführen; die neuen Bestimmungen sind am 1. 10. 2000 in Kraft getreten) und der Z 1 BGBl II 2001/460 (Änderung des § 2 Z 6 lit c; in Kraft getreten am 1. 1. 2002).

§ 2 Z 1, 2 und 4 bis 9 DVV stehen ab 1. 1. 2003 im Gesetzesrang (§ 18 und § 19 Abs 5 DVG [G 2]; ab 1. 1. 2013: nur mehr § 2

Z 1 und 9: § 18 Abs 1 DVG idF BGBl I 2010/6), entfallen jedoch durch Erlassung der in § 2 Abs 2 DVG idF BGBl I 2002/119 vorgesehenen V (§ 18 DVG [G 2]). Vgl für das BMLV die DVPV-BMLV, BGBl II 2002/492, mittlerweile ersetzt durch BGBl II 2006/290 (G 4); für das (damalige) BMBWK die DVPV-BMBWK, BGBl II 2003/583, mittlerweile für das BMUKK ersetzt durch die DVPV BMUKK BGBl II 2007/374 (G 5) und für das BMWF durch die DVPV BMWF BGBl II 2007/375 (G 6); für das BMI die DVPV-BMI, BGBl II 2003/609, mittlerweile ersetzt durch BGBl II 2005/205 (G 7); für das BMF die DVPV-BMF, BGBl II 2004/171, mittlerweile ersetzt durch BGBl II 2008/343 (G 8); für das BMJ die DVPV-BMJ, BGBl II 2007/282, mittlerweile ersetzt durch BGBl II 2008/471 idF BGBl II 2010/327 (G 9); für das BMWA die DVPV-BMWA, BGBl II 2008/22 (G 10). Vgl auch die unter G 11 erwähnten V.

§ 2 Z 3 DVV trat mit Ablauf des 31. 12. 2002 außer Kraft (Art 21 Abs 4 Z 4 BG BGBl I 2002/119).

1) Die im Folgenden aufgezählten Behörden haben die ihnen übertragenen Aufgaben **in erster Instanz** in Unterordnung unter die obersten Dienstbehörden (die in diesen Angelegenheiten als zweite Instanz einschreiten) zu besorgen; siehe § 2 Abs 2 DVG (G 2).

§ 3.[*)][1)] (1) Den Leitern der Dienststellen – ausgenommen die Leiter der den nachgeordneten Dienstbehörden unterstehenden Dienststellen der Wachkörper[2)][3)] – obliegt die Durchführung folgender Dienstrechtsangelegenheiten:

1. Einteilung (datumsmäßige Festlegung) des Erholungsurlaubes, aus dienstlichen Rücksichten gebotene Abänderungen der Urlaubseinteilung, Rückberufung vom Urlaub und die Feststellung, daß der Verbrauch des Erholungsurlaubes bis zum 31. Dezember des dem Urlaubsjahr folgenden Kalenderjahres aus dienstlichen Gründen nicht möglich ist;

2. Entscheidung über Anträge auf Gewährung von Sonderurlauben

a) bis zu einer Woche an einen Lehrer einer Bundesschule, wenn dessen Vertretung gesichert ist, und im Bereich des Bundesministeriums für Bildung, Wissenschaft und Kultur an einen Beamten einer Einrichtung gemäß den §§ 24, 26, 30 a[4)] und 31 des Forschungsorganisationsgesetzes, BGBl. Nr. 341/1981,

b) bis zu drei Arbeitstagen in den übrigen Fällen, wenn die Dienststelle nicht Dienstbehörde ist.

Die Dienstbehörde kann anordnen, daß ihr die Erteilung solcher Sonderurlaube zu melden ist.

3. Gewährung eines Sonderurlaubes von höchstens einer Woche an einen Lehrer einer Bundesschule, wenn dessen Vertretung gesichert ist. Auf diese Lehrer ist Z 2 nicht anzuwenden.

(2) Bei den Wachkörpern[2]) obliegt die Durchführung der im Abs. 1 genannten Dienstrechtsangelegenheiten den nachgeordneten Dienstbehörden.[5])

(3) Die Regelung des Abs. 1 gilt nicht für die Durchführung von Dienstrechtsangelegenheiten eines Bediensteten, der Leiter einer Dienststelle ist. In diesen Fällen obliegt die Durchführung dieser dienstrechtlichen Angelegenheiten der Dienstbehörde, zu der die Dienststelle nach den Organisationsvorschriften gehört.

(3 a) Die Durchführung der im Abs. 1 genannten Dienstrechtangelegenheiten für die Vorsteher der Bezirksgerichte obliegt dem Präsidenten des dem jeweiligen Bezirksgericht übergeordneten Gerichtshofes erster Instanz.

(4) Den Leitern der Dienststellen obliegt die Feststellung des Anspruches auf Pflegefreistellung. Die Dienstbehörde kann anordnen, daß ihr die Inanspruchnahme von Pflegefreistellungen zu melden ist. Der Anspruch des Leiters der Dienststelle ist von der Dienstbehörde, zu der die Dienststelle nach den Organisationsvorschriften gehört, festzustellen.

*) IdF der Z 2 und Z 3 BGBl 1984/335 (Ersetzung der Worte „Vorständen" und „Vorstände" durch die Worte „Leitern" und „Leiter" in Abs 1 sowie des Wortes „Vorstand" durch das Wort „Leiter" in Abs 3; in Kraft getreten am 1. 9. 1984), Art I Z 9 BGBl 1991/218 (Neufassung der Z 2 in Abs 1; in Kraft getreten am 1. 5. 1991), Z 4 BGBl 1993/84 (Anfügung des Abs 4; in Kraft getreten am 12. 2. 1993), Z 5 BGBl 1996/41 (Einfügung des Abs 3 a; in Kraft getreten am 1. 1. 1996), Z 12 BGBl II 1998/437 (Änderung des Abs 1 Z 2 lit a; in Kraft getreten am 1. 1. 1999) und der Z 10 BGBl II 2000/329 (Änderung von Bezeichnungen; Verfahren, die am 30. 9. 2000 anhängig waren, sind nach den bisherigen Vorschriften fortzuführen; die neuen Bestimmungen sind am 1. 10. 2000 in Kraft getreten).

1) Siehe § 2 Abs 4 DVG (G 2).

2) Wachkörper sind die Bundespolizei, die Gemeindewachkörper, die Justizwache und die Zollwache.

3) Siehe § 3 Abs 2 DVV.

4) § 30 a FOG betr die österreichische Phonothek wurde durch Art 77 BGBl I 2000/142 aufgehoben.

5) Das sind die nach § 2 DVV in Betracht kommenden Behörden.

§ 4.*) *(Entfällt; Art 16 Abs 1 BGBl I 2007/96)*

*) IdF der Z 13 BGBl II 1998/437 (Neufassung; in Kraft getreten am 1. 1. 1999); aufgehoben durch Art 16 Abs 1 BGBl I 2007/96 (mangels besonderer Inkrafttretensbestimmung gem Art 49 Abs 1 B-VG mit dem der Kundmachung folgenden Tag in Kraft getreten: 29. 12. 2007).

§ 5.*) (1) Diese Verordnung tritt mit 1. April 1981 in Kraft.

(2) Die Dienstrechtsverfahrensverordnung 1969, BGBl. Nr. 377, zuletzt geändert durch die Verordnung BGBl. Nr. 4/1979, tritt mit Ablauf des 31. März 1981 außer Kraft.

(3) § 1 Abs. 1 Z 5 in der Fassung der Verordnung BGBl. Nr. 540/1995 tritt mit 1. September 1995 in Kraft. Verfahren zur Versetzung in den Ruhestand wegen Dienstunfähigkeit, die vor dem 1. September 1995 eingeleitet worden sind, sind nach den am 31. August 1995 geltenden Bestimmungen zu Ende zu führen.

(4) § 1 Abs. 1 Z 4 und 5, § 2 Z 4, 8 und 10 und § 3 Abs 3 a in der Fassung der Verordnung BGBl. Nr. 41/1996 treten mit 1. Jänner 1996 in Kraft.[1])

(5) § 1 Abs. 1 Z 10 a, 18, 19 a, 30, 32 a, 33 lit. f bis h und 34, § 2 Z 3, 4 lit. f und g, 6 lit. e und 9, § 3 Abs. 1 Z 2 lit. a, § 4 in der Fassung der Verordnung BGBl. II Nr. 437/1998 und die Aufhebung des § 2 Z 4 lit. h und des § 2 Z 10 durch die Verordnung BGBl. II Nr. 437/1998 treten mit 1. Jänner 1999 in Kraft. Verfahren, die am 31. Dezember 1998 anhängig waren, sind nach den bisherigen Vorschriften fortzuführen.

(6) § 1 Abs. 1 Z 5 a und Z 34, § 2 Z 1 bis 3 und Z 7 bis 9 und § 3 Abs. 1 Z 2 lit. a in der Fassung der Verordnung BGBl. II Nr. 329/2000 treten mit 1. Oktober 2000 in Kraft. Verfahren, die am 30. September 2000 anhängig waren, sind nach den bisherigen Vorschriften fortzuführen.[2])

(7) § 2 Z 6 lit. c in der Fassung der Verordnung BGBl. II Nr. 460/2001 tritt mit 1. Jänner 2002 in Kraft. Verfahren, die am 31. Dezember 2001 anhängig waren, sind nach den mit 1. Jänner 2002 in Kraft tretenden neuen Zuständigkeitsvorschriften fortzuführen.

*) IdF der Z 7 BGBl 1995/540 (Anfügung des Abs 3), Z 6 BGBl 1996/41 (Anfügung des Abs 4), Z 14 BGBl II 1998/437 (Anfügung des Abs 5; Entstehungszeitpunkt: 18. 12. 1998), der Z 11 BGBl II 2000/329 (Anfügung des Abs 5; Entstehungszeitpunkt: 12. 10. 2000) und der Z 2 BGBl II 2001/460 (Anfügung des Abs 7; Entstehungszeitpunkt: 18. 12. 2001).

1) Das BGBl 1996/41 wurde laut Angabe im BGBl am 2. 2. 1996 ausgegeben, sodass diese Änderungen der DVV rückwirkend in Kraft traten. Da das DVG keine Ermächtigung zur rückwirkenden Erlassung von V enthält, ist die Anordnung dieser Rückwirkung gesetzwidrig.

2) Das BGBl II 2000/329 wurde laut Angabe im BGBl II am 12. 10. 2000 ausgegeben, sodass diese Änderungen der DVV rückwirkend in Kraft traten. Da das DVG keine Ermächtigung zur rückwirkenden Erlassung von V enthält, ist die Anordnung dieser Rückwirkung gesetzwidrig.

4. Dienstrechtsverfahrens- und Personalstellenverordnung – BMLV 2006 – DVPV BMLV 2006

Verordnung des Bundesministers für Landesverteidigung über die Regelung der Zuständigkeiten in Dienstrechtsangelegenheiten der Beamten und Vertragsbediensteten des Bundesministeriums für Landesverteidigung (Dienstrechtsverfahrens- und Personalstellenverordnung – BMLV 2006 – DVPV BMLV 2006), BGBl. II Nr. 290/2006

Auf Grund des § 2 des Dienstrechtsverfahrensgesetzes 1984 (DVG), BGBl. Nr. 29, zuletzt geändert durch das Bundesgesetz BGBl. I Nr. 165/2005,*) und des § 2e des Vertragsbedienstetengesetzes 1948 (VBG), BGBl. Nr. 86, zuletzt geändert durch das Bundesgesetz BGBl. I Nr. 90/2006, wird verordnet:

*) Zu den späteren Änderungen des DVG (G 2) vgl die Überschrift zum DVG (G 2).

Dienstbehörden erster Instanz

§ 1. Als Dienstbehörden erster Instanz sind im Sinne des § 2 Abs. 2 zweiter Satz DVG zuständig

1. das Streitkräfteführungskommando und
2. das Kommando Einsatzunterstützung.

Personalstellen

§ 2. Als Personalstellen im Sinne des § 2e Abs. 1 zweiter Satz VBG sind die Dienststellen nach § 1 zuständig.

Übergangsbestimmungen

§ 3. (1) *(Entfällt; § 4 Abs 3)*[1])

(2) Mit 1. September 2006 geht die Zuständigkeit für die vor diesem Zeitpunkt jeweils beim

1. Kommando Landstreitkräfte,
2. Kommando Luftstreitkräfte und
3. Kommando Internationale Einsätze

anhängigen Verfahren und sonstigen Dienstrechtsangelegenheiten auf die jeweils neuen Dienstbehörden nach § 2 Abs. 5 DVG oder Personalstellen nach § 2e Abs. 4 VBG über.

(3) Mit 1. Jänner 2007 geht die Zuständigkeit für die vor diesem Zeitpunkt jeweils bei den Heeresbauverwaltungen anhängigen Verfahren und sonstigen Dienstrechtsangelegenheiten auf die jeweils neuen Dienstbehörden nach § 2 Abs. 5 DVG oder Personalstellen nach § 2e Abs. 4 VBG über.

1) § 3 Abs 1 DVPV BMLV, der die Heeresbauverwaltungen betraf, ist gem § 4 Abs 3 DVPV BMLV mit Ablauf des 31. 12. 2006 außer Kraft getreten.

In- und Außer-Kraft-Treten

§ 4. (1) Diese Verordnung tritt mit 1. September 2006 in Kraft.

(2) Mit Ablauf des 31. August 2006 tritt die Dienstrechtsverfahrens- und Personalstellenverordnung – BMLV 2002 (DVPV BMLV 2002), BGBl. II Nr. 492, außer Kraft.

(3) Mit Ablauf des 31. Dezember 2006 tritt § 3 Abs. 1 außer Kraft.

5. Dienstrechtsverfahrens- und Personalstellenverordnung – BMUKK 2007 – DVPV BMUKK 2007

Verordnung der Bundesministerin für Unterricht, Kunst und Kultur über die Regelung der Zuständigkeit in Dienstrechtsangelegenheiten der Beamten und Vertragsbediensteten des Bundesministeriums für Unterricht, Kunst und Kultur (Dienstrechtsverfahrens- und Personalstellenverordnung – BMUKK 2007 – DVPV BMUKK 2007), BGBl. II Nr. 374/2007

Auf Grund des § 2 Abs. 2 des Dienstrechtsverfahrensgesetzes 1984 (DVG), BGBl. Nr. 29, zuletzt geändert durch das Bundesgesetz BGBl. I Nr. 119/2002,*) sowie des § 2e Abs. 1 des Vertragsbedienstetengesetzes 1948 (VBG), BGBl. Nr. 86, zuletzt geändert durch das Bundesgesetz BGBl. I Nr. 119/2002, wird verordnet:

*) Zu den späteren Änderungen des DVG (G 2) vgl die Überschrift zum DVG (G 2).

§ 1. Im Bereich des Bundesministeriums für Unterricht, Kunst und Kultur sind die Landesschulräte (der Stadtschulrat für Wien) als nachgeordnete Dienststellen gemäß § 2 Abs. 2 zweiter Satz DVG (Dienstbehörden erster Instanz) und gemäß § 2e Abs. 1 zweiter Satz VBG (Personalstellen) zuständig.

§ 2. (1) Diese Verordnung tritt mit 1. März 2007 in Kraft.

(2) Die Verordnung der Bundesministerin für Bildung, Wissenschaft und Kultur über die Regelung der Zuständigkeit in Dienstrechtsangelegenheiten der Beamten und Vertragsbediensteten des Bundesministeriums für Bildung, Wissenschaft und Kul-

tur (Dienstrechtsverfahrens- und Personalstellenverordnung – BMBWK 2003 – DVPV BMBWK 2003), BGBl. II Nr. 588/2003, tritt mit Ablauf des 28. Februar 2007 außer Kraft.[1])

1) Die Aufhebung der DVPV BMBWK 2003 galt gem Art 18 Abs 2 B-VG nur für den Bereich des BMUKK; für den Bereich des BMWF vgl nunmehr die am 1. 3. 2007 in Kraft getretene DVPV BMWF 2007 (G 6).

6. Dienstrechtsverfahrens- und Personalstellenverordnung – BMWF 2007 – DVPV BMWF 2007

Verordnung des Bundesministers für Wissenschaft und Forschung über die Regelung der Zuständigkeit in Dienstrechtsangelegenheiten der Beamten und Vertragsbediensteten des Bundesministeriums für Wissenschaft und Forschung (Dienstrechtsverfahrens- und Personalstellenverordnung – BMWF 2007 – DVPV BMWF 2007), BGBl. II Nr. 375/2007

Auf Grund des § 2 Abs. 2 des Dienstrechtsverfahrensgesetzes 1984 (DVG), BGBl. Nr. 29, zuletzt geändert durch das Bundesgesetz BGBl. I Nr. 165/2005,*) sowie des § 2e Abs. 1 des Vertragsbedienstetengesetzes 1948 (VBG), BGBl. Nr. 86, zuletzt geändert durch das Bundesgesetz BGBl. I Nr. 53/2007, wird verordnet:

*) Zu den späteren Änderungen des DVG (G 2) vgl die Überschrift zum DVG (G 2).

§ 1. Im Bereich des Bundesministeriums für Wissenschaft und Forschung sind

1. die Studienbeihilfenbehörde
2. die Zentralanstalt für Meteorologie und Geodynamik

als nachgeordnete Dienststellen gemäß § 2 Abs. 2 zweiter Satz DVG (Dienstbehörden I. Instanz) und gemäß § 2e Abs. 1 zweiter Satz VBG (Personalstellen) zuständig.

§ 2. (1) Diese Verordnung tritt mit 1. März 2007 in Kraft.

7. Dienstrechtsverfahrens-, Personalstellen- und Übertragungsverordnung 2005 – DPÜ-VO 2005

Verordnung der Bundesministerin für Inneres über die Regelung der Zuständigkeit in Dienstrechtsangelegenheiten der Beamten und Vertragsbediensteten des Bundesministeriums für Inneres, die Einrichtung von Bezirks- und Stadtpolizeikommanden sowie über die Übertragung von Angelegenheiten an Bundespolizeidirektionen, Bezirks- und Stadtpolizeikommanden und das Landespolizeikommando Wien (Dienstrechtsverfahrens-, Personalstellen- und Übertragungsverordnung 2005 – DPÜ-VO 2005), BGBl. II Nr. 205/2005

Auf Grund des § 2 Dienstrechtsverfahrensgesetz 1984 (DVG), BGBl. Nr. 29, zuletzt geändert durch das Bundesgesetz BGBl. I Nr. 119/2002,*) des § 2e Vertragsbedienstetengesetz 1948 (VBG), BGBl. Nr. 86, zuletzt geändert durch das Bundesgesetz BGBl. I Nr. 176/2004, sowie der §§ 7 Abs. 4a und 10 Sicherheitspolizeigesetz (SPG), BGBl. Nr. 566/1991, zuletzt geändert durch das Bundesgesetz BGBl. I Nr. 151/2004, wird verordnet:

*) Zu den späteren Änderungen des DVG (G 2) vgl die Überschrift zum DVG (G 2).

§ 1. Nachgeordnete Dienststellen gemäß § 2 Abs. 2 zweiter Satz DVG (Dienstbehörden I. Instanz) und gemäß § 2e Abs. 1 zweiter Satz VBG (Personalstellen), die nach ihrer Organisation und personellen Besetzung zur Durchführung der Dienstrechtsangelegenheiten geeignet sind, sind:

1. die Sicherheitsdirektionen für den Bereich dieser Behörde sowie der ihnen unterstellten Bundespolizeidirektionen, sofern im Folgenden nichts anderes bestimmt wird,
2. die Landespolizeikommanden mit Ausnahme des Landespolizeikommandos Wien, sofern im Folgenden nichts anderes bestimmt wird,

3. das Bildungszentrum Traiskirchen für sämtliche im Bundesministerium für Inneres eingerichtete Bildungszentren,
4. das Bundesasylamt.

§ 2. (1) Den Bundespolizeidirektionen mit Ausnahme der Bundespolizeidirektion Wien werden gemäß § 7 Abs. 4a SPG sämtliche dienstrechtliche Angelegenheiten als Dienstbehörde I. Instanz (§ 2 Abs. 2 DVG) und gemäß § 2e Abs. 1 zweiter Satz VBG (Personalstellen) der ihnen angehörenden Bediensteten (mit Ausnahme des Polizeidirektors) zur selbständigen Besorgung mit Ausnahme folgender Angelegenheiten übertragen:
1. Versetzungen in den Ruhestand,
2. Versetzungen gemäß § 38 BDG,
3. Dienstzuteilungen, soweit sie bescheidmäßig zu verfügen sind,
4. Feststellungen der Unzulässigkeit der Ausübung einer Nebenbeschäftigung,
5. bescheidmäßige oder durch Dienstgebererklärung erfolgende Feststellung, dass die Befolgung eines Dienstauftrages zu den Dienstpflichten des Bediensteten zählt, sofern der Dienstauftrag von einer der Bundespolizeidirektion übergeordneten Behörde stammt,
6. Belange von Vorschüssen und Geldaushilfen,
7. Arbeitsplatzbewertungen.

(2) Die Bundespolizeidirektionen bedienen sich nach Maßgabe der Zweckmäßigkeit und Wirtschaftlichkeit für die Durchführung der ihnen nach Abs. 1 übertragenen Angelegenheiten der bei den Sicherheitsdirektionen für diese Zwecke eingerichteten Organisationseinheiten.

§ 3. (1) Dem Landespolizeikommando Wien werden gemäß § 10 Abs. 4 SPG sämtliche dienstrechtliche Angelegenheiten als Dienstbehörde I. Instanz (§ 2 Abs. 2 DVG) und gemäß § 2e Abs. 1 zweiter Satz VBG (Personalstellen) der ihm angehörenden Bediensteten (mit Ausnahme des Landespolizeikommandanten) zur selbständigen Besorgung mit Ausnahme folgender Angelegenheiten übertragen:
1. Versetzungen in den Ruhestand,
2. Versetzungen gemäß § 38 BDG,

3. Dienstzuteilungen, soweit sie bescheidmäßig zu verfügen sind,

4. Verwendungsänderungen, soweit sie bescheidmäßig zu verfügen sind,

5. Feststellungen der Unzulässigkeit der Ausübung einer Nebenbeschäftigung,

6. bescheidmäßige oder durch Dienstgebererklärung erfolgende Feststellung, dass die Befolgung eines Dienstauftrages zu den Dienstpflichten des Bediensteten zählt, sofern der Dienstauftrag von einer dem Landespolizeikommando übergeordneten Behörde stammt,

7. vorläufige Suspendierungen,

8. Belange von Vorschüssen und Geldaushilfen,

9. Arbeitsplatzbewertungen,

10. Nebentätigkeiten sowie Bemessung ihrer Vergütung, soweit sie bescheidmäßig zu verfügen sind.

(2) Dem Landespolizeikommando Wien werden gemäß § 10 Abs. 4 SPG weiters folgende Angelegenheiten übertragen:

1. Planung und Festlegung der für den Wachkörper erforderlichen Infrastruktur, wie beispielsweise Unterkunft, Telekommunikation oder EDV,

2. Planung und Festlegung des Sachmittelbedarfes, wie beispielsweise für Kraftfahrzeuge, Waffen, Einsatztechnik, Uniformierung oder Ausrüstung für alle Organisationseinheiten und Dienststellen des Wachkörpers,

3. Steuerung des gesamten Ressourceneinsatzes, wie insbesondere die bedarfskonforme Zuweisung an alle Dienststellen und Organisationseinheiten des Wachkörpers.

(3) Das Landespolizeikommando Wien bedient sich nach Maßgabe der Zweckmäßigkeit und Wirtschaftlichkeit für die Durchführung der ihm nach Abs. 1 und 2 übertragenen Angelegenheiten der bei der Bundespolizeidirektion Wien für diese Zwecke eingerichteten Organisationseinheiten.

§ 4. (1) Den Bezirkspolizeikommanden und den Stadtpolizeikommanden ausgenommen im Bereich des Landespolizeikommandos Wien werden im Dienstrechtsmandatsverfahren (§ 9 Abs. 5 DVG) gemäß § 10 Abs. 4 SPG in Verbindung mit § 3 DVV folgende Angelegenheiten übertragen:

1. Bewilligung des Verbrauches von Erholungsurlauben, ausgenommen Vorgriffe auf künftige Urlaubsansprüche,

2. Gewährung von Sonderurlauben bis zu sieben Kalendertagen,

3. Rückberufung vom Erholungsurlaub innerhalb des Bundesgebietes,

4. Gewährung von Dienstbefreiung für die Dauer eines Kuraufenthaltes oder für die Dauer der Unterbringung in einem Genesungsheim,

5. vorläufige Suspendierung.

In Angelegenheiten der vorläufigen Suspendierung (§ 112 BDG) fungieren die Bezirkspolizeikommanden und die Stadtpolizeikommanden als Dienstbehörden (§ 97 BDG).

(2) Den Bezirkspolizeikommanden und den Stadtpolizeikommanden ausgenommen im Bereich des Landespolizeikommandos Wien werden gemäß § 10 Abs. 4 SPG folgende weitere Angelegenheiten des inneren Dienstes übertragen:

1. die Organisation und Führung des allgemeinen Streifen- und Überwachungsdienstes im örtlichen Wirkungsbereich des Bezirks- bzw. Stadtpolizeikommandos, ausgenommen grundsätzliche organisatorische Angelegenheiten,

2. auf der Grundlage behördlicher Aufträge oder sonstiger übertragener Aufgaben die Durchführung von Schwerpunkt- und Sondereinsätzen sowie sonstiger Überwachungsmaßnahmen, sofern sie sich auf den örtlichen Wirkungsbereich des Bezirks- bzw. Stadtpolizeikommandos beschränken und keine überregionale Bedeutung haben,

3. die Erstellung von Dienstplänen, abgestimmt auf die regionalen Gegebenheiten, die damit verbundene Anordnung von Mehrdienstleistungen sowie die Überprüfung derselben im Hinblick auf die geltenden Vorschriften,

4. die Mitwirkung an der Aus- und Fortbildung der dem Bezirks- bzw. Stadtpolizeikommando unterstellten Bediensteten,

5. die Behandlung von Beschwerden und sonstigen Eingaben, die an das Stadt- bzw. Bezirkspolizeikommando gerichtet sind, Beamte des Bezirkes bzw. der Stadt betreffen und die Dienstaufsicht ansprechen,

6. die Erhebung der Umstände der Ausübung unmittelbarer Zwangsgewalt nach dem Waffengebrauchsgesetz 1969, BGBl. Nr. 149, durch die Exekutivbediensteten des örtlichen Zuständig-

keitsbereiches sowie die Ergreifung notwendiger dienstrechtlicher Maßnahmen,

7. die Zuteilung von Dienstkraftfahrzeugen, sonstigen Einsatzmitteln und Ausrüstungsgegenständen innerhalb des Bezirkes bzw. der Stadt,

8. die Dienstzuteilung von Beamten innerhalb des Bezirkes höchstens für die Dauer von insgesamt 90 Tagen in einem Kalenderjahr, ausgenommen die Erlassung von Bescheiden,

9. die Zustimmung zur Zuweisung von Sachgebieten an die unterstellten Bediensteten,

10. die Personaladministration,

11. die folgenden Angelegenheiten des Sachaufwandes:

a) Ankauf von geringwertigen Sachgütern und Verbrauchsmaterialien sowie Vergabe der Aufträge für dringende Reparaturen,

b) Führung der Zahlstelle, soweit eine solche eingerichtet ist,

12. sonstige ökonomisch administrative Angelegenheiten.

Entscheidungen gemäß Abs. 1 Z 2, 4 und 5 sowie Abs. 2 Z 7 und 8 sind unverzüglich dem Landespolizeikommando zu melden.

§ 5. Den Bezirkspolizeikommanden und den Stadtpolizeikommanden ausgenommen im Bereich des Landespolizeikommandos Wien werden gemäß § 10 Abs. 4 SPG in Verbindung mit § 2 e Abs. 3 VBG folgende Angelegenheiten übertragen:

1. Bewilligung des Verbrauches von Erholungsurlauben, ausgenommen Vorgriffe auf künftige Urlaubsansprüche,

2. Gewährung von Sonderurlauben bis zu sieben Kalendertagen,

3. Rückberufung vom Erholungsurlaub innerhalb des Bundesgebietes,

4. Gewährung von Dienstbefreiung für die Dauer eines Kuraufenthaltes oder für die Dauer der Unterbringung in einem Genesungsheim.

§ 6. Im örtlichen Wirkungsbereich jeder Bundespolizeidirektion mit Ausnahme der Bundespolizeidirektion Wien wird ein Stadtpolizeikommando eingerichtet. Im örtlichen Wirkungsbereich jeder Bezirksverwaltungsbehörde wird ein Bezirks- oder Stadtpolizeikommando eingerichtet.

§ 7. Die in dieser Verordnung verwendeten geschlechtsspezifischen Begriffe und Bezeichnungen gelten für weibliche und männliche Bedienstete gleichermaßen.

§ 8. (1) Diese Verordnung tritt mit 1. Juli 2005 in Kraft.

(2) Gleichzeitig treten die Verordnung des Bundesministers für Inneres über die Regelung der Zuständigkeit in Dienstrechtsangelegenheiten der Beamten und Vertragsbediensteten des Bundesministeriums für Inneres (Dienstrechtsverfahrens- und Personalstellenverordnung – BMI 2003 – DVPV-BMI 2003), BGBl. Nr. II Nr. 609/2003, und die Verordnung des Bundesministers für Inneres betreffend Angelegenheiten des inneren Dienstes der Bezirksgendarmeriekommanden (Bezirksgendarmeriekommanden-Verordnung – BGK-VO), BGBl. Nr. 268/1993, außer Kraft.

8. Dienstrechtsverfahrens- und Personalstellenverordnung – BMF 2009 – DVPV-BMF 2009

Verordnung des Bundesministers für Finanzen über die Regelung der Zuständigkeiten in Dienstrechtsangelegenheiten der Beamten und Vertragsbediensteten des Finanzressorts (Dienstrechtsverfahrens- und Personalstellenverordnung – BMF 2009 – DVPV-BMF 2009), BGBl. II Nr. 343/2008

Aufgrund § 2 des Dienstrechtsverfahrensgesetzes 1984 (DVG), BGBl. Nr. 29, zuletzt geändert durch das Bundesgesetz BGBl. I Nr. 165/2005,*) sowie § 2e des Vertragsbedienstetengesetzes 1948 (VBG), BGBl. Nr. 86, zuletzt geändert durch das Bundesgesetz BGBl. I Nr. 96/2007, wird verordnet:

*) Zu den späteren Änderungen des DVG (G 2) vgl die Überschrift zum DVG (G 2).

§ 1. Nachgeordnete Dienststellen gemäß § 2 Abs. 2 zweiter Satz des Dienstrechtsverfahrensgesetzes 1984 (Dienstbehörden erster Instanz) und gemäß § 2e Abs. 1 des Vertragsbedienstetengesetzes 1948 (Personalstellen) sind:

1. die Finanzämter;
2. die Zollämter;
3. die Bundesfinanzakademie;
4. die Großbetriebsprüfung;
5. die Steuerfahndung;
6. der Unabhängige Finanzsenat;
7. das Amt der Münze Österreich;
8. das Österreichische Postsparkassenamt.

§ 2. (1) Diese Verordnung tritt mit 1. Jänner 2009 in Kraft.

(2) Die Verordnung BGBl. II Nr. 171/2004 in der Fassung BGBl. II Nr. 388/2006 tritt mit Ablauf des 31. Dezember 2008 außer Kraft.

9. Dienstrechtsverfahrens- und Personalstellenverordnung – Justiz – DVPV-Justiz

Verordnung des Bundesministers für Justiz über die Regelung der Zuständigkeit in Dienstrechtsangelegenheiten der Beamtinnen, Beamten und Vertragsbediensteten des Justizressorts (Dienstrechtsverfahrens- und Personalstellenverordnung – Justiz – DVPV-Justiz), BGBl. II Nr. 471/2008 idF BGBl. II Nr. 327/2010

Auf Grund des § 2 des Dienstrechtsverfahrensgesetzes 1984 (DVG), BGBl. Nr. 29, zuletzt geändert durch das Bundesgesetz BGBl. I Nr. 165/2005,*) sowie des § 2e des Vertragsbedienstetengesetzes 1948 (VBG), BGBl. Nr. 86, zuletzt geändert durch das Bundesgesetz BGBl. I Nr. 96/2007, wird verordnet:

*) Zu den späteren Änderungen des DVG (G 2) vgl die Überschrift zum DVG (G 2).

§ 1.*) Nachgeordnete Dienststellen gemäß § 2 Abs. 2 zweiter Satz DVG (Dienstbehörden erster Instanz) und gemäß § 2e Abs. 1 zweiter Satz VBG (Personalstellen), die nach ihrer Organisation und personellen Besetzung zur Durchführung der Dienstrechtsangelegenheiten geeignet sind, sind im Bereich des Justizressorts

1. die Präsidentin des Obersten Gerichtshofes,
2. die Generalprokuratur (einschließlich der Zuständigkeit für die Beamtinnen und Beamten des Allgemeinen Verwaltungsdienstes und die Vertragsbediensteten dieser Dienststelle),
3. die Präsidenten der Oberlandesgerichte (der Präsident des Oberlandesgerichtes Wien überdies hinsichtlich des Bundeskartellanwaltes und dessen Stellvertretung sowie hinsichtlich der Aufsichtsbehörde für Verwertungsgesellschaften),
4. die Oberstaatsanwaltschaften (einschließlich der Zuständigkeit für die Beamtinnen und Beamten des Allgemeinen Verwaltungsdienstes und die Vertragsbediensteten dieser Bereiche; die Oberstaatsanwaltschaft Wien überdies hinsichtlich der Korruptionsstaatsanwaltschaft),
5. die Vollzugsdirektion (bundesweit für die Dienststellen im Bereich des Strafvollzuges sowie für die Beamten der Bewährungshilfe und die Bediensteten der Jugendgerichtshilfe).

*) IdF der Z 1 BGBl II 2010/327 (Einfügung der Wortfolge „(der Präsident des Oberlandesgerichtes Wien überdies hinsichtlich des Bundeskartellanwaltes und dessen Stellvertretung sowie hinsichtlich der Aufsichtsbehörde für Verwertungsgesellschaften)" in Z 3; in Kraft getreten am 1. 10. 2010).

§ 2.*) (1) Diese Verordnung tritt mit 1. Jänner 2009 in Kraft.

(2) Mit dem Inkrafttreten dieser Verordnung tritt die Dienstrechtsverfahrens- und Personalstellenverordnung – BMJ 2008, BGBl. II Nr. 282/2007, außer Kraft; die Dienstrechtsverfahrens- und Personalstellenverordnung – BMJ 2009, BGBl. II Nr. 292/2008, wird aufgehoben.

(3) § 1 Z 3 in der Fassung der Verordnung BGBl. II Nr. 327/2010 tritt mit 1. Oktober 2010 in Kraft. Verfahren, die am 30. September 2010 anhängig waren, sind nach den mit

1. Oktober 2010 in Kraft tretenden neuen Zuständigkeitsvorschriften fortzuführen.

*) IdF Z 2 BGBl II 2010/327 (Anfügung des Abs 3; Entstehungszeitpunkt: 11. 10. 2010).

10. Dienstrechtsverfahrens- und Personalstellenverordnung – BMWA 2008 – DVPV-BMWA 2008

Verordnung des Bundesministers für Wirtschaft und Arbeit über die Regelung der Zuständigkeiten in Dienstrechtsangelegenheiten der Beamten und Vertragsbediensteten des Bundesministeriums für Wirtschaft und Arbeit (Dienstrechtsverfahrens- und Personalstellenverordnung – BMWA 2008 – DVPV-BMWA 2008), BGBl. II Nr. 22/2008

Auf Grund des § 2 des Dienstrechtsverfahrensgesetzes 1984 (DVG), BGBl. Nr. 29, zuletzt geändert durch das Bundesgesetz BGBl. I Nr. 165/2005,*) sowie des § 2e des Vertragsbedienstetengesetzes 1948 (VBG), BGBl. Nr. 86, zuletzt geändert durch das Bundesgesetz BGBl. I Nr. 96/2007, wird verordnet:

*) Zu den späteren Änderungen des DVG (G 2) vgl die Überschrift zum DVG (G 2).

§ 1. Im Bereich des Bundesministeriums für Wirtschaft und Arbeit sind als nachgeordnete Dienststellen gemäß § 2 Abs. 2 zweiter Satz DVG (Dienstbehörden erster Instanz)

1. das Bundesamt für Eich- und Vermessungswesen,
2. die Burghauptmannschaft Österreich,
3. das Amt der Bundesimmobilien

zuständig.

§ 2. Als Personalstellen gemäß § 2e Abs. 1 VBG sind

1. das Bundesamt für Eich- und Vermessungswesen,
2. die Burghauptmannschaft Österreich

zuständig.

§ 3. (1) Diese Verordnung tritt am Tag nach der Veröffentlichung im Bundesgesetzblatt in Kraft.[1])

(2) Die Zuständigkeitsregelungen dieser Verordnung sind auch auf bereits anhängige Dienstrechtsverfahren anzuwenden.

1) Die DVPV-BMWA wurde am 23. 1. 2008 im BGBl kundgemacht.

11. Sonstige Verordnungen

(Hinweise)

Es gibt folgende V, mit denen die Übertragung des Rechts zur Ernennung von Bundesbeamten an Leiter von Dienstbehörden erster Instanz vorgenommen wird:

BGBl 1996/721 (betr BMF);
BGBl II 2003/576 (betr BMLV);
BGBl II 2004/170 (betr BMF);
BGBl II 2004/469 (betr BMVIT);
BGBl II 2005/202 idF BGBl II 2011/46 (betr BMI).

H. Die Verwaltungsformularverordnung

Verordnung der Bundesregierung über die bei der Handhabung der Verwaltungsverfahrensgesetze zu verwendenden Formulare (Verwaltungsformularverordnung – VwFormV)[1-3], BGBl. II Nr. 508/1999

1) Die VwFormV ist – entgegen früher vertretenen Auffassungen – eine Rechtsverordnung, die für den Bundes- und Landesbereich gilt (Art 11 Abs 3 B-VG).

2) Nach der Rsp bildet die Unterlassung der Verwendung eines festgesetzten Formulars keinen rechtlich relevanten Formfehler.

3) Die Formulare sind hier nicht abgedruckt.

Auf Grund des Allgemeinen Verwaltungsverfahrensgesetzes 1991, BGBl. Nr. 51, in der Fassung des Bundesgesetzes BGBl. I Nr. 164/1999,*) des Verwaltungsstrafgesetzes 1991, BGBl. Nr. 52, und des Verwaltungsvollstreckungsgesetzes 1991, BGBl. Nr. 53, beide in der Fassung des Bundesgesetzes BGBl. I Nr. 158/1998,*) wird verordnet:**)

*) Nach Erlassung der VwFormV wurden das AVG, das VStG und das VVG mehrfach geändert. Vgl die Überschriften zum AVG (B 2), zum VStG (C 2) und zum VVG (D 2).

**) Die VwFormV ist nach § 4 Abs 1 BGBlG 1996 am 31. 12. 1999 in Kraft getreten.

§ 1. (1) Für die Handhabung der Verwaltungsverfahrensgesetze (Art. I des Einführungsgesetzes zu den Verwaltungsverfahrensgesetzen 1991, BGBl. Nr. 50[1])) im Verfahren erster Instanz werden die angeschlossenen, einen Bestandteil dieser Verordnung bildenden Formulare festgesetzt.[2]) Bei der Handhabung der Verwaltungsverfahrensgesetze im Verfahren höherer Instanz ist die Verwendung der festgesetzten Formulare – soweit die Formulare nicht etwa schon ihrem Inhalt nach nur im erstinstanzlichen Verfahren Verwendung finden können – zulässig.

(2) Diese Formulare sind:

– Formular 1 zu § 19 AVG (Ladung von Beteiligten)

– Formular 2 zu § 19 AVG (Ladungsbescheid an Beteiligte)

– Formular 3 zu § 19 AVG und § 5 VVG [Bescheid über eine Zwangsstrafe (Vollstreckungsverfügung); Neuerlicher Ladungsbescheid an Beteiligte; für Behörden, die zugleich Vollstreckungsbehörden sind]

– Formular 4 zu § 19 AVG (Ladung von Zeugen/Sachverständigen/Dolmetschern)

– Formular 5 zu § 19 AVG (Ladungsbescheid an Zeugen/Sachverständige/Dolmetscher)

– Formular 6 zu § 19 AVG und § 5 VVG [Bescheid über eine Zwangsstrafe (Vollstreckungsverfügung); Neuerlicher Ladungsbescheid an Zeugen/Sachverständige/Dolmetscher; für Behörden, die zugleich Vollstreckungsbehörden sind]

– Formular 7.1 zu §§ 40 bis 42 AVG (Anberaumung einer mündlichen Verhandlung)

– Formular 7.2 zu §§ 40 bis 42 AVG (Öffentliche Bekanntmachung einer mündlichen Verhandlung)

– Formular 8 zu § 19 AVG (Vollstreckung eines Ladungsbescheides; für Behörden, die nicht zugleich Vollstreckungsbehörden sind)

– Formular 9 zu § 19 AVG und § 10 Abs. 1 VVG (Vorführungsbescheid)

– Formular 10.1 zu § 14 AVG (Niederschrift)

– Formular 10.2 zu § 14 AVG (Niederschrift; Bogen)

– Formular 11.1 zu § 14 AVG (Niederschrift über die Vernehmung von Zeugen/Sachverständigen/Dolmetschern)

– Formular 11.2 zu § 14 AVG (Niederschrift über die Vernehmung von Zeugen/Sachverständigen/Dolmetschern; Bogen)

– Formular 12 zu §§ 14 und 44 AVG (Verhandlungsschrift)

– Formular 13 zu § 45 AVG (Verständigung vom Ergebnis der Beweisaufnahme)

– Formular 14 zu § 39 AVG (Verständigung von der Schließung des Ermittlungsverfahrens)

– Formular 15.1 zu §§ 44a, 44b AVG (Edikt; Kundmachung des verfahrenseinleitenden Antrags/der verfahrenseinleitenden Anträge im Großverfahren)

– Formular 15.2 zu §§ 44a, 44b, 44d, 44e AVG (Edikt; Kundmachung des verfahrenseinleitenden Antrags/der verfahrenseinleitenden Anträge und Anberaumung einer öffentlichen mündlichen Verhandlung im Großverfahren)

– Formular 15.3 zu §§ 44 a, 44 b, 44 d, 44 e AVG (Edikt; Anberaumung einer öffentlichen mündlichen Verhandlung im Großverfahren)

– Formular 16 zu §§ 44 a, 44 c AVG (Edikt; Anberaumung einer öffentlichen Erörterung im Großverfahren)

– Formular 17 zu §§ 14, 44 e AVG (Niederschrift über die öffentliche mündliche Verhandlung im Großverfahren)

– Formular 18 zu §§ 44 a, 44 f AVG (Edikt; Zustellung eines Schriftstücks im Großverfahren)

– Formular 19 zu §§ 44 g, 76 bis 78 AVG, §§ 5 a, 5 b SPG (Kostenbescheid)

– Formular 20 zu § 37 VStG (Bescheid über eine Sicherheitsleistung)

– Formular 21 zu §§ 37 a und 50 VStG (Ermächtigungsurkunde)

– Formular 22 zu §§ 37 a und 39 VStG (Sicherheitsleistung/ Beschlagnahme)

– Formular 23 zu § 37 VStG (Bescheid über eine Beschlagnahme)

– Formular 24 zu § 39 VStG (Bescheid über eine Beschlagnahme zur Sicherung der Strafe des Verfalls)

– Formular 25 zu § 19 AVG und §§ 40 und 41 VStG (Beschuldigtenladung)

– Formular 26 zu § 19 AVG und §§ 40, 41, 43 und 59 VStG (Bescheid über die Ladung des Beschuldigten zur mündlichen Verhandlung im Verwaltungsstrafverfahren)

– Formular 27 zu §§ 40 und 42 VStG (Aufforderung zur Rechtfertigung)

– Formular 28.1 zu § 14 AVG und §§ 24 und 33 VStG (Niederschrift über die Vernehmung des Beschuldigten)

– Formular 28.2 zu § 14 AVG und §§ 24 und 33 VStG (Niederschrift über die Vernehmung des Beschuldigten; Bogen)

– Formular 29.1 zu § 14 AVG und §§ 24 und 38 VStG (Niederschrift über die Vernehmung von Zeugen/Sachverständigen/Dolmetschern im Verwaltungsstrafverfahren)

– Formular 29.2 zu § 14 AVG und §§ 24 und 38 VStG (Niederschrift über die Vernehmung von Zeugen/Sachverständigen/Dolmetschern im Verwaltungsstrafverfahren; Bogen)

– Formular 30 zu § 55 AVG und §§ 24 und 40 VStG (Rechtshilfeersuchen)

– Formular 31 zu §§ 43, 44 und 44a VStG (Strafverhandlungsschrift/Straferkenntnis; Bogen)

– Formular 32 zu § 46 VStG (Straferkenntnis)

– Formular 33 zu § 21 VStG (Ermahnung)

– Formular 34 zu § 48 VStG (Strafverfügung)

– Formular 35 zu § 50 VStG (Organstrafverfügung)

– Formular 36 zu §§ 54b, 54c VStG (Teilzahlungsbescheid)

– Formular 37.1 zu § 53b/54b VStG (Aufforderung zum Antritt der Freiheits-/Ersatzfreiheitsstrafe)

- Formular 37.2 zu § 53b/54b VStG (Aufforderung zum Antritt der Freiheits-/Ersatzfreiheitsstrafe; Vollzug einer Freiheits-/Ersatzfreiheitsstrafe; Verständigung der Strafvollzugsanstalt)

– Formular 38.1 zu § 53b VStG (Vorführung zum Strafantritt; Verständigung der Vollzugsbehörde)

– Formular 38.2 zu § 53b VStG (Vorführung zum Strafantritt; Durchschrift für den Vorzuführenden)

– Formular 38.3 zu § 53b VStG (Vorführung zum Strafantritt; Verständigung der Strafvollzugsanstalt)

– Formular 39 zu § 4 VVG (Androhung der Ersatzvornahme)

– Formular 40.1 zu § 4 VVG (Bescheid über die Vorauszahlung der Kosten einer Ersatzvornahme)

– Formular 40.2 zu § 4 VVG (Bescheid über die Anordnung der Ersatzvornahme)

– Formular 40.3 zu § 4 VVG (Bescheid über die Anordnung einer Ersatzvornahme und über die Vorauszahlung der Kosten der Ersatzvornahme)

– Formular 41 zu § 5 VVG (Androhung einer Zwangsstrafe)

– Formular 42 zu § 5 VVG (Bescheid über eine Zwangsstrafe; Androhung einer weiteren Zwangsstrafe)

– Formular 43 zu § 49a VStG (Anonymverfügung)

1) Vgl nun Art I Abs 1 EGVG (A 2) idF BGBl I 2009/20.
2) Die Formulare sind hier nicht abgedruckt.

§ 2. Die im § 1 Abs. 2 festgesetzten Formulare[1]) können mit folgenden Anpassungen verwendet werden:

1. Anpassungen, die sich aus den besonderen Erfordernissen automationsunterstützter Handhabung der Verwaltungsverfahrensgesetze oder aus sonstigen technischen Erfordernissen ergeben;

2. Anpassungen, die bei Tätigwerden von Verwaltungsbehörden im Dienste der Strafjustiz erforderlich sind;

3. Einbeziehung der Behördenbezeichnung samt zugehörigen Angaben (Anschrift usw.) in einen von der Behörde gewählten Briefkopf;

4. Anpassungen, die dem vorliegenden Sachverhalt in tatsächlicher Hinsicht, wie zB dem Geschlecht der beteiligten Personen, oder einer geschlechtsneutralen Formulierung entsprechen;

5. Anpassungen an eine geänderte Rechtslage, wie insbesondere die Ersetzung des Schillings durch den Euro.[2])

1) Die Formulare sind hier nicht abgedruckt.

2) Nach Ablauf der Übergangsfrist zur Umstellung auf den Euro (Art 15 EuroV 974/98) sind Beträge nur mehr in Euro anzuführen.

§ 3. (1) Mit dem Inkrafttreten dieser Verordnung tritt die Verordnung der Bundesregierung über die bei der Handhabung der Verwaltungsverfahrensgesetze zu verwendenden Formulare (Verwaltungsformularverordnung 1991), BGBl. Nr. 141/1991,[1]) außer Kraft.

(2)[2]) *(Entfällt; § 3 Abs 4 VwFormV)*

(3)[2]) *(Entfällt; § 3 Abs 4 VwFormV)*

(4) § 3 Abs. 2 und 3 tritt mit Ablauf des 30. Juni 2000 außer Kraft.

1) Hier nicht abgedruckt.

2) § 3 Abs 2 und 3 VwFormV betrafen die Weiterverwendung von Formularen auf Grund der VwFormV 1991, BGBl 1991/141, und traten mit Ablauf des 30. 6. 2000 außer Kraft (§ 3 Abs 4 VwFormV).

I. Das Vorabentscheidungsgesetz

Bundesgesetz über die Einholung von Vorabentscheidungen des Gerichtshofes der Europäischen Gemeinschaften auf dem Gebiet der polizeilichen Zusammenarbeit und der justitiellen Zusammenarbeit in Strafsachen, BGBl. I Nr. 89/1999[1])

1) Nach dem früheren Art 35 (vormals Art K.7) EUV hatten die Mitgliedstaaten der EU die Möglichkeit, den EuGH durch Abgabe einer Erklärung zu Vorabentscheidungen im Rahmen der Dritten Säule zuständig zu machen. Österreich hat eine solche Erklärung abgegeben, und sich darüber hinaus vorbehalten, im innerstaatlichen Recht eine Vorlagepflicht der – in einem konkreten Fall – letztinstanzlich entscheidenden Gerichte vorzusehen. Aufgrund der Übergangsbestimmung in Art 10 des Protokolls 36 zum Vertrag von Lissabon zu den Rechtsakten der Dritten Säule bleiben die Befugnisse des EuGH nach den früheren Vorschriften, einschließlich der Anerkennung der Zuständigkeit nach dem früheren Art 35 EUV, unverändert. Sobald der betreffende Rechtsakt geändert wird, gilt allerdings die volle Zuständigkeit des EuGH (Art 10 Abs 2). Diese Übergangsbestimmung tritt fünf Jahre nach Inkrafttreten des Vertrages von Lissabon (der Vertrag von Lissabon trat am 1. 12. 2009 in Kraft) außer Kraft. Während dieser Übergangsphase hat daher auch das VorabentscheidungsG weiterhin Bedeutung.

§ 1. (1) Behörden, die letztinstanzliche Gerichte im Sinne des Art. 234 Abs. 3 des EG-Vertrages in der Fassung des Vertrages von Amsterdam sind,[1]) haben eine Vorabentscheidung des Gerichtshofes der Europäischen Gemeinschaften auf dem Gebiet der polizeilichen Zusammenarbeit und der justitiellen Zusammenarbeit in Strafsachen einzuholen, wenn anläßlich des Abschlusses eines Vertrages im Rahmen der Europäischen Integration durch Abgabe einer Erklärung das Recht vorbehalten wurde, innerstaatlich eine Verpflichtung zur Einholung einer solchen Vorabentscheidung vorzusehen.[2])[3])

(2) Der Bundeskanzler hat die jeweils aktuelle Liste der Verträge im Sinne des Absatzes 1 im Bundesgesetzblatt kundzumachen.[4])

1) Jetzt: Art 267 AEUV. Vgl Anm 2 zu § 38 a AVG (B 2). **Erl** (zur RV des BG BGBl I 1999/89) **1757 BlgNR 20. GP:** „5. Unter den im Gesetzestext verwendeten Begriff ‚Gerichte und Verwaltungsbehörden' sind im Sinne der einschlägigen Judikatur des EuGH neben den ordentlichen Gerichten und den Höchstgerichten (Verfassungsgerichtshof, Verwaltungsgerichtshof und Oberster Gerichtshof) auch bestimmte Verwaltungsbehörden (wie zB die Kollegialbehörden mit richterlichem Einschlag gemäß Art. 133 Z 4 B-VG) zu subsumieren. Gerichte und Verwaltungsbehörden, die derzeit nach den Kriterien der Judikatur des EuGH keine **Vorlageverpflichtung** trifft (zB die Unabhängigen Verwaltungssenate der Länder), werden durch das vorliegende Gesetz **nicht** erfaßt."

AB (zur RV des BG BGBl I 1999/89) **1772 BlgNR 20. GP:** „Durch die vorgenommene Änderung soll unmißverständlich zum Ausdruck kommen, daß entsprechend der Judikatur des EuGH in Österreich sowohl Gerichte als auch Verwaltungsbehörden als letztinstanzliche Gerichte im Sinne des Art. 234 Abs. 3 EGVn *(jetzt: Art 267 Abs 3 AEUV)* (‚... dessen Entscheidungen nicht mehr mit Rechtsmitteln des innerstaatlichen Rechts angefochten werden können ...') in Frage kommen."

2) Die vorliegende Bestimmung berührt nicht die Berechtigung von unterinstanzlichen Gerichten und von Verwaltungsbehörden, ebenfalls – außerhalb des Art 267 AEUV – eine Vorabentscheidung des EuGH einzuholen, sofern sich diese Berechtigung aus einem Vertrag im Rahmen der Dritten Säule ergibt. Derartige Berechtigungen ergeben sich unmittelbar aus solchen Verträgen, und bedürfen keiner weiteren Ausführung.

3) Zur verfahrensrechtlichen Vorgangsweise im Falle der Einholung einer Vorabentscheidung im Anwendungsbereich des AVG vgl § 38 a AVG (B 2).

4) Vgl die Kdm des BK BGBl III 2006/124:

„Auf Grund des § 1 Abs. 2 des Bundesgesetzes über die Einholung von Vorabentscheidungen des Gerichtshofes der Europäischen Gemeinschaften auf dem Gebiet der polizeilichen Zusammenarbeit und der justitiellen Zusammenarbeit in Strafsachen, BGBl. I Nr. 89/1999, wird die aktuelle Liste der Verträge wie folgt kundgemacht:

1. Vertrag über die Europäische Union, in der Fassung des Vertrages von Nizza (BGBl. III Nr. 4/2003);

2. Protokoll auf Grund von Art. K.3 des Vertrags über die Europäische Union betreffend die Auslegung des Übereinkommens über die Errichtung eines Europäischen Polizeiamts durch den Gerichtshof der Europäischen Gemeinschaften im Wege der Vorabentscheidung (BGBl. III Nr. 123/1998);

3. Übereinkommen auf Grund von Art. K.3 Absatz 2 Buchstabe c des Vertrags über die Europäische Union über die Bekämpfung der Bestechung, an der Beamte der Europäischen Gemeinschaften oder der Mitgliedstaaten der Europäischen Union beteiligt sind (BGBl. III Nr. 38/2000);

4. Übereinkommen auf Grund von Art. K.3 des Vertrags über die Europäische Union über den Einsatz der Informationstechnologie im Zollbereich (BGBl. III Nr. 189/2000);

5. Übereinkommen auf Grund von Art. K.3 des Vertrags über die Europäische Union über den Schutz der finanziellen Interessen der Europäischen Gemeinschaften (BGBl. III Nr. 267/2002);

6. Übereinkommen auf Grund von Art. K.3 des Vertrags über die Europäische Union über gegenseitige Amtshilfe und Zusammenarbeit der Zollverwaltungen (BGBl. III Nr. 100/2006).

Diese Kundmachung ersetzt die Kundmachung BGBl. III Nr. 5/2003.“

§ 2. Mit der Vollziehung dieses Bundesgesetzes sind in ihrem jeweiligen Wirkungsbereich die Bundesregierung und der Bundesminister für Justiz, im übrigen der Bundeskanzler betraut.

Stichwortverzeichnis

Die Fundstellen zu den Rechtsvorschriften sind durch die **(fetten)** Gliederungselemente **A 1** bis **I** bezeichnet; die nachfolgenden mageren arabischen oder römischen Ziffern bezeichnen den Paragrafen bzw den Artikel (einschließlich allfälliger Anmerkungen dazu).

A

E

F

G

I

J

K

L

N

O

P

R

V

W

Z